长江和珠江三角洲及港澳特别行政区

统计年鉴

Yangtze River Delta & Pearl River Delta and Hong Kong & Macao SAR

Statistical Yearbook

2005

国家统计局国际统计信息中心 编

Compiled by International Statistical Information Center

National Bureau of Statistics

中国统计出版社

China Statistics Press

(京)新登字 041 号

图书在版编目（CIP）数据

长江和珠江三角洲及港澳特别行政区统计年鉴．2005／国家统计局国际统计信息中心编．
－北京：中国统计出版社，2005.12
ISBN 7-5037-4818-4

I. 长… II. 国… III. ①统计资料－长江流域－2005－年鉴②统计资料－珠江三角洲－2005－年鉴③统计资料－香港－2005－年鉴④统计资料－澳门－2005－年鉴 IV. C832-54

中国版本图书馆 CIP 数据核字（2005）第 132116 号

长江和珠江三角洲及港澳特别行政区统计年鉴－2005

作　　者／国家统计局国际统计信息中心
责任编辑／陈越月
E-mail／yearbook@stats.gov.cn
装帧设计／大　路
出版发行／中国统计出版社
通信地址／北京市西城区月坛南街 75 号　　邮政编码 / 100826
办公地址／北京市丰台区西三环南路甲 6 号
电　　话／(010)63459084、63266600-22500（发行部）
印　　刷／北京顺义振华印刷厂
经　　销／新华书店
开　　本／880 × 1230mm　1/16
字　　数／900千字
印　　张／29.375　36彩页
版　　别／2005 年 12 月第 1 版
版　　次／2005 年 12 月北京第 1 次印刷
书　　号／ISBN 7-5037-4818-4 / F · 2183
定　　价／298.00 元

编辑说明

一、《长江和珠江三角洲及港澳特别行政区统计年鉴－2005》是一部全面反映我国长江三角洲、珠江三角洲及港澳地区社会经济发展情况的资料性年鉴。本书收录了1978－2004年长江三角洲16个城市、珠江三角洲14个城市和港澳地区社会经济统计资料。

二、本年鉴分为三大部分：

（一）综述与分析篇。该篇包括国家统计局国际统计信息中心总报告，上海市、江苏省、浙江省和广东省四篇分报告，以及特约稿。

（二）统计数据篇。该篇包括三部分内容：

1.综合表。

2.长江三角洲与珠江三角洲所辖的30个地级市县主要社会和经济发展指标数据，主要有：⑴行政区划和自然资源；⑵国民经济核算；⑶人口、就业和工资；⑷固定资产投资；⑸价格指数；⑹人民生活；⑺农业；⑻工业、能源和建筑业；⑼交通运输和邮电；⑽国内贸易；⑾对外贸易和旅游；⑿财政和金融；⒀城市建设和环境保护；⒁教育、科技、文化、卫生；⒂社会福利和其他。

3.香港和澳门特别行政区统计数据。

（三）企业竞争力篇。该篇包括工业、贸易、旅馆、房地产、建筑业等企业的排名。

三、本年鉴所列指标的计量单位均采用公制。

四、本年鉴的资料来自上海、江苏、浙江、广东三省一市统计局上报资料。本年鉴中香港和澳门特别行政区统计资料分别由香港特别行政区政府统计处、澳门特别行政区政府统计暨普查局提供，国家统计局国际统计信息中心进行编辑。

五、一些数据的合计数或相对数，因受进位的影响，不一定等于分项的累加。

六、本年鉴中的符号使用说明：“空格”表示无该项统计数据或该项统计数据不详；“－”表示数据不足本表最小单位数；“#”表示其中的主要项。

七、读者对本书中有关数据及分析方面的问题进行咨询或意见反馈，请与国家统计局国际统计信息中心国际统计处联系　电话：（010）63471377　（010）63266600转28032

PREFACE

I. Yangtze River Delta & Pearl River Delta and Hong Kong& Macao SAR Statistical Yearbook 2005 is an annual publication, which covers social and economic statistical data of 16 cities of the Yangtze River Delta, 14 cities of the Pearl River Delta, Hong Kong and Macao SAR from 1978 to 2004, therefore reflects various aspects of social and economic development of the Yangtze River Delta, the Pearl River Delta, Hong Kong and Macao SAR.

II. The book consists of three chapters

i Overview and analysis

This chapter includes two general reports which provided by International Statistical Information Center of National Bureau of Statistics, four individual reports provided by Shanghai city and Jiangsu, Zhejiang, Guangdong province, and several contributing articles.

ii Statistical data

This chapter includes three sub- chapters, namely the general report form, the data of main social and economic development indicators of 30 prefecture-level cities and counties belong to the Yangtze River Delta & Pearl River Delta, and the statistical data of Hong Kong& Macao SAR. Sub- chapter two contains the following fifteen parts, 1. Division of Administrative Areas and Natural Resources; 2. National Accounts ;3. Population, Employment and Wages; 4. Investment in Fixed Asset s; 5. Price Indices;6. People's Livelihood; 7. Agriculture; 8. Industry, Energy and Construction; 9. Transport, Post and Telecommunication Services; 10.Domestic Trade; 11. Foreign Trade and Tourism; 12. Government Finance and Banking;13. City Construction and Environment Protection;14. Education, Science and Technology, Culture and Public Health;15. Social Welfare and others.

iii Competitive forces of enterprises

This chapter includes rank list of enterprises of industry, trade, hotel, real estate and construction sectors etc.

III. The units of measurement used in this book are internationally standard measurement units.

IV. The statistics of this yearbook are mainly obtained from reported data of statistical bureaus of three provinces and one municipality directly under the central government, namely Shanghai city ,Guangdong province, Jiangsu province and Zhejiang province, statistics on Hong Kong Special Administrative Region and Macao Special Administrative Region as included in this yearbook are provided by the Department of Census and Statistics of the Government of Hong Kong Special Administrative Region, the Department of Census and Statistics of the Government of Macao Special Administrative Region, and edited by International Statistical Information Center of National Bureau of Statistics.

V. Some aggregations or rates/ratios may not be equal to the sum of the series because of rounding.

VI. Notations used in this yearbook:

" (blank) " indicates the data unavailable;"-" indicates that the figure is not large enough to be measured with the smallest unit in the table;" # " indicates the major items of the total.

VII. Any consultations needed or any suggestions you'd like to give on the data and analysis of this book, please don't be hesitate to contact the International Statistical Division of International Statistical Information Center, National Bureau of Statistics.

Tel: (010)63471377,(010)63266600-28032

《长江和珠江三角洲及港澳特别行政区统计年鉴－2005》

编辑委员会和编辑人员名单

Yangtze River Delta & Pearl River Delta and Hong Kong & Macao SAR Statistical Yearbook

EDITORIAL BOARD AND STAFF

目录

C O N T E N T S

第一部分　综述与分析篇
Part 1 Overview and Analysis

第二部分　统计数据篇
Part 2 Statistical Data

一、综合表
General Report Form

二、长江三角洲和珠江三角洲统计数据

Statistical Data of Yangtze River Delta and Pearl River Delta

(一)行政区划和自然资源

Divisions of Administrative Areas and Natural Resources

(二) 国民核算

National Accounts

(三)人口、就业和工资

Population,Employment and Wages

(七)农业

Agriculture

(八)工业、能源和建筑业

Industry, Energy and Construction

(九)运输和邮电

Transportation, Post and Telecommunication Services

(十)国内贸易

Domestic Trade

(十五)社会福利和其他

Social Welfare and Others

三、香港和澳门特别行政区统计数据

Statistical Data of Hong Kong & Macao SAR

第三部分 企业竞争力篇
Part 3 Competitive Forces of Enterprises

长江和珠江三角洲地区企业排名
Rank of Enterprises in Delta of Yangtze River and Pearl River

第一部分 综述与分析篇

Part 1 Overview and Analysis

2005年长江和珠江三角洲经济发展研究报告

A Research Report of Economic Development of Yangtze River Delta and Pearl River Delta in 2005

国家统计局国际统计信息中心

改革开放以来，长江三角洲和珠江三角洲是我国经济发展最快的地区，也是经济最富有朝气和活力的地区，对全国经济的贡献也最大，特别是跨入新世纪后，两个三角洲进入了新的发展时期，比较研究它们的经济发展规模，探讨其经济发展的特点和原因，可以为两个三角洲经济的进一步发展提出建议，为其它地区乃至全国的经济发展提供参考和借鉴。

一、长江三角洲和珠江三角洲在全国的经济地位举足轻重

长江三角洲经济区（简称长三角）是指由沪、苏、浙三省市中16个地级以上城市组成的区域，包括上海市、江苏省的南京、苏州、无锡、常州、镇江、南通、扬州和泰州，以及浙江省的杭州、宁波、嘉兴、湖州、绍兴、舟山和台州市。2004年长三角的土地面积为10.96万平方公里，人口为8212.12万人，分别占全国的1.1%和6.3%。珠江三角洲经济区（简称珠三角）指广东省珠江流域的14个市、县、区组成的区域，包括广州、深圳、珠海、佛山、江门、东莞、中山等7市，以及惠州市区和惠阳、惠东、博罗三县，肇庆市区和高要、四会两市，其土地面积为4.15万平方公里，人口为2451.36万人，分别占全国的0.4%和1.9%。

改革开放后，一系列的改革措施和优惠政策使长三角和珠三角逐渐成为我国经济发展最活跃和经济增长最快的地区，进入新世纪以来，长三角和珠三角经济继续保持着持续快速健康发展的走势，两个三角洲对全国经济的贡献份额进一步增大。

（一）两个三角洲的经济总量占全国的30.8%，人均地区生产总值是全国的3.7倍。

2004年长三角地区生产总值达28775亿元，珠三角地区生产总值达13394亿元。两个三角洲地区生产总值合计达到42169亿元，占全国国内生产总值（136876亿元）的30.8%，比2000年的24.9%上升了5.9个百分点。

2004年长三角人均地区生产总值为35040元，珠三角人均地区生产总值为54639元。两个三角洲人均地区生产总值为39546元，是全国人均国内生产总值（10561元）的3.7倍，而2000年两个三角洲人均地区生产总值为21545元，是全国人均国内生产总值（7086元）的3.0倍，两个三角洲人均水平与全国的距离进一步扩大。

（二）两个三角洲的经济增长速度大大高于全国平均水平，成为拉动全国经济增长的重要地区。

2000年至2004年，长三角和珠三角GDP增长速度均保持在两位数以上，年平均增长分别为13.2%和13.6%，高于全国8.6%的年平均增长水平，成为全国经济继续保持持续快速健康发展的重要力量。

（三）两个三角洲的产业结构在调整中逐步优化，第三产业发展明显高于全国。

2004年长三角三次产业的结构为4.6：55.9：39.6，珠三角三次产业的结构为3.8：53.8：42.4。

从1990年到2004年，这两个地区的产业结构都发生了很大的变化：第一产业占GDP的比重大幅下降，第三产业的比重大幅上升。长三角第一产业所占比重下降

长三角、珠三角和全国三次产业构成比较

单位：%

	第一产业		第二产业		第三产业	
	1990年	2004年	1990年	2004年	1990年	2004年
长江三角洲	15.8	4.6	57.0	55.9	27.2	39.6
珠江三角洲	14.4	3.8	44.2	53.8	41.4	42.4
全国	27.1	15.2	41.6	52.9	31.3	31.9

2000-2004年长江三角洲与珠江三角洲GDP及人均GDP

地区	2000年		2004年	
	GDP（亿元）	人均GDP（元）	GDP（亿元）	人均GDP（元）
长江和珠江三角洲合计	22315.8	21545	42169.4	39546
长江三角洲经济区	15954.8	19816	28775.4	35040
上海市	4551.2	34547	7450.3	55307
南京市	1021.3	18546	1910.0	33050
苏州市	1540.7	26692	3450.0	57992
无锡市	1200.2	27653	2350.0	52825
常州市	600.7	17635	1100.6	31665
镇江市	452.0	16967	781.2	29235
南通市	736.4	9374	1226.1	15806
扬州市	472.1	10515	788.1	17359
泰州市	405.3	8082	705.2	14014
杭州市	1382.6	22342	2515.0	38858
宁波市	1175.8	21786	2158.0	39173
嘉兴市	538.4	16279	1050.6	31506
湖州市	343.4	13445	590.7	22966
绍兴市	745.0	17237	1313.9	30254
舟山市	114.9	11675	212.0	21855
台州市	675.0	12390	1173.8	21177
珠江三角洲经济区	7360.8	31912	13394.0	54639
广州市	2375.9	34292	4115.8	56271
深圳市	1665.5	28932	3422.8	59271
珠海市	330.3	26583	546.3	41847
佛山市	957.2	28932	1656.5	47658
江门市	567.5	14921	834.6	21872
东莞市	492.7	32477	1155.3	71997
中山市	312.8	23542	610.1	44005
惠州市区	134.4	36262	305.2	43834
惠阳市	102.1	18519	109.9	27108
惠东县	88.5	13004	125.0	17489
博罗县	81.8	10662	127.0	16677
肇庆市区	85.8	14413	126.7	26468
高要市	110.9	15404	163.4	22471
四会市	55.5	14089	95.5	22434

幅度最大，从15.8%下降到4.6%，下降了11.2个百分点。长三角第三产业所占比重上升幅度也最大，从27.2%上升到39.6%，上升了12.4个百分点。

2004年这两个地区的第二产业比重与全国平均水平基本相同，而第一产业比重比全国约低11个百分点，第三产业比重比全国约高出9个百分点，其产业结构优于全国。

（四）两个三角洲是我国重要的国际贸易基地，两地的进出口贸易总额占全国的60%以上。

2004年，长三角和珠三角进出口贸易总额达到

2000-2004年长江三角洲和珠江三角洲GDP增长率

单位：%

地区	2000年	2001年	2002年	2003年	2004年	2000-2004年年均增长率
长江三角洲经济区①	11.6	11.3	12.6	14.8	15.6	13.2
上海市	10.8	10.2	10.9	11.8	13.6	11.5
南京市	12.3	11.1	12.8	15.0	17.3	13.7
苏州市	12.6	12.3	14.5	18.0	17.6	15.0
无锡市	11.2	11.5	12.8	15.4	17.4	13.6
常州市	11.0	12.0	12.4	14.5	15.5	13.1
镇江市	10.3	11.0	12.3	14.0	14.7	12.4
南通市	10.9	10.1	11.1	13.4	15.6	12.2
扬州市	10.5	8.1	11.1	13.4	14.7	11.5
泰州市	11.0	11.0	11.6	13.4	14.7	12.3
杭州市	12.0	12.2	13.2	15.2	15.0	13.5
宁波市	12.0	12.1	13.2	15.6	15.5	13.7
嘉兴市	12.3	12.3	13.8	16.9	16.5	14.3
湖州市	12.0	11.6	12.3	15.0	15.4	13.2
绍兴市	12.1	11.6	13.8	15.0	15.3	13.6
舟山市	12.0	11.8	12.6	15.5	17.0	13.8
台州市	11.9	11.9	13.9	14.9	13.6	13.2
珠江三角洲经济区①	12.8	12.2	12.5	15.5	15.5	13.6
广州市	13.3	12.7	13.2	15.2	15.0	13.9
深圳市	14.2	13.2	15.0	19.2	17.3	15.8
珠海市	11.8	12.1	12.3	17.5	13.8	13.5
佛山市	11.2	11.1	11.8	16.1	16.3	13.3
江门市	11.0	11.0	10.3	11.1	12.2	11.1
东莞市	17.9	18.0	18.5	19.5	19.6	18.7
中山市	11.8	16.1	16.5	18.6	18.7	16.3
惠州市区	17.5	11.7	11.1	18.1	15.5	13.7
惠阳市	9.3	13.7	12.5	25.3	18.7	15.8
惠东县	12.4	10.9	10.0	10.3	13.0	11.3
博罗县	10.4	11.0	10.1	11.5	14.5	11.5
肇庆市区	15.7	4.1	11.9	13.8	11.9	11.4
高要市	10.8	12.0	8.4	10.1	13.5	10.9
四会市	11.9	13.2	13.9	10.9	17.0	13.4

注：①为所属市GDP增长率的简单平均值。

7430.1亿美元，占全国进出口贸易总额的64.4%，比2000年的57.9%提高了6.5个百分点。其中长三角为4012.3亿美元，占全国比重为34.8%；珠三角为3417.8亿美元，占全国比重为29.6%。

（五）两个三角洲全社会固定资产投资总额占全国比重为25.8%，固定资产投资增速高于全国平均水平。

2004年，长三角和珠三角全社会固定资产投资总额达18155.6亿元，占全国全社会固定资产投资总额的25.8%。其中，长三角为13650.7亿元，占全国的19.4%，珠三角为4504.9亿元，占全国的6.4%。

2000-2004年长江和珠江三角洲与全国进出口贸易额比较

单位：亿美元

	2000年			2004年		
	进出口总额	出口额	进口额	进出口总额	出口额	进口额
长江和珠江三角洲合计	2744.3	1473.5	1270.8	7430.1	3905.2	3524.8
长江三角洲	1235.8	671.0	564.8	4012.3	2083.0	1929.3
珠江三角洲	1508.5	802.5	706.0	3417.8	1822.2	1595.6
全国总计	4742.9	2492.0	2250.9	11545.5	5933.2	5612.3
长三角占全国比重（%）	26.1	26.9	25.1	34.8	35.1	34.4
珠三角占全国比重（%）	31.8	32.2	31.4	29.6	30.7	28.4
长江和珠江三角洲占全国的比重（%）	57.9	59.1	56.5	64.4	65.8	62.8

注：2000年珠江三角洲未包括惠州市区、惠阳市、惠东县和博罗县。

2000-2004年长江和珠江三角洲与全国全社会固定资产投资额

单位：亿元

	2000年	2004年	2001-2004年年平均增长率(%)
长江和珠江三角洲合计	7973.6	18155.6	22.8
长三角	5677.7	13650.7	24.5
珠三角	2295.9	4504.9	18.4
全国总计	32917.7	70477.4	20.9
长江和珠江三角洲占全国的比重(%)	24.2	25.8	
长三角占全国的比重（%）	17.2	19.4	
珠三角占全国的比重（%）	7.0	6.4	

2000-2004年长江和珠江三角洲与全国外商直接投资比较

单位：亿美元

	2000年	2004年	2001-2003年年平均增长率(%)
长江和珠江三角洲合计	224.8	310.0	8.4
长三角	112.0	209.9	17.0
珠三角	112.8	100.1	-2.9
全国总计	407.2	606.3	10.5
长江和珠江三角洲占全国的比重(%)	55.2	51.1	
长三角占全国的比重（%）	27.5	34.6	
珠三角占全国的比重（%）	27.7	16.5	

注：长三角是上海、江苏和浙江合计数，珠三角是广东省合计数。

2001–2004年长江和珠江三角洲全社会固定资产投资总额年均增长22.8%，比全国年均增长20.9%高出1.9个百分点。

（六）两个三角洲吸引外商直接投资约占全国的一半。

2004年长江和珠江三角洲吸引外商直接投资达到310.0亿美元，比2000年增长37.9%，占全国吸引外商直接投资的51.1%。其中，长三角吸引外商直接投资比2000年增长87.4%，占全国的比重由27.5%上升到34.6%；珠三角吸引外商直接投资比2000年下降11.3%，占全国的比重由27.7%下降到16.5%。

（七）地方财政实力增强，人均财政收入是全国平均水平的1.6倍。

2004年长三角和珠三角财政一般预算内收入3362.0亿元，占全国财政收入的12.7%，比2000年的12.4%提高了0.3个百分点。其中，长三角一般预算内收入达2426.3亿元，占全国的9.2%；珠三角一般预算内收入达935.7亿元，占全国的3.5%。

2004年长江和珠江三角洲人均财政收入达到3153元，是全国平均水平的1.6倍。

2000-2004年长江和珠江三角洲与全国财政收入比较

	2000年	2004年
长江和珠江三角洲合计（亿元）	1658.1	3362.0
长三角（亿元）	1059.2	2426.3
珠三角（亿元）	598.9	935.7
全国总计（亿元）	13395.2	26396.5
长江和珠江三角洲占全国的比重（%）	12.4	12.7
长三角占全国的比重（%）	7.9	9.2
珠三角占全国的比重（%）	4.5	3.5
长江和珠江三角洲人均财政收入（元）	1601	3153
全国人均财政收入（元）	1057	2031

（八）两个三角洲地区城市居民生活水平显著提高，人均可支配收入是全国平均水平的1.6倍。

2004年长三角和珠三角城市居民家庭人均可支配收入为15361元，是全国城市居民家庭人均可支配收入的1.6倍。其中，长三角城市居民家庭人均可支配收入为13431元，是全国城市居民家庭人均可支配收入的1.4倍；珠三角城市居民家庭人均可支配收入为17290元，是全国的1.8倍。

2000-2004年长江和珠江三角洲与全国城市居民人均可支配收入比较

	2000年	2004年
长江和珠江三角洲（元）	10952	15361
长三角（元）	8809	13431
珠三角（元）	13094	17290
全国（元）	6280	9422
长江和珠江三角洲为全国的倍数（倍）	1.7	1.6
长三角为全国的倍数（倍）	1.4	1.4
珠三角为全国的倍数（倍）	2.1	1.8

注：珠三角仅包括以下8个城市：广州市、深圳市、珠海市、佛山市、东莞市、中山市、惠州市区和肇庆市区。

二、长三角与珠三角经济发展的比较分析

（一）从经济规模看，长三角是珠三角的2倍，但两地的GDP差距和人均GDP差距均在缩小。

21世纪以来，长三角的GDP一直是珠三角的2倍左右。2000年长三角的GDP总量比珠三角多8594.0亿元，是珠三角的2.17倍；2004年长三角GDP比珠三角多15381.4亿元，是珠三角的2.15倍，差距有所缩小。

2004年长三角的16个城市中，有11个城市的GDP超过1000亿元，比2000年增加5个，占66.8%。珠三角GDP超过1000亿元的城市仅有4个，比2000年增加1个，占28.6%。从城市平均总量来看，2004年长三角16个城市GDP的平均值达到1798.5亿元，比2000年的平均值（997.2亿元）增长80.4%，而珠三角14个县市的GDP平均值为956.7亿元，比2000年（525.8亿元）增长82%。

2000–2004年，珠三角的人均GDP继续高于长三角。2004年，珠三角人均GDP为54639元，比2000年增长71.2%；长三角人均GDP为35040元，比2000年增长76.8%。2000年珠三角人均GDP是长三角的1.61倍，到2004年珠三角是长三角的1.56倍，两个三角洲的人均GDP差距在缩小。2004年两个三角洲地区人均GDP超过50000元的城市共有6个，其中长江三角洲有3个，即上海、苏州和无锡；珠江三角洲有3个，即广州、深圳和东莞，而东莞市是两个三角洲地区唯一的人均GDP超过60000元的城市，达到71997元，超过了世界上中等收入国家的平均水平。

（二）长江和珠江三角洲的经济增长速度均在两位

数以上，但是发展均衡程度有所不同。

从经济发展速度来看，2004年两个三角洲地区30个城市的增长速度都达到了两位数，只是珠三角地区的GDP增长速度要略高于长三角地区。2000—2004年长三角地区GDP增长率为13.2%，珠三角地区GDP增长率为13.6%，珠三角比长三角高出0.4个百分点。其中东莞市是两个三角洲经济增长最快的地区，达到19.6%。长三角16城市中增长最快的仍然是苏州市，为17.6%。

从发展均衡的角度来看，长三角好于珠三角。2000年长三角16个城市经济增长速度的高低落差仅为2.1个百分点，而珠三角的14个市、县、区中增长速度的高低落差为8.6个百分点。到2004年，长三角城市经济增长速度的高低落差比2000年有所扩大，为4个百分点，而珠三角城市经济增长速度的高低落差有所减小，为7.7个百分点，但珠三角的落差仍大于长三角。

（三）两个三角洲的三次产业结构基本相同，但存在差异。

2004年长三角与珠三角地区的产业结构继续向高度化方向发展，三次产业结构平均水平为4：55：41，经济结构调整取得新进展。目前，两个三角洲地区三次产业结构总体上呈“二三一”格局，第二产业在经济发展中占据首要地位，第三产业次之，第一产业比重下降。两个三角洲地区虽然在产业结构上基本相同，但两个三角洲产业结构变化有两个特点：

特点一是珠三角第三产业所占比重高，但长三角第三产业发展快。2004年长三角第三产业所占比重为39.6%，虽然低于珠三角地区的42.4%，但是长三角第三产业所占比重在1990年仅为27.2%，明显低于同年珠三角的41.4%。1990年到2004年长三角的第三产业所占比重提高了12.4个百分点，远远高于珠三角所提高的1个百分点。

特点二是长三角第二产业所占比重虽高于珠三角，但呈下降趋势，而珠三角第二产业所占比重有较大提高。2004年长三角第二产业所占比重为55.9%，高于珠三角的53.8%。虽然近十年，长三角第二产业发展速度较快，表现出较强的生产制造能力，但是与1990年相比，第二产业所占比重仍下降了1.1个百分点。与此相反，珠三角第二产业所占比重呈上升趋势，正在成为我国制造业发展的新基地，2004年珠三角第二产业占比重为53.8%，比1990年的44.2%提高了9.6个百分点。

（四）长三角地区对外贸易继续保持强劲的发展势头，进出口贸易首次双双高于珠三角地区。

近年来，长三角对外贸易快速增长，2004年长三角进出口贸易首次双双高于珠三角地区。

从两个三角洲地区进出口贸易总额看，2004年长三角进出口贸易总额达4012.3亿美元，比上年增长40.7%，是2000年的3.25倍，其中，进口总额达1929.3亿美元，比上年增长43.5%，出口总额达2083.0亿美元，比上年增长40.7%；珠三角的进出口贸易总额为3417.8亿美元，比上年增长22.1%，其中，进口总额达1595.6亿美元，比上年增长22.6%，出口总额达1822.2亿美元，比上年增长21.9%。可见，从贸易增长率来看，长三角地区在进出口贸易总额、进口总额和出口总额三个方面均比珠三角高出近一倍，显示出其在中国对外贸易发展中具有重要地位。

从两个三角洲30个市的进出口贸易看，2004年进出口总额超过1000亿美元的城市为上海、苏州和深圳。从进出口贸易的增长速度看，增长最快的是舟山市，进出口贸易总额年增长率达到62.9%。惠州市区是珠三角进出口贸易增长最快的城市，2004年增长率达到39.9%。

从外贸依存度来看，珠三角地区经济要比长三角地区更加依赖出口，对外贸易在该地区占有更加重要的地位。2004年珠三角地区外贸依存度（出口总额/GDP）为112.6%，远远高于长三角的59.9%。

2004年长江和珠江三角洲进出口贸易比较

单位：亿美元

	进出口贸易		进口		出口	
	总额	增长率(%)	总额	增长率(%)	总额	增长率(%)
长三角洲地区	4012.3	40.7	1929.3	43.5	2083.0	40.7
珠三角洲地区	3417.8	22.1	1595.6	22.6	1822.2	21.9

（五）长三角全社会固定资产投资总额远远高于珠三角，并且两者差距在逐渐拉大。

2004年长三角全社会固定资产投资为13650.7亿元，比2003年增长24.5%；珠三角全社会固定资产投资4504.9亿元，比2002年增长18.4%。2004年长三角全社会固定资产投资总额远远高于珠三角，是珠三角的3.03倍，2000年以来两个地区的差距在逐渐扩大。

2000-2004年长三角和珠三角全社会固定资产投资比较

单位：亿元

	2000年	2002年	2003年	2004年
长三角	5677.7	7900.1	10973.7	13650.7
珠三角	2464.3	3088.6	3730.5	4504.9
差　距	1: 0.43	1: 0.39	1: 0.34	1: 0.33

（六）长三角地区吸引外商直接投资项目和实际吸引外商直接投资均高于珠三角地区。

2004年，外商在长三角地区的投资项目数为14310个，珠三角地区为7308个，长三角比珠三角高95.8%；在外商直接投资额方面，2004年长三角地区为209.9亿美元，珠三角地区仅为100.1亿美元，长三角比珠三角高109.7%。这表明外商直接投资的方向正从珠江三角洲地区向长江三角洲地区转移。

（七）长三角财政收入是珠三角的2.6倍，财政收入占GDP比重高于珠三角。

2004年长三角财政一般预算内收入2426.3亿元，比上年增长23%，是珠三角的2.6倍。其中上海市的财政收入为1119.7亿元，占长三角地区全部财政收入的46.1%，比珠三角地区的全部财政收入还多出184.1亿元。长三角地区财政收入超过100亿元的地区有6个，分别是上海、南京、苏州、无锡、杭州、宁波，而珠三角地区仅有广州和深圳两个城市财政收入超过100亿元。

2004年长三角地区财政收入占GDP比重为8.4%，比2000年提高了1.8个百分点；珠江三角洲为6.9%，比2000年下降1.1个百分点。长三角财政收入占GDP比重比珠三角高1.5个百分点。

（八）珠三角居民家庭人均可支配收入高于长三角。

2004年珠三角城市居民家庭人均可支配收入为17290元，比2000年增长32%；长三角城市居民家庭人均可支配收入为13431元，比2000年增长52.5%。2004年珠三角城市居民家庭人均可支配收入是长三角地区的1.3倍。但长三角城市居民家庭人均可支配收入增长快于珠三角。

三、两个三角洲经济发展的新特点

（一）珠三角经济发展的新特点。

经过20世纪90年代的高速发展，珠三角现在已经成为我国最大的制造业基地之一。其中，电子信息产业等高科技制造业发展迅猛。珠三角的电子信息产业产值已占广东省电子信息产业的96.8%；电子及通讯设备制造业和电气机械及器材制造业的产值在全国的比重分别达32.1%和25.1%，居全国第一位，初步形成了现代的IT企业群和家电企业群。珠三角IT类和家电主要产品产量均占全国的19%以上。目前，珠三角已经形成了三大具有一定特色的产业分工体系：

第一是以珠三角东岸的东莞、深圳、惠州的电子及通讯设备制造业为主的全国最大的电子通信制造业基地，被称为“广东电子信息产业走廊”。其中，惠州不但是中国重要的彩电制造基地之一，拥有TCL王牌、康力、彩星、乐华四个在国内外市场颇有影响的彩电品牌，也是国际高级电工产品基地，拥有奇胜、国际电工两大品牌，占据国际电工市场份额的2/3，还是亚洲重要的电路板制造基地。

第二以珠三角西岸的珠海、中山为中心形成的以家庭耐用品、五金制品为主的产业带。如中山市以“一镇一品”为特色，北部为小家电、小五金，中部为服装业和家具业，西北部为灯饰加工，南部以外向出口加工企业为主。

第三以中部的广州、佛山、肇庆为中心形成的传统的电气机械、钢铁、纺织、建材产业带。广州曾建设过标致汽车和乙烯工程，拥有广日电梯等多个品牌。佛山照明、日丰建材管等都是省内乃至全国驰名的品牌。

由此可见，珠三角无论是在传统的制造业产品方面，还是在现代新兴的高新技术产品制造业方面，都正在成为世界制造业基地。

（二）长三角经济发展的新特点。

第一是长三角地区开始由重点发展小城镇转向重点发展大中城市，空间布局上再次由分散走向集中，各类开发区建设成为原有城市外延扩张的主要标志。

第二是上海浦东大力度的开发开放，将大大增强外国和国内其他地区的企业在上海投资的积极性，对于整个长三角的发展作用显著。

第三是长三角新一轮外向型经济的发展已出现一体化的特征。上海明确把“建设三角洲大都市圈”作为其基本战略之一，着手“推进三角洲经济的紧密化、一体化”，促进“优化城市功能和产业分工”，三角洲城市间的合作势头明显增强。在方式上，由过去单一的横向配套协作，逐步向整合生产要素、共同进行制度创新发展；在领域上，由过去单一的产品加工营销，逐步向商贸、旅游、房地产等领域延伸；在机制上，由过去单一的企业自发行为，逐步向政府协调、企业推进、市场运作的方向发展。

第四是投资日趋多元化有助于经济的发展，长三角目前已成为外商在我国新的投资热点和制造业转移的重点，目前，世界500强企业已有400多家在这一地区落户，其中，在上海设立地区总部和中国总部的就有近200家，仅在苏州投资的就有81家。

四、两个三角洲经济发展的主要原因

(一)从20世纪80年代开始，珠三角利用改革开放“先行一步”的制度优势和毗邻港澳的区位优势，成功地把握住了东亚产业转移的机遇，创造出与“东亚经济奇迹”相比毫不逊色的经济增长和经济发展的业绩。经过20多年的发展，珠三角一举成为广东乃至全国商品经济最活跃、经济发展最快的地区，人民收入有了巨大提高，创立了经济发展的珠三角模式。

(二)长三角地区在市场、技术、人力、城市化水平四个方面都非常具有后发优势和发展潜力。年国内生产总值超7000亿元的“超级巨人”上海；苏州、杭州、无锡、宁波、南京等5个年国内生产总值在2000亿元以上的“巨人”，以及绍兴、南通、常州、嘉兴、镇江等5个年国内生产总值在1000亿元以上的“小巨人”。其中，上海市2004年的地区生产总值位居全国第一，而杭州、苏州、无锡均名列全国前10位。长三角迅猛的发展势头，直逼曾经“一枝独秀”的珠三角。过去，我国吸引外资60%来自广东地区，而长三角仅浙江一个省，这两年吸引外资增长了99%。比起珠三角单一的发展模式，长三角发展更具潜力。

(三)经济发展到一定程度，资本推动型就要向技术推动型转变，而长三角的人才优势和技术优势在这种转变中表现出发展的巨大潜力。另外，从城市化发展水平和经济实力来看，中国经济实力最强的35个城市，有10个位于长三角，全国综合实力百强县，该地区也占了一半，这也成为长三角经济发展的重要基础和重要体现。

(四)从外部的推动力来看，长三角有两个重要的外部推动力：第一个是最近开工建设的洋山深水港工程，可视为长三角基础设施建设的突破性进展，这将使上海乃至整个长三角有可能成为东北亚的国际航运中心。有了这个良好的基础，其他各方面的一体化进程都可渐次进入一个更高的境界。第二个是申办成功的上海世博会。据预测，上海世博会至少将吸引5000万游客，而其中近35%将顺道去周边城市一游。世博会带来的旅游人流将把长三角经济串联起来。在此基础上，再通过一系列的局部多赢合作，推动长三角从浅层次合作进入深度合作。

五、对两个三角洲经济发展的建议

(一)两个三角洲经济发展中存在的问题。

两个三角洲目前存在的重要问题之一是各地级市行政地位和经济实力相当的城市之间的畸形竞争。各个城市从追求自身发展目标出发，极易滋长地方的本位主义和功利主义倾向，从而使城市之间的经济关系逐渐离散，导致各个城市均以行政区域为界，相互封闭，各自发展建立“小而全”的经济体系。而按经济发展的一般规律，区域经济发展战略往往是优先重点建设中心城市，进而带动周围地区发展。目前，上海在长三角的中心城市地位更加明显，而珠三角也应该尽快确立广州、深圳的龙头地位，发挥中心城市的带动作用。两个三角洲应进一步整合区域内的各类资源，发挥政府宏观指导的作用和市场调节的作用，更好地利用政策、利用价值规律，逐步实现区域内资源共享、优化资源配置，提高整体竞争能力。

对于珠三角地区，珠三角高新技术产业中心辐射作用不明显、各地区划地为营的散状竞争不利于整体产业的升级。珠三角地区必须尽快打造自己的核心技术产品，尽快成为拥有自我创新能力、自主知识产权、能独立进行产业结构战略性调整，并尽快培育优势配套产业体系，形成具有竞争力的产业链和产业群，才能真正提升珠三角地区制造业竞争力。对于长三角地区，由于长期受条块分割的影响，各地之间生产力布局重复、产业结构同化现象较为突出。由于城市间缺乏合理的垂直分工和水平分工，抑制了整体联动效应的充分发挥。长江三角洲产业整合的方向，应该根据各个城市的工业化水平，形成垂直与水平一体化。有关研究表明，长江三角洲各地工业化进程具有显著的不同梯次结构。对于处在不同梯次的地区，可以通过垂直分工来加强产业联系；而对于处在同一梯次的地区，则可通过地区之间互补型的水平分工来加强产业联系。

(二) 对两个三角洲经济发展的建议。

1.深化体制改革与创新，加强区域内合作。

世界经济全球化格局的加速发展，使各国经济日益形成"你中有我、我中有你"的相互依存局面，既加剧了竞争又深化了合作，这对两个三角洲的经济和外经贸发展产生了重大影响，使他们既面临难得的发展机遇，又面临前所未有的挑战。

随着新一轮区域经济一体化的启动，长三角内部的经济分工协作更加紧密，产业结构更趋合理，从而对其经济社会发展产生强大的推动作用。上海作为长三角地区的核心城市，以其较强的经济实力，优良的投资环境，确立了"龙头"地位。目前，除了在上海有近200家跨国公司的地区总部和中国总部，还有很多现代物流中心、销售中心、国际贸易性公司。这些机构都有一个共同的特点：把上海作为"中心店"或"总部"，而目光投向长三角地区乃至长江流域，在那里建立生产基地、出口基地与分支机构，并将其作为未来的投资重地。长三角的其它城市都以积极的态度、务实的政策，支持长三角的经济一体化进程，积极推进城市间的资产重组，打破壁垒，通过组织城市间的联合与协作，使长三角大商贸格局基本形成，生产要素流动更趋合理。

以香港为中心、珠江三角洲为腹地的港澳粤"大珠三角"已成为亚洲地区发展比较成熟、经济活跃和协作程度较高的经济区，中国加入WTO和港澳回归为珠三角地区经济的再一次崛起带来重大发展机遇，大珠江三角洲经济融合势在必行。同时，"泛珠三角"理念的提出也为该区域经济提供了更为广阔的前景。基于与珠江流域相连、与大珠三角相临、经贸关系密切等三方面因素，泛珠三角区域的范围包括：福建、江西、湖南、广东、广西、海南、四川、贵州、云南九个省（区）以及香港、澳门两个特别行政区，简称"9 + 2"。内地九省（区）的区域面积为全国的1/5，人口的1/3，经济总量的1/3。加上香港和澳门两个特别行政区，泛珠三角区域在全国的地位将十分突出。

2.加快产业结构升级，以科技带动经济发展。

21世纪是信息与知识经济的时代，利用信息技术改造和提升传统产业、以信息化带动工业化是必然趋势，技术创新和知识经济在产业发展中的作用更加明显。加入世界贸易组织后，两个三角洲的一些传统优势产业、高新技术产业和服务业也会受到冲击，所以，由劳动密集型产业逐步转入资金技术密集型产业，实现经济结构升级已经迫在眉睫。

长三角是中国及国际(东亚经济区) 重要的高新技术产业基地，第二产业以技术、知识密集型产业为支柱。长三角应继续充分发展区位优势和经济优势，因地制宜地配合区域主导产业、支柱产业的形成与发展。从长远趋势看，长三角如果要在世界市场上站稳一席之地，就必须坚持向高科技发展的方针，以高新技术产业为主导产业。

珠三角将调整并优化产业结构，全面提高产业整体素质，着力优化提高第二产业，运用高新技术改造传统产业，发展信息技术、生物技术等高新技术产业，壮大电子信息、电器机械和石油化工三大新兴支柱产业，改造提高纺织服装、食品饮料和建筑材料三大传统支柱产业，培育发展汽车、医药、造纸、环保等一批有潜力的产业。同时，加快优化企业组织结构，构建和完善以大企业为主导，大中小企业专业化分工、产业化协作的产业组织体系。加快发展第三产业，抓住我国加入世贸组织的机遇，扩大第三产业吸纳外资和民资的领域，重点发展信息服务、金融保险、中介和社区服务等行业。

3.加强区域间的经济技术合作，建立良性竞争模式。

随着国际经济竞争的日益激烈，中国几个经济区域之间的相互竞争、三角洲内部各个城市的相互竞争也在加剧。长三角、珠三角和环渤海地区是中国经济发展的"三驾马车"，如何加强相互间的经济技术合作、取长补短，建立良性的竞争模式、避免地方保护行为和避免重复建设应当引起广泛关注。

总之，经过二十多年的快速发展，两个三角洲已经成为中国经济最发达的地区，对全国经济发展起着巨大的主导作用。它们虽然土地面积不足全国的2%，人口不足全国的10%，却创造了全国30%以上的国内生产总值、60%以上的进出口贸易额。两个三角洲是中国其它地区改革开放和经济发展示范的“大课堂”，其经济发展模式、市场经济观念、经营思想和管理经验等方面对我国其它地区的发展具有重要示范、指导和借鉴作用。

（执笔：杨京英　王强　任小燕）

协调发展　互利共赢
——2004年长江三角洲地区城市经济发展简析
Harmonious and Win-win Economic Development
—A Brief Analysis of the Economy Development of Cities of the Yangtze River Delta in 2004

上海市统计局

2004年，长江三角洲地区15城市全方位的区域经济合作逐步展开，国内外资源和产业集中趋势继续增强，区域经济的一体化进程不断深化，联动发展的积极效应进一步显现，各城市经济继续保持快速发展。

一、总体经济：速度加快、结构优化

1.区域综合经济实力进一步增强。

2004年，长江三角洲15城市（以下简称15城市）国民经济均保持两位数高位增长，增速高于去年水平，并继续保持明显高于全国平均水平的格局。全年15城市共实现生产总值27605亿元，比上年增长15.4%，增幅比上年提高1个百分点，比全国平均水平高出5.9个百分点。长江三角洲在全国经济发展中的核心地位进一步增强。在土地面积仅占全国1%、人口占全国不足6%的区域内，创造的GDP总量占全国的比重超过五分之一，达到20.2%，比上年提高0.7个百分点。

从经济总量看，2004年各城市完成GDP能级格局又有新变化，常州、嘉兴两市跻身千亿城市行列，使经济总量超过1000亿元的城市增加到10个，占总数的三分之二，分别是上海、苏州、杭州、无锡、宁波、南京、绍兴、南通、常州和嘉兴。

从增长速度看，15城市的经济增长率均在13.5%以上，均比上年有不同程度的提高。其中，增长最快的苏州达到17.6%。增幅在16%以上的分别为无锡、南京、苏州、嘉兴、舟山5个城市；在15-16%之间的分别为常州、南通、宁波、湖州、绍兴、杭州6个城市；在15%以下的分别为上海、扬州、镇江、泰州4个城市。

2.产业结构调整进一步加快。

长三角区域产业结构总体保持“二三一”的格局，但第三产业比重明显提高。2004年，长三角15城市第二产业增加值比上年增长17.6%，第三产业增加值增长14.1%，共同支撑了区域经济的加速增长。由于第三产业增速明显加快，其在经济总量中的比重也有较大幅度的提高。2004年，15城市三次产业增加值占生产总值的比重分别为4.5%、55.7%和39.8%。与2003年相比，第二产业比重下降0.4个百分点，第三产业比重则提高了2.2个百分点。与全国相比，长三角地区第二产业比重比全国平均水平高出2.7个百分点；第三产业发达程度明显领先，比重比全国平均水平高出8个百分点。经济规模较大的城市第三产业比重一般较高。2004年，第三产业比重超过40%的城市有4个，分别是上海、南京、杭州和无锡，其GDP总量均排在前5位内，而苏州由于制造业十分发达，第三产业比重相对较低，仅为32%，在15城市中居末位。各地区三次产业比重见下表。

表1　2004年按第三产业比重分的城市结构

单位：%

比重	城市
45%以上	上海（47.9）
40-45%	南京（43.7）、杭州（41.5）、无锡（40.2）
35-40%	舟山（38.9）、宁波（37.3）、镇江（36.7）、扬州（36.6）、常州（36.5）
30-35%	泰州（34.3）、湖州（34.2）、南通（33.7）、绍兴（33.1）、嘉兴（32）、苏州（32）

注：2004年全国三次产业结构为15.2：53：31.8。

二、基本特征：总量扩张、质量提高

1.制造业的区域集聚态势进一步增强。

近年来，长三角地区积极抓住国际产业转移的机

遇，加大吸引外资力度，已逐渐成为世界的制造业基地，工业生产能量不断放大。2004年，15城市共实现工业增加值13715亿元，比上年增长18.7%，增速比GDP高出3.3个百分点，且明显高于全国平均水平，对区域经济的增长发挥了重要作用。

各地工业生产均保持快速增长，增幅均在16%以上。15城市中，增幅超过20%的城市有2个，分别是苏州(23.5%)和南京(23%)；增幅相对略低的是宁波、上海和镇江，增幅低于17%。15城市规模以上工业企业共完成总产值47722亿元，比上年增长29.4%。增幅超过30%的有10个城市。其中，增幅超过35%的分别是南通、无锡、苏州、和泰州。从总量看，总产值规模排在前五位的分别是上海、苏州、无锡、杭州和宁波，均在3500亿元以上，其中上海最高为12885亿元，但增幅居后。

国内外需求形势趋好是带动工业快速发展的重要原因。2004年，长三角地区工业生产产销衔接状况良好，15城市工业产品销售率保持上年的较高水平，基本在97%以上。其中，上海最高，达到99.1%；苏州、南通、泰州、杭州、宁波、嘉兴、湖州等城市也在98%以上。与此同时，工业经济效益指标也均保持较好水平，利润总额增幅最高的南京达到78.3%，大部分城市也在20—45%之间。

2.国内市场需求持续扩张。

2004年，长三角地区15城市坚决贯彻执行国家宏观调控的政策措施，固定资产投资增幅较上年明显回落。全年15城市全社会固定资产投资总额达到13177亿元，比上年增长24.4%，增幅比上年下降14.4个百分点，比全国平均水平低1.4个百分点。其中，增幅在20%以下的有3个城市，在20—30%之间的有4个城市，增幅在30%以上的有8个城市，而上年增幅超过50%的有5个城市。长三角地区固定资产投资总额占全国的比重也有所降低，2004年为18.8%，比重较上年下降0.4个百分点。房地产市场投资仍是推动投资增长的重要因素，全年三分之二城市的房地产开发投资增幅明显高于全社会固定资产投资平均增幅。

消费品市场需求旺盛，增幅达到近几年来的最高水平。全年15城市完成社会消费品零售总额7956 亿元，比上年增长14.9%，增幅同比提高2.9个百分点，比全国平均水平高出1.6个百分点。15城市社会消费品零售总额增幅均达到两位数，其中无锡、苏州、南京3个城市达到18%以上。15城市的社会消费品零售总额占全国比重为14.7%。市场价格水平温和上涨。15城市的居民消费价格水平均呈上涨态势，涨幅最低的绍兴市为1.9%，最高的苏州市为5%，无锡、常州、苏州、南通、镇江、泰州、湖州、舟山等8个城市的涨幅也高于全国平均水平(3.9%)。

3.开放型经济实现新突破。

2004年，长三角地区的对外贸易继续保持强劲的增长势头，取得了突出的成绩。全年15城市完成外贸出口总额突破2000亿美元，达到2045亿美元，比上年增长47.5%，增幅比全国平均水平高出12.1个百分点。15城市外贸出口占全国的份额进一步提高，占全国的三分之一强，达到34.5%，比重较上年提高2.9个百分点。全年外贸出口额超过100亿美元的城市已达到6个，比上年增加2个，其中上海和苏州两市外贸出口总额分别为735亿美元和508亿美元，增幅均在50%以上，占全国出口总额的比重达到20.9%。

区域要素集聚功能进一步增强。伴随长三角区域一体化进程的加快，15城市对国际资本的吸引力日益增强，外资流入的速度依然较快。2004年，15城市吸收外商直接投资实际到位金额269亿美元，增幅均突破两位数，其中13个城市的增幅高出全国13.3%的水平。15城市中，增幅最高的镇江实现翻番，南通增长95%，扬州增长69.3%。15城市实际吸收外资金额占据全国的四成多，达到44.5%。第三产业吸收外资速度加快，外商增资现象也明显增多。

4.经济运行绩效不断提高。

财政收入持续快速增长，既是经济持续快速健康发展的结果，同时也有力地支持了经济的增长，两者形成了良性互动。2004年，15城市共完成地方财政收入2416亿元，比上年增长26.4%，其中11个城市的增幅达到20%以上，7个城市的增幅超过30%；宁波增幅相对较低，仅为8.8%，低于经济增长速度。在15城市中，上海地方财政收入遥遥领先，跃上千亿元台阶，达到1120亿元，比上年增长24.5%；其余14城市中，超过150亿元的城市有5个，分别是苏州、杭州、无锡、南京和宁波。

居民收入与国民经济同步增长。2004年，15城市城镇居民人均可支配收入均在9500元以上，增幅均高于11%，较上年有不同程度的提高。除扬州、泰州两市外，其余13个城市的城镇居民人均可支配收入均突破1万元，绝对收入最高的上海为16683元，增幅最高的绍兴增长18.9%。在收入较快增长的同时，居民消费水平继续提高。15城市城镇居民人均消费性支出均在6300元以上，增幅突破两位数的有10个城市，其中上海、南通、嘉兴3个城市的支出增长超过可支配收入增长。居民消费倾向保持稳定，均处于65−77%的区间，其中消费倾向超过75%的有3个城市，分别是上海（75.7%）、常州（76.8%）和杭州（77%）。

15个城市中，选择汽车为主导产业的有11个城市，选择石化的有8个城市，选择通信产业的有12个城市。江、浙、沪两省一市的制造业结构出现"往一条道上挤"的趋势，产业同构现象严重。2004年，从工业行业完成产值情况看，排在前10位的主要工业大类，上海与江苏的同构率达90%，上海仅在石油加工及炼焦业方面具有一定的优势；上海与浙江也有7个是相同的，同构率为70%。这些行业完成工业总产值占各地全部工业总产值的比重均在60−75%之间。

产业结构趋同演变成吸收外资上的争夺，而引资大战反过来又使业已存在的低层次产业同构现象在更高的产业层次上重演。目前，长三角各地不约而同地把引资

表2　2004年长三角15城市主要经济指标及与全国的比较

指　标	总　量				增　速（%）		
	长三角	全国	占全国比重(%)		长三角	全国	比全国高出百分点
			2004	2003			
生产总值（亿元）	27604.62	136515	20.2	19.5	15.4	9.5	5.9
#第二产业	15387.39	72387	21.3	-	17.6	11.1	6.5
第三产业	10986.30	43384	25.3	-	14.1	8.3	5.8
固定资产投资（亿元）	13177.11	70073	18.8	19.2	24.4	25.8	-1.4
消费品零售总额（亿元）	7956.25	53950	14.7	15.1	14.9	13.3	1.6
外贸出口总额（亿美元）	2045.20	5934	34.5	31.6	47.5	35.4	12.1

三、关注问题：产业同构，竞争过度

1.产业结构趋同现象仍较突出。

从长三角城市群布局看，江苏、浙江的主要城市都围绕在上海周围，既支撑着上海大都市圈的形成，也与上海存在着客观上的同构竞争。这一竞争在产业发展方面尤为突出，尽管上海整体上仍居领先地位，但这种领先的优势已明显缩小。目前，上海除了在金融、汽车和成套设备制造、航空航天等领域拥有一定的领先优势外，其他产业领域与苏、锡、常、杭等城市基本处于同级水平。长三角城市在产业分工中并未形成梯度层次，同质竞争现象愈演愈烈，长此以往，必将影响上海在长三角地区的地位。

制造业结构雷同已成为长江三角洲地区实现一体化发展的最大难点和障碍，城市产业同构化趋势日益严重。从主导产业选择看，各地争相把电子、汽车、机械、化工、医药等产业作为未来发展的主导产业。在长三角目标锁定海外大公司，争相开出更优惠的条件吸引投资者。产业同构、同质竞争现象日益加剧，直接导致长三角地区城市间的竞争内耗过大，造成各种资源和优势的浪费，直接影响到长三角参与国际经济竞争的整体实力。

2.经济增长动力结构仍有失均衡。

从产业角度看，近年来，长三角地区工业吸收外资迅速增长，一批外商投资项目纷纷建成投产，生产能力不断扩张，使工业生产超常规发展，而第三产业发展仍相对缓慢。2004年，长三角地区第二产业实现增加值15387亿元，比上年增长17.6%，增幅比GDP高出2.2个百分点，而第三产业增幅为14.1%，比GDP低1.3个百分点。15城市的第二产业增加值增幅均高出GDP增长率。其中，舟山高出4.9个百分点，泰州高出4个百分点，南通高出3.9个百分点。而工业增加值的增幅则更高，苏州工业增加值增幅比GDP高出5.9个百分点，

南通高出5.3个百分点。第三产业发展较为平稳，增长点相对乏力，15城市的增幅虽均在12%以上，但除宁波第三产业增幅比GDP略高外，其余14个城市均比GDP增幅低0.5–3个百分点。其中，苏州第三产业增长率比工业低9个百分点，南京低8.1个百分点。工业生产速度加快，使经济增长对工业的依赖性越来越高，而第三产业比重提升缓慢，15城市中有11个城市的第三产业比重不足40%，而其余4个城市最高的也不到50%。

近年来，长三角地区工业生产持续快速增长，凸现出经济增长对能源消耗的依赖度不断提高这一问题，各地电力、煤炭、石油等主要原材料均出现了供不应求的紧张状况，能源供应已成为制约经济增长的重要“瓶颈”。这是高能耗的重化工业快速增长的必然结果，需要引起重视。

3.经济增长方式投资主导特征仍很明显。

所谓集约型的经济增长方式，是指主要依靠优化产业结构、提高产业集中度和科技进步来实现低成本、低消耗和高效率的经济增长。但从长三角地区的实际情况看，目前主要仍依靠投入和资本的增加。从GDP使用结构分析，20世纪90年代以来，苏、浙、沪三省市的总投资率总体呈现上升态势，目前上海的投资率为44%左右，江苏为50%左右，浙江为45%左右，均高于全国平均水平。与之相对应，长三角地区的总消费率保持稳定态势，基本保持40–45%的水平，低于全国平均水平。从需求指标情况看，2004年，长三角地区的固定资产投资增长24.4%，比社会消费品零售总额增幅高出9.5个百分点。15城市中，除苏州外，其余14个城市的投资增幅均不同程度地高出消费增幅，最高的镇江和湖州分别高出22.1个和20.9个百分点。

与此同时，体现综合实力的指标——全社会劳动生产率水平虽然继续提高，但其幅度却呈下降之势。上海的全社会劳动生产率1993年比上年提高15.7%；2000年提高9%；2004年提高10.8%，比同期经济增长率低2.8个百分点。江苏和浙江也出现了类似的情况。

（执笔：秦丽萍　核稿：朱章海）

加快融入长三角　促进江苏区域共同发展

Speed up Integration with the Yangtze River Delta so as to Promote Common Development of Jiangsu Region

江苏省统计局

江苏地处长江三角洲的北翼。改革开放以来，全省各地经济社会发展较快，人民生活水平普遍提高。但由于自然地理和经济社会多方面因素的影响，地区之间发展的差距仍然较大，生产力空间布局不合理，南北经济呈明显的梯次分布，严重制约江苏经济进一步发展。按照发挥比较优势、加强薄弱环节、促进协调发展的要求，明确区域发展导向和总体思路，以形成南中北互动、优势互补、相互促进、共同发展的新格局，逐步扭转南北差距扩大的趋势，促进江苏区域经济共同发展，保持国民经济持续健康发展，已成为加速推进江苏"两个率先"进程中的一个重要课题。

一、三大区域经济发展差异的主要表征

根据自然地理等因素，江苏习惯上分为苏南、苏中、苏北三大区域。苏南包括南京、苏州、无锡、常州、镇江五市，苏中包括南通、扬州、泰州三市，苏北包括徐州、连云港、淮安、盐城、宿迁五市。地处沿江地区的苏南和苏中八市属以上海为中心的长江三角洲城市群的北翼，苏北五市也在积极努力，加快融入长三角步伐。

沿江八市在江苏和长三角地区地位显要，已发展成为江苏经济发展的先发区域和主要支撑。2004年沿江八市以占全省48.1%的土地和55.2%的人口，完成了全省79.3%的经济总量、78.0%的零售额、97.2%的外贸出口和85.8%的一般预算收入，吸纳的外资占全省的93.6%。沿江八市也是长三角的重要组成部分，2004年经济总量占长三角的42.8%，城镇固定资产投资、社会消费品零售总额、外贸出口额分别占38.5%、39.3%和40.9%，地方财政一般预算收入占30.2%，实际外商直接投资占46.9%。

促进区域共同发展是江苏经济发展的五大主战略之一。实施这一战略以来，在全省人民的共同努力下，区域共同发展取得重要进展。苏南发展水平加快提升，苏中快速崛起出现良好端倪，苏北后发优势逐步发挥。但区域共同发展的内在推动机制和良性互动机制还未形成，区域经济发展目前仍面临较多的问题。

表1　2004年江苏沿江八市主要指标情况

指　标	沿江八市	占江苏比重%	占长三角比重%
年末总人口（万人）	3976.66	55.2	48.4
土地面积（万平方公里）	4.85	48.1	44.2
耕地面积（千公顷）	2125	44.0	65.8
地区生产总值（亿元）	12311.16	79.3	42.8
第一产业	595.53	47.8	45.0
第二产业	7199.29	82.8	44.8
# 工业	6364.75	84.0	44.4
第三产业	4516.34	80.8	39.7
粮食产量（万吨）	1272.28	43.1	64.7
城镇固定资产投资（亿元）	4028.73	80.8	38.5
社会消费品零售总额(亿元)	3244.80	78.0	39.3

续表

指 标	沿江八市	占江苏比重%	占长三角比重%
进出口总额(亿美元)	1665.08	97.5	41.5
#出口	851.41	97.2	40.9
实际外商直接投资(亿美元)	113.58	93.6	46.9
地方财政一般预算收入（亿元）	752.76	85.8	30.2
地方财政一般预算支出（亿元）	853.76	79.2	29.1
金融机构存款余额（亿元）	15728.71	86.4	33.7
#居民储蓄存款	7241.24	81.7	38.7
金融机构贷款余额（亿元）	11947.02	88.6	34.1

表2　2004年江苏三大区域主要经济指标比较

指 标	苏 南		苏 中		苏 北	
	绝对量	比重%	绝对量	比重%	绝对量	比重%
年末总人口（万人）	2245.81	31.2	1730.85	24.0	3229.39	44.8
土地面积（平方公里）	28081	27.8	20426	20.2	52368	51.9
耕地面积（千公顷）	977.13	20.8	1092.50	23.2	2636.35	56.0
地区生产总值（亿元）	9591.77	61.8	2719.39	17.5	3220.08	20.7
第一产业	284.15	22.8	311.38	25.0	649.29	52.2
第二产业	5734.76	65.9	1464.53	16.8	1499.53	17.2
#工业	5101.06	67.3	1263.69	16.7	1212.67	16.0
第三产业	3572.86	63.9	943.48	16.9	1071.26	19.2
人均地区生产总值（元）	42965	–	15687	–	10004	–
粮食产量（万吨）	506.52	17.1	765.79	25.9	1681.97	56.9
棉花产量（万吨）	1.56	2.9	8.77	16.5	42.89	80.6
油料产量（万吨）	49.28	20.7	73.03	30.6	116.07	48.7
规模以上工业利税总额(亿元)	1334.08	70.1	287.98	15.1	280.57	14.7
城镇固定资产投资额（亿元）	3382.13	67.4	671.16	13.4	964.51	19.2
社会消费品零售总额(亿元)	2431.85	58.5	812.95	19.5	914.90	22.0
进出口总额(亿美元)	1560.42	91.4	104.66	6.1	43.02	2.5
#出口	784.87	89.6	66.54	7.6	24.17	2.8
实际外商直接投资(亿美元)	92.04	75.8	21.54	17.7	7.80	6.4
地方财政一般预算收入（亿元）	627.97	71.6	124.79	14.2	124.78	14.2
地方财政一般预算支出（亿元）	687.70	63.2	174.36	16.0	226.41	20.8
金融机构存款余额（亿元）	12672.43	69.6	3064.28	16.8	2482.35	13.6
#居民储蓄存款	5272.48	59.5	1974.24	22.3	1621.87	18.3
金融机构贷款余额（亿元）	10225.92	75.9	1721.66	12.8	1533.94	11.4
城镇居民人均可支配收入（元）	12514	–	10195	–	9116	–
农村居民人均纯收入（元）	6544	–	4765	–	3906	–
居民人均储蓄存款（元）	23477	–	11406	–	5022	–

一是经济总量和人均水平的地区差距在扩大。20世纪90年代前五年，苏南、苏中、苏北经济发展水平的极差迅速增大，后五年有所趋缓，但进入"十五"以后，差距又趋扩大。1996—2004年，苏北地区生产总值年均递增11.6%，比苏中快0.4个百分点，比苏南慢1个百分点。在三大区域间的绝对差距上，2000年苏南GDP、人均GDP分别是苏中的2.98倍和2.40倍、苏北的2.44倍和3.55倍，到2004年上升为是苏中的3.53倍和2.74倍、苏北的2.98倍和4.39倍。2004年苏南人均GDP达42965元，是全省平均水平的2.06倍；苏中、苏北人均GDP分别为15687元和10004元，分别低于全省平均的24.8%和52.0%，苏北比全国平均还低557元。

二是产业结构与工业化进程的差距更加明显。从产业结构看，江苏三大区域均已形成"二、三、一"格局，但苏北结构层次明显较低。2004年三次产业比重分别为：苏南3.0∶59.8∶37.2，苏中11.4∶53.9∶34.7，苏北20.1∶46.6∶33.3。苏南、苏中和苏北第二产业增加值比重分别为59.8%、53.9%和46.6%，第一产业比重分别为3.0%、11.5%和20.2%，非农劳动者比重为84.4%、68.5%和55.8%。苏北的农业比重明显偏大，这说明苏南、苏中、苏北经济发展的差距主要体现在非农产业上。苏南高新技术产业已具相当规模，苏中和苏北传统产业的比重还比较大。2004年苏南高新技术产业产值占规模以上工业增加值比重27.1%，占全省的84.5%；苏中比重分别为18.5%和11.7%，苏北比重为8.2%和3.8%。根据经济发展理论和国际经验判断，苏南已经进入较发达经济阶段，接近工业化高级阶段的初期；苏中处在工业化初期向工业化中期的迈进阶段，尚未实现从轻工业向重化工业的转换；苏北则处于从初级产品生产向工业化初期的过渡阶段。

三是在经济增长动力上存在较大差异。苏南经济的内生动力和外部推力较强，投资、消费和净出口三大需求对经济增长的支撑强度均高于苏中和苏北。特别是在外需方面，2004年苏南外贸依存度达134.7%，比2000年上升75.5个百分点；苏中、苏北为31.9%和11.1%，仅分别上升7.7和4.9个百分点。苏南在对外贸易和吸收外资上占据了绝对优势。出口占全省比重，2004年苏南为89.6%，苏中为7.6%，苏北为2.8%。实际到位外商直接投资占全省的比重，苏南为75.8%，苏中为17.8%，苏北为6.4%。2004年苏南实际到位外商直接投资92.0亿美元，分别相当于苏中、苏北的4.3倍和11.8倍。

四是生财聚财的能力和"富民"程度悬殊较大。苏南财力较为雄厚，而苏北财政比较拮据。1994年起全国实行分税制财政管理体制以后，包括苏北在内的全省财政收入保持了较快增长。但苏北的增长速度仍低于苏南、苏中的速度。2004年苏南实现地方财政一般预算收入628亿元，相当于苏中、苏北的5倍。苏南财力占全省三分之二，而苏中、苏北合计仅占三分之一。苏南一般预算收入占GDP的比重为6.5%，比苏中、苏北分别高2.0个和2.7个百分点。从生活水平看，2004年，城市居民人均可支配收入苏南、苏中、苏北分别为12514元、10195元和9116元，最高的苏州市比最低的宿迁市高2.3倍。农村居民人均纯收入苏南、苏中、苏北分别为6544元、4765元和3906元，最高的苏州市比最低的宿迁市高2.2倍。2004年苏中城镇居民人均可支配收入和农民人均纯收入比苏南分别低2319元和1779元，苏北则比苏南分别低3398元和2638元。收入水平的差距必然导致生活水平和生活质量的差异。

二、对区域经济发展差异扩大的理性思考

决定和影响区域经济增长的因素多种多样，包括历史基础、区位条件、资源状况、文化背景、科教水平、经济结构、开放程度、制度环境以及人们的思想观念，等等。因此，几乎所有的国家和地区都存在区域差距问题。发达国家经过长期不懈的努力，其内部差距已经得到了缓解，但也并非完全消失，而发展中国家目前这一问题还相当突出。"核心与边缘区理论"认为，在一个经济区域中，核心区的发展一方面能发挥扩散效应，从而在一定程度上带动边缘区的发展，有利于缩小地区之间的差距，但另一方面，劳动力和资金等都会从边缘区迅速流入核心区，由于这种极化效应的存在和加强，核心区能得到进一步的发展，而边缘区却处在不利的地位，与核心区的差距越来越大。只有当经济发展到一定阶段时，极化效应也才会逐步弱化。

经过多年的发展，苏南地区已成为江苏区域经济发展中的核心区域或如佩鲁所说的"发展极"，而苏中尤其是苏北成为边缘区域，苏南对苏中和苏北乃至省外一些地区形成的影响主要是极化效应，扩散效应还未大量

释放。苏中、苏北的劳动力、人才、技术、知识、资金等生产要素，总体上还是流向苏南(也包括流向上海、北京、广东等地甚至国外)。换言之，江苏三大区域之间的经济差距，目前不仅不可能明显地缩小，甚至还会进一步扩大。这是经济发展的规律使然，而不以人们的主观意志为转移。

毋庸讳言，区域差距的存在有一定的不可避免性。但并非不能缩小，特别是在目前苏北经济经过多年的发展，已经具备了良好的现实基础，面临着新的增长机遇，加之区位和资源等比较优势，后发的潜质巨大，完全有条件实现跨越式发展，进而逐步缩小差距。在缩小差异过程中，市场和行政力量缺一不可，其中政府宏观调控起着至关重要的作用。缪尔达尔指出："市场力的作用总是倾向于扩大而不是缩小地区间的差别"，他认为，缩小地区差距不能依靠市场机制，而必须加强国家干预，即运用种种政策手段促进区域经济协调发展。萨缪尔森指出，"对于一个健康运行的经济来说，市场和政府这两个部分都是必不可少的。"因此，进入"十五"时期，省委、省政府强力推进区域共同发展战略，就是承担政府的经济职能，强化宏观调控。几年来，在政府推动下，主要依靠市场机制的作用，大力推进南北对口合作，加快产业转移，建立财政转移支付制度，运用计划、行政手段和财政、税收、金融、劳动就业等经济政策，帮助和支持苏北、苏中的发展，引导三大区域合作共进，取得了较好的成效。

三、区域共同发展需要解决的几个问题

(一)三大区域全面建设小康社会。

上个世纪最后20多年，江苏人民为摆脱贫困、实现小康进行了艰苦卓绝的努力，到2000年末全省总体上达到以县为单位实现小康的目标，完成了由温饱向小康的历史性跨越，苏南及沿江部分地区提前向第三步战略目标迈进。但应该看到，江苏的小康之路是不平衡、低水平的，其主要差距可以概括为：区域经济发展极不均衡，城乡二元结构十分明显，贫困地区及其人口状况令人堪忧，总体小康的若干指标迄今并未真正达标。而江苏在建设全面小康社会中的难点和重点，则表现在：从区域角度看在苏北，从城乡角度看在农村，从产业角度看在农业，从各种社会阶层角度看在农民等弱势群体，从社会全面进步角度看在提高人的素质和可持续发展。因此，江苏在建设全面小康社会方面，从区域的角度看可以说任重而道远。因此，必须加强对全面建设小康社会的部署，不仅要求苏中尤其是苏北跟上全省建设的步伐，尽快提高人民生活水平，重点解决贫困人口的脱贫问题，而且对苏南也要提出在"全面"上下功夫，在难点上求突破，在重点上花气力。总之，三大区域要形成全面建设小康社会的强烈氛围，努力实现"三大文明"，重点解决"三农"问题，使江苏真正实现"两个率先"的奋斗目标。

(二)走新型工业化道路，提高工业化水平。

党的十六大报告明确指出："实现工业化仍然是我国现代化进程中艰巨的历史性任务。坚持以信息化带动工业化，以工业化促进信息化，走出一条科技含量高、经济效益好、资源消耗低、环境污染少、人力资源优势得到充分发挥的新型工业化路子。"江苏区域发展差异性大，在很大程度上是由产业结构不高、市场竞争能力不强、工业化进程不同步造成的。为此，江苏区域产业结构政策应有明确的目标，即在优化区域经济资源配置、构筑各具特色的区域经济的基础上，把工业化作为推动经济发展的"第一方略"，促进产业结构的高度化。这是推动区域经济由不均衡发展到均衡发展、实现三大区域跨越式发展的理性选择。苏南地区技术经济水平较高，结构转换能力较强，要充分发挥比较优势，提高产业层次，优先发展高新技术产业、现代服务业以及高效优质农业，逐步将一般加工工业和劳动密集型产业向苏中和苏北转移，提高国内、国际分工地位。苏中地区产业基础比较薄弱，既要做好与苏南的优势互补，获得它们的产业转移、资金扩散和技术支撑，加快融入苏南板块，又要发挥其自身优势，积极发展沿江重化工业，提升产业竞争层次。苏北地区产业发展要立足当地的资源优势和相对充裕的劳动力优势，积极主动地与苏南地区对接，加快传统产业改造步伐，努力提高资源加工深度，延伸产业链，促进资源的高效转化和多次增值。发展区域产业经济，尤其要坚定地走新型工业化道路。无论是苏南还是苏中和苏北，工业化进程远未完结。特别是工业化水平尚处于起步阶段的苏北地区，要坚决摒弃传统工业化的发展思路，按照新型工业化道路的科学内涵，以科技创新和进步为支撑，以提高经济效益和竞争力为中心，走可持续发展的工业化道路。

（三）在加快沿江开发的同时推进苏北大发展。

实现地区协调发展，关键要打破行政分割，建立统一市场，重塑市场经济条件下的新型地区经济关系。省委、省政府制定的沿江开发开放战略，是江苏经济增创新优势的一次重要机遇，也是逐步缩小南北差距、实现区域共同发展的最佳切入点。通过沿江开发的要素集聚，可以促进生产要素的合理流动和优化配置，带动欠发达地区经济的顺势发展，从而最终突破"地理上的二元经济"格局。江苏沿江现代工业基础较好，国际配套能力强，劳动力成本、土地成本相对较低，应充分利用这种优势，迅速提升制造业层次和水平，特别是提高产业转移质量，立足国际化，坚持高标准，着力吸引跨国公司前来投资和建立地区性总部，建立面向全球的生产基地、研发中心和采购中心，使沿江地区成为高科技制造业的密集地、国际知名品牌的生产地、高科技研发和高科技人才的集聚地。注重产业集聚效应，通过沿江开发形成合理的产业布局和地区分工，提高产业配套能力。加强与长江三角洲地区配套合作，成为长江三角洲国际制造业基地的核心区和配套区。充分利用上海国际跨国公司、海外投资者集聚的优势，打破地域观念，主动"抢滩"上海。

在空间分布上，沿江两岸如何与以上海为核心的"长三角"融合发展，以及苏北地区如何与苏南、苏中互动，是沿江开发中的两个重要命题。前者的实质是江苏融入长三角的经济一体化进程，后者则是苏北融入"苏南板块"的发展循环过程。苏中地区是承接苏南、带动苏北的前沿阵地和传导区域，通过苏中崛起推进苏南向苏北有效的辐射传导，是沿江开发的着力点和突破口。但在沿江开发过程中，由于"极化效应"或"回流效应"的不可避免，近期内苏北落后地区存在着被"边缘化"的危险。有鉴于此，建议在制定沿江开发战略规划的同时，要高度重视"苏北大开发"问题，加快建设东陇海产业带，大力发展海洋经济，使沿江开发与苏北开发并行不悖，实现区域间的优势互补和合作共赢。如果说，江苏沿江融入"长三角"一体化进程的发展态势，很大程度上取决于能否实现与上海为核心的融合互动的话，那么，"苏北大开发"成功的关键就在于通过与沿江两岸的要素整合，建立苏南、苏中和苏北的横向融合链，使三大区域经济有机耦合成一个经济循环体，以整体优势参与国内、国际分工。

四、在更高层次上推进区域共同发展战略的实施

江苏在新世纪新阶段，必须立足于全省经济发展的总体目标，在更高层次上实施区域共同发展战略，强化分类指导的有效性，创新方法，突出重点，狠抓落实，以产业高度化、要素市场化、区域城市化、经济国际化为路径，依靠市场力量与行政力量共同推动优化资源配置，构筑区域发展的动力机制，形成区域互联互动格局，从而不断缩小区域发展差异，促进南北经济的协调发展。为此特提出以下政策措施：

（一）以市场取向改革为动力，增创体制机制新优势。

江苏市场化改革起步较早，具有一定的先发优势，但近年来与浙江、广东等省份相比，在体制机制的活力和市场化程度上都存在差距。这是制约江苏区域经济难以更快更好发展的一个重要因素。应当认识到，提升苏南发展水平、促进苏中快速崛起和发挥苏北后发优势，都需要以体制机制上的突破为前提，否则就会被束缚手脚，失去先机，从而阻滞生产力的释放和发展，在激烈的市场竞争中陷于困境。

江苏要实现新一轮区域经济大发展，首先必须认清新形势，着眼新实践，启动思想马达，克服体制障碍。要增强加快发展的危机感、紧迫感和责任感，倡导敢想敢干、敢冒风险的精神，激励开拓者，重用创新人，调动和保护干部"创优争先"、人民群众"创业致富"两个积极性，形成企业能生能灭、干部能上能下、分配能高能低、人才能进能出的机制，把比较优势运用到极致，把各种潜力挖掘到极致，把干部群众的创造性发挥到极致，以超人一等的思想观念、高人一筹的发展思路，确保苏南发展更好、苏中和苏北发展更快。

其次，实行市场和政府双轮驱动，构建区域共同发展的市场经济机制。目前在区域发展中，行政性干预过多，政府的力量显得较为强大，而市场在资源配置中的基础性作用尚未有效发挥。因此，要加快推进政府职能转变，将新形势下政府的功能定位于经济调节、市场监管、社会管理和公共服务上面来，解决好"越位"、"缺位"和"错位"问题，把一些本不应由政府部门承担的职能，转移到行业协会和中介机构方面去，继续减少行

政性审批和部门收费，规范和整顿市场经济秩序，完善宏观调控体系，为经济发展营造良好的宏观环境。

再次，加快企业改革步伐，激活经济发展动力。目前，市场机制不够活，“民本经济”不够强，是江苏区域经济发展中的共性问题。因此，必须积极推进大中型国有企业股权结构的多元化，完善法人治理结构，使国有企业真正成为市场主体。对国有中小企业，要进一步放开搞活，充分调动经营者的主观能动性。推行公有制的多种有效实现形式，大力发展股份制等混合所有制经济，通过市场吸纳各种社会资本，引进新的管理体制，提高企业生产经营效率。私营个体经济是实现区域共同发展的潜力极大的新增长点，必须切实按照省委、省政府提出的“六放”要求，多予少取，多方扶持，促进其上规模、上水平。

（二）完善区域政策，特别是加大财政转移支付力度。

随着我国加入WTO和经济发展阶段的变化，原有的区域政策需要不断调整、补充与完善。区域政策包括区域分工政策、区域布局政策、区域管理与调控政策等。其中财政转移支付是地区政策中最基础和最重要的政策手段。根据国内外的经验与江苏区域经济状况，为加快各地区交通、科技、教育等基础设施和公共产品建设，在财政转移支付制度的实施中，应扩大转移支付规模，并由以下途径对市县进行财政拨付：第一，按人均GDP水平和人口数量为各地提供教育、科技上的支持，这部分支出宜占财政拨付总额的一半以上；第二，按人口结构和经济规模，支持各地的社会服务和社会保障支出；第三，科学评估各地税收征收潜力和努力程度，以核定标准收入，按财政收入能力来确定给各地的转移支付额度，使财政转移支付对南北地区人均财政收入的过分悬殊起到相对均衡的作用。

应高度重视财政转移支付对落后地区经济的调节作用。按照省政府有关文件精神，转移支付资金主要用于解决机关工作人员、教师及离退休等人员的工资发放和弥补社会保障资金缺口，同时保证地方政权机关的正常运转。除此之外，建议实行加速折旧政策，对国内外投资者到苏北地区投资新建企业的永久性固定资产实行快速折旧制度；发挥财政杠杆作用，动用一部分财政资金对外地到苏北地区办企业的投资者给予投资补贴；对在苏北地区建立的开发区、基础设施和公共设施给予资助。在税收政策上，对苏北落后地区可实行税收优惠政策，推行差别税率和对投资减免税等，以吸引企业和投资者。

（三）推进城市化战略，增强城市功能集聚效应。

现代生产要素需要由现代城市来聚集。目前江苏三大区域城市化进程均出现加快之势，但城市总体发展水平不高，城市规模、结构、功能存在一定差距。特别是苏中、苏北城市化水平明显低于苏南，中心城市规模偏小，城市群功能较弱。为此，必须进一步加快完善区域城镇化体系，有序加快城市化进程，走以城市圈、城市群、城镇密集带为基点的开放式发展道路。

一是在做大做强苏锡常都市圈、南京都市圈和徐州都市圈的同时，依靠多核扩散方式，在圈内中心城市周围形成一批定位适当的卫星城，扩大和提升城市要素集聚和扩散的功能。从长远的利益出发，为冲破行政上的体制束缚，降低市场交易成本，实现生产要素的合理流动，可以考虑在原行政单元的基础上组建经济联系紧密的新的行政区域中心。要增强徐州市作为苏鲁豫皖接壤地区中心城市的集聚辐射功能，培育一批苏北地区的具有一定经济实力、区位条件较好的中心县城，扶持其发展为中等规模的城市，使苏北经济“小马拉大车”转变为“群马拉车”。二是要以产业链为纽带，加快开发区城市化进程，支撑开发区所需的基础设施、相关服务设施和要素市场，促进关联产业的集聚和扩展效应，形成城市化产业带，形成支撑城市化内涵的支点。三是要加快城市环境建设，注重最佳投资和创业环境的营造，增强城市吸引力。四是在推进城市化进程中，由于土地被大量征用，不少农民成为失地农民，并有可能转为城市贫民，以此要高度重视失地农民的生活保障问题，加快建立被征地农民的基本生活保障制度。建议进一步改革农村土地征用制度，调整土地收益分配政策，以征地补偿安置费和土地转用后的增值收益为主要来源建立失地农民的社会保障体系，确保失地农民的长远生计。

（四）加大招商引资力度，形成全方位开放格局。

区域经济发展实践表明，要优化经济结构，提升综合竞争力，必须以注入巨额资本为必要条件。吸引外资的不同，直接导致了经济发展的差异。三大区域应紧紧抓住国际资本加快向长江三角洲地区集聚的机遇，抓住民间资本已开始启动的机遇，通过制度创新和资本流入的产业导向，实现对资本利用水平的新突破。积极引导外资投向装备制造业、高新技术产业、基础设施、创汇农业、资源开发和国有企业改组改造等，把招商引资重点放在引进关联度大、产业链长的战略性投资项目上，以高科技含量的产业和产品推进产业高度化，全面提升江苏制造业的竞争能力。苏北地区应将积极吸引外商投资作为发展经济的一项关键措施，充分发挥劳动力成本相对较低、自然资源丰富的优势，制定更加有效的政策，不断改善投资软环境和产业配套条件，进一步放宽投资领域，降低投资门槛，为外商投资提供更多的发展空间与商业机会，促进外商投资逐步由南向北挺进。建议以省政府的名义，每年举办几次农业、工业、基础设施等领域利用外资和内资招商会，以优惠政策帮助苏北地区引进外资和浙江、广东、苏南等发达地区的民间资本。

（五）提高南北合作层次，尤其要完善挂钩帮扶体制。

“八五”以来，省政府对苏北经济薄弱县实行挂钩帮扶，苏南地区按照优势互补、注重实效、共同发展、实现双赢的要求，加大南北挂钩合作的力度，对带动苏北发展起到了重要作用。今后要继续坚持和完善省级机关、科研院所、企事业单位、苏南和苏北各县“五位一体”的挂钩帮扶体制，加快草危房改造、中小学危房改造、农村改水步伐，增加在基础设施建设、科技进步等方面的资金扶持。在南北合作过程中，应着力在提高合作效率、合作层次和水平上下功夫。

一是要逐步完善南北挂钩合作的运行机制。单纯建立在行政性推动基础上的南北合作机制，是不能长久和有高效率的，必须强调各市场利益主体之间的合作伙伴关系。这种关系，主要是通过政策制定过程中的公众参与、各级政府部门之间的及时沟通、具有对各部门政策进行协调的机构、把私人企业作为地区经济发展的主体等方面来实现的。特别是要明确非国有投资在南北合作中的主导地位，以推动苏北落后地区市场化程度的提高。

二是要推进产业向苏北大转移。实现区域产业的战略大转移，一方面，苏南地区要进行自身产业结构的大调整，向更高层次的高新技术产业转移，然后将一部分资源加工型、劳动密集型产业等传统产业让渡出来，鼓励、引导各类企业到苏北去经商办厂、投资兴业，这既能为苏南地区发展技术、资本密集型产业腾出空间，又能带动和推进苏北工业化进程，从而实现南北优势互补、资源共享和区域共同发展；另一方面，苏北地区要主动跟进，向发达地区让出来的产业扩展，增强自己在传统产业中的竞争能力。苏南要主动向苏北介绍招商引资经验，主动把招商渠道推荐给苏北，每年帮助挂钩地区引进一定数量的外资项目。

三是加强南北地区在劳动力转移方面的合作。苏南和苏北地区应建立长期稳定的劳动力供求协作关系，帮助苏北地区根据劳务市场需求，有针对性地开展劳动力技能培训，提高他们的就业能力。省政府可考虑增加促进苏北地区农村劳动力转移的就业资金，主要用于农村劳动力职业技能培训、对劳务服务机构的奖励等。

（执笔：综合处）

环杭州湾地区经济发展特征及比较

Features and Comparison of Economy Development of Areas around the Hongzhou Gulf

浙江省统计局

环杭州湾地区位于浙江的东北部，是浙江经济最发达的地区。随着上海建设国际经济、贸易、金融、航运中心步伐的加快，其巨大的集聚和辐射能力，日益显著地影响长三角地区经济一体化发展的进程，一个以上海为龙头的世界第六大城市群正在加速发展，为环杭州湾地区的发展提供了宽广的国际化平台。自2003年初浙江省委、省政府提出“接轨上海、积极参与长江三角洲地区合作与交流”战略决策以来，环杭州湾地区抢抓机遇，克难攻艰，全力以赴构建环杭州湾产业带，努力打造长江三角洲“金南翼”，国民经济持续平稳较快发展，结构和效益不断改善，一个充满活力的现代化城市群正在崛起。

一、环杭州湾地区基本情况

1.经济总量占全省2/3。环杭州湾地区近沪临苏，包括杭州、宁波、绍兴、嘉兴、湖州、舟山6城市，其区位条件优越，港口资源得天独厚，区内交通发达，基础设施完善，产业优势比较突出，教育、科技、人才基础雄厚，是浙江现代化进程最快的区域。2004年，6城市土地面积4.54万平方公里，占全省的44.6%，长三角15城市的45.3%；人口2327万人，占全省50.8%，长三角的30%。

改革开放20多年来，6城市抢抓机遇，加快发展，综合实力明显提升，在浙江经济快速发展的进程中起着举足轻重的作用，在国家统计局公布的《2003年度中国综合实力地级以上百强城市报告》中，6城市均列入百强城市行列。2004年，6城市实现生产总值7840亿元，比1978年的86亿元增加7754亿元，占全省GDP比重为66%；人均GDP达到33795元（折约4082美元），比1978年的443元增加33352元，是全国水平（10561元）的3.2倍，是浙江全省水平（23924元）的1.4倍；社会消费品零售总额占全省的62%；财政总收入占全省的72%；随着我国加入世界贸易组织，国际资本和产业向长三角地区转移步伐加快，出口和实际利用外资在环杭州湾所占比重更是显著。2004年出口总额占全省的79%；外商直接投资占全省86%。在环杭州湾地区中，省会城市杭州和副省级城市宁波两城市充分发挥大城市的作用，加快发展，集聚和辐射带动作用明显增强，在百强城市排列中，杭州和宁波分列第8和第18位。2004年，两城市地区生产总值均超2000亿元，分别达到2515和2158亿元，两市GDP合计占环杭州湾的比重达59.6%，比1978年的56.5%提高3.1个百分点，人均地区生产总值达到39003元（折4710美元），其出口总额和地方财政收入占环杭州湾的比重均高达70%。

2.全国百强县个数占全省3/4以上。从国家统计局

表1 环杭州湾地区主要经济指标在浙江和长三角的比重

2004年	全省	环杭州湾	# 杭州	# 宁波	环杭州湾占全省比重（%）
土地面积（万平方公里）	10.18	4.54	1.66	0.94	44.6
人口（万人，户籍）	4577.22	2327.2	651.68	552.69	50.8
地区生产总值（亿元）	11943.3(各地合计数)	7840.19	2515	2158	66
人均生产总值（元）	23924	33795	38858	39174	1.41倍

历届测评百强县情况看，这一区域百强县的个数不断增加，名列全国前茅。1991年进入百强的有10个县市，2000年增加到16个，2002年增加到19个，2003年这一区域的萧山、绍兴、鄞州、慈溪、余杭、余姚、海宁、嘉善、诸几、桐乡、上虞、平湖、海盐、嵊泗、德清、奉化、长兴、象山、新昌、临安、桐庐、宁海、富阳共23个县市均列全国县（市）社会经济综合百强，百强县个数不断增加，占全省百强县个数（30个）的3/4以上。2004年，23个百强县实现生产总值4360亿元，占环杭州湾县域经济（4761亿元）的91.6%，占30个百强县（5808亿元）的75.1%，人均生产总值30464元，是全省水平的1.3倍。

在23个百强县中，被命名为中国纺织生产基地的萧山，20多年来 GDP以年均超过15%的速度增长，多次荣获"全国农村综合实力百强县（市）"、"全国明星县（市）"、"全国十大财政县"等称号。2004年GDP超过500亿元，人均生产总值43504元，分列浙江县域第一和第二位；拥有亚洲最大的轻纺专业市场的绍兴县，1991年起，均被评为"中国农村综合实力百强县(市)"，1988年起，连续三届名列全国"十大财政县"行列，2004年，实现生产总值329亿元，人均生产总值46829元，分列浙江县域第二和第一；此外，塑料王国——余姚、建筑之乡——上虞、袜业之乡——诸暨、连接沪甬两大都市的"黄金节点"的慈溪以及分别拥有中国规模最大的皮革专业市场、全国最大的羊毛衫集散中心的海宁和桐乡等市县，2004年GDP均超过200亿元，大批百强县的崛起，成为区域经济快速发展的强大动力。

二、环杭州湾产业结构变化趋势、特点及比较

1.区域产业结构演变过程。在经济快速发展的同时，环杭州湾地区的产业结构也加快调整优化。按时期分析，解放初期，该地区是一个典型的经济基础十分薄弱的农业地区，第一产业增加值占生产总值的比重在60%以上，三次产业结构在GDP中的比重呈"一、三、二"顺序。在之后的近30年的发展中，以政府为主导的工业化开始启动并逐步加快，尤其是杭州和宁波有重点地建设和恢复了一批轻纺加工业和钢铁、机床等重工业，两地工业规模迅速扩张，杭州和宁波分别在1957年和1975年以工业为主体的第二产业比重首次超过第一产业，带动了全地区工业化进程的加快。到改革开放初期的1979年，环杭州湾地区的三次产业构成为37：45：18，第二产业比重比第一产业比重高8个百分点，呈"二、一、三"分布。同年全省产业构成比例为42.9：40.6：16.5，呈"一、二、三"构成，两者三次产业构成相比，前者农业比重比后者底5.9个百分点，第二产业比重高4.4个百分点，第三产业比重高1.5个百分点。环杭州湾产业结构水平明显优于全省水平。

改革开放以后的10余年，随着以市场化取向的改革和农村乡镇工业的迅速崛起，农村劳动力大量向第二产业转移，农村乡镇工业成为农村经济发展的支柱和工业经济的重要组成部分。此外，农村家庭联产承包责任制的推行，从根本上解放了广大农民的生产力，为第一产业的发展提供了新的动力，这一时期结构提升较为明显的另一标志则是该地区第三产业的较快发展，1989年，环杭州湾地区的三次产业构成为23：52：25，与1978年相比，10年间产业构成完成了"二、一、三"向"二、三、一"的转变。第三产业在这一时期得到较快提升的重要原因是农村乡镇工业的迅速发展以及1985年取消农产品统购统销制度，农副产品进入市场，工业品也有原来的统购包销形式逐步走上自销流通渠道，流通业的发展促进了各类市场的发展，尤其是农副产品市场和各种专业市场如雨后春笋迅速发展。工业化进程的加快和产业结构的不断调整有力地带动了环杭州湾地区乃至全省经济的持续较快增长。

进入90年代以来，环杭州湾地区的产业仍呈现"二、三、一"构成，但结构水平明显提高。1990-2004年时期，随着经济增长的内生机制的不断增强、市场配制资源的明显提高和消费结构的变化，环杭州湾地区的产业结构也由传统轻纺产业向现代轻工业升级，重工业向重化工业调整，此外外向型经济的发展，推动该地区经济发展逐步从自我积累方式向开放型经济加快转变，产业链开始向省外和国外延伸，参与国际产业分工和协作，第二产业中技术和资本密集的高技术产业蓬勃兴起，工业创新能力不断提高，具有较强的比较优势和市场竞争力。2004年，环杭州湾GDP中，第二产业比重达到56.1%，比1990年上升5.1个百分点。这一时期产业结构演变的另一显著特点是第三产业的新突破，金融保险业、信息传输、计算机服务和软件业、现代物流业、文

化传媒业、中介服务业、房地产业、会展业等现代服务业迅速崛起，并成为经济发展中最有活力的产业。从而带动了该地区第三产业比重从1990年的26%上升到2004年的37.1%，提高了11.1个百分点。其中杭州第三产业比重从1990年的33%提高到2004年的41.5%提高8.5个百分点。产业结构的高级化和具有区域特色产业体系的形成，为沿海发达地区率先基本实现现代化过4000美元，达到4082美元，步入中等收入国家（地区）行列。对比产业结构变动可以发现，环杭州湾产业结构的演变趋势符合经济发展的国际一般规律：即随着人均GDP的不断提高，第一产业比重不断下降，第二和第三产业的比重逐渐上升。2004年和1979年相比，第一产业比重下降了30.2个百分点，第二和第三产业的比重分别上升11.1和19.1个百分点。(2)产业结构

表2 环杭州湾及全省产业结构变动趋势比较

单位：%

年份	一产比重		二产比重		三产比重	
	环杭州湾	全省	环杭州湾	全省	环杭州湾	全省
1979年	37.0	42.9	45.0	40.6	18.0	16.5
1980年	30.0	36.0	51.0	46.8	19.0	17.2
1989年	23.0	25.0	52.0	45.8	25.0	29.2
1990年	23.0	25.1	51.0	45.4	26.0	29.5
1995年	13.0	15.9	56.0	52.0	31.0	32.1
2004年	6.8	7.2	56.1	53.8	37.1	39.0

奠定了坚实的基础。

2.区域产业结构演变的特征。从20多年发展历程看，环杭州湾产业结构发生了两次大的转变。一是1980年第二产业比重首次超过50%，达到51%，高于全省4.2个百分点，表明工业化进入加快推行的轨道；二是1989年第三产业比重首次超过第一产业比重，成为向现代产业结构转型的重要标志，并在其后的十多年间，第二、三产业比重同时稳步提高，并且第三产业结构变动快于第二产业。其主要特征：（1）产业结构的优化与经济发展的规律基本相符。经过改革开放二十年多年的快速发展，环杭州湾地区产业结构转型趋势日益明显。随着计划体制的逐渐退出历史舞台，市场经济体制的不断完善，各类市场主体逐渐形成，特别是80年代农村家庭联产承包责任制的推行，以及90年代以来国家鼓励和支持多种所有制经济的共同发展，所有这些都意味着市场机制开始在产业资源配制中逐渐发挥基础性作用，区域综合经济实力不断增强。从人均GDP增长状况分析，1978年，该地区人均GDP为433元，到1993年，人均GDP超过1000美元，达到1017美元，1999年，人均GDP超过2000美元，达到2074美元，2003年，人均GDP超过3000美元，达到3400美元，2004年已超的优化主要通过加速工业化进程，发展比较优势产业，提升产业素质而实现的。第二产业主要是工业，在国民经济中的比重不断上升并占据了主要地位，是地区进入工业化的重要象征，也为居民物质生活的提高和第三产业的发展创造了条件和基础。20多年来，区域经济通过轻纺工业的快速发展获得了先发优势使经济得到较快发展。从1980年到1990年，纺织、服装等行业产值比重从约23%上升到30%左右，进入90年代，在传统轻纺工业继续保持一定的发展优势的同时，医药、电子、化工等行业的发展得到提高，形成了具有较大规模的产业基地，医药、电子、化工等占工业产值比重由1990年的14%上升到22%。说明了地区工业基本完成了依靠大量劳动力投入实现增长的发展阶段后，开始向资本高投入为特征的高加工度方向发展，产业技术基础和产业素质得到提升，传统产业获得了新的比较优势。(3)在产业结构的演变进程中，区域第三产业发展缓慢和第一产业剩余劳动力滞留是影响产业结构高度化的两个重要因素。2004年环杭州湾三次产业的从业人员之比为22.8：46.6：30.6，与三次产业构成6.8：56.1：37.1相比可以得到，第三产业发展水平还相对低下，其增加值占GDP的比重比全省水平（39%）还低1.9个百分点，

由于第一产业的劳动力相对过剩，导致第一产业的比较劳动生产力较第二和第三产业都要低得多。目前第二产业吸呐农村劳动力的能力已经大大下降，因此加快第三产业发展，推进城市化进程应该是一条吸纳农村剩余劳动力的有效路子，这在我省20多年的发展中已经得到证实，如何进一步拓展农村剩余劳动力转移的空间，进一步提升产业结构高度，进而提高经济增长的质量，是各地应该不断探索努力的。

3.区域内各地产业变动的比较分析。从区域内各地的产业发展变动分析，杭嘉湖平原和绍宁平原的地域区位优势突出，20多年来，第一产业比重呈现明显下降趋势，2004年区域第一产业比重为6.8%，比全省平均水平低0.4个百分点，尤其是杭州、宁波两地第一产业比重分别为5.5%和5.7%，均比全省水平低1个百分点以上，但嘉兴、湖州、舟山的第一产业比重为7.4%、11%、和18%，均高于全省7.2%的平均水平，与目前发达国家农业比重占GDP比重仅4%左右比较，明显偏高；第二产业逐渐上升，2004年，区域第二产业比重上升到56.1%，比全省高2.3个百分点，6城市中，除舟山(43.1%)外，第二产业比重均在50%以上的比重，其中，低于全省水平的仅有杭州，为53%，其余4市均超过全省水平，嘉兴最高，达到60.4%。与此同时，第三产业较快发展，但三产比重却低于全省水平。2004年，区域第三产业比重为37.1%，低于同年全省39%的水平，6城市中仅杭州比重高于全省水平，超过40%，其余包括宁波在内的5城市的三产比重都偏低，范围在32%-39%之间，与发达国家60%相比差距较大。20多年区域内结构调整的具体特点是：

(1)块状效益农业成为区域经济发展的一大亮点。随着农业产业结构调整步伐的加快和农村二、三产业和小城镇的发展，为农业的专业化生产创造了条件，环杭州湾地区以发挥区域比较优势，大力调整农业区域结构，着力培育区域特色支柱产业和品牌农产品为突破口，大力发展效益农业并着眼于国内外大市场，改变“小而全”和自求平衡的农业区域格局，建设区域化、规模化的生产基地，扩大特色产品的生产规模，区域形成了诸多以农业区域化布局为基础、贸工农一体化、规模经营全面发展的农业产业带和产业群，提高了市场竞争力和占有率，一批拥有特色主导产业和加工业群的特色经济产业区发展壮大：杭州茶叶、花卉苗木、水产、节粮型畜禽、蔬菜和竹业等六大优势农业产业在2004年实现产值120.37亿元，增长10.5%，大大高于全省农业产值4.4%的增幅；宁波依据自然禀赋和品种改良而逐步形成的水产品、花卉、创汇蔬菜、榨菜、蔺草、茶叶、水果、竹笋、生猪、禽蛋等十大主导农业产品具有广阔的市场和发展空间；嘉兴把发展农业产业化经营作为重点工作来抓，优质大米、蚕茧、食草型畜禽、杭白菊、特种水产、优质水果、加工蔬菜、苗木花卉等农业主导产业已经形成；湖州各地加快农业龙头企业向主导产业聚集，区域化布局日趋明显，逐步形成了竹木(笋)、粮油、畜禽、蚕茧等四大农产品加工产业；绍兴围绕特色农业，开发特色产品，茶叶、珍珠、麻鸭、长毛兔、香料烟成为全国最大的生产基地；舟山根据海岛的优势和特点，发展远洋捕捞、近海养殖和海产品加工业，积极拓展花卉、蔬菜、畜牧、水果、无土栽培等市场空间。2004年，环杭州湾地区农业生产增加值为536亿元，占全省总计的63.1%。效益农业、农业结构调整为区域农业发展也为农民增收带来了前所未有的发展机遇，浙江农民年均收入水平自1985年开始已经连续20年位居全国各省自治区的首位，环杭州湾区域块状效益农业经济的发展壮大功不可没。

(2)区域产业集群格局逐渐形成。产业集群是改革开放后出现的新经济地理现象。近年来，环杭州湾地区大力整合提升各类工业园区，进一步完善园区技术创新功能和质量检测、物流配送及公共信息等综合服务功能，引导企业进园进区集聚发展，引导投资向重点区域集中，加快建设若干行业的全国性制造中心和产业基地。在这一趋势引导下，中小企业在完成原始积累和具备扩大再生产能力后，开始追求市场最大化、增加产品科技含量、提高国际竞争力的目标，工业园区作为产业升级的载体，为实现这一阶段性发展目标提供了机遇。众多中小企业向工业园区的集中，将一家一户自发性的作坊生产引向集聚型的规模经营，进一步实现了资金、市场、人才、原材料等要素的集聚，促进了社会化分工与协作，使众多小企业逐步走上“专业化、特色化”的联合之路。在短短的十几年里，环杭州湾区域的“块状经济”迅速发展并提升到具有一定规模的具有专业化分工协作特点的产业群。从专业化类型来看，目前环杭州湾沿岸各市县在建的开发区和各类工业园区规划面积已达600多平方公里。以绍兴的轻纺产业群、海宁的皮革产业群、嵊州的领带产业群、诸暨的袜业产业群、桐乡的羊毛衫产业群、嘉善的木业产业群、慈溪的小家电产业群、杭州高新技术产业群等为代表的产业群在这片区域崛起并在全国乃至全球市场上占据了强势地位。目前该区域年销售额超1亿美元的企业集群有100多个，有50多个集群的产品国内市场份额在30%以上，并且形成了配套紧、效率高、质量好、成本低的专业化分工协作网络。区域内乃至全省基本形成以杭州为中心，沿钱塘江两岸向绍兴、宁波、嘉兴辐射的杭州湾电子产业带，成为信息产业高度集中、微电子产业还在进一步加速集聚的"IT"产业基地，特色优势明显。据统计，目前环杭州湾地区已集聚了全省70%以上的微电子企业，形成了鲜明的分工协作体系，使杭州湾地区的信息产品制造业规模占全省80%以上，软件产业规模占全省90%以上。同时，宁波港、舟山港、嘉兴港等港口正在与上海共建国际航运中心。杭州萧山国际机场已开通日本东京、大阪、新加坡和香港的定期航班，改善了浙江通往世界的运输和物流网络，形成了较为发达的市场流通网络，产业集聚效应明显增强。可以毫不夸张地说，区域经济发展的主要动力来自于许多有着较大规模和专业技术的地方特色产业群。

表3　环杭州湾6城市三次产业构成

单位：%

地区	第一产业		第二产业		第三产业	
	1978年	2004年	1978年	2004年	1978年	2004年
杭州	22.3	5.5	59.6	53.0	18.1	41.5
宁波	32.3	5.7	48.1	57.0	19.6	37.3
嘉兴	49.9	7.4	33.0	60.4	17.1	32.2
湖州	45.1	11.0	36.3	54.8	18.6	34.2
绍兴	45.5	7.0	32.9	59.9	21.6	33.1
舟山	42.0	18.0	31.7	43.1	26.3	38.9

三、长三角南北翼区域的比较

长三角区域包括了上海在内的15个大中城市，由于上海在长三角中的龙头作用及显著地位，鉴于可比，现仅将环杭州湾区域6城市与长江三角洲北翼，即江苏的南京、苏州、无锡、南通、常州、扬州、镇江、泰州等沿江8城市略作比较。

1.总量比较：从主要指标分析，江苏所属的8城市主要指标占长三角的比重均高于浙江6城市所占比重。2004年，江苏的南京、苏州、无锡等8城市实现生产总值12311亿元、出口总额851亿美元、实际利用直接外资114亿美元、全社会固定资产投资6021亿元、社会消费品零售总额3245亿元，占长三角的比重分别为44.6%、42%、57.8%、44.3%和38.5%。以GDP为例，江苏8城市（南京、无锡、常州、苏州、南通、扬州、镇江、泰州）在长三角的位次依次为6、4、9、2、8、11、12、13位。尤其是苏州市，生产总值、全社会固定资产投资、财政总收入、出口总值、利用外资在长三角的位次均居上海之后列第二，其中利用外资也在全国列各城市第二，2004年达到50.33亿美元，远远超过浙江、江苏的省会城市－杭州(14.1亿美元)和南京(25.70亿美元)以及副省级单列市－宁波(21.03亿美元)，占长三角比重18.5%。与此相对应，浙江6城市除杭、甬、绍外，嘉兴、湖州、舟山经济规模普遍较小，2004年6城市生产总值7840亿元、出口总额406亿美元、实用利用外资58亿美元、全社会固定资产投资4093亿元、社会消费品零售总额2257亿元，占长三角的比重分别为28.4%、20.3%、23.3%、31%和28.4%，均低于江苏水平。特别是舟山多项主要经济指标占全区的比重均不到1%，与苏州相比相差甚远。

2.经济运行质量比较：（1）经济密度（GDP/区域内土地面积）。经济密度是用来反映单位土地面积的总产出。反映区域内土地利用效率。2004年长三角15城市为GDP27601亿元，平均每平方公里土地产出2754

表4　环杭州湾6市和江苏沿江8市主要指标比较

2004年	土地面积（万km²）	人口（户籍，万人）	GDP（亿元）	出口（亿美元）	实际利用外资（亿美元）	固定资产投资（亿元）
长三角15市	10.02	7656	27601	1992.8	248.9	13199
浙江6市	4.54	2327	7840	406.2	57.9	4092.8
江苏8市	4.85	3977	12311.	851.4	125.6	6021.4

万元。其中江苏8市单位面积产出为2538万元，浙江6市单位面积产出为1727万元，江苏为浙江的147%。(2)人均收入。2004，长三角人均GDP为36163元(4372美元)，其中浙江6城市为33795元（4082美元），比江苏8城市平均水平（31042元，3753美元）高8.8%；简单平均计算，浙江6市城镇居民人均可支配收入平均14669元，是江苏8市平均水平（11731元）的125%，其中的杭州、宁波、嘉兴、绍兴均超过了江苏最高水平的苏州市，而江苏的扬州和泰州人均可支配收入还不足万元；农民收入方面，尽管江苏最高的苏州(7503元)超过浙江最高的嘉兴（7021元）6.9%，但浙江6市农民人均纯收入均超过6200元，而江苏的南通、扬州、泰州还不到5000元。(3）耗能产出方面，2004年长三角每千瓦时用电量创造的工业增加值5.77元，其中浙江6市为5.87元，高于长三角平均水平也高于江苏8市5.46元的平均水平。(4)全社会劳动生产率（GDP/平均从业人员)，2004年，长三角全社会劳动生产率61125元/人，其中浙江6市51102元/人，为江苏8市57090元/人的89.5%，浙江水平明显低于江苏地区。(5)三次产业构成，2004年长三角产业构成比例为4.5：55.7：39.8，其中浙江6市为6.8：56.1：37.1，江苏8市为4.8：58.5：36.7，两者相比，江苏8市工业化程度高于浙江6市，但浙江服务业水平要略高于江苏地区。(6)人力资本质量，这里我们用劳动力受教育程度这个方面对杭州湾地区人力资本质量与江苏沿江八市及全国作一比较。根据2000年人口普查资料，杭州湾地区人力资本质量并不高。就业人口平均受教育时间只有8.17年，比江苏沿江八市的8.56年要少0.39年，比上海少了2年，仅比全国略高0.14年；从高素质就业人数看，2000年杭州湾地区每万就业人口中拥有大专以上受教育程度的人数为468人，比浙西南的322人高出三分之一，也略高于全国的358人的水平，但与江苏沿江八市568人相比，要低近五分之一，加快提高我省的人口素质成为全面建设小康社会和率先实现基本现代化的重要任务。

3.个案分析比较：改革开放以来，位于上海北翼的苏州和无锡始终把发展的目标与上海的发展紧紧联系在一起，采取“依托上海、错位发展、共同繁荣”和“听南京的、看上海的、干自己的”的发展战略，取得了显著的成功。2004年，苏州、无锡的GDP分别达到3450和2350亿元，分列浙江和江苏14城市第一和第三位。反观浙江的嘉兴和湖州，由于在战略取向上没有始终瞄准上海，特别是未能紧紧抓住90年代上海经济大发展的战略机遇期，成为目前长三角区域经济发展中的一个相对薄弱的地区。尽管两地近年来发展势头较强，但湖州的各项重要经济指标仍然排名14城市倒数第二，嘉兴则排名第九，嘉兴和苏州经济实力的差距之间由1978年的1：2.4拉大到2004年的1：3.3，湖州和无锡之比由1978年的1：2.8拉大到2004年的1：4。近日中国社会科学院发布了《2005年城市竞争力蓝皮书：中国城市竞争力报告》，报告对全国有代表性的50个城市一年的发展进程中各自的比较优势和劣势进行了科学的评价，并通过定量分析50个城市的基础设施、产业结构、投资环境等，给出了中国综合竞争力的城市排名，前10名分别是上海、深圳、广州、北京、杭州、宁波、苏州、无锡、厦门、天津。苏州还分列文化竞争力和制度竞争力的第三和第五名，无锡获环境竞争力第四位，而嘉兴仅获制度竞争力第四位，湖州无缘综合及任何分项目的前10名。可以说，主动接轨上海，既是长三角共同发展的需要，也是江浙两省各地进一步发展的需要，是符合区域发展一般规律的战略选择和发展方针。

四、环杭州湾区域目前面临的挑战机遇及发展前景

上述分析让我们看到，20多年的发展，环杭州湾地区取得的成绩显著，与长三角北翼相比优势和差距并

存，展望未来，机遇和挑战并存。其挑战：一是目前区域人均GDP超过4000美元大关，从国际经验看，当一个地区的人均GDP达到3000-10000美元之间，正是国民经济具备相当实力，进入活跃、加速发展的阶段，但这一时期也是现代化进程中的关键。一些发达国家跨过这个关键后经济加速发展，如法、韩、英人均GDP从3000到5000美元分别只用了3年、4年和5年；但也有截然相反的情形，最典型的是一些拉美国家，始终在这关键时期徘徊不前。我们应该看到，目前环杭州湾达到的人均GDP还仅大体相当于日本、韩国上世纪70年代中期、80年代后期的水平，还是建立在粗放型的增长方式之上，区域和城乡发展还不平衡，资源和环境的压力将随着经济的快速发展而越来越大，还有来自于人口的挑战，以及城市人口密度过大和人口、资源环境与经济发展之间的矛盾将越来越突出，必然给城市的可持续发展带来挑战。二是由于环杭州湾出口产品的主导产业仍然是资源密集型和劳动密集型产业，该地区面临国内外劳动密集型产品的巨大挑战，同时也面临一些高新技术产品停留在劳动密集型的加工装配环节，竞争力不强的挑战。三是我们应清晰地意识到，由于目前江浙沪三地协调机制的不完善，从三地发展规划来看，产业结构趋同化趋势仍十分明显，犹以制造业为盛。2003年上海“173”计划的推出，让苏浙始料不及，该计划主要面向世界五百强企业，与江苏和浙江展开吸引外资的竞争。而江苏的沿江开发战略也是酝酿已久，在新一轮规划中，江苏省400多公里的长江岸线和沿线8个城市都被囊括在内，将重点发展装备制造、化工、冶金和现代物流四大产业。构建环杭州湾产业带，实质也是建设先进制造业基地的连绵带，因此两省一市产业结构趋同化趋势也是环杭州湾区域发展面临的又一挑战。

然而，环杭州湾发展也面临前所未有的国际国内大好机遇。就发展全局看，长三角区域经济联动发展，是一种不可阻挡的趋势。与此同时，在经济全球化和产业结构调整的大力推动下，新一轮国际产业转移浪潮更加速了国际间资本的流动，发达国家在继续向发展中国家转移本国已失去竞争优势的劳动密集型产业的同时，开始向发展中国家转移资本密集型和资本技术双密集型产业，而长三角区域是我国承接发达国家转移资本密集型和资本技术双密集型产业的主要区域之一。鉴于这样的发展环境，浙江省政府近年相继制定了《环杭州湾产业带发展规划》和《环杭州湾地区城市群空间发展战略规划》，根据《环杭州湾产业带发展规划》，环杭州湾地区产业带将重点培育五大标志性产业集群：(1)以杭州、宁波、绍兴为重点的电子信息产业集群；(2)以杭州、绍兴、舟山为重点的现代医药产业集群；(3)以宁波、嘉兴、绍兴为重点的石化产业集群；(4)以绍兴、杭州萧山、嘉兴为重点的纺织产业集群；(5)以宁波男装、杭州女装、湖州童装为特色的服装产业集群。根据《环杭州湾地区城市群空间发展战略规划》，到2020年，环杭州湾地区将形成6个都市区、三大城市群，随着杭州湾跨海大桥等交通通道的建设，逐步融入“上海一日经济圈”。届时，这一地区将有杭州、宁波两大300万至500万人口的城市，嘉兴、绍兴、湖州、舟山4个50万至200万人口的城市，还有嘉善、平湖、桐乡、海宁、富阳、上虞、诸暨、余姚、慈溪、长兴等10个大城市以及一批中等城市与小城市。因此，展望未来，只要各地坚持树立和落实科学发展观，加快经济增长方式的转变，推进先进制造业建设，努力提升现代服务业的发展水平，增强辐射和带动浙江其他区域特别是欠发达地区发展的能力，环杭州湾地区作为新世纪浙江经济最重要的发展极，必将为浙江区域经济的协调发展和再次腾飞发挥更加积极突出的作用。

(执笔：潘强敏)

连横合纵　走向共赢

——从珠三角到泛珠三角的变迁及启示

Develop Alliance with Competitors to Achieve Win-win Results

—The Progress from the Pearl River Delta to Pan-Pearl River Delta and Its Enlightenment

广东省统计局

2004年,是珠三角区域大整合之年,大珠三角正式实施之年,又是泛珠三角全面启动之年。从珠三角到泛珠三角的变迁,显示出区域合作的大潮如波涛汹涌,势不可阻。令人深思,给人启迪。

珠三角：龙头提升，寻求拓展

(一)经济快速增长,带动能力增强。

珠江三角洲是广东经济发展的“龙头”。改革开放至今,珠三角进入了工业化中后期,呈现出工业化、城市化、信息化和国际化互动共进的良好格局,是国内最具生机活力、拉动经济增长最大的地区之一。2004年珠三角的龙头地位得到提升,表现在与港、澳经济关系更加紧密,发展动力更加充足,市场机制得到创新,辐射能力得到延伸。全年生产总值达13394亿元，占全省GDP的74.0%，比上年提高0.2个百分点；增长率为16.0%，高于东、西两翼的10.2%和12.7%，也高于山区县的12.2%；对全省经济增长的贡献份额相应增大,贡献率为78.6%,大大高于东、西两翼的6.3%和7.5%,以及山区县的11.3%；对全省经济增长的拉动率为11.2%，也大大高于东、西两翼的0.9%和1.1%，以及山区县的1.6%。珠三角显赫的业绩,使她有足够的实力与长三角、环渤海经济区比翼齐飞,各领风骚。

1.投资力度加大,发展后劲增强。2004年珠三角固定资产投资4487亿元，比上年增长20.0%。其中，基本建设投资1899亿元,增长36.2%；更新改造投资434亿元，增长8.3%；房地产开发投资1275亿元，增长12.6%。一批大型项目投资建设进展顺利,惠州中海壳牌石油化工项目、深圳岭澳核电二期工程正在大规模建设之中,投产后将为广东提供可靠的能源供应；广州地铁一、二号线已投入营运,其他各条线路正在建设；广州大学城建设进展顺利,2004年秋季已进驻第一批学生。一批电力、邮电、高速公路、港口大型投资项目,目前正在加紧施工。

2.工业主导经济发展,结构升级优化。2004年,珠三角全部工业增加值为6570亿元,比上年增长20.8%,略高于全省工业增长率0.8个百分点。对0省工业增长的贡献率为83.0%,拉动全省工业增长16.6个百分点。珠三角工业化进程不断加快,全部工业增加值占全省GDP的比重达49.0%,比上年提高1.6个百分点。分经济类型看,珠三角外向型经济特点突出,按销售收入排序，前三位是港澳台投资经济（8874亿元)，外商投资经济（6438亿元)，国有及国有控股经济（4216亿元)；分行业看,主导产业科技含量高,信息产业比重大,销售收入上千亿元的大类行业有5个：通信设备、计算机及其他电子设备制造业(7033亿元),电气机械器材制造业（2508亿元)，电力、热力的生产和供应业（1559亿元),化学原料及化学制品制造业(1168亿元),交通运输设备制造业(1101亿元)。在全省企业50强中,珠三角工业企业（集团）占33个；在全省工业企业50强中，珠三角占47个，其中广州15个，深圳18个。联想国际信息产品(深圳)有限公司、广州汽车工业集团有限公司和TCL集团有限公司分列前三位。长城公司的信息产品,广州本田公司的小汽车,华为、中兴公司的通信设备,美的公司的家用电器,安利公司的日用品,广州宝洁公司的日用化工产品等,在国内外誉有盛名。

3.市场保持畅旺,成交规模不断扩大。2004年,珠三角社会消费品零售总额4499亿元，比上年增长

13.1%。市场化建设加快，形成了一批规模化经营的企业。全省亿元市场有四分之三落户珠三角，2004年珠三角共有亿元以上市场222个，占全省亿元市场个数的75.8%。其中，广州92个，深圳40个，佛山36个，各占31.4%、13.7%和12.3%。全省总成交额名列前10名的亿元市场，有9个落户在珠三角，分别是：广东西樵轻纺城(170亿元)、深圳市布吉农产品中心(149亿元)、深圳市福田农产品批发市场(55亿元)、广州市江南蔬菜批发市场(48亿元)、广东金属物质市场(41亿元)、深圳市宝安农批市场(38亿元)、深圳市东益华鹏汽车交易市场(37亿元)、广东鱼珠国际建材市场(37亿元)、广州市嘉禾畜禽交易中心(33亿元)。

4.出口规模再创新高，利用外资再掀热潮。珠三角经济外向度高，2004年外贸出口总额1818亿美元，比上年增长25.4%。按出口额排序，出口国家和地区依次为香港、美国、日本、欧盟、东盟和台湾。机电产品和高新技术产品大幅增长，手机出口成倍增长，数据处理设备、显示器、电视机、摩托车出口额增长超过五成；传统产品如纺织品、服装、家具、塑料制品和鞋类，出口增幅也较高。

2004年，珠三角抓住粤港澳实施CEPA的时机，拓展吸引外资的新领域。广州南沙、惠州大亚湾、广州开发区等成为新的投资热点。全年实际外商直接投资额为111亿元，比上年增长四成多。投资方向逐步向服务业发展，国际金融、保险、物流、会展、广告、咨询等行业成为外商投资的新领域。按外商实际投资排序，投资较大的五个行业为：房地产，租赁和商务服务业，交通运输及仓储和邮电业，信息传输及计算机服务和软件业，住宿和餐饮业等。

5.财富不断集聚，居民存款增加。珠三角经济的飞跃发展，提供了丰富的税收来源，增加了居民的现金收入。2004年地方财政一般收入达932亿元，比上年增长9.9%。城乡居民存款年末余额12680亿元，比上年增长14.6%。人均GDP达到46304元，是全省平均水平(19707元)的2.3倍。

(二)正视局限，寻求突破。

1.自然资源严重不足。珠三角土地面积仅有4.17万平方公里，占长三角不足四成。经过20多年的开发，目前可供开发的土地相当有限，可谓寸土寸金。2004年每一平方公里承载的GDP达到3212万元，是全省平均水平(895万元)的3.6倍。深圳、东莞、佛山等市，已基本没有土地可供大规模开发。同时，煤炭、矿石资源稀缺，发电用煤和炼铁矿石多靠国内市场购进或国外进口；南海原油开采量也不够自用，需要大量进口。2004年国际原油价格飞涨，使中下游产业为主的珠三角企业受损。珠三角的发展正面临着严重的资源制约，煤电油运问题尤其严重。为缓和资源矛盾并拓展空间，近年来，广东省政府出台有关政策，促进珠三角的产业向北部山区和东、西两翼转移。

2.劳动力首次出现紧缺。据调查，2004年珠三角出现了明显的民工短缺现象，短缺民工总量超过100万人。其中，东莞、深圳、广州市短缺民工占全省需求量近五成，有70%的企业招工困难。这不仅影响到企业的正常生产，在一定程度也减缓了珠三角经济的发展速度。“民工荒”问题的出现，表明珠三角发展劳动密集型产业项目不容乐观。

3.技术升级处于“阵痛”时期。珠三角的工业化热潮只有20多年，比欧美100多年的历史，技术水平还处于吸收、消化阶段。企业自身拥有的技术，目前还是以外观设计为主，自主创新的核心技术不多。急需的核心技术，如计算机芯片生产技术，有关国家不准向我转让。一方面，珠三角还引进不到急需的先进技术，受制于人；另一方面，自主研发水平仍然不高，解决不了燃眉之急。珠三角的产业技术升级正处于“两难”困境，亟待寻求新的突破。

4.经济管理体制改革滞后。珠三角曾经创造出“谁投资，谁受益”、“以电养电、以路养路、以桥养桥”的成功经验，以市场为取向的改革，解决了基础设施和产业投资建设难题。时至今日，这种投资体制已不适应社会经济高速发展的客观要求。珠三角的电价，比相邻各省一般都要高，增加了企业成本。近几年省政府决定调低电价，每度电从3元多降至1元以下；而2004年煤价的上涨，又令电价有所回升。珠三角的高速公路，由于每个市、区以及每座大桥设立收费站，如广佛高速公路沙贝收费站等，常常是车龙成队，堵塞交通，造成高速公路不高速。事实表明，曾经引以为豪的珠三角电、路、桥投资管理体制已阻碍了生产力的发展要求。如果不进一步改革和创新，珠三角将有裹足不前之忧。

（三）整合“小珠”，推进“大珠”。

1.重新整合珠三角生产要素。广东的珠三角，原指珠江三角洲经济开放区，建于80年代中期；现指珠江三角洲经济区，建于90年代初期，简称“小珠”。鉴于广东珠三角的先发优势、地缘优势弱化，2004年中共广东省委、省政府提出，对珠三角的生产要素重新进行整合，包括土地资源、水资源，城市之间的交通、信息、污水处理以至文化体育设施，都要协调发展。其后，珠三角各市纷纷行动。如广州市将荔湾区与芳村区、越秀区与东山区4个区合并为2个区，新建萝岗区和南沙区，实施东进南扩战略。

2.推进粤港澳大珠三角经济区走向融合。2003年6月，中央政府与香港特区政府签署《内地与香港关于建立更紧密经贸关系的安排》（CEPA）；10月，与澳门特区政府签署《内地与澳门关于建立更紧密经贸关系的安排》。根据安排，CEPA在2004年正式实施，这促进粤港澳三方结成了大珠三角。广东与香港、澳门分别举行联席会议，提出了“前瞻、全局、务实、互利”的合作方针，以落实CEPA为契机，明确各方的定位，厘清各方的分工，合力打造大珠三角经济区，使广东发展成为世界上最重要的制造业基地之一，香港发展成为世界上最重要的以现代物流业和金融业为主的服务业中心之一，澳门发展成为世界上最具吸引力的博彩、旅游中心和区域性的商贸服务平台。

泛珠三角：合作发展，共创未来

泛珠三角，区域包括福建、江西、湖南、广东、广西、海南、四川、贵州、云南9个省区和香港、澳门2个特别行政区，简称9＋2。2004年，9省区土地面积占全国的五分之一，总人口占三分之一，地区生产总值占三分之一（见附表1），加上香港、澳门特别行政区，泛珠三角地区在全国的经济地位堪称举足轻重。6月1日，由9＋2政府联合举办、广东省政府承办的首届泛珠三角区域合作与发展论坛在香港会展中心开幕，次日移步澳门会展中心演讲；6月3日，9＋2政府首脑在广州签订《泛珠三角区域合作框架协议》，表达了共同的愿望和要求；7月14–17日，首届泛珠三角区域经贸合作洽谈会在广州国际会展中心举行，获得显赫成果。

（一）启动合作机制。

泛珠三角合作机制的启动，是以开设论坛广纳良策，以签订协议确定合作机制，以经济合作促进共同发展。

1.签订框架协议，确定合作机制。2004年初，9＋2政府对共同制定并签署合作框架协议达成共识，并委托广东负责起草工作。4月8日，9＋2政府代表对《协议（草案）》进行认真讨论，并提出了修改意见。随后，多次进行修改、补充和整合，形成《协议（送审稿）》。国务院办公厅有关负责人对协议的编制过程、形式和内容给予了肯定。在举办论坛前一天，框架协议获得中央批准。9＋2政府首脑签订的《泛珠三角区域合作框架协议》，明确了合作宗旨、原则、要求、领域及机制，为泛珠三角区域合作提供了有力的制度保障，是推动区域合作与发展的纲领性文件。同时，建立起目标一致、运转协调、务实高效的工作制度。主要是：9+2最高行政首长联席会议制度、政府秘书长协调制度和政府部门的协调制度，以及每年一届轮流承办的泛珠三角合作区域合作与发展论坛等。从多个层面形成了合作的保护机制、有效的合作推动机制、合理的利益分配机制和良好的服务咨询机制，保证区域合作顺利进行。

2.制定专项合作协议，落实各项合作措施。至2004年底，9＋2有关各方签订专项协议（议定书、备忘录、倡议书）共30项，合作领域包括基础设施、产业与投资、商务与贸易、旅游、农业、劳务、科技文化、信息化建设、环境保护、卫生防疫等（见附表2）。这些协议的实施，为推动9＋2的合作与发展，提供了具体化的法律文书。

（二）推进经济合作。

9＋2各方不仅构建起良好的合作机制，而且追求经济实效，做到务虚与务实相结合。通过举办经济洽谈会等方式，扎扎实实开展经济合作。

1.广东“转战”泛珠三角8省区。2004年4月，广东党政团和经贸团赴广西、湖南，打响泛珠三角经贸合作“第一枪”；5月，广东115家企业组团深入四川考察，在中国西部博览会上表现活跃；同月，广东50个国有大集团和一批优秀民营企业组团赴云南、贵州，洽谈经贸合作；6月，广东经贸团考察江西、福建；同月，广东经贸团考察海南。在考察、交流、项目对接中，广东为泛珠三角经贸洽谈会准备了丰硕的合作成果。据统计，广东在首届泛珠三角经贸洽谈会上共签订合作项目

710个，合同成交额1630亿元，高居各省区榜首。其中，广东与香港签订项目245个，成交金额428亿元，占广东成交总额的26.3%（见下表），表明粤港双方经贸合作更加紧密，规模更大。

广东与各省区合作项目、金额统计表

合作地区	签订项目（个）	合同成交额(亿元)
合计	710	1630
福建	35	31.29
江西	52	94.22
湖南	75	138.61
广西	100	140.35
海南	43	156.16
四川	46	32.82
贵州	51	225.39
云南	31	73.45
中国香港	245	427.92
中国澳门	24	10.98

值得关注的是，广东签订的合作项目，已从过去的单方面引进资金，变为资金引进与输出并重。在广东签订的466个实业投资项目中，广东对外省区投资额为574亿元，引进资金（包括内外资）666亿元，资金引进仅比输出多92亿元，大16%。如：广东与广西签订的南宁市城中村项目建设，投资金额40亿元；东莞市与广西合作新建纸厂，投资金额20亿元；深圳市与海南签订农产品购销项目，金额17.5亿元等，投资或出资方均为广东有关企业。广东的资金优势，将带动有关省区实业的建设与发展。

2.举办首届泛珠三角区域经贸洽谈会。2004年7月，为期4天的首届泛珠三角经贸合作洽谈会在广州国际会展中心举行。9＋2各代表团精心准备，全力推介，共推出1817个项目，参加推介会的各界人士达到5500多人次。推介会共分8场，项目包括制造业及工业园、矿产资源开发、高科技、交通能源与城市建设、商贸流通及服务业、产权股权转让等。据初步统计，首届洽谈会签订合作项目847个，总金额2926亿元。其中，政府推动的铁路、水运、电力、科技、劳务、粮食等6个专项，合作金额1202亿元；企业间签订各种项目840个，总金额1724亿元。

（三）制定规划，谋求长远大计。

为全面贯彻落实《泛珠三角区域合作框架协议》及9＋2政府部门间签订的相关合作协议，9＋2政府秘书长暨发改委主任会议确定，由广东省发改委牵头编制《泛珠三角区域合作发展规划纲要》(2005－2020年)，于2005年7月25日在泛珠三角区域合作行政首长联席会议上讨论通过。

《规划》提出了泛珠三角区域合作的总体目标。即：建立适应经济社会发展需要的区域基础设施网络，建立公平开放的区域市场体系，构建优势互补的区域产业协作体系，打造“泛珠三角”区域合作品牌，提供区域整体国际竞争力和影响力，形成东中西互相互动、协调发展、共同繁荣的新格局。

《规划》明确了两个阶段性目标。第一阶段是2005－2010年，以《泛珠三角区域合作框架协议》10个领域和重点项目的合作建设为基础，打造“泛珠三角”区域合作品牌。首先建成适应市场需求的区域综合性基础设施网络；其次是发挥政府的公共行政职能，为区域要素和产品市场体系建设提供良好的制度环境；凭借独特的区位优势，构筑中国——东盟经济合作的重要平台。第二阶段是2011－2020年，通过市场配置实现区域协作发展，建立开放竞争的要素和商品市场体系，整体提高国际竞争力和影响力，形成东中西部互联互动的协调发展格局，不断提升本区域与东盟的交流水平。

《规划》提出了四条推进措施：消除区域障碍，促进市场开放；提高通关、检验检疫效率，促进区域贸易；加强机制建设，保障区域合作健康发展；争取国家对泛珠三角区域合作与发展的支持。

《规划》还阐述了泛珠三角的基础与条件，明确了制定规划的指导思想，明确了合作的主要领域与任务等。

启示：整合优势　走向共赢

当今经济全球化，市场如战场，欧美日强，而我相对较弱。要在市场竞争中立于不败之地，需要整合优势，创新体制，提高整体竞争力。如果说经济全球化是当今世界性连横合纵的演变，那么9＋2则是区域性连横合纵的创新。为了实现共赢，9＋2地区寻求合作达到共同发展，是市场经济条件下的必然选择。

（一）整合优势是9＋2合作的切入点。整合资源，优势互补是推进9＋2区域合作的切入点，同时也是各地区拓展经济活动空间的共同战略。为拓展发展空间，2003年7月广东开始提出泛珠三角区域合作的构想。事实上，"前店后厂"的合作已使港澳与广东形成了唇齿相依、休戚与共的依存关系；2004年开始实施CEPA，为提升大珠三角的合作发展带来新的机遇。而西电东送，西水东调，数百万民工下珠江，以及铁路部门每天三趟火车送货到香港，已使9＋2地区的经贸关系十分密切。在泛珠论坛上，广东省委书记张德江指出：泛珠三角合作的优势在于产业差异明显、经济互补性强。区域内既有我国东、中、西三个不同的区域经济特征，又有"一国两制"的特点；既有香港这个国际著名的物流中心和金融、信息中心，又有澳门与欧盟、葡语国家的密切经贸关系；既有广东这个全国重要的制造业基地，又有八省区辽阔的腹地和丰富的资源及科技人才优势；既有大珠三角的市场、资金、技术、信息综合优势，又有八省区多个产业"单项冠军"互相补充呼应。这样的区域合作格局，有利于进一步落实CEPA，发展香港的金融业、航运业、旅游业和现代服务业，发展澳门的旅游业和其他产业，保持港澳繁荣稳定；有利于落实中央提出的科学发展观，实现东、中、西部经济优势互补、协调发展；有利于9＋2地区优化资源配置、增强区域整体实力和竞争力；有利于提高对外开放水平，推动中国——东盟自由贸易区合作和亚洲合作的发展。

（二）探索区域经济发展规律，正确认识竞争与合作的关系。我国实行市场经济的时间不长，市场调节是"看不见的手"，市场竞争是"大鱼吃小鱼"等观点对人们仍有很大的影响，这种观点忽视宏观调控把"看不见的手"显形，区域合作则使"大鱼"和"小鱼"平等合作，谋求共赢。WTO的游戏规则和9+2协议，都不能按过去的市场经济理论加以阐释。

探索区域经济发展规律，要引入博弈论。在经济学中，博弈论研究当某一经济主体的决策受到其他经济主体决策的影响，同时，该经济主体的相应决策又反过来影响其他经济主体选择时的决策问题和均衡问题。博弈论揭示，各经济主体都可以在竞争中受益，重要的是建立市场经济秩序。诺贝尔经济学奖得主莱因哈德·泽尔腾认为，博弈论对人类的贡献是，增强国际间（区域间）交流合作的机会。在9＋2的合作格局中，各省区政府为决策主体，签订合作项目为决策变量，选择合作是9＋2的共同策略（战略），在项目合作中获取共同利益是"博弈"的结果，这种合作采用最优策略（优势互补）或行动使9＋2共同发展称为"均衡"。用博弈论阐释9＋2合作框架及发展前景，得出令人鼓舞的结论。而实现区域协调发展和社会和谐，正是9＋2追求的共同目标。

推进9+2合作与发展，要正确认识并处理好竞争与合作的关系。虽然，合作是最优策略和行动，能够创造整体利益并使个体获取长期利益，但不能保证每个参与者在短期内都能获取最大利益。在劣势领域，广东可能因"受补"而得益，使劣势强化；而在优势领域，广东可能因补充其他合作者导致利他不利己。例如，广东在9＋2合作中，可以较好解决煤电油运"瓶颈"制约经济发展、产品销售市场扩张难等问题；但是也有可能出现承接港澳投资相对减少、本省部分企业外出投资以及资金外流等问题，即强势转化问题。因为港、澳和本省部分企业选择到其他省区投资，其成本低、市场大，可以获得更高的效益，这是价值规律、竞争规律和供求规律所决定的。在这种情况下，广东应当做贯彻落实科学发展观的排头兵，做贯彻落实9＋2框架协议的排头兵，顾全大局，追求整体利益，一方面变弱势为强势，另一方面以强势带动弱势，协助各省区共同发展，不因暂时性的强势转化而动摇。

（三）推进9＋2合作要务求实效。一是要将签订的合作项目变为现实。广东在首届泛珠三角区域经贸洽谈上签订的合同成交额达1630亿元，在第二届洽谈会上签订的合同成交额达1158亿元。每年签订的项目务求全部落实，使合作双方分享到9＋2合作带来的实惠。在9＋2的经济布局中，广东分行业看，要优先完成跨省铁路、高速公路以及省内港口、码头项目，为其他省区与港澳合作走向国际市场提供快捷、高效的通道；配套打造现代化物流业，并根据资产构成对交通企业进行股份制改造，尽可能减少关卡（收费站）；分市看，要提升珠三角的产业技术等级，重点发展高新技术产业、装备制造业和重化产业；同时促进东、西两翼和北部山区迎头赶上，以大项目带动当地经济发展。

二是要拓展合作领域和空间。根据WTO规则，我国将逐步降低关税，开放市场。9＋2各方面应提前"热身”，着力构建一个统一的市场体系，促进生产要素和其他各类商品的自由流动，优化组合。要摈弃地方保护主义，尽快打破地区封锁和市场分割，为合作各方营造一个适宜发展的市场环境。

此外，要加强法制建设，实现区域合作法制化。9＋2合作项目的实施，需要健全的法制作保障；各项协议的履行，需要合作各方共同努力，规范合作行为。通过良好的合作，建立起9+2市场经济新秩序，实现区域经济一体化，共同融入世界经济全球化。

（执笔：邱 俊）

附表1　2004年泛珠三角区域中九省、区主要统计指标

地区	土地面积（万平方公里）		年底总人口（万人）		地区生产总值（亿元）	
	绝对数	占全国%	绝对数	占全国%	绝对数	占全国%
全国	960.0	/	129988.0	/	136515.0	/
九省合计	200.7	20.9	45546.3	35.0	46418.4	34.0
福建	12.1	1.3	3511.0	2.7	6053.1	4.4
江西	16.7	1.7	4283.6	3.3	3495.9	2.6
湖南	21.2	2.2	6697.7	5.2	5612.3	4.1
广东	18.0	1.9	8303.7	6.4	16039.5	11.8
广西	23.7	2.5	4889.0	3.8	3320.1	2.4
海南	3.5	0.4	817.8	0.6	790.1	0.6
四川	48.5	5.1	8724.6	6.7	6556.0	4.8
贵州	17.6	1.8	3903.7	3.0	1591.9	1.2
云南	39.4	4.1	4415.2	3.4	2959.5	2.2

附表2　2004年泛珠三角专项合作协议

序号	协议名称
001	泛珠三角信息产业及信息化合作协定
002	泛珠三角区域科技创新合作框架协议
003	泛珠三角九省区暨重庆市道路运输一体化合作发展2003年议定书
004	泛珠三角城市投资促进机构合作宣言
005	泛珠三角水利发展协作倡议书
006	泛珠三角省区侨联（社团）工作协议书
007	泛珠三角区域商会合作框架协议
008	泛珠三角区域商会信息交流协议
009	泛珠三角九省区劳务合作协议
010	关于加强泛珠三角区域教育交流合作的框架协议
011	泛珠三角9省区人才服务合作协议
012	泛珠三角区域外经贸合作备忘录
013	泛珠三角省区社科院院长科研协作会议《广州共识》
014	泛珠三角区域（九省区）质量技术监督合作框架协议
015	泛珠三角区域九省区物价部门交流合作框架协议

续表

序号	协议名称
016	泛珠三角区域工商行政管理合作协议
017	泛珠三角区域省会城市合作协议
018	泛珠三角九省区食品药品监督合作座谈会备忘录
019	泛珠三角电视媒体合作框架协议
020	首届“泛珠三角区域合作与发展金融论坛”备忘录
021	泛珠三角九省区药品监督稽查合作协议
022	泛珠三角九省区药品检验合作协议
023	泛珠三角九省区食品药品监管合作框架协议
024	泛珠三角区域地方税务合作协议
025	泛珠三角出版合作框架协议
026	泛珠三角区域科技合作长沙议定书
027	泛珠三角区域CA互联互通合作意向书
028	泛珠三角区域电子商务合作发展行动纲要思路框架
029	泛珠三角区域软件行业协会合作倡议书
030	泛珠三角区域知识产权合作协议

虎踞龙盘今胜昔　天翻地覆慨而慷

——2004年南京国民经济和社会发展情况综述

A whole new city with tigers crouching, dragons curling, its ancient glory outshining and its heaven and earth been overturned in heroic triumph

—— An overview of Economic and Social development of Nanjing in 2004

南京市统计局

南京，简称宁，江苏省省会，位于北纬31°14′～32°26′，东经118°22′～119°11′，北连辽阔的江淮平原，东接富饶的长江三角洲，西邻富饶的皖东地区。境内山地、河流、平原交错，城东有钟山屏障，城南有十里秦淮。流经南京段的长江约95公里，江宽水深，万吨海轮可终年通航，秦淮河和滁河的河谷平原是全市的重要农业区。南京属亚热带湿润气候，四季分明，雨水充沛，光能资源充足，年平均气温16℃左右，年平均降雨量1034毫米，每年6月下旬到7月上旬为梅雨季节。南京山、水、城、林相映成趣，景色壮丽秀美，是中国著名的风景旅游城市。春游“牛首烟岚”，夏赏“钟阜晴云”，秋登“栖霞胜境”，冬观“石城霁雪”，可见南京美景胜境之一斑。南京地理位置优越，是我国东西水运大动脉长江与南北陆运大动脉京沪铁路的交汇点，素有“东南门户，南北咽喉”之称。南京境内绵亘着宁镇山脉西段，城东钟山如长龙蟠绕，城西石头山似猛虎雄踞，故有“钟山龙蟠，石城虎踞”之说。

南京是一座举世闻名的历史文化名城，始建于2500年前，历尽沧桑。1949年4月23日南京解放，从此走上了振兴繁荣之路。中华人民共和国成立后，南京为中央人民政府特别市，1952年9月起为江苏省省辖市、省会；1981年被列为全国15个经济中心城市之一；1989年被批准为计划单列城市；1994年2月25日经中共中央、国务院同意，中央机构编制委员会发文（中编[1994]1号）被确定为副省级城市；1995年国务院批准了《南京城市总体规划》，明确定位，把南京建设成经济发达、环境优美、融古都特色和现代文明于一体的现代化江滨城市。现辖11个区和2个县，户籍人口584万人，面积6582平方公里。解放以来，南京人民在党和政府的领导下，在经济和社会发展的征途上，铸就了前无古人的辉煌业绩。特别是改革开放以来，加速了南京社会主义现代化建设的进程，使古都南京实现了空前的大发展。真可谓“虎踞龙盘今胜昔，天翻地覆慨而慷”。近年来，先后获得国家级园林城市、中国优秀旅游城市、国家卫生城市、国家环保模范城市和全国科教兴市先进城市等称号。在2004年10月由国家统计局城市社会经济调查总队发布的《2003年度中国综合实力百强城市》中，南京排名第六位。

长江三角洲地区是我国乃至亚洲和全球经济最活跃、最具竞争力的区域之一。2004年长江三角洲地区16城市实现地区生产总值突破25000亿元大关，达到28775亿元，比2003年增加了4977亿元。从总量比重分析，2004年全国国内生产总值136515亿元，按可比价格计算，比上年增长9.5%。长三角地区生产总值占全国的比重进一步提升，由上年的20.4%上升到21.1%，提高了0.7个百分点。从增长速度分析，长三角地区16个城市增速均值达到15.6%，其中最高增速为17.6%，最低的亦为13.6%，分别高于全国平均水平8.1和4.1个百分点。长三角已经成为拉动全国经济增长的重要贡献地区。2004年在长三角十六个城市中，南京的主要经济指标均比较靠前。南京的地区生产总值及增长速度分别位居第六和第三位，地区生产总值在长三角城市的比重达到6.6%；进出口总额及增长速度分别位居第六和第八位，进出口总额在长三角城市的比重达到5.1%；全社会固定资产投资额及增长速度分别位居第四和第九位，全社会固定资产投资额在长三角城市的比重达到8.8%；社会消费品零售总额及增长速度分别位居第二和第三位，社会消费品零售总额在长三角城市的比重达到8.6%；地方财政一般预算收入及增长速度分别位居第四和第八位，地方财政一般预算收入在长三角城市的比重达到7.0%。

1.经济总量大扩张。

改革开放以来，特别是党的十三届四中全会以后，随着改革开放不断深入，社会主义市场经济体制逐步建立并不断完善，南京的经济发展取得了举世瞩目的成就，国民经济保持了持续、快速、健康发展。2004年南京生产总值、人均生产总值(按户籍人口计算)比1978年分别增加了55倍和39倍。2004年南京完成地区生产总值1910亿元，比上年增长17.3%。其中，第一产业完成增加值70亿元，增长5.2%；第二产业完成增加值1005亿元，增长20.7%，其中工业完成增加值823亿元，增长23.0%；第三产业完成增加值835亿元，增长14.9%；经济的增长率比上年提高了2.3个百分点。这种良好的局面是近年来少见的，预示着南京经济又实现了新的跨越。

2.产业结构大优化。

南京经济结构在变化中逐步走向协调合理。生产力的提高带动了经济的快速发展，改革开放解放了思想，激活了市场，带动了科学技术的进步；新兴产业的出现，新产品不断更替，使产业结构日趋合理，第三产业比重不断提高。改革开放以后，南京以强化第一产业，优化第二产业，大力发展第三产业为主旋律，积极进行了经济结构调整。近年来，以发展工业为第一方略，确定了发展电子信息、石化、钢铁、汽车和电力能源等工业五大支柱产业；以优化服务行业发展环境，明确了大力发展现代服务业的方向。三次产业增加值在经济总量中的比重由1978年的12.5：67.5：20调整为2004年的3.7：52.6：43.7。第一产业的比重下降，第三产业的比重迅速上升。国民经济总量增长从过去主要由第一、第二产业带动，转变为主要由第二、第三产业带动。

3.非公经济大发展。

改革开放后，随着市场经济的发展，经济成分逐步多元化，逐步改变了过去公有制一统天下，独家垄断的局面，使市场经济更加活跃和充满生机。近十几年来，私营个体、股份制企业、三资企业得到长足的发展，队伍不断壮大，为南京的经济建设做出了巨大贡献。非公有制经济在全市经济总量的份额，从过去的不到10%，逐步提高到2004年的35.6%。2004年，在全市工业生产中，股份制经济的比重达到40.9%，“三资”企业的比重达到32.5%，私营企业的比重达到12%；在投资领域，非国有投资占全市固定资产投资的59.1%；在流通领域，个私商贸企业完成社会消费品零售总额373亿元，比去年同期增长24.3%，比全市平均增幅高出5.8个百分点，在全市零售总额中所占比重达到52.5%。

4.外向型经济大跨跃。

进出口规模继续扩大。2004年全市进出口总值达206.4亿美元，比上年增长40.3%；出口总值104.6亿美元，比上年增长36.5%。三资企业出口增长迅猛，全年三资企业出口37亿美元，比上年增长88.9%，占全市出口额的比重达到35.3%。三大主体市场出口全面增长，全年对亚洲、欧洲、北美洲出口93.6亿美元，比上年增长38.1%，占全市出口额的89.5%。新兴出口市场开拓成效明显，全年对非洲和拉丁美洲出口分别增长11.3%和26.2%。全市已有103家企业出口额超千万美元，出口额达91亿美元，比上年增长37.7%，占全市出口总量的87%。从出口产品来看，机电产品出口和高新技术产品出口增长较快，分别出口32.1亿美元和13.5亿美元，同比增长57.3%和28.2%。

利用外资稳步增长。2004年全市新签外商投资合同数803个，新批项目平均单体协议外资规模为482.1万美元。全市合同利用外资45.2亿美元，比上年增长12.6%；外商实际直接投资25.7亿美元，比上年增长27.2%。开发区建设步伐加快，积聚效应和产出功能明显增强。全市9个省级以上开发区新批合同利用外资31.8亿美元，比上年增长25.7%；实际利用外资13.6亿美元，比上年增长5.3%。从项目规模看，2004年全市新批总投资千万美元以上的大项目249个，合同外资34.4亿美元，占所有合同外资的76.2%。2004年，一、

二、三产业协议注册外资分别为0.5亿美元、33.5亿美元和11.2亿美元。2004年全市新签对外承包劳务合作合同金额达4.7亿美元，比上年增长5.8%；实际完成对外承包劳务营业额4.6亿美元，比上年增长10.6%。期末在外劳务人数6295人，比上年末增长8.3%。

5.经济运行质量大提高。

全市经济的迅速发展，使南京的财力明显壮大。1998年为108.2亿元，到2004年已上升到403.7亿元。其中，一般预算收入169.9亿元。2004年全市财政收入占全市生产总值的比重达到21.1%。

各项税费收入增长迅速，全市累计实现各项税收为419.5亿元，同比增长27.2%。其中，第一、二、三产税收分别完成2.0亿元、251.3亿元和166.2亿元，增幅分别为-24.6%、22.6%和 36.0%。2004年，全年财政支出259亿元，同比增长23.0%。

2004年，全市工业企业经济效益的增长显著高于同期生产的增幅。2004年产销状况进一步改善，全市规模以上工业企业实现利税351.5亿元，比上年增长47.7%；其中，利润总额200.3亿元，同比增长78.3%，增幅高于工业增加值增幅55.5个百分点。其中电子信息、石化、钢铁、汽车和电力能源五大支柱产业的支撑作用明显，2004年共实现利润131.7亿元，同比增长91.5%，占全部工业利润的65.7%。反映工业经济运行质量总体水平的综合经济效益指数2004年达到198.8%，同比提高33.8个百分点。

6.社会事业大进步。

城市建设日新月异。从城市交通方面看，地上地下齐推进，立交高架随处见。伴随着长江二桥、长江三桥和地铁一号线的建成通车，基本形成了以干线公路为主骨架、干支相汇、四通八达、地上地下相交的交通网络和快速通道系统。全市公路里程8182公里，市区道路总面积6523.1万平方米；人均道路面积12.8平方米。全市实现了村村通公路。一个以南京为中心的城市大交通格局的"一小时都市圈"已经形成。

从公用事业方面看，水电气供应充足，公交、邮电便利。2004年城市自来水日总制水能力达576.9万吨。全市全社会用电2072997万千瓦时，其中城乡居民用电260031万千瓦时。全市煤气（人工、天然气）供气总量995155.5万立方米，其中家庭煤气（人工、天然气）供气总量16215.4万立方米；全市液化石油气供气总量17万吨，其中家庭液化石油气供气总量8.9万吨；全市家庭燃气普及率（含液化气）达到89.4%。城市公交运营车辆4796辆；出租汽车9098辆。全市邮电业务总量50.3亿元，邮政支局（所）233个，电话交换机总容量437.6万门，固定电话用户达到288.7万户，移动电话用户达到384.3万户，宽带用户达24.7万户。

从市容环境方面看，开展绿化美化亮化，市容卫生整洁。"绿色南京"工程成效显著，2004年完成了重点项目及城市园林绿化面积19.3万亩；全市园林绿地面积达69282公顷，建成区绿化覆盖面积21531公顷，市区人均公共绿地面积达到11平方米，建成区绿化覆盖率达到44.5%；新改建公厕60座；新改建垃圾中转站15座，垃圾粪便无害处理率达86.4%；完成亮化楼宇300余幢；"十里秦淮"河完成了综合治理，重现了"桨声灯影"的优美环境。

从科技教育看，高新技术产业化步伐加快，各级各类教育协调发展。2004年全市新培育高新技术企业92家。高新技术产业实现工业产值972.7亿元，占全市规模以上工业产值的30.1%。软件产业销售收入109亿元。科技兴农，引进农业新品种100项以上，全市建成农业科技示范园区10个，其中经认定的省级园区6个。科技开放度有所增强，实施国际科技合作项目24个，合作平台项目6个，引进先进技术10项。知识产权工作取得进展，全市专利申请达3908件，比上年增长26.7%，其中发明专利占36.2%，申请量比上年增长22.2%。全市新建技术贸易机构170家，技术交易额40.4亿元。38所在宁普通高等学校（不含部队院校）2004年新招收本专科生12.9万人，在校学生44.2万人，分别比上年增加2.2万人和5.3万人。在宁高校招收研究生1.9万人，在校研究生4.9万人，分别比上年增加2710人和9394人。拥有普通中学240所，在校学生33.9万人，比上年增加162人。职业中学在校学生1.2万人，比上年增加4035人。初中入学率达100%。拥有小学450所，在校学生32.4万人，比上年减少2.8万人。现有幼儿园479所，在园儿童10.5万人。

从文化事业看，基础设施不断改善，文化艺术繁荣兴旺。2004年末全市共有文化馆15个，公共图书馆17个，博物馆12个。档案馆14个，向社会开放档案28.71

万卷。共有广播电台2座，中、短波广播发射台和转播台2座，电视台2座，一千瓦以上电视发射台和转播台2座，广播人口覆盖率和电视人口覆盖率均达到100%。年末拥有艺术表演团体16个，各类电影放映单位9个。

从卫生事业看，服务功能显著增强，农村卫生发展迅速。2004年末全市拥有医疗卫生机构1513个，其中医院、卫生院237个，卫生防疫和防治机构29个，妇幼卫生保健机构14个。各类卫生机构拥有病床2.6万张，其中医院、卫生院病床2.1万张。共有卫生技术人员3.3万人，其中执业医师（含助理医师）1.4万人；护师和护士1.2万人；卫生防疫和防治人员0.12万人。全市平均每千人拥有卫生技术人员5.6人，每千人拥有医疗床位4.4张。农村卫生工作水平进一步提高。全市初级卫生保健合格镇（街）占所有镇（街）的比重达100%，合作医疗行政村覆盖率达97%，参保率达86.3%。

从体育事业看，竞技体育与全民健身蓬勃发展。在第28届雅典奥运会上，有6名南京籍运动员代表中国参赛，取得了1金1银的好成绩，实现了1984年洛杉矶奥运会以来的历史新突破。先后承办了6项次全国比赛，3项次省级比赛。新建了100个全民健身工程（点），总数增加到938个，继续在全国保持领先；新建社区健身房29个。

从环境保护工作看，监测保护得到加强。2004年末全市拥有各级环境监测站14个。当年投产的建设项目同时建设防治污染设施的占100%。全年完成工业污染治理项目114个，投资2.23亿元。全市建成了15个烟尘控制区，面积达366.4平方公里；建成了20个环境噪声达标区，面积达259.1平方公里。工业废水排放总量为4.6亿吨，比上年下降了5.1%，工业废水中化学需氧量排放量为2.69万吨，比上年下降了13.8%；工业废气中烟尘排放量为4.73万吨，比上年下降了0.6%。2004年南京市被授予“国家环境保护模范城市”称号。

7.人民生活大改善。

社会保障进一步完善。2004年末全市参加失业保险人数为119.9万人，领取失业保险金人数4.8万人；参加养老保险人数为175.9万人；医保参保人数124.2万人。年末全市福利类收养性单位拥有床位1.1万张，其中各类福利院拥有床位2141张，收养1792人；建立城镇各种社区服务设施1605处，其中社区服务中心56个。全市城乡居民享受最低生活保障的有12.05万人；享受国家抚恤、补助各类优抚的有0.9万人。

居民生活水平不断提高。2004年城市居民人均可支配收入达11602元，比上年增长13.8%；人均消费性支出8350元，比上年增长8.1%。农村居民人均纯收入达5533元，比上年增长12.4%；人均生活消费支出3619元，比上年增长14.8%。

居民住房条件和生活环境继续得到改善。2004年全市城镇竣工住宅559.5万平方米。据抽样调查，城市居民人均住房建筑面积为21.6平方米，农村居民人均住房面积为37.6平方米。

（执笔：孙如志）

第二部分 统计数据篇

Part 2 Statistical Data

G−1 上海、江苏、浙江、广东社会和经济主要指标及占全国比重(2004年)

指标	Item	全国 National Total
自然资源	**Natural Resource**	
土地面积(万平方公里)	Land Area (10 000sq.km)	960.0
人口	**Population**	
年底总人口(万人)	Population at the Year-end (10 000 persons)	129988.0
就业	**Employment**	
就业人员数(万人)	Employment (10 000 persons)	75200.0
城镇登记失业率（%）	Unemployment Rate in Urban Areas (%)	4.2
国民经济核算	**National Accounts**	
国内（地区）生产总值(亿元)	Gross Domestic Product(100 million yuan)	136875.9
第一产业	Primary Industry	20768.1
第二产业	Secondary Industry	72387.2
第三产业	Tertiary Industry	43720.6
人均国内（地区）生产总值(元／人)	Per Capita GDP(yuan/person)	10561.0
固定资产投资	**Investment in Fixed Assets**	
全社会固定资产投资(亿元)	Total Investment in Fixed Assets(100 million yuan)	70477.4
#基本建设	#Capital Construction	
#更新改造	#Innovation	
#房地产开发	#Real Estate Development	
财政和金融	**Government Finance and Banking**	
一般预算内收入（亿元）	Government Revenue(100 million yuan)	26396.5
一般预算内支出（亿元）	Government Expenditures(100 million yuan)	28486.9
金融机构存款年末余额（亿元）	Deposits of National Banking System (100 million yuan)	241424.3
对外贸易	**Foreign Trade**	
进出口总额(亿美元)	Total Exports and Imports(USD 100 million)	11545.5
出口额	Exports	5933.2
进口额	Imports	5612.3
国际旅游	**International Tourism**	
入境旅游过夜者人数(万人次)	Number of Tourists (Overnight Visitors) (10 000 person-times)	10903.8
旅游外汇收入(万美元)	Foreign Exchange Earnings from Tourism (USD 10 000)	2573900.0
物价	**Price Indices**	
居民消费价格指数（上年＝100）	Consumer Price Index(last year=100)	103.9
农业	**Agriculture**	
主要农产品产量（万吨）	Output of Major Farm Products (10 000 tons)	
粮食	Grain	46946.9
棉花	Cotton	632.4
油料	Oil-bearing Crops	3065.9

Key Social and Economic Indicators of Shanghai,Jiangsu, Zhejiang, Guangdong and as Percentage of National Total (2004)

上海 Shanghai	江苏 Jiangsu	浙江 Zhejiang	广东 Guangdong
0.6	10.3	10.2	18.0
1352.4	7432.5	4577.2	8303.7
836.9	4482.5	2992.0	4681.9
4.5	3.9	4.1	2.7
7450.3	15512.4	11243.0	16039.5
96.7	1315.4	816.0	1245.4
3788.2	8770.3	6045.0	8890.3
3565.3	5426.7	4382.0	5903.8
55307.0	20852.0	23924.0	19707.0
3084.7	3827.6	6059.8	6025.5
	2350.6		2485.7
	804.0		748.1
1175.5	1269.8	1353.1	1355.8
1119.7	980.5	1805.2	1418.5
1395.7	1312.0	1062.9	1853.0
19994.1	18211.0	17236.6	30723.6
1600.3	1708.1	852.1	3571.3
735.2	875.6	581.5	1915.7
865.1	832.5	270.7	1655.6
385.5	306.6	276.7	8741.0
308900.0	176344.0	13.0	538041.0
102.2	104.1	103.9	103.0
106.3	2829.1	834.9	1390.0
0.2	50.3	2.3	
7.4	238.4	48.8	77.5

G−1 续表1 continued

指标	Item	全国 National Total
工业	**Industry**	
主要产品产量	Output of Major Industrial Products	
布（亿米）	Cloth (100 million m)	420.00
发电量（亿千瓦小时）	Electricity (100 million kwh)	21870.00
水泥（万吨）	Cement(10 000 tons)	97000.00
彩色电视机（万台）	Color Television Sets (10 000 units)	7328.80
微型电子计算机（万部）	Micro-Computers(10 000 units)	4512.41
交通运输	**Transportation**	
客运量（万人）	Passenger Traffic (10 000 persons)	1767453
货运量（万吨）	Freight Traffic(10 000 tons)	1706412
旅客周转量(亿人公里)	Passenger-Kilometers(100 million passenger-km)	16309.10
货物周转量(亿吨公里)	Freight Ton-Kilometers(100 million ton-km)	69445.00
邮电通信业	**Post and Telecommunications**	
邮政业务总量(亿元)	Business Volume of Post (100 million yuan)	564.30
电信业务总量(亿元)	Business Volume of Telecommunications (100 million yuan)	9147.99
国内商业	**Domestic Trade**	
社会消费品零售总额(亿元)	Total Retail Sales of Consumer Goods (100 million yuan)	53950.10
教育、科技	**Education, Science and Technology**	
普通高等学校在校学生数(万人)	Number of Students Enrollment in Regular Institutions of Highter Education(10 000 persons)	1333.50
卫生	**Health Care**	
卫生机构数(个)	Health Institutions(unit)	296492
卫生机构床位数(万张)	Number of Hospital Beds(10 000 units)	326.8
卫生机构人员数(万人)	Number of Employed Personerl in Health Institutions(10 000 persons)	535.40
人民生活	**People's Livelihood**	
城镇居民人均可支配收入（元）	Per Capita Annual Disposable Income of Urban Households (yuan)	9422
农村居民人均纯收入（元）	Per Capita Net Income of Rural Residents (yuan)	2936
环境、灾害	**Environment and Disaster**	
工业废水排放达标量（万吨）	Industrial Waste Water Meeting Discharge Standards(10 000 tons)	2005680
工业二氧化硫去除量（吨）	Volume of Industry Sulphur Dioxide Removed(ton)	890.2
环境噪声达标面积（平方公里）	Area of Environmental Noise Meeting National Standard (sq.km)	37000
生活污水排放量（万吨）	Consumption Waste Water Discharge(10 000 tons)	2612669
生活垃圾无害化处理率（%）	Treatment Rate of Consumption Wastes(%)	52.1
交通事故发生数（起）	Number of Traffic Accidents(case)	517889
交通事故死亡人数（人）	Mumber of Deaths (person)	107077

上海 Shanghai	江苏 Jiangsu	浙江 Zhejiang	广东 Guangdong
1.26	42.74	87.47	21.54
766.15	1539.49	1203.93	2022.53
665.01	7993.32	8746.03	7785.23
135.08	436.75	106.03	3626.13
996.09	1111.00	120.00	1218.41
8968	128516	150254	202414
68741	100093	117298	156094
495.35	1109.19	795.32	1738.21
10119.00	2398.64	2701.48	4148.54
36.26	46.39	29.04	55.12
311.20	510.97	648.13	1726.65
2454.61	4159.7	3645.38	6370.42
41.57	99.48	59.48	72.69
2577	14447	11937	15744
8.64	18.9	13.51	20.01
10.17	30.95	22.15	34.82
16683	10482	14546	13628
7337	4754	6096	4366
54255	256210	158556	138162
5.5	47.9	44.4	19.4
	2300		1740.4
136966	202573	116052	376989
20.0	91	85.9	48.2
27136	31431	50039	68423
1543	8100	7549	10657

G-1 续表2 continued

指标	Item	占全国 全国 National Total
自然资源	**Natural Resource**	
土地面积	Land Area	100.00
人口	**Population**	
年底总人口	Population at the Year-end	100.00
就业	**Employment**	
就业人员数	Employment	100.00
国民经济核算	**National Accounts**	
国内（地区）生产总值	Gross Domestic Product	100.00
第一产业	Primary Industry	100.00
第二产业	Secondary Industry	100.00
第三产业	Tertiary Industry	100.00
固定资产投资	**Investment in Fixed Assets**	
全社会固定资产投资	Total Investment in Fixed Assets	100.00
#基本建设	#Capital Construction	100.00
#更新改造	#Innovation	100.00
#房地产开发	#Real Estate Development	100.00
财政和金融	**Government Finance and Banking**	
一般预算内收入	Government Revenue	100.00
一般预算内支出	Government Expenditures	100.00
金融机构存款年末余额	Deposits of National Banking System	100.00
对外贸易	**Foreign Trade**	
进出口总额	Total Exports and Imports	100.00
出口额	Exports	100.00
进口额	Imports	100.00
国际旅游	**International Tourism**	
入境旅游过夜者人数	Number of Tourists (Overnight Visitors)	100.00
旅游外汇收入	Foreign Exchange Earnings from Tourism	100.00
农业	**Agriculture**	
主要农产品产量	Output of Major Farm Products	100.00
粮食	Grain	100.00
棉花	Cotton	100.00
油料	Oil-bearing Crops	100.00

比重（%）Percentage to National Total (%)

上海 Shanghai	江苏 Jiangsu	浙江 Zhejiang	广东 Guangdong
0.07	1.07	1.06	1.87
1.04	5.72	3.52	6.39
1.11	5.96	3.98	6.23
5.44	11.33	8.21	11.72
0.47	6.33	3.93	6.00
5.23	12.12	8.35	12.28
8.15	12.41	10.02	13.50
4.38	5.43	8.60	8.55
4.24	3.71	6.84	5.37
4.90	4.61	3.73	6.50
8.28	7.54	7.14	12.73
13.86	14.79	7.38	30.93
12.39	14.76	9.80	32.29
15.41	14.83	4.82	29.50
3.53	2.81	2.54	80.16
12.00			20.90
0.23	6.03	1.78	2.96
0.03	7.95	0.36	0.00
0.24	7.78	1.59	2.53

G-1 续表3 continued

指标	Item	占全国 全国 National Total
主要产品产量	Output of Major Industrial Products	
布	Cloth	100.00
发电量	Electricity	100.00
水泥	Cement	100.00
彩色电视机	Color Television Sets	100.00
微型电子计算机	Micro-Computers	100.00
交通运输	**Transportation**	
客运量	Passenger Traffic	100.00
货运量	Freight Traffic	100.00
旅客周转量	Passenger-Kilometers	100.00
货物周转量	Freight Ton-Kilometers	100.00
邮电通信业	**Post and Telecommunications**	
邮政业务总量	Business Volume of Post	100.00
电信业务总量	Business Volume of Telecommunications	100.00
国内商业	**Domestic Trade**	
社会消费品零售总额	Total Retail Sales of Consumer Goods	100.00
教育、科技	**Education, Science and Technology**	
普通高等学校在校学生数	Number of Students Enrollment in Regular Institutions of Highter Education	100.00
卫生	**Health Care**	
卫生机构数	Health Institutions	100.00
卫生机构床位数	Number of Hospital Beds	100.00
卫生机构人员数	Number of Employed Personerl in Health Institutions	100.00
环境、灾害	**Environment and Disaster**	
工业废水排放达标量	Industrial Waste Water Meeting Discharge Standards	100.00
工业二氧化硫去除量	Volume of Industry Sulphur Dioxide Removed	100.00
环境噪声达标面积	Area of Environmental Noise Meeting National Standard	100.00
生活污水排放量	Consumption Waste Water Discharge	100.00
交通事故发生数	Number of Traffic Accidents	100.00
交通事故死亡人数	Mumber of Deaths	100.00

比重（%）Percentage to National Total (%)			
上海 Shanghai	江苏 Jiangsu	浙江 Zhejiang	广东 Guangdong
0.30	10.18	20.83	5.13
3.50	7.04	5.50	9.25
0.69	8.24	9.02	8.03
1.84	5.96	1.45	49.48
22.07	24.62	2.66	27.00
0.51	7.27	8.50	11.45
4.03	5.87	6.87	9.15
3.04	6.80	4.88	10.66
14.57	3.45	3.89	5.97
6.43	8.22	5.15	9.77
3.40	5.59	7.08	18.87
4.55	7.71	6.76	11.81
3.12	7.46	4.46	5.45
0.87	4.87	4.03	5.31
2.64	5.78	4.13	6.12
1.90	5.78	4.14	6.50
2.71	12.77	7.91	6.89
0.62	5.38	4.99	2.18
	6.22		4.70
5.24	7.75	4.44	14.43
38.39	179.35	162.19	13.21
1.44	7.56	7.05	9.95

G-2 全国与上海、江苏、浙江、广东主要社会和经济指标增长速度比较(2004年)

单位：%

指标	Item	全国 National Total
人口	**Population**	
年底总人口	Population at the Year-end	0.6
就业	**Employment**	
就业人员数	Employment	1.0
城镇登记失业人数	Urban Registeration Unempoyment	3.4
国民经济核算	**National Accounts**	
国内（地区）生产总值	Gross Domestic Product	9.5
第一产业	Primary Industry	6.2
第二产业	Secondary Industry	11.1
第三产业	Tertiary Industry	8.3
人均国内（地区）生产总值	Per Capita GDP	8.8
固定资产投资	**Investment in Fixed Assets**	
全社会固定资产投资	Total Investment in Fixed Assets	26.6
#基本建设	#Capital Construction	
#更新改造	#Innovation	
#房地产开发	#Real Estate Development	
财政和金融	**Government Finance and Banking**	
一般预算内收入	Government Revenue	21.6
一般预算内支出	Government Expenditures	15.6
金融机构存款年末余额	Deposits of National Banking System	16.0
对外贸易	**Foreign Trade**	
进出口贸易总额	Total Exports and Imports	35.7
出口额	Exports	35.4
进口额	Imports	36.0
国际旅游	**International Tourism**	
入境旅游过夜者人数	Number of Tourists (Overnight Visitors)	26.7
旅游外汇收入	Foreign Exchange Earnings from Tourism	47.8
农业	**Agriculture**	
主要产品产量	Output of Major Farm Products	
粮食	Grain	9.0
棉花	Cotton	30.1
油料	Oil-bearing Crops	9.1

Comparison of Main Social and Economic Growth Rate Indicators among National Total and Shanghai,Jiangsu, Zhejiang,Guangdong (2004)

(%)

上海 Shanghai	江苏 Jiangsu	浙江 Zhejiang	广东 Guangdong
0.8	0.4	0.6	4.4
2.9	0.3	2.5	6.5
-8.9	2.5	6.6	
13.6	14.9	14.3	14.2
-5.0	6.0	3.7	4.2
14.9	17.1	16.2	18.2
12.9	13.7	13.9	10.4
11.2	14.5	13.4	11.1
25.8	28.0	21.4	19.8
	25.9		31.3
	20.2		13.5
30.4	56.8	38.1	9.9
24.5	35.0	27.5	16.1
26.6	17.3	18.5	9.3
15.4	18.4	16.8	
42.4	50.3	38.7	26.0
51.6	48.1	39.8	25.3
35.3	52.7	36.6	26.7
53.8	37.4	53.2	25.0
50.5	55.8	49.4	
7.6	14.5	5.2	-6.6
61.2	72.8	8.6	
15.6	19.5	11.4	-5.4

G-2 续表 continued

单位：%

指标	Item	全国 National Total
工业	**Industry**	
主要产品产量	Output of Major Industrial Products	
布	Cloth	18.8
发电量	Electricity	14.5
水泥	Cement	12.5
彩色电视机	Color Television Sets	12
微型电子计算机	Micro-Computers	40.3
交通运输	**Transportation**	
客运量	Passenger Traffic	11.3
货运量	Freight Traffic	9.3
旅客周转量	Passenger-Kilometers	18.1
货物周转量	Freight Ton-Kilometers	28.9
邮电通信业	**Post and Telecommunications**	
邮政业务总量	Business Volume of Post	4.3
电信业务总量	Business Volume of Telecommunications	41.2
国内商业	**Domestic Trade**	
社会消费品零售总额	Total Retail Sales of Consumer Goods	13.3
教育、科技	**Education, Science and Technology**	
普通高等学校在校学生数	Number of Students Enrollment in Regular Institutions of Highter Education	20.3
卫生	**Health Care**	
卫生机构数	Health Institutions	17.7
卫生机构床位数	Number of Hospital Beds	3.3
卫生机构人员数	Number of Employed Personerl in Health Institutions	1.5
人民生活	**People's Livelihood**	
城镇居民人均可支配收入	Per Capita Annual Disposable Income of Urban Households	7.7
农村居民人均纯收入	Per Capita Net Income of Rural Residents	6.8
环境、灾害	**Environment and Disaster**	
工业废水排放达标量	Industrial Waste Water Meeting Discharge Standards	6.3
工业二氧化硫去除量	Volume of Industry Sulphur Dioxide Removed	18.8
环境噪声达标面积	Area of Environmental Noise Meeting National Standard	85
交通事故发生数	Number of Traffic Accidents	-22.4
交通事故死亡人数	Mumber of Deaths	-20

(%)

上海 Shanghai	江苏 Jiangsu	浙江 Zhejiang	广东 Guangdong
-26.3	12.3	104.5	22.5
11.8	16	21.3	12.6
48.8	19.4	22.7	13.3
-14.6	-10.5	12.7	26.7
35.6	72.8	1521.6	
24.3	4.1	6.8	5.9
7.6	7	13.7	8.4
40.1	13.4	10.7	15.4
17.8	32	31.9	13.1
15.2	4.3	4.8	1.5
25.8	30.3	35.9	50.4
10.5	16.6	15.5	13.6
9.8	15.7	18.1	23.7
11.1	13.5	6.8	2.2
2.4	5.1	6.7	6.1
-0.5	1.9	6.5	3.6
12.2	13.2	7.4	10.1
10.2	12.1	7.4	7.7
	6	-3	11.9
13.8	44.3		27.5
	4.5		3.9
-50	-32	-12.2	-0.7
9.7	-6	5.6	-4.4

1-1 行政区划（2004年）
Divisions of Administrative Areas (2004)

单位：个 (unit)

地区	Area	区 Districts	市 Cities	县 Counties	镇 Town	乡 Township
长江三角洲经济区	**Yangtze River Delta**					
上海市	Shanghai City	18		1	114	3
南京市	Nanjing City	11		2	54	
苏州市	Suzhou City	6	5		66	
无锡市	Wuxi City	6	2		59	
常州市	Changzhou City	5	2		64	
镇江市	Zhenjiang City	3	3		65	1
南通市	Nantong City	2	4	2	127	6
扬州市	Yangzhou City	3	3	1	81	6
泰州市	Taizhou City	2	4		91	8
杭州市	Hangzhou City	8	3	2	113	46
宁波市	Ningbo City	6	3	2	83	11
嘉兴市	Jiaxing City	2	3	2	53	1
湖州市	Huzhou City			3	44	16
绍兴市	Shaoxing City	1	3	2	80	18
舟山市	Zhoushan City	2		2	23	12
台州市	Taizhou City	3	2	4	65	28
珠江三角洲经济区	**Pearl River Delta**					
广州市	Guangzhou City	10	2		39	
深圳市	Shenzhen City	6				
珠海市	Zhuhai City	3			15	
佛山市	Foshan City	5			23	
江门市	Jiangmen City	3	4		67	
东莞市①	Dongguan City ①				32	
中山市	Zhongshan City				24	
惠州市区	Huizhou Urban District	1			20	
惠阳市	Huiyang City	1			11	
惠东县	Huidong County			1	20	
博罗县	Boluo County			1	18	
肇庆市区	Zhaoqing Urban District	2			6	
高要市	Gaoyao City		1		16	
四会市	Sihui City		1		10	

注：①东莞市包括28个镇和4个镇级的街道办。

Note: ① Dongguan City includes 28 towns and 4 Neighborhood Office.

1-2 自然资源与气侯（2004 年）

Natural Resources and Climate (2004)

地区	Area	土地面积（平方公里）Total Land Area (sq.km)	耕地（万公顷）Cultivated Land (10000 hectares)	年平均气温（摄氏度）Annual Average Temperature (℃)	年总降水量（毫米）Annual Total Precipitation (millimeters)	年日照总时数（小时）Annual Total Sunshine Hours(hours)
长江三角洲经济区	**Yangtze River Delta**					
上海市	Shanghai City	6340.5	24.57	18.1	1158.1	1929.6
南京市	Nanjing City	6582.3	24.3	16.9	975.1	2141.3
苏州市	Suzhou City	8488.4	25.7	17.5	1051.2	2050.0
无锡市	Wuxi City	4787.6	15.2	17.4	1039.9	2170.6
常州市	Changzhou City	4375.0	17.0	16.8	942.4	2287.5
镇江市	Zhenjiang City	3847.5	15.5	16.6	972.2	1958.4
南通市	Nantong City	8001.0	47.5	16.9	1050.0	2258.1
扬州市	Yangzhou City	6634.0	30.8	16.7	809.0	2112.7
泰州市	Taizhou City	5791.0	31.0	16.3	787.3	2345.5
杭州市	Hangzhou City	16596.0	18.4	17.8	1046.5	1874.9
宁波市	Ningbo City	9365.0	21.1	16.3	1360.7	1920.9
嘉兴市	Jiaxing City	3915.0	21.1	17.3	895.6	2099.1
湖州市	Huzhou City	5818.0	14.3	16.9	1126.1	1859.0
绍兴市	Shaoxing City	8256.0	16.8	17.4	1211.2	1838.6
舟山市	Zhoushan City	1440.1	1.8	17.4	1202.3	2096.4
台州市	Taizhou City	9411.0	14.7	18.5	1529.4	1999.8
珠江三角洲经济区	**Pearl River Delta**					
广州市	Guangzhou City	7434.4	13.2	22.4	1506.3	1917.0
深圳市	Shenzhen City	1952.8	2753.3	23.6	1299.4	1921.5
珠海市	Zhuhai City	1687.8	1.7	23.0	1605.8	2080.2
佛山市	Foshan City	3848.49	7.64	23.3	1271.7	1815.5
江门市	Jiangmen City	9541.0	13.4	22.8	1294.8	1983.4
东莞市	Dongguan City	2465.0	3.3	22.8	1705.8	2192.9
中山市	Zhongshan City	1800.1	3.1	23.4	1438.9	1903.5
惠州市区	Huizhou Urban District	1410.0	1.5			
惠阳市	Huiyang City	1262.0	0.9	22.6	1174.2	2076.1
惠东县	Huidong County	3396.0	3.0	21.9	1403.8	2350.7
博罗县	Boluo County	2795.0	3.4	22.7	1141.2	2082.4
肇庆市区	Zhaoqing Urban District	664.0	0.9	22.6	1377.0	1640.2
高要市	Gaoyao City	2071.0	3.1	22.6	1377.0	1640.2
四会市	Sihui City	1188.0	1.5	22.0	1474.7	2065.5

1-3 森林资源主要指标（2004年）
Major Indicators of Forest Resources(2004)

地区	Area	活立木总蓄积量（万立方米）Standing Stock Volume(10 000 cu.m)	森林面积（万公顷）Forest Area (10 000 hectares)	森林蓄积量（万立方米）Stock Volume of the Forest(10 000 cu.m)	森林覆盖率（%）Forest-coverage Rate (%)
长江三角洲经济区	**Yangtze River Delta**				
上海市	Shanghai City				17.10
南京市	Nanjing City		12.86		19.97
苏州市	Suzhou City		4.99		11.86
无锡市	Wuxi City		7.00		16.28
常州市	Changzhou City		6.23		15.11
镇江市	Zhenjiang City		5.53		14.38
南通市	Nantong City		8.99		12.56
扬州市	Yangzhou City		7.11		11.28
泰州市	Taizhou City	170.00	4.86	160.00	8.46
杭州市	Hangzhou City	2392.62	104.58	2138.86	62.80
宁波市	Ningbo City	864.71	42.11	836.78	48.90
嘉兴市	Jiaxing City	180.70	3.99	23.28	15.90
湖州市	Huzhou City	439.60	28.02	364.79	48.30
绍兴市	Shaoxing City	794.35	42.72	765.98	54.90
舟山市	Zhoushan City	65.17	6.52	61.81	50.00
台州市	Taizhou City	1153.67	53.58	1125.18	62.20
珠江三角洲经济区	**Pearl River Delta**				
广州市	Guangzhou City		27.91		38.00
深圳市	Shenzhen City	172.70	8.70		47.50
珠海市	Zhuhai City	182.17	3.35	127.20	29.40
佛山市	Foshan City	301.00	7.00	301.03	21.10
江门市	Jiangmen City	1231.00	39.34		44.00
东莞市	Dongguan City		6.23	172.69	33.01
中山市	Zhongshan City	131.42	3.22	108.95	23.80
惠州市区	Huizhou Urban District	161.55	5.88	148.89	40.60
惠阳市	Huiyang City	70.74	5.08	62.86	46.50
惠东县	Huidong County	726.07	21.63	696.96	67.40
博罗县	Boluo County	302.36	10.68	281.84	48.20
肇庆市区	Zhaoqing Urban District	97.21	2.97	97.21	45.44
高要市	Gaoyao City	454.63	12.05	454.63	56.50
四会市	Sihui City	208.18	6.65	208.18	55.58

主要统计指标解释

行政区划　指国家对行政区域的划分。根据宪法规定，我国的行政区域划分如下：⑴全国分为省、自治区、直辖市；⑵省、自治区分为自治州、县、自治县、市；⑶自治州分为县、自治县、市；⑷县、自治县分为乡、民族乡、镇；⑸直辖市和较大的市分为区、县；⑹国家在必要时设立的特别行政区。

自然资源　指人类可以直接从自然界获得，并用于生产和生活的物质资源。自然资源一般可以分成可再生资源和非再生资源两大类。可再生资源指在较短时间内可以再生、可以循环利用的资源，包括土地资源、水资源、气候资源、生物资源和海洋资源等。非再生资源指在使用后不能再生的资源，包括矿产资源和地热能源。

气温　指空气的平均温度，我国一般以摄氏度（℃）为单位表示。气象观测的温度表是放在离地面约1.5米处通风良好的百叶箱里测量的，因此，通常说的气温指的是离地面1.5米处百叶箱中的温度。其统计计算方法为：

月平均气温是将全月各日的平均气温相加，除以该月的天数而得。

年平均气温是将12个月的月平均气温累加后除以12而得。

降水量　指从天空降落到地面的液态或固态（经融化后）水，未经蒸发、渗透、流失而在地面上积聚的深度。其统计计算方法为：

月降水量是将全月各日的降水量累加而得。

年降水量是将12个月的月降水量累加而得。

日照时数　指太阳实际照射地面的时间。其统计方法与降水量相同。

活立木总蓄积量　指一定范围内土地上全部树木蓄积的总量，包括森林蓄积、疏林蓄积、散生木蓄积和四旁树蓄积。

森林面积　指由乔木树种构成，郁闭度0.2以上（含0.2）的林地或冠幅宽度10米以上的林带的面积，即有林地面积。森林面积包括天然起源和人工起源的针叶林面积、阔叶林面积、针阔混交林面积和竹林面积，不包括灌木林地面积和疏林地面积。

森林蓄积量　指一定森林面积上存在着的林木树干部分的总材积。它是反映一个国家或地区森林资源总规模和水平的基本指标之一，也是反映森林资源的丰富程度、衡量森林生态环境优劣的重要依据。

森林覆盖率　指一个国家或地区森林面积占土地面积的百分比。森林覆盖率是反映森林资源的丰富程度和生态平衡状况的重要指标。在计算森林覆盖率时，森林面积包括郁闭度0.2以上的乔木林地面积和竹林地面积，国家特别规定的灌木林地面积、农田林网以及四旁（村旁、路旁、水旁、宅旁）林木的覆盖面积。计算公式为：

森林覆盖率（%）=（森林面积／土地总面积）×100%

Explanatory Notes on Main Statistical Indicators

Administrative Division refers to the division of administrative areas by the state. The Constitution of the People's Republic of China stipulates that the administrative areas in China are divided as: 1) The whole country is divided into provinces, autonomous regions and municipalities directly under the central gover nment; 2) Provinces and autonomous regions are divided into autonomous prefectures, counties, autonomous counties and cities ; 3) Autonomous prefectures are divided into counties, autonomous counties and cities; 4) Counties and autonomous counties are divided into townships, nationality townships and towns;5) Municipalities and large cities are divided into districts and counties, 6) The state shall, when necessary, establish special administrative regions.

Natural Resources refer to material resources that could be obtained from the nature by human being and used for production and living. Natural resources in general can be classified as renewable resources and non-renewable resources. Renewable Resources refer to resources that could be renewed and recycled during a relatively short period of time, including land resource, water resource, climate resource, biology resource and marine resource. Non-renewable resources include resources that could not be renewed, such as minerals and geothermal resource.

Temperature refers to the average air temperature. China uses centigrade as the unit. The thermometry used for weather observation is put in a breezy shutter, which is 1.5 meters high from the ground. Therefore, the commonly used temperature refers to the temperature in the breezy shutter 1.5 meters away from the ground. The calculation method is as follows:

Monthly average temperature is the summation of average daily temperature of one month divided by the actual days of that particular month.

Annual average temperature is the summation of monthly average of a year divided by 12 months.

Volume of Precipitation refers to the deepness of liquid state or solid state(t hawed) water falling from the sky to the ground that has not been evaporated, infil trated or run off. The calculation method is as follows:

Monthly precipitation is the summation of daily precipitation of a month.

Annual precipitation is the summation of 12 months precipitation of a year.

Sunshine Hours refer to the actual hours of sun irradiating the earth. The calculation method is the same as that of the precipitation.

Total Standing Stock Volume refers to the total stock volume of trees growing in land, including trees in forest, tress in sparse forest, scattered trees and trees planted by the side of villages, farm houses and along roads and rivers.

Forest Area refers to the area of forest where trees and bamboo grow with canopy density above 0.2, including land of natural woods and planted woods, but excluding bush land and thin forest land. It reflects the total areas of afforestation.

Stock Volume of Forest refers to total stock volume of wood growing in forest area, which shows the total size and level of forest resources of a country or a region. It is also an important indicator illustrating the richness of forest reso urce and the status of forest ecological environment.

Forest Coverage Rate refers to the ratio of area of afforested land to total land area. It is a very important indicator that reflects the status of abundance of forest resource and ecosystem balance. Forest area includes the area of trees and bamboo grow with canopy density above 0.2, the area of shrubby tree according to regulations of the government, the area of forest land inside farm land and the area of trees planted by the side of villages, farm houses and along roads and rivers. The formula for calculating forest coverage rate is as follows:

Forestry coverage rate (%)= (Area of Afforested Land/Area of Total Land) × 100%

2-1 地区生产总值
Gross Regional Product

按当年价格计算。
Calculated at current prices.
单位：亿元 (100 million yuan)

地区	Area	1978	1980	1990	2000	2003	2004
长江三角洲经济区	**Yangtze River Delta**						
上海市	Shanghai City	272.81	311.89	756.45	4551.15	6250.81	7450.27
南京市	Nanjing City	34.42	42.51	176.52	1021.30	1576.33	1910.00
苏州市	Suzhou City	31.95	40.68	202.14	1540.68	2801.56	3450.00
无锡市	Wuxi City	24.93	35.55	160.44	1200.17	1901.22	2350.00
常州市	Changzhou City	17.57	22.76	94.87	600.66	901.42	1100.61
镇江市	Zhenjiang City	12.18	14.94	65.32	452.03	641.05	781.16
南通市	Nantong City	29.39	35.66	134.25	736.44	1006.71	1226.06
扬州市	Yangzhou City	14.38	17.56	89.05	472.12	647.22	788.13
泰州市	Taizhou City	14.15	18.30	84.21	405.25	580.04	705.20
杭州市	Hangzhou City	28.40	40.65	189.62	1382.56	2099.77	2515.00
宁波市	Ningbo City	20.17	29.53	141.40	1175.75	1786.85	2158.04
嘉兴市	Jiaxing City	13.29	17.80	81.33	538.37	858.03	1050.56
湖州市	Huzhou City	8.88	12.23	54.99	343.42	490.75	590.69
绍兴市	Shaoxing City	11.29	16.55	82.38	744.96	1089.28	1313.87
舟山市	Zhoushan City	3.88	4.90	24.57	114.90	172.27	212.04
台州市	Taizhou City	10.13	14.28	78.74	674.99	995.03	1173.79
珠江三角洲经济区	**Pearl River Delta**						
广州市	Guangzhou City	43.09	57.55	319.60	2375.91	3496.88	4115.81
深圳市	Shenzhen City		2.70	171.67	1665.47	2895.41	3422.79
珠海市	Zhuhai City		2.61	41.43	330.26	473.27	546.28
佛山市	Foshan City	12.96	16.77	136.73	957.20	1381.60	1656.46
江门市	Jiangmen City	14.32	18.73	100.55	567.51	730.08	834.56
东莞市	Dongguan City	6.11	7.04	64.62	492.71	947.97	1155.30
中山市	Zhongshan City	5.76	7.22	51.06	312.82	501.40	610.14
惠州市区	Huizhou Urban District	0.73	0.79	10.65	134.40	262.37	305.19
惠阳市	Huiyang City	1.41	1.75	12.33	102.12	102.41	109.87
惠东县	Huidong County	1.78	1.90	12.16	88.49	114.05	125.04
博罗县	Boluo County	2.04	2.16	10.41	81.80	108.92	126.96
肇庆市区	Zhaoqing Urban District	1.07	1.33	13.14	85.76	107.52	126.71
高要市	Gaoyao City	1.55	2.16	11.71	110.94	140.43	163.40
四会市	Sihui City	0.99	1.23	8.23	55.45	72.36	95.51

2-2 地区生产总值指数(上年＝100)

Indices of Gross Regional Product(previous year=100)

按可比价格计算。

Calculated at comparable prices.

地区	Area	1980	1990	2000	2003	2004
长江三角洲经济区	**Yangtze River Delta**					
上海市	Shanghai City	108.4	103.5	110.8	111.8	113.6
南京市	Nanjing City	109.3	109.2	112.3	115.0	117.3
苏州市	Suzhou City	114.5	113.5	112.6	118.0	117.6
无锡市	Wuxi City	111.8	109.1	111.2	115.4	117.4
常州市	Changzhou City	112.2	107.9	111.0	114.5	115.5
镇江市	Zhenjiang City	110.9	108.3	110.3	114.0	114.7
南通市	Nantong City	108.7	112.0	110.9	113.4	115.6
扬州市	Yangzhou City	106.4	107.9	110.5	113.4	114.7
泰州市	Taizhou City	108.4	102.5	111.0	113.4	114.7
杭州市	Hangzhou City	119.4	105.8	112.0	115.2	115.0
宁波市	Ningbo City	117.7	105.7	112.0	115.6	115.5
嘉兴市	Jiaxing City	104.4	100.9	112.3	116.9	116.5
湖州市	Huzhou City	106.9	105.4	112.0	115.0	115.4
绍兴市	Shaoxing City	117.2	106.3	112.1	115.0	115.3
舟山市	Zhoushan City	103.8	101.8	112.0	115.5	117.0
台州市	Taizhou City	110.0	105.5	111.9	114.9	113.6
珠江三角洲经济区	**Pearl River Delta**					
广州市	Guangzhou City	115.4	111.3	113.4	115.2	115.0
深圳市	Shenzhen City	162.7	132.5	114.2	119.2	117.3
珠海市	Zhuhai City	114.1	135.6	111.8	117.5	113.8
佛山市	Foshan City	115.2	116.8	111.2	116.1	116.3
江门市	Jiangmen City	111.9	110.2	111.0	111.1	112.2
东莞市	Dongguan City	101.1	120.8	117.9	119.5	119.6
中山市	Zhongshan City	112.7	115.6	111.8	118.6	118.7
惠州市区	Huizhou Urban District	106.2	123.1	112.3	118.1	115.5
惠阳市	Huiyang City	110.0	155.8	109.3	125.3	118.7
惠东县	Huidong County	118.3	116.6	112.4	110.3	113.0
博罗县	Boluo County	99.5	111.4	110.4	111.5	114.5
肇庆市区	Zhaoqing Urban District	114.6	119.9	115.7	113.8	111.9
高要市	Gaoyao City	115.8	114.1	110.8	110.1	113.5
四会市	Sihui City	111.7	107.7	111.9	110.9	117.0

2-3 地区生产总值指数(1978 年＝100)

Indices of Gross Regional Product(year of 1978=100)

按可比价格计算。

Calculated at comparable prices.

地区	Area	1978	1980	1990	2000	2003	2004
长江三角洲经济区	**Yangtze River Delta**						
上海市	Shanghai City	100.0	116.4	236.8	747.1	1020.8	1159.6
南京市	Nanjing City	100.0	121.1	303.9	1114.2	1605.8	1883.5
苏州市	Suzhou City	100.0	119.1	400.2	1821.9	2764.3	3250.4
无锡市	Wuxi City	100.0	129.2	430.9	2252.6	3167.5	3718.7
常州市	Changzhou City	100.0	121.8	341.3	1434.5	2076.7	2399.5
镇江市	Zhenjiang City	100.0	114.7	330.6	1596.5	2348.2	2692.5
南通市	Nantong City	100.0	119.5	284.5	1014.3	1431.8	1655.8
扬州市	Yangzhou City	100.0	110.5	373.2	1251.7	1720.9	1974.4
泰州市	Taizhou City	100.0	115.9	298.7	1077.6	1521.8	1745.4
杭州市	Hangzhou City	100.0	135.7	372.4	1867.8	2732.9	3142.8
宁波市	Ningbo City	100.0	133.5	450.4	2151.9	3156.7	3646.0
嘉兴市	Jiaxing City	100.0	124.4	320.5	1254.4	1874.0	2183.2
湖州市	Huzhou City	100.0	125.5	306.1	1380.7	1990.0	2296.5
绍兴市	Shaoxing City	100.0	131.0	417.1	2600.3	3795.8	4376.6
舟山市	Zhoushan City	100.0	101.5	224.7	694.4	1009.9	1181.5
台州市	Taizhou City	100.0	122.0	434.5	2282.4	3342.8	3797.4
珠江三角洲经济区	**Pearl River Delta**						
广州市	Guangzhou City	100.0	130.9	398.2	1847.3	2717.2	3125.9
深圳市①	Shenzhen City ①		162.7	3439.1	26108.3	40513.5	47522.3
珠海市①	Zhuhai City ①		114.1	1300.0	8027.5	11871.4	13506.1
佛山市	Foshan City	100.0	125.2	539.1	3197.5	4150.4	5363.2
江门市	Jiangmen City	100.0	124.8	407.9	1913.4	2637.5	2970.6
东莞市	Dongguan City	100.0	99.2	459.8	2411.2	4030.8	4820.8
中山市	Zhongshan City	100.0	117.1	405.0	1915.5	3032.3	3618.7
惠州市区	Huizhou Urban District	100.0	104.3	712.7	7592.4		
惠阳市	Huiyang City	100.0	112.5	530.5	3670.7		
惠东县	Huidong County	100.0	109.6	318.6	1982.2		
博罗县	Boluo County	100.0	92.4	247.7	1595.8		
肇庆市区	Zhaoqing Urban District	100.0	120.2	557.2	3040.5	4681.3	5238.4
高要市	Gaoyao City	100.0	116.2	552.3	3598.0	4479.3	5084.0
四会市	Sihui City	100.0	117.8	390.0	1988.7	2796.2	3271.6

注：①深圳市、珠海市是以 1979 年为基期计算的。

Note: ① The base year of Shengzhen City and Zhuhai City is 1979.

2-4 人均地区生产总值
Gross Regional Product Per Capita

按当年价格计算。
Calculated at current prices.
单位：元 (yuan)

地区	Area	1978	1980	1990	2000	2003	2004
长江三角洲经济区	**Yangtze River Delta**						
上海市	Shanghai City	2498	2738	5910	34547	46718	55307
南京市	Nanjing City	844	983	3472	18546	27307	33050
苏州市	Suzhou City	634	787	3617	26692	47693	57992
无锡市	Wuxi City	687	947	3865	27653	43155	52825
常州市	Changzhou City	605	771	2935	17635	26149	31665
镇江市	Zhenjiang City	527	633	2540	16967	23995	29235
南通市	Nantong City	408	490	1736	9374	12924	15806
扬州市	Yangzhou City	363	434	2048	10515	14290	17359
泰州市	Taizhou City	314	399	1528	8082	11513	14014
杭州市	Hangzhou City	565	791	3310	22342	32819	38858
宁波市	Ningbo City	437	634	2845	21786	32629	39173
嘉兴市	Jiaxing City	460	610	2582	16279	25792	31506
湖州市	Huzhou City	402	548	2247	13445	19102	22966
绍兴市	Shaoxing City	299	433	2002	17237	25115	30254
舟山市	Zhoushan City	447	554	2538	11675	17679	21855
台州市	Taizhou City	225	311	1531	12390	18041	21177
珠江三角洲经济区	**Pearl River Delta**						
广州市①	Guangzhou City ①	907	1160	5418	34292	48372	56271
深圳市	Shenzhen City		835	8724	39745	54545	59271
珠海市	Zhuhai City		720	5665	26583	37675	41847
佛山市	Foshan City	559	709	4946	28932	40444	47658
江门市	Jiangmen City	455	587	2876	14921	19131	21872
东莞市	Dongguan City	553	627	4958	32477	60158	71997
中山市	Zhongshan City	573	717	4490	23542	36614	44005
惠州市区①②	Huizhou Urban District ①②	496	504	4719	36262	38675	43834
惠阳市①②	Huiyang City ①②	339	424	2587	18519	25836	27108
惠东县①②	Huidong County ①②	367	381	2104	13004	16341	17489
博罗县①②	Boluo County ①②	351	358	1537	10662	14417	16677
肇庆市区	Zhaoqing Urban District	550	689	3932	14413	22616	26468
高要市	Gaoyao City	270	371	1774	15404	19244	22471
四会市	Sihui City	295	370	2214	14089	18096	22434

注：①按户籍人口统计。②因区划调整，2003年及以后人均地区生产总值与2000年口径不同。

Note: ① Calculated by persons registered permanent residence. ② The coverage of GRP of per capita after 2003 is different from the coverage in 2000 because of adjusted by regionalism.

2-5 地区生产总值三次产业增加值

Gross Regional Product by Three Industries

按当年价格计算。

Calculated at current prices.

单位：亿元 (100 million yuan)

地区	Area	地区生产总值 Gross Domestic Product			第一产业 Primary Industry		
		1978	1990	2004	1978	1990	2004
长江三角洲经济区	**Yangtze River Delta**						
上海市	Shanghai City	272.81	756.45	7450.27	11.00	32.60	96.71
南京市①	Nanjing City ①	34.42	176.52	1910.00	4.31	16.87	70.00
苏州市①	Suzhou City ①	31.95	202.14	3450.00	8.97	35.00	77.00
无锡市①	Wuxi City ①	24.93	160.44	2350.00	3.56	17.53	51.80
常州市①	Changzhou City ①	17.57	94.87	1100.61	3.85	17.68	51.24
镇江市①	Zhenjiang City ①	12.18	65.32	781.16	3.06	14.48	34.11
南通市①	Nantong City ①	29.39	134.25	1226.06	12.28	42.88	148.89
扬州市①	Yangzhou City ①	14.38	89.05	788.13	6.24	21.75	79.79
泰州市①	Taizhou City ①	14.15	74.21	705.20	7.19	25.59	82.70
杭州市	Hangzhou City	28.40	189.62	2515.00	6.34	30.94	139.10
宁波市	Ningbo City	20.17	141.40	2158.04	6.52	29.35	123.50
嘉兴市	Jiaxing City	13.29	81.33	1050.56	6.63	24.97	77.88
湖州市	Huzhou City	8.88	54.99	590.69	4.01	18.85	54.81
绍兴市	Shaoxing City	11.29	82.38	1313.87	5.14	19.77	92.22
舟山市	Zhoushan City	3.88	24.57	212.04	1.63	8.77	38.21
台州市	Taizhou City	10.13	78.74	1173.79	4.74	23.89	96.70
珠江三角洲经济区	**The Pearl River Delta**						
广州市	Guangzhou City	43.09	319.60	4115.81	5.03	25.73	115.50
深圳市	Shenzhen City		171.67	3422.79		7.02	14.17
珠海市	Zhuhai City		41.43	546.28		5.90	18.63
佛山市	Foshan City	12.96	136.73	1656.46	4.04	19.97	82.31
江门市	Jiangmen City	14.32	100.55	834.56	5.04	23.75	73.97
东莞市	Dongguan City	6.11	64.62	1155.30	2.72	14.66	27.74
中山市	Zhongshan City	5.76	51.06	610.14	2.76	13.64	30.51
惠州市区	Huizhou Urban District	0.73	10.65		0.13	0.59	13.20
惠阳市	Huiyang City	1.41	12.33		0.82	4.38	6.68
惠东县	Huidong County	1.78	12.16		1.01	5.92	26.55
博罗县	Boluo County	2.04	10.41		1.25	5.05	24.98
肇庆市区	Zhaoqing Urban District	1.39	13.14	126.71	0.27	2.47	8.68
高要市	Gaoyao City	1.55	12.21	163.40	1.01	6.69	40.58
四会市	Sihui City	0.96	8.23	95.51	0.46	3.41	22.84

2-5 续表1 continued

按当年价格计算。

Calculated at current prices.

单位：亿元 (100 million yuan)

地区	Area	第二产业 Secondary Industry			工　业 Industry		
		1978	1990	2004	1978	1990	2004
长江三角洲经济区	**Yangtze River Delta**						
上海市	Shanghai City	211.05	482.68	3788.22	207.47	446.88	3492.89
南京市①	Nanjing City ①	23.22	96.03	1005.00		87.40	823.00
苏州市①	Suzhou City ①	17.79	123.24	2268.00	16.69	112.52	2068.00
无锡市①	Wuxi City ①	17.04	107.66	1353.50	15.63	102.62	1231.40
常州市①	Changzhou City ①	11.25	57.96	647.70	10.54	54.06	584.70
镇江市①	Zhenjiang City ①	7.36	37.27	460.56	6.74	34.12	393.96
南通市①	Nantong City ①	10.98	60.46	664.16	9.99	54.55	577.55
扬州市①	Yangzhou City ①	5.83	47.48	419.87	5.27	43.19	366.64
泰州市①	Taizhou City ①	4.99	34.04	380.50	4.56	30.80	319.50
杭州市	Hangzhou City	5.13	96.17	1332.90	15.75	87.88	1174.90
宁波市	Ningbo City	9.69	80.31	1230.21	8.62	72.12	1086.75
嘉兴市	Jiaxing City	4.38	40.56	635.05	3.91	34.82	545.85
湖州市	Huzhou City	3.23	24.14	323.69	2.78	21.38	282.53
绍兴市	Shaoxing City	3.71	43.57	786.73	3.19	39.66	697.78
舟山市	Zhoushan City	1.23	7.93	91.30	1.02	6.57	69.23
台州市	Taizhou City	3.03	32.38	686.00	2.52	27.90	614.26
珠江三角洲经济区	**The Pearl River Delta**						
广州市	Guangzhou City	25.25	136.30	1817.71	24.36	118.10	1627.11
深圳市	Shenzhen City		76.93	2108.14		64.49	1912.96
珠海市	Zhuhai City		18.06	311.45		15.12	261.35
佛山市	Foshan City	6.54	77.70	957.76	6.17	72.07	912.21
江门市	Jiangmen City	5.76	43.15	413.15		38.78	394.58
东莞市	Dongguan City	2.68	30.59	640.60		29.47	
中山市	Zhongshan City	2.02	18.82	396.49	1.97	16.38	371.99
惠州市区	Huizhou Urban District	0.31	4.41	209.82			194.67
惠阳市	Huiyang City	0.18	4.53	63.16			41.92
惠东县	Huidong County	0.47	2.74	61.85			55.09
博罗县	Boluo County	0.33	2.18	67.46			63.06
肇庆市区	Zhaoqing Urban District	0.60	5.10	53.70		4.74	44.73
高要市	Gaoyao City	0.41	2.89	55.02		2.52	49.78
四会市	Sihui City	0.28	2.97	50.11		2.64	40.63

2–5 续表2 continued

按当年价格计算。

Calculated at current prices.

单位：亿元

(100 million yuan)

地区	Area	第二产业 Secondary Industry 建筑业 Construction			第三产业 Tertiary Industry		
		1978	1990	2004	1978	1990	2004
长江三角洲经济区	**Yangtze River Delta**						
上海市	Shanghai City	3.58	35.80	295.33	50.76	241.17	3565.34
南京市①	Nanjing City ①		8.63	182.00	6.89	63.62	835.00
苏州市①	Suzhou City ①	1.10	10.71	200.00	5.18	43.90	1105.00
无锡市①	Wuxi City ①	1.40	5.04	122.10	4.33	35.24	944.70
常州市①	Changzhou City ①	0.71	3.90	63.00	2.47	19.23	401.67
镇江市①	Zhenjiang City ①	0.62	3.14	66.60	1.76	13.57	286.49
南通市①	Nantong City ①	0.99	5.91	86.61	6.12	30.90	413.01
扬州市①	Yangzhou City ①	0.56	4.30	53.23	2.31	19.82	288.47
泰州市①	Taizhou City ①	0.43	3.24	61.00	1.97	14.58	242.00
杭州市	Hangzhou City	0.42	8.28	158.00	5.13	62.51	1043.00
宁波市	Ningbo City	1.07	8.19	143.50	3.96	31.74	804.33
嘉兴市	Jiaxing City	0.47	5.74	89.19	2.28	15.80	337.63
湖州市	Huzhou City	0.45	2.76	41.16	1.65	12.00	202.19
绍兴市	Shaoxing City	0.52	3.91	88.95	2.44	19.04	434.91
舟山市	Zhoushan City	0.21	1.36	22.07	1.02	7.87	82.53
台州市	Taizhou City	0.51	4.48	71.74	2.36	22.47	391.09
珠江三角洲经济区	**The Pearl River Delta**						
广州市	Guangzhou City	0.89	18.20	190.60	12.82	157.57	2182.60
深圳市	Shenzhen City		12.44	195.18		87.71	1300.48
珠海市	Zhuhai City		2.94	50.10		17.46	216.20
佛山市	Foshan City	0.37	5.63	45.55	2.38	39.06	616.39
江门市	Jiangmen City		4.37	18.57	3.52	33.65	347.44
东莞市	Dongguan City		1.13		0.71	19.36	486.96
中山市	Zhongshan City	0.05	2.44	24.50	0.98	18.61	183.14
惠州市区	Huizhou Urban District			15.15	0.29	5.64	82.17
惠阳市	Huiyang City			21.25	0.40	3.42	40.04
惠东县	Huidong County			6.76	0.30	3.51	36.65
博罗县	Boluo County			4.40	0.46	3.18	34.52
肇庆市区	Zhaoqing Urban District		0.35	8.97	0.52	5.58	64.33
高要市	Gaoyao City		0.37	5.24	0.14	2.63	67.81
四会市	Sihui City		0.32	9.49	0.25	2.20	22.56

注：①采用《国民经济行业分类》(GB/T4754—1994)划分。

Note: ① Classified according to "Industrial Classification of National Economic Activities" (GB/T4754-1994).

2-6 地区生产总值三次产业指数（1978年=100）

Indices of Gross Regional Product by Three Industries(year of 1978=100)

按可比价格计算。
Calculated at comparable prices.

地区	Area	1978	1980	1990	2000	2003	2004
长江三角洲经济区	**Yangtze River Delta**						
上海市	Shanghai City						
第一产业	Primary Industry	100.0	98.8	129.5	164.2	178.3	169.3
第二产业	Secondary Industry	100.0	115.1	219.0	667.4	972.9	1117.8
第三产业	Tertiary Industry	100.0	125.9	329.2	1199.1	1548.4	1748.1
南京市	Nanjing City						
第一产业	Primary Industry						
第二产业	Secondary Industry						
第三产业	Tertiary Industry						
苏州市	Suzhou City						
第一产业	Primary Industry	100.0	89.6	141.3	213.6	206.6	205.6
第二产业	Secondary Industry	100.0	132.8	530.4	2414.1	3847.4	4633.8
第三产业	Tertiary Industry	100.0	122.2	401.7	2504.7	3723.6	4264.1
无锡市	Wuxi City						
第一产业	Primary Industry	100.0	98.1	178.2	266.0	301.4	307.8
第二产业	Secondary Industry	100.0	145.8	484.7	2602.5	3872.8	4624.4
第三产业	Tertiary Industry	100.0	131.2	386.1	2626.8	3763.5	4346.8
常州市	Changzhou City						
第一产业	Primary Industry	100.0	101.7	166.3	256.3	291.8	299.7
第二产业	Secondary Industry	100.0	125.7	395.6	1764.7	2632.1	3095.6
第三产业	Tertiary Industry	100.0	135.8	369.3	2145.1	3056.8	3487.8
镇江市	Zhenjiang City						
第一产业	Primary Industry	100.0	95.5	171.4	249.8	279.4	297.8
第二产业	Secondary Industry	100.0	121.0	388.5	1993.6	2944.8	3407.1
第三产业	Tertiary Industry	100.0	121.4	365.1	2400.4	3345.3	3820.3
南通市	Nantong City						
第一产业	Primary Industry	100.0	94.5	179.3	318.1	363.7	383.0
第二产业	Secondary Industry	100.0	145.1	421.1	1886.2	2780.8	3323.7
第三产业	Tertiary Industry	100.0	121.0	239.5	1033.8	1430.4	1631.4
扬州市	Yangzhou City						
第一产业	Primary Industry	100.0	89.7	126.1	222.2	255.3	270.6
第二产业	Secondary Industry	100.0	129.7	624.4	2308.1	3298.7	3869.6
第三产业	Tertiary Industry	100.0	118.2	407.4	1728.6	2330.7	2646.2
泰州市	Taizhou City						
第一产业	Primary Industry	100.0	90.4	128.9	199.4	228.5	238.7
第二产业	Secondary Industry	100.0	139.9	523.0	2125.2	3242.2	3849.8
第三产业	Tertiary Industry	100.0	148.1	351.0	1746.5	2189.0	2461.8
杭州市	Hangzhou City						
第一产业	Primary Industry	100.0	105.6	154.4	272.1	322.5	338.9
第二产业	Secondary Industry	100.0	151.1	422.2	2565.7	3885.6	4534.4
第三产业	Tertiary Industry	100.0	130.7	528.0	2563.9	3725.3	4258.0

2–6 续表 1 continued

按可比价格计算。
Calculated at comparable prices.

地区	Area	1978	1980	1990	2000	2003	2004
宁波市	Ningbo City						
第一产业	Primary Industry	100.0	108.8	171.1	296.0	334.2	350.9
第二产业	Secondary Industry	100.0	156.0	678.0	3725.4	5659.4	6598.9
第三产业	Tertiary Industry	100.0	125.0	418.2	2388.9	3495.0	4047.2
嘉兴市	Jiaxing City						
第一产业	Primary Industry	100.0	91.7	145.3	187.9	219.3	231.1
第二产业	Secondary Industry	100.0	174.2	611.3	2930.0	4652.6	5504.0
第三产业	Tertiary Industry	100.0	137.6	348.1	2018.4	2937.7	3413.6
湖州市	Huzhou City						
第一产业	Primary Industry	100.0	104.5	170.9	265.8	308.5	333.8
第二产业	Secondary Industry	100.0	150.4	481.2	3067.3	4582.6	5430.4
第三产业	Tertiary Industry	100.0	137.0	352.8	1787.8	2641.2	2981.9
绍兴市	Shaoxing City						
第一产业	Primary Industry	100.0	100.5	129.4	288.9	323.8	335.0
第二产业	Secondary Industry	100.0	178.7	904.9	7025.7	10647.8	12467.7
第三产业	Tertiary Industry	100.0	122.8	282.4	1524.2	2232.6	2561.2
舟山市	Zhoushan City						
第一产业	Primary Industry	100.0	88.7	99.8	250.3	248.8	274.1
第二产业	Secondary Industry	100.0	113.0	369.5	1419.8	2569.5	3132.2
第三产业	Tertiary Industry	100.0	119.9	357.1	1075.7	1614.7	1865.0
台州市	Taizhou City						
第一产业	Primary Industry	100.0	99.8	154.5	286.8	308.1	308.4
第二产业	Secondary Industry	100.0	160.8	943.5	8364.5	12458.2	14232.1
第三产业	Tertiary Industry	100.0	129.7	508.4	2266.3	3601.4	4192.1
珠江三角洲经济区	**Pearl River Delta**						
广州市	Guangzhou City						
第一产业	Primary Industry	100.0	115.1	180.0	367.3	413.5	449.7
第二产业	Secondary Industry	100.0	128.0	362.9	2118.2	3209.0	3761.5
第三产业	Tertiary Industry	100.0	141.4	532.5	2132.8	3114.7	3536.8
深圳市①	Shenzhen City ①						
第一产业	Primary Industry		103.0	298.5	352.3	346.1	277.6
第二产业	Secondary Industry		175.8	16760.4	154987.4	260404.6	315870.8
第三产业	Tertiary Industry		209.5	3286.1	20772.5	29022.9	32302.5
珠海市①	Zhuhai City ①						
第一产业	Primary Industry		109.9	308.5	536.0	697.9	722.9
第二产业	Secondary Industry		131.6	2388.7	18644.3	28471.1	32781.4
第三产业	Tertiary Industry		105.9	2015.1	11338.9	16223.3	18287.0
佛山市	Foshan City						
第一产业	Primary Industry	100.0	117.6	188.1	389.9	446.2	436.6
第二产业	Secondary Industry	100.0	135.1	833.4	5416.2	8321.3	10348.1
第三产业	Tertiary Industry	100.0	122.8	700.4	4725.1	6478.9	7251.0

2-6 续表2 continued

按可比价格计算。

Calculated at comparable prices.

地区	Area	1978	1980	1990	2000	2003	2004
江门市	Jiangmen City						
第一产业	Primary Industry	100.0	113.9	210.5	339.2	381.5	398.3
第二产业	Secondary Industry	100.0	132.2	599.1	3832.5	5680.8	6298.2
第三产业	Tertiary Industry	100.0	136.6	557.7	2649.1	3660.8	4080.4
东莞市	Dongguan City						
第一产业	Primary Industry	100.0	78.7	159.1	189.4	174.0	157.3
第二产业	Secondary Industry	100.0	122.6	856.3	6015.2	10707.6	13331.0
第三产业	Tertiary Industry	100.0	163.7	1292.9	7056.8	11553.2	13263.1
中山市	Zhongshan City						
第一产业	Primary Industry	100.0	104.7	162.3	262.8	298.1	303.4
第二产业	Secondary Industry	100.0	132.0	821.5	6060.8	11380.6	13944.9
第三产业	Tertiary Industry	100.0	137.2	685.8	2701.8	3520.3	4237.4
惠州市区	Huizhou Urban District						
第一产业	Primary Industry	100.0	108.6	461.9	1872.9		
第二产业	Secondary Industry	100.0	91.4	1417.9	32431.5		
第三产业	Tertiary Industry	100.0	123.1	1918.7	10594.5		
惠阳市	Huiyang City						
第一产业	Primary Industry	100.0	114.2	532.0	1824.9		
第二产业	Secondary Industry	100.0	131.7	2479.8	29606.4		
第三产业	Tertiary Industry	100.0	141.6	854.0	8243.8		
惠东县	Huidong County						
第一产业	Primary Industry	100.0	109.3	583.6	2029.7		
第二产业	Secondary Industry	100.0	79.0	584.3	9174.5		
第三产业	Tertiary Industry	100.0	141.3	1168.0	8321.9		
博罗县	Boluo County						
第一产业	Primary Industry	100.0	105.7	405.0	1489.5		
第二产业	Secondary Industry	100.0	90.1	657.3	13763.6		
第三产业	Tertiary Industry	100.0	118.3	693.3	3853.3		
肇庆市区	Zhaoqing Urban District						
第一产业	Primary Industry	100.0	128.1	442.6	803.6	1389.1	1437.7
第二产业	Secondary Industry	100.0	287.1	1484.9	4617.4	6143.0	6947.7
第三产业	Tertiary Industry	100.0	280.1	1374.8	2919.4	6095.7	6827.2
高要市	Gaoyao City						
第一产业	Primary Industry	100.0	115.4	447.5	1529.8	1574.9	1659.9
第二产业	Secondary Industry	100.0	110.7	624.1	5289.1	6992.8	8419.3
第三产业	Tertiary Industry	100.0	131.1	1029.9	12517.6	1675.1	1889.5
四会市	Sihui City						
第一产业	Primary Industry	100.0	109.3	251.4	659.5	804.0	837.0
第二产业	Secondary Industry	100.0	135.9	800.2	6152.9	9193.4	11427.4
第三产业	Tertiary Industry	100.0	128.9	456.8	2410.0	3492.8	4027.2

注：①以1979年为基期。1978至1990年采用1990年价格计算，从2000年开始采用2000年价格计算。

Note: ① The base year is 1979.Data from 1978 to 2000 is calculated at 1990's price,data of 2000 is calculated at 2000's price.

2-7 地区生产总值三次产业构成

Composition of Gross Regional Product by Three Industries

单位：% (%)

地区	Area	1978	1980	1990	2000	2003	2004
长江三角洲经济区	**Yangtze River Delta**						
上海市	Shanghai City						
第一产业	Primary Industry	4.0	3.2	4.3	1.8	1.5	1.3
第二产业	Secondary Industry	77.4	75.7	63.8	47.6	50.1	50.8
第三产业	Tertiary Industry	18.6	21.1	31.9	50.6	48.4	47.9
南京市	Nanjing City						
第一产业	Primary Industry	12.5	12.3	9.6	5.4	4.1	3.7
第二产业	Secondary Industry	67.5	66.3	54.4	48.4	51.0	52.6
第三产业	Tertiary Industry	20.0	21.4	36.0	46.2	44.8	43.7
苏州市	Suzhou City						
第一产业	Primary Industry	28.1	24.7	17.3	5.9	2.7	2.2
第二产业	Secondary Industry	55.7	58.6	61.0	56.5	63.2	65.7
第三产业	Tertiary Industry	16.2	16.7	21.7	37.6	34.1	32.1
无锡市	Wuxi City						
第一产业	Primary Industry	14.3	12.3	10.9	4.0	2.8	2.2
第二产业	Secondary Industry	68.3	70.5	67.1	56.9	57.5	57.6
第三产业	Tertiary Industry	17.4	17.2	22.0	39.1	39.7	40.2
常州市	Changzhou City						
第一产业	Primary Industry	21.9	21.5	18.6	7.5	5.2	4.7
第二产业	Secondary Industry	64.0	62.7	61.1	56.1	57.7	58.8
第三产业	Tertiary Industry	14.1	15.8	20.3	36.4	37.1	36.5
镇江市	Zhenjiang City						
第一产业	Primary Industry	25.1	24.4	22.1	7.1	5.1	4.4
第二产业	Secondary Industry	60.4	60.2	57.1	55.4	57.2	58.9
第三产业	Tertiary Industry	14.5	15.4	20.8	37.5	37.7	36.7
南通市	Nantong City						
第一产业	Primary Industry	41.8	32.6	31.9	17.6	13.8	12.1
第二产业	Secondary Industry	37.4	45.1	45.0	48.1	51.4	54.2
第三产业	Tertiary Industry	20.8	22.3	23.1	34.3	34.8	33.7
扬州市	Yangzhou City						
第一产业	Primary Industry	43.4	39.8	24.4	13.4	10.8	10.1
第二产业	Secondary Industry	40.5	43.5	53.3	49.0	51.4	53.3
第三产业	Tertiary Industry	16.1	16.7	22.3	37.7	37.8	36.6
泰州市	Taizhou City						
第一产业	Primary Industry	50.8	44.4	34.5	16.3	12.5	11.7
第二产业	Secondary Industry	35.2	38.5	45.9	47.2	51.8	54.0
第三产业	Tertiary Industry	14.0	17.1	19.6	36.5	35.7	34.3
杭州市	Hangzhou City						
第一产业	Primary Industry	22.3	20.1	16.3	7.5	6.0	5.5
第二产业	Secondary Industry	59.6	62.3	50.7	51.3	51.9	53.0
第三产业	Tertiary Industry	18.1	17.6	33.0	41.2	42.1	41.5

2-7 续表 1 continued

单位：% (%)

地区	Area	1978	1980	1990	2000	2003	2004
宁波市	Ningbo City						
第一产业	Primary Industry	32.3	29.4	20.3	8.2	6.3	5.7
第二产业	Secondary Industry	48.0	52.6	55.2	56.0	56.0	57.0
第三产业	Tertiary Industry	19.7	48.1	24.5	35.8	37.7	37.3
嘉兴市	Jiaxing City						
第一产业	Primary Industry	49.9	39.1	30.7	11.2	8.0	7.4
第二产业	Secondary Industry	33.0	42.5	49.9	55.3	59.3	60.4
第三产业	Tertiary Industry	17.2	18.4	19.4	33.5	32.7	32.1
湖州市	Huzhou City						
第一产业	Primary Industry	45.1	40.2	34.3	13.9	11.3	11.0
第二产业	Secondary Industry	36.3	40.2	43.9	53.4	53.3	54.8
第三产业	Tertiary Industry	18.6	19.6	21.8	32.7	35.4	34.2
绍兴市	Shaoxing City						
第一产业	Primary Industry	45.6	39.8	24.0	10.5	7.6	7.0
第二产业	Secondary Industry	32.8	40.4	52.9	58.8	59.2	59.9
第三产业	Tertiary Industry	21.6	19.8	23.1	30.7	33.2	33.1
舟山市	Zhoushan City						
第一产业	Primary Industry	42.0	38.9	35.7	28.7	19.2	18.0
第二产业	Secondary Industry	31.7	34.9	32.3	32.1	41.3	43.1
第三产业	Tertiary Industry	26.3	26.2	32.0	39.2	39.5	38.9
台州市	Taizhou City						
第一产业	Primary Industry	46.8	43.3	30.3	12.7	9.3	8.2
第二产业	Secondary Industry	29.9	34.2	41.1	58.1	58.1	58.4
第三产业	Tertiary Industry	23.3	22.5	28.5	29.2	32.6	33.3
珠江三角洲经济区	**Pearl River Delta**						
广州市	Guangzhou City						
第一产业	Primary Industry	11.7	10.9	8.0	4.0	3.0	2.8
第二产业	Secondary Industry	58.6	54.5	42.7	43.4	43.1	44.2
第三产业	Tertiary Industry	29.7	34.6	49.3	52.6	53.9	53.0
深圳市	Shenzhen City						
第一产业	Primary Industry		28.9	4.1	1.0	0.6	0.4
第二产业	Secondary Industry		26.0	44.8	52.5	59.5	61.6
第三产业	Tertiary Industry		45.1	51.1	46.5	39.9	38.0
珠海市	Zhuhai City						
第一产业	Primary Industry		36.3	14.3	4.2	3.8	3.4
第二产业	Secondary Industry		31.8	43.6	55.5	56.4	57.0
第三产业	Tertiary Industry		31.9	42.1	40.3	39.8	39.6
佛山市	Foshan City						
第一产业	Primary Industry	31.2	29.3	14.6	6.9	5.6	5.0
第二产业	Secondary Industry	50.5	52.5	56.8	52.8	55.3	57.8
第三产业	Tertiary Industry	18.3	18.2	28.6	40.3	39.1	37.2

2-7 续表2 continued

单位：% (%)

地区	Area	1978	1980	1990	2000	2003	2004
江门市	Jiangmen City						
第一产业	Primary Industry	35.2	33.7	23.6	12.0	9.7	8.9
第二产业	Secondary Industry	40.2	39.6	42.9	47.6	48.0	49.5
第三产业	Tertiary Industry	24.6	26.7	33.5	40.4	42.3	41.6
东莞市	Dongguan City						
第一产业	Primary Industry	44.6	38.0	22.7	6.3	3.0	2.4
第二产业	Secondary Industry	43.8	45.1	47.3	54.6	54.0	55.5
第三产业	Tertiary Industry	11.6	16.9	30.0	39.1	43.0	42.1
中山市①	Zhongshan City ①						
第一产业	Primary Industry	47.9	42.0	26.7	7.8	5.4	5.0
第二产业	Secondary Industry	35.1	37.0	36.9	54.5	63.0	65.0
第三产业	Tertiary Industry	17.0	21.0	36.4	37.7	31.6	30.0
惠州市区	Huizhou Urban District						
第一产业	Primary Industry	17.5	17.7	5.6	1.7	4.4	4.3
第二产业	Secondary Industry	42.4	36.2	41.4	76.3	69.8	68.8
第三产业	Tertiary Industry	40.1	46.1	53.0	21.9	25.8	26.9
惠阳市	Huiyang City						
第一产业	Primary Industry	58.5	53.8	35.5	14.8	5.9	6.1
第二产业	Secondary Industry	13.0	13.8	36.7	50.1	63.3	57.5
第三产业	Tertiary Industry	28.5	32.4	27.7	35.2	30.8	36.4
惠东县	Huidong County						
第一产业	Primary Industry	56.9	58.2	48.7	22.1	21.0	21.2
第二产业	Secondary Industry	26.3	19.4	22.5	50.9	52.3	49.5
第三产业	Tertiary Industry	16.8	22.3	28.8	27.0	26.7	29.3
博罗县	Boluo County						
第一产业	Primary Industry	61.3	61.1	48.6	22.7	21.1	19.7
第二产业	Secondary Industry	16.2	13.8	20.9	55.7	55.5	53.1
第三产业	Tertiary Industry	22.5	25.1	30.5	21.6	23.4	27.2
肇庆市区	Zhaoqing Urban District						
第一产业	Primary Industry	19.6	22.2	18.6	9.3	7.2	6.9
第二产业	Secondary Industry	43.3	40.5	38.7	45.8	41.5	42.4
第三产业	Tertiary Industry	37.1	37.3	42.7	44.9	51.3	50.8
高要市	Gaoyao City						
第一产业	Primary Industry	65.1	70.3	53.1	28.6	25.1	24.8
第二产业	Secondary Industry	26.2	21.3	24.6	31.2	32.4	33.7
第三产业	Tertiary Industry	8.7	8.4	22.3	40.2	42.5	41.5
四会市	Sihui City						
第一产业	Primary Industry	46.6	43.1	39.0	27.4	25.6	23.9
第二产业	Secondary Industry	28.4	29.7	35.9	48.2	48.5	52.5
第三产业	Tertiary Industry	25.0	27.2	25.1	24.4	25.9	23.6

2-8 第三产业增加值构成（2004年）
Composition of Tertiary Industry(2004)

单位：亿元 (100 million yuan)

地区	Area	合计 Total	# 交通运输、仓储和邮政业 Transport, Storage and Communication	# 信息传输、计算机服务和软件业 Information Transmit,Computer Services and Softwares	# 批发和零售业 Wholesale and Retail Trade
长江三角洲经济区	**Yangtze River Delta**				
上海市	Shanghai City	3565.34	362.44	260.99	609.23
南京市①	Nanjing City ①	835.00	117.84 ②		184.84 ③
苏州市①	Suzhou City ①	1105.00	145.00 ②		367.00 ③
无锡市①	Wuxi City ①	944.70	110.89 ②		328.32 ③
常州市①	Changzhou City ①	401.67	65.72 ②		128.36 ③
镇江市①	Zhenjiang City ①	286.49	61.15 ②		75.80 ③
南通市①	Nantong City ①	413.01	61.40 ②		127.19 ③
扬州市①	Yangzhou City ①	288.47	61.46 ②		66.77 ③
泰州市①	Taizhou City ①	242.00	53.30 ②		58.40 ③
杭州市	Hangzhou City	1043.00	138.45		218.94
宁波市	Ningbo City	804.33	134.28		197.09
嘉兴市	Jiaxing City	337.63	42.62	18.85	84.40
湖州市	Huzhou City	202.19	31.16		58.04
绍兴市	Shaoxing City	434.91	57.12		129.22
舟山市	Zhoushan City	82.53	12.26		16.14
台州市	Taizhou City	391.10	75.93		82.13
珠江三角洲经济区	**Pearl River Delta**				
广州市	Guangzhou City	2182.60	476.70		300.05
深圳市	Shenzhen City	3422.79	116.41	172.53	203.29
珠海市	Zhuhai City	215.16	17.74		50.05
佛山市	Foshan City	617.08	123.46		94.38
江门市	Jiangmen City	338.84	54.33		74.24
东莞市	Dongguan City	486.96	24.56		49.18
中山市	Zhongshan City	183.14	17.89		40.22
惠州市区	Huizhou Urban District	82.04	7.67	16.45	14.12
惠阳市	Huiyang City	39.91	9.11	3.89	4.89
惠东县	Huidong County	36.50	5.96	5.61	4.47
肇庆市区	Zhaoqing Urban District	64.33	14.28		19.27
高要市	Gaoyao City	67.81	4.84		4.52
四会市	Sihui City	22.56	4.12		8.12

2–8 续表 continued

单位：亿元 (100 million yuan)

地区	Area	# 住宿和餐饮业 Hotel and Catering Services	# 金融业 Finance	# 房地产业 Real Estate
长江三角洲经济区	**Yangtze River Delta**			
上海市	Shanghai City	178.00	741.68	622.59
南京市①	Nanjing City ①		148.93	88.24
苏州市①	Suzhou City ①		125.00	140.00
无锡市①	Wuxi City ①		80.09	88.51
常州市①	Changzhou City ①		49.14	40.22
镇江市①	Zhenjiang City ①		39.74	31.63
南通市①	Nantong City ①		42.68	54.02
扬州市①	Yangzhou City ①		26.61	36.42
泰州市①	Taizhou City ①		25.90	33.80
杭州市	Hangzhou City	78.55	162.96	81.73
宁波市	Ningbo City	49.57	104.49	70.59
嘉兴市	Jiaxing City	21.85	47.92	31.67
湖州市	Huzhou City	11.36	13.18	24.65
绍兴市	Shaoxing City	22.41	55.20	32.51
舟山市	Zhoushan City	5.69	6.74	4.83
台州市	Taizhou City	26.59	44.18	22.58
珠江三角洲经济区	**Pearl River Delta**			
广州市	Guangzhou City	190.73	201.65	147.98
深圳市	Shenzhen City	56.65	256.72	237.87
珠海市	Zhuhai City	23.88	19.88	17.51
佛山市	Foshan City	52.68	47.37	67.25
江门市	Jiangmen City	41.64	17.31	24.43
东莞市	Dongguan City	30.94	51.71	116.16
中山市	Zhongshan City	15.75	9.43	21.90
惠州市区	Huizhou Urban District	10.36	8.31	4.90
惠阳市	Huiyang City	3.73	0.94	4.57
惠东县	Huidong County	2.02	-0.03	3.15
博罗县	Boluo County	1.69	1.38	1.88
肇庆市区	Zhaoqing Urban District			
高要市	Gaoyao City		0.49	1.25
四会市	Sihui City			

注：①数据采用《国民经济行业分类》(GB/T4754—1994)划分。②为交通运输仓储及邮电通讯业。③包括住宿和餐饮业。

Note: ① Data is classified by "Industrial Classification of National Economic Activities" (GB/T4754-1994). ② Refer to "Transport, Storage,Post and Telecommunication Services". ③ Includes "Hotel and Catering Services".

主要统计指标解释

地区生产总值（GRP） 指按市场价格计算的一个地区所有常住单位在一定时期内生产活动的最终成果。地区生产总值有三种表现形态，即价值形态、收入形态和产品形态。从价值形态看，它是所有常住单位在一定时期内生产的全部货物和服务价值超过同期中间投入的全部非固定资产货物和服务价值的差额，即所有常住单位的增加值之和；从收入形态看，它是所有常住单位在一定时期内创造并分配给常住单位和非常住单位的初次收入分配之和；从产品形态看，它是所有常住单位在一定时期内最终使用的货物和服务价值减去货物和服务进口价值。在实际核算中，地区生产总值有三种计算方法，即生产法、收入法和支出法。三种方法分别从不同的方面反映地区生产总值及其构成。

三次产业 三次产业的划分是世界上较为常用的产业结构分类，但各国的划分不尽一致。根据2003年5月发布的《国民经济行业分类》(GB/T4754—2002)，我国的三次产业划分是：

第一产业 指农、林、牧、渔业。

第二产业 指采矿业，制造业，电力、燃气及水的生产和供应业，建筑业。

第三产业 指除第一、二产业以外的其他行业。

Explanatory Notes on Main Statistical Indicators

Gross Regional Product (GRP) refers to the final products at market prices produced by all resident units in a region during a certain period of time. Gross domestic product is expressed in three different forms, i.e. value, income, and products respectively. GRP in its value form refers to the total value of all goods and services produced by all resident units during a certain period of time, minus the total value of input of goods and services of the nature of non-fixed assets; in order term, it is the sum of the value-added of all resident units. GRP in the form of income includes the income created by all resident units and distributed to resident and non-resident units. GRP in the form of products refers to the value of all goods and services for final consumption by all resident units minus the net exports of goods and services during a given period of time. In the practice of national accounting, gross domestic product is calculated with three approaches, i.e. production approach, income approach and expenditure approach, which reflect gross domestic product and its composition from different aspects.

Three Industries Classification of economic activities into three branches of industries is a common practice in the world, although the grouping varies to some extent from country to country. In China economic activities are categorized into following industries:

Primary industry refers to agriculture, forestry, animal husbandry and fishery.

Secondary industry refers to mining and quarrying, manufacturing, production and supply of electricity, water and gas, and construction.

Tertiary industry refers to all other economic activities not included in primary or secondary industry.

3-1 年末总人口
Total Population(Year-end)

单位：万人 (10 000 persons)

地区	Area	1990年 总人口 Total Population in 1990	# 女性 Female	1991年 总人口 Total Population in 1991	# 女性 Female	1992年 总人口 Total Population in 1992	# 女性 Female
长江三角洲经济区	**Yangtze River Delta**						
上海市	Shanghai City	1283.35	636.22	1287.20	638.17	1289.37	639.40
南京市	Nanjing City	501.82	241.73	506.44	244.03	510.05	247.64
苏州市	Suzhou City	561.02	279.75	564.26	281.48	566.89	282.97
无锡市	Wuxi City	417.71	205.21	421.22	206.98	423.90	208.37
常州市	Changzhou City	324.85	157.64	326.87	158.72	328.57	159.52
镇江市	Zhenjiang City	258.13	126.74	259.05	127.34	259.91	127.62
南通市	Nantong City	776.01	385.40	778.84	386.76	779.86	387.22
扬州市	Yangzhou City	436.50	214.56	438.60	215.40	439.91	216.01
泰州市	Taizhou City	487.82	237.90	490.66	238.98	491.22	239.08
杭州市	Hangzhou City	574.48	277.76	578.73	279.88	582.40	281.77
宁波市	Ningbo City	510.76	249.77	514.16	251.48	516.72	252.63
嘉兴市	Jiaxing City	316.19	155.85	318.30	157.08	320.61	158.36
湖州市	Huzhou City	245.28	117.85	246.76	118.81	248.02	119.54
绍兴市	Shaoxing City	412.67	199.80	415.31	201.23	417.16	202.44
舟山市	Zhoushan City	96.99	47.77	97.35	47.98	97.63	48.14
台州市	Taizhou City	515.49	248.22	518.34	249.58	520.51	250.67
珠江三角洲经济区	**Pearl River Delta**						
广州市	Guangzhou City	594.25	288.74	602.22	292.52	612.20	297.08
深圳市	Shenzhen City	68.65	33.73	73.22	35.95	80.22	39.03
珠海市	Zhuhai City	50.25	24.23	52.46	25.28	54.97	26.41
佛山市	Foshan City	279.40	140.34	284.42	142.54	291.15	145.66
江门市	Jiangmen City	352.75	173.12	356.54	175.02	360.48	176.68
东莞市	Dongguan City	131.85	66.89	133.65	67.55	136.06	68.51
中山市	Zhongshan City	114.87	56.94	116.85	57.94	119.25	59.14
惠州市区	Huizhou Urban District	23.12	11.26				
惠阳市	Huiyang City	48.27	24.55				
惠东县	Huidong County	58.45	28.62				
博罗县	Boluo County	67.96	33.35				
肇庆市区	Zhaoqing Urban District	34.00	16.45	35.27	17.15	37.06	18.07
高要市	Gaoyao City	66.59	33.39	67.25	33.65	67.70	33.77
四会市	Sihui City	37.41	18.44	37.80	18.58	38.03	18.72

3-1 续表 1 continued

单位：万人 (10 000 persons)

地区	Area	1993 年 总人口 Total Population in 1993	# 女性 Female	1994 年 总人口 Total Population in 1994	# 女性 Female	1995 年 总人口 Total Population in 1995	# 女性 Female
长江三角洲经济区	**Yangtze River Delta**						
上海市	Shanghai City	1294.74	641.82	1298.81	643.67	1301.37	644.89
南京市	Nanjing City	514.74	247.64	518.28	249.00	521.72	250.95
苏州市	Suzhou City	569.28	284.15	571.43	285.35	572.91	286.30
无锡市	Wuxi City	426.53	209.62	428.32	210.61	429.19	211.05
常州市	Changzhou City	329.33	160.01	331.44	160.98	333.65	162.14
镇江市	Zhenjiang City	261.54	128.56	262.46	129.05	263.27	129.24
南通市	Nantong City	781.20	388.04	782.43	389.09	784.24	390.22
扬州市	Yangzhou City	441.58	216.28	442.83	197.27	443.87	218.30
泰州市	Taizhou City	492.31	239.59	494.13	240.21	494.94	240.74
杭州市	Hangzhou City	587.10	284.07	592.93	286.93	597.96	289.71
宁波市	Ningbo City	519.85	254.26	526.85	255.61	526.20	257.48
嘉兴市	Jiaxing City	322.57	159.40	324.46	160.45	326.39	161.56
湖州市	Huzhou City	249.37	120.47	250.95	121.24	252.63	122.34
绍兴市	Shaoxing City	419.62	203.74	421.83	205.05	424.70	205.74
舟山市	Zhoushan City	97.88	48.27	97.99	48.36	98.28	48.61
台州市	Taizhou City	523.43	251.92	526.31	253.48	529.56	255.05
珠江三角洲经济区	**Pearl River Delta**						
广州市	Guangzhou City	623.66	302.63	637.02	308.58	646.71	313.28
深圳市	Shenzhen City	87.69	42.44	93.97	45.35	99.16	47.80
珠海市	Zhuhai City	57.46	27.67	60.66	29.18	63.24	30.44
佛山市	Foshan City	299.48	149.48	305.69	152.65	311.06	154.99
江门市	Jiangmen City	365.00	179.39	368.70	181.02	371.81	182.42
东莞市	Dongguan City	138.92	69.72	141.40	70.76	143.65	71.68
中山市	Zhongshan City	121.67	60.35	123.56	61.28	125.25	62.14
惠州市区	Huizhou Urban District					32.36	
惠阳市	Huiyang City					57.38	
惠东县	Huidong County					63.92	
博罗县	Boluo County					72.48	
肇庆市区	Zhaoqing Urban District	39.36	19.24	41.47	20.23	42.77	20.93
高要市	Gaoyao City	67.94	33.80	68.16	33.72	68.69	33.83
四会市	Sihui City	38.44	18.84	38.86	18.96	39.25	19.12

3–1 续表 2 continued

单位：万人 (10 000 persons)

地区	Area	1996年 总人口 Total Population in 1996	# 女性 Female	1997年 总人口 Total Population in 1997	# 女性 Female	1998年 总人口 Total Population in 1998	# 女性 Female
长江三角洲经济区	**Yangtze River Delta**						
上海市	Shanghai City	1304.43	646.57	1305.46	647.53	1306.58	648.36
南京市	Nanjing City	525.43	253.15	529.82	255.54	532.31	256.90
苏州市	Suzhou City	574.12	287.35	574.99	288.13	575.35	288.64
无锡市	Wuxi City	430.82	212.03	432.29	212.91	432.21	213.05
常州市	Changzhou City	337.54	164.62	339.23	165.72	340.75	167.29
镇江市	Zhenjiang City	264.80	129.95	265.41	130.42	265.64	130.52
南通市	Nantong City	785.24	391.33	786.30	392.75	787.49	393.65
扬州市	Yangzhou City	444.87	219.21	446.14	219.62	446.59	220.09
泰州市	Taizhou City	496.27	241.32	496.83	241.89	498.56	243.19
杭州市	Hangzhou City	603.22	292.46	607.96	294.95	611.64	296.95
宁波市	Ningbo City	530.08	259.78	533.31	261.42	535.27	262.87
嘉兴市	Jiaxing City	328.06	162.63	329.29	163.60	329.91	164.08
湖州市	Huzhou City	254.56	123.36	254.58	123.94	254.81	124.24
绍兴市	Shaoxing City	426.84	208.30	428.94	209.51	430.04	210.42
舟山市	Zhoushan City	98.47	48.66	98.58	48.79	98.54	48.83
台州市	Taizhou City	532.98	256.77	535.98	258.35	539.51	259.98
珠江三角洲经济区	**Pearl River Delta**						
广州市	Guangzhou City	656.05	317.96	666.49	323.19	674.14	327.22
深圳市	Shenzhen City	103.36	49.75	109.46	52.66	114.60	54.87
珠海市	Zhuhai City	65.37	31.53	67.34	32.54	69.48	33.58
佛山市	Foshan City	216.12	157.29	320.96	159.60	324.98	161.54
江门市	Jiangmen City	374.36	183.83	377.07	185.30	378.89	186.22
东莞市	Dongguan City	145.25	72.33	147.12	73.08	148.77	73.78
中山市	Zhongshan City	126.84	62.92	128.36	63.67	130.08	64.51
惠州市区	Huizhou Urban District						
惠阳市	Huiyang City						
惠东县	Huidong County						
博罗县	Boluo County						
肇庆市区	Zhaoqing Urban District	44.08	21.60	45.31	22.15	45.91	22.48
高要市	Gaoyao City	69.27	34.16	70.00	34.47	70.62	34.66
四会市	Sihui City	39.68	19.27	40.12	19.45	40.94	19.80

3-1 续表 3 continued

单位：万人 (10 000 persons)

地区	Area	1999 年 总人口 Total Population in 1999	# 女性 Female	2000 年 总人口 Total Population in 2000	# 女性 Female	2001 年 总人口 Total Population in 2001	# 女性 Female
长江三角洲经济区	**Yangtze River Delta**						
上海市	Shanghai City	1313.12	651.93	1321.63	656.12	1327.14	658.82
南京市	Nanjing City	537.44	259.30	544.89	263.23	553.04	266.87
苏州市	Suzhou City	576.23	289.47	578.17	290.78	580.53	292.24
无锡市	Wuxi City	433.40	213.98	434.61	214.95	435.90	215.81
常州市	Changzhou City	339.71	166.92	341.48	168.09	341.52	168.10
镇江市	Zhenjiang City	266.17	130.88	266.67	131.22	266.58	131.27
南通市	Nantong City	785.99	393.25	784.53	392.96	782.46	392.35
扬州市	Yangzhou City	447.39	220.48	450.62	222.45	451.59	222.95
泰州市	Taizhou City	501.26	244.89	501.52	245.13	503.10	246.09
杭州市	Hangzhou City	616.05	299.42	621.58	302.49	629.14	306.36
宁波市	Ningbo City	538.41	264.76	540.94	266.44	543.34	267.84
嘉兴市	Jiaxing City	330.19	164.34	331.26	165.09	331.93	165.65
湖州市	Huzhou City	255.07	124.63	255.79	125.23	256.49	125.81
绍兴市	Shaoxing City	431.70	211.62	432.69	212.65	433.27	213.26
舟山市	Zhoushan City	98.42	48.77	98.41	48.84	98.10	48.74
台州市	Taizhou City	542.98	261.85	546.62	263.85	548.52	264.89
珠江三角洲经济区	**Pearl River Delta**						
广州市	Guangzhou City	685.00	332.71	700.69	340.14	712.60	345.58
深圳市	Shenzhen City	119.85	57.16	124.92	59.71	132.04	62.57
珠海市	Zhuhai City	71.40	34.55	73.90	35.80	75.93	36.86
佛山市	Foshan City	329.24	163.69	332.46	165.22	335.85	166.68
江门市	Jiangmen City	379.84	186.70	380.85	186.95	380.74	187.00
东莞市	Dongguan City	150.82	74.64	152.61	75.39	153.89	75.95
中山市	Zhongshan City	132.00	65.52	133.75	66.50	134.83	67.10
惠州市区	Huizhou Urban District			37.43		38.59	
惠阳市	Huiyang City			62.55		63.15	
惠东县	Huidong County			68.89		69.72	
博罗县	Boluo County			77.25		77.29	
肇庆市区	Zhaoqing Urban District	46.53	22.82	46.67	22.91	47.22	23.14
高要市	Gaoyao City	71.06	34.85	72.98	35.93	73.07	35.94
四会市	Sihui City	41.26	20.01	41.61	20.16	41.88	20.33

3-1 续表4 continued

单位：万人 (10 000 persons)

地区	Area	2002年 总人口 Total Population in 1996	# 女性 Female	2003年 总人口 Total Population in 1997	# 女性 Female	2004年 总人口 Total Population in 1998	# 女性 Female
长江三角洲经济区	**Yangtze River Delta**						
上海市	Shanghai City	1334.23	662.18	1341.77	666.30	1352.39	672.01
南京市	Nanjing City	563.28	271.94	572.23	277.13	583.60	283.86
苏州市	Suzhou City	583.86	293.81	590.97	298.18	598.85	302.53
无锡市	Wuxi City	438.58	217.46	442.54	219.81	447.19	222.52
常州市	Changzhou City	343.24	168.98	346.22	170.73	348.96	173.62
镇江市	Zhenjiang City	267.13	131.29	267.19	131.90	267.21	132.14
南通市	Nantong City	780.26	391.46	777.62	390.41	773.79	388.82
扬州市	Yangzhou City	452.22	223.77	453.61	224.61	454.29	224.97
泰州市	Taizhou City	504.00	246.22	503.38	246.09	502.77	246.12
杭州市	Hangzhou City	636.81	310.19	642.78	313.74	651.68	319.06
宁波市	Ningbo City	546.19	269.60	549.07	271.44	552.69	273.85
嘉兴市	Jiaxing City	332.38	166.07	332.96	166.72	333.94	167.46
湖州市	Huzhou City	257.05	126.24	256.78	126.51	257.21	126.94
绍兴市	Shaoxing City	433.59	213.66	433.84	214.08	434.72	214.89
舟山市	Zhoushan City	97.76	48.60	97.12	48.30	96.91	48.21
台州市	Taizhou City	550.46	266.04	552.61	267.23	555.92	269.05
珠江三角洲经济区	**Pearl River Delta**						
广州市	Guangzhou City	720.62	350.12	725.19	352.97	737.67	359.70
深圳市	Shenzhen City	139.45	65.85	150.93	71.21	165.13	77.55
珠海市	Zhuhai City	78.61	38.20	82.02	39.94	86.17	42.06
佛山市	Foshan City	338.98	168.37	344.24	171.00	350.89	174.70
江门市	Jiangmen City	381.27	186.89	381.98	187.09	385.53	190.01
东莞市	Dongguan City	156.19	77.05	158.96	78.31	161.97	79.72
中山市	Zhongshan City	136.03	67.75	137.86	68.70	139.45	69.55
惠州市区	Huizhou Urban District	40.03	33.20	68.62	33.88	70.63	34.78
惠阳市	Huiyang City	63.78	19.36	40.11	19.81	40.95	20.17
惠东县	Huidong County	69.73	34.05	69.85	34.09	73.14	35.62
博罗县	Boluo County	77.71	36.69	75.81	36.91	76.45	37.22
肇庆市区	Zhaoqing Urban District	47.31	23.19	47.74	23.39	48.00	23.50
高要市	Gaoyao City	73.05	35.81	72.89	35.61	72.79	35.52
四会市	Sihui City	42.12	20.48	42.12	20.60	42.59	20.54

3-2 年末总户数

Total Households(Year-end)

单位：万户 (10 000 households)

地区	Area	1978	1980	1990	2000	2003	2004
长江三角洲经济区	**Yangtze River Delta**						
上海市	Shanghai City	291.69	303.87	415.28	475.73	486.06	490.58
南京市	Nanjing City			154.64	177.46	187.83	190.79
苏州市	Suzhou City	137.42	142.33	173.36	198.18	204.91	205.89
无锡市	Wuxi City	95.23	100.87	134.26	150.06	151.00	150.67
常州市	Changzhou City	73.23	77.19	106.91	117.89	121.04	121.63
镇江市	Zhenjiang City			83.40	94.57	98.52	99.38
南通市	Nantong City	193.28	197.39	253.96	271.25	276.34	277.47
扬州市	Yangzhou City	100.88	103.15	132.14	152.39	156.56	156.67
泰州市	Taizhou City				165.72	169.88	169.95
杭州市	Hangzhou City	117.89	119.11	171.94	193.48	201.12	204.52
宁波市	Ningbo City	123.30	128.57	176.06	193.99	203.47	207.01
嘉兴市	Jiaxing City	67.97	69.09	92.78	96.58	98.58	99.42
湖州市	Huzhou City	53.21	54.53	70.05	79.87	80.49	82.06
绍兴市	Shaoxing City	93.09	96.30	128.87	147.73	152.56	155.18
舟山市	Zhoushan City	22.27	23.32	33.65	34.94	35.64	35.72
台州市	Taizhou City	105.70	109.92	149.29	175.56	182.03	183.89
珠江三角洲经济区	**Pearl River Delta**						
广州市	Guangzhou City	114.59	116.27	164.18	210.04	220.29	225.97
深圳市	Shenzhen City	7.58	7.82	18.19	38.87	47.55	52.04
珠海市	Zhuhai City	7.57	7.71	12.90	20.64	23.08	24.29
佛山市	Foshan City	55.06	56.47	76.14	96.79	102.28	103.96
江门市	Jiangmen City	68.84	69.52	92.23	110.77	116.60	118.56
东莞市	Dongguan City	24.82	25.66	32.73	41.40	44.50	45.46
中山市	Zhongshan City	21.24	21.54	29.29	36.34	38.21	38.79
惠州市区	Huizhou Urban District	3.43	3.46	6.25	10.87	18.96	19.81
惠阳市	Huiyang City	8.43	8.31	9.95	17.69	12.94	13.42
惠东县	Huidong County	9.19	9.26	11.31	14.51	15.27	16.63
博罗县	Boluo County	11.16	11.26	14.03	17.66	17.82	18.03
肇庆市区	Zhaoqing Urban District	3.21	3.43	8.51	13.17	14.24	14.68
高要市	Gaoyao City	14.86	14.98	15.89	20.29	20.44	19.56
四会市	Sihui City	7.01	7.06	9.44	11.98	13.10	13.26

3-3 人口出生率

Birth Rate of Population

单位：‰ (‰)

地区	Area	1978	1980	1990	2000	2003	2004
长江三角洲经济区	**Yangtze River Delta**						
上海市	Shanghai City	11.30	12.60	10.20	5.30	4.30	6.00
南京市	Nanjing City	14.50	13.91	14.77	10.17	5.21	7.73
苏州市	Suzhou City	14.55	11.77	13.32	7.62	7.28	7.98
无锡市	Wuxi City	15.87	12.63	17.07	9.43	7.02	7.78
常州市	Changzhou City	14.23	11.96	15.10	12.57	7.40	8.06
镇江市	Zhenjiang City	14.97	13.61	14.38	8.70	6.75	7.64
南通市	Nantong City	12.29	9.94	14.80	14.80	5.76	6.56
扬州市	Yangzhou City	17.42	14.04	14.93	9.63	7.53	8.92
泰州市	Taizhou City	16.24	11.69	14.81	9.05	7.28	7.55
杭州市	Hangzhou City	14.63	10.15	13.37	10.07	8.04	9.26
宁波市	Ningbo City	15.06	12.37	13.25	9.30	7.80	8.93
嘉兴市	Jiaxing City	11.81	10.27	14.23	9.56	7.10	7.50
湖州市	Huzhou City	11.95	10.83	15.54	10.46	7.22	8.12
绍兴市	Shaoxing City	15.32	10.87	13.81	10.58	8.64	9.60
舟山市	Zhoushan City	14.30	11.70	11.90	7.73	6.16	6.66
台州市	Taizhou City		13.45	11.43	13.38	12.08	13.71
珠江三角洲经济区	**Pearl River Delta**						
广州市	Guangzhou City	15.46	16.25	14.97	10.28	7.92	9.56
深圳市	Shenzhen City		21.40	16.11	14.68	10.63	11.58
珠海市	Zhuhai City		17.87	15.23	13.29	9.09	10.24
佛山市	Foshan City			20.60	11.70	8.98	10.28
江门市	Jiangmen City	16.10	15.00	16.88	11.51	9.40	9.35
东莞市	Dongguan City	18.73	24.41	17.07	12.11	10.34	10.86
中山市	Zhongshan City	17.94	17.45	17.23	13.85	10.48	10.65
惠州市区	Huizhou Urban District					9.66	9.80
惠阳市	Huiyang City					8.50	8.47
惠东县	Huidong County					8.91	8.86
博罗县	Boluo County					10.57	10.82
肇庆市区	Zhaoqing Urban District	11.44	13.24	19.84	10.09	8.84	8.80
高要市	Gaoyao City	16.92	15.29	26.59	16.18	8.41	8.62
四会市	Sihui City	17.44	16.45	19.56	11.79	9.01	9.29

3-4 人口死亡率

Death Rate of Population

单位：‰ (‰)

地区	Area	1978	1980	1990	2000	2003	2004
长江三角洲经济区	**Yangtze River Delta**						
上海市	Shanghai City	6.20	6.50	6.70	7.20	7.50	7.20
南京市	Nanjing City	5.66	5.83	5.59	7.69	5.81	5.45
苏州市	Suzhou City	6.51	6.53	6.69	7.05	7.20	6.86
无锡市	Wuxi City	6.41	6.34	6.59	7.40	7.02	6.81
常州市	Changzhou City	6.32	6.47	6.37	6.75	5.77	6.99
镇江市	Zhenjiang City	6.39	7.03	6.54	7.89	5.87	8.35
南通市	Nantong City	6.12	6.42	7.00	7.12	7.23	7.58
扬州市	Yangzhou City	6.07	6.75	6.71	7.56	6.40	8.42
泰州市	Taizhou City	6.38	5.99	6.61	7.51	6.29	7.59
杭州市	Hangzhou City	5.95	5.98	6.11	6.50	5.73	5.27
宁波市	Ningbo City	5.74	6.03	6.02	6.20	6.40	6.64
嘉兴市	Jiaxing City	6.13	6.39	7.05	7.06	7.17	6.69
湖州市	Huzhou City	6.46	6.29	7.06	7.46	7.58	6.63
绍兴市	Shaoxing City	6.27	6.57	6.57	7.07	7.10	6.49
舟山市	Zhoushan City	6.00	6.30	6.20	6.71	7.08	6.39
台州市	Taizhou City		5.70	5.41	6.16	6.07	5.94
珠江三角洲经济区	**Pearl River Delta**						
广州市	Guangzhou City	5.32	5.57	5.49	5.77	5.68	5.74
深圳市	Shenzhen City		5.60	2.79	2.55	1.53	1.37
珠海市	Zhuhai City		4.97	4.08	3.80	3.04	3.02
佛山市	Foshan City			5.70	6.00	5.42	5.60
江门市	Jiangmen City	5.50	5.20	5.59	6.40	6.15	6.34
东莞市	Dongguan City	4.92	5.10	4.76	4.59	4.69	4.90
中山市	Zhongshan City	5.43	5.30	5.35	6.21	5.97	6.03
惠州市区	Huizhou Urban District					4.35	4.17
惠阳市	Huiyang City					3.82	3.90
惠东县	Huidong County					4.25	4.27
博罗县	Boluo County					4.86	4.79
肇庆市区	Zhaoqing Urban District	4.14	4.56	4.48	4.83	4.02	4.31
高要市	Gaoyao City	6.04	6.04	5.28	6.55	6.07	6.01
四会市	Sihui City	5.42	6.72	5.82	6.16	5.81	6.01

3-5 人口自然增长率

Natural Growth Rate of Population

单位：‰ (‰)

地区	Area	1978	1980	1990	2000	2003	2004
长江三角洲经济区	**Yangtze River Delta**						
上海市	Shanghai City	5.10	6.10	3.50	-1.90	-3.20	-1.20
南京市	Nanjing City	8.84	8.08	9.18	2.48	-0.60	2.28
苏州市	Suzhou City	8.04	5.24	6.63	0.58	0.08	1.13
无锡市	Wuxi City	9.46	6.29	10.48	2.03		0.97
常州市	Changzhou City	7.93	5.49	8.73	5.82	1.63	1.06
镇江市	Zhenjiang City	8.58	6.58	7.84	0.81	0.88	-0.71
南通市	Nantong City	6.17	3.52	7.80	1.68	-1.47	-1.02
扬州市	Yangzhou City	11.36	7.29	8.22	2.07	1.13	0.51
泰州市	Taizhou City	9.86	5.70	8.20	1.54	0.99	-0.04
杭州市	Hangzhou City	8.68	4.17	7.26	3.57	2.31	3.99
宁波市	Ningbo City	9.32	6.34	7.23	3.10	1.30	2.29
嘉兴市	Jiaxing City	5.68	3.88	7.18	2.50	-0.07	0.81
湖州市	Huzhou City	5.49	4.54	8.48	3.00	-0.36	1.49
绍兴市	Shaoxing City	9.05	4.30	7.24	3.51	1.54	3.11
舟山市	Zhoushan City	8.31	5.33	5.73	1.02	-0.92	0.27
台州市	Taizhou City	11.49	7.75	6.02	7.22	6.01	7.77
珠江三角洲经济区	**Pearl River Delta**						
广州市	Guangzhou City	10.14	10.68	9.48	4.51	2.24	3.82
深圳市	Shenzhen City		18.90	13.33	12.13	9.10	10.21
珠海市	Zhuhai City		12.89	11.15	9.49	6.05	7.22
佛山市	Foshan City			14.90	5.70	3.56	4.68
江门市	Jiangmen City	10.50	9.80	11.29	5.11	3.25	3.01
东莞市	Dongguan City	13.81	19.31	12.31	7.52	5.65	5.96
中山市	Zhongshan City	12.51	12.10	18.59	7.65	4.51	4.62
惠州市区	Huizhou Urban District					5.30	5.64
惠阳市	Huiyang City					4.69	4.58
惠东县	Huidong County					4.66	4.59
博罗县	Boluo County					5.71	6.03
肇庆市区	Zhaoqing Urban District	7.30	8.68	15.00	5.26	4.81	4.50
高要市	Gaoyao City	10.90	9.25	21.32	9.63	2.34	2.60
四会市	Sihui City	12.00	9.73	13.74	5.64	3.20	3.28

3-6 人口年龄结构(2000 年普查数据)

Population Age Composition(Population Census in 2000)

地区	Area	人口数(万人) Population (10 000 persons)				占总数的百分比(%) Percent of Total(%)		
		合计 Total	0-14 岁 0-14	15-64 岁 15-64	65 岁及以上 65 and over	0-14 岁 0-14	15-64 岁 15-64	65 岁及以上 65 and over
长江三角洲经济区	**Yangtze River Delta**							
上海市	Shanghai City	1640.77	201.09	1251.64	188.04	12.30	76.30	11.40
南京市	Nanjing City	612.62	94.55	466.07	52.00	15.43	76.08	8.49
苏州市	Suzhou City	679.22	97.88	516.26	65.09	14.41	76.01	9.58
无锡市	Wuxi City	508.66	82.42	381.62	44.62	16.20	75.03	8.77
常州市	Changzhou City	377.63	62.61	281.96	33.06	16.58	74.67	8.75
镇江市	Zhenjiang City	284.49	47.45	212.16	24.88	16.68	74.58	8.75
南通市	Nantong City	751.29	130.03	527.80	93.47	17.31	70.25	12.44
扬州市	Yangzhou City	458.86	79.19	337.73	41.94	17.30	73.60	9.10
泰州市	Taizhou City	478.58	90.33	338.98	49.27	18.87	70.83	10.30
杭州市	Hangzhou City	687.87	107.30	514.00	66.57	15.60	74.70	9.70
宁波市	Ningbo City	596.34	96.45	447.72	52.16	16.17	75.08	8.75
嘉兴市	Jiaxing City	358.30	63.79	260.15	34.35	17.80	72.61	9.59
湖州市	Huzhou City	262.56	48.58	187.88	26.11	18.50	71.56	9.94
绍兴市	Shaoxing City	430.42	79.29	309.42	41.73	18.42	71.89	9.70
舟山市	Zhoushan City	100.15	15.30	75.51	9.34	15.30	75.40	9.30
台州市	Taizhou City	515.37	93.09	375.62	46.66	18.10	72.90	9.00
珠江三角洲经济区	**Pearl River Delta**							
广州市	Guangzhou City	994.20	163.31	770.27	60.62	16.42	77.48	6.10
深圳市	Shenzhen City	700.88	59.53	632.76	8.59	8.49	90.28	1.23
珠海市	Zhuhai City	123.54	21.39	97.18	4.98	17.31	78.66	4.03
佛山市	Foshan City	533.77	87.28	420.13	26.37	16.35	78.71	4.94
江门市	Jiangmen City	395.68	89.28	272.14	34.26	22.56	68.78	8.66
东莞市	Dongguan City	644.58	55.66	575.44	13.48	8.64	89.27	2.09
中山市	Zhongshan City	236.33	38.09	187.31	10.92	16.12	79.26	4.62
惠州市区	Huizhou Urban District	59.17	9.76	46.97	2.44	16.49	79.38	4.13
惠阳市	Huiyang City	86.28	16.89	64.62	4.78	19.57	74.89	5.54
惠东县	Huidong County	71.31	21.20	45.18	4.93	29.73	63.35	6.92
博罗县	Boluo County	78.05	18.64	53.81	5.60	23.89	68.94	7.17
肇庆市区	Zhaoqing Urban District	50.78	9.90	37.68	3.21	19.49	74.19	6.32
高要市	Gaoyao City	62.51	17.96	39.07	5.49	28.73	62.49	8.78
四会市	Sihui City	40.98	9.62	27.86	3.50	23.48	67.99	8.53

3-7 按受教育程度分的人口(2000 年普查数据)

Population by Education Level(Population Census in 2000)

地区	Area	按教育程度分人口(万人) Population by Education Level (10 000persons)			
		小学 Primary	初中 Junior Secondary School	高中 Senior Scecondary School	大学 College
长江三角洲经济区	**Yangtze River Delta**				
上海市	Shanghai City	310.66	603.86	377.67	179.50
南京市	Nanjing City	148.69	188.83	92.24	72.00
苏州市	Suzhou City	219.89	249.88	71.63	31.71
无锡市	Wuxi City	145.98	201.74	82.16	24.57
常州市	Changzhou City	107.06	149.64	58.09	17.06
镇江市	Zhenjiang City	82.91	108.81	32.84	14.35
南通市	Nantong City	269.53	260.65	95.00	20.04
扬州市	Yangzhou City	147.77	161.43	58.73	17.58
泰州市	Taizhou City	166.78	174.53	57.81	11.39
杭州市	Hangzhou City	223.76	228.89	94.64	49.57
宁波市	Ningbo City	219.15	205.55	55.21	20.59
嘉兴市	Jiaxing City	139.52	116.10	33.88	7.99
湖州市	Huzhou City	107.18	86.35	17.76	5.39
绍兴市	Shaoxing City	155.92	152.42	46.74	9.74
舟山市	Zhoushan City	35.64	32.77	12.22	3.31
台州市	Taizhou City	196.32	162.44	47.61	9.56
珠江三角洲经济区	**Pearl River Delta**				
广州市	Guangzhou City	238.20	368.29	203.49	92.63
深圳市	Shenzhen City	84.56	365.20	156.76	56.41
珠海市	Zhuhai City	27.93	46.84	26.47	9.27
佛山市	Foshan City	153.75	227.71	78.29	19.57
江门市	Jiangmen City	139.09	145.82	51.80	9.24
东莞市	Dongguan City	112.74	382.52	100.93	13.91
中山市	Zhongshan City	66.20	107.93	33.29	6.23
惠州市区	Huizhou Urban District	10.86	24.40	13.90	4.37
惠阳市	Huiyang City	25.40	40.61	9.43	1.49
惠东县	Huidong County	28.22	24.30	4.67	0.74
博罗县	Boluo County	25.71	31.53	7.69	1.10
肇庆市区	Zhaoqing Urban District	12.73	16.53	11.18	4.17
高要市	Gaoyao City	29.28	19.13	3.19	0.54
四会市	Sihui City	14.16	16.01	3.91	0.68

3-7 续表 continued

地区	Area	每10万人口中拥有数(人) Population Per 100 Thousand People(person)			
		小学 Primary	初中 Junior Secondary School	高中 Senior Scecondary School	大学 College
长江三角洲经济区	**Yangtze River Delta**				
上海市	Shanghai City	18934	36803	23018	10940
南京市	Nanjing City	24271	30823	15057	1175
苏州市	Suzhou City	32374	36790	10546	4669
无锡市	Wuxi City	28699	39661	16153	4831
常州市	Changzhou City	28351	39626	15382	4517
镇江市	Zhenjiang City	29143	38247	11543	5044
南通市	Nantong City	35876	34694	12644	2667
扬州市	Yangzhou City	32204	35181	12799	3831
泰州市	Taizhou City	34849	36469	12079	2380
杭州市	Hangzhou City	32529	33276	13758	7206
宁波市	Ningbo City	36700	34500	9300	3500
嘉兴市	Jiaxing City	38938	32403	9457	2229
湖州市	Huzhou City	40823	32886	6763	2052
绍兴市	Shaoxing City	36224	35412	10860	2262
舟山市	Zhoushan City	35587	32721	12202	3305
台州市	Taizhou City	38088	31518	9237	1855
珠江三角洲经济区	**Pearl River Delta**				
广州市	Guangzhou City	23959	37044	20467	9317
深圳市	Shenzhen City	12065	52105	22366	8048
珠海市	Zhuhai City	22606	37915	21429	7502
佛山市	Foshan City	28804	42661	14667	3667
江门市	Jiangmen City	35152	36854	13093	2336
东莞市	Dongguan City	17490	59344	15658	2158
中山市	Zhongshan City	28012	45669	14086	2635
惠州市区	Huizhou Urban District	18355	41231	23489	7393
惠阳市	Huiyang City	29444	47069	10925	1726
惠东县	Huidong County	39565	34071	6546	1044
博罗县	Boluo County	32944	40400	9856	1403
肇庆市区	Zhaoqing Urban District	25073	32551	22009	8208
高要市	Gaoyao City	46837	30605	5103	865
四会市	Sihui City	34561	39057	9537	1669

3-8 就业人数

Number of Employed Persons

单位：万人 (10 000 persons)

地区	Area	1978	1980	1990	2000	2003	2004
长江三角洲经济区	**Yangtze River Delta**						
上海市①	Shanghai City ①	698.32	730.77	787.72	828.35	813.05	836.87
南京市	Nanjing City	204.77	217.77	277.29	266.77	280.68	283.94
苏州市	Suzhou City	301.15	317.17	346.74	313.89	346.19	362.67
无锡市	Wuxi City	198.49	205.67	244.99	221.07	260.08	274.67
常州市	Changzhou City	149.35	155.45	186.06	179.36	199.74	217.42
镇江市	Zhenjiang City	114.75	118.94	149.85	140.82	139.83	145.05
南通市	Nantong City	400.62	413.95	477.47	441.46	430.87	432.69
扬州市	Yangzhou City	180.09	179.65	244.32	221.93	224.71	228.33
泰州市	Taizhou City	210.82	215.21	272.68	250.19	242.29	243.70
杭州市	Hangzhou City	241.14	267.85	363.49	408.11	450.59	477.62
宁波市	Ningbo City				354.90	386.20	395.50
嘉兴市	Jiaxing City	175.22	181.91	213.32	193.73	200.20	202.02
湖州市	Huzhou City	117.95	124.83	150.55	140.09	147.21	150.24
绍兴市	Shaoxing City				274.45	284.66	285.23
舟山市	Zhoushan City	45.69	47.29	54.71	64.21	55.24	54.29
台州市	Taizhou City	176.88.	185.19	307.23	340.48	358.87	364.13
珠江三角洲经济区	**Pearl River Delta**						
广州市	Guangzhou City	266.90	275.05	341.15	503.69	521.07	540.71
深圳市	Shenzhen City		14.70	109.20	308.50	422.29	456.08
珠海市	Zhuhai City	18.00	20.00	31.00	86.00	88.79	91.40
佛山市	Foshan City				193.50	286.39	293.51
江门市	Jiangmen City	156.09	158.42	197.33	208.68	212.23	216.42
东莞市	Dongguan City	54.97	57.86	75.10	97.88	116.55	113.46
中山市	Zhongshan City	52.08	51.20	71.27	122.45	144.72	182.98
惠州市区	Huizhou Urban District	6.80	7.26	13.71	27.95	58.09	57.74
惠阳市	Huiyang City	17.23	16.96	26.72	53.26	39.19	40.64
惠东县	Huidong County	22.48	23.81	32.68	47.84	48.16	48.71
博罗县	Boluo County	26.30	26.81	32.41	42.89	44.65	48.49
肇庆市区	Zhaoqing Urban District	13.04	13.99	18.97	22.88	22.49	23.38
高要市	Gaoyao City	27.52	28.45	38.87	44.66	47.88	47.21
四会市	Sihui City	14.42	14.57	17.27	22.06	18.90	26.68

注：①2001年以后为在岗从业人数。

Note: ① Data for working employment after 2001.

3-9 就业基本情况(2004 年)

Basic Statistics of Employment(2004)

单位：万人 (10 000 persons)

地区	Area	经济活动人口 Economically Active Population	就业人员 Number of Employed Persons	第一产业 Primary Industry	第二产业 Secondary Industry	第三产业 Tertiary Industry
长江三角洲经济区	**Yangtze River Delta**					
上海市	Shanghai City		836.87	67.29	315.97	453.61
南京市	Nanjing City	290.38	283.94	44.94	100.69	138.31
苏州市	Suzhou City	368.53	362.67	48.60	211.11	102.96
无锡市	Wuxi City	278.51	274.67	35.11	150.48	89.08
常州市	Changzhou City	220.87	217.42	34.57	114.52	68.32
镇江市	Zhenjiang City	146.79	145.05	36.75	63.23	45.06
南通市	Nantong City	435.54	432.69	158.45	171.19	103.05
扬州市	Yangzhou City	231.32	228.33	53.02	96.83	78.48
泰州市	Taizhou City	245.94	243.70	73.43	92.52	77.75
杭州市	Hangzhou City	488.00	477.62	92.09	229.51	156.03
宁波市	Ningbo City	399.80	395.50	79.50	201.40	114.60
嘉兴市	Jiaxing City	207.46	202.02	44.15	98.14	59.72
湖州市	Huzhou City	164.09	150.24	44.16	63.35	42.73
绍兴市	Shaoxing City	287.83	285.23	75.27	140.02	69.94
舟山市	Zhoushan City	54.99	54.29	15.53	18.66	20.10
台州市	Taizhou City	368.30	364.13	106.21	136.89	121.03
珠江三角洲经济区	**Pearl River Delta**					
广州市	Guangzhou City	564.89	540.71	90.13	204.66	245.92
深圳市	Shenzhen City	467.72	456.08	2.01	261.29	192.78
珠海市	Zhuhai City	92.51	91.40	9.85	39.77	41.78
佛山市	Foshan City		293.51	35.16	175.96	82.39
江门市	Jiangmen City	221.96	216.42	83.76	64.23	68.43
东莞市	Dongguan City		113.46	12.82	55.01	45.63
中山市	Zhongshan City	184.32	182.98	17.50	100.18	65.30
惠州市区	Huizhou Urban District	58.40	57.74	10.56	28.03	19.15
惠阳市	Huiyang City	40.86	40.64	6.97	22.55	11.12
惠东县	Huidong County	48.89	48.71	18.56	19.77	10.38
博罗县	Boluo County	48.66	48.49	21.11	19.43	7.95
肇庆市区	Zhaoqing Urban District	24.52	23.38	4.41	8.89	10.08
高要市	Gaoyao City	47.34	46.36	21.94	14.34	10.08
四会市	Sihui City	26.81	21.16	7.35	7.87	5.94

3–9 续表 continued

单位：万人 (10 000 persons)

地区	Area	按城乡分就业人员 Number of Employed Persons by Residence in Urban and Rural Areas		在岗职工人数 Fully Employed Staff and Workers			
		城镇就业人员 Urban Area	乡村就业人员 Rural Area		国有单位 State-owned Units	集体单位 Collective-owned Units	其他单位 Other Units
长江三角洲经济区	**Yangtze River Delta**						
上海市	Shanghai City			264.41	126.45	12.66	125.31
南京市	Nanjing City	162.30	124.52	84.37	48.14	4.62	31.61
苏州市	Suzhou City	158.06	207.59	87.18	22.58	3.97	60.63
无锡市	Wuxi City	111.75	161.42	47.69	19.92	3.66	24.10
常州市	Changzhou City	94.66	124.80	34.84	13.03	1.86	19.95
镇江市	Zhenjiang City	47.44	96.82	29.10	15.52	2.81	10.76
南通市	Nantong City	78.00	353.96	50.94	20.33	3.55	27.06
扬州市	Yangzhou City	63.44	164.62	33.48	18.43	3.20	11.85
泰州市	Taizhou City	50.77	200.30	29.93	14.12	4.27	11.55
杭州市	Hangzhou City	80.94	396.68	76.96	38.71	3.07	35.19
宁波市	Ningbo City	117.90	277.60	67.11	23.07	3.85	40.18
嘉兴市	Jiaxing City	59.73	142.29	43.52	11.41	3.36	28.75
湖州市	Huzhou City	47.33	102.91	18.29	7.82	1.70	8.78
绍兴市	Shaoxing City	82.35	202.88	46.34	12.75	5.21	28.37
舟山市	Zhoushan City	16.65	37.64	10.62	5.78	0.59	4.25
台州市	Taizhou City	80.80	283.33	35.31	15.49	3.84	15.98
珠江三角洲经济区	**Pearl River Delta**						
广州市	Guangzhou City	309.39	231.32	186.94	85.60	14.68	94.11
深圳市	Shenzhen City	456.08		135.88	31.94	1.66	102.28
珠海市	Zhuhai City	72.72	18.68	41.00	7.74	3.21	30.05
佛山市	Foshan City			47.63	17.65	4.01	25.97
江门市	Jiangmen City	57.79	158.63	34.52	13.68	3.58	17.26
东莞市	Dongguan City	33.56	79.90	17.85	8.67	4.56	4.62
中山市	Zhongshan City			17.82	6.10	1.12	10.60
惠州市区	Huizhou Urban District	38.37	19.37	25.83	5.64	1.48	18.70
惠阳市	Huiyang City	17.62	23.02	14.24	2.69	1.92	9.63
惠东县	Huidong County	13.14	35.57	5.32	2.77	0.95	1.60
博罗县	Boluo County	7.70	40.79	5.98	3.16	0.53	2.29
肇庆市区	Zhaoqing Urban District	9.84	8.92	9.62	4.23	0.53	4.85
高要市	Gaoyao City	3.92	42.44	2.18	1.80	0.12	0.26
四会市	Sihui City	7.42	13.74	4.21	1.70	0.33	2.17

3-10 按三次产业分的就业人员数

Number of Employed Persons by Type of Industry

单位：万人 (10 000 persons)

地区	Area	第一产业 Primary Industry			第二产业 Secondary Industry		
		2000	2003	2004	2000	2003	2004
长江三角洲经济区	**Yangtze River Delta**						
上海市	Shanghai City	89.23	73.72	67.29	367.04	317.12	315.97
南京市	Nanjing City	69.81	51.53	44.94	92.66	100.97	100.69
苏州市	Suzhou City	65.90	55.02	48.60	156.26	195.31	211.11
无锡市	Wuxi City	50.09	39.28	35.11	106.43	139.50	150.48
常州市	Changzhou City	51.82	38.77	34.57	78.13	98.92	114.52
镇江市	Zhenjiang City	47.15	38.93	36.75	59.68	60.05	63.23
南通市	Nantong City	200.04	172.07	158.45	138.39	160.14	171.19
扬州市	Yangzhou City	79.73	57.97	53.02	75.74	90.33	96.83
泰州市	Taizhou City	107.04	78.88	73.43	70.55	86.89	92.52
杭州市	Hangzhou City	117.47	102.29	92.09	143.50	182.38	229.51
宁波市	Ningbo City	109.90	88.10	79.50	153.00	198.40	201.40
嘉兴市	Jiaxing City	95.09	49.32	44.15	83.45	100.34	98.14
湖州市	Huzhou City	60.34	48.65	44.16	44.84	57.19	63.35
绍兴市	Shaoxing City	93.55	80.17	75.27	119.19	136.73	140.02
舟山市	Zhoushan City	20.05	19.42	15.53	16.51	18.33	18.66
台州市	Taizhou City		122.31	106.21		127.40	136.89
珠江三角洲经济区	**Pearl River Delta**						
广州市	Guangzhou City	95.66	95.88	90.13	198.29	200.17	204.66
深圳市	Shenzhen City	3.87	4.23	2.01	175.78	240.82	261.29
珠海市	Zhuhai City	11.44	9.96	9.85	28.81	37.86	39.77
佛山市	Foshan City	41.09	36.17	35.16	85.18	171.45	175.96
江门市	Jiangmen City	86.35	85.14	83.76	58.12	60.85	64.23
东莞市	Dongguan City	18.99	13.12	12.82	47.14	59.88	55.01
中山市	Zhongshan City	22.71	20.31	17.50	54.46	75.59	100.18
惠州市区	Huizhou Urban District		10.53	10.56		29.01	28.03
惠阳市	Huiyang City		7.00	6.97		21.91	22.55
惠东县	Huidong County		19.49	18.56		19.15	19.77
博罗县	Boluo County		21.79	21.11		16.02	19.43
肇庆市区	Zhaoqing Urban District		4.27	4.41		8.52	8.89
高要市	Gaoyao City		21.74	21.94		14.58	14.34
四会市	Sihui City		7.03	7.35		7.01	7.87

3-10 续表 continued

单位：万人 (10 000 persons)

地区	Area	# 制造业 ① Manufacturing ①			第三产业 Tertiary Industry		
		2000	2003	2004	2000	2003	2004
长江三角洲经济区	**Yangtze River Delta**						
上海市	Shanghai City	323.09	276.02	272.03	372.08	422.21	453.61
南京市	Nanjing City	71.39	72.89	72.38	104.30	128.18	138.31
苏州市	Suzhou City	140.52	178.87	194.43	91.73	95.86	102.96
无锡市	Wuxi City	96.01	128.35	137.54	64.54	81.30	89.08
常州市	Changzhou City	63.11	82.99	97.42	49.41	62.05	68.32
镇江市	Zhenjiang City	49.96	48.71	51.62	46.24	40.85	45.06
南通市	Nantong City	80.20	92.46	100.45	103.03	98.66	103.05
扬州市	Yangzhou City	51.91	60.65	65.65	66.46	76.41	78.48
泰州市	Taizhou City	44.83	47.62	54.22	72.60	76.52	77.75
杭州市	Hangzhou City	122.33	151.76	170.44	147.14	165.92	156.03
宁波市	Ningbo City	127.40	183.60	183.70	92.10	99.70	114.60
嘉兴市	Jiaxing City	74.43	91.17	92.89	15.19	54.31	59.72
湖州市	Huzhou City	36.69	48.27	49.90	34.91	41.37	42.73
绍兴市	Shaoxing City	88.39	108.18	109.23	61.71	67.76	69.94
舟山市	Zhoushan City	12.61	12.63	13.86	16.95	17.49	20.10
台州市	Taizhou City		101.83	107.32		109.16	121.03
珠江三角洲经济区	**Pearl River Delta**						
广州市	Guangzhou City	167.48	166.56	170.08	202.31	225.02	245.92
深圳市	Shenzhen City	164.92	230.34	250.36	128.89	177.24	192.78
珠海市	Zhuhai City	26.63	35.92	37.04	38.63	40.97	41.78
佛山市	Foshan City		155.04	159.26	67.23	78.77	82.39
江门市	Jiangmen City	39.83	43.18	48.59	64.21	66.24	68.43
东莞市	Dongguan City	42.90	55.71	50.43	31.75	43.55	45.63
中山市	Zhongshan City	50.09	70.44	93.87	45.28	48.82	65.30
惠州市区	Huizhou Urban District			24.49		18.55	19.15
惠阳市	Huiyang City			21.09		10.28	11.12
惠东县	Huidong County			18.92		9.52	10.38
博罗县	Boluo County			18.35		6.84	7.95
肇庆市区	Zhaoqing Urban District		7.33	7.41		9.70	10.08
高要市	Gaoyao City		9.88	9.70		11.57	10.08
四会市	Sihui City		5.18	6.52		6.15	5.94

注：①江苏为工业。

Note: ① Industry for Jiangsu province.

3-11 分行业的就业人员数(2004年)

Number of Employed Persons by Sector(2004)

单位：万人 (10 000 persons)

地区	Area	合计 Total	农、林、牧、渔业 Agriculture, Forestry, Animal Husbandry and Fishery	采矿业 Mining and Quarrying	制造业 Manufacturing	电力、燃气及水的生产和供应业 Production and Supply of Electricity, Gas and Water	建筑业 Construction
长江三角洲经济区①	Yangtze River Delta ①						
上海市	Shanghai City	836.87	67.29	0.07	272.03	5.62	38.25
南京市	Nanjing City	89.39	0.91	0.36	29.72	2.86	4.92
苏州市	Suzhou City	90.83	0.88	0.04	56.60	1.49	1.24
无锡市	Wuxi City	52.74	0.47	0.01	24.82	1.23	0.97
常州市	Changzhou City	35.57	0.23	0.03	16.62	0.75	0.91
镇江市	Zhenjiang City	30.65	0.62	0.28	11.49	0.72	1.50
南通市	Nantong City	53.81	1.50	0.14	24.73	1.06	1.95
扬州市	Yangzhou City	34.70	0.36	2.11	12.72	0.63	1.77
泰州市	Taizhou City	32.15	0.52		11.44	0.62	2.37
杭州市	Hangzhou City	477.62	92.09	1.54	170.44	1.99	55.54
宁波市	Ningbo City	395.50	79.50	0.30	183.70	1.40	16.00
嘉兴市	Jiaxing City	202.02	44.08	0.40	92.89	1.11	10.34
湖州市	Huzhou City	150.24	44.16	3.38	49.90	0.52	9.55
绍兴市	Shaoxing City	285.23	75.27	0.76	109.23	0.80	29.23
舟山市	Zhoushan City	54.29	15.53	1.16	13.86	0.40	3.24
台州市	Taizhou City	364.13	106.21	0.33	107.32	1.76	27.48
珠江三角洲经济区	Pearl River Delta						
广州市	Guangzhou City	540.71	90.13	0.28	170.08	3.07	31.23
深圳市	Shenzhen City	456.08	2.01	0.07	250.36	1.42	9.42
珠海市	Zhuhai City	91.40	9.85	0.06	37.04	0.54	2.11
佛山市	Foshan City	293.51	35.16	0.25	159.26	1.28	15.18
江门市	Jiangmen City	216.42	83.76	0.03	48.59	0.95	14.66
东莞市	Dongguan City	113.46	12.82	0.10	50.43	0.73	3.74
中山市	Zhongshan City	182.98	17.50	0.09	93.87	0.51	5.71
惠州市区	Huizhou Urban District	57.74	10.56	0.06	24.49	0.73	2.75
惠阳市	Huiyang City	40.64	6.98	0.11	21.09	0.15	1.20
惠东县	Huidong County	48.71	18.56	0.14	18.92	0.17	0.55
博罗县	Boluo County	48.49	21.11	0.22	18.35	0.15	0.71
肇庆市区	Zhaoqing Urban District	23.38	4.41	-	7.41	0.13	1.34
高要市	Gaoyao City	46.36	21.94	0.12	9.70	0.01	4.51
四会市	Sihui City	21.16	7.35	0.08	6.52	0.07	1.20

3–11 续表 1 continued

单位：万人 (10 000 persons)

地区	Area	交通运输、仓储和邮政业 Transport, Storage and Communication	信息传输、计算机服务和软件业 Information Transmit,Computer Service and Software	批发和零售业 Wholesale and Retail	住宿和餐饮业 Hotels and Restaurants	金融业 Finance
长江三角洲经济区	**Yangtze River Delta**					
上海市	Shanghai City	47.70	7.85	125.53	23.05	15.92
南京市	Nanjing City	8.67	1.04	4.52	2.47	2.96
苏州市	Suzhou City	2.34	0.86	3.56	1.39	2.90
无锡市	Wuxi City	2.43	0.65	2.99	0.98	2.23
常州市	Changzhou City	1.71	0.28	2.09	0.71	1.20
镇江市	Zhenjiang City	1.72	0.29	1.83	0.48	1.46
南通市	Nantong City	2.28	0.41	2.83	0.29	1.68
扬州市	Yangzhou City	1.50	0.31	1.75	0.35	1.30
泰州市	Taizhou City	1.18	0.40	1.80	0.32	1.44
杭州市	Hangzhou City	11.92	4.55	51.33	18.20	4.82
宁波市	Ningbo City	9.60	2.70	39.20	9.10	3.10
嘉兴市	Jiaxing City	6.20	0.52	15.96	6.23	1.70
湖州市	Huzhou City	7.24	0.55	11.99	9.46	0.68
绍兴市	Shaoxing City	6.98	0.39	32.21	10.30	1.94
舟山市	Zhoushan City	3.66	0.21	5.83	2.13	0.52
台州市	Taizhou City	12.76	0.84	40.35	10.61	2.33
珠江三角洲经济区	**Pearl River Delta**					
广州市	Guangzhou City	26.17	9.41	81.83	18.79	6.84
深圳市	Shenzhen City	10.55	9.45	73.72	23.34	4.50
珠海市	Zhuhai City	3.16	0.96	19.60	2.86	0.70
佛山市	Foshan City	6.27	3.12	36.97	10.17	3.12
江门市	Jiangmen City	5.10	1.32	19.04	6.19	1.18
东莞市	Dongguan City	4.76	1.51	13.39	4.96	1.79
中山市	Zhongshan City	4.52	1.70	28.34	9.72	1.01
惠州市区	Huizhou Urban District	0.75	0.34	6.60	4.47	0.49
惠阳市	Huiyang City	1.08	0.10	3.32	2.35	0.13
惠东县	Huidong County	0.64	0.04	5.66	1.31	0.05
博罗县	Boluo County	0.44	0.09	2.90	1.19	0.13
肇庆市区	Zhaoqing Urban District	0.85	0.29	3.19	1.22	0.37
高要市	Gaoyao City	1.49	0.19	2.80	0.96	0.11
四会市	Sihui City	0.45	0.06	2.42	1.35	0.11

3-11 续表2 continued

单位：万人 (10 000 persons)

地区	Area	房地产业 Real Estate	租赁和商务服务业 Renting and Business Services	科学研究、技术服务和地质勘查业 Science Research, Technology Service and Geological Prospecting	水利、环境和公共设施管理业 Water Resources, Environment and Public Facilities Conservancy	居民服务和其他服务业 Personal Services and other Services
长江三角洲经济区	**Yangtze River Delta**					
上海市	Shanghai City	28.94	38.11	13.35	6.70	74.73
南京市	Nanjing City	1.39	1.43	3.07	1.73	0.34
苏州市	Suzhou City	0.53	1.19	0.53	1.03	0.31
无锡市	Wuxi City	0.64	0.73	0.98	0.83	0.14
常州市	Changzhou City	0.29	0.50	0.49	0.52	0.05
镇江市	Zhenjiang City	0.39	0.61	0.48	0.56	0.23
南通市	Nantong City	0.35	0.54	0.43	0.56	0.06
扬州市	Yangzhou City	0.28	0.67	0.43	0.52	0.05
泰州市	Taizhou City	0.32	0.60	0.34	0.47	0.08
杭州市	Hangzhou City	4.62	9.10	6.60	2.56	9.31
宁波市	Ningbo City	0.80	1.70	1.00	1.10	26.90
嘉兴市	Jiaxing City	0.45	0.98	0.48	0.41	11.86
湖州市	Huzhou City	0.35	0.28	0.23	0.31	5.64
绍兴市	Shaoxing City	0.38	0.61	0.38	5.51	0.09
舟山市	Zhoushan City	0.55	0.94	0.31	0.23	1.06
台州市	Taizhou City	0.38	9.38	5.49	1.63	18.84
珠江三角洲经济区	**Pearl River Delta**					
广州市	Guangzhou City	8.37	15.51	4.87	2.47	27.68
深圳市	Shenzhen City	13.95	16.75	5.30	3.57	9.58
珠海市	Zhuhai City	1.87	1.94	0.73	0.50	3.48
佛山市	Foshan City	1.79	1.21	0.40	0.50	5.63
江门市	Jiangmen City	0.50	0.86	0.27	0.51	1.82
东莞市	Dongguan City	0.07	0.25	0.15	0.07	1.26
中山市	Zhongshan City	1.71	1.42	0.38	0.31	8.20
惠州市区	Huizhou Urban District	0.27	0.34	0.18	0.28	2.62
惠阳市	Huiyang City	0.38	0.33	0.07	0.10	0.71
惠东县	Huidong County	0.04	0.14	0.04	0.05	0.47
博罗县	Boluo County	0.10	0.13	0.05	0.11	1.00
肇庆市区	Zhaoqing Urban District	0.27	0.32	0.14	0.21	0.30
高要市	Gaoyao City	0.03	0.07	-	0.05	0.10
四会市	Sihui City	0.02	0.80	0.03	0.03	0.38

3-11 续表3 continued

单位：万人 (10 000 persons)

地区	Area	教育 Education	卫生、社会保障和社会福利业 Health, Social Security and Welfare	文化、体育和娱乐业 Culture, Sport and Entertainment	公共管理和社会组织 Public Management and Social Orgnization
长江三角洲经济区	**Yangtze River Delta**				
上海市	Shanghai City	27.30	17.67	8.28	18.48
南京市	Nanjing City	11.36	3.80	1.29	6.57
苏州市	Suzhou City	6.70	3.05	0.59	5.58
无锡市	Wuxi City	6.10	2.55	0.46	3.52
常州市	Changzhou City	4.08	1.95	0.32	2.86
镇江市	Zhenjiang City	3.44	1.58	0.24	2.73
南通市	Nantong City	6.98	3.25	0.35	4.42
扬州市	Yangzhou City	4.64	1.77	0.34	3.20
泰州市	Taizhou City	4.70	2.09	0.16	3.28
杭州市	Hangzhou City	11.82	5.55	2.81	12.83
宁波市	Ningbo City	8.30	3.90	2.20	5.00
嘉兴市	Jiaxing City	3.65	1.77	0.71	2.28
湖州市	Huzhou City	2.56	1.11	0.13	2.20
绍兴市	Shaoxing City	4.80	2.64	0.67	3.04
舟山市	Zhoushan City	1.44	0.66	0.38	2.18
台州市	Taizhou City	7.26	3.77	2.25	5.14
珠江三角洲经济区	**Pearl River Delta**				
广州市	Guangzhou City	19.27	9.11	3.99	11.61
深圳市	Shenzhen City	7.59	3.97	2.77	7.74
珠海市	Zhuhai City	2.00	0.88	0.71	2.38
佛山市	Foshan City	5.52	2.42	0.90	4.36
江门市	Jiangmen City	4.09	1.68	0.35	3.36
东莞市	Dongguan City	2.18	1.68	0.18	2.19
中山市	Zhongshan City	2.92	1.22	0.79	3.06
惠州市区	Huizhou Urban District	0.97	0.52	0.14	1.19
惠阳市	Huiyang City	0.82	0.56	0.28	0.89
惠东县	Huidong County	0.84	0.26	0.03	0.79
博罗县	Boluo County	0.84	0.32	0.05	0.61
肇庆市区	Zhaoqing Urban District	0.74	0.53	0.15	0.81
高要市	Gaoyao City	0.68	0.25	0.02	0.44
四会市	Sihui City	0.47	0.17	0.03	0.47

注：①江苏为城镇单位就业人员。

Note: ① Persons employed by city units for Jiangsu province.

3-12 在岗职工工资总额

Total Wages of Working Staff and Workers

单位：亿元 (100 million yuan)

地区	Area	2000	2001	2002	2003	2004
长江三角洲经济区	**Yangtze River Delta**					
上海市	Shanghai City	614.53	678.29	733.31	803.84	800.67
南京市	Nanjing City	157.64	172.71	186.67	195.07	222.89
苏州市	Suzhou City	89.31	101.91	118.17	155.46	188.46
无锡市	Wuxi City	73.04	75.98	81.14	90.72	105.27
常州市	Changzhou City	50.98	54.04	57.35	60.78	69.82
镇江市	Zhenjiang City	35.61	38.08	40.50	45.01	51.44
南通市	Nantong City	60.82	64.57	66.71	69.21	82.05
扬州市	Yangzhou City	44.83	45.73	47.04	50.28	54.04
泰州市	Taizhou City	30.39	32.33	34.21	36.29	40.30
杭州市	Hangzhou City	129.64	151.13	164.84	190.46	222.47
宁波市	Ningbo City	92.77	106.00	115.57	143.61	168.11
嘉兴市	Jiaxing City	36.35	40.48	48.86	58.86	90.03
湖州市	Huzhou City	20.05	22.24	25.19	27.96	40.11
绍兴市	Shaoxing City	42.44	50.41	58.49	73.22	99.15
舟山市	Zhoushan City	13.43	15.99	17.37	18.73	23.74
台州市	Taizhou City	39.59	47.70	55.75	67.62	84.40
珠江三角洲经济区	**Pearl River Delta**					
广州市	Guangzhou City	343.21	382.27	445.89	533.55	589.18
深圳市	Shenzhen City	211.34	244.17	283.28	325.99	419.28
珠海市	Zhuhai City	42.27	46.50	55.08	68.43	79.70
佛山市	Foshan City	60.12	63.07	71.28	79.70	92.83
江门市	Jiangmen City	36.54	37.35	38.20	42.33	47.09
东莞市	Dongguan City	22.94	26.16	29.18	36.29	43.29
中山市	Zhongshan City	20.94	23.53	26.09	32.28	38.64
惠州市区	Huizhou Urban District	19.25	21.35	21.99	34.65	39.74
惠阳市	Huiyang City	10.38	12.07	17.66	15.19	18.29
惠东县	Huidong County	4.35	4.64	5.11	5.88	6.49
博罗县	Boluo County	5.56	5.04	5.82	6.79	7.24
肇庆市区	Zhaoqing Urban District	10.92	11.20	13.12	14.40	16.10
高要市	Gaoyao City	3.24	3.17	3.12	3.43	3.36
四会市	Sihui City	3.18	3.04	3.78	4.43	6.15

3-13 按所有制类型在岗职工工资总额(2004年)

Total Wages of Working Staff and Workers by Ownership(2004)

单位：亿元 (100 million yuan)

地区	Area	合计 Total	国有单位 State-owned Units	城镇集体单位 Urban Collective-owned Units	其他单位 Units of Other Types of Ownership
长江三角洲经济区	**Yangtze River Delta**				
上海市	Shanghai City	837.39	428.49	29.37	379.53
南京市	Nanjing City	222.89	131.38	7.58	83.93
苏州市	Suzhou City	188.46	71.10	7.27	110.09
无锡市	Wuxi City	105.27	52.80	5.32	47.15
常州市	Changzhou City	69.82	34.49	3.02	32.32
镇江市	Zhenjiang City	51.44	32.06	3.18	16.20
南通市	Nantong City	82.05	43.73	4.16	34.16
扬州市	Yangzhou City	54.04	35.21	2.77	16.06
泰州市	Taizhou City	40.30	25.75	4.15	10.40
杭州市	Hangzhou City	222.47	139.23	7.25	75.99
宁波市	Ningbo City	174.44	84.24	7.98	81.42
嘉兴市	Jiaxing City	90.03	40.57	5.39	44.07
湖州市	Huzhou City	40.11	23.91	3.00	13.20
绍兴市	Shaoxing City	100.16	47.13	8.94	44.09
舟山市	Zhoushan City	23.74	15.49	1.04	7.21
台州市	Taizhou City	84.40	51.45	6.71	26.24
珠江三角洲经济区	**Pearl River Delta**				
广州市	Guangzhou City	598.33	352.98	24.10	221.25
深圳市	Shenzhen City	419.28	142.23	3.29	273.76
珠海市	Zhuhai City	79.70	26.66	4.95	48.09
佛山市	Foshan City	92.83	45.77	6.19	40.87
江门市	Jiangmen City	47.09	24.53	3.68	18.88
东莞市	Dongguan City	43.29	28.25	6.29	8.75
中山市	Zhongshan City	38.64	20.40	2.20	16.04
惠州市区	Huizhou Urban District	39.74	13.90	1.93	23.91
惠阳市	Huiyang City	18.29	5.31	1.58	11.40
惠东县	Huidong County	6.49	4.18	0.83	1.48
博罗县	Boluo County	7.24	4.35	0.65	2.24
肇庆市区	Zhaoqing Urban District	16.10	9.63	0.64	5.83
高要市	Gaoyao City	3.36	2.91	0.18	0.27
四会市	Sihui City	6.15	3.61	0.33	2.21

3-14 在岗职工平均工资(2004年)

Average Wages of Working Staff and Workers (2004)

单位：元 (yuan)

地区	Area	合计 Total	国有单位 State-owned Units	城镇集体单位 Urban Collective-owned Units	其他单位 Units of Other Types of Ownership
长江三角洲经济区	**Yangtze River Delta**				
上海市	Shanghai City	29875	31287	19986	29450
南京市	Nanjing City	26063	26945	15785	26262
苏州市	Suzhou City	22510	31595	18228	19235
无锡市	Wuxi City	22126	26250	14417	19833
常州市	Changzhou City	19985	26527	16175	16102
镇江市	Zhenjiang City	17382	20495	10591	14795
南通市	Nantong City	15902	21250	10961	12548
扬州市	Yangzhou City	15735	18658	8319	13230
泰州市	Taizhou City	13188	18047	9435	8747
杭州市	Hangzhou City	28891	35507	24010	21879
宁波市	Ningbo City	25822	36146	20527	20210
嘉兴市	Jiaxing City	20701	35552	16174	15329
湖州市	Huzhou City	22025	30915	17827	15006
绍兴市	Shaoxing City	21507	36401	17194	15545
舟山市	Zhoushan City	22246	27421	17479	16283
台州市	Taizhou City	24874	33612	18063	17598
珠江三角洲经济区	**Pearl River Delta**				
广州市	Guangzhou City	31593	42429	16278	24297
深圳市	Shenzhen City	31928	45212	20256	28952
珠海市	Zhuhai City	20087	34488	14890	16801
佛山市	Foshan City	19562	25916	15452	15849
江门市	Jiangmen City	13735	17943	9997	11150
东莞市	Dongguan City	25326	35163	13954	19223
中山市	Zhongshan City	22350	34116	21180	15616
惠州市区	Huizhou Urban District	16512	25746	12723	13940
惠阳市	Huiyang City	13499	19378	7780	12986
惠东县	Huidong County	12394	15167	9221	9374
博罗县	Boluo County	12064	13741	11933	9781
肇庆市区	Zhaoqing Urban District	16726	22706	12193	11998
高要市	Gaoyao City	15215	13443	15711	10346
四会市	Sihui City	14611	19876	11211	10696

3-15 城镇登记失业人数及失业率

Urban Registered Unemployment and Unemployment Rate

地区	Area	失业人数(人) Unemployment(preson)			失业率(%) Unemployment Rate(%)		
		2000	2003	2004	2000	2003	2004
长江三角洲经济区	**Yangtze River Delta**						
上海市	Shanghai City	200800	301100	274300	3.50	4.90	4.50
南京市	Nanjing City	108400	65400	64413		4.20	4.00
苏州市	Suzhou City	40209	53462	58642	3.48	3.90	3.70
无锡市	Wuxi City	46064	30145	38447	2.80	3.90	3.50
常州市	Changzhou City	17457	28784	34542	3.00	3.50	3.60
镇江市	Zhenjiang City	17334	18764	17430	3.06	3.90	3.70
南通市	Nantong City	23334	33423	28506	2.85	3.80	3.00
扬州市	Yangzhou City	17038	28067	29921	2.98	4.20	4.20
泰州市	Taizhou City	19235	23247	22402	3.43	4.10	3.80
杭州市	Hangzhou City	55981	70900	72677	3.48	4.39	4.33
宁波市	Ningbo City	29787	41029	42517	3.48	4.02	4.20
嘉兴市	Jiaxing City	18391	22900	23877	3.44	4.10	3.80
湖州市	Huzhou City	10087	10534	10519	3.39	4.00	3.80
绍兴市	Shaoxing City	18800	23899	25969	3.50	3.80	3.80
舟山市	Zhoushan City	5443	6910	6998	3.40	4.13	4.03
台州市	Taizhou City	9676	13599	18319	3.00	3.60	3.80
珠江三角洲经济区	**Pearl River Delta**						
广州市	Guangzhou City	85096	72823	67749	3.15	2.70	2.42
深圳市	Shenzhen City	18090	21914	26093	2.45	2.61	2.49
珠海市	Zhuhai City	11300	11131	11129	2.90	2.90	2.80
佛山市	Foshan City	10887	28144	28492	2.80	2.30	2.27
江门市	Jiangmen City	44285	53600	55362	2.29	3.20	2.90
东莞市	Dongguan City	841	4996	7080	0.50	1.70	1.70
中山市	Zhongshan City	7557	6873	13429	2.40	2.40	2.30
惠州市区	Huizhou Urban District	2298	6629	6638	3.00	2.70	2.57
惠阳市	Huiyang City	5225	2302	2233	2.80	2.60	2.70
惠东县	Huidong County	1092	1802	1825	1.80	2.76	2.61
博罗县	Boluo County	1900	2067	1651	2.10	2.60	2.00
肇庆市区	Zhaoqing Urban District	4001	5169	5108	3.00	3.00	2.87
高要市	Gaoyao City	1215	1441	1251	2.80	3.10	2.90
四会市	Sihui City	1529	1183	1164	2.30	2.20	1.98

主要统计指标解释

人口数 指一定时点、一定地区范围内的有生命的个人总和。

年度统计的年末人口数指每年12月31日24时的人口数。年度统计的全国人口总数内未包括香港、澳门特别行政区和台湾省以及海外华侨人数。

出生率(又称粗出生率) 指在一定时期内(通常为一年)一定地区的出生人数与同期内平均人数(或期中人数)之比，用千分率表示。本资料中的出生率指年出生率，其计算公式为：

出生率＝年出生人数／年平均人数×1000‰

式中：出生人数指活产婴儿，即胎儿脱离母体时(不管怀孕月数)，有过呼吸或其他生命现象。年平均人数指年初、年底人口数的平均数，也可用年中人口数代替。

死亡率(又称粗死亡率) 指在一定时期内(通常为一年)一定地区的死亡人数与同期内平均人数(或期中人数)之比，用千分率表示。本资料中的死亡率指年死亡率，其计算公式为:

死亡率＝年死亡人数／年平均人数×1000‰

人口自然增长率 指在一定时期内(通常为一年)人口自然增加数(出生人数减死亡人数)与该时期内平均人数(或期中人数)之比，用千分率表示。计算公式为：

人口自然增长率=(本年出生人数－本年死亡人数)/ 年平均人数×1000‰＝人口出生率－人口死亡率

经济活动人口 指在16岁以上，有劳动能力，参加或要求参加社会经济活动的人口，包括就业人员和失业人员。

就业人员 指从事一定社会劳动并取得劳动报酬或经营收入的人员，包括在岗职工、再就业的离退休人员、私营业主、个体户主、私营和个体就业人员、乡镇企业就业人员、农村就业人员、其他就业人员(包括民办教师、宗教职业者、现役军人等)。这一指标反映了一定时期内全部劳动力资源的实际利用情况，是研究我国基本国情国力的重要指标。

各单位的就业人员 指在各级国家机关、政党机关、社会团体及企业、事业单位中工作，取得工资或其他形式的劳动报酬的全部人员，包括在岗职工、再就业的离退休人员、民办教师以及在各单位中工作的外方人员和港澳台方人员、兼职人员、借用的外单位人员和第二职业者。不包括离开本单位仍保留劳动关系的职工。各单位的就业人员反映了各单位实际参加生产或工作的全部劳动力。

城镇私营和个体就业人员 城镇私营就业人员指在工商管理部门注册登记，其经营地址设在县城关镇(含县城关镇)以上的私营企业就业人员，包括私营企业投资者和雇工。城镇个体就业人员指在工商管理部门注册登记，并持有城镇户口或在城镇长期居住，经批准从事个体工商经营的就业人员，包括个体经营者和在个体工商户劳动的家庭帮工和雇工。

城镇登记失业人员 指有非农业户口，在一定的劳动年龄内(16岁以上及男50岁以下、女45岁以下)，有劳动能力，无业而要求就业，并在当地就业服务机构进行求职登记的人员。

城镇登记失业率 指城镇登记失业人员与城镇单位就业人员（扣除使用的农村劳动力、聘用的离退休人员、港澳台及外方人员）、城镇单位中的不在岗职工、城镇私营业主、个体户主、城镇私营企业和个体就业人员、城镇登记失业人员之和的比。计算公式为：

城镇登记失业率＝城镇登记失业人数／［(城镇单位就业人员－使用的农村劳动力－聘用的离退休人员－聘用的港澳台及外方人员）＋不在岗职工＋城镇私营业主＋城镇个体户主＋城镇私营企业和个体就业人员＋城镇登记失业人数］×100%

职工 指在国有、城镇集体、联营、股份制、外商和港、澳、台投资、其他单位及其附属机构工作，并由其支付工资的各类人员，不包括下列人员：⑴乡镇企业就业人员；⑵私营企业就业人员；⑶城镇个体劳动者；⑷离休、退休、退职人员；⑸再就业的离、退休人员；⑹民办教师⑺在城镇单位工作的外方和港、澳、台人员；⑻其他按有关规定不列入职工统计范围的人员。(1998年以后的数据均为在岗职工数据，其他相关指标如职工工资总额，职工平均工资等指标也从1998年按此口径进行了相应调整)。

在岗职工 指在本单位工作并由单位支付工资的人员，以及有工作岗位，但由于学习、病伤产假等原因暂未工作，仍由单位支付工资的人员。

工资总额 指各单位在一定时期内直接支付给本单位全部职工的劳动报酬总额。工资总额的计算原则应以直接支付给职工的全部劳动报酬为根据。各单位支付给职工的劳动报酬以及其他根据有关规定支付的工资，不论是计入成本的还是不计入成本的，不论是按国家规定列入计征奖金税项目的，还是未列入计征奖金税项目的，不论是以货币形式支付的还是以实物形式支付的，均包括在工资总额内。

平均工资 指企业、事业、机关单位的职工在一定时期内平均每人所得的货币工资额。它表明一定时期职工工资收入的高低程度，是反映职工工资水平的主要指标。计算公式为:

平均工资＝报告期实际支付的全部职工工资总额／报告期全部职工平均人数

Explanatory Notes on Main Statistical Indicators

Total Population refers to the total number of people alive at a certain point of time within a given area.

The annual statistics on total population is taken at midnight, the 3lst of December, not including residents in Taiwan province, Chinese compatriots in Hong Kong and Macao and overseas Chinese.

Birth Rate (or Crude Birth Rate) refers to the ratio of the number of births to the average population (or mid-period population) during a certain period of time (usually a year) which is often expressed in ‰. The following formula is used:

Birth Rate = (Number of Births/ Average Number of Population) × 1000‰

Number of births refers to live births i.e. when a baby has breathed or showed any vital phenomena regardless of the length of pregnancy.

Annual Average Number of Population is the average of the number of population at the beginning of the year and that at the end of the year. Sometimes it is substituted for with the mid year population.

Death Rate (or Crude Death Rate) refers to the ratio of the number of deaths to the average population (or mid-period population) during a certain period of time (usually a year) which is often expressed in ‰. Death rate in the chapter refers to annual death rate. The following formula is used:

Death Rate= (Number of Deaths/ Average Number of Population) × 1000‰

Natural Growth Rate of Population refers to the ratio of natural increase in population (number of births minus number of deaths) in a certain period of time (usually a year) to the average population (or mid-period population) of the same period which is often expressed in ‰. The following formula is applied:

Natural Growth Rate of Population = [(Number of Births-Number of Deaths)/Average Number of Population] × 1000‰

Natural Growth Rate of Population = Birth Rate-Death Rate

Economically Active Population refers to the population aged 16 and over who are capable to work, are participating in or willing to participate in economic activities, including employed persons and unemployed persons.

Employed Persons refer to the persons who are engaged in social working and receive remuneration payment or earn business income, including total staff and workers, re-employed retirees, employers of private enterprises, self-employed workers, employees in private enterprises and individual economy, employees in township enterprises, employed persons in the rural areas, and other employed persons (including teachers in the schools run by the local people, people engaged in religious profession and the servicemen, etc.). This indicator reflects the actual utilization of total labor force during a certain period of time and is often used for the research on China's economic situation and national power.

Persons Employed in Various Units refer to all the persons working in government agencies of various levels, political and party organizations, social organizations, enterprises and institutions, and receiving wages or other forms of payment. They include fully-employed staff and workers, re-employed retirees, teachers in schools run by the local people, foreigners and Chinese compatriots from Hong Kong, Macao, and Taiwan working in various units, part-time employees, employees of other units working temporarily at current posts, and employees holding the second job, but exclude staff and workers who have left their working units while keeping their labour contract (employment relation) unchanged. This indicator reflects the total number of laborers actually engaged in production or other operations in various units.

Persons Employed in Private Enterprises and Self-Employed Individuals in Urban Areas Persons employed in private enterprises refer to the persons employed in the private enterprises which have been registered at the departments of industrial and commercial administration and are situated at a county town (i.e. a town where the county government is located) for business operation or at urban areas with the level higher than a county town. The self-employed individuals in urban areas refer to persons who hold the certificates of residence in urban areas or have resided in the urban areas for a long time and have been registered at the departments of industrial and commercial administration and approved to be engaged in individual industrial or commercial business, including self-employed persons as well as helpers and hired laborers who work in the individual households engaged in industrial or commercial business.

Registered Urban Unemployed Persons refer to the persons with non-agricultural household Registration at certain working age(16-50 years for male and 16-45 years for females),who are capable of work, unemployed and will to work, and have been registered at the local employment service agencies to apply for a job.

Registered Urban Unemployment Rate refers to the ratio of the number of the registered unemployed persons to the sum of the number of persons employed in various units(minus the rural labour force, retirees, and Hong Kong, Macao, Taiwan or foreign employees they employ) laid-off workers in urban units, owners and employees in urban private enterprises, urban self-employed individuals and the registered urban unemployed persons. The formula is as follows:

Registered urban unemployment rate = number of registered urban unemployed persons ÷ (number of persons employed in urban units- rural labour force employed- retirees employed-Hong Kong, Macao, Taiwan or foreign employees employed + laid-off workers + owners and employees in urban private enterprises+ self-employed individuals in urban areas + registered urban unemployed persons) × 100%.

Staff and Workers refer to the persons working in and receive payment from units of state ownership, collective ownership, joint ownership, share holding ownership, foreign ownership, and ownership by entrepreneurs from Hong Kong, Macao, and Taiwan, and other types of ownership and their affiliated units. They do not include 1)persons employed in township enterprises,2)persons employed in private enterprises,3)urban self-employed persons,4)retirees,5)re-employed retirees, 6)teachers in the schools run by the local people,7)foreigners and persons from Hong Kong, Macao and Taiwan who work in urban units, and 8)other persons not to be included by relevant regulations.(Data of 1998 and afterward refer to fully employed staff and worker. Other related statistics such as total wage bill and average wage are adjusted since 1998 accordingly).

Fully Employed Staff and Workers refer to persons who work in, and receive wages from their working units, as well as persons who have their work posts, but are temporarily absent from work for reasons of study or on sick, injury or maternal leave and still receive wages from their working units.

Total Wages refer to the total remuneration payment to staff and workers in various units during a certain period of time. The calculation of total wages is based on the total remuneration payment to the staff and workers. Therefore, all the wages and salaries and other payments to staff and workers are included in the total wages regardless of their sources, category, and forms (in kind or cash). (Total wages of staff and workers in this yearbook include only total wages of fully employed staff and workers, excluding the living allowances distributed to those who have left their working units while keeping their labour contract/employment relation unchanged).

Average Wage refers to the average wage in money terms per person during a certain period of time for staff and workers in enterprises, institutions, and government agencies, which reflects the general level of wage income during a certain period of time and is calculated as follows:

Average Wage = Total Wages of Staff and Workers at the Report Period/Average Number of Staff and Workers at the Report Period.

4-1 全社会固定资产投资总额
Total Investment in Fixed Assets

单位：亿元 (100 million yuan)

地区	Area	1978	1980	1990	2000	2003	2004
长江三角洲经济区	**Yangtze River Delta**						
上海市	Shanghai City	27.91	45.43	227.08	1869.67	2452.11	3084.66
南京市	Nanjing City	6.63	7.82	42.65	412.20	954.05	1201.88
苏州市	Suzhou City	1.40	2.87	55.37	516.43	1408.93	1554.80
无锡市	Wuxi City	1.72	2.90	35.30	350.10	893.32	1114.13
常州市	Changzhou City	0.89	2.37	22.71	163.43	446.59	588.61
镇江市	Zhenjiang City	1.23	2.62	15.14	140.95	237.28	320.52
南通市	Nantong City	1.34	2.74	20.78	239.50	448.42	606.93
扬州市	Yangzhou City	0.99	3.10	20.16	128.25	247.01	330.05
泰州市	Taizhou City	0.33	0.74	10.55	138.74	230.65	306.24
杭州市	Hangzhou City	4.83	7.09	36.63	515.49	1006.74	1202.22
宁波市	Ningbo City	5.02	6.50	39.28	360.75	835.89	1103.81
嘉兴市	Jiaxing City			24.25	263.74	525.57	635.35
湖州市	Huzhou City	0.59	0.87	11.75	109.34	267.97	365.47
绍兴市	Shaoxing City	0.44	0.93	17.21	247.18	535.03	629.10
舟山市	Zhoushan City	0.93	1.33	5.82	42.18	98.01	127.87
台州市	Taizhou City	1.14	2.94	14.48	179.73	386.10	479.01
珠江三角洲经济区	**Pearl River Delta**						
广州市	Guangzhou City	7.26	9.96	90.59	923.67	1175.17	1348.93
深圳市	Shenzhen City		1.38	57.92	619.70	949.10	1090.32
珠海市	Zhuhai City	0.20	0.58	12.12	94.98	141.05	179.57
佛山市	Foshan City	0.45	0.85	23.09	198.96	423.69	565.40
江门市	Jiangmen City	0.70	1.10	15.51	109.06	161.11	197.93
东莞市	Dongguan City	0.23	0.23	7.51	102.89	319.39	433.9
中山市	Zhongshan City	0.17	0.37	9.47	109.95	262.06	291.58
惠州市区	Huizhou Urban District	0.15	0.26	3.32	25.08	62.45	82.52
惠阳市	Huiyang City	0.09	0.09	6.42	23.94	125.86	164.74
惠东县	Huidong County	0.13	0.24	3.33	12.02	18.28	21.59
博罗县	Boluo County	0.13	0.14	2.66	13.48	17.66	22.53
肇庆市区	Zhaoqing Urban District	0.30	0.35	2.18	36.54	37.26	41.67
高要市	Gaoyao City	0.05	0.09	1.00	15.60	20.86	25.12
四会市	Sihui City	0.04	0.16	0.69	9.98	16.51	39.05

4-2 按经济类型分的全社会固定资产投资总额
Total Investment in Fixed Assets by Ownership

单位：亿元 (100 million yuan)

地区	Area	内资 Domestic Funds			外商投资及港澳台商投资 Foreign Funds & Hongkong, Macao and Taiwan Funds		
		2000	2003	2004	2000	2003	2004
长江三角洲经济区	**Yangtze River Delta**						
上海市	Shanghai City ①	829.98	811.85	955.11	319.05	468.20	851.39
南京市	Nanjing City	337.02	769.35	808.72	38.15	139.46	181.14
苏州市	Suzhou City		979.77	1108.40		429.16	446.40
无锡市	Wuxi City	134.96	682.08	876.17	31.73	189.96	237.00
常州市	Changzhou City	90.31	382.77	495.17	13.45	61.68	92.45
镇江市	Zhenjiang City	54.37	113.80	207.47	25.54	7.13	45.18
南通市	Nantong City	92.23	255.83	330.99	19.31	62.88	112.70
扬州市	Yangzhou City	123.03	226.40	298.00	1.10	20.60	32.00
泰州市	Taizhou City	135.14	216.09	284.64	3.60	14.56	21.60
杭州市	Hangzhou City	496.06	948.26	999.39	19.43	58.48	108.81
宁波市	Ningbo City	328.33	718.15	884.45	32.42	117.45	219.36
嘉兴市	Jiaxing City	259.25	460.67	436.65	4.50	64.90	120.24
湖州市	Huzhou City	105.02	254.60	330.59	4.32	13.37	34.88
绍兴市	Shaoxing City	244.58	487.95	571.33	2.60	47.08	57.77
舟山市	Zhoushan City	41.16	94.49	125.60	1.02	3.52	2.27
台州市	Taizhou City	180.71	373.85	443.83	0.98	12.25	35.18
珠江三角洲经济区	**Pearl River Delta**						
广州市	Guangzhou City	772.18	893.71	1030.61	151.49	281.46	318.32
深圳市	Shenzhen City	529.26	712.38	793.76	126.94	236.72	296.56
珠海市	Zhuhai City	53.75	82.63	102.31	39.80	58.42	77.26
佛山市	Foshan City	175.15	397.96	531.93	13.58	43.73	58.45
江门市	Jiangmen City	75.28	123.88	147.42	20.41	37.23	50.51
东莞市	Dongguan City	56.42	230.52	322.64	18.13	88.87	109.41
中山市	Zhongshan City	49.15	192.36	211.49	13.96	69.70	80.09
惠州市区	Huizhou Urban District	17.38	43.83	64.01	8.16	15.33	18.50
惠阳市	Huiyang City	9.75	14.11	28.91	7.73	103.67	134.68
惠东县	Huidong County	4.88	3.29	16.78	1.77	7.88	4.80
博罗县	Boluo County	5.71	3.55	13.53	4.47	9.33	9.41
肇庆市区	Zhaoqing Urban District	28.67	31.87	37.24	7.87	5.39	4.43
高要市	Gaoyao City	7.53	14.98	19.81	1.08	5.88	5.31
四会市	Sihui City	4.77	15.66	25.29	1.29	0.85	13.76

注：①上海内资指国有。
Note: ① Domestic Funds of Shanghai refers to the state-owned units.

4-2续表 1 continued

单位：亿元 (100 million yuan)

地区	Area	外商投资 Foreign Funds			# 独资企业 Single-investor Enterprises		
		2000	2003	2004	2000	2003	2004
长江三角洲经济区	**Yangtze River Delta**						
上海市	Shanghai City	222.86	325.15	647.47			
南京市	Nanjing City	18.63	105.61	128.58	3.82	20.67	31.47
苏州市	Suzhou City		236.20	258.05		150.37	194.76
无锡市	Wuxi City	26.55	129.60	156.26	12.96	80.81	104.46
常州市	Changzhou City	5.91	28.49	42.41	0.94	9.21	15.08
镇江市	Zhenjiang City	18.14	3.33	25.39	2.32	1.63	6.62
南通市	Nantong City	17.07	43.18	87.63		19.19	
扬州市	Yangzhou City	0.26	9.40		0.07	6.30	
泰州市	Taizhou City	2.22	5.68	11.40	0.20	2.52	8.76
杭州市	Hangzhou City	7.79	27.74	63.02	3.96		
宁波市	Ningbo City	15.90	76.64	138.14	2.39	27.90	31.30
嘉兴市	Jiaxing City	2.92	38.34	44.02	1.23	25.88	32.50
湖州市	Huzhou City	0.55	4.87	16.11		0.84	6.21
绍兴市	Shaoxing City	1.00	16.02	22.14	0.21	3.17	6.34
舟山市	Zhoushan City	0.17	1.05	2.08	0.02		1.86
台州市	Taizhou City	0.34	7.50	23.54		0.32	1.34
珠江三角洲经济区	**Pearl River Delta**						
广州市	Guangzhou City	27.31	83.55	138.35	8.87	31.31	34.66
深圳市	Shenzhen City	44.23	78.84	102.63	16.01	33.29	
珠海市	Zhuhai City	14.86	15.82	18.92	10.44	7.02	12.89
佛山市	Foshan City	4.80	11.99	16.03	1.35	6.94	9.28
江门市	Jiangmen City	4.43	8.09	9.45	0.68	4.99	4.01
东莞市	Dongguan City	5.08	26.95	37.74	3.38	17.79	29.42
中山市	Zhongshan City	7.20	27.37	20.46	4.36	20.98	16.35
惠州市区	Huizhou Urban District	1.87	5.30	10.92	0.17	1.42	2.07
惠阳市	Huiyang City	1.23	96.57	124.77	0.23	0.46	1.58
惠东县	Huidong County	0.64	0.13	1.08	0.58	0.11	0.79
博罗县	Boluo County	1.27	6.42	5.29	0.77	5.26	4.79
肇庆市区	Zhaoqing Urban District	4.84	1.63	1.13	4.50	0.43	0.83
高要市	Gaoyao City	0.26	1.47	2.30	0.03	1.47	1.92
四会市	Sihui City	0.84	0.63	0.74	0.80	0.63	0.74

4-2续表 2 continued

单位：亿元 (100 million yuan)

地区	Area	港澳台商投资 Hongkong, Macao and Taiwan Funds			# 独资企业 Single-investor Enterprises		
		2000	2003	2004	2000	2003	2004
长江三角洲经济区	**Yangtze River Delta**						
上海市	Shanghai City	96.19	143.05	203.92			
南京市	Nanjing City	19.52	33.85	52.56	6.71	14.45	16.13
苏州市	Suzhou City		192.97	188.36		70.01	117.71
无锡市	Wuxi City	5.18	60.36	80.73	2.48	21.10	28.08
常州市	Changzhou City	7.54	33.19	50.04	2.35	13.50	11.67
镇江市	Zhenjiang City	7.39	3.80	19.79	0.74	2.70	7.94
南通市	Nantong City	2.23	19.70	25.07		6.08	
扬州市	Yangzhou City	0.83	11.20		0.41	4.60	
泰州市	Taizhou City	1.38	8.89	10.20	0.26	4.62	5.08
杭州市	Hangzhou City	11.64	17.59	45.80	0.71		
宁波市	Ningbo City	16.52	40.80	81.22	7.76	27.50	24.00
嘉兴市	Jiaxing City	1.58	26.56	76.22	0.92	16.73	13.00
湖州市	Huzhou City	3.76	8.49	18.77	3.22	2.91	4.77
绍兴市	Shaoxing City	1.61	31.06	35.63	0.66	9.44	11.36
舟山市	Zhoushan City	0.85	2.48	0.19	0.16		
台州市	Taizhou City	0.64	4.46	11.64	0.08	0.61	2.17
珠江三角洲经济区	**Pearl River Delta**						
广州市	Guangzhou City	124.18	197.90	179.97	8.34	33.15	41.63
深圳市	Shenzhen City	82.71	157.91	193.93	36.19	81.22	
珠海市	Zhuhai City	24.94	42.60	58.34	9.57	28.70	26.71
佛山市	Foshan City	8.78	31.74	42.43	2.72	9.95	13.30
江门市	Jiangmen City	15.98	29.14	41.06	9.15	13.77	23.99
东莞市	Dongguan City	13.05	61.92	71.66	5.10	41.52	49.52
中山市	Zhongshan City	6.76	42.32	59.63	3.33	29.07	30.51
惠州市区	Huizhou Urban District	6.29	10.03	7.57	1.43	3.79	4.84
惠阳市	Huiyang City	6.50	7.10	9.90	5.78	3.35	7.09
惠东县	Huidong County	1.13	7.75	3.71	0.51	4.51	3.61
博罗县	Boluo County	3.21	2.91	4.11	1.88	1.14	3.58
肇庆市区	Zhaoqing Urban District	3.03	3.75	3.30	0.96	2.00	1.16
高要市	Gaoyao City	0.82	4.41	3.01		1.35	2.71
四会市	Sihui City	0.45	0.22	13.02	0.45	0.10	12.26

4-3 按管理渠道分的全社会固定资产投资总额（2004年）
Total Investment in Fixed Assets by Channel of Management(2004)

单位：亿元 (100 million yuan)

地区	Area	总计 Total	基本建设 Capital Construction	更新改造 Innovation	房地产开发 Real Estate Development	其他投资 Others
长江三角洲经济区	**Yangtze River Delta**					
上海市	Shanghai City	3084.66	1721.56 ①		1175.46	187.64
南京市	Nanjing City	1201.88	501.48	181.25	292.88	226.28
苏州市	Suzhou City	1554.80	392.99	48.08	334.32	779.40
无锡市	Wuxi City	1114.13	325.87	93.57	195.58	499.12
常州市	Changzhou City	588.61	173.62	114.67	97.90	202.43
镇江市	Zhenjiang City	320.52	105.41	56.53	39.17	119.41
南通市	Nantong City	606.93	143.32	60.27	59.39	343.94
扬州市	Yangzhou City	330.05	94.77	23.05	63.98	148.25
泰州市	Taizhou City	306.24	47.94	24.95	39.28	194.07
杭州市	Hangzhou City	1202.22			357.56	
宁波市	Ningbo City	1103.81	454.37	51.36	244.26	13.11
嘉兴市	Jiaxing City	635.35	201.39	25.48	117.59	
湖州市	Huzhou City	166.74	89.60	16.96	56.86	3.32
绍兴市	Shaoxing City	629.10			120.34	
舟山市	Zhoushan City	127.87	64.43	5.09	23.66	34.69
台州市	Taizhou City	479.01	137.95	14.86	87.30	4.51
珠江三角洲经济区	**Pearl River Delta**					
广州市	Guangzhou City	1348.93	606.42	162.62	477.03	102.86
深圳市	Shenzhen City	1090.32	500.92	88.00	432.01	69.39
珠海市	Zhuhai City	179.57	122.75	15.46	40.46	
佛山市	Foshan City	565.40	128.08	44.15	96.40	296.77
江门市	Jiangmen City	197.93	68.07	21.82	30.67	77.37
东莞市	Dongguan City	433.90	189.74	50.29	93.45	71.57
中山市	Zhongshan City	291.58	96.96	34.21	62.46	55.22
惠州市区	Huizhou Urban District	82.52	41.08	8.91	25.19	3.79
惠阳市	Huiyang City	164.74	149.42	3.13	2.01	0.02
惠东县	Huidong County	21.59	5.77	2.30	0.75	0.16
博罗县	Boluo County	22.53	11.96	0.76	1.57	0.73
肇庆市区	Zhaoqing Urban District	41.67	14.10	4.05	13.41	5.84
高要市	Gaoyao City	25.12	3.47	3.33	0.48	4.22
四会市	Sihui City	39.05	21.81	0.67	1.85	7.47

注：①指建设改造数据。

Note: ① refers to the data of capital construction and innovation.

4-4 全社会固定资产投资资金来源（2004年）
Total Investment in Fixed Assets by Source of Funds(2004)

单位：亿元　　(100 million yuan)

地区	Area	合计 Total	国家预算内资金 State Budgetary Appropriation	国内贷款 Domestic Loans	债券 Bond
长江三角洲经济区	**Yangtze River Delta**				
上海市	Shanghai City	3610.82	38.50	907.37	
南京市	Nanjing City	1095.28	14.51	263.48	
苏州市	Suzhou City	1608.60	0.94	382.72	4.01
无锡市	Wuxi City	778.22	34.52	115.84	
常州市	Changzhou City	454.00	3.01	109.39	5.00
镇江市	Zhenjiang City	201.44	0.16	35.80	
南通市	Nantong City	308.20	11.60	66.62	
扬州市	Yangzhou City	219.14	5.82	44.70	
泰州市	Taizhou City	161.19	0.14	20.74	
杭州市	Hangzhou City	1456.55	15.96	397.14	4.86
宁波市	Ningbo City	1112.54	22.96	241.00	
嘉兴市	Jiaxing City	604.92	8.22	177.93	0.09
湖州市	Huzhou City	399.17	5.04	61.35	
绍兴市	Shaoxing City	684.44	5.04	162.84	0.17
舟山市	Zhoushan City	167.62	1.39	52.12	0.01
台州市	Taizhou City	497.51	6.32	78.39	0.65
珠江三角洲经济区	**Pearl River Delta**				
广州市	Guangzhou City	1678.65	31.17	292.26	
深圳市	Shenzhen City	1342.00	3.00	262.95	0.84
珠海市	Zhuhai City	179.57	0.24	25.69	
佛山市	Foshan City	161.67		22.66	
江门市	Jiangmen City	193.38	0.88	44.46	
东莞市	Dongguan City	559.05	0.06	62.55	
中山市	Zhongshan City	305.76	2.82	33.05	
惠州市区	Huizhou Urban District	85.98	0.47	19.18	
惠阳市	Huiyang City	170.00	0.05	46.74	
惠东县	Huidong County	21.40	0.97	1.00	
博罗县	Boluo County	32.17		1.81	0.02
肇庆市区	Zhaoqing Urban District	43.01	0.48	8.58	
高要市	Gaoyao City	25.14	1.03	0.10	
四会市	Sihui City	38.98	0.08	1.54	

4-4 续表 continued

单位：亿元 (100 million yuan)

地区	Area	利用外资 Foreign Investment	自筹资金 Fundraising	其他资金 Others
长江三角洲经济区	**Yangtze River Delta**			
上海市	Shanghai City	234.05	1484.00	946.90
南京市	Nanjing City	57.99	583.91	175.40
苏州市	Suzhou City	271.46	703.63	245.83
无锡市	Wuxi City	122.45	387.86	117.56
常州市	Changzhou City	14.93	222.44	99.22
镇江市	Zhenjiang City	16.21	120.54	28.74
南通市	Nantong City	33.37	149.51	47.09
扬州市	Yangzhou City	15.21	114.36	39.05
泰州市	Taizhou City	9.64	104.29	26.38
杭州市	Hangzhou City	30.15	610.97	397.46
宁波市	Ningbo City	53.43	609.78	35.89
嘉兴市	Jiaxing City	66.08	229.02	123.57
湖州市	Huzhou City	19.53	238.82	60.61
绍兴市	Shaoxing City	20.62	399.21	96.54
舟山市	Zhoushan City	1.65	60.49	51.97
台州市	Taizhou City	9.50	301.61	101.04
珠江三角洲经济区	**Pearl River Delta**			
广州市	Guangzhou City	121.26	632.13	414.39
深圳市	Shenzhen City	60.01	669.93	345.27
珠海市	Zhuhai City	63.21	71.47	18.96
佛山市	Foshan City	3.27	36.95	98.79
江门市	Jiangmen City	27.64	93.12	27.27
东莞市	Dongguan City	95.99	298.79	83.21
中山市	Zhongshan City	47.09	156.21	66.60
惠州市区	Huizhou Urban District	9.37	46.32	10.64
惠阳市	Huiyang City	61.71	59.25	2.52
惠东县	Huidong County	2.96	13.43	3.05
博罗县	Boluo County	9.03	10.91	10.40
肇庆市区	Zhaoqing Urban District	2.23	21.45	8.50
高要市	Gaoyao City	5.41	14.53	3.99
四会市	Sihui City	13.09	23.35	0.88

4-5 基本建设和更新改造投资主要指标

Main Indicators of Investment in Capital Construction and Innovation

地区	Area	基本建设 Investment in Capital					
		施工项目(个) Number of Projects under Construction(unit)			新增固定资产(亿元) Newly Increased Fixed Assets(100 million yuan)		
		2000	2003	2004	2000	2003	2004
长江三角洲经济区	**Yangtze River Delta**						
上海市	Shanghai City	1255	1265		587.43	413.45	
南京市	Nanjing City	474	557	637	148.49	237.57	217.39
苏州市	Suzhou City	259	395		115.35	132.42	353.67
无锡市	Wuxi City	158	888	1315	44.85	224.04	297.46
常州市	Changzhou City	210	430	402	18.33	61.08	101.19
镇江市	Zhenjiang City	251	193	149	31.99	79.58	42.70
南通市	Nantong City	493	570	487	50.85	60.09	105.24
扬州市	Yangzhou City	230	170	150	67.95	41.88	73.39
泰州市	Taizhou City	213	169	155	38.66	23.93	27.16
杭州市	Hangzhou City	616	724		136.68	208.81	
宁波市	Ningbo City	691	1055	1118	159.93	193.79	212.78
嘉兴市	Jiaxing City	405	423	536	57.69	45.04	187.60
湖州市	Huzhou City	119	235	221	36.30	20.44	25.63
绍兴市	Shaoxing City	342	403		58.00	71.62	
舟山市	Zhoushan City	167	225		5.50	18.15	
台州市	Taizhou City	545	596	616	42.00	55.09	79.53
珠江三角洲经济区	**Pearl River Delta**						
广州市	Guangzhou City	825	750	896	253.97	219.60	571.25
深圳市	Shenzhen City	466	578	699	225.42	114.57	280.60
珠海市	Zhuhai City	290	497	489	96.35	55.37	57.80
佛山市	Foshan City	112	189	204	11.00	23.68	28.18
江门市	Jiangmen City	141	156	168	9.18	82.67	44.91
东莞市	Dongguan City	151	534	1167	23.83	22.88	83.97
中山市	Zhongshan City	207	621	740	13.59	69.55	73.69
惠州市区	Huizhou Urban District	95	162	165	16.43	22.37	160.56
惠阳市	Huiyang City	36	59	152	8.29	7.29	16.88
惠东县	Huidong County	35	22	152	2.32	5.95	8.86
博罗县	Boluo County	41	34	96	3.83	5.86	7.46
肇庆市区	Zhaoqing Urban District	85	64	54	10.34	4.54	6.82
高要市	Gaoyao City	19	6	4	1.73	0.49	1.96
四会市	Sihui City	14	17	71	1.24	1.62	15.31

4-5 续表 continued

地区	Area	更新改造 Innovation					
		施工项目（个） Number of Projects under Construction(unit)			新增固定资产（亿元） Newly Increased Fixed Assets(100 million yuan)		
		2000	2003	2004	2000	2003	2004
长江三角洲经济区	**Yangtze River Delta**						
上海市	Shanghai City	2539	2034		271.08	258.76	
南京市	Nanjing City	552	670	461	54.03	103.74	136.80
苏州市	Suzhou City	192	75		19.70	14.82	63.38
无锡市	Wuxi City	241	312	360	29.66	70.75	84.52
常州市	Changzhou City	794	452	371	25.94	72.05	58.83
镇江市	Zhenjiang City	208	219	239	16.84	14.12	38.18
南通市	Nantong City	316	343	200	26.10	34.40	42.90
扬州市	Yangzhou City	151	99	77	13.60	22.50	25.05
泰州市	Taizhou City	74	98	71	12.50	12.02	17.38
杭州市	Hangzhou City	487	364		50.23	51.38	
宁波市	Ningbo City	713	340	411	29.36	39.64	45.76
嘉兴市	Jiaxing City	132	95	100	10.21	7.58	25.40
湖州市	Huzhou City	88	44	29	3.56	11.76	5.67
绍兴市	Shaoxing City	212	206		17.96	19.82	
舟山市	Zhoushan City	99	35		4.24	4.08	
台州市	Taizhou City	198	118	119	10.79	12.66	10.66
珠江三角洲经济区	**Pearl River Delta**						
广州市	Guangzhou City	831	1343	1016	150.13	150.59	138.42
深圳市	Shenzhen City	160	192	440	30.22	30.85	45.57
珠海市	Zhuhai City	18	71	41	2.56	7.36	10.50
佛山市	Foshan City	179	260	154	13.72	26.17	17.99
江门市	Jiangmen City	120	80	161	9.63	8.96	15.90
东莞市	Dongguan City	540	402	279	10.41	20.76	30.71
中山市	Zhongshan City	60	254	165	4.09	26.77	20.03
惠州市区	Huizhou Urban District	27	31	31	3.52	7.71	29.94
惠阳市	Huiyang City	25	22	20	3.40	2.81	5.89
惠东县	Huidong County	26	15	7	1.25	1.95	1.50
博罗县	Boluo County	2	5	13	0.09	0.38	0.81
肇庆市区	Zhaoqing Urban District	54	50	55	1.83	4.32	2.59
高要市	Gaoyao City	59	9	84	1.48	1.44	3.28
四会市	Sihui City	4	7	6	0.03	0.82	0.15

4-6 按城乡分全社会固定资产投资额

Total Investment in Fixed Assets of Urban and Rural

单位：亿元 (100 million yuan)

地区	Area	城镇 Urban			
		1990	2000	2003	2004
长江三角洲经济区	**Yangtze River Delta**				
上海市	Shanghai City	196.74	1697.70	2275.62	2897.98
南京市	Nanjing City		317.94	794.41	989.97
苏州市	Suzhou City		305.93	855.11	1016.21
无锡市	Wuxi City		155.63	597.85	754.22
常州市	Changzhou City		95.77	304.91	401.71
镇江市	Zhenjiang City		80.11	153.21	207.16
南通市	Nantong City		102.84	221.67	280.04
扬州市	Yangzhou City		79.79	174.47	222.42
泰州市	Taizhou City		73.66	127.64	157.00
杭州市	Hangzhou City	22.92	376.65	716.96	1108.20
宁波市	Ningbo City	24.36	246.79	554.69	763.10
嘉兴市	Jiaxing City	6.20	156.30	207.90	256.60
湖州市	Huzhou City	4.19	74.02	120.66	166.73
绍兴市	Shaoxing City			296.57	324.17
舟山市	Zhoushan City	2.75	28.94	78.76	100.74
台州市	Taizhou City	4.37	92.80	188.33	257.18
珠江三角洲经济区	**Pearl River Delta**				
广州市	Guangzhou City	79.83	852.67	1099.11	1256.98
深圳市	Shenzhen City				
珠海市	Zhuhai City	11.88	93.03	140.04	178.97
佛山市	Foshan City	10.78	16.27	15.64	12.14
江门市	Jiangmen City	9.67	88.35	131.06	148.45
东莞市	Dongguan City	6.93	127.36	244.12	345.48
中山市	Zhongshan City	4.03	52.01	226.38	250.03
惠州市区	Huizhou Urban District	0.39	1.41	0.19	0.09
惠阳市	Huiyang City	0.19	1.66	0.66	1.15
惠东县	Huidong County	0.53	1.47	0.49	0.48
博罗县	Boluo County	0.07	0.44	0.32	0.33
肇庆市区	Zhaoqing Urban District				38.00
高要市	Gaoyao City				12.34
四会市	Sihui City				33.47

4-6 续表1 continued

单位：亿元 (100 million yuan)

地区	Area	农村 Rural			
		1990	2000	2003	2004
长江三角洲经济区	**Yangtze River Delta**				
上海市	Shanghai City	30.34	171.97	176.49	186.68
南京市	Nanjing City		65.76	149.83	203.89
苏州市	Suzhou City	13.36	162.09	535.87	531.58
无锡市	Wuxi City		103.41	274.20	318.53
常州市	Changzhou City			141.69	174.04
镇江市	Zhenjiang City			39.62	45.18
南通市	Nantong City		120.64	213.83	323.08
扬州市	Yangzhou City	9.58	31.51	57.37	90.17
泰州市	Taizhou City		65.08	103.01	149.24
杭州市	Hangzhou City	13.71	138.85	289.78	
宁波市	Ningbo City	14.92	113.96	281.21	340.71
嘉兴市	Jiaxing City	3.20	57.60	215.30	225.70
湖州市	Huzhou City	2.06	27.82	140.28	192.05
绍兴市	Shaoxing City			238.46	304.93
舟山市	Zhoushan City	3.07	13.24	19.25	27.13
台州市	Taizhou City	10.12	86.93	197.77	221.82
珠江三角洲经济区	**Pearl River Delta**				
广州市	Guangzhou City	10.76	71.00	76.05	91.95
深圳市	Shenzhen City				
珠海市	Zhuhai City	0.24	1.95	1.01	0.60
佛山市	Foshan City	6.41	84.23	210.62	287.03
江门市	Jiangmen City	5.84	20.71	30.05	49.47
东莞市	Dongguan City	0.58	64.21	75.27	88.42
中山市	Zhongshan City	5.44	57.94	35.68	41.55
惠州市区	Huizhou Urban District	0.35	0.98	3.09	3.45
惠阳市	Huiyang City	1.70	8.34	6.93	6.99
惠东县	Huidong County	1.45	6.60	10.86	12.12
博罗县	Boluo County	1.61	5.56	6.38	7.18
肇庆市区	Zhaoqing Urban District				3.67
高要市	Gaoyao City				12.78
四会市	Sihui City				5.58

4-7 按登记注册类型分的固定资产投资额（2004年）

Total Investment in Fixed Assets by Type of Ownership(2004)

单位：亿元 (100 million yuan)

地区	Area	内资 Domestic Funds	国有 State-owned Units	集体 Collective Units	个体 Individuals	其他 Others
长江三角洲经济区	**Yangtze River Delta**					
上海市	Shanghai City	2233.27	955.12	146.58	6.81	1124.76
南京市	Nanjing City	808.72	491.39	4.02	11.66	301.65
苏州市	Suzhou City	1108.40	325.35	75.57	0.51	706.97
无锡市	Wuxi City	835.48	188.54	94.01	328.64	7.38
常州市	Changzhou City	346.50	140.90	17.69	52.63	2.52
镇江市	Zhenjiang City	207.47	103.16	11.35		92.99
南通市	Nantong City	330.99	89.60			
扬州市	Yangzhou City	298.48	114.62	3.42	36.30	
泰州市	Taizhou City	284.64	75.49	19.94	9.19	180.02
杭州市	Hangzhou City	999.39	301.44	20.75	91.55	585.65
宁波市	Ningbo City	884.45	272.24	26.02	5.66	586.20
嘉兴市	Jiaxing City	436.65	104.37	12.13	0.16	319.99
湖州市	Huzhou City	396.63	77.11	11.43	0.18	307.91
绍兴市	Shaoxing City	571.33	90.03	12.47	1.51	467.32
舟山市	Zhoushan City	125.60	71.43	1.99		52.18
台州市	Taizhou City	443.83	91.20	6.15	0.43	346.05
珠江三角洲经济区	**Pearl River Delta**					
广州市	Guangzhou City	1030.61	513.11	28.38	213.53	1.99
深圳市	Shenzhen City	793.76	532.88	66.83	129.67	64.38
珠海市	Zhuhai City	101.42	29.77	2.91	28.49	40.25
佛山市	Foshan City	235.95		5.71	133.56	3.27
江门市	Jiangmen City	147.42	52.42	13.66	56.35	75.49
东莞市	Dongguan City	324.49	68.48	116.72	1.85	33.82
中山市	Zhongshan City	211.50	47.90	31.19	22.18	110.24
惠州市区	Huizhou Urban District	59.36	21.39	3.49	23.89	10.60
惠阳市	Huiyang City	28.92	2.30	4.10	4.99	17.53
惠东县	Huidong County	16.78	6.88	1.23	7.34	1.33
博罗县	Boluo County	13.53	4.72	3.08	4.35	1.39
肇庆市区	Zhaoqing Urban District	33.82	15.52	1.22		17.08
高要市	Gaoyao City	10.74	5.91	0.12		4.71
四会市	Sihui City	19.72	4.12	2.06		13.54

注：城镇以上。

Note: refers to the urban and above.

4-7续表　continued

单位：亿元　　(100 million yuan)

地区	Area	外商投资 Businessmen from Foreign Countries	港澳台商投资 Businessmen from Hongkong, Macao and Taiwan	其他 Others
长江三角洲经济区	**Yangtze River Delta**			
上海市	Shanghai City	647.47	203.92	73.17
南京市	Nanjing City	128.58	52.56	212.02
苏州市	Suzhou City	258.05	188.36	
无锡市	Wuxi City	155.82	80.55	
常州市	Changzhou City	25.11	42.49	0.47
镇江市	Zhenjiang City	25.39	19.79	
南通市	Nantong City	87.63	25.07	
扬州市	Yangzhou City	10.95	20.57	
泰州市	Taizhou City	11.40	10.20	
杭州市	Hangzhou City	63.02	45.80	
宁波市	Ningbo City	138.14	81.22	
嘉兴市	Jiaxing City	44.02	76.22	
湖州市	Huzhou City	16.03	18.69	
绍兴市	Shaoxing City	22.14	35.63	
舟山市	Zhoushan City	2.08	0.19	
台州市	Taizhou City	23.54	11.64	
珠江三角洲经济区	**Pearl River Delta**			
广州市	Guangzhou City	138.35	179.97	
深圳市	Shenzhen City	102.63	193.93	
珠海市	Zhuhai City	18.92	58.34	0.89
佛山市	Foshan City	16.03	42.43	3.28
江门市	Jiangmen City	9.45	41.06	
东莞市	Dongguan City	37.74	71.66	
中山市	Zhongshan City	20.46	59.63	
惠州市区	Huizhou Urban District	10.92	7.57	0.15
惠阳市	Huiyang City	124.77	9.90	0.64
惠东县	Huidong County	1.08	3.71	
博罗县	Boluo County	5.29	4.11	0.03
肇庆市区	Zhaoqing Urban District	1.13	3.30	
高要市	Gaoyao City	2.30	3.01	
四会市	Sihui City	0.74	13.02	

4-8 房地产开发主要指标（2004年）

Main Indicators of Real Estate Development (2004)

地区	Area	企业个数（个）Number of Enterprises (unit)	投资额（万元）Investment (10 000 yuan)	施工房屋建筑面积（万平方米）Floor Space of Buildings Under Construction (10 000 sq.m)	竣工房屋建筑面积（万平方米）Floor Space of Buildings Completed (10 000 sq.m)
长江三角洲经济区	**Yangtze River Delta**				
上海市	Shanghai City	2062	11754647	9481.61	3443.02
南京市	Nanjing City	453	2928756	2310.52	644.45
苏州市	Suzhou City	956	3343200	4183.66	1462.78
无锡市	Wuxi City	241	1955759	1548.23	483.35
常州市	Changzhou City	162	979000	991.33	250.33
镇江市	Zhenjiang City	186	394747	396.03	159.00
南通市	Nantong City		593900	639.95	253.22
扬州市	Yangzhou City	251	639830	585.26	275.15
泰州市	Taizhou City	186	392797	381.47	122.48
杭州市	Hangzhou City	594	3285409	3530.28	865.06
宁波市	Ningbo City	498	2442638	2513.49	602.50
嘉兴市	Jiaxing City	335	1178834	1351.37	294.13
湖州市	Huzhou City	194	568602	648.86	137.54
绍兴市	Shaoxing City	362	1203434	1099.29	411.32
舟山市	Zhoushan City	105	233650	236.86	63.39
台州市	Taizhou City	259	872958	920.36	199.17
珠江三角洲经济区	**Pearl River Delta**				
广州市	Guangzhou City		4408104	4669.59	1005.46
深圳市	Shenzhen City	691	4320072	3368.92	690.76
珠海市	Zhuhai City	393	404633	468.52	126.28
佛山市	Foshan City	355	964000	1136.16	397.38
江门市	Jiangmen City	277	306694	501.95	150.75
东莞市	Dongguan City	106	934465	834.45	136.55
中山市	Zhongshan City	242	624615	677.73	193.11
惠州市区	Huizhou Urban District	76	251888	305.61	65.30
惠阳市	Huiyang City	17	20075	45.39	6.55
惠东县	Huidong County	8	7490	13.50	5.18
博罗县	Boluo County	23	15679	19.12	9.68
肇庆市区	Zhaoqing Urban District	71	134108	168.53	63.33
高要市	Gaoyao City	16	4775	7.05	4.92
四会市	Sihui City	16	18545	20.61	16.05

4-8续表 continued

地区	Area	竣工房屋价值（万元）Value of Buildings Completed (10 000 yuan)	竣工房屋造价（元／平方米）Cost of Buildings Completed (yuan/sq.m)	商品房销售面积（万平方米）Floor Space Sold (10 000 sq.m)	商品房销售额（万元）Total Sales of Commercial Houses (10 000 yuan)	房屋平均销售价格（元／平方米）Average Selling Price of Houses (yuan/sq.m)
长江三角洲经济区	**Yangtze River Delta**					
上海市	Shanghai City	10349200	3006	3488.75	22638400	6489
南京市	Nanjing City	853601	1325	607.96	2137303	3516
苏州市	Suzhou City	2729215	1227	852.40	2649314	3108
无锡市	Wuxi City	739086		410.06	1039159	
常州市	Changzhou City	301043	1203	236.56	586010	2477
镇江市	Zhenjiang City	154017	969	128.38	263708	2054
南通市	Nantong City	251306	992	228.26	483719	2119
扬州市	Yangzhou City	227515	827	227.05	526122	2317
泰州市	Taizhou City	170834	1192	130.84	240641	1839
杭州市	Hangzhou City	1777722	2055	655.85	2744422	4185
宁波市	Ningbo City	860351	1428	556.90	1955978	3512
嘉兴市	Jiaxing City	325264	1214	230.90	568094	3947
湖州市	Huzhou City	183306	1333	143.47	325684	2270
绍兴市	Shaoxing City	423556	1030	359.72	861487	5860
舟山市	Zhoushan City	95583	1508	65.39	191078	2922
台州市	Taizhou City	233921	1174	175.67	455713	2594
珠江三角洲经济区	**Pearl River Delta**					
广州市	Guangzhou City	1760560	1751	872.67	3959304	4537
深圳市	Shenzhen City	2300325	3330	103.92	7027631	6770
珠海市	Zhuhai City	194600	1541	115.69	380001	3285
佛山市	Foshan City	617079	1553	392.36	943159	2484
江门市	Jiangmen City	134776	894	137.68	209950	1525
东莞市	Dongguan City	255079	1868	160.58	591800	3685
中山市	Zhongshan City	200347	1037	159.27	406252	2551
惠州市区	Huizhou Urban District	104543	1600	73.14	174128	2380
惠阳市	Huiyang City	8851	1349	14.76	36207	2451
惠东县	Huidong County	7657	1478	4.33	6802	1570
博罗县	Boluo County	7597	784	8.88	11673	1314
肇庆市区	Zhaoqing Urban District	64350	1016	59.58	140185	2353
高要市	Gaoyao City	4459	906	4.88	5961	1222
四会市	Sihui City	14105	684	13.45	16795	1249

主要统计指标解释

全社会固定资产投资 以货币形式表现的在一定时期内全社会建造和购置固定资产的工作量以及与此有关的费用的总称。该指标是反映固定资产投资规模、结构和发展速度的综合性指标。又是观察工程进度和考核投资效果的重要依据。全社会固定资产投资按注册登记类型可分为国有、集体、个体、联营、股份制、外商、港澳台商、其他等。按照管理渠道，可分为基本建设、更新改造、房地产开发投资和其他固定资产投资四个部分。

基本建设投资 基本建设指企业、事业、行政单位以扩大生产能力(或新增工程效益)为主要目的的新建、扩建工程及有关工作。其综合范围为总投资50万元以上(含50万元)的基本建设项目。具体包括：(1)列入中央和各级地方本年基本建设计划的建设项目，以及虽未列入本年基本建设计划，但使用以前年度基建计划内结转投资(包括利用基建库存设备材料)在本年继续施工的建设项目；(2)本年基本建设计划内投资与更新改造计划内投资结合安排的新建项目和新增生产能力(或工程效益)达到大中型项目标准的扩建项目，以及为改变生产力布局而进行的全厂性迁建项目；(3)国有单位既未列入基建计划，也未列入更新改造计划的总投资在50万元以上的新建、扩建、恢复项目和为改变生产力布局而进行的全厂性迁建项目，以及行政、事业单位增建业务用房和行政单位增建生活福利设施的项目。

更新改造投资 更新改造一般是指企业、事业单位对原有设施进行技术改造（包括固定资产更新）以及相应配套的辅助性生产、生活福利设施等工程和有关的工作。其综合范围为总投资50万元以上的更新改造单位（或项目）。具体包括：(1)列入中央和各级地方本年更新改造计划的投资单位(项目)以及虽未列入本年更新改造计划，但使用上年更新改造计划内结转的投资在本年继续施工的单位（或项目）；(2)本年更新改造计划内投资与基本建设计划内投资结合安排的对企、事业单位原有设施进行技术改造或更新的项目和增建主要生产车间、分厂等其新增生产能力(或工程效益)未达到大中型项目标准的项目，以及由于城市环境保护和安全生产的需要而进行的迁建工程；(3)国有经济中既未列入基建计划也未列入更新改造计划，总投资在50万元以上的属于改建或更新改造性质的项目，以及由于城市环境保护和安全生产的需要而进行的迁建工程。

房地产开发投资 指各种登记注册类型的房地产开发公司、商品房建设公司及其他房地产开发法人单位和附属于其他法人单位实际从事房地产开发或经营的活动单位统一开发的包括统代建、拆迁还建的住宅、厂房、仓库、饭店、宾馆、度假村、写字楼、办公楼等房屋建筑物和配套的服务设施，土地开发工程（如道路、给水、排水、供电、供热、通讯、平整场地等基础设施工程）的投资；不包括单纯的土地交易活动。

其他固定资产投资 指全社会固定资产投资中未列入基本建设、更新改造和房地产开发投资的总投资在50万元以上的城镇范围内建造和购置固定资产的活动。以及城镇私人建房和农村企业、事业、行政单位和农村个人固定资产投资活动。具体包括：

（1）国有单位未纳入基本建设计划和更新改造计划管理，计划总投资（或实际需要总投资）在50万元以上的以下工程：①用油田维护费和石油开发基金进行的油田维护和开发工程；②煤炭、铁矿、森工等采掘采伐业用维简费进行的开拓延伸工程；③交通部门用公路养路费对原有公路、桥梁进行改建的工程；④商业部门用简易建筑费建造的仓库工程。

（2）城镇集体固定资产投资：指所有隶属直辖市、省辖市、县级市和县城所在地城关镇区域范围内的集体经济单位（乡镇企业局管理的除外）建造和购置固定资产其计划总投资（或实际需要总投资）在50万元及50万元以上的单位（项目）投资。

（3）除上述以外的其他各种登记注册类型的企、事业单位（包括城镇私营企、事业单位和个体户）建造和购置固定资产总投资在50万元及50万元以上、未列入基本建设计划和更新改造计划的单位（项目）。其中个体经营户只统计50万元以上非建房投资。

（4）城镇和工矿区私人建房投资：包括市、县城、镇关镇、工矿区所辖范围内的全部私人建房，不论其房主是否系本地的常住户口均应包括。

（5）农村投资：包括农村区域范围内进行固定资产投资活动的企业、事业、行政单位及农村个人投资。

固定资产投资的资金来源 根据固定资产投资的资金来源不同，分为国家预算内资金、国内贷款、利用外资、自筹资金和其他资金来源。

（1）国家预算内资金：分为财政拨款和财政安排的贷款两部分。包括中央财政的基本建设基金（分经营性基金和非经营性基金两部分）、专项支出（如煤代油专项等）、收回再贷、贴息资金，财政安排的挖潜改造和新产品试制支出、城建支出、商业部门简易建筑支出、不发达地区发展基金等资金中用于固定资产投资的资金；地方财政中由国家统筹安排的资金等。

（2）国内贷款：指报告期固定资产投资单位向银行及非银行金融机构借入的用于固定资产投资的各种国内借款。包括银行利用自有资金及吸收的存款发放的贷款、上级主管部门拨入的国内贷款、国家专项贷款(包括煤代油贷款、劳改煤矿专项贷款等)、地方财政专项资金安排的贷款、国内储备贷款、周转贷款等。

（3）利用外资：指报告期内收到的用于固定资产投资建造和购置的国外资金（包括设备、材料、技术在内）。包括对外借款（外国政府、国际金融组织贷款、出口信贷、外国商业贷款、对外发行债券和股票）、外国直接投资及外商其他投资。不包括我国自有外汇资金（国家外汇、地方外汇、留成外汇、调剂外汇和中国银行自有资金发行的外汇贷款等）。计算利用外资时，需要折算成人民币，折算中所使用的外汇汇率按现汇计算，即按使用外汇时的汇率计算。

（4）自筹资金：指固定资产单位报告期收到的，由各地区、各部门及企、事业单位筹集用于固定资产投资的预算外资金，包括中央各部门、各级地方和企、事业单位的自筹资金。

（5）其他资金来源：指在报告期收到的除以上各种资金之外其他用于固定资产投资的资金，包括企业或金融机构通过发行各种债券筹集到的资金、群众集资、个人资金、无偿捐赠的资金和其他单位拨入的资金等。

房屋建筑面积　指从房屋建筑物勒脚以上外墙外围的水平截面面积，包括房屋建筑物的有效面积和结构面积。

住宅建筑面积　指施工和竣工房屋建筑面积中供居住用的房屋建筑面积。

施工面积　指报告期内施工的全部房屋建筑面积。包括本期新开工的面积和上期开工跨入本期继续施工的房屋面积，以及上期已停建在本期恢复施工的房屋面积。本期竣工和本期施工后又停缓建的房屋，其建筑面积仍计入本期房屋施工面积中。

竣工面积　指在报告期内房屋建筑按照设计要求已全部完工，达到住人和使用条件，经验收鉴定合格（或达到竣工验收标准），正式移交使用单位的各栋房屋建筑面积的总和。

Explanatory Notes on Main Statistical Indicators

Total Investment in Fixed Assets in the Whole Country refers to the volume of activities in construction and purchases of fixed assets and related fees, expressed in monetary terms. It is a comprehensive indicator which shows the size, structure and growth of the investment in fixed assets, providing basis for observing the progress of construction projects and evaluating results of investment. Total investment in fixed assets in the whole country includes, by registration type of ownership, the investment by the state-owned units, collective units, individuals, joint ownership units, share-holding units, as well as investment by businessmen from foreign countries and from Hong Kong, Macao and Taiwan, and by other units. According to China's current management system, the investment in fixed assets in the whole country is classified into the following four parts: investment in capital construction, investment in innovation, investment in real estates development and other investment in fixed assets.

Investment in Capital Construction Capital construction refers to the new construction projects or extension projects and the related activities of the enterprises, institutions or administrative units mainly for the purpose of expanding production capacity(or improving project efficiency), covering only projects each with a total investment of 500,000 RMB yuan and over. It includes: (1) projects listed in the capital construction plan of the current year of the central government and the local governments at various levels as well as the projects, though not listed in the capital construction plan of the current year, but continued to be constructed in this year, using the investment listed in the plan of capital construction of previous years and carried forward to this year (also using the equipment and materials kept in stock of the capital construction); (2) new construction projects arranged both in the plan of capital construction and the plan of innovation; extension projects with the newly increased production capacity (or project efficiency) up to the standard of a large and medium-sized project; and the projects of moving the whole factory to a new site so as to improve the distribution of productive forces; (3) new construction projects, extension projects or restoration projects with the total investment of 500,000 RMB yuan and over by the state-owned units, though listed neither in the plan of capital construction nor in the plan of innovation; the projects in the state-owned units of moving the whole factory to a new site so as to improve the distribution of productive forces; and the projects of building additional business houses by the administrative units and institutions and building welfare facilities by the administrative units.

Investment in Innovation Innovation refers in general to the technological innovation of the original facilities (including renewal of fixed assets) by the enterprises and institutions as well as the corresponding supplementary projects for production or welfare facilities and the related activities , covering only projects each with a total investment of 500,000 RMB yuan and over. It includes: (1) projects listed in the innovation plan of the current year of the central government and the local governments at various levels as well as the projects, though not listed in the innovation plan of the current year, but continued to be constructed in this year, using the investment listed in the plan of innovation of previous years and carried forward to this year; (2) projects of technological innovation or renewal of the original facilities, arranged both in the plan of innovation and in the plan of capital construction; extension projects (main workshops or a branch of the factory) with the newly increased production capacity (or project efficiency) not up to the standard of a large and medium-sized project; and the projects of moving the whole factory to a new site so as to meet the requirements of urban environmental protection or safe production; (3) projects of reconstruction or technological innovation with the total investment of 500,000 RMB yuan and over by the state-owned units, though listed neither in the plan of capital construction nor in the plan of innovation; the projects in the state-owned units of moving the whole factory to a new site so as to meet the requirements of urban environmental protection or safe production.

Investment in Real Estate Development It includes the investment by the real estate development companies, commercial buildings construction companies and other real estate development units of various types of ownership in the construction of house buildings, such as residential buildings, factory buildings, warehouses, hotels, guesthouses, holiday villages, office buildings, and the complementary service facilities and land development projects, such as roads, water supply, water drainage, power supply, heating, telecommunications, land leveling and other projects of infrastructure. It excludes the activities in simple land transactions.

Other Investment in Fixed Assets refers to the construction and purchases of fixed assets with an investment of over 500,000 yuan which are not listed in the investment in capital construction, investment in innovation and investment in real estate development, as well as urban private housing projects and investment in fixed assets by enterprises, institutions and individuals in rural areas. It includes:

1) The following projects of the state-owned units with the total planned (or actually needed) investment of over 500,000 yuan, which are not included in the plan of capital construction and the plan of innovation: (1) projects of oil fields maintenance and exploitation with the oil fields maintenance funds and petroleum development funds; (2) opening and extending projects with the maintenance funds in coal, ore and other mining enterprises and logging enterprises; (3) project of reconstruction of the original highways and bridges with the highway maintenance funds in the department of communication; (4) projects of construction of warehouses with the funds of simple construction in the commercial department.

2) The investment in fixed assets by urban collective units: refer to projects of construction and purchases of fixed assets with the planned total investment of 500,000 yuan and over by all collective units in areas under the jurisdiction of cities and county towns (excluding investment by collective units under township enterprise administration offices).

3) The projects of construction and purchases of fixed assets by the enterprises, institutions(including urban private enterprises or institutions) or individuals other than those mentioned above with total investment of 500,000 yuan and over, which are not included in the plan of capital construction and the plan of innovation .For individual investment, only the investment in non-housing projects is to be included.

4)the Private Investment in housing construction in the urban areas and industrial and mining areas: including all the private house construction under the jurisdiction of cities, county towns and industrial and mining areas, no matter whether the owner of the house is registered as the permanent resident in the locality or not.

5)The investment in the rural areas: including the investment in fixed assets by enterprises, institutions and individuals in the rural areas.

Sources of Funds for Investment in Fixed Assets include fund from state budget, domestic loans, foreign investment, self-raised funds, and others depending on the source of investment.

(1)Fund from State budget consists of budgetary appropriation and loans from state budge. More specifically, it includes, from the budget of the central governments, capital construction fund(operation fund and non-operational fund), special expenses(e.g. expenses on substituting petroleum with coal), loans from repayment, discount fund, expenses on innovation and trial production of new products, expenses on urban construction, expenses on temporary construction by trade departments, development on fund for less developed areas, as well as local budgetary fund transferred from the central budget.

(2)Domestic loans refer to loans of various forms borrowed by investing units form banks and non-bank financial institutions during the reference period for the purpose of investment in fixed assets, including loans issued by banks from their self-owned funds and deposit, loans appropriated by higher responsible authorities, special loans by government (including loan for substituting petroleum with coal, special loan for reform-through-labour coal mines), loans arranged by local government from special funds, domestic reserve loan, and working loan, etc..

(3) Foreign Investment refers to foreign funds received during the reference period for the construction and purchase of investment in fixed assets(covering equipment, materials and technology), including foreign borrowings(loans from foreign government and international financial institutions, export credit, commercial loans from foreign banks, issue of bonds and stocks overseas), foreign direct investment and other foreign investment. Excluded in this category are capitals in foreign exchanges owned by China (foreign exchanges owned by the central and local governments by enterprises through regulating mechanism, loans in foreign exchanges issued by the Band of China with its own fund, etc.). In calculating the utilization of foreign capitals, foreign currencies are converted into Chinese Renminbi applying the current exchange rate when the foreign capitals are actually used.

(4)Self-raised funds refer to extra-budgetary funds for investment in fixed assets received by investing units from central government ministries, local governments, enterprises and institutions, including their self-raised funds.

(5) Others refer to funds or investment in fixed assets received from the sources other than those listed above, including capitals raised through issuing bonds by enterprises or financial institutions, funds raised from individuals and through donations, and funds transferred from other units.

Floor Space of Buildings under Construction and

Completed refers to total floor space of the horizontal section of outer walls above the plinth of the building, including the effective area and the area occupied by the structure.

Floor Space of Residential Buildings refers to the floor space of the residential buildings among the total space of buildings under construction or completed.

Floor Space under Construction refers to total floor space of all buildings under construction during the reference period, including floor space of newly started buildings during the reference period, floor space of construction extended from the previous period to the current period, and floor space of construction suspended during the previous period and resumed in the current period. Floor space of construction completed in the current period, and floor space of construction started and then suspended in the current period are also included in the floor space under construction of the current year.

Floor Space of Buildings Completed refers to the floor space of buildings completed in the reference period, which have been appraised and accepted(or come up to the designed standards) and have been transferred to the owners for use.

5-1 居民消费价格指数
Consumer Price Indices

(上年 =100) (preceding year=100)

地区	Area	1990	2000	2002	2003	2004
长江三角洲经济区	**Yangtze River Delta**					
上海市	Shanghai City	106.3	102.5	100.5	100.1	102.2
南京市	Nanjing City	105.3	100.0	97.9	101.4	103.0
苏州市	Suzhou City	103.9	99.9	100.4	100.8	105.0
无锡市	Wuxi City	104.5	100.0	99.2	101.0	104.0
常州市	Changzhou City	104.2	99.5	98.5	100.7	104.3
镇江市	Zhenjiang City	103.6	99.9	99.1	101.8	104.1
南通市	Nantong City	102.7	99.3	100.0	101.6	104.5
扬州市	Yangzhou City	104.8	100.4	98.8	101.6	103.9
泰州市	Taizhou City		100.2	99.5	101.3	104.0
杭州市	Hangzhou City	104.6	100.8	98.8	99.5	102.5
宁波市	Ningbo City	104.0	100.3	99.2	101.2	102.7
嘉兴市	Jiaxing City	102.1	101.1	100.0	100.7	103.3
湖州市	Huzhou City	102.9	101.4	99.4	100.0	104.8
绍兴市	Shaoxing City	102.3	102.9	100.1	100.0	103.6
舟山市	Zhoushan City	101.9	101.6	99.5	101.3	104.4
台州市	Taizhou City	102.4	101.1	99.6	101.5	105.0
珠江三角洲经济区	**Pearl River Delta**					
广州市	Guangzhou City	97.3	102.8	97.6	100.1	101.7
深圳市	Shenzhen City	101.6	102.8	101.2	100.7	101.3
珠海市	Zhuhai City	101.4	101.4	97.6	99.2	102.9
佛山市	Foshan City	96.0	102.6	97.3	100.6	102.7
江门市	Jiangmen City		100.7	97.8	100.1	102.5
东莞市	Dongguan City	96.6	101.5	98.1	100.7	103.0
中山市	Zhongshan City		102.5	99.3	101.2	103.1
惠州市区	Huizhou Urban District	97.7	102.5	98.2	100.5	102.1
惠阳市	Huiyang City					
惠东县	Huidong County					
博罗县	Boluo County					
肇庆市区	Zhaoqing Urban District	97.9	103.1	97.7	99.0	103.1
高要市	Gaoyao City					
四会市	Sihui City					

5-2 居民消费价格分类指数

Consumer Price Indices by Category

(上年=100)

(preceding year=100)

地区	Area	食品 Food 2000	2001	2002	2003	2004
长江三角洲经济区	**Yangtze River Delta**					
上海市	Shanghai City	102.5	100.3	102.9	101.3	108.3
南京市	Nanjing City	96.8	98.6	100.1	101.4	107.3
苏州市	Suzhou City	98.4	97.1	101.5	103.2	111.6
无锡市	Wuxi City	97.7	99.9	99.0	103.3	111.2
常州市	Changzhou City	95.5	97.4	97.8	102.8	113.2
镇江市	Zhenjiang City	96.2	99.3	99.3	105.3	109.6
南通市	Nantong City	96.7	98.4	100.9	103.9	111.4
扬州市	Yangzhou City	100.4	98.7	100.8	104.6	110.1
泰州市	Taizhou City	97.6	98.5	97.9	104.1	112.1
杭州市	Hangzhou City	98.9	98.3	101.5	101.4	108.3
宁波市	Ningbo City	93.3	97.2	95.8	103.4	107.5
嘉兴市	Jiaxing City	98.9	96.7	101.5	103.3	111.1
湖州市	Huzhou City	98.7	101.1	99.3	97.5	112.0
绍兴市	Shaoxing City	97.7	96.8	103.0	100.0	110.6
舟山市	Zhoushan City	98.4	96.6	102.6	103.8	112.8
台州市	Taizhou City	100.2	98.2	101.7	102.5	113.4
珠江三角洲经济区	**Pearl River Delta**					
广州市	Guangzhou City	98.8	97.6	98.1	102.4	105.4
深圳市	Shenzhen City	100.2	97.5	100.5	101.2	106.1
珠海市	Zhuhai City	97.8	96.0	97.1	101.4	108.6
佛山市	Foshan City	98.5	98.4	97.2	104.3	107.0
江门市	Jiangmen City	97.9	100.3	95.9	101.5	105.2
东莞市	Dongguan City	100.4	98.9	99.0	103.5	108.6
中山市	Zhongshan City	99.3	97.0	99.4	100.1	112.1
惠州市区	Huizhou Urban District	98.4	100.3	96.7	102.6	105.9
惠阳市	Huiyang City					
惠东县	Huidong County					
博罗县	Boluo County					
肇庆市区	Zhaoqing Urban District	98.6	100.2	97.1	101.6	109.0
高要市	Gaoyao City					
四会市	Sihui City					

5-2 续表1 Continued

(上年 =100) (preceding year=100)

地区	Area	烟酒及用品 Tobacco, Liquor and Articles				
		2000	2001	2002	2003	2004
长江三角洲经济区	**Yangtze River Delta**					
上海市	Shanghai City		98.9	98.9	99.8	98.3
南京市	Nanjing City		101.4	101.0	100.3	98.4
苏州市	Suzhou City		101.9	101.5	99.5	101.1
无锡市	Wuxi City			100.5	98.5	100.6
常州市	Changzhou City		100.3	99.5	105.5	100.8
镇江市	Zhenjiang City	94.8	100.0	99.0	98.3	100.3
南通市	Nantong City		99.5	98.4	100.7	104.8
扬州市	Yangzhou City		98.2	99.4	98.9	100.3
泰州市	Taizhou City	94.6	100.0	96.3	99.1	101.6
杭州市	Hangzhou City		96.9	98.7	99.9	99.7
宁波市	Ningbo City			101.1	102.8	101.5
嘉兴市	Jiaxing City		98.0	99.4	100.8	102.0
湖州市	Huzhou City	96.8	99.4	102.3	101.4	102.9
绍兴市	Shaoxing City		100.9	98.7	99.6	101.0
舟山市	Zhoushan City		96.8	99.7	100.7	102.8
台州市	Taizhou City		101.3	100.3	105.2	103.2
珠江三角洲经济区	**Pearl River Delta**					
广州市	Guangzhou City		101.7	100.5	100.4	102.5
深圳市	Shenzhen City		97.1	101.6	102.8	99.5
珠海市	Zhuhai City		101.3	100.7	98.0	103.9
佛山市	Foshan City				101.2	101.9
江门市	Jiangmen City	99.3	95.6	104.7	96.6	101.3
东莞市	Dongguan City			99.3	105.7	96.7
中山市	Zhongshan City	101.1	97.8	102.5	100.1	105.5
惠州市区	Huizhou Urban District			101.7	100.4	102.0
惠阳市	Huiyang City					
惠东县	Huidong County					
博罗县	Boluo County					
肇庆市区	Zhaoqing Urban District		97.5	98.3	97.6	103.2
高要市	Gaoyao City					
四会市	Sihui City					

5-2 续表2 Continued

(上年 =100)

(preceding year=100)

地区	Area	衣着 Clothing				
		2000	2001	2002	2003	2004
长江三角洲经济区	**Yangtze River Delta**					
上海市	Shanghai City		98.9	97.5	97.5	94.2
南京市	Nanjing City	102.9	94.6	96.5	101.7	101.3
苏州市	Suzhou City	99.8	97.5	97.5	101.6	102.5
无锡市	Wuxi City	99.2	98.9	98.7	100.1	101.2
常州市	Changzhou City	95.3	94.4	99.5	97.4	98.5
镇江市	Zhenjiang City	100.1	99.0	99.1	98.9	99.0
南通市	Nantong City	98.9	99.1	94.0	98.4	102.5
扬州市	Yangzhou City	98.5	96.6	98.3	99.2	98.3
泰州市	Taizhou City	99.4	94.3	92.6	96.2	92.4
杭州市	Hangzhou City	96.0	94.2	86.6	97.2	98.1
宁波市	Ningbo City	99.6	97.8	100.3	100.4	99.0
嘉兴市	Jiaxing City	95.9	91.0	90.7	94.6	93.4
湖州市	Huzhou City	100.8	100.5	99.7	100.4	100.7
绍兴市	Shaoxing City	99.9	97.3	98.2	97.1	99.0
舟山市	Zhoushan City	99.2	96.3	98.0	98.5	100.1
台州市	Taizhou City	99.4	98.2	98.2	97.7	98.6
珠江三角洲经济区	**Pearl River Delta**					
广州市	Guangzhou City	97.6	96.3	97.9	96.7	99.1
深圳市	Shenzhen City	102.9	98.7	105.2	99.7	99.2
珠海市	Zhuhai City	100.5	100.1	99.7	95.5	99.1
佛山市	Foshan City	103.3	99.8	101.1	100.2	99.6
江门市	Jiangmen City	95.9	101.2	100.1	94.4	97.5
东莞市	Dongguan City	98.9	98.4	92.3	94.3	93.2
中山市	Zhongshan City	96.6	100.3	96.9	103.6	88.7
惠州市区	Huizhou Urban District	102.1	102.3	103.2	100.2	97.0
惠阳市	Huiyang City					
惠东县	Huidong County					
博罗县	Boluo County					
肇庆市区	Zhaoqing Urban District	93.6	99.4	100.6	92.8	103.1
高要市	Gaoyao City					
四会市	Sihui City					

5-2 续表3 Continued

(上年 =100) (preceding year=100)

地区	Area	家庭设备用品及服务 Household Facilities Articles and Services				
		2000	2001	2002	2003	2004
长江三角洲经济区	**Yangtze River Delta**					
上海市	Shanghai City		97.2	97.7	98.4	97.8
南京市	Nanjing City	99.9	97.8	90.6	93.5	98.3
苏州市	Suzhou City	94.4	97.2	101.9	96.6	102.8
无锡市	Wuxi City	99.1	98.3	98.5	97.3	100.3
常州市	Changzhou City	99.7	98.5	97.5	93.9	98.3
镇江市	Zhenjiang City	97.1	93.7	94.3	96.4	97.2
南通市	Nantong City	98.1	96.8	98.5	98.7	99.4
扬州市	Yangzhou City	97.9	95.1	95.8	97.0	98.0
泰州市	Taizhou City	97.0	99.2	94.5	94.2	95.9
杭州市	Hangzhou City	95.7	97.1	95.7	95.2	96.8
宁波市	Ningbo City	98.4	94.0	94.9	97.2	98.1
嘉兴市	Jiaxing City	96.6	99.4	97.0	96.0	99.5
湖州市	Huzhou City	100.2	99.5	99.7	98.6	97.5
绍兴市	Shaoxing City	98.5	98.3	98.2	97.5	98.8
舟山市	Zhoushan City	96.2	95.8	96.5	95.4	96.3
台州市	Taizhou City	97.8	96.8	97.0	96.7	100.2
珠江三角洲经济区	**Pearl River Delta**					
广州市	Guangzhou City	100.2	96.4	97.4	97.0	98.4
深圳市	Shenzhen City	99.5	97.6	99.0	98.1	96.8
珠海市	Zhuhai City	101.0	101.2	96.4	95.8	99.2
佛山市	Foshan City	97.7	100.2	99.7	97.5	99.0
江门市	Jiangmen City	97.5	99.3	96.9	97.5	98.1
东莞市	Dongguan City	99.5	99.1	99.3	98.6	98.2
中山市	Zhongshan City	97.0	97.9	96.8	98.4	93.5
惠州市区	Huizhou Urban District	96.0	96.2	94.1	96.1	95.1
惠阳市	Huiyang City					
惠东县	Huidong County					
博罗县	Boluo County					
肇庆市区	Zhaoqing Urban District	94.6	95.4	97.9	94.7	95.0
高要市	Gaoyao City					
四会市	Sihui City					

5-2 续表4 Continued

(上年 =100)

(preceding year=100)

地区	Area	医疗保健和个人用品 Health Cares and Personal Articles				
		2000	2001	2002	2003	2004
长江三角洲经济区	**Yangtze River Delta**					
上海市	Shanghai City		97.4	97.6	100.0	100.0
南京市	Nanjing City	97.3	102.0	99.8	104.1	103.0
苏州市	Suzhou City	100.2	100.2	99.5	103.0	95.7
无锡市	Wuxi City	99.2	98.1	101.7	103.3	95.6
常州市	Changzhou City	101.8	101.6	100.3	99.7	96.6
镇江市	Zhenjiang City	102.8	101.5	99.5	99.9	101.7
南通市	Nantong City	97.9	101.1	100.3	100.9	97.6
扬州市	Yangzhou City	99.9	98.0	97.8	100.5	100.3
泰州市	Taizhou City	103.0	98.6	98.8	99.0	99.6
杭州市	Hangzhou City	102.2	99.0	97.4	97.9	97.4
宁波市	Ningbo City	97.4	98.0	97.8	102.1	96.5
嘉兴市	Jiaxing City	100.6	99.9	99.5	101.6	92.4
湖州市	Huzhou City		99.6	101.1	101.9	96.0
绍兴市	Shaoxing City	101.7	99.2	99.3	94.8	95.5
舟山市	Zhoushan City	102.6	97.4	96.3	102.9	95.4
台州市	Taizhou City	100.8	98.2	97.0	98.5	90.3
珠江三角洲经济区	**Pearl River Delta**					
广州市	Guangzhou City	93.7	97.7	96.7	99.4	99.7
深圳市	Shenzhen City	104.4	98.2	101.4	100.3	102.1
珠海市	Zhuhai City	100.5	98.9	94.9	98.3	98.7
佛山市	Foshan City	96.7	101.5	88.4	101.0	101.4
江门市	Jiangmen City	99.9	101.5	97.5	101.9	100.4
东莞市	Dongguan City	92.4	93.8	99.0	101.6	99.0
中山市	Zhongshan City	105.7	98.3	99.2	102.0	99.0
惠州市区	Huizhou Urban District	103.9	100.1	93.1	99.0	99.8
惠阳市	Huiyang City					
惠东县	Huidong County					
博罗县	Boluo County					
肇庆市区	Zhaoqing Urban District	104.0	96.2	97.9	99.6	100.1
高要市	Gaoyao City					
四会市	Sihui City					

5–2 续表5 Continued

(上年=100) (preceding year=100)

地区	Area	交通和通信 Means of Transportation and Communication				
		2000	2001	2002	2003	2004
长江三角洲经济区	**Yangtze River Delta**					
上海市	Shanghai City		98.1	96.9	96.3	96.5
南京市	Nanjing City	90.0	94.7	93.8	96.6	97.7
苏州市	Suzhou City	94.0	96.0	96.6	94.3	100.3
无锡市	Wuxi City		99.5	95.8	95.0	98.1
常州市	Changzhou City	97.6	97.6	98.2	98.9	100.2
镇江市	Zhenjiang City	87.0	97.7	95.7	96.2	96.1
南通市	Nantong City	95.3	94.9	97.4	96.7	98.9
扬州市	Yangzhou City	99.4	96.2	98.2	99.6	100.5
泰州市	Taizhou City	95.4	96.5	93.2	95.4	96.0
杭州市	Hangzhou City	93.6	94.9	96.6	99.9	97.1
宁波市	Ningbo City	95.7	94.8	96.4	96.4	98.4
嘉兴市	Jiaxing City	94.8	98.7	96.7	95.2	95.5
湖州市	Huzhou City		99.1	98.3	97.9	99.6
绍兴市	Shaoxing City	93.0	98.6	99.2	94.9	94.8
舟山市	Zhoushan City	89.5	97.4	97.8	97.7	98.0
台州市	Taizhou City	90.7	98.1	96.1	97.4	98.8
珠江三角洲经济区	**Pearl River Delta**					
广州市	Guangzhou City	97.9	87.6	86.9	97.3	98.9
深圳市	Shenzhen City	96.2	97.6	98.0	97.0	97.8
珠海市	Zhuhai City	92.6	89.7	89.9	97.1	97.3
佛山市	Foshan City	96.7	93.8	90.4	97.5	98.1
江门市	Jiangmen City	88.6	89.8	90.8	100.5	99.2
东莞市	Dongguan City	85.2	83.6	97.3	99.5	99.8
中山市	Zhongshan City	91.6	101.2	99.1	98.9	98.7
惠州市区	Huizhou Urban District	97.7	89.4	87.3	99.9	99.5
惠阳市	Huiyang City					
惠东县	Huidong County					
博罗县	Boluo County					
肇庆市区	Zhaoqing Urban District	88.2	89.3	92.2	95.2	96.2
高要市	Gaoyao City					
四会市	Sihui City					

5-2 续表6 Continued

(上年 =100) (preceding year=100)

地区	Area	娱乐教育文化 Recreation,Education and Culture				
		2000	2001	2002	2003	2004
长江三角洲经济区	**Yangtze River Delta**					
上海市	Shanghai City		102.1	100.8	100.3	99.9
南京市	Nanjing City	94.6	106.5	97.3	100.6	99.4
苏州市	Suzhou City	100.3	105.1	99.8	98.5	98.7
无锡市	Wuxi City		102.4	99.7	99.6	100.9
常州市	Changzhou City	101.7	112.8	97.5	99.4	99.2
镇江市	Zhenjiang City	97.6	106.3	102.7	102.4	104.1
南通市	Nantong City	97.0	112.5	103.9	101.7	99.7
扬州市	Yangzhou City	95.9	104.5	101.4	100.7	100.2
泰州市	Taizhou City	97.4	123.2	117.1	107.5	99.2
杭州市	Hangzhou City	100.9	103.0	98.0	100.0	101.4
宁波市	Ningbo City	92.7	104.0	96.4	99.8	100.9
嘉兴市	Jiaxing City	97.8	109.8	106.9	102.2	104.4
湖州市	Huzhou City		105.9	98.6	103.6	103.6
绍兴市	Shaoxing City	101.3	106.1	99.5	109.1	103.9
舟山市	Zhoushan City	96.5	111.0	99.6	101.2	103.7
台州市	Taizhou City	92.1	105.3	98.7	107.4	106.2
珠江三角洲经济区	**Pearl River Delta**					
广州市	Guangzhou City	99.9	97.9	88.5	97.1	98.9
深圳市	Shenzhen City	94.8	97.8	99.5	100.2	98.5
珠海市	Zhuhai City	103.3	99.4	97.1	97.1	100.4
佛山市	Foshan City	98.3	98.6	99.2	96.0	100.1
江门市	Jiangmen City	94.7	98.6	99.2	97.9	98.9
东莞市	Dongguan City	100.3	98.7	97.1	97.2	98.9
中山市	Zhongshan City	97.1	102.8	101.9	105.4	96.2
惠州市区	Huizhou Urban District	96.8	99.9	96.4	97.5	101.6
惠阳市	Huiyang City					
惠东县	Huidong County					
博罗县	Boluo County					
肇庆市区	Zhaoqing Urban District	100.5	99.8	93.5	98.3	98.3
高要市	Gaoyao City					
四会市	Sihui City					

5-2 续表7 Continued

(上年 =100) (preceding year=100)

地区	Area	居住 Residence 2000	2001	2002	2003	2004
长江三角洲经济区	**Yangtze River Delta**					
上海市	Shanghai City		102.3	100.0	101.1	101.6
南京市	Nanjing City	109.2	102.2	99.4	103.3	103.1
苏州市	Suzhou City	105.8	103.3	99.7	100.9	106.1
无锡市	Wuxi City	105.6	102.6	99.4	102.1	103.6
常州市	Changzhou City	103.8	99.7	100.7	103.7	103.3
镇江市	Zhenjiang City	106.3	102.4	99.5	101.6	102.2
南通市	Nantong City	108.1	103.5	99.2	102.6	102.7
扬州市	Yangzhou City	105.3	103.1	100.8	101.1	102.2
泰州市	Taizhou City	107.1	100.0	97.8	100.3	104.5
杭州市	Hangzhou City	109.7	104.1	101.5	101.9	103.8
宁波市	Ningbo City	103.2	104.3	100.6	102.0	104.9
嘉兴市	Jiaxing City	107.4	101.5	97.2	103.5	105.4
湖州市	Huzhou City	109.6	98.6	98.2	104.2	105.3
绍兴市	Shaoxing City	105.7	101.6	97.6	100.6	103.6
舟山市	Zhoushan City	104.0	101.1	96.5	101.7	103.8
台州市	Taizhou City	105.5	100.2	99.8	101.2	105.0
珠江三角洲经济区	**Pearl River Delta**					
广州市	Guangzhou City	105.3	101.7	100.1	102.7	102.0
深圳市	Shenzhen City	105.6	99.1	102.4	105.0	102.3
珠海市	Zhuhai City	113.1	98.8	97.8	102.4	103.2
佛山市	Foshan City	104.8	100.5	95.1	101.2	103.0
江门市	Jiangmen City	105.7	99.7	99.4	101.1	106.4
东莞市	Dongguan City	113.8	96.7	99.4	101.5	105.6
中山市	Zhongshan City	115.9	104.5	98.6	101.3	104.0
惠州市区	Huizhou Urban District	110.7	99.2	100.7	101.5	102.0
惠阳市	Huiyang City					
惠东县	Huidong County					
博罗县	Boluo County					
肇庆市区	Zhaoqing Urban District	108.2	103.3	99.8	99.6	102.9
高要市	Gaoyao City					
四会市	Sihui City					

5-3 商品零售价格指数

Retail Price Indices

(上年 =100) (preceding year=100)

地区	Area	1990	2000	2002	2003	2004
长江三角洲经济区	**Yangtze River Delta**					
上海市	Shanghai City	104.8	96.4	98.7	99.0	100.9
南京市	Nanjing City	104.4	99.2	96.3	99.6	98.1
苏州市	Suzhou City	103.2	98.5	99.5	99.5	101.7
无锡市	Wuxi City	103.8	98.6	99.3	100.9	103.4
常州市	Changzhou City	103.4	98.0	99.0	100.8	103.7
镇江市	Zhenjiang City	103.3	98.0	97.0	100.2	102.9
南通市	Nantong City	102.1	98.4	97.6	98.5	103.4
扬州市	Yangzhou City	103.8	98.2	99.2	100.6	102.9
泰州市	Taizhou City		98.3	97.4	99.6	103.0
杭州市	Hangzhou City	104.4	98.3	97.9	98.1	101.6
宁波市	Ningbo City	103.2	98.3	98.6	101.6	102.0
嘉兴市	Jiaxing City	101.7	99.0	97.6	101.0	101.5
湖州市	Huzhou City	102.4	99.7	99.7	100.0	104.4
绍兴市	Shaoxing City	101.8	98.7	99.4	98.3	101.9
舟山市	Zhoushan City	100.2	99.2	99.3	101.1	103.4
台州市	Taizhou City	101.8	100.4	99.8	99.6	102.1
珠江三角洲经济区	**Pearl River Delta**					
广州市	Guangzhou City	96.3	99.4	97.4	99.1	102.1
深圳市	Shenzhen City	97.7	100.6	100.2	100.0	100.7
珠海市	Zhuhai City	99.8	101.6	97.1	99.1	103.0
佛山市	Foshan City	93.5	100.2	99.1	100.2	102.8
江门市	Jiangmen City	96.5	98.5	97.4	99.2	101.7
东莞市	Dongguan City	94.9	100.1	99.1	101.7	103.2
中山市	Zhongshan City		100.1	98.3	100.4	102.5
惠州市区	Huizhou Urban District	96.2	100.2	96.8	101.7	101.8
惠阳市	Huiyang City					
惠东县	Huidong County					
博罗县	Boluo County					
肇庆市区	Zhaoqing Urban District	96.5	99.9	98.1	98.7	103.2
高要市	Gaoyao City					
四会市	Sihui City					

主要统计指标解释

居民消费价格指数　是反映一定时期内城乡居民所购买的生活消费品价格和服务项目价格变动趋势和程度的相对数，是对城市居民消费价格指数和农村居民消费价格指数进行综合汇总计算的结果。该指数可以观察和分析消费品的零售价格和服务价格变动对城乡居民实际生活费支出的影响程度。

商品零售价格指数　是反映一定时期内城乡商品零售价格变动趋势和程度的相对数。商品零售物价的变动直接影响到城乡居民的生活支出和国家的财政收入，影响居民购买力和市场供需的平衡，影响到消费与积累的比例关系。因此，该指数可以从一个侧面对上述经济活动进行观察和分析。

Explanatory Notes on Main Statistical Indicators

Consumer Price Indices reflect the trend and degree of changes in prices of consumer goods and services purchased by urban and rural residents, and is a composite indices derived from the urban consumer price indices and the rural consumer price indices. Consumer price indices can be used to analyze the impact of consumer price change on actual expenditure for living cost of urban and rural residents.

Retail Price Indices reflect the trend and degree of change in retail prices of commodities during a given period. The change in retail prices of commodities directly affect the living expenditure of urban and rural residents, government revenue, purchasing power of residents and the equilibrium of market supply and demand, and the ratio of consumption to accumulation. Therefore, the retail price indices are useful to analyze the changes of the above economic activities.

6-1 城镇居民家庭平均每人年收入

Per Capita Annual Income of Urban Households

单位：元 (yuan)

地区	Area	2000	2001	2002	2003	2004
长江三角洲经济区	**Yangtze River Delta**					
上海市	Shanghai City	14747	16407	19393		
南京市	Nanjing City	8261	8883	9856	10884	11389
苏州市	Suzhou City	9336	10574	11511	13445	15944
无锡市	Wuxi City	8674	9512	10540	12683	14886
常州市	Changzhou City	8578	9478	10841	12334	14055
镇江市	Zhenjiang City	7267	7901	8829	10210	11666
南通市	Nantong City	9543	8535	9031	10394	11855
扬州市	Yangzhou City	6775		8169	9007	10182
泰州市	Taizhou City	7027	7503	8157	8870	10161
杭州市	Hangzhou City	9709	10897	12912	14120	15933
宁波市	Ningbo City	10921		12970	14277	17870
嘉兴市	Jiaxing City	9310		12540	14239	16198
湖州市	Huzhou City	8711	9926	12316	13577	14736
绍兴市	Shaoxing City	9465	10731	13385	14713	17005
舟山市	Zhoushan City	8925	10197	11652	12979	14671
台州市	Taizhou City	9274	10736	12450	14548	17161
珠江三角洲经济区	**Pearl River Delta**					
广州市	Guangzhou City	13812	14734	15252	17294	19595
深圳市	Shenzhen City	21075	22947	26337	27701	29403
珠海市	Zhuhai City	15328	16106	16391	18253	20094
佛山市	Foshan City	12088	13751	14503	15915	17250
江门市	Jiangmen City				11790	12644
东莞市	Dongguan City	14231	17062	17711	19478	21875
中山市	Zhongshan City				15481	16656
惠州市区①	Huizhou Urban District ①	9937	10368	11284	13770	15619
惠阳市	Huiyang City					
惠东县	Huidong County					
博罗县	Boluo County					
肇庆市区	Zhaoqing Urban District	7357	7809	7716	8616	9887
高要市	Gaoyao City					
四会市	Sihui City					

注：①惠州市数据。

Note: ① Refers to Huizhou city.

6-2 城镇居民家庭平均每人全年可支配收入
Per Capita Disposable Income of Urban Households

单位：元 (yuan)

地区	Area	2000	2001	2002	2003	2004
长江三角洲经济区	**Yangtze River Delta**					
上海市	Shanghai City	11717	12883	13250	14867	16883
南京市	Nanjing City	8233	8848	9157	10196	11602
苏州市	Suzhou City	9274	10515	10617	12362	14451
无锡市	Wuxi City	8603	9454	9988	11647	13588
常州市	Changzhou City	8540	9406	9933	11307	12868
镇江市	Zhenjiang City	7170	7699	8202	9451	10858
南通市	Nantong City	7911	8485	8640	9598	10937
扬州市	Yangzhou City	6734	7205	7833	8705	9851
泰州市	Taizhou City	7005	7439	7788	8517	9695
杭州市	Hangzhou City	9668	10896	11778	12898	14565
宁波市	Ningbo City	10921	11991	12970	14277	15882
嘉兴市	Jiaxing City	9338	10920	11500	12954	14693
湖州市	Huzhou City	8684	9872	11388	12607	13487
绍兴市	Shaoxing City	9401	10669	12130	13535	15676
舟山市	Zhoushan City	8886	10161	10985	12213	13747
台州市	Taizhou City	8861	10260	11817	13609	16113
珠江三角洲经济区	**Pearl River Delta**					
广州市	Guangzhou City	13622	14416	13380	15003	16884
深圳市	Shenzhen City	20906	22760	24941	25936	27596
珠海市	Zhuhai City	15110	15870	15320	16602	18347
佛山市	Foshan City	11977	13600	13582	14827	16045
江门市	Jiangmen City					11964
东莞市	Dongguan City	14142	16938	16949	18471	20526
中山市	Zhongshan City	11876	12803	14208	14906	15836
惠州市区	Huizhou Urban District	9825	10015	10691	12673	13822
惠阳市	Huiyang City					
惠东县	Huidong County					
博罗县	Boluo County					
肇庆市区	Zhaoqing Urban District	7301	7742	7335	8040	9261
高要市	Gaoyao City					
四会市	Sihui City					

6-3 农村居民家庭平均每人年收入
Per Capita Annual Income of Rural Households

单位：元 (yuan)

地区	Area	2000	2001	2002	2003	2004
长江三角洲经济区	**Yangtze River Delta**					
上海市	Shanghai City	6400	6827	7080	7260	7994
南京市	Nanjing City	4790	5205	5474	5935	6774
苏州市	Suzhou City	6456	6725	7202	7636	8630
无锡市	Wuxi City	5977	6426	6792	7223	7967
常州市	Changzhou City	5560	5850	6163	6428	7291
镇江市	Zhenjiang City	4879	5130	5403	5772	6713
南通市	Nantong City	5285	5331	5642	5825	6578
扬州市	Yangzhou City	4401	4612	4765	5074	5833
泰州市	Taizhou City	4443	4670	4839	5113	5882
杭州市	Hangzhou City	5281	6097	6370	6676	7489
宁波市	Ningbo City	6431		7320	7628	8411
嘉兴市	Jiaxing City	6463		7199	8250	9795
湖州市	Huzhou City	5714	6458	6935	7277	8168
绍兴市	Shaoxing City	6092	6588	6936	7540	8410
舟山市	Zhoushan City	6228	5928	5927	6264	7384
台州市	Taizhou City					
珠江三角洲经济区	**Pearl River Delta**					
广州市	Guangzhou City	7080		7919	7032	7510
深圳市	Shenzhen City					
珠海市	Zhuhai City					
佛山市	Foshan City					
江门市	Jiangmen City					
东莞市	Dongguan City	9802	10106	10073	11057	12560
中山市	Zhongshan City	9148	8976	9102	9559	9775
惠州市区	Huizhou Urban District				4894	5334
惠阳市	Huiyang City				4925	5141
惠东县	Huidong County				5083	5307
博罗县	Boluo County				5033	5424
肇庆市区	Zhaoqing Urban District					
高要市	Gaoyao City	5821		6412	6596	7933
四会市	Sihui City					

6-4 农村居民家庭平均每人全年纯收入

Per Capita Net Income of Rural Households

单位：元　　　　(yuan)

地区	Area	2000	2001	2002	2003	2004
长江三角洲经济区	**Yangtze River Delta**					
上海市	Shanghai City	5565	5850	6212	6658	7337
南京市	Nanjing City	4062	4311	4579	4923	5533
苏州市	Suzhou City	5462	5796	6140	6681	7503
无锡市	Wuxi City	5256	5524	5860	6329	7115
常州市	Changzhou City	4430	4719	5138	5550	6235
镇江市	Zhenjiang City	4042	4191	4452	4733	5306
南通市	Nantong City	3710	3926	4133	4393	4929
扬州市	Yangzhou City	3464	3690	3926	4172	4677
泰州市	Taizhou City	3549	3649	3834	4079	4574
杭州市	Hangzhou City	4496	4896	5242	5740	6382
宁波市	Ningbo City	5069	5362	5764	6221	7018
嘉兴市	Jiaxing City	4734	5356	5532	6127	7021
湖州市	Huzhou City	4335	4695	5052	5536	6380
绍兴市	Shaoxing City	4982	5343	5690	6143	6970
舟山市	Zhoushan City	4228	4422	4659	5018	6232
台州市	Taizhou City	4296	4631	4970	5359	6008
珠江三角洲经济区	**Pearl River Delta**					
广州市	Guangzhou City	6086		6857	6130	6625
深圳市	Shenzhen City	9270	9869	10610	11346	
珠海市	Zhuhai City	4417	4800	5097	5517	6048
佛山市	Foshan City					
江门市	Jiangmen City	4431			4961	5159
东莞市	Dongguan City	6731	7366	7907	8481	9083
中山市	Zhongshan City	6528	6738	6907	7211	7523
惠州市区	Huizhou Urban District				4282	4559
惠阳市	Huiyang City				4248	4512
惠东县	Huidong County				4107	4326
博罗县	Boluo County				4067	4279
肇庆市区	Zhaoqing Urban District					
高要市	Gaoyao City	4485		4946	5102	5333
四会市	Sihui City	4245		4515	4717	

6-5 城乡居民储蓄存款年末余额

Savings Deposit in Urban and Rural Areas (Year-end)

单位：亿元 (100 million yuan)

地区	Area	1978	1980	1990	2000	2003	2004
长江三角洲经济区	**Yangtze River Delta**						
上海市	Shanghai City	18.18	30.20	252.16	2524.05	6054.60	6960.99
南京市	Nanjing City	2.11	3.80	55.46	596.70	1133.62	1287.23
苏州市	Suzhou City	1.77	3.64	73.33	803.70	1470.52	1712.27
无锡市	Wuxi City	1.43	2.46	55.87	553.93	997.76	1160.16
常州市	Changzhou City	0.72	1.63	34.29	355.57	622.92	724.36
镇江市	Zhenjiang City	0.49	1.11	21.42	203.97	338.21	388.46
南通市	Nantong City	2.19	3.04	57.48	544.55	849.86	989.98
扬州市	Yangzhou City	0.57	1.22	27.87	276.05	449.12	522.80
泰州市	Taizhou City	0.54	1.19	25.79	264.07	394.99	461.46
杭州市	Hangzhou City	2.07	4.04	69.75	742.60	1589.96	1732.36
宁波市	Ningbo City	1.52	2.88	46.12	586.06	1059.63	1208.98
嘉兴市	Jiaxing City			31.43	326.89	541.50	632.11
湖州市	Huzhou City	0.49	1.07	18.42	160.28	260.55	288.65
绍兴市	Shaoxing City	0.69	1.63	34.08	398.93	664.90	759.06
舟山市	Zhoushan City		0.66	9.56	85.39	127.93	152.30
台州市	Taizhou City	0.44	1.12	15.36	289.62	542.17	601.08
珠江三角洲经济区	**Pearl River Delta**						
广州市	Guangzhou City	5.67	9.56	181.14	2239.86	3727.33	4256.82
深圳市	Shenzhen City		0.53	57.45	1082.64	2199.45	2625.39
珠海市	Zhuhai City		0.41	18.92	216.09	357.39	408.57
佛山市	Foshan City	1.64	3.36	106.07	1216.98	1783.99	2028.81
江门市	Jiangmen City	1.96	3.42	67.35	483.74	667.17	753.92
东莞市	Dongguan City	0.54	1.17	45.51	672.07	1231.06	1431.68
中山市	Zhongshan City	0.54	1.11	36.64	354.65	543.70	614.92
惠州市区	Huizhou Urban District	0.07		6.88		173.88	202.38
惠阳市	Huiyang City	0.08		6.96		70.73	85.24
惠东县	Huidong County	0.03		4.74		56.79	65.49
博罗县	Boluo County	0.09		4.37		64.28	77.38
肇庆市区	Zhaoqing Urban District					115.33	130.22
高要市	Gaoyao City	0.20		4.73		39.25	46.82
四会市	Sihui City	0.11		3.57		38.58	44.62

6-6 城镇居民家庭平均每人全年消费支出

Per Capita Annual Living Expenditure of Urban Households

单位：元 (yuan)

地区	Area	2000	2001	2002	2003	2004
长江三角洲经济区	**Yangtze River Delta**					
上海市	Shanghai City	8868	9336	10464	11040	12631
南京市	Nanjing City	7048	7326	7323	7723	8350
苏州市	Suzhou City	7027	7270	7682	9272	9783
无锡市	Wuxi City	6975	7405	7567	8360	9518
常州市	Changzhou City	6759	7526	7973	8947	9878
镇江市	Zhenjiang City	4027	4530	6305	6969	7374
南通市	Nantong City	5898	5959	5852	6808	7768
扬州市	Yangzhou City	4990	5416	5575	5910	6509
泰州市	Taizhou City	5637	4945	5550	5743	6318
杭州市	Hangzhou City	7790	8968	9215	9950	11213
宁波市	Ningbo City	7997	9463	9396	10463	11283
嘉兴市	Jiaxing City	7085	7800	7707	8748	9933
湖州市	Huzhou City	6353	7644	8113	8431	9380
绍兴市	Shaoxing City	7430	8243	9004	9305	10660
舟山市	Zhoushan City	6540	7367	8010	9009	9835
台州市	Taizhou City	6926	8128	9393	10541	12130
珠江三角洲经济区	**Pearl River Delta**					
广州市	Guangzhou City	11349	11137	10672	11571	13121
深圳市	Shenzhen City	16307	17809	18926	19960	19596
珠海市	Zhuhai City	11694	11562	11988	11708	12826
佛山市	Foshan City	10663	10327	10937	11265	12774
江门市	Jiangmen City				7511	9228
东莞市	Dongguan City	12529	14669	15157	15446	18426
中山市	Zhongshan City	10337	10626	10989	11270	12487
惠州市区	Huizhou Urban District	8555	8878	8603	10303	11929
惠阳市	Huiyang City					
惠东县	Huidong County					
博罗县	Boluo County					
肇庆市区	Zhaoqing Urban District	6751	6590	6322	7045	7435
高要市	Gaoyao City					
四会市	Sihui City					

6-7 城镇居民家庭平均每人全年消费支出(2004年)

Per Capita Annual Living Expenditure of Urban Households(2004)

单位：元 (yuan)

地区	Area	食品 Food	衣着 Clothing	家庭设备用品及服务 Household Facilities, Articles and Services	医疗保健 Medicine and Medical Services
长江三角洲经济区	**Yangtze River Delta**				
上海市	Shanghai City	4593	797	780	762
南京市	Nanjing City	3502	613	475	633
苏州市	Suzhou City	3919	696	732	673
无锡市	Wuxi City	3666	752	604	893
常州市	Changzhou City	3673	680	856	676
镇江市	Zhenjiang City	3255	654	422	401
南通市	Nantong City	3140	656	570	481
扬州市	Yangzhou City	2711	551	410	552
泰州市	Taizhou City	2695	611	449	300
杭州市	Hangzhou City	4421	922	561	855
宁波市	Ningbo City	4174	972	685	543
嘉兴市	Jiaxing City	3665	789	609	738
湖州市	Huzhou City	3741	950	549	737
绍兴市	Shaoxing City	3945	1023	716	570
舟山市	Zhoushan City	3555	876	671	978
台州市	Taizhou City	4274	954	713	621
珠江三角洲经济区	**Pearl River Delta**				
广州市	Guangzhou City	5023	876	727	799
深圳市	Shenzhen City	516	129	103	110
珠海市	Zhuhai City	4432	761	1039	969
佛山市	Foshan City	4257	567	628	837
江门市	Jiangmen City	3477	427	872	449
东莞市	Dongguan City	5041	1134	925	811
中山市	Zhongshan City	4989	629	581	440
惠州市区	Huizhou Urban District	4090	714	713	736
惠阳市	Huiyang City				
惠东县	Huidong County				
博罗县	Boluo County				
肇庆市区	Zhaoqing Urban District	3238	276	340	649
高要市	Gaoyao City				
四会市	Sihui City				

6–7 续表 continued

单位：元 (yuan)

地区	Area	交通通讯 Transport,Post and Communications Services	娱乐文教服务 Recreation, Education and Cultural Services	居住 Residence	杂项商品与服务 Miscellaneous Commodities and Services
长江三角洲经济区	**Yangtze River Delta**				
上海市	Shanghai City	1703	2195	1327	474
南京市	Nanjing City	934	1198	750	245
苏州市	Suzhou City	940	1502	957	363
无锡市	Wuxi City	1085	1290	873	355
常州市	Changzhou City	1181	1387	1042	383
镇江市	Zhenjiang City	582	1153	639	268
南通市	Nantong City	812	1199	616	294
扬州市	Yangzhou City	493	938	623	231
泰州市	Taizhou City	726	698	563	276
杭州市	Hangzhou City	1280	1717	1062	395
宁波市	Ningbo City	1758	1841	983	328
嘉兴市	Jiaxing City	1335	1470	1025	302
湖州市	Huzhou City	736	1324	921	422
绍兴市	Shaoxing City	1479	1681	903	344
舟山市	Zhoushan City	922	1482	1052	299
台州市	Taizhou City	1854	1993	1338	383
珠江三角洲经济区	**Pearl River Delta**				
广州市	Guangzhou City	1727	2219	1273	477
深圳市	Shenzhen City	295	245	162	97
珠海市	Zhuhai City	1975	1759	1351	540
佛山市	Foshan City	2712	2051	1367	355
江门市	Jiangmen City	1535	1388	942	138
东莞市	Dongguan City	4973	2673	2517	352
中山市	Zhongshan City	2447	1835	1205	360
惠州市区	Huizhou Urban District	2614	1594	1124	341
惠阳市	Huiyang City				
惠东县	Huidong County				
博罗县	Boluo County				
肇庆市区	Zhaoqing Urban District	922	1049	767	194
高要市	Gaoyao City				
四会市	Sihui City				

6-8 城镇居民家庭平均每人全年消费支出构成(2004年)

Composition of Per Capita Annual Living Expenditure of Urban Households(2004)

单位：%　　　　(%)

地区	Area	食品 Food	衣着 Clothing	家庭设备用品及服务 Household Facilities, Articles and Services	医疗保健 Medicine and Medical Services
长江三角洲经济区	**Yangtze River Delta**				
上海市	Shanghai City	36.4	6.3	6.2	6.0
南京市	Nanjing City	41.9	7.3	5.7	7.6
苏州市	Suzhou City	40.1	7.1	7.5	6.9
无锡市	Wuxi City	38.5	7.9	6.3	9.4
常州市	Changzhou City	37.2	6.9	8.7	6.8
镇江市	Zhenjiang City	44.1	8.9	5.7	5.4
南通市	Nantong City	40.4	8.4	7.3	6.2
扬州市	Yangzhou City	41.6	8.5	6.3	8.5
泰州市	Taizhou City	42.7	9.7	7.1	4.8
杭州市	Hangzhou City	39.4	8.2	5.0	7.6
宁波市	Ningbo City	37.0	8.6	6.1	4.8
嘉兴市	Jiaxing City	36.9	7.9	6.1	7.4
湖州市	Huzhou City	39.9	10.1	5.9	7.9
绍兴市	Shaoxing City	37.0	9.6	6.7	5.3
舟山市	Zhoushan City	36.2	8.9	6.8	9.9
台州市	Taizhou City	35.2	7.9	5.9	5.1
珠江三角洲经济区	**Pearl River Delta**				
广州市	Guangzhou City	38.3	6.7	5.5	6.1
深圳市	Shenzhen City	31.6	7.9	6.3	6.8
珠海市	Zhuhai City	34.6	5.9	8.1	7.6
佛山市	Foshan City	33.3	4.4	4.9	6.5
江门市	Jiangmen City	37.7	4.6	9.4	4.9
东莞市	Dongguan City	27.4	6.2	5.0	4.4
中山市	Zhongshan City	40.0	5.0	4.7	3.5
惠州市区	Huizhou Urban District	34.3	6.0	6.0	6.2
惠阳市	Huiyang City				
惠东县	Huidong County				
博罗县	Boluo County				
肇庆市区	Zhaoqing Urban District	43.5	3.7	4.6	8.7
高要市	Gaoyao City				
四会市	Sihui City				

6-8 续表 continued

单位：%　　　　(%)

地区	Area	交通通讯 Transport,Post and Communications Services	娱乐文教服务 Recreation, Education and Cultural Services	居住 Residence	杂项商品与服务 Miscellaneous Commodities and Services
长江三角洲经济区	**Yangtze River Delta**				
上海市	Shanghai City	13.4	17.4	10.5	3.8
南京市	Nanjing City	11.2	14.3	9.0	2.9
苏州市	Suzhou City	9.6	15.4	9.8	3.7
无锡市	Wuxi City	11.4	13.6	9.2	3.7
常州市	Changzhou City	12.0	14.0	10.5	3.9
镇江市	Zhenjiang City	7.9	15.6	8.7	3.6
南通市	Nantong City	10.5	15.4	7.9	3.8
扬州市	Yangzhou City	7.6	14.4	9.6	3.5
泰州市	Taizhou City	11.5	11.0	8.9	4.4
杭州市	Hangzhou City	11.4	15.3	9.5	3.5
宁波市	Ningbo City	15.6	16.3	8.7	2.9
嘉兴市	Jiaxing City	13.4	14.8	10.3	3.0
湖州市	Huzhou City	7.8	14.1	9.8	4.5
绍兴市	Shaoxing City	13.9	15.8	8.5	3.2
舟山市	Zhoushan City	9.4	15.1	10.7	3.0
台州市	Taizhou City	15.3	16.4	11.0	3.2
珠江三角洲经济区	**Pearl River Delta**				
广州市	Guangzhou City	13.2	16.9	9.7	3.6
深圳市	Shenzhen City	18.1	15.0	9.9	4.3
珠海市	Zhuhai City	15.4	13.7	10.5	4.2
佛山市	Foshan City	21.2	16.1	10.7	2.8
江门市	Jiangmen City	16.6	15.0	10.2	1.5
东莞市	Dongguan City	27.0	14.5	13.7	1.9
中山市	Zhongshan City	19.6	14.7	9.7	2.9
惠州市区	Huizhou Urban District	21.9	13.4	9.4	2.8
惠阳市	Huiyang City				
惠东县	Huidong County				
博罗县	Boluo County				
肇庆市区	Zhaoqing Urban District	12.4	14.1	10.3	2.6
高要市	Gaoyao City				
四会市	Sihui City				

6–9 农村居民家庭平均每人全年生活消费支出

Per Capita Annual Living Expenditure of Rural Household

单位：元 (yuan)

地区	Area	2000	2001	2002	2003	2004
长江三角洲经济区	**Yangtze River Delta**					
上海市	Shanghai City	4138	4753	5311	5670	6329
南京市	Nanjing City	2498	2518	2590	3153	3619
苏州市	Suzhou City	4073	4127	4229	4641	5436
无锡市	Wuxi City	3881	3934	4018	4474	5056
常州市	Changzhou City	3243	3277	3698	3953	4793
镇江市	Zhenjiang City	2685	2512	2643	3351	3798
南通市	Nantong City	2897	2776	2907	2976	3342
扬州市	Yangzhou City	2312	2396	2391	2648	3034
泰州市	Taizhou City	2695	2344	2589	2606	2924
杭州市	Hangzhou City	3020	3479	3957	4578	4993
宁波市	Ningbo City	3929	4394	4508	5194	6102
嘉兴市	Jiaxing City	3644	3978	4328	4549	5082
湖州市	Huzhou City	2677	2898	3226	3696	4212
绍兴市	Shaoxing City	3650	3767	3960	4615	5266
舟山市	Zhoushan City	2957	3458	3628	3892	4410
台州市	Taizhou City				3809	3913
珠江三角洲经济区	**Pearl River Delta**					
广州市	Guangzhou City	4453		4435	4116	4353
深圳市	Shenzhen City					
珠海市	Zhuhai City					
佛山市	Foshan City					
江门市	Jiangmen City					
东莞市	Dongguan City	5953	7170	6842	7727	10783
中山市	Zhongshan City	4380	4280	4362	4536	5567
惠州市区	Huizhou Urban District	3065	2725	2805	3205	4121
惠阳市	Huiyang City	3084	3153	2496	3402	3529
惠东县	Huidong County	2646	2810	3257	3103	3205
博罗县	Boluo County	2710	2442	2999	2974	3150
肇庆市区	Zhaoqing Urban District					
高要市	Gaoyao City	2981		3128	3084	
四会市	Sihui City	2870		2417	2607	

6-10 农村居民家庭平均每人全年生活消费支出(2004年)

Per Capita Annual Living Expenditure of Rural Household(2004)

单位：元 (yuan)

地区	Area	食品 Food	衣着 Clothing	家庭设备用品及服务 Household Facilities, Articles and Services	医疗保健 Medicine and Medical Services
长江三角洲经济区	**Yangtze River Delta**				
上海市	Shanghai City	2191	280	344	425
南京市	Nanjing City	1684	219	218	163
苏州市	Suzhou City	2001	290	310	321
无锡市	Wuxi City	1908	341	254	274
常州市	Changzhou City	2015	272	245	277
镇江市	Zhenjiang City	1696	225	235	205
南通市	Nantong City	1381	161	158	218
扬州市	Yangzhou City	1396	165	164	156
泰州市	Taizhou City	1289	166	161	164
杭州市	Hangzhou City	1916	282	263	356
宁波市	Ningbo City	2485	360	297	446
嘉兴市	Jiaxing City	2034	267	730	277
湖州市	Huzhou City	1742	276	286	294
绍兴市	Shaoxing City	2115	261	265	530
舟山市	Zhoushan City	1927	385	168	309
台州市	Taizhou City	1692	221	179	287
珠江三角洲经济区	**Pearl River Delta**				
广州市	Guangzhou City	1905	164	195	230
深圳市	Shenzhen City				
珠海市	Zhuhai City				
佛山市	Foshan City				
江门市	Jiangmen City				
东莞市	Dongguan City	2819	291	278	446
中山市	Zhongshan City	2140	106	213	354
惠州市区	Huizhou Urban District	1926	140	143	108
惠阳市	Huiyang City	1712	217	157	109
惠东县	Huidong County	1564	168	52	92
博罗县	Boluo County	1737	136	148	122
肇庆市区	Zhaoqing Urban District				
高要市	Gaoyao City				
四会市	Sihui City				

6–10 续表 continued

单位：元 (yuan)

地区	Area	交通通讯 Transport,Post and Communications Services	娱乐文教服务 Recreation, Education and Cultural Services	居住 Residence	杂项商品与服务 Miscellaneous Commodities and Services
长江三角洲经济区	**Yangtze River Delta**				
上海市	Shanghai City	720	806	1446	117
南京市	Nanjing City	338	540	378	79
苏州市	Suzhou City	643	673	1086	112
无锡市	Wuxi City	655	691	805	128
常州市	Changzhou City	629	578	680	99
镇江市	Zhenjiang City	395	574	388	80
南通市	Nantong City	387	455	501	80
扬州市	Yangzhou City	268	393	412	79
泰州市	Taizhou City	276	403	384	82
杭州市	Hangzhou City	577	656	839	104
宁波市	Ningbo City	569	698	1106	142
嘉兴市	Jiaxing City	394	686	578	116
湖州市	Huzhou City	531	559	432	92
绍兴市	Shaoxing City	719	357	916	103
舟山市	Zhoushan City	445	696	374	106
台州市	Taizhou City	375	513	547	99
珠江三角洲经济区	**Pearl River Delta**				
广州市	Guangzhou City	504	615	628	113
深圳市	Shenzhen City				
珠海市	Zhuhai City				
佛山市	Foshan City				
江门市	Jiangmen City				
东莞市	Dongguan City	635	923	5096	295
中山市	Zhongshan City	530	597	1463	165
惠州市区	Huizhou Urban District	652	401	543	205
惠阳市	Huiyang City	604	268	363	96
惠东县	Huidong County	243	254	666	163
博罗县	Boluo County	392	198	360	54
肇庆市区	Zhaoqing Urban District				
高要市	Gaoyao City				
四会市	Sihui City				

6-11 农村居民家庭平均每人全年消费支出构成(2004年)

Composition of Per Capita Annual Living Expenditure of Rural Households(2004)

单位：%　　　　(%)

地区	Area	食品 Food	衣着 Clothing	家庭设备用品及服务 Household Facilities, Articles and Services	医疗保健 Medicine and Medical Services
长江三角洲经济区	**Yangtze River Delta**				
上海市	Shanghai City	34.6	4.4	5.4	6.7
南京市	Nanjing City	46.5	6.0	6.0	4.5
苏州市	Suzhou City	36.8	5.3	5.7	5.9
无锡市	Wuxi City	37.7	6.7	5.0	5.4
常州市	Changzhou City	42.0	5.7	5.1	5.8
镇江市	Zhenjiang City	44.7	5.9	6.2	5.4
南通市	Nantong City	41.3	4.8	4.7	6.5
扬州市	Yangzhou City	46.0	5.4	5.4	5.1
泰州市	Taizhou City	44.1	5.7	5.5	5.6
杭州市	Hangzhou City	38.4	5.6	5.3	7.1
宁波市	Ningbo City	40.7	5.9	4.9	7.3
嘉兴市	Jiaxing City	40.0	5.3	5.5	7.7
湖州市	Huzhou City	41.4	6.6	6.8	7.0
绍兴市	Shaoxing City	40.2	5.0	5.0	10.1
舟山市	Zhoushan City	43.7	8.7	3.8	7.0
台州市	Taizhou City	43.2	5.6	4.6	7.3
珠江三角洲经济区	**Pearl River Delta**				
广州市	Guangzhou City	43.8	3.8	4.5	5.3
深圳市	Shenzhen City				
珠海市	Zhuhai City				
佛山市	Foshan City				
江门市	Jiangmen City				
东莞市	Dongguan City	26.1	2.7	2.6	4.1
中山市	Zhongshan City	38.4	1.9	3.8	6.4
惠州市区	Huizhou Urban District	46.7	3.4	3.5	2.6
惠阳市	Huiyang City	48.5	6.2	4.5	3.1
惠东县	Huidong County	48.8	5.2	1.6	2.9
博罗县	Boluo County	55.1	4.3	4.7	3.9
肇庆市区	Zhaoqing Urban District				
高要市	Gaoyao City				
四会市	Sihui City				

6-11 续表 continued

单位：% (%)

地区	Area	交通通讯 Transport,Post and Communications Services	娱乐文教服务 Recreation, Education and Cultural Services	居住 Residence	杂项商品与服务 Miscellaneous Commodities and Services
长江三角洲经济区	**Yangtze River Delta**				
上海市	Shanghai City	11.4	12.7	22.9	1.9
南京市	Nanjing City	9.3	14.9	10.4	2.2
苏州市	Suzhou City	11.8	12.4	20.0	2.1
无锡市	Wuxi City	13.0	13.7	15.9	2.5
常州市	Changzhou City	13.1	12.1	14.2	2.1
镇江市	Zhenjiang City	10.4	15.1	10.2	2.1
南通市	Nantong City	11.6	13.6	15.0	2.4
扬州市	Yangzhou City	8.8	13.0	13.6	2.6
泰州市	Taizhou City	9.4	13.8	13.1	2.8
杭州市	Hangzhou City	11.6	13.1	16.8	2.1
宁波市	Ningbo City	9.3	11.4	18.1	2.3
嘉兴市	Jiaxing City	13.5	11.4	14.4	2.3
湖州市	Huzhou City	12.6	13.3	10.3	2.2
绍兴市	Shaoxing City	13.7	6.8	17.4	2.0
舟山市	Zhoushan City	10.1	15.8	8.5	2.4
台州市	Taizhou City	9.6	13.1	14.0	2.5
珠江三角洲经济区	**Pearl River Delta**				
广州市	Guangzhou City	11.6	14.1	14.4	2.6
深圳市	Shenzhen City				
珠海市	Zhuhai City				
佛山市	Foshan City				
江门市	Jiangmen City				
东莞市	Dongguan City	5.9	8.6	47.0	2.7
中山市	Zhongshan City	9.5	10.7	26.3	3.0
惠州市区	Huizhou Urban District	15.8	9.7	13.2	5.0
惠阳市	Huiyang City	17.1	7.6	10.3	2.7
惠东县	Huidong County	7.6	7.9	20.8	2.1
博罗县	Boluo County	12.5	6.3	11.4	1.7
肇庆市区	Zhaoqing Urban District				
高要市	Gaoyao City				
四会市	Sihui City				

6-12 城镇居民每百户拥有耐用品数量
Number of Durable Consumer Goods Owned Per 100 Urban Households

单位：台 (unit)

地区	Area	洗衣机 Washing Machine		电冰箱 Refrigerator		彩色电视机 Color TV Set	
		2003	2004	2003	2004	2003	2004
长江三角洲经济区	**Yangtze River Delta**						
上海市	Shanghai City	94.0	96.0	102.0	104.0	167.6	178.0
南京市	Nanjing City	98.7	100.4	98.0	98.0	142.3	146.8
苏州市	Suzhou City	102.0	102.7	104.7	105.0	170.3	173.0
无锡市	Wuxi City	94.7	95.7	98.3	99.3	153.3	161.0
常州市	Changzhou City	100.7	100.7	97.3	96.3	159.7	163.0
镇江市	Zhenjiang City	102.0	103.5	96.0	98.0	141.5	143.0
南通市	Nantong City	95.5	98.0	93.5	94.0	139.0	141.5
扬州市	Yangzhou City	102.0	103.0	94.0	95.0	149.0	152.0
泰州市	Taizhou City	98.0	100.0	91.5	96.0	147.5	151.5
杭州市	Hangzhou City	98.3	97.9	103.7	102.3	167.5	168.5
宁波市	Ningbo City	92.0	93.5	98.8	100.3	166.8	172.0
嘉兴市	Jiaxing City	98.8	96.3	101.1	99.9	161.8	172.8
湖州市	Huzhou City	90.0	91.0	96.0	95.0	152.0	157.0
绍兴市	Shaoxing City	100.0	100.0	97.0	101.0	158.0	166.0
舟山市	Zhoushan City	77.0	78.0	99.0	101.0	145.0	153.0
台州市	Taizhou City	97.0	98.0	100.0	101.0	170.0	178.0
珠江三角洲经济区	**Pearl River Delta**						
广州市	Guangzhou City	99.0	100.3	101.0	102.0	162.0	162.7
深圳市	Shenzhen City	101.5	99.0	103.0	104.0	162.0	163.5
珠海市	Zhuhai City	97.0	94.0	103.0	99.0	170.0	165.0
佛山市	Foshan City	102.0	99.0	99.5	101.0	159.5	168.0
江门市	Jiangmen City	96.0	98.0	105.0	102.0	180.0	152.0
东莞市	Dongguan City	108.0	118.0	134.0	132.0	194.0	192.0
中山市	Zhongshan City	109.0	109.0	107.0	110.0	223.0	218.0
惠州市区①	Huizhou Urban District ①	97.0	94.5	99.0	96.0	149.5	155.0
惠阳市	Huiyang City						
惠东县	Huidong County						
博罗县	Boluo County						
肇庆市区	Zhaoqing Urban District	86.0	85.0	96.0	92.0	140.0	147.0
高要市	Gaoyao City						
四会市	Sihui City						

6-12 续表1 continued

单位：台 (unit)

地区	Area	微波炉 Oven		家用电脑 Computer		空调机 Air Conditioner	
		2003	2004	2003	2004	2003	2004
长江三角洲经济区	**Yangtze River Delta**						
上海市	Shanghai City	87.6	93.0	60.4	70.0	135.8	159.0
南京市	Nanjing City		83.6	39.9	45.2	120.8	132.3
苏州市	Suzhou City	83.0	86.0	35.0	42.3	129.7	142.3
无锡市	Wuxi City	82.7	86.3	39.7	48.0	124.0	147.0
常州市	Changzhou City	83.3	83.7	36.3	43.0	121.3	132.7
镇江市	Zhenjiang City	73.0	77.0	30.0	34.0	90.0	103.5
南通市	Nantong City	81.5	83.0	30.5	33.5	86.0	94.0
扬州市	Yangzhou City	72.0	74.0	18.0	23.0	80.0	86.0
泰州市	Taizhou City	64.0	67.5	19.5	22.0	68.0	80.0
杭州市	Hangzhou City	54.1	60.3	45.4	56.7	139.8	152.0
宁波市	Ningbo City	54.3	58.0	49.5	61.8	117.3	126.3
嘉兴市	Jiaxing City	66.4	73.8	33.7	43.0	109.7	138.8
湖州市	Huzhou City	57.0	58.0	20.0	26.0	112.0	120.0
绍兴市	Shaoxing City	40.0	39.0	44.0	49.0	90.0	109.0
舟山市	Zhoushan City	41.0	47.0	21.0	31.0	45.0	65.0
台州市	Taizhou City	59.0	61.0	47.0	51.0	104.0	122.0
珠江三角洲经济区	**Pearl River Delta**						
广州市	Guangzhou City	67.0	68.7	76.7	84.0	175.3	192.3
深圳市	Shenzhen City	58.0	68.0	74.5	93.5	229.0	253.5
珠海市	Zhuhai City	53.0	62.0	63.0	70.0	203.0	204.0
佛山市	Foshan City	71.0	73.5	70.5	75.0	172.5	182.5
江门市	Jiangmen City	53.0	40.0	46.0	54.0	153.0	114.0
东莞市	Dongguan City			96.0	108.0	226.0	258.0
中山市	Zhongshan City	77.0	81.0	85.0	87.0	217.0	221.0
惠州市区①	Huizhou Urban District①	49.0	55.0	58.5	63.5	163.0	167.5
惠阳市	Huiyang City						
惠东县	Huidong County						
博罗县	Boluo County						
肇庆市区	Zhaoqing Urban District	38.0	49.0	41.0	49.0	117.0	138.0
高要市	Gaoyao City						
四会市	Sihui City						

6–12 续表 2 continued

单位：台 (unit)

地区	Area	固定电话 Fixed Telephone		移动电话（部） Mobile Telephone		汽车（辆） Vehicle	
		2003	2004	2003	2004	2003	2004
长江三角洲经济区	**Yangtze River Delta**						
上海市	Shanghai City			133.0	161.0		
南京市	Nanjing City	100.3	100.6	107.0	120.6	1.6	2.0
苏州市	Suzhou City	99.0	125.3	105.0	104.7	4.7	4.0
无锡市	Wuxi City	102.7	109.0	111.7	129.3	2.3	3.7
常州市	Changzhou City	100.3	109.3	112.3	118.0	2.3	2.0
镇江市	Zhenjiang City	104.0	119.0	96.5	97.5	1.0	0.5
南通市	Nantong City			93.5	109.0		
扬州市	Yangzhou City	94.5	98.0	101.0	110.0	1.5	2.5
泰州市	Taizhou City	101.5	113.5	87.0	95.0		1.0
杭州市	Hangzhou City	106.3	101.4	124.9	144.2	2.1	3.7
宁波市	Ningbo City	100.8	98.8	132.3	162.3	2.0	3.8
嘉兴市	Jiaxing City	100.1	97.0	120.4	140.0	2.1	2.2
湖州市	Huzhou City	99.0	100.0	99.0	110.0	1.0	1.0
绍兴市	Shaoxing City	100.0	100.0	123.0	137.0		1.0
舟山市	Zhoushan City	101.0	99.0	117.0	133.0		
台州市	Taizhou City		98.0	166.0	169.0	5.0	6.0
珠江三角洲经济区	**Pearl River Delta**						
广州市	Guangzhou City	105.3		176.3	197.3	2.3	4.0
深圳市	Shenzhen City	103.5	105.0	196.5	211.0	21.5	21.5
珠海市	Zhuhai City	105.0	103.0	178.0	194.0	8.0	6.0
佛山市	Foshan City	100.5	100.0	193.0	195.5	3.5	7.5
江门市	Jiangmen City	109.0	105.0	194.0	204.0	5.0	4.0
东莞市	Dongguan City	104.0	112.0	224.0	264.0	26.0	32.0
中山市	Zhongshan City	108.0	109.0	213.0	240.0	14.0	16.0
惠州市区①	Huizhou Urban District ①	102.5	104.5	154.5	175.0	2.5	7.0
惠阳市	Huiyang City						
惠东县	Huidong County						
博罗县	Boluo County						
肇庆市区	Zhaoqing Urban District	100.0	100.0	136.0	145.0	4.0	6.0
高要市	Gaoyao City						
四会市	Sihui City						

注：①惠州市数据。

Note: ① Refers to Huizhou city.

6-13 农村居民每百户拥有耐用品数量

Number of Durable Consumer Goods Owned Per 100 Rural Households

单位：台 (unit)

地区	Area	摩托车（辆） Motorcycle(set)		固定电话 Fixed Telephone		电风扇 Electric Fan	
		2003	2004	2003	2004	2003	2004
长江三角洲经济区	**Yangtze River Delta**						
上海市	Shanghai City	88	91			341	347
南京市	Nanjing City	38	39	84	85	233	238
苏州市	Suzhou City	94	100	104	103	351	338
无锡市	Wuxi City	102	102	92	101	298	298
常州市	Changzhou City	66	77	92	97	260	266
镇江市	Zhenjiang City	45	56	97	98	240	253
南通市	Nantong City		61		86	252	254
扬州市	Yangzhou City	43	46	93	95	211	211
泰州市	Taizhou City		38		88		198
杭州市	Hangzhou City	54	60	86	86	281	289
宁波市	Ningbo City	38	42	90	95		
嘉兴市	Jiaxing City	97	102	97	103	363	364
湖州市	Huzhou City	81	90	96	99	352	324
绍兴市	Shaoxing City	41	46	95	97	295	290
舟山市	Zhoushan City	19	20	92	95	256	258
台州市	Taizhou City	35	37	85	90	240	235
珠江三角洲经济区	**Pearl River Delta**						
广州市	Guangzhou City	122	125	94	99	414	407
深圳市	Shenzhen City						
珠海市	Zhuhai City						
佛山市	Foshan City						
江门市	Jiangmen City						
东莞市	Dongguan City	167	147	133	145		
中山市	Zhongshan City	99	109	84	90	421	417
惠州市区	Huizhou Urban District	104	102	87	84	367	337
惠阳市	Huiyang City	90	97	92	93	379	392
惠东县	Huidong County	102	106	51	68	284	279
博罗县	Boluo County	110	125	75	79	312	329
肇庆市区	Zhaoqing Urban District						
高要市	Gaoyao City	93		68		440	
四会市	Sihui City	60		68		376	

6–13 续表1 continued

单位：台 (unit)

地区	Area	洗衣机 Washing Machine		电冰箱 Refrigerator		彩色电视机 Color TV Set	
		2003	2004	2003	2004	2003	2004
长江三角洲经济区	**Yangtze River Delta**						
上海市	Shanghai City	75	80	81	85	125	137
南京市	Nanjing City	65	66	49	51	95	99
苏州市	Suzhou City	91	96	75	86	126	139
无锡市	Wuxi City	93	95	68	71	124	128
常州市	Changzhou City	91	94	53	62	109	122
镇江市	Zhenjiang City	72	74	41	40	87	96
南通市	Nantong City	61	68	30	34	74	79
扬州市	Yangzhou City	71	72	36	43	93	98
泰州市	Taizhou City		75		31		88
杭州市	Hangzhou City	46	50	58	63	115	116
宁波市	Ningbo City	50	52	73	78	129	134
嘉兴市	Jiaxing City	51	57	58	63	119	125
湖州市	Huzhou City	83	84	52	53	122	131
绍兴市	Shaoxing City	56	63	61	64	120	122
舟山市	Zhoushan City	15	18	64	75	112	119
台州市	Taizhou City	40	44	50	53	107	112
珠江三角洲经济区	**Pearl River Delta**						
广州市	Guangzhou City	59	63	61	64	112	116
深圳市	Shenzhen City						
珠海市	Zhuhai City						
佛山市	Foshan City						
江门市	Jiangmen City						
东莞市	Dongguan City	71	91	103	117	149	122
中山市	Zhongshan City	81	81	76	80	135	140
惠州市区	Huizhou Urban District	8	17	35	42	88	93
惠阳市	Huiyang City	55	55	65	65	100	108
惠东县	Huidong County	4	8	10	16	101	108
博罗县	Boluo County	6	5	21	21	100	104
肇庆市区	Zhaoqing Urban District						
高要市	Gaoyao City	16		17		97	
四会市	Sihui City	6		20		98	

6-13 续表 2 continued

单位：台 (unit)

地区	Area	影碟机 Video Disk Player		微波炉 Oven		家用电脑 Computer	
		2003	2004	2003	2004	2003	2004
长江三角洲经济区	**Yangtze River Delta**						
上海市	Shanghai City	31	31	36	44	15	23
南京市	Nanjing City	29	31	12	18	4	5
苏州市	Suzhou City	29	40	24	35	12	15
无锡市	Wuxi City	39	42	31	39	9	11
常州市	Changzhou City	22	28	20	29	7	11
镇江市	Zhenjiang City	26	30	8	11	2	3
南通市	Nantong City	21	25	10	14	2	2
扬州市	Yangzhou City	32	34	7	10	1	3
泰州市	Taizhou City	27	27	10	10	1	1
杭州市	Hangzhou City	44	49	4	6	6	6
宁波市	Ningbo City	31	34	9	14	11	14
嘉兴市	Jiaxing City	45	45	11	13	4	8
湖州市	Huzhou City	46	52	9	10	8	8
绍兴市	Shaoxing City	30	31	4	5	7	7
舟山市	Zhoushan City	22	27	8	11	3	3
台州市	Taizhou City	37	43	8	13	8	10
珠江三角洲经济区	**Pearl River Delta**						
广州市	Guangzhou City	62	69	6	9	19	28
深圳市	Shenzhen City						
珠海市	Zhuhai City						
佛山市	Foshan City						
江门市	Jiangmen City						
东莞市	Dongguan City	96	102			47	48
中山市	Zhongshan City	67	65	7	11	20	27
惠州市区	Huizhou Urban District	51	63	2	1	3	4
惠阳市	Huiyang City	32	45	3	2	4	5
惠东县	Huidong County	40	40				1
博罗县	Boluo County	42	48	3	1		1
肇庆市区	Zhaoqing Urban District						
高要市	Gaoyao City	72		1		6	
四会市	Sihui City						

6-13 续表 3 continued

单位：台 (unit)

地区	Area	空调机 Air Conditioner		吸尘器 Cleaner		移动电话（部） Mobile Telephone	
		2003	2004	2003	2004	2003	2004
长江三角洲经济区	**Yangtze River Delta**						
上海市	Shanghai City	37	55	12	13	91	112
南京市	Nanjing City	20	23	2	3	60	69
苏州市	Suzhou City	59	89	15	19	110	140
无锡市	Wuxi City	69	88	16	18	91	114
常州市	Changzhou City	34	53	8	8	66	95
镇江市	Zhenjiang City	18	27	4	2	70	81
南通市	Nantong City	8	11	2	2	47	58
扬州市	Yangzhou City	6	7		2	51	53
泰州市	Taizhou City	6	6	1	1	47	47
杭州市	Hangzhou City	23	30	3	3	76	76
宁波市	Ningbo City	21	34			79	99
嘉兴市	Jiaxing City	34	48	3	4	96	114
湖州市	Huzhou City	38	51	6	6	103	127
绍兴市	Shaoxing City	19	30	4	3	75	87
舟山市	Zhoushan City	2		7	5	85	106
台州市	Taizhou City	15	19	6	8	82	98
珠江三角洲经济区	**Pearl River Delta**						
广州市	Guangzhou City	34	46			123	153
深圳市	Shenzhen City						
珠海市	Zhuhai City						
佛山市	Foshan City						
江门市	Jiangmen City						
东莞市	Dongguan City	88	108			188	132
中山市	Zhongshan City	51	54	3	2	130	154
惠州市区	Huizhou Urban District	7	8		1	82	102
惠阳市	Huiyang City	19	33	2	2	102	105
惠东县	Huidong County	3	2			60	85
博罗县	Boluo County	6	7			45	65
肇庆市区	Zhaoqing Urban District						
高要市	Gaoyao City	5		1		93	
四会市	Sihui City					54	

主要统计指标解释

城镇居民家庭全部收入　指被调查的城镇居民家庭全部的实际收入，包括经常或固定得到的收入和一次性收入。不包括周转性收入，如提取银行存款、向亲友借款、回收借出款以及其他各种暂收款。

城镇居民家庭可支配收入　指被调查的城镇居民家庭在支付个人所得税、记帐补贴、家庭副业生产支出后所余下的实际收入。

城镇居民家庭消费性支出　指被调查的城镇居民家庭用于日常生活的全部支出，包括购买商品支出和文化生活、服务等非商品性支出。不包括罚没、丢失款和缴纳的各种税款(如个人所得税、牌照税、房产税等)，也不包括个体劳动者生产经营过程中发生的各项费用。

农村居民家庭纯收入　指农村常住居民家庭总收入中，扣除从事生产和非生产经营费用支出、缴纳税款和上交承包集体任务金额以后剩余的，可直接用于进行生产性、非生产性建设投资、生活消费和积蓄的那一部分收入。农村居民家庭纯收入包括从事生产性和非生产性的经营收入，在外人口寄回带回和国家财政救济、各种补贴等非经营性收入；既包括货币收入，又包括自产自用的实物收入。但不包括向银行、信用社和向亲友借款等属于借贷性的收入。

农村居民家庭生活消费支出　指农村常住居民家庭用于日常生活的全部开支，是反映和研究农民家庭实际生活消费水平高低的重要指标。

城乡居民储蓄存款余额　指某一时点城乡居民存入银行及农村信用社的储蓄金额，包括城镇居民储蓄存款和农民个人储蓄存款，不包括居民的手存现金和工矿企业、部队、机关、团体等单位存款。

Explanatory Notes on Main Statistical Indicators

Total Income of Urban Households refers to the total actual income of the sample households, including regular or fixed income and occasional income. The income of a circulating nature such as withdrawal from bank deposits, loans borrowed from relatives or friends, repayment of loans received and various temporary collection of money is excluded.

Disposable Income of Urban Households refers to the actual income of the sample households which can be used for daily expenses, i.e., total income minus personal income tax, sample household subsidy and expenditure on household side-line production.

Expenditure for Consumption of Urban Households refers to total expenditure of the sample households for consumption in daily life, including expenditure for various commodities and expenses for non-commodity items such as culture and service, etc. ,but excluding fines and confiscation, loss, tax payments (such as income tax, license tax, real estates tax, etc.) and various expenses by individual laborers for business purposes.

Net Income of Rural Households refers to the total income of the permanent residents of the rural households during a year after the deduction of the expenses for productive and non-productive business operation, the payment for taxes and the payment for collective units for their contracted tasks, which can then be spent for investments in productive and non-productive construction, for consumption in daily life and for savings deposit. It is a comprehensive indicator to show the actual level of the income of the peasants household. The net income of the rural households includes not only the income from the productive and non-productive business operation, but also the income from the non-business operation, such as the money remitted or brought back by the members of the household who are in other places, the government relief payment and various subsidies. It includes not only the money income, but also the income in kind. But the income from borrowing from banks, friends and relatives is excluded.

Expenditure of Rural Households for Consumption refers to total expenses of rural households on daily life, including expenses on food, clothing, housing, fuel, articles for daily use, and expenses on cultural life and services. This indicator is used to show the actual consumption level of peasants.

The Savings Deposits of Urban and Rural Residents refers to the total value of savings deposits of urban and rural households in banks and rural credit cooperatives at a given point of time, including the savings deposit of urban residents and the savings deposit of rural residents. The cash in hand by residents and the deposits of organizations such as enterprises, military units, government agencies, institutions, etc. are not included.

7-1 农村基层组织和农业基本情况(2004年)

Basic Conditions of Rural Grassroots Units and Agriculture(2004)

地区	Area	乡镇数(个) Number of Township and Town Governments (unit)	乡村户数(万户) Number of Rural Households (10 000 units)	乡村从业人员(万人) Number of Rural Employed Persons (10 000 persons)	
					农林牧渔业 Farming, Forestry, Animal Husbandry & Fishery
长江三角洲经济区	**Yangtze River Delta**				
上海市	Shanghai City	117	112.84	248.05	65.22
南京市	Nanjing City	54	69.28	124.52	43.83
苏州市	Suzhou City	73	112.81	207.59	47.50
无锡市	Wuxi City	64	95.41	161.42	34.51
常州市	Changzhou City	64	80.37	124.80	34.07
镇江市	Zhenjiang City	66	58.61	96.82	35.63
南通市	Nantong City	131	215.57	353.96	156.71
扬州市	Yangzhou City	88	99.87	164.62	52.49
泰州市	Taizhou City	99	118.71	200.30	72.56
杭州市	Hangzhou City	160	138.53	254.66	91.81
宁波市	Ningbo City	91	181.95	306.15	78.32
嘉兴市	Jiaxing City	54	70.91	149.41	43.82
湖州市	Huzhou City	60	57.31	114.16	44.10
绍兴市	Shaoxing City	98	129.13	202.88	75.16
舟山市	Zhoushan City	35	23.42	37.82	15.46
台州市	Taizhou City	93	156.98	307.75	119.30
珠江三角洲经济区	**Pearl River Delta**				
广州市	Guangzhou City	39	79.25	155.41	74.81
深圳市	Shenzhen City				
珠海市	Zhuhai City	14	12.98	28.96	8.79
佛山市	Foshan City	45	81.56	150.01	31.99
江门市	Jiangmen City	71	82.52	158.63	83.57
东莞市	Dongguan City	28	45.46	79.90	11.93
中山市	Zhongshan City	24	38.79	115.62	17.31
惠州市区	Huizhou Urban District	13	12.28	41.20	10.34
惠阳市	Huiyang City	11	14.38	18.46	6.68
惠东县	Huidong County	21	14.13	33.20	17.51
博罗县	Boluo County	18	15.77	34.47	20.17
肇庆市区	Zhaoqing Urban District	9	5.88	8.91	4.35
高要市	Gaoyao City	16	17.95	42.43	21.91
四会市	Sihui City	11	8.88	13.74	7.31

7-1 续表1 continued

地区	Area	采矿业 Mining and Quarrying	制造业① Manufacturing ①	电力、燃气及水的生产和供应业 Production and Supply of Electricity,Gas and Water	建筑业 Construction	交通运输、仓储和邮政业 Transport, Storage and Communication
长江三角洲经济区	**Yangtze River Delta**					
上海市	Shanghai City		113.77		12.24	8.44
南京市	Nanjing City		26.24		19.68	6.84
苏州市	Suzhou City		102.84		12.36	6.60
无锡市	Wuxi City		82.49		9.36	5.20
常州市	Changzhou City		46.02		15.38	5.56
镇江市	Zhenjiang City		33.34		9.18	3.53
南通市	Nantong City		65.57		65.28	12.09
扬州市	Yangzhou City		37.60		28.34	6.95
泰州市	Taizhou City		32.71		29.37	12.88
杭州市	Hangzhou City				15.22	10.77
宁波市	Ningbo City				18.15	11.87
嘉兴市	Jiaxing City				7.40	5.55
湖州市	Huzhou City				6.71	6.33
绍兴市	Shaoxing City	0.48	78.23		16.21	3.86
舟山市	Zhoushan City		5.66		3.23	2.18
台州市	Taizhou City		83.04		17.81	10.26
珠江三角洲经济区	**Pearl River Delta**					
广州市	Guangzhou City				9.01	5.45
深圳市	Shenzhen City					
珠海市	Zhuhai City		10.44		2.01	1.03
佛山市	Foshan City		65.06		5.51	4.80
江门市	Jiangmen City				11.25	3.54
东莞市	Dongguan City		39.86		3.56	3.84
中山市	Zhongshan City		58.57		5.27	3.97
惠州市区	Huizhou Urban District				1.39	0.69
惠阳市	Huiyang City				0.60	0.53
惠东县	Huidong County				1.13	0.91
博罗县	Boluo County				1.05	0.82
肇庆市区	Zhaoqing Urban District		1.95		0.49	0.22
高要市	Gaoyao City		8.70		4.49	1.39
四会市	Sihui City		3.66		0.91	0.34

7−1 续表 2 continued

地区	Area	信息传输、计算机服务和软件业 Information Transmit,Computer Service and Software	批发和零售业 Wholesale and Retail	住宿和餐饮业 Hotels and Restaurants	金融业 Finance
长江三角洲经济区	**Yangtze River Delta**				
上海市	Shanghai City		11.04		
南京市	Nanjing City	0.15	6.32	2.18	0.21
苏州市	Suzhou City	0.31	9.83	2.29	0.39
无锡市	Wuxi City	0.35	8.01	6.72	0.56
常州市	Changzhou City	0.18	5.44	1.77	0.44
镇江市	Zhenjiang City	0.13	3.58	0.81	0.27
南通市	Nantong City	0.44	15.70	2.12	0.52
扬州市	Yangzhou City		11.04		0.39
泰州市	Taizhou City	0.42	11.35	3.37	0.42
杭州市	Hangzhou City				
宁波市	Ningbo City	1.33	16.32	7.27	
嘉兴市	Jiaxing City				
湖州市	Huzhou City	0.36	5.98	3.39	
绍兴市	Shaoxing City		19.09	5.87	0.10
舟山市	Zhoushan City	0.14	2.13	1.34	
台州市	Taizhou City	1.12	26.10	8.87	
珠江三角洲经济区	**Pearl River Delta**				
广州市	Guangzhou City		17.10		
深圳市	Shenzhen City				
珠海市	Zhuhai City	0.32	2.25	1.20	
佛山市	Foshan City	1.71	15.37	5.78	
江门市	Jiangmen City	0.75	7.20	4.07	
东莞市	Dongguan City	1.14	5.61	2.78	
中山市	Zhongshan City	1.32	15.05	5.94	
惠州市区	Huizhou Urban District	0.12	2.78	1.48	
惠阳市	Huiyang City	0.28	1.46	0.69	
惠东县	Huidong County	0.13	2.17	0.48	
博罗县	Boluo County	0.08	1.27	0.42	
肇庆市区	Zhaoqing Urban District	0.01	0.74	0.56	
高要市	Gaoyao City	0.14	2.19	1.12	
四会市	Sihui City	0.02	0.74	0.53	

7-1 续表 3　continued

地区	Area	其他非农行业 Other Non-agricultural Trades	农业机械总动力 (万千瓦) Total Agricultural Machinery Power (10 000kw)	农用大中型拖拉机 (台) Number of Large and Medium Agricultural Tractors (unit)	小型拖拉机 (台) Number of Mini-tractors (unit)
长江三角洲经济区	**Yangtze River Delta**				
上海市	Shanghai City		105.15	4324	8619
南京市	Nanjing City	19.05	172.69	6091	37896
苏州市	Suzhou City	25.47	204.30	4773	9885
无锡市	Wuxi City	9.21	145.02	11745	12087
常州市	Changzhou City	15.91	159.54	11950	27871
镇江市	Zhenjiang City	10.19	122.16	4546	15533
南通市	Nantong City	28.40	278.20	1219	42506
扬州市	Yangzhou City	27.81	178.09	5796	52764
泰州市	Taizhou City	37.21	205.84	2939	30136
杭州市	Hangzhou City		287.53	781	22363
宁波市	Ningbo City	37.51	200.44	1033	18885
嘉兴市	Jiaxing City	9.39	167.65	110	26911
湖州市	Huzhou City		168.67	262	24931
绍兴市	Shaoxing City	1.67	194.20	532	24979
舟山市	Zhoushan City	7.68	19.29	163	708
台州市	Taizhou City	41.25	264.38	354	17856
珠江三角洲经济区	**Pearl River Delta**				
广州市	Guangzhou City	15.28	245.78	554	48015
深圳市	Shenzhen City				
珠海市	Zhuhai City	2.92	20.35	151	1825
佛山市	Foshan City	19.80	131.87	51	22236
江门市	Jiangmen City	21.84	139.47	185	30426
东莞市	Dongguan City	11.18	29.92	46	2755
中山市	Zhongshan City	8.18	57.32	44	2752
惠州市区	Huizhou Urban District		11.25	25	2414
惠阳市	Huiyang City		4.05	45	895
惠东县	Huidong County		17.43	106	3110
博罗县	Boluo County		36.53	6	10431
肇庆市区	Zhaoqing Urban District	0.59	8.34	10	1487
高要市	Gaoyao City	2.49	23.16	2	7816
四会市	Sihui City	0.23	13.48	9	1830

7–1 续表 4 continued

地区	Area	大中型拖拉机机引农具(部) Number of Large and Medium Tractor Towing Farm Machinery (unit)	小型拖拉机机引农具(部) Mini-Tractor Towing Farm Machinery (unit)	农用排灌柴油机(万台) Number of Diesel Engines (10 000 units)	渔用机动船(艘) Number of Motorized Fishing Boats (unit)
长江三角洲经济区	**Yangtze River Delta**				
上海市	Shanghai City				2272
南京市	Nanjing City	747	69134	2.98	1087
苏州市	Suzhou City			0.91	14349
无锡市	Wuxi City	7212	20351	0.23	
常州市	Changzhou City	5669	55964	0.47	3451
镇江市	Zhenjiang City	4546	15533	1.20	774
南通市	Nantong City			0.57	12986
扬州市	Yangzhou City				
泰州市	Taizhou City	2395	62696	1.63	12184
杭州市	Hangzhou City			5.88	2872
宁波市	Ningbo City	1091	19079	5.81	9216
嘉兴市	Jiaxing City	734	36496	0.03	2643
湖州市	Huzhou City	25	26360	0.37	6422
绍兴市	Shaoxing City	802	23716	0.80	1041
舟山市	Zhoushan City	225	771	0.07	9231
台州市	Taizhou City	310	17595	0.70	8868
珠江三角洲经济区	**Pearl River Delta**				
广州市	Guangzhou City	674	91964	0.66	5312
深圳市	Shenzhen City				
珠海市	Zhuhai City	157	2134	0.05	2270
佛山市	Foshan City	10	29970	1.08	2029
江门市	Jiangmen City	260	43307	1.39	5649
东莞市	Dongguan City	63	1053	0.14	1475
中山市	Zhongshan City	58	7144	0.35	1557
惠州市区	Huizhou Urban District			0.33	1
惠阳市	Huiyang City			0.04	762
惠东县	Huidong County			0.26	1536
博罗县	Boluo County			1.22	13
肇庆市区	Zhaoqing Urban District		485	0.02	141
高要市	Gaoyao City		4185	0.17	68
四会市	Sihui City	2	626	0.07	

7−1 续表5 continued

地区	Area	有效灌溉面积（千公顷） Irrigated Area (1 000 hectares)	农用化肥施用量（万吨） Consumption of Chemical Fertilizers in Agriculture (10 000 tons)	农药使用量（吨） Consumption of Pesticides in Agriculture (tons)	农用塑料薄膜使用量（吨） Consumption of Agricuitural Film in Agriculture (tons)	农村用电量（亿千瓦小时） Electricity Consumed in Rural Areas (100 million kwh)
长江三角洲经济区	**Yangtze River Delta**					
上海市	Shanghai City	245.70	63.77	6600	23700	114.35
南京市	Nanjing City	189.94	16.05	4620	5140	17.49
苏州市	Suzhou City	246.87	13.04	6599	1424	224.55
无锡市	Wuxi City	152.27	9.85	4321	3834	172.39
常州市	Changzhou City	155.29	9.20	4524	2288	71.98
镇江市	Zhenjiang City	135.37	8.86	3449	2528	22.69
南通市	Nantong City	410.02	26.65	8604	8183	47.57
扬州市	Yangzhou City	266.61	17.28	4417	1732	19.15
泰州市	Taizhou City	285.31	22.08	7908	2701	32.47
杭州市	Hangzhou City	166.45	62.07	8939	6684	65.98
宁波市	Ningbo City	172.25	41.32	7257	5999	84.64
嘉兴市	Jiaxing City	195.24	50.35	6426	4312	49.65
湖州市	Huzhou City	128.03	29.06	6769	4014	24.29
绍兴市	Shaoxing City	147.65	9.62	6071	3129	96.53
舟山市	Zhoushan City	8.45	0.57	367	268	5.38
台州市	Taizhou City	127.95	42.77	5597	7020	37.24
珠江三角洲经济区	**Pearl River Delta**					
广州市	Guangzhou City	95.05	27.61	27.6	2220.0	141.35
深圳市	Shenzhen City					12.76
珠海市	Zhuhai City	8.75	3.55	884	1169	4.27
佛山市	Foshan City	52.76	6.12	3389	1396	156.82
江门市	Jiangmen City	101.37	34.57	3445	4586	28.97
东莞市	Dongguan City	13.79	5.91	1201	477	288.00
中山市	Zhongshan City	27.86	2.93	1244	1093	46.53
惠州市区	Huizhou Urban District	9.84	1.22	499	2263	1.21
惠阳市	Huiyang City	3.96	0.71	314	339	0.95
惠东县	Huidong County	22.15	1.74	482	176	2.27
博罗县	Boluo County	21.62	3.30	2880	1052	1.33
肇庆市区	Zhaoqing Urban District	7.63	2.44	343	105	0.79
高要市	Gaoyao City	24.80	9.74	1291	792	1.54
四会市	Sihui City	11.71	4.93	788	322	2.14

7-1 续表6 continued

地区	Area	农作物总播种面积(千公顷) Total Sown Area (1 000 hectares)	粮食 Grain Crops	油料 Oil-bearing Crops	棉花 Cotton	麻类 Fiber Crops
长江三角洲经济区	**Yangtze River Delta**					
上海市	Shanghai City	404.40	154.70		1.10	
南京市	Nanjing City	403.71	140.12	93.34	4.40	1.10
苏州市	Suzhou City	317.06	167.61	31.64	6.35	0.01
无锡市	Wuxi City	183.83	118.53	19.71		
常州市	Changzhou City	239.33	141.97	44.82	0.53	0.06
镇江市	Zhenjiang City	231.89	152.88	45.37	2.06	
南通市	Nantong City	876.21	535.00	143.84	39.70	0.01
扬州市	Yangzhou City	454.07	336.36	58.75	6.78	0.01
泰州市	Taizhou City	555.89	388.14	65.68	17.40	
杭州市	Hangzhou City	398.33	186.67	39.20	0.83	0.16
宁波市	Ningbo City	338.09	145.12	17.67	6.53	-
嘉兴市	Jiaxing City	347.24	178.24	56.01	1.61	0.10
湖州市	Huzhou City	227.96	123.07	42.65	0.03	0.01
绍兴市	Shaoxing City	291.83	149.48	18.44	3.53	0.06
舟山市	Zhoushan City	27.54	12.04	2.72	0.15	
台州市	Taizhou City	284.02	162.45	4.37	0.81	0.01
珠江三角洲经济区	**Pearl River Delta**					
广州市	Guangzhou City	275.50	96.25	8.94		
深圳市	Shenzhen City	9.81	0.35			
珠海市	Zhuhai City	23.48	10.73	0.28		
佛山市	Foshan City	137.25	26.68	2.19		
江门市	Jiangmen City	309.86	187.41	16.56		
东莞市	Dongguan City		0.51	0.10		
中山市	Zhongshan City	60.16	26.39	0.13		
惠州市区	Huizhou Urban District	40.27	20.73	4.20		
惠阳市	Huiyang City	21.67	9.26	2.54		
惠东县	Huidong County	81.41	46.76	8.07		
博罗县	Boluo County	83.04	45.03	7.92		
肇庆市区	Zhaoqing Urban District	12.95	7.78	0.34		
高要市	Gaoyao City	89.55	39.46	4.42		
四会市	Sihui City	40.90	23.27	5.22		0.04

7-1 续表 7　continued

地区	Area	糖料 Sugar Crops	烟叶 Tobacco	蔬菜 Vegetables	茶园面积（千公顷） Area of Tea Plantations (1 000 hectares)	果园面积（千公顷） Area of Orchards (1 000 hectares)
长江三角洲经济区	**Yangtze River Delta**					
上海市	Shanghai City			139.90		
南京市	Nanjing City	1.46		120.75	5.60	7.19
苏州市	Suzhou City	0.22		77.70	1.82	6.19
无锡市	Wuxi City	0.03		32.43	0.42	0.78
常州市	Changzhou City	0.27		27.70	5.90	4.68
镇江市	Zhenjiang City	0.20		23.13	3.44	3.48
南通市	Nantong City	1.97		116.19		6.70
扬州市	Yangzhou City	0.10		41.05	1.90	2.74
泰州市	Taizhou City	0.22		77.31		2.17
杭州市	Hangzhou City	3.01	0.01	104.13	2.98	2.33
宁波市	Ningbo City			91.80	12.58	45.29
嘉兴市	Jiaxing City	1.68	0.33	76.37		
湖州市	Huzhou City	0.27	-	38.28	10.07	7.76
绍兴市	Shaoxing City		0.56	70.46	32.04	15.35
舟山市	Zhoushan City			9.98	0.41	6.66
台州市	Taizhou City	5.92	0.01	71.95	5.94	57.83
珠江三角洲经济区	**Pearl River Delta**					
广州市	Guangzhou City	3.97	0.06	153.15	0.06	75.46
深圳市	Shenzhen City			9.19		10.03
珠海市	Zhuhai City			6.33		5.60
佛山市	Foshan City	0.04	0.01	77.13	0.29	5.24
江门市	Jiangmen City	6.16	-	75.00		
东莞市	Dongguan City	0.02	23.36			12.23
中山市	Zhongshan City	0.89		27.40		9.68
惠州市区	Huizhou Urban District	0.10		13.48		
惠阳市	Huiyang City	0.02		8.81		
惠东县	Huidong County	0.36		24.16		
博罗县	Boluo County	2.15		24.99		
肇庆市区	Zhaoqing Urban District			2.60	0.03	1.56
高要市	Gaoyao City	0.16	0.02	30.66	0.32	8.64
四会市	Sihui City	0.01	0.20	9.54	0.27	16.68

注：①江苏、上海、肇庆为工业。

Note: ① Jiangsu,Shanghai and Zhaoqing refer to Industry.

7-2 农林牧渔业总产值(当年价格)

Gross Output Value of Farming, Forestry, Animal Husbandry and Fishery(Current Prices)

单位：亿元 (100 million yuan)

地区	Area	农林牧渔业总产值 Total			农业产值 Farming		
		2000	2003	2004	2000	2003	2004
长江三角洲经济区	**Yangtze River Delta**						
上海市	Shanghai City	216.5	247.3	248.9	89.8	98.2	109.3
南京市	Nanjing City	106.3	132.6	149.7	61.6	67.6	79.2
苏州市	Suzhou City	169.3	156.3	164.0	100.2	56.2	58.9
无锡市	Wuxi City	90.5	81.4	92.5	53.9	35.5	42.9
常州市	Changzhou City	85.9	90.6	99.4	51.4	42.9	47.6
镇江市	Zhenjiang City	61.8	57.2	66.9	43.4	33.9	40.5
南通市	Nantong City	246.9	241.9	277.6	134.1	108.5	122.9
扬州市	Yangzhou City	126.8	139.1	159.3	65.1	53.8	65.4
泰州市	Taizhou City	129.0	135.6	158.2	73.4	65.4	79.7
杭州市	Hangzhou City	152.7	189.0	208.3	90.3	99.2	108.1
宁波市	Ningbo City	148.4	173.8	193.1	71.6	77.4	86.9
嘉兴市	Jiaxing City	94.7	114.8	130.0	52.3	54.2	60.5
湖州市	Huzhou City	74.5	86.7	102.1	34.8	39.3	46.2
绍兴市	Shaoxing City	118.3	126.6	142.2	71.1	72.7	79.0
舟山市	Zhoushan City	74.5	74.5	84.5	7.1	6.3	6.8
台州市	Taizhou City	153.2	167.8	174.1	47.8	58.4	61.0
珠江三角洲经济区	**Pearl River Delta**						
广州市	Guangzhou City	163.1	180.7	201.4	82.3	97.8	105.6
深圳市	Shenzhen City	31.1	33.7	30.0	9.5	11.2	9.7
珠海市	Zhuhai City	22.6	29.4	31.5	6.8	5.7	5.4
佛山市	Foshan City	128.9	148.8	156.0	44.0	52.4	55.2
江门市	Jiangmen City	132.5	142.6	152.2	62.1	57.3	60.6
东莞市	Dongguan City	54.6	49.0	44.2	21.6	21.8	16.3
中山市	Zhongshan City	37.0	45.2	49.5	15.6	16.9	17.4
惠州市区	Huizhou Urban District	4.2	19.7	21.5	1.3	11.0	11.4
惠阳市	Huiyang City	27.1	10.3	11.0	12.9	5.3	6.0
惠东县	Huidong County	31.2	36.4	39.6	13.9	18.2	19.3
博罗县	Boluo County	31.9	36.5	38.1	16.7	20.2	20.8
肇庆市区	Zhaoqing Urban District	11.3	12.8	13.8	4.6	4.5	4.8
高要市	Gaoyao City	43.0	47.8	54.5	24.8	26.4	30.3
四会市	Sihui City	26.1	25.4	32.1	11.1	9.8	11.6

7−2 续表1 continued

单位：亿元 (100 million yuan)

地区	Area	林业产值 Forestry			畜牧业产值 Animal Husbandry		
		2000	2003	2004	2000	2003	2004
长江三角洲经济区	**Yangtze River Delta**						
上海市	Shanghai City	1.4	13.1	13.1	87.4	81.1	70.8
南京市	Nanjing City	2.4	1.9	2.0	25.3	30.1	33.3
苏州市	Suzhou City	1.2	3.8	5.0	23.1	23.3	25.0
无锡市	Wuxi City	1.4	2.3	2.5	23.1	23.9	25.9
常州市	Changzhou City	0.9	0.9	1.0	13.0	16.4	18.4
镇江市	Zhenjiang City	1.1	1.5	1.6	9.1	10.3	12.6
南通市	Nantong City	1.5	1.8	1.8	52.2	60.2	74.0
扬州市	Yangzhou City	1.7	3.4	4.0	30.0	34.9	38.5
泰州市	Taizhou City	2.5	3.6	2.8	30.2	34.9	41.9
杭州市	Hangzhou City	13.7	18.3	20.7	33.2	41.8	45.8
宁波市	Ningbo City	4.5	5.0	5.0	20.5	26.0	29.6
嘉兴市	Jiaxing City	0.3	0.6	0.6	32.4	38.7	46.0
湖州市	Huzhou City	9.3	11.7	12.8	14.8	15.8	21.6
绍兴市	Shaoxing City	10.7	13.2	14.2	20.1	21.3	26.3
舟山市	Zhoushan City	0.2	0.2	0.2	1.8	2.5	2.5
台州市	Taizhou City	2.2	2.9	2.9	14.5	15.8	17.4
珠江三角洲经济区	**Pearl River Delta**						
广州市	Guangzhou City	1.3	1.3	3.7	43.1	38.9	40.1
深圳市	Shenzhen City	0.6	0.7	0.6			
珠海市	Zhuhai City	0.1	0.1	0.1	2.7	3.6	4.1
佛山市	Foshan City	0.3	0.3	0.3	26.3	32.1	34.0
江门市	Jiangmen City	1.3	1.8	2.0	34.5	39.2	38.7
东莞市	Dongguan City	0.4	0.1	0.2	22.6	20.4	20.0
中山市	Zhongshan City	0.1	0.2	0.3	5.2	5.3	5.9
惠州市区	Huizhou Urban District	0.1	0.3	0.2	2.1	6.6	8.0
惠阳市	Huiyang City	0.7	0.2	0.1	4.9	2.4	2.5
惠东县	Huidong County	1.6	1.9	2.0	2.7	3.7	4.3
博罗县	Boluo County	1.2	1.4	1.2	9.4	11.6	12.4
肇庆市区	Zhaoqing Urban District	0.3	0.3	0.3	4.0	4.6	5.2
高要市	Gaoyao City	1.7	1.8	2.2	9.3	9.5	10.9
四会市	Sihui City	1.2	1.4	1.4	7.9	8.7	11.9

7–2 续表 2 continued

单位：亿元 (100 million yuan)

地区	Area	渔业产值 Fishery			农林牧渔服务业产值 Farming, Forestry, Animal Husbandry and Fishery Services		
		2000	2003	2004	2000	2003	2004
长江三角洲经济区	**Yangtze River Delta**						
上海市	Shanghai City	37.9	49.2	49.9			
南京市	Nanjing City	17.0	24.5	26.7		8.6	8.5
苏州市	Suzhou City	44.8	54.8	56.3		18.2	18.7
无锡市	Wuxi City	12.0	14.9	16.0		4.8	5.2
常州市	Changzhou City	20.7	25.9	27.7		4.5	4.8
镇江市	Zhenjiang City	8.2	9.1	9.7	2.6	2.3	2.5
南通市	Nantong City	59.1	61.8	68.3		9.6	10.7
扬州市	Yangzhou City	30.0	40.5	44.0		6.5	7.3
泰州市	Taizhou City	22.9	25.3	26.8		6.4	7.0
杭州市	Hangzhou City	15.5	23.3	26.4		6.6	7.3
宁波市	Ningbo City	51.8	63.1	69.2		2.2	2.4
嘉兴市	Jiaxing City	9.6	17.4	18.5		3.9	4.4
湖州市	Huzhou City	15.6	19.6	21.6		0.3	0.3
绍兴市	Shaoxing City	16.5	19.2	22.3		0.2	0.4
舟山市	Zhoushan City	65.4	65.5	75.0			
台州市	Taizhou City	88.7	89.3	91.3		1.3	1.5
珠江三角洲经济区	**Pearl River Delta**						
广州市	Guangzhou City	29.7	33.3	35.8	1.9	9.4	16.3
深圳市	Shenzhen City	7.3	7.7	8.8	1.0	0.6	0.5
珠海市	Zhuhai City	12.0	18.3	20.1		1.8	1.8
佛山市	Foshan City	58.3	63.0	65.6		1.0	0.8
江门市	Jiangmen City	34.5	38.3	41.3		6.0	4.5
东莞市	Dongguan City	8.1	6.7	6.7			0.9
中山市	Zhongshan City	16.0	22.2	25.4		0.5	0.6
惠州市区	Huizhou Urban District	0.7	1.6	1.8		0.1	0.1
惠阳市	Huiyang City	7.4	2.3	2.3			-
惠东县	Huidong County	10.7	12.5	13.8		0.2	0.2
博罗县	Boluo County	2.3	2.8	3.2		0.5	0.6
肇庆市区	Zhaoqing Urban District	2.5	3.2	3.5			
高要市	Gaoyao City	7.1	9.7	10.6		0.5	0.5
四会市	Sihui City	6.0	5.4	7.1		0.1	0.1

7-3 农林牧渔业总产值指数

Indices of Gross Output of Farming,Forestry, Animal Husbandry and Fishery

(上年 =100)

(preceding year=100)

地区	Area	农林牧渔业总产值指数 Total			农业产值指数 Farming		
		2000	2003	2004	2000	2003	2004
长江三角洲经济区	**Yangtze River Delta**						
上海市	Shanghai City	100.9	101.1	93.2	106.0	92.9	106.4
南京市	Nanjing City	108.2	106.6	113.8	102.6	104.7	117.2
苏州市	Suzhou City	102.8	101.4	104.9	98.9	100.9	104.9
无锡市	Wuxi City	108.8	105.2	100.9	105.7		108.3
常州市	Changzhou City	107.0	103.0	101.8	105.0	100.6	99.2
镇江市	Zhenjiang City	103.9		104.7	100.0		106.9
南通市	Nantong City	105.1	76.6	105.6	105.1	51.6	105.3
扬州市	Yangzhou City	107.3		114.5	101.0		121.6
泰州市	Taizhou City	106.4	87.4	106.7	103.0	67.7	106.6
杭州市	Hangzhou City	112.4	125.9	110.2	106.9	112.9	109.0
宁波市	Ningbo City	105.3	104.3	105.0	98.2	103.2	106.0
嘉兴市	Jiaxing City	109.2	105.8	104.8	103.4	95.1	104.3
湖州市	Huzhou City	107.1	105.7	108.0	98.9	100.1	107.4
绍兴市	Shaoxing City	116.8	103.1	103.7	101.0	102.4	100.4
舟山市	Zhoushan City	107.0	102.4	106.0	94.3	98.2	103.0
台州市	Taizhou City	99.9	102.4	100.1	88.9	108.0	100.9
珠江三角洲经济区	**Pearl River Delta**						
广州市	Guangzhou City	102.0	100.7	105.1	101.1	94.5	112.6
深圳市	Shenzhen City	102.4	109.8	111.7	106.1	97.4	95.0
珠海市	Zhuhai City	109.3	106.5	107.2	89.3	96.8	108.7
佛山市	Foshan City	108.3	103.9	103.7	106.3	104.4	104.1
江门市	Jiangmen City	105.1	104.0	104.8	100.1	88.9	104.8
东莞市	Dongguan City	100.2	79.7	101.8	85.4	70.1	111.6
中山市	Zhongshan City	105.5	104.3	105.0	104.4	102.7	96.4
惠州市区	Huizhou Urban District	112.7	93.1	105.4	99.6	83.3	110.8
惠阳市	Huiyang City	106.5	75.6	112.8	107.6	65.7	123.9
惠东县	Huidong County	108.5	107.0	106.5	108.5	102.2	102.3
博罗县	Boluo County	106.3	110.5	104.2	101.8	110.2	100.8
肇庆市区	Zhaoqing Urban District	105.3	105.3	106.1	107.1	103.9	102.9
高要市	Gaoyao City	106.6	103.5	106.4	106.1	102.3	104.0
四会市	Sihui City	108.8	106.2	103.5	98.8	107.6	104.9

7-3 续表 1 continued

(上年 =100) (preceding year=100)

地区	Area	林业产值指数 Forestry			畜牧业产值指数 Animal Husbandry		
		2000	2003	2004	2000	2003	2004
长江三角洲经济区	**Yangtze River Delta**						
上海市	Shanghai City	160.6	133.4	100.4	99.1	95.0	77.5
南京市	Nanjing City	139.9	150.7	104.9	114.5	102.6	110.7
苏州市	Suzhou City	101.4	89.4		102.9	107.8	
无锡市	Wuxi City	115.3		106.4	116.5	2.9	96.2
常州市	Changzhou City	129.0	118.7	102.2	115.0	102.8	100.2
镇江市	Zhenjiang City	100.0		101.3	110.6		101.6
南通市	Nantong City	109.9	47.3	111.5	106.7	104.6	104.7
扬州市	Yangzhou City	108.6		118.9	109.4		110.4
泰州市	Taizhou City	97.1	101.8	106.2	114.0	105.0	103.1
杭州市	Hangzhou City	103.5	112.1	113.2	110.9	107.0	109.6
宁波市	Ningbo City	96.5	102.2	94.1	106.0	107.3	
嘉兴市	Jiaxing City	131.5	130.9	81.7	114.0	102.9	101.0
湖州市	Huzhou City	118.7	107.1	101.6	104.1	104.6	116.2
绍兴市	Shaoxing City	128.2	104.5	99.3	111.1	103.0	113.8
舟山市	Zhoushan City	118.0	152.2	96.8	105.8	109.1	87.7
台州市	Taizhou City	120.0	104.1	89.8	103.0	101.7	99.5
珠江三角洲经济区	**Pearl River Delta**						
广州市	Guangzhou City	108.4	75.4	120.5	101.5	98.5	97.5
深圳市	Shenzhen City	89.4	145.4	88.8			
珠海市	Zhuhai City	98.0	100.7	97.4	96.4	89.6	108.5
佛山市	Foshan City	122.8	99.1	105.3	104.1	105.0	104.7
江门市	Jiangmen City	116.3	112.5	111.0	107.3	104.8	106.3
东莞市	Dongguan City	72.3	49.9	199.6	113.2	82.2	93.8
中山市	Zhongshan City	405.3	94.0	112.9	107.4	102.0	93.9
惠州市区	Huizhou Urban District	102.5	193.4	66.2	121.2	107.2	101.0
惠阳市	Huiyang City	148.4	87.1	51.5	105.5	90.9	119.4
惠东县	Huidong County	102.2	108.6	108.6	112.3	116.0	116.0
博罗县	Boluo County	102.2	106.7	92.3	110.6	114.4	118.5
肇庆市区	Zhaoqing Urban District	111.1	93.6	91.9	103.4	105.3	108.6
高要市	Gaoyao City	110.2	108.8	115.5	108.2	96.7	107.7
四会市	Sihui City	108.0	103.5	107.4	110.9	107.1	104.2

7-3 续表 2 continued

(上年 =100) (preceding year=100)

地区	Area	渔业产值指数 Fishery			农林牧渔服务业产值指数 Farming,Forestry, Animal Husbandry and Fishery Services		
		2000	2003	2004	2000	2003	2004
长江三角洲经济区	**Yangtze River Delta**						
上海市	Shanghai City	111.3	123.0	96.7			
南京市	Nanjing City	114.0	116.5	109.0		147.3	111.2
苏州市	Suzhou City	112.6	109.1				
无锡市	Wuxi City	115.5		99.6			93.3
常州市	Changzhou City	109.0	104.7	107.5		111.4	99.7
镇江市	Zhenjiang City	105.9		102.0	108.5	105.2	111.4
南通市	Nantong City	103.1	105.1	106.6			107.6
扬州市	Yangzhou City	120.6		108.6			111.5
泰州市	Taizhou City	109.9	105.1	111.1			110.8
杭州市	Hangzhou City	133.0	117.5	113.5			
宁波市	Ningbo City	114.6	102.8	103.5			
嘉兴市	Jiaxing City	124.1	136.9	103.8			
湖州市	Huzhou City	129.8	111.9	106.2			
绍兴市	Shaoxing City	116.0	103.8	107.0			
舟山市	Zhoushan City	108.2	102.4	107.0			
台州市	Taizhou City	104.1	98.7	100.0			
珠江三角洲经济区	**Pearl River Delta**						
广州市	Guangzhou City	104.8	108.5	101.9		170.5	8.1
深圳市	Shenzhen City	104.4	132.2	80.9		86.7	75.0
珠海市	Zhuhai City	134.2	113.7	107.1		105.9	100.1
佛山市	Foshan City	111.3	103.3	103.2			90.1
江门市	Jiangmen City	108.6	101.1	106.7			84.9
东莞市	Dongguan City	112.2	102.1	97.3			
中山市	Zhongshan City	107.1	105.9	114.3			101.4
惠州市区	Huizhou Urban District	116.2	99.1	104.8		103.8	25.9
惠阳市	Huiyang City	103.7	94.3	88.4		116.7	113.2
惠东县	Huidong County	109.3	115.1	112.2		107.4	107.3
博罗县	Boluo County	101.7	104.8	102.9		110.9	70.3
肇庆市区	Zhaoqing Urban District	104.2	108.3	108.9			86.5
高要市	Gaoyao City	105.6	109.7	107.2			132.6
四会市	Sihui City	126.2	104.1	101.0			105.4

7-4 主要农牧渔产品产量
Output of Farming, Animal Husbandry and Fishery

单位：万吨 (10 000 tons)

地区	Area	粮食 Grain			油料 Oil-bearing Crops		
		2000	2003	2004	2000	2003	2004
长江三角洲经济区	**Yangtze River Delta**						
上海市	Shanghai City	174.00	98.75	106.29	16.37	6.39	7.39
南京市	Nanjing City	143.37	86.31	102.39	22.01	20.05	20.98
苏州市	Suzhou City	193.95	112.77	117.71	12.61	6.24	6.92
无锡市	Wuxi City	127.03	71.70	81.27	5.91	2.47	3.67
常州市	Changzhou City	136.22	103.54	106.08	9.16	7.26	8.55
镇江市	Zhenjiang City	118.03	86.25	99.07	8.72	7.45	9.14
南通市	Nantong City	340.60	293.21	302.70	39.41	40.60	43.40
扬州市	Yangzhou City	225.16	180.13	204.97	12.46	12.57	13.71
泰州市	Taizhou City	270.52	230.26	258.12	11.23	13.66	15.93
杭州市	Hangzhou City	153.08	100.27	106.80	8.57	6.81	6.55
宁波市	Ningbo City	132.51	75.61	83.73	6.59	4.21	4.04
嘉兴市	Jiaxing City	153.06	117.68	124.99	17.75	13.93	14.09
湖州市	Huzhou City	95.32	79.01	87.48	11.71	7.91	9.27
绍兴市	Shaoxing City	144.41	83.83	95.35	4.88	3.73	3.74
舟山市	Zhoushan City	8.84	5.38	5.93	0.72	0.59	0.55
台州市	Taizhou City	141.40	75.70	85.11	0.56	0.72	0.78
珠江三角洲经济区	**Pearl River Delta**						
广州市	Guangzhou City	88.11	54.52	52.19	2.56	2.32	2.38
深圳市	Shenzhen City	0.37	0.19	0.20			
珠海市	Zhuhai City	8.83	5.57	5.97	0.11	0.08	0.09
佛山市	Foshan City		14.11	14.42		0.61	0.57
江门市	Jiangmen City	124.21	90.54	93.40	4.65	4.07	3.91
东莞市	Dongguan City	20.41	3.05	3.03	0.20	0.04	0.02
中山市	Zhongshan City	22.92	14.26	14.51	0.14	0.06	0.05
惠州市区	Huizhou Urban District		10.36	10.78		1.13	1.21
惠阳市	Huiyang City		3.76	5.33		0.35	0.54
惠东县	Huidong County		21.77	24.43		1.89	1.83
博罗县	Boluo County		21.55	21.33		2.30	1.88
肇庆市区	Zhaoqing Urban District	6.40	4.18	4.34	0.14	0.13	0.08
高要市	Gaoyao City	32.90	26.48	27.12	1.40	1.43	1.45
四会市	Sihui City	16.38	12.99	13.81	1.42	1.43	1.45

7–4 续表 1 continued

单位：万吨 (10 000 tons)

地区	Area	棉花 Cotton 2000	2003	2004	蔬菜 Vegetables 2000	2003	2004
长江三角洲经济区	**Yangtze River Delta**						
上海市	Shanghai City	0.12	0.11	0.18	377.00	460.54	436.65
南京市	Nanjing City	0.45	0.52	0.61		376.96	321.00
苏州市	Suzhou City	1.17	0.68	0.75	159.30	162.28	154.57
无锡市	Wuxi City					97.89	103.69
常州市	Changzhou City	0.08	0.03	0.04	71.15	82.37	79.47
镇江市	Zhenjiang City	0.16	0.15	0.18		64.03	65.25
南通市	Nantong City	3.25	4.08	5.27		280.29	286.69
扬州市	Yangzhou City	1.04	1.05	1.04		119.06	120.43
泰州市	Taizhou City	1.47	1.58	2.45	183.70	244.14	224.56
杭州市	Hangzhou City	0.21	0.12	0.12	236.05	288.28	301.03
宁波市	Ningbo City	1.05	0.76	0.74	243.70	275.04	286.76
嘉兴市	Jiaxing City	0.23	0.19	0.25	162.46	195.22	198.99
湖州市	Huzhou City				64.73	91.93	90.90
绍兴市	Shaoxing City	0.48	0.39	0.37	199.01	252.12	231.95
舟山市	Zhoushan City	0.03	0.01	0.01	15.19	19.92	19.22
台州市	Taizhou City	0.21	0.08	0.08	117.02	196.96	183.13
珠江三角洲经济区	**Pearl River Delta**						
广州市	Guangzhou City				306.49	364.49	366.69
深圳市	Shenzhen City				21.50	21.30	16.30
珠海市	Zhuhai City				16.44	16.17	14.06
佛山市	Foshan City					201.21	195.53
江门市	Jiangmen City				133.81	150.20	148.43
东莞市	Dongguan City				65.82	56.05	53.21
中山市	Zhongshan City				42.46	61.12	58.75
惠州市区	Huizhou Urban District					36.08	35.74
惠阳市	Huiyang City					18.18	23.98
惠东县	Huidong County					47.16	48.57
博罗县	Boluo County					62.49	57.72
肇庆市区	Zhaoqing Urban District				7.83	7.82	7.33
高要市	Gaoyao City				70.84	90.70	90.47
四会市	Sihui City				25.68	28.32	27.82

7–4 续表2 continued

单位：万吨 (10 000 tons)

地区	Area	水果① Fruits ①			蚕茧 Silkworm Cocoons		
		2000	2003	2004	2000	2003	2004
长江三角洲经济区	**Yangtze River Delta**						
上海市	Shanghai City	22.54	33.31	33.74	0.01	0.01	-
南京市	Nanjing City	2.36	4.17	5.18	0.05	0.04	0.05
苏州市	Suzhou City	5.92	7.93	7.31	0.73	0.34	0.35
无锡市	Wuxi City	2.72	6.16	7.77	0.11	0.07	0.06
常州市	Changzhou City	2.96	5.99	5.33	0.48	0.45	0.58
镇江市	Zhenjiang City	1.27	1.23	1.67		0.17	0.19
南通市	Nantong City	12.05	13.93	10.41	3.03	4.09	4.52
扬州市	Yangzhou City	2.69	3.58	3.76	0.44	0.45	0.53
泰州市	Taizhou City	1.58	1.86	2.23	0.13	0.16	0.16
杭州市	Hangzhou City	11.06	42.36	49.90	0.93	1.28	1.47
宁波市	Ningbo City	31.20	114.06	121.93			
嘉兴市	Jiaxing City	4.08	9.84	13.50	5.06	3.59	3.69
湖州市	Huzhou City	3.12	23.30	25.45	2.16	1.72	1.95
绍兴市	Shaoxing City	11.72	43.56	47.53	0.70	0.65	0.60
舟山市	Zhoushan City	2.06	7.43	7.65			
台州市	Taizhou City	38.74	108.11	115.83	0.06	0.05	0.05
珠江三角洲经济区	**Pearl River Delta**						
广州市	Guangzhou City	32.97	45.52	57.10	-	-	
深圳市	Shenzhen City	2.70	2.90	2.80			
珠海市	Zhuhai City	3.44	4.68	8.10			
佛山市	Foshan City		5.80	5.90			
江门市	Jiangmen City	8.89	12.26	14.46			
东莞市	Dongguan City	12.94	14.64	17.54			
中山市	Zhongshan City	24.35	24.62	24.25			
惠州市区	Huizhou Urban District		1.36	2.72			
惠阳市	Huiyang City		1.90	3.34			
惠东县	Huidong County		6.45	7.07			
博罗县	Boluo County		6.67	8.00			
肇庆市区	Zhaoqing Urban District	1.85	3.18	3.32			
高要市	Gaoyao City	9.86	12.53	13.30	0.01	0.05	
四会市	Sihui City	5.75	8.67	11.15			

7-4 续表 3 continued

单位：万吨 (10 000 tons)

地区	Area	肉类 Meat			牛奶 Milk		
		2000	2003	2004	2000	2003	2004
长江三角洲经济区	**Yangtze River Delta**						
上海市	Shanghai City	55.11	50.78	38.09	25.95	27.05	25.20
南京市	Nanjing City	18.01	20.89	20.64	6.71	10.77	12.50
苏州市	Suzhou City	15.85	15.60	15.23	4.37	10.03	10.88
无锡市	Wuxi City	13.13	15.70	14.62	4.57	11.21	9.85
常州市	Changzhou City	9.89	10.99	11.47	0.44	1.49	2.84
镇江市	Zhenjiang City	6.21	7.11	7.36		1.44	1.51
南通市	Nantong City	30.17	32.65	35.95	0.56	1.04	1.56
扬州市	Yangzhou City	24.50	30.33	23.92	0.32	1.52	0.89
泰州市	Taizhou City	21.73	23.44	23.86	0.35	1.39	1.85
杭州市	Hangzhou City	25.24	30.06	29.88	4.01	5.63	6.47
宁波市	Ningbo City	12.98	15.54	16.50	0.83	2.21	2.94
嘉兴市	Jiaxing City	21.14	30.86	31.93	0.14	0.38	0.57
湖州市	Huzhou City	8.77	12.25	14.56	0.07	0.74	1.13
绍兴市	Shaoxing City	13.95	14.73	15.12	0.07	0.12	0.35
舟山市	Zhoushan City	1.22	1.59	1.54	0.08	0.27	0.35
台州市	Taizhou City	12.09	12.89	12.54	0.46	1.23	1.22
珠江三角洲经济区	**Pearl River Delta**						
广州市	Guangzhou City	32.77	30.33	15.25	4.15	4.35	3.41
深圳市	Shenzhen City	7.90	6.70	3.50	2.40	2.40	2.20
珠海市	Zhuhai City	2.42	2.58	2.38		0.83	0.75
佛山市	Foshan City		34.06	33.33		0.68	0.49
江门市	Jiangmen City	23.88	28.19	27.90			
东莞市	Dongguan City	17.90	15.46	14.62			
中山市	Zhongshan City	5.28	5.88	6.07		-	
惠州市区	Huizhou Urban District		4.11	4.41		0.05	0.06
惠阳市	Huiyang City		1.31	1.57			
惠东县	Huidong County		2.50	2.43			
博罗县	Boluo County		6.29	6.13		0.08	0.15
肇庆市区	Zhaoqing Urban District	2.71	3.14	3.96	0.18	0.52	0.51
高要市	Gaoyao City	5.88	6.25	7.24			
四会市	Sihui City	6.50	7.72	9.29			

7–4 续表4 continued

单位：万吨 (10 000 tons)

地区	Area	禽蛋 Poultry Eggs			水产品总产量 Total Aquatic Products		
		2000	2003	2004	2000	2003	2004
长江三角洲经济区	**Yangtze River Delta**						
上海市	Shanghai City	16.64	15.07	10.51	28.87	35.48	34.41
南京市	Nanjing City	6.86	8.84	8.46	12.93	16.20	17.41
苏州市	Suzhou City	3.80	3.03	2.75	34.51	33.87	31.19
无锡市	Wuxi City	2.50	2.61	2.39	10.25	11.22	11.39
常州市	Changzhou City	2.30	3.25	3.19	11.12	12.47	12.73
镇江市	Zhenjiang City		2.00	1.82	6.00	6.48	6.93
南通市	Nantong City	35.31	42.77	40.55	58.56	63.00	66.76
扬州市	Yangzhou City	14.43	15.16	14.09	22.67	28.13	33.37
泰州市	Taizhou City	11.23	11.94	12.02	17.64	18.84	20.20
杭州市	Hangzhou City	6.08	7.76	9.56	9.80	13.02	13.95
宁波市	Ningbo City	10.19	13.68	13.03	81.61	90.33	92.72
嘉兴市	Jiaxing City	3.04	4.79	5.62	9.70	13.17	13.92
湖州市	Huzhou City	2.42	2.75	3.40	13.57	16.69	17.30
绍兴市	Shaoxing City	3.37	4.32	4.24	7.40	10.24	9.18
舟山市	Zhoushan City	0.72	0.65	0.76	134.92	124.49	130.42
台州市	Taizhou City	3.04	3.75	3.62	139.28	138.26	138.38
珠江三角洲经济区	**Pearl River Delta**						
广州市	Guangzhou City	2.95	2.15	1.59	32.52	35.59	38.42
深圳市	Shenzhen City	0.15	0.03	0.03	5.98	8.53	9.70
珠海市	Zhuhai City	0.14	0.36	0.63	10.70	13.91	15.02
佛山市	Foshan City		0.94	0.92		48.11	49.72
江门市	Jiangmen City	2.84	2.48	2.83	67.65	65.17	68.75
东莞市	Dongguan City	0.04	0.36	0.34	9.51	7.58	7.15
中山市	Zhongshan City	0.52	0.57	0.57	18.17	25.47	27.20
惠州市区	Huizhou Urban District		0.53	0.46		2.25	2.49
惠阳市	Huiyang City		0.19	0.15		3.39	3.29
惠东县	Huidong County		0.13	0.14		6.75	6.96
博罗县	Boluo County		0.32	0.30		2.64	2.84
肇庆市区	Zhaoqing Urban District	0.75	0.58	0.53	2.89	3.47	3.67
高要市	Gaoyao City	0.96	1.06	1.15	8.57	10.48	11.26
四会市	Sihui City	0.73	0.83	0.83	5.44	6.30	7.40

7-4 续表 5 continued

单位：万吨 (10 000 tons)

地区	Area	海水产品 Seawater Aquatic Products			淡水产品 Freshwater Aquatic Products		
		2000	2003	2004	2000	2003	2004
长江三角洲经济区	**Yangtze River Delta**						
上海市	Shanghai City	12.23	13.35	13.42	16.64	22.13	20.99
南京市	Nanjing City				12.93	16.20	17.41
苏州市	Suzhou City	3.55	2.36	1.95	30.97	31.51	29.23
无锡市	Wuxi City	0.01			10.24	11.22	11.39
常州市	Changzhou City				11.12	12.47	12.73
镇江市	Zhenjiang City				6.00	6.48	6.93
南通市	Nantong City	45.92	47.27	50.72	12.63	15.72	16.04
扬州市	Yangzhou City				22.67	28.13	33.37
泰州市	Taizhou City	0.16	0.10	0.10	17.47	18.74	20.12
杭州市	Hangzhou City				9.80	13.02	13.95
宁波市	Ningbo City	75.84	82.88	85.25	5.78	7.45	7.46
嘉兴市	Jiaxing City		0.78	0.64		12.39	13.28
湖州市	Huzhou City				13.57	16.69	17.30
绍兴市	Shaoxing City	0.76	0.41	0.37	6.65	9.83	8.81
舟山市	Zhoushan City	134.49	123.73	129.62	0.44	0.75	0.80
台州市	Taizhou City	135.25	133.45	133.94	4.04	4.81	4.44
珠江三角洲经济区	**Pearl River Delta**						
广州市	Guangzhou City	6.88	6.02	7.06	25.64	29.57	31.35
深圳市	Shenzhen City	5.10	7.80	8.90	0.87	0.78	0.80
珠海市	Zhuhai City	4.85	3.52	2.88	5.86	11.12	12.14
佛山市	Foshan City					48.11	49.72
江门市	Jiangmen City	47.23	41.12	43.35	20.41	24.04	25.40
东莞市	Dongguan City	3.32	3.02	2.93	6.19	4.56	4.22
中山市	Zhongshan City	1.71	1.97	2.17	16.46	23.47	25.03
惠州市区	Huizhou Urban District					2.25	2.49
惠阳市	Huiyang City		2.75	2.66		0.64	0.63
惠东县	Huidong County		5.98	6.10		0.77	0.86
博罗县	Boluo County					2.64	2.84
肇庆市区	Zhaoqing Urban District				2.89	3.47	3.67
高要市	Gaoyao City				8.57	10.48	11.26
四会市	Sihui City				5.44	6.30	7.40

注：①2003年以前的水果产量仅指园林水果产量，2003年以后（包括2003年）的水果产量包含种植业中的瓜果类产量。

Note: ① The fruit output before year 2003 only refer to the fruit ourput of gardens, and since year 2003,the fruit output include the output of melon and fruit in plant industry.

7-5 耕地面积情况(2004 年)

Conditions of Area of Cultivated Land(2004)

单位：千公顷 (1000 hectares)

地区	Area	年初耕地总资源 Total Cultivated Land At the Year-Beginning	年内增加 Increased Area in the Year	新开荒地 Bring Barren under Cultivation	园地改为耕地 Garden Plot for Cultivated Land
长江三角洲经济区	**Yangtze River Delta**				
上海市	Shanghai City	257.32	3.55	1.43	
南京市	Nanjing City	250.51	0.58	0.40	
苏州市	Suzhou City	281.09	1.69	0.55	
无锡市	Wuxi City	159.89	1.20		
常州市	Changzhou City	197.68	3.09		
镇江市	Zhenjiang City				
南通市	Nantong City	477.67	0.64	0.01	
扬州市	Yangzhou City	309.56	0.76		
泰州市	Taizhou City	316.89	1.21		1.21
杭州市	Hangzhou City	183.45	3.20	0.18	
宁波市	Ningbo City	211.04	0.93	0.07	
嘉兴市	Jiaxing City	210.56	1.44	0.01	0.01
湖州市	Huzhou City	141.18	3.51	0.50	0.01
绍兴市	Shaoxing City	167.65	2.54	1.11	
舟山市	Zhoushan City	17.73	0.34	0.12	
台州市	Taizhou City	146.77	1.24	0.18	0.05
珠江三角洲经济区	**Pearl River Delta**				
广州市	Guangzhou City	135.62	3.47	0.15	2.60
深圳市	Shenzhen City	2753.30			
珠海市	Zhuhai City	18.91	0.16	0.02	0.15
佛山市	Foshan City	76.43	0.17	0.01	0.02
江门市	Jiangmen City	144.79	0.81	0.37	0.05
东莞市	Dongguan City	32.83	0.04		
中山市	Zhongshan City	32.45	0.45	0.06	0.31
惠州市区	Huizhou Urban District	21.11	0.03		0.03
惠阳市	Huiyang City	8.31	3.72	0.01	2.41
惠东县	Huidong County	35.27			
博罗县	Boluo County	52.92			
肇庆市区	Zhaoqing Urban District	9.53			
高要市	Gaoyao City	37.30			
四会市	Sihui City	22.63			

7-5 续表 1　continued

单位：千公顷　　(1000 hectares)

地区	Area	年内减少 Decreased Area in the Year	国家基建占地 Capital Construction of the Government	其他基建占地 Other Construction	退耕还林还草占地 Grain for Green
长江三角洲经济区	**Yangtze River Delta**				
上海市	Shanghai City	15.13			
南京市	Nanjing City	5.51	2.83		2.10
苏州市	Suzhou City				
无锡市	Wuxi City	8.82	1.20	2.38	1.49
常州市	Changzhou City				
镇江市	Zhenjiang City				
南通市	Nantong City	3.23	2.30		
扬州市	Yangzhou City	3.60	2.50		
泰州市	Taizhou City	1.33	0.63	0.40	
杭州市	Hangzhou City	2.47	1.72	0.74	0.01
宁波市	Ningbo City	0.94	0.42	0.52	
嘉兴市	Jiaxing City	1.16	0.60	0.56	
湖州市	Huzhou City	1.67	0.54	0.72	0.03
绍兴市	Shaoxing City	2.49	1.63	0.86	
舟山市	Zhoushan City	0.42	0.24	0.07	
台州市	Taizhou City	0.96	0.45	0.29	0.11
珠江三角洲经济区	**Pearl River Delta**				
广州市	Guangzhou City	6.50	1.05	1.96	0.07
深圳市	Shenzhen City				
珠海市	Zhuhai City	1.16	0.80	0.25	
佛山市	Foshan City	18.54	0.40	3.93	
江门市	Jiangmen City	2.79	0.48	0.71	0.09
东莞市	Dongguan City	0.24			
中山市	Zhongshan City	1.75	0.07	1.30	
惠州市区	Huizhou Urban District	0.29	-	0.04	
惠阳市	Huiyang City	0.11		0.11	
惠东县	Huidong County	3.44		0.60	
博罗县	Boluo County				
肇庆市区	Zhaoqing Urban District	0.19	0.06	0.01	
高要市	Gaoyao City	0.92		0.34	0.21
四会市	Sihui City	0.95	0.49		

7–5 续表 2　continued

单位：千公顷　　(1000 hectares)

地区	Area	耕地改为园地 Cultivated Land for Garden Plot	年末耕地总资源 Total Cultivated Land At the Year-End	常用耕地面积 Regularly Cultivated Land	临时性耕地 Temporary Cultivated Land
长江三角洲经济区	**Yangtze River Delta**				
上海市	Shanghai City		245.74		
南京市	Nanjing City		245.58	242.68	
苏州市	Suzhou City	2.43	281.09	257.50	-
无锡市	Wuxi City	0.45	152.27	152.27	
常州市	Changzhou City	7.04	178.09	169.84	8.25
镇江市	Zhenjiang City		154.84	154.84	
南通市	Nantong City	0.37	477.67	475.07	
扬州市	Yangzhou City		308.64	307.75	
泰州市	Taizhou City		316.77	309.67	7.09
杭州市	Hangzhou City		183.45	183.45	
宁波市	Ningbo City		211.04	211.04	
嘉兴市	Jiaxing City		210.84	210.84	
湖州市	Huzhou City	0.30	143.02	143.02	
绍兴市	Shaoxing City		167.70	167.70	
舟山市	Zhoushan City		17.65	17.65	
台州市	Taizhou City	0.07	147.05	147.05	
珠江三角洲经济区	**Pearl River Delta**				
广州市	Guangzhou City	3.15	132.60	131.95	0.65
深圳市	Shenzhen City			2.75	
珠海市	Zhuhai City	0.03	17.92	16.55	1.37
佛山市	Foshan City	0.01	58.06	57.98	0.08
江门市	Jiangmen City	0.14	142.81	133.73	9.07
东莞市	Dongguan City		32.63	32.63	
中山市	Zhongshan City	0.19	31.15	29.62	1.53
惠州市区	Huizhou Urban District		20.85	15.33	5.51
惠阳市	Huiyang City		11.92	9.41	2.51
惠东县	Huidong County		31.83	30.12	1.71
博罗县	Boluo County		52.92	34.33	18.59
肇庆市区	Zhaoqing Urban District		9.34	9.01	0.32
高要市	Gaoyao City	0.05	36.38	30.67	5.71
四会市	Sihui City	0.34	21.68	14.91	6.77

主要统计指标解释

农业机械总动力　指主要用于农、林、牧、渔业的各种动力机械的动力总和。包括耕作机械、排灌机械、收获机械、农用运输机械、植物保护机械、牧业机械、林业机械、渔业机械和其他农业机械〔内燃机按引擎马力折成瓦(特)计算、电动机按功率折成瓦(特)计算〕。不包括专门用于乡、镇、村、组办工业、基本建设、非农业运输、科学试验和教学等非农业生产方面用的动力机械与作业机械。这个指标的统计数据主要来源于农机部门。

有效灌溉面积　指具有一定的水源，地块比较平整，灌溉工程或设备已经配套，在一般年景下当年能够进行正常灌溉的耕地面积。在一般情况下，有效灌溉面积应等于灌溉工程或设备已经配备，能够进行正常灌溉的水田和水浇地面积之和。它是反映我国耕地抗旱能力的一个重要指标。

农用化肥施用量　指本年内实际用于农业生产的化肥数量，包括氮肥、磷肥、钾肥和复合肥。化肥施用量要求按折纯量计算数量。折纯量是指把氮肥、磷肥、钾肥分别按含氮、含五氧化二磷、含氧化钾的百分之百成份进行折算后的数量。复合肥按其所含主要成分折算。公式：

折纯量= 实物量×某种化肥有效成份含量的百分比

农作物播种面积　指实际播种或移植有农作物的面积。凡是实际种植有农作物的面积，不论种植在耕地上还是种植在非耕地上，均包括在农作物播种面积中。在播种季节基本结束后，因遭灾而重新改种和补种的农作物面积，也包括在内。它是反映我国耕地面积利用情况的一个重要指标。目前，农作物播种面积主要包括粮食、棉花、油料、糖料、麻类、烟叶、蔬菜和瓜类、药材和其它农作物九大类。

农林牧渔业总产值　指以货币表现的农、林、牧、渔业全部产品和对农林牧渔业生产活动进行的各种支持性服务活动的价值总量，它反映一定时期内农林牧渔业生产总规模和总成果。1957年以前的农林牧渔业总产值中包括了厩肥和农民自给性手工业(如农民自制衣服、鞋、袜，自己从事粮食初步加工等)。1958年及以后，林业中增加了村及村以下竹木采伐产值；牧业中取消了厩肥产值；副业中取消了农民自给性手工业产值，增加了村及村以下办的工业产值；渔业中增加了海洋捕捞水产品产值。1980年及以后，在副业中增加了农民家庭兼营工业商品部分的产值。从1984年起村及村以下工业产值划归工业。从1993年起取消副业，将野生动物的捕猎划入牧业、野生植物采集和农民家庭兼营商品性工业划归农业。从2003年起，执行新的国民经济行业分类标准，农林牧渔业总产值中包括了农林牧渔服务业产值。林业中增加了森林采运业产值。农业中取消了家庭兼营商品性工业产值，将野生林产品的采集划归林业。第一次农业普查以后，由于畜牧业产品年报数据与普查数据之间存在一定的差距，国家统计局农调总队对畜牧业年报数据与普查数据进行衔接，相应的畜牧业产值进行调整。

农林牧渔业总产值的计算方法通常是按农、林、牧、渔业产品及其副产品的产量分别乘以各自单位产品价格求得；少数生产周期较长，当年没有产品或产品产量不易统计的，则采用间接方法匡算其产值；然后将四业产品产值相加即为农林牧渔业总产值。

粮食产量　指全社会的产量。包括国有经济经营的、集体统一经营的和农民家庭经营的粮食产量，还包括工矿企业办的农场和其他生产单位的产量。粮食除包括稻谷、小麦、玉米、高粱、谷子及其他杂粮外，还包括薯类和豆类。其产量计算方法，豆类按去豆荚后的干豆计算；薯类(包括甘薯和马铃薯，不包括芋头和木薯)1963年以前按每4公斤鲜薯折1公斤粮食计算，从1964年开始改为按5公斤鲜薯折1公斤粮食计算。城市郊区作为蔬菜的薯类(如马铃薯等)按鲜品计算，并且不作粮食统计。其他粮食一律按脱粒后的原粮计算。1989年以前全国粮食产量数据主要靠全面报表取得，1989年开始使用抽样调查数据。

水产品产量　指人工养殖的水产品和天然生长的水产品的捕捞量。包括海水的鱼类、虾蟹类、贝类和藻类以及内陆水域的鱼类、虾蟹类和贝类，不包括淡水生植物。水产品产量是通过各级水产和统计部门逐级上报取得数据。1995年及以前，贝类中牡蛎按鲜肉计算；蚶、蛤、蛙按 5 斤鲜品折 1 斤计算。1996 年以后则统一按鲜品计算。

常用耕地　是指耕地总资源中专门种植农作物并经常进行耕种、能够正常收获的土地。包括当年实际耕种的熟地；弃耕、休闲不满三年，随时可以复耕的地；开荒利用三年以上的土地。在统计口径上包括南方小于1米、北方小于2米宽的沟、渠、路和田埸。不包括临时种植农作物的坡度在25度以上的陡坡地；在河套、湖畔、库区临时开发的成片或零星土地；也不包括已列为国家和省（区、市）退耕计划但临时耕种的土地。常用耕地是国家需要重点保护的耕地，是反映我国农业综合生产能力的一个重要指标。

Explanatory Notes on Main Statistical Indicators

Total Power of Farm Machinery refers to total mechanical power of machinery used in farming, forestry, animal husbandry, and fishery, including ploughing, irrigat ion and drainage, harvesting, transport, plant protection, stock breeding, forestry and fishery. The power of internal combustion engines is required to convert horsepower into watts and the power of electric motors is required to be convert ed into watts. Machinery employed for non-agricultural purposes, such as the machines used in township run and village-run industry, construction, nonagricul tural transport, scientific experiments and teaching, is excluded. Data are mainly from agricultural machinery agencies.

Irrigated Area refers to areas that are effectively irrigated, i.e. level land, which has water source and complete sets of irrigation facilities to lift and move adequate water for irrigation purpose under normal conditions. Under normal condi tions, irrigated area is the sum of watered fields and irrigated fields where irrigation systems or equipment have been installed for regular irrigation purpose. This important indicator reflects drought resistance capacity of the cultivated land in China.

Consumption of Chemical Fertilizers in Agriculture refers to the quantity of chemical fertilizers applied in agriculture in the year, including nitrogenous fertilizer, phosphate fertilizer, potash fertilizer, and compound fertilizer. The consumption of chemical fertilizers is required in calculation to convert the gross weight into weight containing 100% effective component(e.g. 100% nitrogen content in nitrogenous fertilizer, 100% phosphorous pentoxide contents in phosphate fertilizer, 100% potassium oxide contents in potash fertilizer). Compound fertilizer is converted with its major component. The formula is:

Volume of effective component=physical quantity X effective component of certain chemical fertilizer(%)

Sown Area of Crops refers to area of land sown or transplanted with crops regardless of being in cultivated area or noncultivated area. Area of land resown due to natural disasters is also included. This is an important indicator that can reflect the utilization condition of the cultivated land in China. At present, the sown area of crops mainly include the following 9 categories of crops: grain, cotton, oil-bearing crops, sugar crops, fiber crops, Tobacco, Vegetables and melons, medicinal materials and other farm crops.

Gross Output Value of Farming, Forestry, Animal Husbandry and Fishery refers to the total value of products of farming, forestry, animal husbandry and fishery, and total value of services rendered to support farming, forestry, animal husbandry and fishery activities. It reflects the total scale and results of agricultural production during a given period. Prior to 1957, Chinas gross agricultural output value included barnyard manure and handicraft products for self-consumption (clothes, shoes, stockings, and initial grain processing undertaken by peasants). Since 1958, cutting and felling of bamboo and trees by villages and other cooperative organizations under villages have been included in forestry; value of barnyard manure has been excluded from animal husbandry; self consumed handicrafts has been excluded from sideline occupations, while the output value of industries run by villages and cooperative organizations under village had been included in sideline occupations and the output value of fish catches by motor fishing boats has been added to fishery. Since 1980, the value of handicraft products made for sale by individuals in households had been added to sideline occupations. Since 1984, industries run by villages and under villages have been included in the sector of industry. Since 1993, the subdivision of sideline occupations has been canceled, and the hunting of wild animals has been classified into animal husbandry, and the gathering of wild plants and commodity industry run by rural household have been included in farming. A new industrial classification of economic activities was introduced in 2003. Under the new classification, value of services to farming, forestry, animal husbandry and fishery is included in the gross output value of agriculture, value of wood felling and transport is included in forestry, value of industrial output by rural households is not included in agriculture, and the collection of wild forest products is taken from agriculture and included in the forestry. The first agriculture census of China revealed some discrepancy between the production of animal products from the annual reports and that from the census. Efforts were made by the Rural Socio-economic Survey Organization of NBS to adjust the output value of animal husbandry to make the figures from the annual reports consistent with the census data.

Gross output value of agriculture is obtained by first multiplying the output of each product or by product by its price, resulting in the output value of each single item. For a small number of products, annual output of which is not available or difficult to get due to the long production (growing) process involved, the output value is estimated through an indirect approach. The sum of output value of all products of farming, forestry, animal husbandry and fishery is then equal to the gross output value of agriculture.

Grain Output refers to the total output in the whole country including grains produced by state farms, collective units, rural households, as well as by farms affiliated to industrial and mining enterprises and other production units. Grain includes rice, wheat, corn, sorghum, millet and other miscellaneous grains as well as tubers and bean. Output of beans refers to dry beans without pods. The output of tubers (sweet potatoes and potatoes, not including taros and cassava) was converted into that of grain at the ratio 4:1, i.e. 4 kilograms of fresh tubers was equivalent to 1 kilogram of grain up to 1963. Since 1964 the ratio for conversion has been 5:1. Tubers supplied as vegetables (such as potatoes) in cities and suburbs are calculated as fresh vegetables and their output is not included in the output of grain. Output of all other grains refers to husked grain. Data on grain production before 1989 were obtained through Comprehensive Statistical Reporting System. Since 1989, data from sample surveys are used.

Output of Aquatic Products refers to catches of both artificially cultured and naturally grown aquatic products, including fish, shrimps, crabs and shellfish in sea and inland water as well as seaweed. Freshwater plants are not included. Data on output of aquatic products are reported by aquatic product and statistical agencies level by level. Before 1995, among the shellfish, the oyster was counted as fresh meat; 5 kilograms of ark shell, clams and frogs are equivalent to 1 kilogram of fresh aquatic products; they are all counted as fresh aquatic products since 1996.

Regularly Cultivated Land refers to farmland among the total land resources, which is exclusively used for farming and is under regular cultivation with harvest in normal years. Included are currently cultivated land, land that has been abandoned or put in idle for less than 3 years and could be re-used for cultivation at any time, and new-claimed land that has been put into cultivation for more than 3 years. According to statistical coverage, it includes the gouges, dykes, roads and ridges of field with 1 meter wide in Southern areas and 2 meters wide in Northern areas. Excluded under this category are steep slope land over 25 degrees under temporary cultivation, land (large or small plots) that is claimed along river bends, lake sides or banks of reservoirs, as well as land that has been designated under the "Green for Grain" programmes of the state and provincial governments but is still temporarily under cultivation. The regularly cultivated land is the key protection land of the nation, an important indicator reflecting the comprehensive productivity of agriculture of China.

8-1 全部国有及规模以上非国有工业企业工业总产值及增加值
Gross Industrial Output Value and Value Added of All State-owned and Non-state-owned Enterprises above Designated Size

按当年价格计算。

Calculated at current prices.

单位：亿元 (100 million yuan)

地区	Area	工业总产值 Gross Industrial Output Value			工业增加值 Value-added of Industry		
		2000	2003	2004	2000	2003	2004
长江三角洲经济区	**Yangtze River Delta**						
上海市	Shanghai City	6204.52	10342.82	12885.01	1826.16	2767.08	3427.04
南京市	Nanjing City	1602.79	2509.38	3285.02	388.03	610.99	810.08
苏州市	Suzhou City	2396.51	4976.51	7307.54	588.97	1307.23	1918.31
无锡市	Wuxi City	1779.07	3284.73	4575.08	411.86	790.61	1088.88
常州市	Changzhou City	874.63	1527.28	2012.73	208.67	366.52	471.57
镇江市	Zhenjiang City	546.17	855.36	1073.11	142.85	227.55	298.72
南通市	Nantong City	697.10	1123.91	1603.36	184.00	304.51	427.77
扬州市	Yangzhou City	596.34	837.24	1129.56	160.64	238.40	309.88
泰州市	Taizhou City	443.80	736.65	997.35	115.38	204.58	282.14
杭州市	Hangzhou City	1543.57	3202.50	4149.10	360.97	783.51	922.29
宁波市	Ningbo City	1427.70	2630.29	3815.04	325.79	605.30	773.07
嘉兴市	Jiaxing City	575.52	1269.52	1744.30	116.94	283.11	391.23
湖州市	Huzhou City	355.75	588.62	832.74	79.78	126.38	186.38
绍兴市	Shaoxing City	1045.13	1895.40	2514.25	219.84	382.34	487.39
舟山市	Zhoushan City	74.22	153.03	221.82	17.90	36.39	49.60
台州市	Taizhou City	481.55	955.82	1352.92	123.67	224.58	303.20
珠江三角洲经济区	**Pearl River Delta**						
广州市	Guangzhou City	2568.57	4017.83	5043.33	708.40	1149.17	1427.27
深圳市	Shenzhen City	2566.93	5245.51	6509.27	815.22	1463.67	1813.48
珠海市	Zhuhai City	630.17	1008.98	1262.67	156.16	216.93	254.28
佛山市	Foshan City	1560.55	2582.03	3331.31	401.78	641.43	812.64
江门市	Jiangmen City	871.15	1116.95	1322.85	201.16	253.10	299.76
东莞市	Dongguan City	914.64	2144.93	2583.22	259.44	595.49	625.69
中山市	Zhongshan City	532.95	1309.25	1694.71	136.16	317.87	434.95
惠州市区	Huizhou Urban District	436.53	722.83	820.38		161.24	182.37
惠阳市	Huiyang City	131.61	168.65	149.95		38.16	33.33
惠东县	Huidong County	13.73	23.43	23.08		6.91	6.81
博罗县	Boluo County	71.61	99.11	118.99		25.39	30.49
肇庆市区	Zhaoqing Urban District	125.10	138.36	146.02	32.29	32.71	39.52
高要市	Gaoyao City	93.83	144.04	174.91	16.44	30.25	41.61
四会市	Sihui City	53.71	80.02	116.47	14.17	19.51	25.14

8-2 全部国有及规模以上非国有工业企业职工人数(2004 年)

Number of Staff and Workers of All State-owned and Non-state-owned Industrial Enterprises above Designated Size(2004)

单位：万人

(10 000 persons)

地区	Area	总 计 Total	按登记注册类型分 Grouped by Status of Registration			按行业分 Grouped by Sector		
			国有 State-owned	集体 Collective-owned	其他 Others	采矿业 Mining and Quarrying	制造业 Manufacturing	电力、燃气及水的生产和供应业 Production& Supply of Power, Gas & Water
长江三角洲经济区	**Yangtze River Delta**							
上海市	Shanghai City	238.93	19.39	14.15	205.39	0.03	234.03	4.88
南京市	Nanjing City	58.32	11.68	3.11	45.53	1.68	55.26	1.40
苏州市	Suzhou City	156.66	1.89	2.52	152.25	0.30	155.28	1.08
无锡市	Wuxi City	92.00	4.03	10.71	77.26	0.02	91.30	0.69
常州市	Changzhou City	57.57	3.27	2.25	52.05	0.07	56.77	0.73
镇江市	Zhenjiang City	33.06	3.63	4.42	25.01	0.72	31.61	0.73
南通市	Nantong City	48.09	1.20	1.66	45.85	0.05	47.37	1.09
扬州市	Yangzhou City	38.69						
泰州市	Taizhou City	27.25	1.57	2.74	22.94	0.02	25.69	1.54
杭州市	Hangzhou City	95.64	4.10	6.56	84.98	0.60	94.01	1.03
宁波市	Ningbo City	128.94	1.72	2.98	124.24	0.11	102.30	0.05
嘉兴市	Jiaxing City	77.18	0.69	0.91	75.58	0.46	75.75	0.97
湖州市	Huzhou City	25.51	0.79	1.12	23.60	1.49	23.38	0.64
绍兴市	Shaoxing City	67.54	0.38	2.36	64.80	0.31	66.28	0.96
舟山市	Zhoushan City	7.09	0.85	0.15	6.09	0.15	6.61	0.33
台州市	Taizhou City	56.67	1.13	0.62	54.92	0.06	55.71	0.91
珠江三角洲经济区	**Pearl River Delta**							
广州市	Guangzhou City	134.71	6.89	12.00	115.82	0.54	131.67	2.50
深圳市	Shenzhen City	142.38	1.75	0.32	140.31	0.02	141.43	0.93
珠海市	Zhuhai City	27.35	0.16	2.12	25.07	0.02	27.00	0.33
佛山市	Foshan City	100.26	1.61	8.18	90.47			
江门市	Jiangmen City	42.96	2.03	3.22	37.71	0.12	42.01	0.83
东莞市	Dongguan City	119.26	0.74	12.90	105.62	0.07	118.10	0.79
中山市	Zhongshan City	69.22	0.09	4.81	64.32	0.03	68.85	0.34
惠州市区	Huizhou Urban District	20.68	0.39	0.13	20.16		20.35	0.32
惠阳市	Huiyang City	8.28	0.12		8.16	0.01	8.19	0.08
惠东县	Huidong County	2.65	0.16	0.99	1.50	0.01	2.56	0.07
博罗县	Boluo County	6.33	0.14	0.23	5.96		6.24	0.09
肇庆市区	Zhaoqing Urban District	5.16	1.07	0.17	3.92		4.98	0.18
高要市	Gaoyao City	5.72	0.15	0.76	4.81	0.25	5.45	0.02
四会市	Sihui City	4.05	0.13	0.14	3.78	0.07	3.92	0.06

8-3 全部国有及规模以上非国有工业企业分行业总产值

Gross Output Value of All State-owned and Non-state-owned Industrial Enterprises above Designated Size by Industrial Branch

单位：亿元 (100 million yuan)

地区	Area	采矿业 Mining and Quarrying			制造业 Manufacturing		
		2000	2003	2004	2000	2003	2004
长江三角洲经济区	**Yangtze River Delta**						
上海市	Shanghai City	24.63	15.77	18.56	5951.16	10037.88	12538.10
南京市	Nanjing City	6.70	21.20	28.84	1539.98	2412.31	3128.64
苏州市	Suzhou City	3.37	1.96	2.11	2329.71	4869.90	7160.71
无锡市	Wuxi City	0.85	1.18	0.61	1725.23	3201.27	4411.46
常州市	Changzhou City	0.61	1.31	2.81	851.12	1491.06	1966.77
镇江市	Zhenjiang City	8.85	11.64	15.67	504.61	800.29	989.14
南通市	Nantong City	0.72	0.14		658.56	1072.28	1517.88
扬州市	Yangzhou City	27.66	29.66	37.27	537.33	768.52	1032.75
泰州市	Taizhou City	0.19	1.37	1.71	433.04	720.21	960.46
杭州市	Hangzhou City	5.88	8.48	10.78	1503.90	3134.38	4076.02
宁波市	Ningbo City	0.51	0.47	0.97	1346.88	2501.23	3547.72
嘉兴市	Jiaxing City	0.56	5.72	5.72	547.09	1184.23	1583.60
湖州市	Huzhou City	10.73	23.35	34.88	329.34	525.14	739.57
绍兴市	Shaoxing City	2.52	7.22	10.17	1020.79	1836.28	2425.35
舟山市	Zhoushan City	0.25	0.61	2.56	67.95	143.89	202.37
台州市	Taizhou City	0.77	0.60	0.65	439.83	907.15	1270.71
珠江三角洲经济区	**Pearl River Delta**						
广州市	Guangzhou City	67.44	19.08	18.21	2368.97	3826.33	4826.30
深圳市	Shenzhen City	159.94	152.23	241.69	2240.78	4796.90	5966.53
珠海市	Zhuhai City	2.62	2.00	2.07	577.38	935.66	1179.56
佛山市	Foshan City	1.74	0.93		1487.50	2488.79	
江门市	Jiangmen City	3.18	4.64	6.49	854.11	1093.79	1272.98
东莞市	Dongguan City	1.13	3.32	3.82	782.14	1992.32	2378.11
中山市	Zhongshan City		0.27	0.75	511.65	1278.27	1658.82
惠州市区	Huizhou Urban District			0.18	428.80	713.75	808.60
惠阳市	Huiyang City			0.10	128.62	165.81	146.79
惠东县	Huidong County	0.11	0.24	0.37	13.11	22.62	22.19
博罗县	Boluo County	0.10	0.14	0.14	70.53	98.28	117.90
肇庆市区	Zhaoqing Urban District				121.63	133.23	139.44
高要市	Gaoyao City	6.35	12.98	14.56	86.45	130.40	159.20
四会市	Sihui City	0.77	0.65	0.54	52.12	78.68	115.16

8-3 续表 continued

单位：亿元 (100 million yuan)

地区	Area	电力、燃气及水的生产和供应业 Electric Power,Gas and Water Production and Supply		
		2000	2003	2004
长江三角洲经济区	**Yangtze River Delta**			
上海市	Shanghai City	228.73	289.17	328.35
南京市	Nanjing City	56.11	75.88	127.55
苏州市	Suzhou City	63.43	104.65	144.72
无锡市	Wuxi City	52.99	82.28	163.01
常州市	Changzhou City	22.91	34.90	43.15
镇江市	Zhenjiang City	32.71	43.43	68.30
南通市	Nantong City	37.82	51.49	85.48
扬州市	Yangzhou City	31.36	39.06	59.53
泰州市	Taizhou City	10.58	15.07	35.18
杭州市	Hangzhou City	33.79	59.66	62.30
宁波市	Ningbo City	80.31	128.59	266.35
嘉兴市	Jiaxing City	27.87	79.56	154.98
湖州市	Huzhou City	15.67	40.13	58.28
绍兴市	Shaoxing City	21.82	51.89	78.73
舟山市	Zhoushan City	6.02	8.52	16.89
台州市	Taizhou City	40.95	48.07	81.55
珠江三角洲经济区	**Pearl River Delta**			
广州市	Guangzhou City	132.16	172.42	198.82
深圳市	Shenzhen City	166.21	272.53	301.05
珠海市	Zhuhai City	50.17	71.32	81.04
佛山市	Foshan City	71.30	92.31	
江门市	Jiangmen City	13.85	18.52	43.38
东莞市	Dongguan City	131.37	124.50	153.68
中山市	Zhongshan City	21.30	30.71	35.13
惠州市区	Huizhou Urban District	7.74	9.08	11.60
惠阳市	Huiyang City	2.99	2.84	3.06
惠东县	Huidong County	0.51	0.57	0.53
博罗县	Boluo County	0.98	0.69	0.95
肇庆市区	Zhaoqing Urban District	3.48	5.13	6.58
高要市	Gaoyao City	1.03	0.66	1.15
四会市	Sihui City	0.81	0.69	0.77

8-4 全部国有及规模以上非国有工业企业总产值(2004年)

Gross Output Value of All State-owned and Non-state-owned Industrial Enterprises above Designated Size (2004)

按当年价格计算。

Calculated at current prices.

单位：亿元 (100 million yuan)

地区	Area	总计 Total	按登记注册类型分 Grouped by Status of Registration				
			国有及国有控股企业 State-owned and State-holding Enterprises	集体企业 Collective-owned Enterprises	股份有限公司 Share-holding Corporation Ltd.	外商投资公司 Foreign Funded Enterprises	港澳台商投资企业 Enterprises with Funds from Hong Kong, Macao&Taiwan
长江三角洲经济区	**Yangtze River Delta**						
上海市	Shanghai City	12885.01	954.66	370.80	767.25	6410.01	1738.69
南京市	Nanjing City	3285.02	1560.73	84.70	1380.53	239.10	827.41
苏州市	Suzhou City	7307.54	263.31	75.38	380.62	3439.37	1249.68
无锡市	Wuxi City	4575.08	526.34	682.71	186.40	479.99	828.81
常州市	Changzhou City	2012.73	200.36	74.00	135.30	151.15	268.61
镇江市	Zhenjiang City	1073.11	219.06	111.62	15.63	114.95	208.56
南通市	Nantong City	1603.36	144.58	47.12	178.65	395.69	167.95
扬州市	Yangzhou City	1129.56	316.35	108.51		67.81	100.15
泰州市	Taizhou City	997.35	178.85	146.90	135.99	104.07	49.53
杭州市	Hangzhou City	4149.10	316.74	312.27	127.57	776.40	442.99
宁波市	Ningbo City	3815.04	980.30	65.14	569.66	655.58	638.62
嘉兴市	Jiaxing City	1744.30	77.87	14.09	48.55	369.57	215.06
湖州市	Huzhou City	832.74	89.63	30.78	77.81	72.74	90.29
绍兴市	Shaoxing City	2514.25	155.31	119.74	155.11	225.21	485.12
舟山市	Zhoushan City	221.82	47.31	3.03	10.61	32.28	7.60
台州市	Taizhou City	1352.92	80.66	32.63	93.89	112.79	87.02
珠江三角洲经济区	**Pearl River Delta**						
广州市	Guangzhou City	5043.33	1583.01	173.54	315.18	1938.47	1385.94
深圳市	Shenzhen City	6509.27		14.79	583.21	1769.94	3381.30
珠海市	Zhuhai City	1262.67	111.91	17.83			
佛山市	Foshan City	3331.31	171.55	153.50	1352.35	305.51	1066.36
江门市	Jiangmen City	1322.85	153.64	78.44	156.51	281.78	340.55
东莞市	Dongguan City	2583.22	134.14	96.20	392.49	2209.77	
中山市	Zhongshan City	1694.71	17.56	79.56	6.91	353.31	726.87
惠州市区	Huizhou Urban District	820.38	274.44	1.92			
惠阳市	Huiyang City	149.95	13.50				
惠东县	Huidong County	23.08	1.99	2.53			
博罗县	Boluo County	118.99	3.81	2.86			
肇庆市区	Zhaoqing Urban District	146.02	31.92	4.77	17.15	33.04	64.35
高要市	Gaoyao City	174.91	11.09	21.72	11.53	8.16	82.58
四会市	Sihui City	116.47	1.50	4.73	18.89	11.69	25.60

8-4 续表 continued

按当年价格计算。

Calculated at current prices.

单位：亿元 (100 million yuan)

地区	Area	按轻、重工业分 by Light、Heavy Industry		按生产规模分 by Production Size		
		轻工业 Light Industry	重工业 Heavy Industry	大型企业 Large Enterprises	中型企业 Medium-sized Enterprises	小型企业 Small Enterprises
长江三角洲经济区	**Yangtze River Delta**					
上海市	Shanghai City	3485.29	9399.72	4563.90	3692.55	4628.56
南京市	Nanjing City	2732.03	552.99			932.60
苏州市	Suzhou City	2397.58	4909.97	2181.20	2961.07	2165.27
无锡市	Wuxi City	1344.91	3230.17	1288.56	1446.91	1740.39
常州市	Changzhou City	696.18	1316.55	327.46	649.45	1035.82
镇江市	Zhenjiang City	399.19	673.92	207.15	333.60	532.36
南通市	Nantong City	796.43	806.93	67.65	674.23	861.48
扬州市	Yangzhou City	464.39	665.16			
泰州市	Taizhou City	402.99	594.36	105.19	407.08	485.08
杭州市	Hangzhou City	1931.47	2217.63	873.46	1814.89	1460.75
宁波市	Ningbo City	1431.22	2383.82	667.34	1288.62	1859.08
嘉兴市	Jiaxing City	1028.20	716.10	103.35	642.20	998.74
湖州市	Huzhou City	362.51	470.23	7.64	239.32	585.78
绍兴市	Shaoxing City	1632.95	881.30	145.24	1262.95	1106.06
舟山市	Zhoushan City	146.07	75.75	14.64	80.67	126.51
台州市	Taizhou City	586.07	766.84	165.66	387.40	799.86
珠江三角洲经济区	**Pearl River Delta**					
广州市	Guangzhou City	2269.64	2773.69	1511.80	1889.69	1641.85
深圳市	Shenzhen City	1806.10	4713.17	3183.89	2197.60	1127.78
珠海市	Zhuhai City	532.11	730.56	511.58	399.78	351.31
佛山市	Foshan City	1770.34	1560.97	797.12	1079.35	1454.84
江门市	Jiangmen City	793.47	529.38	162.77	406.28	753.81
东莞市	Dongguan City	1186.35	1396.87	518.21	1399.65	665.37
中山市	Zhongshan City	1087.25	607.46	124.50	690.93	879.28
惠州市区	Huizhou Urban District	441.84	378.55			
惠阳市	Huiyang City	68.37	81.58			
惠东县	Huidong County	16.48	6.61			
博罗县	Boluo County	51.13	67.86			
肇庆市区	Zhaoqing Urban District	63.52	82.50	27.39	71.61	47.02
高要市	Gaoyao City	86.46	88.45		54.26	120.65
四会市	Sihui City	55.96	60.51		21.78	94.69

8-5 全部国有及规模以上非国有工业企业主要指标（2004年）

Main Indicators of All State-owned and Non-state-owned Industrial Enterprises above Designated Size(2004)

单位：亿元　　(100 million yuan)

地区	Area	企业单位数（个）Number of Enterprises (unit)	工业总产值 Gross Industrial Output Value	工业增加值 Value-added of Industry	实收资本 Total Capital Hold	资产合计 Total Assets	流动资产合计 Circulating Funds
长江三角洲经济区	**Yangtze River Delta**						
上海市	Shanghai City	12316	12885.01	3427.04		13684.78	
南京市	Nanjing City	2165	3285.02	810.08		2790.68	
苏州市	Suzhou City	5044	7307.54	1918.31		5789.95	
无锡市	Wuxi City	4543	4575.08	1088.88		3421.95	1833.46
常州市	Changzhou City	3161	2012.73	471.57	345.62	1665.93	983.66
镇江市	Zhenjiang City	1531	1073.11	298.72	266.93	1027.12	539.75
南通市	Nantong City	2715	1603.36	427.77		1072.47	
扬州市	Yangzhou City	1773	1129.56	309.88		862.40	
泰州市	Taizhou City	1492	997.35	282.14		673.74	
杭州市	Hangzhou City	5627	4149.10	922.29	927.55	3828.56	2294.09
宁波市	Ningbo City	8263	3815.04	773.07	730.15	3335.02	1800.17
嘉兴市	Jiaxing City	4860	1744.30	391.53		1942.54	844.36
湖州市	Huzhou City	2348	832.74	186.38	163.20	678.36	309.97
绍兴市	Shaoxing City	3876	2514.25	487.39	515.43	2315.83	1248.77
舟山市	Zhoushan City	450	221.82	49.60	42.55	207.28	119.16
台州市	Taizhou City	3825	1352.92	303.20	244.05	1072.10	616.36
珠江三角洲经济区	**Pearl River Delta**						
广州市	Guangzhou City	4727	5043.33	1427.27		4245.72	
深圳市	Shenzhen City	2355	6509.27	1813.48		5189.88	
珠海市	Zhuhai City	847	1262.67	254.28		1044.52	
佛山市	Foshan City	4078	3331.31	812.64		2506.68	
江门市	Jiangmen City	2134	1322.85	299.76		1000.05	
东莞市	Dongguan City	2049	2583.22	625.69		2207.35	
中山市	Zhongshan City	2542	1694.71	434.95		1067.75	
惠州市区	Huizhou Urban District	474	820.38	182.37		538.19	
惠阳市	Huiyang City	119	149.95	33.33		142.55	
惠东县	Huidong County	64	23.08	6.81		24.01	
博罗县	Boluo County	184	118.99	30.49		115.51	
肇庆市区	Zhaoqing Urban District	178	146.02	39.52		162.06	
高要市	Gaoyao City	224	174.91	41.61		58.50	
四会市	Sihui City	197	116.47	25.14		53.39	

8–5 续表 1 continued

单位：亿元 (100 million yuan)

地区	Area	流动资产年平均余额 Annual Average Balance of Circulating Funds	固定资产原价合计 Original Value of Fixed Assets	固定资产净值年平均余额 Annual Average Balance of Net Value of Fixed Assets	流动负债合计 Total Liquid Liabilities	长期负债合计 Long-term Liabilities	所有者权益合计 Creditors' Equity
长江三角洲经济区	**Yangtze River Delta**						
上海市	Shanghai City	6867.50		4420.09			6807.95
南京市	Nanjing City	1403.97		871.21			
苏州市	Suzhou City	2972.16		1916.71			2151.15
无锡市	Wuxi City	1833.46		957.89			
常州市	Changzhou City	958.55	695.28	445.21			
镇江市	Zhenjiang City	478.81	524.45	331.52	590.57	142.80	359.12
南通市	Nantong City	523.76		418.52			
扬州市	Yangzhou City	374.83		364.96			
泰州市	Taizhou City	341.88		194.85			258.76
杭州市	Hangzhou City	2028.79	1658.01	969.84	2081.74	270.95	1602.03
宁波市	Ningbo City	1652.13	1602.75	1056.30	1646.01	313.50	1375.48
嘉兴市	Jiaxing City	765.59	1448.81	828.29	842.36	62.84	66.43
湖州市	Huzhou City	298.54	373.76	267.22	302.48	97.32	276.05
绍兴市	Shaoxing City	1152.26	1064.81	746.72	1204.17	183.88	914.22
舟山市	Zhoushan City	105.67	83.66	53.66	117.05	23.46	66.61
台州市	Taizhou City	574.05	430.54	283.98	583.26	57.32	431.52
珠江三角洲经济区	**Pearl River Delta**						
广州市	Guangzhou City	2162.53		1414.64			1992.28
深圳市	Shenzhen City						
珠海市	Zhuhai City	535.47		351.94			431.30
佛山市	Foshan City	1384.82		777.10			
江门市	Jiangmen City	447.75		382.24			338.96
东莞市	Dongguan City	1293.80		673.70			911.63
中山市	Zhongshan City	583.87		340.97			414.03
惠州市区	Huizhou Urban District	315.60		127.31			
惠阳市	Huiyang City	74.35		43.95			
惠东县	Huidong County	9.34		12.79			
博罗县	Boluo County	57.00		41.44			
肇庆市区	Zhaoqing Urban District	79.61		61.00			60.71
高要市	Gaoyao City	26.78		23.09			33.04
四会市	Sihui City	29.74		18.74			31.46

8–5 续表2 continued

单位：亿元 (100 million yuan)

地区	Area	产品销售收入 Sales Revenue	产品销售成本 Cost of Sales	产品销售税金及附加 Sales Tax and Extra Charges	产品销售利润 Sales Profit	利润总额 Total Profits	本年应交增值税 Value Added Tax Payable
长江三角洲经济区	**Yangtze River Delta**						
上海市	Shanghai City	13863.25	11607.29	161.12	1662.79	1003.48	377.11
南京市	Nanjing City	3227.51	2725.04	48.88	355.51	200.32	102.04
苏州市	Suzhou City	7146.77	6399.05	12.44		309.56	123.84
无锡市	Wuxi City	4399.76	3939.74	14.45	211.56	211.56	99.82
常州市	Changzhou City	1959.36	1742.70	7.10	216.66	77.92	49.10
镇江市	Zhenjiang City	979.10	842.94	4.46	97.13	35.63	36.71
南通市	Nantong City	1499.81	1325.69	4.55		73.61	41.54
扬州市	Yangzhou City	1046.46	909.09	5.60		40.42	36.92
泰州市	Taizhou City	879.94	719.01	7.83	153.10	43.05	35.69
杭州市	Hangzhou City	4075.20	3446.27	60.87	421.28	220.83	112.67
宁波市	Ningbo City	3660.69	3123.82	57.77	217.75	241.31	118.55
嘉兴市	Jiaxing City	1703.33	1493.74	7.45	134.32	77.61	56.48
湖州市	Huzhou City	808.81	709.92	4.62	76.49	43.36	27.97
绍兴市	Shaoxing City	2432.19	2141.17	16.17	122.38	131.67	68.66
舟山市	Zhoushan City	203.24	181.26	1.01	5.09	5.96	5.13
台州市	Taizhou City	1301.66	1108.04	15.77	156.07	76.51	41.69
珠江三角洲经济区	**Pearl River Delta**						
广州市	Guangzhou City	5093.81	4073.86	78.47	617.37	394.64	175.48
深圳市	Shenzhen City	6333.49	5234.52	24.28		400.04	95.07
珠海市	Zhuhai City	1239.30	1107.71	1.66	91.28	50.49	18.35
佛山市	Foshan City	3374.17	2955.38	9.91		85.63	61.25
江门市	Jiangmen City	1279.31	1079.28	12.91		29.53	27.39
东莞市	Dongguan City	2733.19	2454.96	2.72		90.04	52.64
中山市	Zhongshan City	1622.30	1446.72	2.50	128.36	43.73	35.98
惠州市区	Huizhou Urban District	835.23	754.27	0.35	39.97	20.56	9.58
惠阳市	Huiyang City	150.01	137.65	0.10	10.39	3.09	1.41
惠东县	Huidong County	22.94	21.49	0.09	1.01	-0.12	0.22
博罗县	Boluo County	115.18	102.88	0.15	9.58	3.31	0.71
肇庆市区	Zhaoqing Urban District	155.40	137.93	0.68		1.26	4.49
高要市	Gaoyao City	155.44	130.07	0.57		5.24	2.96
四会市	Sihui City	102.38	95.03	0.61		1.25	1.15

8-6 全部国有及规模以上非国有工业企业主要经济效益指标（2004年）

Main Indicators on Economic Benefit of All State-owned and Non-state-owned Industrial Enterprises above Designated Size(2004)

地区	Area	工业增加值率(%) Ratio of Value Added to Gross Industrial Output Value(%)	总资产贡献率(%) Ratio of Total Assets to Industrial Output Value(%)	资产负债率(%) Assets-Liability Ratio (%)	流动资产周转次数（次／年） Number of Times of Turnover of Circulatin Fund (times/year)	工业成本费用利润率(%) Ratio of Profits to Industrial Cost (%)	全员劳动生产率（元／人.年） Overall Labor Productivity (yuan/ person-year)	产品销售率(%) Proportion of Products Sold (%)
长江三角洲经济区	**Yangtze River Delta**							
上海市	Shanghai City		12.60	50.30	2.00	7.80	147212	99.10
南京市	Nanjing City	24.70	14.16	57.93	2.29	6.67	138553	97.82
苏州市	Suzhou City	25.81	9.80	62.85	2.40	4.52	122451	98.31
无锡市	Wuxi City	23.80	11.67	62.04	2.40	5.00	120686	97.67
常州市	Changzhou City	20.45	10.05	65.30	2.09	4.14	85671	98.20
镇江市	Zhenjiang City	27.84	9.62	66.84	2.04	3.80	89914	97.00
南通市	Nantong City	26.68	12.73	60.06	2.80	5.14	88183	98.29
扬州市	Yangzhou City							97.00
泰州市	Taizhou City	28.29	15.21	61.59	2.57	5.17	104180	97.99
杭州市	Hangzhou City	22.20	12.24	58.16	2.01	5.77	106159	98.42
宁波市	Ningbo City	17.75		58.76	2.22	7.10	59957	98.10
嘉兴市	Jiaxing City	22.43	11.90	65.8	2.22	4.74	50731	98.02
湖州市	Huzhou City	19.59	11.20	59.31	2.71	5.63	73059	98.10
绍兴市	Shaoxing City	17.05	12.72	60.52	2.30	5.71	72161	97.61
舟山市	Zhoushan City	22.36	8.58	67.47	1.81	3.19	74058	96.14
台州市	Taizhou City	22.40	13.69	59.75	2.27	6.27	55849	97.20
珠江三角洲经济区	**Pearl River Delta**							
广州市	Guangzhou City	28.28	16.97	53.08	2.36	8.47	107077	97.12
深圳市	Shenzhen City	27.86	11.90	57.94	2.20	6.94	127367	97.76
珠海市	Zhuhai City	20.14	7.79	58.71	2.31	4.23	99270	97.40
佛山市	Foshan City	24.40	7.70	62.10	2.40	2.70	82384	97.30
江门市	Jiangmen City	22.66	9.07	66.11	2.86	2.52	69776	96.87
东莞市	Dongguan City	24.22	117.03	58.70		3.40	52464	99.60
中山市	Zhongshan City	25.13	8.78	61.22	2.78	2.82	59446	97.13
惠州市区	Huizhou Urban District	22.23	9.32	66.60	2.65	2.49	90143	97.47
惠阳市	Huiyang City	22.23						
惠东县	Huidong County	29.50	1.14	50.93	2.46	-0.52	25766	97.46
博罗县	Boluo County	25.62	4.35	61.21	2.02	3.02	48204	95.85
肇庆市区	Zhaoqing Urban District	27.06	4.75	62.55	1.95	0.86	76542	98.56
高要市	Gaoyao City	23.78	16.99	43.53	5.80	3.51	64263	96.18
四会市	Sihui City	21.58	6.59	41.09	3.44	1.26	62070	96.54

8-7 港、澳、台商投资企业和外商投资企业主要指标

Main Indicators of Hong Kong,Macao,Taiwan and Foreign Funded Enterprises

地区	Area	企业单位数(个) Number of Enterprises(unit)			工业总产值（亿元） Gross Industrial Output Value(100 million yuan)		
		2000	2003	2004	2000	2003	2004
长江三角洲经济区	**Yangtze River Delta**						
上海市	Shanghai City	4716	5758	4797	3492.17	6557.88	8148.70
南京市	Nanjing City	418	508	525	470.44	699.19	1066.51
苏州市	Suzhou City	982	1617	1972	1184.67	3011.91	4689.05
无锡市	Wuxi City	436	651	789	397.28	813.94	1308.80
常州市	Changzhou City	268	445	495	169.30	322.25	419.77
镇江市	Zhenjiang City	153	312	342	125.43	257.30	323.51
南通市	Nantong City	362	582	685	236.84	398.08	563.64
扬州市	Yangzhou City	139	206	228	63.02	121.59	167.96
泰州市	Taizhou City	116	148	186	72.82	105.75	153.60
杭州市	Hangzhou City	514	790	903	398.60	845.10	1219.38
宁波市	Ningbo City	629	1067	2115	359.56	684.72	1294.20
嘉兴市	Jiaxing City	248	487	1010	153.99	276.30	584.64
湖州市	Huzhou City	58	156	342	38.65	70.70	163.03
绍兴市	Shaoxing City	214	411	884	127.77	326.77	710.33
舟山市	Zhoushan City	14	22	39	9.28	25.19	39.88
台州市	Taizhou City	142	233	356	54.82	152.98	199.80
珠江三角洲经济区	**Pearl River Delta**						
广州市	Guangzhou City	1810	1891	1960	1448.53	2521.04	3324.41
深圳市	Shenzhen City	1450	1827	1494	2003.05	4057.01	3381.30
珠海市	Zhuhai City	528	554	593	449.44	775.92	991.81
佛山市	Foshan City	675	967	1087	691.19	1057.65	1371.87
江门市	Jiangmen City	480	678	674	357.32	534.75	622.33
东莞市	Dongguan City	1320	1628	1634	726.00	1801.38	2209.77
中山市	Zhongshan City	547	936	957	361.33	847.15	1080.18
惠州市区	Huizhou Urban District	220	336	362	358.06	688.69	786.78
惠阳市	Huiyang City	102	88	100	129.21	158.02	139.34
惠东县	Huidong County	21	29	33	11.24	20.26	17.22
博罗县	Boluo County	108	134	141	62.00	88.44	106.88
肇庆市区	Zhaoqing Urban District	81	98	84	59.90	91.90	97.39
高要市	Gaoyao City	70	90	89	49.50	78.14	90.74
四会市	Sihui City	39	37	56	21.74	24.88	37.29

8-7 续表 1 continued

单位：亿元 (100 million yuan)

地区	Area	工业增加值 Value-added of Industry			资产合计 Total Assets		
		2000	2003	2004	2000	2003	2004
长江三角洲经济区	**Yangtze River Delta**						
上海市	Shanghai City	858.38	1615.98		4244.65	6266.33	7245.03
南京市	Nanjing City	114.37	153.78	222.45		548.68	688.43
苏州市	Suzhou City	277.68	807.80	1239.60	1097.56	2499.58	3515.50
无锡市	Wuxi City	106.11	210.77		451.91	720.14	1024.40
常州市	Changzhou City	40.14	72.48	91.21	167.68	286.74	356.09
镇江市	Zhenjiang City	27.53	72.83	89.55	256.05	318.71	383.91
南通市	Nantong City	64.02	118.88	156.14	250.28	386.71	482.80
扬州市	Yangzhou City	15.08	33.05		62.14	95.09	862.40
泰州市	Taizhou City	18.52	33.94	49.69	77.69	90.48	113.76
杭州市	Hangzhou City	91.62	230.12	281.04	387.46	789.40	964.34
宁波市	Ningbo City	78.35	144.77	238.88	389.68	659.19	1246.79
嘉兴市	Jiaxing City	33.59	72.62	127.99	140.53	282.83	600.49
湖州市	Huzhou City	9.09	17.43	38.71	37.48	59.16	157.42
绍兴市	Shaoxing City	26.95	61.00	133.19	114.06	292.64	655.77
舟山市	Zhoushan City	2.57	6.36	8.52	11.28	25.41	37.58
台州市	Taizhou City	11.24	42.46	39.71	37.43	111.92	137.17
珠江三角洲经济区	**Pearl River Delta**						
广州市	Guangzhou City	390.75	725.78	947.88	1555.65	2108.73	2479.62
深圳市	Shenzhen City	572.98	950.48	920.34	1812.14	2707.65	2186.37
珠海市	Zhuhai City	104.83	149.25	190.72	490.94	634.41	723.02
佛山市	Foshan City	174.53	248.86		691.27	944.13	1090.64
江门市	Jiangmen City	82.00	119.48	141.00	332.95	407.24	400.95
东莞市	Dongguan City	183.47	463.20		792.66	1475.20	1799.63
中山市	Zhongshan City	87.18	204.32	248.36	375.85	638.36	721.34
惠州市区	Huizhou Urban District	67.06	152.58	173.64	212.30	373.56	446.28
惠阳市	Huiyang City	23.84	34.85	29.69	86.30	98.32	112.88
惠东县	Huidong County	2.77	5.86	4.98	8.43	14.10	15.12
博罗县	Boluo County	13.17	22.51	27.20	53.38	80.82	103.77
肇庆市区	Zhaoqing Urban District	143.08	19.18	21.06	48.79	68.94	65.23
高要市	Gaoyao City	7.85	16.07	19.62	33.52	31.51	33.11
四会市	Sihui City	5.26	5.85	8.06	10.36	11.55	21.88

8–7 续表2 continued

单位：亿元 (100 million yuan)

地区	Area	流动资产合计 Circulating Funds			固定资产原价合计 Original Value of Fixed Assets		
		2000	2003	2004	2000	2003	2004
长江三角洲经济区	**Yangtze River Delta**						
上海市	Shanghai City	2267.30	3618.42	4217.15	2153.60	3310.62	
南京市	Nanjing City				192.53	299.28	
苏州市	Suzhou City	547.12	1378.23		609.50	1296.35	
无锡市	Wuxi City	228.38	352.21	515.32	281.53	433.73	
常州市	Changzhou City	90.25	170.83	216.82	78.92	123.35	147.56
镇江市	Zhenjiang City	105.94	120.51		151.05	205.10	
南通市	Nantong City	100.24	161.61		161.01	285.57	
扬州市	Yangzhou City	36.48	51.31		30.14	44.47	
泰州市	Taizhou City	36.56	46.14	58.32	46.63	53.72	
杭州市	Hangzhou City	220.91	536.67	601.17	186.66	290.88	540.53
宁波市	Ningbo City	194.81	361.67	683.71	217.27	337.45	573.26
嘉兴市	Jiaxing City	72.09	144.77	323.85	57.54	144.49	233.83
湖州市	Huzhou City	14.90	28.96	69.77	24.16	67.09	80.66
绍兴市	Shaoxing City	49.06	148.12	376.13	76.17	153.55	305.87
舟山市	Zhoushan City	7.32	19.42	26.41	4.30	6.17	10.25
台州市	Taizhou City	23.56	57.99	82.81	14.82	83.29	40.25
珠江三角洲经济区	**Pearl River Delta**						
广州市	Guangzhou City	800.98	1205.81		881.38	1130.09	
深圳市	Shenzhen City	949.82	1669.90		1075.78	1409.77	
珠海市	Zhuhai City	230.99	328.74		243.27	382.81	
佛山市	Foshan City	366.14	567.60		404.75	315.06	
江门市	Jiangmen City	179.85	218.77		146.32	207.18	
东莞市	Dongguan City	376.08	872.78		541.35	902.70	
中山市	Zhongshan City	190.15	353.80		213.46	342.78	
惠州市区	Huizhou Urban District	154.70	268.53		73.30	123.77	
惠阳市	Huiyang City	55.64	60.64		40.53	49.45	
惠东县	Huidong County	4.44	6.49		3.96	8.47	
博罗县	Boluo County	24.16	40.64		29.26	50.87	
肇庆市区	Zhaoqing Urban District	27.24	35.31		32.30	50.01	
高要市	Gaoyao City	10.93	13.94		18.19	15.79	
四会市	Sihui City	4.08	5.59		6.75	6.12	

8-7 续表3 continued

单位：亿元 (100 million yuan)

地区	Area	流动负债合计 Total Liquid Liabilities			长期负债合计 Long-term Liabilities		
		2000	2003	2004	2000	2003	2004
长江三角洲经济区	**Yangtze River Delta**						
上海市	Shanghai City	1855.08	2904.83		259.40	352.95	
南京市	Nanjing City	191.01	276.84				
苏州市	Suzhou City	542.29	1346.96		108.06	184.66	
无锡市	Wuxi City		353.39			51.45	
常州市	Changzhou City	88.76	150.63		10.39	13.18	
镇江市	Zhenjiang City	106.60	151.85	198.24	78.44	39.41	63.52
南通市	Nantong City	99.57	172.82		44.86	28.61	
扬州市	Yangzhou City	35.75	51.76		2.10	5.15	
泰州市	Taizhou City	37.90	43.81		5.59	4.64	
杭州市	Hangzhou City	201.07	443.78	719.73	21.90	33.96	57.09
宁波市	Ningbo City	167.99	312.87	610.92	55.85	54.41	99.44
嘉兴市	Jiaxing City	63.65	127.85	293.64	11.84	17.88	40.22
湖州市	Huzhou City	14.74	28.87	62.88	3.55	3.61	11.16
绍兴市	Shaoxing City	53.75	137.68	334.62	8.55	25.25	41.98
舟山市	Zhoushan City	6.58	16.91	26.20	1.31	1.83	2.94
台州市	Taizhou City	21.75	58.85	79.57	1.94	2.41	5.12
珠江三角洲经济区	**Pearl River Delta**						
广州市	Guangzhou City	799.86	966.18		138.47	142.95	
深圳市	Shenzhen City	803.31	1296.55		205.95	183.78	
珠海市	Zhuhai City	194.10	269.10		82.37	99.04	
佛山市	Foshan City	379.72	522.56		69.05	45.50	
江门市	Jiangmen City	170.46	187.55		40.74	35.27	
东莞市	Dongguan City	326.39	759.51		76.81	33.57	
中山市	Zhongshan City	182.32	335.15		49.43	38.59	
惠州市区	Huizhou Urban District	128.58	221.57		13.99	14.37	
惠阳市	Huiyang City	43.01	58.24		1.59	2.12	
惠东县	Huidong County	2.66	6.36		0.21	1.97	
博罗县	Boluo County	24.27	39.33		7.85	6.26	
肇庆市区	Zhaoqing Urban District	23.50	33.55		2.75	4.47	
高要市	Gaoyao City	11.76	9.48		8.89	3.82	
四会市	Sihui City	4.06	3.80		0.82	0.55	

8-7 续表4 continued

单位：亿元 (100 million yuan)

地区	Area	所有者权益合计 Creditors' Equity			产品销售收入 Sales Revenue		
		2000	2003	2004	2000	2003	2004
长江三角洲经济区	**Yangtze River Delta**						
上海市	Shanghai City	2116.02	2986.70	3350.77	3565.76	6858.80	8790.91
南京市	Nanjing City				451.63	666.12	1036.89
苏州市	Suzhou City	444.13	957.35	1387.75	1144.49	3018.08	4622.56
无锡市	Wuxi City	205.84	315.30		386.28	802.47	1282.43
常州市	Changzhou City	67.94	121.05		163.40	323.78	417.88
镇江市	Zhenjiang City	70.89	126.40	154.75	108.92	254.90	310.08
南通市	Nantong City	103.90	184.74		218.58	384.32	544.18
扬州市	Yangzhou City	23.73	38.10		55.97	115.30	
泰州市	Taizhou City	34.01	41.96	50.80	63.17	89.09	124.91
杭州市	Hangzhou City	164.49	311.67	394.93	380.41	871.98	1273.05
宁波市	Ningbo City	165.85	291.91	536.44	343.78	667.48	1265.13
嘉兴市	Jiaxing City	65.03	137.09	266.57	131.08	272.83	568.95
湖州市	Huzhou City	19.19	26.68	83.26	35.01	67.38	159.09
绍兴市	Shaoxing City	51.75	129.72	278.21	121.36	315.29	680.92
舟山市	Zhoushan City	3.40	6.67	8.44	11.61	26.12	41.67
台州市	Taizhou City	13.73	50.66	52.48	51.97	118.02	194.68
珠江三角洲经济区	**Pearl River Delta**						
广州市	Guangzhou City	617.32	986.79	1165.67	1388.46	2496.36	3256.89
深圳市	Shenzhen City	785.57	1224.01		1927.79	3931.52	3200.05
珠海市	Zhuhai City	201.28	261.99	292.99	415.69	744.54	1239.30
佛山市	Foshan City	233.99	372.74		680.18	1022.38	1328.59
江门市	Jiangmen City	116.57	179.18	165.11	326.75	501.23	585.98
东莞市	Dongguan City	389.45	682.12	747.45	722.82	1784.15	2190.14
中山市	Zhongshan City	141.96	254.90	289.46	338.31	806.92	1016.71
惠州市区	Huizhou Urban District	68.63	137.63		336.77	655.80	766.83
惠阳市	Huiyang City	39.98	37.89		127.68	159.56	139.42
惠东县	Huidong County	4.62	5.78		10.95	20.23	17.16
博罗县	Boluo County	21.00	35.23		60.57	85.76	103.77
肇庆市区	Zhaoqing Urban District	22.41	29.81	25.72	55.82	84.22	93.85
高要市	Gaoyao City	12.03	16.17	16.98	36.17	69.20	81.06
四会市	Sihui City	5.05	7.95	12.96	16.30	13.34	31.91

8-7 续表 5　continued

单位：亿元　　(100 million yuan)

地区	Area	产品销售利润 Sales Profit			利润总额 Total Profits		
		2000	2003	2004	2000	2003	2004
长江三角洲经济区	**Yangtze River Delta**						
上海市	Shanghai City	518.14	874.91	1005.41	242.92	471.40	571.19
南京市	Nanjing City					29.84	46.56
苏州市	Suzhou City	165.65	241.39		56.79	137.84	201.17
无锡市	Wuxi City	52.84	98.74	131.63	25.38	54.32	82.69
常州市	Changzhou City	18.59	35.62		8.17	18.84	19.43
镇江市	Zhenjiang City	10.75	30.34	34.33	12.02	13.62	16.54
南通市	Nantong City	23.78	52.78		14.22	30.70	37.25
扬州市	Yangzhou City	5.52	11.65		2.55	5.66	
泰州市	Taizhou City	7.78	10.98	16.04	1.95	5.39	6.44
杭州市	Hangzhou City	48.18	120.92	145.44	23.00	71.15	72.67
宁波市	Ningbo City	46.33	80.98	75.73	14.37	47.49	82.70
嘉兴市	Jiaxing City	15.87	36.10	46.29	8.42	23.09	47.96
湖州市	Huzhou City	4.01	7.36	15.87	1.78	3.85	9.36
绍兴市	Shaoxing City	12.26	31.15	33.78	6.57	17.46	34.94
舟山市	Zhoushan City	1.16	1.69	1.76	0.39	0.63	0.19
台州市	Taizhou City	5.61	12.11	16.89	2.63	6.47	8.15
珠江三角洲经济区	**Pearl River Delta**						
广州市	Guangzhou City	171.04	372.89	446.94	68.39	247.11	310.51
深圳市	Shenzhen City	227.13			222.42	337.33	202.40
珠海市	Zhuhai City	39.40	61.02	70.27	27.35	42.30	50.49
佛山市	Foshan City	55.11			17.91	36.01	36.08
江门市	Jiangmen City	20.30	42.41		3.22	10.73	16.68
东莞市	Dongguan City	90.97	146.66	173.88	32.24	49.33	59.07
中山市	Zhongshan City	24.09	88.82	76.96	3.34	26.01	32.64
惠州市区	Huizhou Urban District	22.95	41.28	40.58	11.61	29.45	23.37
惠阳市	Huiyang City	7.39	7.25	9.48	2.74	1.94	3.28
惠东县	Huidong County	1.71	0.61	0.45	0.06	0.02	-0.22
博罗县	Boluo County	7.75	8.17	8.56	2.50	3.28	3.16
肇庆市区	Zhaoqing Urban District	5.53	4.50		1.48	0.65	1.14
高要市	Gaoyao City	2.01	4.78		0.11	2.19	2.59
四会市	Sihui City	0.59	0.88		-0.01	0.17	1.25

8-8 主要工业产品产量

Output of Major Industrial Products

地区	Area	化学纤维(万吨) Chemical Fiber(10 000 tons)		纱(万吨) Yarn(10 000 tons)		布(亿米) Cloth (100 million m)	
		2003	2004	2003	2004	2003	2004
长江三角洲经济区	**Yangtze River Delta**						
上海市	Shanghai City	54.17	48.45	12.39	11.31	1.71	1.26
南京市	Nanjing City	3.56	3.36	3.22	2.52	0.38	0.45
苏州市	Suzhou City	77.96	115.90	50.05	54.45	3.39	3.58
无锡市	Wuxi City	108.94	141.49	31.71	35.38	5.53	6.07
常州市	Changzhou City	13.64		16.78		20.88	
镇江市	Zhenjiang City	2.02	0.65	4.02	3.05	1.42	1.07
南通市	Nantong City	16.42	20.32	23.00	28.36	10.79	13.60
扬州市	Yangzhou City	64.39		9.36		2.05	
泰州市	Taizhou City	2.93	3.91	10.71	10.30	2.02	2.49
杭州市	Hangzhou City	134.11	191.99	17.19	22.88	19.70	23.67
宁波市	Ningbo City	46.33	80.98	75.73	14.37	47.49	82.7
嘉兴市	Jiaxing City	105.99	131.20	4.39	6.23	5.26	8.69
湖州市	Huzhou City	2.37		0.98	2.28	1.30	3.61
绍兴市	Shaoxing City	130.92	171.68	8.10	13.00	10.97	14.13
舟山市	Zhoushan City	5.48	5.03	1.11	2.18	0.09	0.23
台州市	Taizhou City			2.36	0.73	1.54	2.74
珠江三角洲经济区	**Pearl River Delta**						
广州市	Guangzhou City	2.88	1.63	1.00	0.77	4.04	3.93
深圳市	Shenzhen City	1.43	1.51			0.13	0.27
珠海市	Zhuhai City	0.03	0.05			0.62	0.65
佛山市	Foshan City	10.41	11.25	1.50	2.05	3.36	3.72
江门市	Jiangmen City	21.59	22.24	3.85	4.68	1.87	2.47
东莞市	Dongguan City	1.06	1.09	4.31	4.21	5.73	6.51
中山市	Zhongshan City	1.70	14.29	1.87	1.68	1.22	2.41
惠州市区	Huizhou Urban District					0.25	0.17
惠阳市	Huiyang City			0.22	0.30		
惠东县	Huidong County					0.02	0.02
博罗县	Boluo County					0.25	0.34
肇庆市区	Zhaoqing Urban District	0.75	0.45	2.74	2.77	0.32	0.25
高要市	Gaoyao City	1.26	0.62				
四会市	Sihui City						

8-8 续表1 continued

地区	Area	丝(万吨) Silk(10 000 tons)		机制纸及纸板(万吨) Machine-made Paper and Paperboards(10 000 tons)		塑料(万吨) Plastics(10 000 tons)	
		2003	2004	2003	2004	2003	2004
长江三角洲经济区	**Yangtze River Delta**						
上海市	Shanghai City	713.86 ①	456.33 ①	44.4	35.96	158.26	163.44
南京市	Nanjing City	0.02	0.02	8.99	11.33		
苏州市	Suzhou City	0.28	0.20	61.29	173.89	18.15	23.07
无锡市	Wuxi City	0.22	2147.00	38.24	54.15	88.02	87.65
常州市	Changzhou City	0.09		5.76		25.01	
镇江市	Zhenjiang City			132.57	141.48	50.37	51.69
南通市	Nantong City	0.45	0.56	2.48	6.71		
扬州市	Yangzhou City	0.02		1.85			
泰州市	Taizhou City	0.02	0.04	8.18	10.46	0.09	0.08
杭州市	Hangzhou City	0.23	0.24	279.31	329.97	46.73	
宁波市	Ningbo City			79.17	92.17	80.66	89.43
嘉兴市	Jiaxing City	2.11	1.99	102.33	128.21	9.03	10.41
湖州市	Huzhou City	0.92	6.13	19.30	23.05	3.96	
绍兴市	Shaoxing City	0.11	0.10	20.77	26.00	40.48	56.63
舟山市	Zhoushan City			1.28	2.46	1.97	2.41
台州市	Taizhou City		0.03	17.73	19.97		
珠江三角洲经济区	**Pearl River Delta**						
广州市	Guangzhou City			98.84	70.81	59.77	65.29
深圳市	Shenzhen City					66.97	64.48
珠海市	Zhuhai City			25.18	27.26	18.68	15.25
佛山市	Foshan City			55.50	57.44	69.42	77.53
江门市	Jiangmen City			39.49	38.81	15.34	14.67
东莞市	Dongguan City			269.81	290.63	83.93	84.72
中山市	Zhongshan City			29.35	49.28	24.70	44.74
惠州市区	Huizhou Urban District			0.03		7.33	4.88
惠阳市	Huiyang City					2.40	2.53
惠东县	Huidong County						
博罗县	Boluo County			1.14	0.61	0.35	0.47
肇庆市区	Zhaoqing Urban District					0.27	
高要市	Gaoyao City			0.27		0.35	0.65
四会市	Sihui City					0.29	

注：①指丝织品。单位：万米。

Note: ① Refer to silk products.Units:10 000 meters.

8–8 续表 2 continued

地区	Area	房间空调器(万台) Air-conditioners for Room (10 000 units)		家用洗衣机(万台) Household Washing Machines (10 000 units)		彩色电视机(万台) Color Television Sets (10 000 units)	
		2003	2004	2003	2004	2003	2004
长江三角洲经济区	**Yangtze River Delta**						
上海市	Shanghai City	239.72	399.16	134.27	165.67	158.15	135.08
南京市	Nanjing City			115.65	131.61	149.40	149.40
苏州市	Suzhou City	158.53	255.39	54.65	112.66	163.59	168.06
无锡市	Wuxi City	55.14	29.93	151.30	152.18	1.27	18.38
常州市	Changzhou City						
镇江市	Zhenjiang City	13.12	15.61			68.91	33.57
南通市	Nantong City					83.97	67.27
扬州市	Yangzhou City						
泰州市	Taizhou City	93.53	127.93	3.08	7.95	0.38	0.08
杭州市	Hangzhou City	11.79	1.40	93.93	135.27	93.17	102.77
宁波市	Ningbo City	346.64	377.49	417.96	519.67		0.70
嘉兴市	Jiaxing City			1.98			
湖州市	Huzhou City						
绍兴市	Shaoxing City			1.95	0.78		
舟山市	Zhoushan City						
台州市	Taizhou City	39.39	29.14	10.03	0.65		
珠江三角洲经济区	**Pearl River Delta**						
广州市	Guangzhou City	221.95	297.42			29.55	186.06
深圳市	Shenzhen City	117.93	177.84			1820.33	1857.02
珠海市	Zhuhai City	448.87	637.25			8.65	8.76
佛山市	Foshan City	859.63	1451.86	71.46	90.26		1.12
江门市	Jiangmen City	34.93	31.83	61.39	74.03	1.29	
东莞市	Dongguan City	599.44	402.21			238.00	258.00
中山市	Zhongshan City	133.20	229.38	40.60	14.75	144.20	299.07
惠州市区	Huizhou Urban District					726.78	947.66
惠阳市	Huiyang City						
惠东县	Huidong County						
博罗县	Boluo County						
肇庆市区	Zhaoqing Urban District						
高要市	Gaoyao City						
四会市	Sihui City						

8–8 续表 3　continued

地区	Area	硫酸(万吨) Sulfuric Acid (10 000 tons)		烧碱(万吨) Caustic Soda (10 000 tons)		发电量(亿千瓦小时) Electricity (100 million kwh)	
		2003	2004	2003	2004	2003	2004
长江三角洲经济区	**Yangtze River Delta**						
上海市	Shanghai City	31.41	33.67	40.79	42.52	684.99	766.15
南京市	Nanjing City	61.91	72.37	4.44	5.49	142.72	150.98
苏州市	Suzhou City	53.43	50.96	9.57	9.51	170.96	210.38
无锡市	Wuxi City	27.29	29.06	13.26	14.07	165.46	186.58
常州市	Changzhou City	17.56		12.91		52.18	
镇江市	Zhenjiang City	28.53	47.42	8.46	8.55	171.00	180.22
南通市	Nantong City	14.70	15.34	9.24	10.33	128.00	144.18
扬州市	Yangzhou City	31.62		8.10		119.38	
泰州市	Taizhou City	10.39	10.38	20.40	27.77	11.59	9.82
杭州市	Hangzhou City	6.53	6.46	13.33	13.39	101.13	89.82
宁波市	Ningbo City	8.84	9.48	10.72	10.03	329.54	339.62
嘉兴市	Jiaxing City	9.03	16.66	4.46	5.02	205.83	305.17
湖州市	Huzhou City		0.41	2.25	2.31	89.77	101.06
绍兴市	Shaoxing City	4.46	4.79			50.14	58.42
舟山市	Zhoushan City					16.12	21.65
台州市	Taizhou City					108.51	115.30
珠江三角洲经济区	**Pearl River Delta**						
广州市	Guangzhou City	4.96	8.68	9.33	10.50	335.00	372.27
深圳市	Shenzhen City	0.01				484.63	522.09
珠海市	Zhuhai City					102.99	106.12
佛山市	Foshan City			2.91	3.06	116.04	125.39
江门市	Jiangmen City	21.35	20.66	6.80	7.59	18.51	85.54
东莞市	Dongguan City					296.00	331.00
中山市	Zhongshan City					18.56	19.27
惠州市区	Huizhou Urban District					5.13	4.95
惠阳市	Huiyang City					3.89	3.58
惠东县	Huidong County					0.93	0.54
博罗县	Boluo County					0.63	0.15
肇庆市区	Zhaoqing Urban District	4.18	4.39			2.23	4.47
高要市	Gaoyao City					0.29	0.43
四会市	Sihui City					0.45	0.15

8–8 续表4　continued

地区	Area	钢(万吨) Steel(10 000 tons)		成品钢材(万吨) Steel Products(10 000 tons)		水　泥(万吨) Cement(10 000 tons)	
		2003	2004	2003	2004	2003	2004
长江三角洲经济区	**Yangtze River Delta**						
上海市	Shanghai City	1726.65	1823.65	1710.80	1818.41	568.24	665.01
南京市	Nanjing City	468.31	591.45	596.47	709.95	1261.00	1431.42
苏州市	Suzhou City	612.40	874.73	926.24	1278.13	904.00	929.00
无锡市	Wuxi City	302.00	326.95	914.88	1168.05	801.45	948.98
常州市	Changzhou City	218.65		232.92		1090.00	
镇江市	Zhenjiang City	0.98	11.03	22.80	43.42	810.30	809.82
南通市	Nantong City	60.18	60.85	53.29	89.89	328.00	342.00
扬州市	Yangzhou City	13.65		2.90		102.15	
泰州市	Taizhou City			36.87	44.96	139.36	437.25
杭州市	Hangzhou City	261.58	286.53	284.00	336.99	1271.00	1426.74
宁波市	Ningbo City	3.08	9.83	43.29	55.51	378.80	591.02
嘉兴市	Jiaxing City	21.34	20.63	27.01	30.09	1201.46	1433.43
湖州市	Huzhou City	5.50	7.94	46.47	64.41	1249.40	1358.01
绍兴市	Shaoxing City			59.25	66.01	752.74	988.42
舟山市	Zhoushan City						
台州市	Taizhou City			2.33	2.83	46.18	60.54
珠江三角洲经济区	**Pearl River Delta**						
广州市	Guangzhou City	241.43	293.69	360.27	446.00	1944.00	1797.10
深圳市	Shenzhen City			48.71	50.30	3.25	1.88
珠海市	Zhuhai City					15.25	13.71
佛山市	Foshan City					843.17	893.00
江门市	Jiangmen City			6.22		631.44	689.00
东莞市	Dongguan City			69.22	89.94	555.00	488.00
中山市	Zhongshan City			18.93	36.91	27.00	29.00
惠州市区	Huizhou Urban District					12.00	16.00
惠阳市	Huiyang City			29.19	16.83	29.00	38.00
惠东县	Huidong County					27.00	37.00
博罗县	Boluo County					145.00	139.00
肇庆市区	Zhaoqing Urban District					31.07	34.32
高要市	Gaoyao City					101.63	95.33
四会市	Sihui City					112.20	148.00

8-8 续表 5 continued

地区	Area	农用氮、磷、钾化肥(万吨) Chemical Fertilizer (10 000 tons)		化学农药(万吨) Chemical Pesticide (10 000 tons)		金属切削机床(万台) Metal-cutting Machine Tools (10 000 units)	
		2003	2004	2003	2004	2003	2004
长江三角洲经济区	**Yangtze River Delta**						
上海市	Shanghai City	4.85	2.49	1.87	1.45	3.35	1.40
南京市	Nanjing City	27.58	40.59	0.96	0.93	1.10	1.12
苏州市	Suzhou City	37.26	42.87	4.45	3.75	0.26	0.15
无锡市	Wuxi City	21.71	22.30	0.76	0.54	0.29	0.33
常州市	Changzhou City	1.91		2.83		0.16	
镇江市	Zhenjiang City	1.97	1.70	0.81	0.65	0.10	0.10
南通市	Nantong City	10.17	11.20	4.69	6.64	0.64	0.80
扬州市	Yangzhou City	2.21		0.87		1.03	
泰州市	Taizhou City	12.05	15.70	0.23	0.23	0.33	0.55
杭州市	Hangzhou City	5.95	5.48	5.96	6.03	0.77	0.93
宁波市	Ningbo City	26.12	28.20	0.44	0.45		1.96
嘉兴市	Jiaxing City	6.10	7.45	1.50	1.49	0.01	
湖州市	Huzhou City	2.99	2.76	2.35	2.31		
绍兴市	Shaoxing City	2.97	2.67			0.88	1.05
舟山市	Zhoushan City						
台州市	Taizhou City			0.41	0.88	1.08	4.24
珠江三角洲经济区	**Pearl River Delta**						
广州市	Guangzhou City	0.25	1.40	0.11	0.11	0.77	0.78
深圳市	Shenzhen City					0.02	0.02
珠海市	Zhuhai City						
佛山市	Foshan City	1.40	1.52			0.09	0.08
江门市	Jiangmen City	2.73	2.94	0.24			
东莞市	Dongguan City						
中山市	Zhongshan City			0.21	0.20		
惠州市区	Huizhou Urban District						
惠阳市	Huiyang City						
惠东县	Huidong County						
博罗县	Boluo County						
肇庆市区	Zhaoqing Urban District	0.28	0.29				
高要市	Gaoyao City						
四会市	Sihui City						

8-8 续表6　continued

地区	Area	汽　车(万辆) Motor Vehicles (10 000 uints)		微型电子计算机(万部) Micro-Computers (10 000 units)		集成电路(万块) Integrated Circuit (10 000 units)	
		2003	2004	2003	2004	2003	2004
长江三角洲经济区	**Yangtze River Delta**						
上海市	Shanghai City	59.58	55.96	734.68	996.09	397313	548727
南京市	Nanjing City	14.65	16.36	19.26	26.00		
苏州市	Suzhou City	3.07	2.30	496.72	1068.36	20306	49009
无锡市	Wuxi City	1.02	1.14			239121	386765
常州市	Changzhou City	0.34		0.04		262	
镇江市	Zhenjiang City	0.09	0.08				
南通市	Nantong City						
扬州市	Yangzhou City	0.87				19	
泰州市	Taizhou City	0.00	0.32				
杭州市	Hangzhou City	0.73	0.62	7.40	118.47	58965	78704
宁波市	Ningbo City	3.89	2.60		1.53		13872
嘉兴市	Jiaxing City						
湖州市	Huzhou City						
绍兴市	Shaoxing City	0.21	0.88			50255	53505
舟山市	Zhoushan City						
台州市	Taizhou City	3.27	5.68				
珠江三角洲经济区	**Pearl River Delta**						
广州市	Guangzhou City	18.90	27.64	35.42	85.44	5819	10183
深圳市	Shenzhen City			486.67	735.05	182340	255504
珠海市	Zhuhai City					119787	144287
佛山市	Foshan City	0.11		97.49	126.59		
江门市	Jiangmen City					3210	3654
东莞市	Dongguan City			108.08	141.00	6746	7392
中山市	Zhongshan City			73.01	69.54	1363	26612
惠州市区	Huizhou Urban District			55.19	60.51		
惠阳市	Huiyang City	0.01	0.02				
惠东县	Huidong County						
博罗县	Boluo County						
肇庆市区	Zhaoqing Urban District						
高要市	Gaoyao City						
四会市	Sihui City						

8-9 工业用电量
Industry Electricity Consumption

单位：亿千瓦小时 (100 million kwh)

地区	Area	1978	1980	1990	2000	2003	2004
长江三角洲经济区	**Yangtze River Delta**						
上海市	Shanghai City	131.87	143.13	220.97	393.13	507.00	555.08
南京市	Nanjing City			52.36	98.34	129.72	147.61
苏州市	Suzhou City	10.69	16.15	38.14	153.17	304.13	386.86
无锡市	Wuxi City			39.82	106.42	200.14	247.24
常州市	Changzhou City		10.27	22.34	49.30	91.47	110.79
镇江市	Zhenjiang City	5.07	5.82	20.32	35.66	56.60	66.96
南通市	Nantong City				42.00	71.23	87.93
扬州市	Yangzhou City	3.04	4.15	15.28	29.98	46.88	54.69
泰州市	Taizhou City				22.75	47.38	63.97
杭州市	Hangzhou City			44.17	105.26	172.05	197.01
宁波市	Ningbo City	4.37	6.69	23.38	84.01	141.66	170.31
嘉兴市	Jiaxing City	3.15	4.30	16.63	49.41	83.42	90.48
湖州市	Huzhou City	3.27	4.27	13.11	30.59	49.68	60.08
绍兴市	Shaoxing City	3.44	5.02	15.51	63.29	112.77	128.75
舟山市	Zhoushan City	0.36	0.69	2.77	5.51	8.09	9.93
台州市	Taizhou City	1.16	1.83	6.94	30.94	55.28	61.83
珠江三角洲经济区	**Pearl River Delta**						
广州市	Guangzhou City			29.73	108.50	162.40	185.41
深圳市	Shenzhen City			21.97	101.88	179.33	223.48
珠海市	Zhuhai City			3.63	17.82	27.41	32.21
佛山市	Foshan City			26.34	123.26	180.78	227.44
江门市	Jiangmen City			17.74	40.99	53.85	69.63
东莞市	Dongguan City	1.08	1.34	11.93	134.58	240.20	
中山市	Zhongshan City	1.30	1.76	4.29	33.38	57.92	73.56
惠州市区	Huizhou Urban District			1.75	8.55	19.24	23.10
惠阳市	Huiyang City			1.00	9.23	12.51	12.98
惠东县	Huidong County			0.82	2.48	4.37	5.74
博罗县	Boluo County			1.09	5.69	10.43	13.69
肇庆市区	Zhaoqing Urban District				5.37	7.76	8.19
高要市	Gaoyao City					4.96	4.12
四会市	Sihui City					4.88	4.13

8-10 建筑业企业单位数及从业人数

Number of Construction Enterprises and Persons Employed

地区	Area	企业单位数(个) Number of Enterprises(Units)			从业人数(万人) Number of Persons Employed(10 000 persons)		
		2000	2003	2004	2000	2003	2004
长江三角洲经济区	**Yangtze River Delta**						
上海市	Shanghai City	1586	2009	2690	35.91	50.52	74.26
南京市	Nanjing City	329	666	869	18.21	31.37	30.21
苏州市	Suzhou City	491	581	770	14.74	24.44	30.71
无锡市	Wuxi City	338	609	427	10.89	18.21	14.65
常州市	Changzhou City	374	420	442	14.57	17.40	17.71
镇江市	Zhenjiang City	153	303	271	6.75	9.84	9.60
南通市	Nantong City	556	446		30.49	39.53	
扬州市	Yangzhou City	318	467	530	23.38	26.91	28.00
泰州市	Taizhou City	301	268	275	21.60	29.88	31.91
杭州市	Hangzhou City	735	885	805	33.13	46.77	49.52
宁波市	Ningbo City	557	569	635	25.00	39.00	42.00
嘉兴市	Jiaxing City	261	248	198	7.74	10.60	10.09
湖州市	Huzhou City	177	156	165	5.98	6.98	7.39
绍兴市	Shaoxing City	343	384	414	38.54	59.83	69.65
舟山市	Zhoushan City	133	83	87	2.95	2.96	2.92
台州市	Taizhou City	290	269	316	15.40	22.32	24.38
珠江三角洲经济区	**Pearl River Delta**						
广州市	Guangzhou City	757	1214	721	28.12	31.48	30.51
深圳市	Shenzhen City	447	563	884	14.09	24.74	24.37
珠海市	Zhuhai City	143	173		3.86	4.15	
佛山市	Foshan City	248	445	803	8.42	11.26	12.37
江门市	Jiangmen City	342	162	141	9.51	10.25	7.99
东莞市	Dongguan City	183	253	355	6.43	9.61	9.86
中山市	Zhongshan City	388	368	217	3.54	6.09	5.06
惠州市区	Huizhou Urban District	169			2.09	2.77	
惠阳市	Huiyang City	32			0.45	0.60	
惠东县	Huidong County	12			0.19	0.28	
博罗县	Boluo County	18			0.44	0.52	
肇庆市区	Zhaoqing Urban District	75	61		1.57	1.64	1.50
高要市	Gaoyao City	17	12		0.77	0.84	0.72
四会市	Sihui City	12	6		0.29	0.38	0.36

8-11 建筑业增加值
Value Added of Construction Enterprises

单位：亿元 (100 million yuan)

地区	Area	1995	2000	2001	2002	2003	2004
长江三角洲经济区	**Yangtze River Delta**						
上海市	Shanghai City	87.41	101.72	103.94	135.33	264.87	295.33
南京市	Nanjing City		38.99	49.63	63.76		182.00
苏州市	Suzhou City		26.77	40.49	55.86	72.03	90.72
无锡市	Wuxi City		19.64	25.30	32.99	38.68	37.10
常州市	Changzhou City		32.38	38.07	38.28	42.93	49.30
镇江市	Zhenjiang City	5.28	8.81	11.78	14.28	19.14	21.04
南通市	Nantong City		65.24	74.44	99.01	105.18	86.61
扬州市	Yangzhou City		40.28	41.99	54.41	63.99	74.32
泰州市	Taizhou City		38.71	41.25	48.98	53.70	83.47
杭州市	Hangzhou City	44.17	57.77	68.86	101.11	140.13	158.00
宁波市	Ningbo City	117.50	44.37	57.47	75.32	99.00	119.99
嘉兴市	Jiaxing City	3.46	13.47	14.49	18.60	23.44	28.21
湖州市	Huzhou City		8.43	11.56	15.71	16.58	16.50
绍兴市	Shaoxing City		73.25	91.43	127.43	172.81	215.42
舟山市	Zhoushan City				5.28	7.25	8.56
台州市	Taizhou City	21.00	36.12	40.10	47.72	56.74	71.74
珠江三角洲经济区	**Pearl River Delta**						
广州市	Guangzhou City	62.61	60.81	84.42	83.20	105.22	
深圳市	Shenzhen City	6.10	146.06	150.49	158.14	182.95	195.18
珠海市	Zhuhai City	3.71	5.72	4.87	7.21	7.43	
佛山市	Foshan City	11.82	15.70	19.90	26.28	31.24	36.55
江门市	Jiangmen City	14.57	9.71	11.34	13.09	10.69	8.39
东莞市	Dongguan City	2.23	7.48	9.07	10.01	13.98	14.61
中山市	Zhongshan City	2.05	4.35	6.86	8.25	10.64	8.92
惠州市区	Huizhou Urban District	1.68	2.76	2.35	5.17	5.24	
惠阳市	Huiyang City	0.28	0.71	1.30	1.29	0.83	
惠东县	Huidong County	0.65	0.28	0.34	0.33	0.31	
博罗县	Boluo County	0.22	0.79	0.83	0.91	0.74	
肇庆市区	Zhaoqing Urban District	2.21	1.90	3.27	3.40	3.04	
高要市	Gaoyao City	0.81	0.56	0.17	0.27	0.76	
四会市	Sihui City	0.25	0.33	0.41	0.61	0.54	

8-12 建筑业企业主要指标（2004年）

Main Indicators of Construction Enterprises(2004)

地区	Area	施工面积（万平方米） Floor Space of Buildings under Construction (10 000 sq.m)	竣工面积（万平方米） Floor Space of Building Completed (10 000 sq.m)	利润总额（万元） Total Profits (10 000 yuan)	税金总额（万元） Total Tax (10 000 yuan)	劳动生产率按增加值计算（元/人） Overall Labor Productivity In Term of Value-added (yuan/person)
长江三角洲经济区	**Yangtze River Delta**					
上海市	Shanghai City	11731.08	4672.53	672400		34280
南京市	Nanjing City	3000.40	1711.40			
苏州市	Suzhou City	5274.14	3083.79	101946	31307	28180
无锡市	Wuxi City	2348.16	1398.21	67261	2021	116156
常州市	Changzhou City	2431.21	1417.57	65332	64945	127500
镇江市	Zhenjiang City	832.12	482.64	20941	433	21919
南通市	Nantong City					
扬州市	Yangzhou City	4197.00	2184.00	54836	84078	26543
泰州市	Taizhou City	5258.00	2980.00	53999	80709	23244
杭州市	Hangzhou City	9479.86	3607.02	164131	259914	30049
宁波市	Ningbo City	8536.85	3196.29	187946	171841	29528
嘉兴市	Jiaxing City	1769.98	877.60	25024	33413	20933
湖州市	Huzhou City	1166.50	560.16	36029	29734	22329
绍兴市	Shaoxing City	15421.66	5988.08	276966	342514	29474
舟山市	Zhoushan City	395.89	142.82	7445	14277	27439
台州市	Taizhou City	3967.81	1850.01	89411	83275	28888
珠江三角洲经济区	**Pearl River Delta**					
广州市	Guangzhou City	4546.60	1212.70			
深圳市	Shenzhen City	4865.56	1639.99	169900	185387	33875
珠海市	Zhuhai City					
佛山市	Foshan City	2922.90	1123.81	87288		130500
江门市	Jiangmen City	1360.91	389.18	277	93	
东莞市	Dongguan City	1503.69	714.41	20765		
中山市	Zhongshan City	897.18	385.83	18245	14882	17628
惠州市区	Huizhou Urban District					
惠阳市	Huiyang City					
惠东县	Huidong County					
博罗县	Boluo County					
肇庆市区	Zhaoqing Urban District	256.00	78.00	3692	6559	
高要市	Gaoyao City	71.00	25.00	379	1099	
四会市	Sihui City	44.00	22.00	384	534	

8-12 续表 continued

地区	Area	技术装备率（元／人）Value of Machines per Laborer (yuan/person)	动力装备率（千瓦／人）Power of Machines per Laborer (kw/person)	房屋建筑面积竣工率(%) Rate of Floor Space of Buildings Completed (%)	单位工程质量优良品率(%) Rate of High Quality Projects (%)	产值利润率(%) Ratio of Profit to Gross Output Value (%)	产值利税率(%) Ratio of Pre-tax Profit to Gross Output Value (%)
长江三角洲经济区	**Yangtze River Delta**						
上海市	Shanghai City	11000	5.0	0.4		3.9	7.2
南京市	Nanjing City						
苏州市	Suzhou City						
无锡市	Wuxi City			59.5			
常州市	Changzhou City	8424	3.6	58.3		2.9	5.8
镇江市	Zhenjiang City	1036	4.8			1.5	5.0
南通市	Nantong City						
扬州市	Yangzhou City	7242	4.5	52.0		1.5	3.8
泰州市	Taizhou City	4764		56.7		1.3	3.3
杭州市	Hangzhou City	7333	3.1	38.0		1.9	4.9
宁波市	Ningbo City	5776	2.5	37.5		3.2	6.0
嘉兴市	Jiaxing City	4665	2.7	49.3		2.2	5.3
湖州市	Huzhou City	9596	4.5	48.0		3.4	2.8
绍兴市	Shaoxing City	5584	2.6	38.8		2.4	5.5
舟山市	Zhoushan City	10211	4.8	36.1		2.0	5.1
台州市	Taizhou City	7438	3.7	46.6		3.0	5.9
珠江三角洲经济区	**Pearl River Delta**						
广州市	Guangzhou City	15763	7.7	26.6			
深圳市	Shenzhen City	7803	6.4	33.7		3.5	6.5
珠海市	Zhuhai City						
佛山市	Foshan City			38.4			
江门市	Jiangmen City						
东莞市	Dongguan City			47.5		2.7	
中山市	Zhongshan City			43.0		3.6	6.5
惠州市区	Huizhou Urban District						
惠阳市	Huiyang City						
惠东县	Huidong County						
博罗县	Boluo County						
肇庆市区	Zhaoqing Urban District						
高要市	Gaoyao City						
四会市	Sihui City						

主要统计指标解释

全部国有及规模以上非国有工业企业 指全部国有工业企业及年销售收入在500万元以上的非国有企业。

国有及国有控股企业 指国有企业加上国有控股企业。国有企业（即原全民所有制工业或国营工业）是指企业全部资产归国家所有，并按《中华人民共和国企业法人登记管理条例》规定登记注册的非公司制的经济组织。包括国有企业、国有独资公司和国有联营企业。

集体企业 指企业资产归集体所有，并按《中华人民共和国企业法人登记管理条例》规定登记注册的经济组织。是社会主义公有制经济的组成部分。包括城乡所有使用集体投资举办的企业，以及部分个人通过集资自愿放弃所有权并依法经工商行政管理机关认定为集体所有制的企业。

股份有限公司 指根据《中华人民共和国企业法人登记管理条例》规定登记注册，其全部注册资本由等额股份构成并通过发行股票筹集资本，股东以其认购的股份对公司承担有限责任，公司以其全部资产对其债务承担责任的经济组织。

港、澳、台商投资企业 指企业注册登记类型中的港、澳、台资合资、合作、独资经营企业和股份有限公司之和。

外商投资企业 指企业注册登记类型中的中外合资、合作经营企业、外资企业和外商投资股份有限公司之和。

轻工业 指主要提供生活消费品和制作手工工具的工业。按其所使用的原料不同，可分为两大类：(1)以农产品为原料的轻工业，是指直接或间接以农产品为基本原料的轻工业。主要包括食品制造、饮料制造、烟草加工、纺织、缝纫、皮革和毛皮制作、造纸以及印刷等工业；(2)以非农产品为原料的轻工业，是指以工业品为原料的轻工业。主要包括文教体育用品、化学药品制造、合成纤维制造、日用化学制品、日用玻璃制品、日用金属制品、手工工具制造、医疗器械制造、文化和办公用机械制造等工业。

重工业 是指为国民经济各部门提供物质技术基础的主要生产资料的工业。按其生产性质和产品用途，可以分为下列三类：(1)采掘(伐)工业，是指对自然资源的开采，包括石油开采、煤炭开采、金属矿开采、非金属矿开采和木材采伐等工业；(2)原材料工业，指向国民经济各部门提供基本材料、动力和燃料的工业。包括金属冶炼及加工、炼焦及焦炭、化学、化工原料、水泥、人造板以及电力、石油和煤炭加工等工业；(3)加工工业，是指对工业原材料进行再加工制造的工业。包括装备国民经济各部门的机械设备制造工业、金属结构、水泥制品等工业，以及为农业提供的生产资料如化肥、农药等工业。

根据上述划分原则，修理业中以重工业产品为修理作业对象的划为重工业，反之划为轻工业。

工业总产值 是以货币表现的工业企业在一定时期内生产的已出售或可供出售工业产品总量，它反映一定时间内工业生产的总规模和总水平。

工业增加值 是指工业行业在报告期内以货币表现的工业生产活动的最终成果。

实收资本 指企业实际收到的投资者的可作为长期周转使用的经营资金。实收资本按投资主体分为国家资本、集体资本、法人资本、个人资本、港澳台资本和外商资本等。

国家资本：指有权代表国家投资的政府部门或者机构以国有资产投入企业形成的资本。

集体资本：指有权代表国家投资的集体部门或者机构以国有资产投入企业形成的资本。

法人资本：指其他法人单位以其依法可以支配的资产投入企业形成的资本。

个人资本：指社会个人或者本企业内部职工以个人合法财产投放到企业形成的资本。

港澳台资本：指我国香港、澳门和台湾地区投资者以各种形式的资产进行投资形成的资本。

外商资本：指外国投资者对企业投资形成的资本。

资产合计 指企业拥有或控制的能以货币计量的经济资源。包括各种财产、债权和其他权利。资产按其流动性划分为流动资产、长期投资、固定资产、无形及递延资产和其他资产。该指标根据企业会计"资产负债表"中"资产总计"项目的期末数增加。

流动资产合计 指可以在一年或者超过一年的一个营业周期内变现或者耗用的资产，包括现金及各种存款、短期投资、应收及预付货款、存款等。

流动资产平均余额 指企业在报告期内全部流动资产的平均余额。

固定资产原价 指企业在建造、购置、安装、改建、扩建、技术改造某项固定资产时所支出的全部货币总额。它一般包括买价、包装费、运杂费和安装费等。

固定资产净值年平均余额 指固定资产净值在报告期内余额的平均数。计算公式为：

固定资产净值年平均余额=1 至12 月各月月初、月末固定资产净值之和/24

该指标根据"资产负债表"中"固定资产原价"、"累计折旧"指标的期初、期末数计算填列。

固定资产净值指固定资产原价减去历年已提折旧额后的净额。计算公式为：

固定资产净值= 固定资产原价- 累计折旧

流动负债合计 指将在一年或超过一年的一个营业周期内偿还的债务。流动负债包括短期负债、应付票据、应付帐款、预收帐款、应付工资、应付福利费、应交税金、应付利润、其他应付款、预提费用等。

流动负债具有偿还期限短，在债权人提出要求时即期偿付，或在一年内必须偿还的特点。该指标根据"资产负债表"

中“流动负债”项的期末数填列。

长期负债合计 指偿还期在一年或超过一年的一个营业周期以上的债务，它是除了投资人投入企业的资本以外，企业向债权人筹集、可供企业长期使用的资金，是企业必须以资产或劳务偿还的经济责任，包括长期借款、应付债款、长期应付款、其他长期负债等。与流动负债相比，长期负债具有为数较大、偿还期限较长的特点，且对投资者来说可带来更大的利益。指标根据“资产负债表”中“长期负债合计”项的期末数填列。

所有者权益 指企业投资人对企业净资产的所有权。企业净资产等于企业全部资产减去全部负债后的余额，包括企业投资人对企业的最初投入的实际到位的资产及资本公积金、盈余公积金和未分配利润。所有者权益合计数小于零，表示企业资不抵债。

产品销售收入 指企业在报告期内生产的成品、自制半成品和工业性劳务取得的收入。

产品销售成本 指企业在报告期内销售本企业生产的成品、自制半成品和工业性劳务等的实际成本。

产品销售税金及附加 指企业在品销售税金及附加指企业在报告期内销售产品、提供的劳务等主要经营业务应负担的城市维护建设税、消费税、资源税和教育费附加等。

产品销售利润 指企业销售产品、提供的劳务等主要经营业务收入扣除其成本、费用、税金的利润。

利润总额 指企业生产经营活动的最终成果，是企业在一定时期内实现的盈亏相抵后的利润总额(亏损以“-”号表示)，它等于营业利润加上补贴收入加上投资收益加上营业外净收入再加上以前年度损益调整。

本年应交增值税 指企业在报告期内应交纳的增值税额。它等于本年销项税额加上出口退税加上进项税额转出数减去本年进项税额。小规模纳税企业直接按全年计税销售额乘以征收率计算取得。

总资产贡献率 反映企业全部资产的获利能力，是企业经营业绩和管理水平的集中体现，是评价和考核企业盈利能力的核心指标。计算公式为：

总资产贡献率(%)=(利润总额+税金总额+利息支出)/平均资产总额×100%

公式中：税金总额为产品销售税金及附加与应交增值税之和；平均资产总额为期初期末资产之和的算术平均值。

资产负债率 该指标既反映企业经营风险的大小，也反映企业利用债权人提供的资金从事经营活动的能力。计算公式为：

资产负债率(%)=负债总额/资产总额×100%

资产与负债均为报告期期末数。

流动资产周转次数 指一定时期内流动资产完成的周转次数，反映投入工业企业流动资金的周转速度。计算公式为：

流动资金周转次数=产品销售收入/全部流动资产平均余额

公式中：全部流动资产平均余额为期初和期末的流动资产之和的算术平均值。

成本费用利润率 反映企业投入的生产成本及费用的经济效益，同时也反映企业降低成本所取得的经济效益。计算公式为：

成本费用利润率(%)=利润总额/成本费用总额×100%

公式中：成本费用总额为产品销售成本、销售费用、管理费用、财务费用之和。

全员劳动生产率 该指标反映企业的生产效率和劳动投入的经济效益。计算公式为：

全员劳动生产率(元/人)=工业增加值/全部从业人员平均人数

产品销售率 该指标反映工业产品已实现销售的程度，是分析工业产销衔接情况、研究工业产品满足社会需求的指标。计算公式为：

产品销售率(%)=工业销售产值/工业总产值(现价)×100%

建筑业增加值 指建筑业企业在报告期内以货币表现的建筑业生产经营活动的最终成果。目前建筑业增加值采用分配法（收入法）计算，即从收入的角度出发，根据生产要素在生产过程中应得的收入份额计算。具体计算公式为：

建筑业增加值=本年提取的固定资产折旧+主营业务应付工资+主营业务应付福利费+管理费用中的劳动待业保险金、税金+工程结算税金及附加+工程结算利润

房屋建筑施工面积 指在报告期内施工的全部房屋建筑面积，包括本期新开工的房屋面积、上期施工跨入本期继续施工的房屋面积、上期停缓建在本期恢复施工的房屋面积、本期竣工的房屋面积及本期施工后又停缓建的房屋面积。

房屋建筑竣工面积 指在报告期内房屋建筑按照设计要求全部完工，达到了使用条件，经验收鉴定合格，正式移交使用单位的房屋建筑面积。

Explanatory Notes on Main Statistical Indicators

All State-owned and Non-state-owned Industrial Enterprises Above Designated Size refer to all state-owned industrial enterprises and the non-state-owned industrial enterprises with an annual sales income of over 5 million yuan.

State-owned Enterprises refers to industrial enterprises where the means of production or income are owned by the state.

Collective-owned Enterprises refers to industrial enterprises where the means of production are owned collectively, including urban and rural enterprises invested by collectives and some enterprises which were formerly owned privately but have been registered in industrial and commercial administration agency as collective units through raising fund from the public.

Share-holding Corporations Ltd. refer to economic units registered in accordance with the regulation of the People's Republic of China on the Management of Registration of Corporate Enterprises, with total registered capitals divided into equal shares and raised through issuing stocks. Each investor bears limited liability to the corporation depending on the holding of shares, and the corporation bears liability to its debt to the maximum of its total assets.

Enterprises with Funds form Hong Kong, Macao and Taiwan refers to all industrial enterprises registered as the joint-venture, cooperative, sole (exclusive) investment industrial enterprises and limited liability corporations with funds from Hong Kong, Macao and Taiwan.

Foreign Funded Enterprises refers to all industrial enterprises registered as the joint-venture, cooperative, sole (exclusive) investment industrial enterprises and limited liability corporations with foreign funds.

Light Industry refers to the industry that produces consumer goods and hand tools. It consists of two categories, depending on the materials used:

(1)Industries using farm products as raw materials. These are branches of light industry which directly or indirectly use farm products as basic raw materials, including the manufacture of food and beverages, tobacco processing, textile, clothing, fur and leather manufacturing, paper making, printing, etc.

(2)Industries using non farm products as raw materials. These are branches of light industry which use manufactured goods as raw materials, including the manufacture of cultural, educational articles and sports goods, chemicals, synthetic fiber, chemical products for daily use, glass products for daily use, metal products for daily use, hand tools, medical apparatus and instruments, and the manufacture of cultural and clerical machinery.

Heavy Industry refers to the industry which produces capital goods, and provides various sectors of the national economy with necessary material and technical basis. It consists of the following three branches according to the purpose of production or the use of products:

(1)Mining, quarrying and logging industry refers to the industry that extracts natural resources, including extraction of petroleum, coal, metal and non-metal ores and logging.

(2)Raw materials industry refers to the industry that provides various sectors of the national economy with raw materials, fuels and power. It includes smelting and processing of metals, coking and coke chemistry, chemical materials and building materials such as cement, plywood, and power, petroleum refining and coal dressing.

(3)Manufacturing industry refers to the industry that processes raw materials. It includes machine building industry which equips sectors of the national economy, industries of metal structure and cement products, industries producing means of agricultural production, such as chemical fertilizers and pesticides. According to the above principle of classification, the repairing trades which are engaged primarily in repairing products of heavy industry are classified into heavy industry while these engaged in repairing products of light industry are classified into light industry.

Gross Industrial Output Value is the total volume of industrial products sold or available for sale in value terms which reflects the total achievements and overall scale of industrial production during a given period.

Value-added of Industry refers to the final results of industrial production of the industrial trade in money terms during the reference period.

Capitals Obtained refers to capital actually received by the enterprise from investors that could be used as operational capitals for a long period. According t o the current accounting system, capitals obtained can be classified by investors as state cap ital, collective cap ital, corporate capital, individual capital, capital from Hong Kong, Macao and Taiwan and foreign capital.

State capital: refers to capital which is formed through state-owned investment into the enterprise by government agencies or institutions that could represent the state in the investment.

Collective capital: refers to capital which is formed through state-owned investment into the enterprise by collective institutions or units t hat could represent t he state in the investment.

Corporate capital: refers to capital which is formed through investment by other corporate units using assets which is at their disposal by law.

Individual capital: refers to capital which is formed through investment by individuals outside the enterprise or employees of the enterprise using their personal legal properties.

Capital from Hong Kong, Macao and Taiwan: refers to capital which is formed through investment by investors from Hong Kong, Macao and Taiwan of China using t heir assets of various forms.

Foreign capital: refers to capital which is formed through investment by foreign investors.

Total Assets refer to all economic resources, in monetary terms, that is owned or controlled by enterprises, including properties, creditors equity and other economic rights of all forms. Classified by the degree of equitability, total assets include circulating assets , long-term investment, fixed assets, intangible assets and deferred assets, and other as sets. Data on this indicator can be obtained by the year-end figures of tot al assets in the Assets and Liability Table of accounting records of enterprises.

Total of Working Capitals refer to capitals which can be cashed in or spent or consumed in an operating cycle of one year or over one year, including cash, all kinds of deposits, short term investment, receivable and payable payment for goods or deposits.

Average Value of Working Capitals refers to the average value of all working capitals of t he enterprise during the reference period.

Original Value of Fixed As sets refers to the value of payment by t he enterprise in building, purchasing installing reconstructing, expending or transforming a particular item of fixed assets . In general, it includes value of purchase, cost for packaging, transportation, installation, etc.

Annual Average of Net Value of Fixed Assets refer to average of the net value of fixed as sets during t he reference period, calculated with the following formula:

Annual Average of Net Value of Fixed Assets = sum of net value of fixed assets at the beginning and at the end of each month from January to December / 24.

Information on this indicator can be obtained from the beginning and ending figures of the original value of fixed assets and cumulative depreciation from the Assets and Liability Table of enterprises.

Net value of fixed assets refers to the original value of fixed assets minus depreciation over the years, i.e.:

Net value of fixed assets = original value of fixed assets - cumulative depreciation

Total Liquid Liabilities refer to enterprises' total debt payable within an operating cycle of one year or over one year, including short-term loans, notes and accounts payable, advance payments received, wages and welfare funds pay able, taxes and profit payable, other payables, fees received by advance payment, etc.

Liquid liabilities feature in the short term of payment , immediate payment at the request of creditors, or pay able within one year. Data on this item can be obtained from the ending figures on liquid liabilities from the Assets and Liability Table of enterprises.

Total Long-term Liabilities refers to the debt payable within an operating cycle of one year or over one year. It is the capital that enterprises raised from creditors for the long-term use of enterprises in addition to capitals put into the enterprise by investors, and constitutes the economic liabilities that enterprises have to repay by assets or labor services, including long-term loans , payable liabilities, long term payable, other long-term liabilities, etc. Compared with the liquid liabilities, the long-term liabilities feature in large volume, longer term for repayment, and larger benefits for investors. Data on this item can be obtained from the ending figures on long-term liabilities from the Assets and Liability Table of enterprises.

Creditors' Equity refers to investors ownership of net assets of the enterprise, which is equal to the total assets of the enterprise minus its total liabilities, including the primary input actually received at the enterprise from invest ors, capital accumulation fund, surplus accumulation fund and undistributed profit. When the total of creditors' equity is les s than zero, that indicates the liability of the enterprise is larger that its assets.

Sales Revenue of Industrial Products refers to the revenue from the sales of finished and semi-finished products and from rendering of industrial services by industrial enterprises during the reference period.

Cost of Industrial Products Sold refers to the actual cost of finished and semi-finished products sold and industrial services rendered by industrial enterprises during t he reference period.

Tax and Extra Charges on Sales of Products refer to the tax on city maintenance and construction, consumption tax, resources tax and extra charges for education, which should be borne by the enterprises in selling products and providing industrial services during the reference period.

Profit from Sales of Products refers to the profit gained by the enterprises by deducting cost, charges and taxes from the business income of the enterprises obtained in selling products and providing industrial services.

Total Profits refer to the final achievements of production and operation of the enterprises, represented by the total profits after deducting losses (loss is expressed by the negative figure).It is the sum of profits from operation, income from subsidies, investment earnings, net income from activities other than operation, and adjustment of profits and losses of previous y ears.

Value-added Tax Payable refers to the amount of the value-added tax which should be paid by the enterprises during the reference period. It is the sum of tax on sales, export rebate, and transferred tax on purchases of the current year, minus the tax on purchases of the current year. Value-added tax payable of small-size enterprises is determined by the taxable sales of the year multiplied by the tax rate.

Ratio of Profits, Taxes and Interests to Average Assets reflects the profit-making capability of all assets of the enterprise and is a key indicator manifesting the performance and management and evaluating the profit -making potential of the enterprise. It is calculated as follows:

Ratio of profits, taxes and interests to average assets (%) =[(total profits + total taxes + interest payment) / average assets]× 100%

In the above formula, total taxes is the sum of tax and extra charges on the sales of products and value-added tax payable; and average assets is the arithmetic mean of the sum of beginning assets and ending assets.

Ratio of Debts to Assets reflect both the operation risk and the capability of the enterprise in making use of the capital from the creditors. It is calculated as follows:

Ratio of debts to assets (%) = (total debts / total assets) × 100%

Both assets and debts are figures at the end of the reference period.

Turn over of Working Capital refers to the number of times of turnover of working capital in a given period of time, which reflects the speed of the turnover of working capital of industrial enterprises, and is calculated as follows:

Turnover of working capital=(sales revenue of products)/(average balance of total working capital)

In the above formula, average balance of total working capital refers to the arithmetic mean of the sum of working capital at the beginning and at the end of the reference period.

Ratio of Profits to Total Industrial Costs refers to the ratio of profits realized in a given period to the total costs in the same period, which reflects the economic efficiency of input cost and is calculated as follows:

Ratio of profits to total industrial cost (%)=(total profits/total costs) × 100%

Total costs in the above formula is the sum of cost of products sold, marketing cost, management cost and financial cost.

Overall Labor Productivity of Industrial Enterprises reflects efficiency of production and economic results of labour input of enterprises. The formula used is:

Overall labour productivity=(value added of industry) / (average number of staff and workers)

Ratio of Sales to Gross Output Value reflects the degree at which industrial products are sold. It helps to analyze the linkage between production and sales and the extent of the needs of the society that has been met by the supply of industrial products. It is calculated as follows:

Ratio of Sales to Gross Output Value=[Industrial sales / Gross industrial output value (at current prices)] × 100%

Value-added of Construction refers to the final result of the activities of production and management of construction in monetary terms in the reference period. At present, the value-added of construction is calculated with the income approach. In other words, it is the sum of income of various production factors in the production process. The formula is as follows:

Value-added of construction=depreciation of fixed assets in the year + wages payable + welfare expenses payable + insurance premium and tax for waiting for employment in the administrative expenses +taxes and surcharges on project settlement + profit gained from project settlement.

Floor Space of Buildings Under Construction refers to floor space of buildings under construction during the reference period, including newly started buildings, buildings started earlier and continued during the reference period, and buildings suspended earlier but restarted during the reference period, buildings completed during the reference period, and buildings under construction and then suspended during the reference period.

Floor Space of Buildings Completed refers to the floor space of buildings that are completed in the reference period in accordance with the requirements of the design, up to the standard for putting them into use, and have been checked and accepted by concerned departments as qualified ones.

9-1 客运量
Passenger Traffic

单位：万人 (10 000 persons)

地区	Area	客运量总计 Total			
		2000	2002	2003	2004
长江三角洲经济区	**Yangtze River Delta**				
上海市	Shanghai City	6893	7326	7212	8968
南京市	Nanjing City	15294	16868	16800	18991
苏州市	Suzhou City	19500	22193	24132	26774
无锡市	Wuxi City	16587	16885	15877	17469
常州市	Changzhou City	10197	11216	11413	12679
镇江市	Zhenjiang City	5638	6148	6239	6669
南通市	Nantong City	7663	7947	8059	8860
扬州市	Yangzhou City	6207	6590	6897	7430
泰州市	Taizhou City	1891	2560	3480	4238
杭州市	Hangzhou City	20342	21089	21348	22833
宁波市	Ningbo City	22736	23816	24938	27291
嘉兴市	Jiaxing City	6495	8095	11102	13628
湖州市	Huzhou City	6769	7252	7082	7381
绍兴市	Shaoxing City	12048	13376	13277	14139
舟山市	Zhoushan City	7518	7781	7479	8028
台州市	Taizhou City	12324	13523	13813	14307
珠江三角洲经济区	**The Pearl River Delta**				
广州市	Guangzhou City	23430	26757	29751	34680
深圳市	Shenzhen City	9346	10644	10452	12276
珠海市	Zhuhai City	3209	3387	3299	4397
佛山市	Foshan City	8503	11606	12133	13655
江门市	Jiangmen City	6609	7182	8366	8304
东莞市	Dongguan City	30697	32100	32588	33240
中山市	Zhongshan City	7122	8625	8516	9236
惠州市区	Huizhou Urban District	1861	1938	1885	2147
惠阳市	Huiyang City	832	951	449	650
惠东县	Huidong County	676	741	789	892
博罗县	Boluo County	724	842	978	1171
肇庆市区	Zhaoqing Urban District	2140	2646	1981	1452
高要市	Gaoyao City	1039	1639	1699	545
四会市	Sihui City	684	1215	1292	544

9–1 续表 1 continued

单位：万人 (10 000 persons)

地区	Area	铁路 Railways			
		2000	2002	2003	2004
长江三角洲经济区	**Yangtze River Delta**				
上海市	Shanghai City	2980	3518	3391	4076
南京市	Nanjing City	1181	1196	1119	1294
苏州市	Suzhou City	940	1162	1211	1482
无锡市	Wuxi City	765	799	784	956
常州市	Changzhou City	557	603	577	682
镇江市	Zhenjiang City	436	507	515	484
南通市	Nantong City				34
扬州市	Yangzhou City				43
泰州市	Taizhou City				
杭州市	Hangzhou City	1202	1574	1534	1908
宁波市	Ningbo City	288	393	438	567
嘉兴市	Jiaxing City	376	398	390	472
湖州市	Huzhou City	94	88	97	115
绍兴市	Shaoxing City	295	356	331	400
舟山市	Zhoushan City				
台州市	Taizhou City				
珠江三角洲经济区	**The Pearl River Delta**				
广州市	Guangzhou City	2818	2797	5285	6041
深圳市	Shenzhen City	1068	1215	1137	1447
珠海市	Zhuhai City				
佛山市	Foshan City	139	118	106	117
江门市	Jiangmen City				
东莞市	Dongguan City				
中山市	Zhongshan City				
惠州市区	Huizhou Urban District	219	192	196	223
惠阳市	Huiyang City				
惠东县	Huidong County				
博罗县	Boluo County				
肇庆市区	Zhaoqing Urban District	55	51	58	65
高要市	Gaoyao City				
四会市	Sihui City				

9-1 续表2　continued

单位：万人　　　　(10 000 persons)

地区	Area	公路 Highways			
		2000	2002	2003	2004
长江三角洲经济区	**Yangtze River Delta**				
上海市	Shanghai City	2482	2046	2052	2465
南京市	Nanjing City	13869	15355	15348	17641
苏州市	Suzhou City	18447	20935	22835	25265
无锡市	Wuxi City	15769	16036	15077	16468
常州市	Changzhou City	9620	10598	10820	11973
镇江市	Zhenjiang City	5175	5615	5704	6168
南通市	Nantong City	7628	7936	8050	8815
扬州市	Yangzhou City	6180	6571	6880	7413
泰州市	Taizhou City	1802	2480	3480	4238
杭州市	Hangzhou City	17102	19213	19510	20372
宁波市	Ningbo City	22255	23160	24320	26510
嘉兴市	Jiaxing City	6105	7690	10710	13150
湖州市	Huzhou City	6670	7164	6985	7264
绍兴市	Shaoxing City	11751		12944	13737
舟山市	Zhoushan City	5958		5946	6260
台州市	Taizhou City	12174		13743	14214
珠江三角洲经济区	**The Pearl River Delta**				
广州市	Guangzhou City	19964		23839	27845
深圳市	Shenzhen City	7866		8635	9891
珠海市	Zhuhai City	2653		2870	3942
佛山市	Foshan City	8284		11949	13438
江门市	Jiangmen City	6500		8181	8189
东莞市	Dongguan City	30680		32566	33200
中山市	Zhongshan City	7040		8423	9123
惠州市区	Huizhou Urban District	1638		1689	1924
惠阳市	Huiyang City	832		449	650
惠东县	Huidong County	676		789	892
博罗县	Boluo County	724		978	1171
肇庆市区	Zhaoqing Urban District	5664			1369
高要市	Gaoyao City				538
四会市	Sihui City				538

9–1 续表3 continued

单位：万人 (10 000 persons)

地区	Area	水运 Waterways			
		2000	2002	2003	2004
长江三角洲经济区	**Yangtze River Delta**				
上海市	Shanghai City	539	526	528	621
南京市	Nanjing City				
苏州市	Suzhou City	112	96	86	27
无锡市	Wuxi City	52	49	16	12
常州市	Changzhou City	1			
镇江市	Zhenjiang City	27	26	20	17
南通市	Nantong City	26	4	3	3
扬州市	Yangzhou City	27	19	17	17
泰州市	Taizhou City	89	80		
杭州市	Hangzhou City	179	108	89	237
宁波市	Ningbo City	133	135	115	119
嘉兴市	Jiaxing City	14	7	2	6
湖州市	Huzhou City	5			2
绍兴市	Shaoxing City	2	3	2	2
舟山市	Zhoushan City	1560	1583	1533	1730
台州市	Taizhou City	138	53	63	83
珠江三角洲经济区	**The Pearl River Delta**				
广州市	Guangzhou City	190	172	137	130
深圳市	Shenzhen City	159	157	139	194
珠海市	Zhuhai City	498	410	369	378
佛山市	Foshan City	75	92	78	100
江门市	Jiangmen City	109	123	185	115
东莞市	Dongguan City	17	19	22	40
中山市	Zhongshan City	82	100	93	113
惠州市区	Huizhou Urban District	1	1		
惠阳市	Huiyang City	7	16		
惠东县	Huidong County				
博罗县	Boluo County				
肇庆市区	Zhaoqing Urban District	376	343		18
高要市	Gaoyao City				7
四会市	Sihui City				6

9-1 续表4 continued

单位：万人 (10 000 persons)

地区	Area	民用航空 Civil Aviation			
		2000	2002	2003	2004
长江三角洲经济区	**Yangtze River Delta**				
上海市	Shanghai City	892	1236	1241	1806
南京市	Nanjing City	244	317	323	458
苏州市	Suzhou City				
无锡市	Wuxi City	1	1		33
常州市	Changzhou City	19	15	16	24
镇江市	Zhenjiang City				
南通市	Nantong City	9	7	6	8
扬州市	Yangzhou City				
泰州市	Taizhou City				
杭州市	Hangzhou City	124	194	215	316
宁波市	Ningbo City	60	64	65	95
嘉兴市	Jiaxing City				
湖州市	Huzhou City				
绍兴市	Shaoxing City				
舟山市	Zhoushan City	18	30	26	38
台州市	Taizhou City	12	7	7	10
珠江三角洲经济区	**The Pearl River Delta**				
广州市	Guangzhou City	458	631	490	664
深圳市	Shenzhen City	253	432	541	744
珠海市	Zhuhai City	58	77	61	77
佛山市	Foshan City	5	4		
江门市	Jiangmen City				
东莞市	Dongguan City				
中山市	Zhongshan City				
惠州市区	Huizhou Urban District		1		
惠阳市	Huiyang City				
惠东县	Huidong County				
博罗县	Boluo County				
肇庆市区	Zhaoqing Urban District				
高要市	Gaoyao City				
四会市	Sihui City				

9-2 旅客周转量(2004年)

Passenger-Kilometers(2004)

单位：万人公里 (10 000 person-km)

地区	Area	旅客周转量总计 Total	铁路 Railways	公路 Highways	水运 Waterways	民用航空 Civil Aviation
长江三角洲经济区	**Yangtze River Delta**					
上海市	Shanghai City	4953500	463500	720900	44900	3724200
南京市	Nanjing City					
苏州市	Suzhou City			1791228	1114	
无锡市	Wuxi City	937417		892700	130	44587
常州市	Changzhou City	579976		579976		
镇江市	Zhenjiang City	283409		283110	299	
南通市	Nantong City			773000	243	
扬州市	Yangzhou City	466793		466431	362	
泰州市	Taizhou City	299368		299368		
杭州市	Hangzhou City	1041828		1034185	7643	
宁波市	Ningbo City	992957		990870	2087	
嘉兴市	Jiaxing City	399199		398962	237	
湖州市	Huzhou City	288380		288366	14	
绍兴市	Shaoxing City	458666		458643	23	
舟山市	Zhoushan City	172600		113330	59270	
台州市	Taizhou City	729082		727646	1436	
珠江三角洲经济区	**The Pearl River Delta**					
广州市	Guangzhou City	5529654	2606562	1573482	10704	1338906
深圳市	Shenzhen City	1870800	287100	621000	10400	952300
珠海市	Zhuhai City	397500		282265	26421	88814
佛山市	Foshan City	424265	2962	408035	13268	
江门市	Jiangmen City	521476		509900	11576	
东莞市	Dongguan City	1166262		1163010	3252	
中山市	Zhongshan City	439436		428780	10656	
惠州市区	Huizhou Urban District	122079		122079		
惠阳市	Huiyang City	34428		34428		
惠东县	Huidong County	52628		52628		
博罗县	Boluo County	68054		68054		
肇庆市区	Zhaoqing Urban District	74949				
高要市	Gaoyao City	27254				
四会市	Sihui City	26181				

9-3 货运量
Freight Traffic

单位：万吨 (10 000 tons)

地区	Area	货运量总计 Total			
		2000	2002	2003	2004
长江三角洲经济区	**Yangtze River Delta**				
上海市	Shanghai City	52206	58901	63861	68741
南京市	Nanjing City	12699	16275	15147	16938
苏州市	Suzhou City	7974	7388	7520	9001
无锡市	Wuxi City	7443	7493	7097	7431
常州市	Changzhou City	4696	5140	5437	5648
镇江市	Zhenjiang City	4100	4385	4654	5189
南通市	Nantong City	6678	7073	7293	7859
扬州市	Yangzhou City	4686	4933	5223	5514
泰州市	Taizhou City	3264	5387	4093	5374
杭州市	Hangzhou City	11459	14347	16815	18895
宁波市	Ningbo City	10819	12431	13919	16026
嘉兴市	Jiaxing City	6024	6624	7343	7919
湖州市	Huzhou City	6772	9481	10978	12152
绍兴市	Shaoxing City	5670	6192	8032	9443
舟山市	Zhoushan City	2947	3265	3777	5430
台州市	Taizhou City	5000	6719	7923	8849
珠江三角洲经济区	**The Pearl River Delta**				
广州市	Guangzhou City	24585	25434	29296	35670
深圳市	Shenzhen City	4697	5878	6761	7955
珠海市	Zhuhai City	3725	4140	4230	4370
佛山市	Foshan City	9642	12444	14382	15848
江门市	Jiangmen City	3259	4075	4307	4115
东莞市	Dongguan City	5431	5857	5877	6054
中山市	Zhongshan City	3132	3956	4331	5248
惠州市区	Huizhou Urban District	1273	1404	1437	1854
惠阳市	Huiyang City	1364	1637	1097	1360
惠东县	Huidong County	496	386	373	398
博罗县	Boluo County	716	887	1005	1110
肇庆市区	Zhaoqing Urban District	4802	5760	5946	1130
高要市	Gaoyao City				411
四会市	Sihui City				380

9–3 续表 1 continued

单位：万吨 (10 000 tons)

地区	Area	铁路 Railways 2000	2002	2003	2004
长江三角洲经济区	**Yangtze River Delta**				
上海市	Shanghai City	5307	5836	6400	6814
南京市	Nanjing City	829	817	872	987
苏州市	Suzhou City	159	164	166	168
无锡市	Wuxi City	178	183	178	186
常州市	Changzhou City	223	246	254	361
镇江市	Zhenjiang City	383	437	472	557
南通市	Nantong City				26
扬州市	Yangzhou City				4
泰州市	Taizhou City				
杭州市	Hangzhou City	417	446	438	480
宁波市	Ningbo City	682	980	1158	1210
嘉兴市	Jiaxing City	72	69	72	96
湖州市	Huzhou City	231	212	214	200
绍兴市	Shaoxing City	110	113	138	135
舟山市	Zhoushan City				
台州市	Taizhou City				
珠江三角洲经济区	**The Pearl River Delta**				
广州市	Guangzhou City	2018	1658	4852	6962
深圳市	Shenzhen City	281	273	316	354
珠海市	Zhuhai City				
佛山市	Foshan City	171	98	79	130
江门市	Jiangmen City				
东莞市	Dongguan City				
中山市	Zhongshan City				
惠州市区	Huizhou Urban District	70	229	226	284
惠阳市	Huiyang City				13
惠东县	Huidong County				
博罗县	Boluo County				
肇庆市区	Zhaoqing Urban District	86	92	87	76
高要市	Gaoyao City				
四会市	Sihui City				

9–3 续表 2　continued

单位：万吨　　(10 000 tons)

地区	Area	公路 Highways			
		2000	2002	2003	2004
长江三角洲经济区	**Yangtze River Delta**				
上海市	Shanghai City	28369	29759	30678	31554
南京市	Nanjing City	7590	9255	9266	9741
苏州市	Suzhou City	4567	5010	5389	6941
无锡市	Wuxi City	5932	6057	5891	6174
常州市	Changzhou City	3335	3783	4040	4334
镇江市	Zhenjiang City	3343	3632	3856	4283
南通市	Nantong City	5314	5728	5885	6296
扬州市	Yangzhou City	3516	3740	3977	4197
泰州市	Taizhou City	1631	1794	2029	2032
杭州市	Hangzhou City	7865	10391	12118	13117
宁波市	Ningbo City	8219	8630	9070	9890
嘉兴市	Jiaxing City	2072	2063	2317	2360
湖州市	Huzhou City	3329	3734	4219	4683
绍兴市	Shaoxing City	5560	6079	6766	8132
舟山市	Zhoushan City	1268	1323	1339	1439
台州市	Taizhou City	3659	4616	5193	5362
珠江三角洲经济区	**The Pearl River Delta**				
广州市	Guangzhou City	12549	14122	14693	10631
深圳市	Shenzhen City	3825	4819	5433	6388
珠海市	Zhuhai City	1734	1951	2033	2100
佛山市	Foshan City	6789	8876	10977	12138
江门市	Jiangmen City	1838	2366	2043	2101
东莞市	Dongguan City	3440	4015	4046	4250
中山市	Zhongshan City	2160	2934	3220	3639
惠州市区	Huizhou Urban District	1173	1157	1161	1195
惠阳市	Huiyang City	618	929	385	500
惠东县	Huidong County	408	365	348	375
博罗县	Boluo County	562	642	749	755
肇庆市区	Zhaoqing Urban District	3651	4439	4652	922
高要市	Gaoyao City				363
四会市	Sihui City				335

9–3 续表 3 continued

单位：万吨 (10 000 tons)

地区	Area	水运 Waterways			
		2000	2002	2003	2004
长江三角洲经济区	**Yangtze River Delta**				
上海市	Shanghai City	18442	23174	26621	30148
南京市	Nanjing City	4275	4122	4657	6206
苏州市	Suzhou City	3248	3340	1965	1892
无锡市	Wuxi City	1333	1253	1028	1070
常州市	Changzhou City	1137	1111	1143	952
镇江市	Zhenjiang City	374	316	326	349
南通市	Nantong City	1364	1345	1408	1537
扬州市	Yangzhou City	1170	1193	1246	1317
泰州市	Taizhou City	1633	3593	2064	3342
杭州市	Hangzhou City	3173	3504	4253	5289
宁波市	Ningbo City	1829	2716	3568	4734
嘉兴市	Jiaxing City	3886	4492	4954	5463
湖州市	Huzhou City	3212	5535	6545	7269
绍兴市	Shaoxing City	910	1055	1128	1176
舟山市	Zhoushan City	1679	1942	2438	3991
台州市	Taizhou City	1341	2103	2730	3487
珠江三角洲经济区	**The Pearl River Delta**				
广州市	Guangzhou City	9569	9201	9292	10631
深圳市	Shenzhen City	586	778	1003	1201
珠海市	Zhuhai City	1990	2188	2195	2269
佛山市	Foshan City	2682	3470	3326	3580
江门市	Jiangmen City	1421	1709	2264	2014
东莞市	Dongguan City	1991	1842	1831	1804
中山市	Zhongshan City	972	1022	1111	1609
惠州市区	Huizhou Urban District	30	18	50	375
惠阳市	Huiyang City	66	26	22	79
惠东县	Huidong County	88	21	25	23
博罗县	Boluo County	154	245	256	355
肇庆市区	Zhaoqing Urban District	1065	1229	1207	132
高要市	Gaoyao City				48
四会市	Sihui City				45

9-3 续表4 continued

单位：万吨 (10 000 tons)

地区	Area	民用航空 Civil Aviation			
		2000	2002	2003	2004
长江三角洲经济区	**Yangtze River Delta**				
上海市	Shanghai City	88.00	132.00	162.00	225.00
南京市	Nanjing City	5.38	6.80	9.68	3.69
苏州市	Suzhou City				
无锡市	Wuxi City				0.84
常州市	Changzhou City	0.60	0.30	0.30	0.40
镇江市	Zhenjiang City				
南通市	Nantong City	0.18	0.13	0.11	0.13
扬州市	Yangzhou City				
泰州市	Taizhou City				
杭州市	Hangzhou City	4.00	6.00	6.00	9.00
宁波市	Ningbo City	1.10	2.53	1.38	1.95
嘉兴市	Jiaxing City				
湖州市	Huzhou City				
绍兴市	Shaoxing City				
舟山市	Zhoushan City	0.24	0.26	0.22	0.23
台州市	Taizhou City				
珠江三角洲经济区	**The Pearl River Delta**				
广州市	Guangzhou City	20.00	24.00	22.00	26.00
深圳市	Shenzhen City	5.00	8.00	9.38	12.00
珠海市	Zhuhai City	1.00	1.00	2.00	1.40
佛山市	Foshan City				
江门市	Jiangmen City				
东莞市	Dongguan City				
中山市	Zhongshan City				
惠州市区	Huizhou Urban District		0.05		
惠阳市	Huiyang City				
惠东县	Huidong County				
博罗县	Boluo County				
肇庆市区	Zhaoqing Urban District				
高要市	Gaoyao City				
四会市	Sihui City				

9-4 货物周转量(2004年)
Freight Ton-Kilometers(2004)

单位：万吨公里 (10 000 ton-km)

地区	Area	货物周转量总计 Total	铁路 Railways	公路 Highways	水运 Waterways	民用航空 Civil Aviation
长江三角洲经济区	**Yangtze River Delta**					
上海市	Shanghai City	101190000	1270000	710000	98990000	220000
南京市	Nanjing City					
苏州市	Suzhou City			397170	125500	
无锡市	Wuxi City					
常州市	Changzhou City	299376		187981	111395	
镇江市	Zhenjiang City	274458		192429	82029	
南通市	Nantong City			356780	280196	
扬州市	Yangzhou City	589211		250486	338725	
泰州市	Taizhou City	564444		180038	384406	
杭州市	Hangzhou City	1101106		537162	563944	
宁波市	Ningbo City	5545297		608310	4932308	4679
嘉兴市	Jiaxing City	791976		151611	640365	
湖州市	Huzhou City	1142500		205900	1136600	
绍兴市	Shaoxing City	359577		252243	107334	
舟山市	Zhoushan City	3473373		33304	3440069	
台州市	Taizhou City	3724576		460519	3264057	
珠江三角洲经济区	**The Pearl River Delta**					
广州市	Guangzhou City	27785010	2710692	1359043	23614418	98733
深圳市	Shenzhen City	4921100	22400	425200	4455300	18200
珠海市	Zhuhai City	609400		156719	450811	1870
佛山市	Foshan City	1630395	3302	536274	1090819	
江门市	Jiangmen City	431955		221700	210255	
东莞市	Dongguan City	423669		272220	151449	
中山市	Zhongshan City	380482		217049	163433	
惠州市区	Huizhou Urban District	121760		81260	40500	
惠阳市	Huiyang City	169947		31250	8137	
惠东县	Huidong County	26790		24375	2415	
博罗县	Boluo County	88252		52630	35622	
肇庆市区	Zhaoqing Urban District	69985				
高要市	Gaoyao City	25449				
四会市	Sihui City	25113				

9-5 公路、内河航道、码头情况(2004年)

Basic Conditions of Highways, Inland Waterways and Berths(2004)

单位：公里 (km)

地区	Area	公路通车里程 Length of Highways	# 一级公路 First Class Highways	# 二级公路 Second Class Highways	# 高速公路 Express-way	内河通航里程 Length of Navigable Inland Waterways	码头泊位个数(个) Number of Berths (unit)
长江三角洲经济区	**Yangtze River Delta**						
上海市	Shanghai City	7805	330	2130	485	2032	1198
南京市	Nanjing City	8182	287	885	261	645	285
苏州市	Suzhou City	6453	660	1928	298	2856	1799
无锡市	Wuxi City	4147	161	1307	221	1674	689
常州市	Changzhou City	3550	333	728	116	1247	561
镇江市	Zhenjiang City	3038	182	629	82	597	217
南通市	Nantong City	8692	218	1212	146	3516	1581
扬州市	Yangzhou City	5459	106	661	230	2164	252
泰州市	Taizhou City	4624	290	822	200	2568	738
杭州市	Hangzhou City	7758	491	760	227	2005	1417
宁波市	Ningbo City	5615	480	669	184	1204	217
嘉兴市	Jiaxing City	2062	321	278	150	1936	2450
湖州市	Huzhou City	3039	270	276	86	1167	2119
绍兴市	Shaoxing City	4235	95	694	205	1085	671
舟山市	Zhoushan City	943	45	138			363
台州市	Taizhou City	4125	177	1030	128	986	149
珠江三角洲经济区	**The Pearl River Delta**						
广州市	Guangzhou City	5438	520	772	378	855	902
深圳市	Shenzhen City	1622	621	277	242		137
珠海市	Zhuhai City	1053	308	56	4	676	98
佛山市	Foshan City	4022	947	485	98		
江门市	Jiangmen City	6775	598	734	310		
东莞市	Dongguan City	2759	1148	754	113	798	
中山市	Zhongshan City	1077	166	436	41		105
惠州市区	Huizhou Urban District	1139	98	148	67		
惠阳市	Huiyang City	846	123	137	42		
惠东县	Huidong County	2007	23	107	108		
博罗县	Boluo County	1743	9	252	61		
肇庆市区	Zhaoqing Urban District	119	48	14		544	43
高要市	Gaoyao City	1498	32	181	67		
四会市	Sihui City	1022	64	109			

9-6 港口货物吞吐量
Volume of Freight Handled

单位：万吨 (10 000 tons)

地区	Area	2000	2001	2002	2003	2004
长江三角洲经济区	**Yangtze River Delta**					
上海市	Shanghai City	20440	22099	26384	31621	37896
南京市	Nanjing City	6850	5963	6398	8564	10409
苏州市	Suzhou City	8028	8064	9308	10329	13088
无锡市	Wuxi City	1408	1684	2017	2890	3543
常州市	Changzhou City	1711	1819	1945	2672	2933
镇江市	Zhenjiang City	2996	2949	3247	3691	5692
南通市	Nantong City	2748	3511	3746	7918	10256
扬州市	Yangzhou City	1429	1506	1611	1769	2256
泰州市	Taizhou City	662	742	841	2090	2848
杭州市	Hangzhou City	3649	3767	4594	6402	6783
宁波市	Ningbo City	11547	12852	15398	18543	22586
嘉兴市	Jiaxing City	5604	6314	7094	7816	8107
湖州市	Huzhou City	3388	3905	5460	5949	8709
绍兴市	Shaoxing City	435	495	555	566	618
舟山市	Zhoushan City	3189	3281	4068	5722	7359
台州市	Taizhou City	1271	1397	1614	2150	2721
珠江三角洲经济区	**The Pearl River Delta**					
广州市	Guangzhou City	12455	13539	16772	19200	23887
深圳市	Shenzhen City	5697	6643	8767	11220	13537
珠海市	Zhuhai City	1770	1998	2340	2470	3203
佛山市	Foshan City	2033	2329	2990	3077	3798
江门市	Jiangmen City	879	1072	1942	1960	2030
东莞市	Dongguan City	746	883	1611	2352	2600
中山市	Zhongshan City	635	677	850	1478	1960
惠州市区	Huizhou Urban District	825	834	956	14	16
惠阳市	Huiyang City				1022	1296
惠东县	Huidong County				28	75
博罗县	Boluo County				34	155
肇庆市区	Zhaoqing Urban District	101	128	147	131	196
高要市	Gaoyao City	26	38	46	51	64
四会市	Sihui City	62	64	70	76	78

9-7 港口国际标准集装箱吞吐量

Volume of International Standard Containers Handled

单位：标准集装箱 TEU

地区	Area	2000	2001	2002	2003	2004
长江三角洲经济区	**Yangtze River Delta**					
上海市	Shanghai City	5612000	6340000	8612000	11282500	14554000
南京市	Nanjing City	44486	221436	250222	404517	490224
苏州市	Suzhou City	197000	232000	291100	346308	508778
无锡市	Wuxi City	12733	12182	24513	32862	51000
常州市	Changzhou City	11441	14173	20011	28120	26997
镇江市	Zhenjiang City	58000	73000	102000	132929	163837
南通市	Nantong City	182441	183546	205097	246588	287383
扬州市	Yangzhou City	61286	80917	99011	135895	131456
泰州市	Taizhou City		5300	9000	17200	23838
杭州市	Hangzhou City	1775	3012	2685	3833	2136
宁波市	Ningbo City	22000	1213000	1859000	2772214	2772214
嘉兴市	Jiaxing City			4959	8525	16604
湖州市	Huzhou City					
绍兴市	Shaoxing City					
舟山市	Zhoushan City	19658	23961	26631	33554	49540
台州市	Taizhou City	23454	33578	34704	44289	42428
珠江三角洲经济区	**The Pearl River Delta**					
广州市	Guangzhou City	921654	1545663	1635300	1755538	1932764
深圳市	Shenzhen City	3993600	5076400	7617801	10651600	13660000
珠海市	Zhuhai City					
佛山市	Foshan City				1304000	
江门市	Jiangmen City					
东莞市	Dongguan City					
中山市	Zhongshan City	505757	552473	642297	754733	930035
惠州市区	Huizhou Urban District					
惠阳市	Huiyang City				181763	2252000
惠东县	Huidong County				70000	6500
博罗县	Boluo County				12838	231300
肇庆市区	Zhaoqing Urban District					
高要市	Gaoyao City					
四会市	Sihui City					

9-8 民用车辆拥有量
Number of Civil Vehicles Owned

单位：辆 (unit)

地区	Area	总计 Total			#汽 车 Vehicles		
		2000	2003	2004	2000	2003	2004
长江三角洲经济区	**Yangtze River Delta**						
上海市	Shanghai City	1042900	1737600	2028500	491900	719000	835100
南京市	Nanjing City		495467	581405	109289	196597	263614
苏州市	Suzhou City	887513	1136938	1274730	125918	285989	361177
无锡市	Wuxi City	739276	899277	964814	89117	189608	238903
常州市	Changzhou City	438027	590466	637787	57600	101916	128735
镇江市	Zhenjiang City	27453	359227	390895	34712	58332	78177
南通市	Nantong City		1054341	1193272	57146	85833	112516
扬州市	Yangzhou City	765460	124368	548187	29552	55312	68059
泰州市	Taizhou City	274265	380065	424937	28872	49538	68864
杭州市	Hangzhou City	427104	821338	988173	162831	323360	410781
宁波市	Ningbo City		538797	931885		182480	241257
嘉兴市	Jiaxing City	264479	610162	715762	43595	88812	114125
湖州市	Huzhou City	160374	440841	571686	27866	57739	67609
绍兴市	Shaoxing City	278530	119558 ①		57646	107465	132867
舟山市	Zhoushan City	32702	70666	81383	9436	12934	15604
台州市	Taizhou City	359374	644644	723636	52390	136432	170650
珠江三角洲经济区	**The Pearl River Delta**						
广州市	Guangzhou City	1350390	1705457	1722105	395773	577241	6824444
深圳市	Shenzhen City	53885	578336	691033	299508	532690	647069
珠海市	Zhuhai City	86331	132265	145932	55204	69860	82770
佛山市	Foshan City	1359046	1505176	1620360	216870	313836	366078
江门市	Jiangmen City	655107	986043	1112744	82139	112002	124760
东莞市	Dongguan City	637863		1009535	153684	255603	319725
中山市	Zhongshan City	425162	472062	497222	78926	124359	148387
惠州市区	Huizhou Urban District	305074			56419		
惠阳市	Huiyang City						
惠东县	Huidong County						
博罗县	Boluo County						
肇庆市区	Zhaoqing Urban District		178626	181161		22974	21824
高要市	Gaoyao City		134827	134664		11480	8546
四会市	Sihui City		64286	69260		7469	6455

9-8 续表 continued

单位：辆 (unit)

地区	Area	# 摩托车 Motorcycles			# 拖拉机(台) Tractors		
		2000	2003	2004	2000	2003	2004
长江三角洲经济区	**Yangtze River Delta**						
上海市	Shanghai City	537700	984600	1138500	4500	7300	13000
南京市	Nanjing City	182061	276971	311526	13852	970	
苏州市	Suzhou City	725523	846391	916320		8588	8637
无锡市	Wuxi City	631365	703491	721096	13850	24992	23832
常州市	Changzhou City	349876	449973	499962	30551	38577	39821
镇江市	Zhenjiang City	216270	285270	305083	12255	2474	6412
南通市	Nantong City		962842	1079941			
扬州市	Yangzhou City	422192	414323	459759	58718	5423	
泰州市	Taizhou City	221858	307070	355515	11637	16795	
杭州市	Hangzhou City	223630	466742	550674	31131	25160	23144
宁波市	Ningbo City		495621	665684		17211	18577
嘉兴市	Jiaxing City	209650	504605	599151	11234	14602	12901
湖州市	Huzhou City	124725	374415	500108	7783	8687	8402
绍兴市	Shaoxing City	209650			11234		
舟山市	Zhoushan City	19732	53576	62113	3534	3665	3619
台州市	Taizhou City	267219	477445	528609	35823	26785	22867
珠江三角洲经济区	**The Pearl River Delta**						
广州市	Guangzhou City	946632	1119578	1028043	4016	41	41
深圳市	Shenzhen City	54168	43989	43964			
珠海市	Zhuhai City	29517	59102	59624	1606	1505	11
佛山市	Foshan City	1126210	1184297	1246591	15228	24	24
江门市	Jiangmen City	560431	861213	975159	12042	138	134
东莞市	Dongguan City	482636	692562	687651	1534	248	8
中山市	Zhongshan City	342825	346760	347718	1575		
惠州市区	Huizhou Urban District	237466			11189		
惠阳市	Huiyang City						
惠东县	Huidong County						
博罗县	Boluo County						
肇庆市区	Zhaoqing Urban District	289220	155304	166310	12199	348	278
高要市	Gaoyao City		119650	122703		3697	3387
四会市	Sihui City		55281	61425		1536	1377

注：①不包括摩托车数。

Note:Not including motorcycle.

9-9 私人车辆拥有量
Number of Private-owned Vehicles

单位：辆 (unit)

地区	Area	总计 Total			#汽 车 Vehicles		
		2000	2003	2004	2000	2003	2004
长江三角洲经济区	**Yangtze River Delta**						
上海市	Shanghai City		1170300	1427700		224400	317700
南京市	Nanjing City		375933		27413	88234	142818
苏州市	Suzhou City				44996	158355	222954
无锡市	Wuxi City	663522	799780	838644	19551	71297	103406
常州市	Changzhou City	461948 ①	541670		13801	44223	58610
镇江市	Zhenjiang City				7752	23426	41714
南通市	Nantong City			1130797	9782	35090	58244
扬州市	Yangzhou City				5580	22694	30513
泰州市	Taizhou City				6182	14360	31724
杭州市	Hangzhou City	285563	626125	779610	42349	161903	233048
宁波市	Ningbo City		571998	778084		76377	112400
嘉兴市	Jiaxing City	29466	541449	651464	13007	42193	59124
湖州市	Huzhou City	132592	404516	541369	8204	30391	41261
绍兴市	Shaoxing City	141797			8536	68513	88576
舟山市	Zhoushan City	27654	59163	69358	2473	5587	7250
台州市	Taizhou City	301116	579281	655080	33897	101836	129272
珠江三角洲经济区	**The Pearl River Delta**						
广州市	Guangzhou City	1108488	1434079	1435305	207668	354151	434866
深圳市	Shenzhen City	141473	315801	402926	102871	283919	402926
珠海市	Zhuhai City	40129	85441	94944	16969	31353	40883
佛山市	Foshan City	1246587	1421457	1532512	141869	248077	296881
江门市	Jiangmen City	602460	929488	1056476	40722	73940	87092
东莞市	Dongguan City	517537	787187	835734	91205	162564	216419
中山市	Zhongshan City	384389	424918	446411	47939	83417	104405
惠州市区②	Huizhou Urban District ②	256660			28705		
惠阳市	Huiyang City						
惠东县	Huidong County						
博罗县	Boluo County						
肇庆市区	Zhaoqing Urban District	310424			14526		
高要市	Gaoyao City						
四会市	Sihui City						

9-9 续表 continued

单位：辆 (unit)

地区	Area	# 摩托车 Motorcycles		
		2000	2003	2004
长江三角洲经济区	**Yangtze River Delta**			
上海市	Shanghai City	497399	942900	1098700
南京市	Nanjing City	177471 ①	270252	
苏州市	Suzhou City	725523	846391	916402
无锡市	Wuxi City	625399	703491	711406
常州市	Changzhou City	406998 ①	447705	495669
镇江市	Zhenjiang City	216270	285270	305083
南通市	Nantong City	812627 ①	962842	1072497
扬州市	Yangzhou City	231530	376840	
泰州市	Taizhou City			
杭州市	Hangzhou City	227967	461468	546469
宁波市	Ningbo City		495621	665684
嘉兴市	Jiaxing City	16459	498227	592298
湖州市	Huzhou City	124388	374125	
绍兴市	Shaoxing City	133261		
舟山市	Zhoushan City	25181	53576	62108
台州市	Taizhou City	267219	477445	525808
珠江三角洲经济区	**The Pearl River Delta**			
广州市	Guangzhou City	900820	1076316	996773
深圳市	Shenzhen City	54168	31882	31845
珠海市	Zhuhai City	23092	54006	53976
佛山市	Foshan City	1095589	1171467	1233720
江门市	Jiangmen City	549746	844122	957942
东莞市	Dongguan City	426215	624586	687651
中山市	Zhongshan City	336268	340529	341951
惠州市区②	Huizhou Urban District ②	216610		
惠阳市	Huiyang City			
惠东县	Huidong County			
博罗县	Boluo County			
肇庆市区	Zhaoqing Urban District		155304	
高要市	Gaoyao City		119650	
四会市	Sihui City		55281	

注：①为2001年数。②惠州市数。

Note: ① Data refer to 2001. ② Refer to Huizhou City.

9-10 全社会运输船舶拥有量

Number of Vessels Owned

地区	Area	机动船 Motor Vessels					
		艘数（艘） Number(unit)			净载重量(吨) Dead Weight Tonage(ton)		
		2002	2003	2004	2002	2003	2004
长江三角洲经济区	**Yangtze River Delta**						
上海市	Shanghai City	965	968	1005	10851200		14087434
南京市	Nanjing City	2133	2006		2365770	1082459	
苏州市	Suzhou City	4269	2913	1830	121826	114533	125087
无锡市	Wuxi City	3314	3018	2748	207922	319797	372600
常州市	Changzhou City	1768	1490	1314	152638	163623	216873
镇江市	Zhenjiang City	984	802	546	99746	68528	40914
南通市	Nantong City	1274	3005	3005	299017	385321	385321
扬州市	Yangzhou City	2946	2979		422077	440848	
泰州市	Taizhou City	9253	7294	9180	514414	855888	1274015
杭州市	Hangzhou City	4057	4358	4424	418921	533204	630805
宁波市	Ningbo City	625	567	608	897470	1100767	136284
嘉兴市	Jiaxing City	11797	9158	8239	665313	701995	106673
湖州市	Huzhou City	7464	7092	6931	709282	770265	894766
绍兴市	Shaoxing City	3493	2687	1709	128339	140683	150704
舟山市	Zhoushan City	1054	1144	1368	787733	1003931	1410925
台州市	Taizhou City	2481	2281	2127	652575	780320	960802
珠江三角洲经济区	**The Pearl River Delta**						
广州市	Guangzhou City	5646	5431	6313	2958798	3180994	3136732
深圳市	Shenzhen City	87	101	104	277420	986269	1042898
珠海市	Zhuhai City	568	601	723	170963	267345	288254
佛山市	Foshan City	1318	1317	1190	376625	423003	418906
江门市	Jiangmen City	1268	839	967	186622	176853	150335
东莞市	Dongguan City	483	392	417	122805	77997	107910
中山市	Zhongshan City	2941	3119	3118	199762	248740	250780
惠州市区	Huizhou Urban District	98	174	368	4953	26324	53733
惠阳市	Huiyang City	62	33	73	6511	2643	11053
惠东县	Huidong County	113	79	23	10403	19007	3455
博罗县	Boluo County	232	319	236	21164	67723	36580
肇庆市区	Zhaoqing Urban District	168	161		36115	35741	
高要市	Gaoyao City	62	102		3962	6155	
四会市	Sihui City	167	190		18898	11089	

9-10 续表1 continued

地区	Area	机动船 Motor Vessels					
		载客量（客位） Passenger Capacity (seat)			拖船功率(千瓦) Drawing Power (kw)		
		2002	2003	2004	2002	2003	2004
长江三角洲经济区	**Yangtze River Delta**						
上海市	Shanghai City	18684	19985	19334	139600	132200	
南京市	Nanjing City		12512		88993	6825	
苏州市	Suzhou City	3539	4640	5030	5943	10837	6030
无锡市	Wuxi City	5589	4824	4719	111166	111154	10369
常州市	Changzhou City	2242	2185		3983	3575	6840
镇江市	Zhenjiang City	6208	5658	6110	6000	11700	12113
南通市	Nantong City	3058	1763	1763	6330	13252	13252
扬州市	Yangzhou City	3738	3303		9982	10082	
泰州市	Taizhou City	1010	1360	1360	10501	10066	16122
杭州市	Hangzhou City	14312	15621	16477	12717	11500	10968
宁波市	Ningbo City	6977	6176	3837	747	747	747
嘉兴市	Jiaxing City	704	927	454	53766	8960	6640
湖州市	Huzhou City				11312	13474	13749
绍兴市	Shaoxing City	962	1513	1867	1719	1652	1461
舟山市	Zhoushan City	26684	28414	29240	452709	528701	662365
台州市	Taizhou City	1545	2224	1737			
珠江三角洲经济区	**The Pearl River Delta**						
广州市	Guangzhou City	36110	23592	21610	11496	15280	19928
深圳市	Shenzhen City	3368	2934	3117	19353		
珠海市	Zhuhai City	6053	9089	9526	26068	20587	14862
佛山市	Foshan City	2391	2386	2386	1835	2644	1979
江门市	Jiangmen City	8017	6588	3480	176		
东莞市	Dongguan City	928	604	604			
中山市	Zhongshan City	2865	1423	1468	2266	2266	1272
惠州市区	Huizhou Urban District	480	240				73616
惠阳市	Huiyang City	368					14637
惠东县	Huidong County						4612
博罗县	Boluo County						47389
肇庆市区	Zhaoqing Urban District	13076			1936		
高要市	Gaoyao City						
四会市	Sihui City						

9-10 续表2 continued

地区	Area	驳船 Barges 艘数（艘） Number (unit) 2002	2003	2004	净载重量(吨) Dead Weight Tonage (ton) 2002	2003	2004
长江三角洲经济区	**Yangtze River Delta**						
上海市	Shanghai City	303	333		241700	247500	
南京市	Nanjing City	542			683200		
苏州市	Suzhou City	343	405	402	22514	35481	42355
无锡市	Wuxi City	584	708	782	47775	63617	80880
常州市	Changzhou City	348	301	336	40685	36252	50624
镇江市	Zhenjiang City	189	206	206	45778	84300	84300
南通市	Nantong City	602	770	770	61632	81940	81940
扬州市	Yangzhou City	742	746		133509	139709	
泰州市	Taizhou City	793	605	794	88445	79534	110783
杭州市	Hangzhou City	772	641	646	77512	65397	72411
宁波市	Ningbo City	6	5	5	5090	4090	4090
嘉兴市	Jiaxing City	847	819	559	75669	70204	51993
湖州市	Huzhou City	995	1197	1140	86895	108595	108251
绍兴市	Shaoxing City	196	190	191	9838	9808	10251
舟山市	Zhoushan City	4		10	6600		7724
台州市	Taizhou City						
珠江三角洲经济区	**The Pearl River Delta**						
广州市	Guangzhou City	219	276	168	46308	57600	37948
深圳市	Shenzhen City	15	11	10	26602	25495	21054
珠海市	Zhuhai City	20	19	19	14516	5328	5328
佛山市	Foshan City	9	12	6	4101	4381	3220
江门市	Jiangmen City	1					
东莞市	Dongguan City						
中山市	Zhongshan City	17	15	11	6483	9426	5710
惠州市区	Huizhou Urban District						
惠阳市	Huiyang City	1			65		
惠东县	Huidong County						
博罗县	Boluo County						
肇庆市区	Zhaoqing Urban District	25			7500		
高要市	Gaoyao City						
四会市	Sihui City						

9-10 续表 3　continued

地区	Area	驳船 Barges		
		载客量（客位） Passenger Capacity(seat)		
		2002	2003	2004
长江三角洲经济区	**Yangtze River Delta**			
上海市	Shanghai City			
南京市	Nanjing City			
苏州市	Suzhou City	682	214	176
无锡市	Wuxi City			
常州市	Changzhou City			
镇江市	Zhenjiang City			
南通市	Nantong City			
扬州市	Yangzhou City	435	413	
泰州市	Taizhou City			
杭州市	Hangzhou City	381	253	142
宁波市	Ningbo City			
嘉兴市	Jiaxing City	404	304	204
湖州市	Huzhou City			
绍兴市	Shaoxing City			
舟山市	Zhoushan City			
台州市	Taizhou City			
珠江三角洲经济区	**The Pearl River Delta**			
广州市	Guangzhou City	127	164	121
深圳市	Shenzhen City	3368	2934	3117
珠海市	Zhuhai City			
佛山市	Foshan City			
江门市	Jiangmen City	176		
东莞市	Dongguan City			
中山市	Zhongshan City			
惠州市区	Huizhou Urban District			
惠阳市	Huiyang City			
惠东县	Huidong County			
博罗县	Boluo County			
肇庆市区	Zhaoqing Urban District			
高要市	Gaoyao City			
四会市	Sihui City			

9-11 邮电业务基本情况

Basic Conditions of Post and Telecommunication Services

地区	Area	年末邮电局所数(处) Number of Post and Telecommunication Offices at Year-end (unit)			邮政业务总量（万元） Business Volume of Post (10 000yean)		
		2000	2003	2004	2000	2003	2004
长江三角洲经济区	**Yangtze River Delta**						
上海市	Shanghai City	580	575	615	224000	314700	362600
南京市	Nanjing City	322	211	212		62572	438285
苏州市	Suzhou City	376	403	314	31674	66696	829699
无锡市	Wuxi City	355	225	218	23792	53462	579626
常州市	Changzhou City	248	375	165	22583	29901	318161
镇江市	Zhenjiang City	248	136	133	11149	23763	188935
南通市	Nantong City	531	869	339	20384	42158	831532
扬州市	Yangzhou City	281	212	218	21988	33730	219392
泰州市	Taizhou City	357	346	189	13499	31953	447690
杭州市	Hangzhou City	443	329	336	40200	60735	64833
宁波市	Ningbo City	373	379	395	14900	47171	43601
嘉兴市	Jiaxing City	251	256	164	6960	18251	19456
湖州市	Huzhou City	166	147	138	7693	10744	10921
绍兴市	Shaoxing City	183	239	222	15730	22668	26933
舟山市	Zhoushan City	112	76	77	4171	5965	6342
台州市	Taizhou City	408	232	327	9530	25429	27001
珠江三角洲经济区	**The Pearl River Delta**						
广州市	Guangzhou City	821	463	394	101735	112860	123827
深圳市	Shenzhen City	652	724	660		98000	101000
珠海市	Zhuhai City	128	129	114	6900	16600	17226
佛山市	Foshan City	336	299	301	15828	37355	40493
江门市	Jiangmen City	170	171	164	9588	20663	24737
东莞市	Dongguan City	594	846	854		46300	54191
中山市	Zhongshan City	230	258	221	6300	19605	20716
惠州市区	Huizhou Urban District	57	60	75		5228	6267
惠阳市	Huiyang City		89	38		2948	2645
惠东县	Huidong County		46	25		1640	1794
博罗县	Boluo County		66	51		2281	2183
肇庆市区	Zhaoqing Urban District		142			4057	
高要市	Gaoyao City		82			1635	
四会市	Sihui City		70			1628	

9-11 续表1 continued

地区	Area	电信业务总量（万元） Business Volume of Telecommunication Services(10 000yean)			本地电话用户数（万户） Number of Subscribers of Local Telephone (10 000subscribers)		
		2000	2003	2004	2000	2003	2004
长江三角洲经济区	**Yangtze River Delta**						
上海市	Shanghai City	1493000	2474000	3112000	549.00	734.00	868.00
南京市	Nanjing City		397903	373143	131.85	231.17	290.75
苏州市	Suzhou City	410236	650446	758762	169.98	280.06	383.44
无锡市	Wuxi City	305128	409534	528540	116.21	187.94	249.68
常州市	Changzhou City	159949	252038	287968	75.88	129.95	165.17
镇江市	Zhenjiang City	150920	306313	167644	63.56	103.71	125.61
南通市	Nantong City	100273	114064	783697	116.95	205.04	275.61
扬州市	Yangzhou City	147147	169889	182810	91.58	145.75	168.43
泰州市	Taizhou City	163574	399234	414661	82.20	141.20	162.47
杭州市	Hangzhou City	178147	680846	785829	161.19	312.36	360.58
宁波市	Ningbo City		539000	625140	130.15	242.00	296.72
嘉兴市	Jiaxing City	220540	246779	321712	71.49	122.95	147.95
湖州市	Huzhou City	85317	231642	301642	45.13	82.34	104.18
绍兴市	Shaoxing City	170321	259303	132230	96.02	159.47	189.92
舟山市	Zhoushan City	48911	72648	98136	22.68	41.00	47.05
台州市	Taizhou City	352802	564713	809829	100.81	169.13	198.32
珠江三角洲经济区	**The Pearl River Delta**						
广州市	Guangzhou City	1209390	2048408	2552600	260.24	453.21	524.15
深圳市	Shenzhen City		1890000	2559100	173.51	353.87	405.66
珠海市	Zhuhai City	192500	327425	486576	31.00	60.44	68.34
佛山市	Foshan City	631789	851436	1298492	107.49	190.98	227.21
江门市	Jiangmen City	128978	134232	851320	76.32	108.61	133.63
东莞市	Dongguan City		407700	454480	78.12	206.11	281.35
中山市	Zhongshan City	119500	308273	321633	44.20	64.61	73.47
惠州市区	Huizhou Urban District				18.06	25.77	53.78
惠阳市	Huiyang City					25.91	25.31
惠东县	Huidong County					17.41	21.06
博罗县	Boluo County					21.06	26.43
肇庆市区	Zhaoqing Urban District		39561		19.28	27.19	
高要市	Gaoyao City		7948		5.86	11.63	
四会市	Sihui City		9977		8.24	12.90	

9–11 续表 2　continued

地区	Area	移动电话用户数(万户) Number of Mobile Telephone Subscribers (10 000subscribers)			互联网上网人数(万人) Number of Uers of Internet Services (10 000subscribers)		
		2000	2003	2004	2000	2003	2004
长江三角洲经济区	**Yangtze River Delta**						
上海市	Shanghai City	362.00	1099.00	1311.00	88.24	432.00	633.00
南京市	Nanjing City	95.00	299.59	384.34	18.39	82.46	79.31
苏州市	Suzhou City	110.30	383.65	491.43	36.25	46.19	57.20
无锡市	Wuxi City	76.92	274.79	302.13	31.68	43.14	58.37
常州市	Changzhou City	56.68	160.81	194.00	16.56	21.59	24.67
镇江市	Zhenjiang City	33.36	86.00	101.88	13.28	12.61	14.73
南通市	Nantong City	52.23	168.91	205.63	13.03	23.61	28.42
扬州市	Yangzhou City	37.30	100.00	125.99	5.52	22.20	28.62
泰州市	Taizhou City	31.34	94.10	96.04	5.51	11.31	15.62
杭州市	Hangzhou City	99.99	410.33	479.58	11.42	105.53	106.00
宁波市	Ningbo City	117.92	379.31	421.00	7.09	83.57	104.01
嘉兴市	Jiaxing City	49.90	150.22	212.09	3.16	21.77	33.37
湖州市	Huzhou City	33.15	99.83	133.40	3.38	11.95	15.79
绍兴市	Shaoxing City	52.74	150.29	178.62	7.62	42.17	38.72
舟山市	Zhoushan City	17.82	45.99	51.19	1.51	10.94	16.21
台州市	Taizhou City	78.35	225.02	283.06	6.23	39.03	39.33
珠江三角洲经济区	**The Pearl River Delta**						
广州市	Guangzhou City	318.46	1063.46	1122.61	82.59	314.75	248.44
深圳市	Shenzhen City	230.91	871.00	986.00	59.77	233.54	237.92
珠海市	Zhuhai City	32.50	152.65	171.00	23.00	20.68	19.30
佛山市	Foshan City	139.00	460.37	566.43	77.02		
江门市	Jiangmen City	61.83	222.36	257.72	0.53	18.67	19.23
东莞市	Dongguan City	123.68	660.86	856.09	13.78	46.89	50.57
中山市	Zhongshan City	54.08	196.60	243.45	11.30	29.82	31.81
惠州市区	Huizhou Urban District	11.80	57.64	67.30	2.79	26.41	
惠阳市	Huiyang City		46.17	62.20		9.23	
惠东县	Huidong County		29.76	37.52		7.89	
博罗县	Boluo County		30.18	39.25		5.34	
肇庆市区	Zhaoqing Urban District	24.40	63.80	73.11		9.22	20.00
高要市	Gaoyao City	3.11	10.00	18.14	0.45		
四会市	Sihui City	2.53	11.40	19.71			

主要统计指标解释

公路里程　指在一定时期内实际达到《公路工程[WTBZ]技术标准JTJ01—88》规定的等级公路，并经公路主管部门正式验收交付使用的公路里程数。包括大中城市的郊区公路以及通过小城镇街道部分的公路里程和桥梁、渡口的长度、不包括大中城市的街道、厂矿、林区生产用道和农业生产用道的里程。两条或多条公路共同经由同一路径，只计算一次，不得重复计算公路里程长度。该指标可以反映公路建设的发展规模，也是计算运输网密度等指标的基础资料。

内河航道里程　也称内河通航里程，指在一定时期内，能通航运输船舶及排筏的天然河流、湖泊水库、运河及通航渠道的长度。包括全年季节性通航累计三个月以上的航道，不包括仅供零散流放竹、木排的河道。它是反映内河水运网规模、水平和发展情况的主要指标。

货(客)运量　指在一定时期内，各种运输工具实际运送的货物(旅客)数量。它是反映运输业为国民经济和人民生活服务的数量指标，也是制定和检查运输生产计划、研究运输发展规模和速度的重要指标。货运按吨计算，客运按人计算。货物不论运输距离长短、货物类别，均按实际重量统计。旅客不论行程远近或票价多少，均按一人一次客运量统计；半价票、小孩票也按一人统计。

货物(旅客)周转量　指在一定时期内，由各种运输工具运送的货物(旅客)数量与其相应运输距离的乘积之总和。它是反映运输业生产总成果的重要指标，也是编制和检查运输生产计划，计算运输效率、劳动生产率以及核算运输单位成本的主要基础资料。计算货物周转量通常按发出站与到达站之间的最短距离，也就是计费距离计算。计算公式为：

货物(旅客)周转量 = Σ货物(旅客)运输量×运输距离

沿海主要港口货物吞吐量　指经水运进出沿海主要港区范围，并经过装卸的货物数量，包括邮件及办理托运手续的行李、包裹以及补给运输船舶的燃、物料和淡水。货物吞吐量按货物流向分为进口、出口吞吐量，按货物交流性质分为外贸货物吞吐量和国内贸易货物吞吐量。货物吞吐量的货类构成及其流向，是衡量港口生产能力大小的重要指标。

民用汽车拥有量　指报告期末，在公安交通管理部门按照《机动车注册登记工作规范》，已注册登记领有民用车辆牌照的全部汽车数量。汽车拥有量统计的主要分类：根据汽车结构分为载客汽车、载货汽车及其他汽车；根据汽车所有者不同分为个人(私人)汽车、单位汽车；根据汽车的使用性质分为营运汽车、非营运汽车和特种汽车；根据汽车大小规格不同载客汽车分为大型、中型、小型和微型，载货汽车分为重型、中型、轻型和微型。

邮电业务总量　指以价值量形式表现的邮电通信企业为社会提供各类邮电通信服务的总数量。邮电业务量按专业分类包括函件、包件、汇票、报刊发行、邮政快件、特快专递、邮政储蓄、集邮、公众电报、用户电报、传真、长途电话、出租电路、市话无线寻呼、移动电话、分组交换数据通信、出租代维等。计算方法为各类产品乘以相应的平均单价(不变价)之和，再加上出租电路和设备、代用户维护电话交换机和线路等的服务收入。它综合反映了一定时期邮电业务发展的总成果，是研究邮电业务量构成和发展趋势的重要指标。计算公式为：

邮电业务总量 = Σ(各类邮电业务量×不变单价)+ 出租代维及其他业务收入 = 邮电业务总量+电信业务总量

移动电话用户　指在移动电话营业部门登记，通过移动电话交换机进入移动电话网、占有移动电话号码的电话用户。用户数量以实际办理登记手续进入邮电部门移动电话网的户数进行计算，一部或一台移动电话统计为一户。

本地电话用户　指接入本地电信运营商固定电话网上的电话用户。包括：住宅用户、单位用户、公用电话用户等。按电话用户位置又分为市内电话用户和农村电话用户。1997年以前，“市内电话用户”是指接入县城及县以上城市的电话网上的电话用户；“农村电话用户”是指接入县邮电局农话台及县以下农村电话交换点，以县城为中心(除市话用户外)联通县、乡(镇)、行政村、村民小组的用户。从1997年起，电话用户数分组调整为以用户所在区域划分为“城市电话用户”和“乡村电话用户”，与过去的按市内电话和农村电话划分方法不同。而电话用户总数、电话机总部数统计范围不变。

互联网上网人数　指平均每周使用互联网至少1小时的中国公民人数。

Explanatory Notes on Main Statistical Indicators

Length of Highways refers to the length of highways which are built in conformity with the grades specified by the highway engineering standard formulated by the Ministry of Communications, and have been formally checked and accepted by the departments of highways and put into use. The length of highways includes that of the suburb highways at large and medium sized cities, highways passing through streets at small cities and towns, and also the length of bridges and ferries. It does not include the length of streets in big and medium-sized cities and highways built for the production purpose at factories, mines, forest areas and agricultural areas. If two or more highways go the same section of the way, the length of the section is only calculated for once and no duplication is allowed. The length of highways is an important indicator to show the development of the highway construction and to provide essential information to calculate the transport network density.

Length of Navigable Inland Waterways it is an indicator reflecting the size and development of inland water network, it refers to the length of the natural rivers, lakes , reservoirs, canals, and ditches open to navigation during a given period, which enables the transport by ships and rafts . It includes the channels open to navigation for over an accumulative 3 months in a year, yet this does not include the river courses, which are only used to float odd logs and bamboo rafts. This indicator can reflect the scale, level and development situation of the inland waterway network.

Freight (Passenger) Traffic refers to the volume of freight (passenger) transported with various means. Freight transport is calculated in tons and passenger traffic is calculated in the number of persons. Despite the type of freight and traveling distance, the freight transport is calculated in t he actual weight of t he goods: and despite the traveling distance and ticket price, the passenger traffic is calculated by the principle that one person can be counted only once in one travel. The passengers who travel with a half price ticket or a child ticket is also calculated as one person. The freight (passenger) traffic provides a quantitative measure to show how the transport industry serves the national economy and people, and is also an important indicator for planning the transport industry and for studying the development scale and speed of the transport industry.

Freight Ton-kilometers (Passenger-kilometers) refer to the sum of the products of the volume of transported cargo (passengers) multiplying by the transport distance. It is an important indicator to reflect the achievement of transportation industry.Normally.the shortest distance between the departure station and the destination station (i.e., the payable distance) is the basis to calculate the freight ton-kilometers. This is an import ant indicator to show the total results of the transport industry, to prepare and examine the transport plan and to measure the efficiency , the labour productivity and the unit cost of transport .

The formula is as follows:

Freight Ton-kilometers (Passenger-kilometers) = Σ {Freight(Passenger) Traffic x Distance of Transportation}

Measuring unit: ton-kilometer (person-kilometer)

Volume of Freight Handled in Major Coastal Ports refers to the volume of cargo passing in and out the harbor area of the major coastal ports and having been loaded and unloaded. The volume includes that of the postal matters, registered luggage and fuels, materials and fresh water as supplies of the ships .The volume of freight handled may be classified by direction of flow as freight for import and freight for export , or by nature of cargo as freight for domestic trade and freight for foreign trade. As an important indicator, the volume of freight handled by type of cargo and by main flow direction reflects the production capacity of ports.

Possession of Civil Motor Vehicles refer to the total numbers of vehicles that are registered and received vehicles' license tags according to the Work Standard for Motor Vehicles Registration formulated by transport management office under department of public security at the end of reference period. They are divided into following categories according to the structure of motor vehicles: passenger vehicles, trucks and others; and private vehicles and vehicles for units use according to ownerships; working vehicles, non-working vehicles and special motor vehicles according to kind of usage; large passenger vehicles, medium passenger vehicles and small passenger vehicles, heavy trucks, light-heavy trucks and light trucks according to sizes of vehicles.

Business Volume of Post and Telecommunications refers to the total amount of post and telecommunication services, expressed in value terms, provided by the post and telecommunications departments for the society. Post and telecommunication services can be classified as letters, parcels, remittance, issue of newspapers and magazines, fast mail service, express mail service, savings deposits, stamps for collection, public and individual telegraph service, facsimiles, long-distance telephone service, leasing of telephone lines, urban paging service, mobile telephone service, data transfer and transmission, etc. The accounting approach is to multiply the service products of all types with their average unit price (constant price) to get sum of business value, plus income from other services such as leasing of telephone lines and equipment , maintenance of telephone switchboards and lines on behalf of customers . This indicator reflects the overall results of post and telecommunications service during a given period, and is important to study the composition of business service and the development of post and telecommunications service.

The formula is as follows:

Business Volume of Pos t and Telecommunications= Σ (Transaction of Post and Telecommunication Service x Constant Price) + Income from Leasing, Maintenance and other Services

Mobile Telephone Subscribers refer to the persons who own mobile telephone numbers and are connected with the mobile telephone communication network through the mobile telephone switchboards, including contracted subscribers and prepaid subscribers for intelligent network. One mobile telephone is taken as a subscriber.

Local Telephone Subscribers refer to subscribers that are connected to the local telecommunication service provider through fix line network, including household subscribers, institutional subscribers and public telephones. They are also classified as city subscribers and rural subscribers according to locations. Before 1997, city subscribers referred to those connected to city telephone networks in county towns and cities, while village subscribers referred to those connected to village telephone stations at and below counties. Since 1997, the classification of telephone subscribers was modified on the basis of physical location of the subscribers as urban telephone subscribers and rural telephone subscribers, which is different from the previous classification of categorizing local telephones and rural telephones, while the definition of total subscribers and total number of telephones remain unchanged.

Internet Users refer to the number of Chinese citizens who use Internet at least for one hour each week.

10-1 社会消费品零售总额

Total Retail Sales of Consumer Goods

单位：亿元 (100 million yuan)

地区	Area	1990	2000	2002	2003	2004
长江三角洲经济区	**Yangtze River Delta**					
上海市	Shanghai City	333.86	1722.27	2035.21	2220.64	2454.61
南京市	Nanjing City	77.74	419.81	525.17	600.24	711.44
苏州市	Suzhou City	72.15	348.17	451.62	526.05	625.10
无锡市	Wuxi City	50.63	351.51	444.29	487.06	579.21
常州市	Changzhou City	38.19	202.31	248.80	280.65	324.05
镇江市	Zhenjiang City	23.11	124.46	149.27	168.24	192.05
南通市	Nantong City	52.45	250.11	297.14	331.28	384.25
扬州市	Yangzhou City	41.12	152.04	182.76	197.96	228.01
泰州市	Taizhou City	30.82	133.57	161.19	173.76	200.69
杭州市	Hangzhou City	77.00	403.95	523.53	587.52	704.34
宁波市	Ningbo City	54.98	389.29	462.87	521.53	595.63
嘉兴市	Jiaxing City	33.95	200.33	249.21	279.39	325.34
湖州市	Huzhou City	21.32	149.18	170.88	182.34	208.34
绍兴市	Shaoxing City	31.40	215.36	269.27	291.98	335.43
舟山市	Zhoushan City	12.26	59.48	74.07	75.11	87.52
台州市	Taizhou City	31.22	181.75	232.10	262.33	302.92
珠江三角洲经济区	**Pearl River Delta**					
广州市	Guangzhou City	147.78	1121.13	1370.68	1494.27	1675.05
深圳市	Shenzhen City	66.76	538.17	689.59	801.77	915.45
珠海市	Zhuhai City	21.76	115.20	143.47	159.18	179.89
佛山市	Foshan City	57.11	337.55	419.80	473.19	542.19
江门市	Jiangmen City	42.62	200.06	248.39	277.84	311.57
东莞市	Dongguan City	26.77	169.77	294.68	338.00	389.04
中山市	Zhongshan City	19.75	106.77	134.33	151.71	178.84
惠州市区	Huizhou Urban District	6.86	38.88	60.51	70.01	84.65
惠阳市	Huiyang City	4.01	29.55	28.01	31.31	36.61
惠东县	Huidong County	5.34	39.33	41.25	44.96	50.36
博罗县	Boluo County	3.66	19.16	24.49	28.04	32.60
肇庆市区	Zhaoqing Urban District	4.43	37.11	40.70	52.26	58.36
高要市	Gaoyao City	3.58	19.36	23.93	26.93	30.44
四会市	Sihui City		20.44	23.70	27.12	30.79

10-2 按行业分的社会消费品零售总额
Total Retail Sale of Consumer Goods by Sector

单位：亿元 (100 million yuan)

地区	Area	批发零售贸易业 Wholesale and Retail Trade			餐饮业 Catering Services		
		2000	2003	2004	2000	2003	2004
长江三角洲经济区	**Yangtze River Delta**						
上海市	Shanghai City	1368.18	1759.27	1897.50	127.65	214.83	300.17
南京市	Nanjing City	327.08	521.92	600.38	37.12	68.83	98.55
苏州市	Suzhou City	307.07	438.32	516.17	33.82	85.21	106.80
无锡市	Wuxi City	265.27	395.51	473.03	46.29	80.20	95.36
常州市	Changzhou City	153.51	246.95	277.84	14.08	28.23	39.64
镇江市	Zhenjiang City	82.96	141.88	156.24	15.18	23.23	32.67
南通市	Nantong City	174.23	303.03	348.24	12.78	21.31	27.40
扬州市	Yangzhou City	104.61	168.71	192.07	15.43	24.01	31.50
泰州市	Taizhou City	88.82	149.34	172.26	12.16	21.50	25.35
杭州市	Hangzhou City	253.18	508.94	595.66	35.75	64.42	88.38
宁波市	Ningbo City	296.58	443.44	507.20	37.81	67.20	83.45
嘉兴市	Jiaxing City	130.95	240.07	275.39	13.70	26.02	33.32
湖州市	Huzhou City	101.90	161.78	182.96	11.56	17.10	21.57
绍兴市	Shaoxing City	148.56	253.58	292.50	17.68	28.05	32.13
舟山市	Zhoushan City	37.87	64.60	75.34	6.10	10.06	11.94
台州市	Taizhou City	160.75	221.58	252.81	14.54	31.86	40.19
珠江三角洲经济区	**Pearl River Delta**						
广州市	Guangzhou City	783.95	1183.38	1363.45	208.15	281.85	300.45
深圳市	Shenzhen City	422.45	611.35	758.87	106.32	133.91	156.58
珠海市	Zhuhai City	84.81	129.38	150.95	19.69	24.10	28.87
佛山市	Foshan City	244.39	382.18	438.72	64.10	89.89	103.38
江门市	Jiangmen City	138.59	232.77	259.77	30.34	41.85	48.60
东莞市	Dongguan City	103.74	292.87	334.75	25.92	45.07	54.22
中山市	Zhongshan City	77.24	127.08	151.29	19.73	24.34	27.28
惠州市区	Huizhou Urban District	24.66	55.75	64.82	6.60	14.26	19.83
惠阳市	Huiyang City	19.14	26.20	29.43	4.66	5.11	7.18
惠东县	Huidong County	30.46	40.19	44.97	5.50	4.77	5.39
博罗县	Boluo County	14.77	25.09	29.29	2.00	2.95	3.32
肇庆市区	Zhaoqing Urban District	18.35	34.50	45.06	6.64	11.13	12.72
高要市	Gaoyao City	11.84	16.55	27.03	2.11	2.89	3.39
四会市	Sihui City	14.34	20.12	28.07	1.48	2.35	2.72

10–2 续表 continued

单位：亿元 (100 million yuan)

地区	Area	其他行业 Others		
		2000	2003 ①	2004
长江三角洲经济区	**Yangtze River Delta**			
上海市	Shanghai City	181.01	196.76	204.93
南京市	Nanjing City	55.61	9.49	12.51
苏州市	Suzhou City	7.29	2.52	2.13
无锡市	Wuxi City	39.96	11.35	10.82
常州市	Changzhou City	34.72	5.46	6.58
镇江市	Zhenjiang City	26.31	3.13	3.15
南通市	Nantong City	63.10	6.93	8.61
扬州市	Yangzhou City	32.00	5.24	4.44
泰州市	Taizhou City	32.60	2.92	3.08
杭州市	Hangzhou City	90.02	14.16	20.30
宁波市	Ningbo City	54.90	10.89	4.97
嘉兴市	Jiaxing City	21.59	13.30	16.63
湖州市	Huzhou City	24.29	3.46	3.81
绍兴市	Shaoxing City	49.12	10.36	10.80
舟山市	Zhoushan City	8.84	0.45	0.24
台州市	Taizhou City	6.46	8.89	9.93
珠江三角洲经济区	**Pearl River Delta**			
广州市	Guangzhou City	70.07	29.04	11.15
深圳市	Shenzhen City	5.80	6.50	
珠海市	Zhuhai City	10.70	5.70	0.07
佛山市	Foshan City	29.06	11.17	0.09
江门市	Jiangmen City	31.13	3.22	3.20
东莞市	Dongguan City	40.07	0.06	0.07
中山市	Zhongshan City	9.80	0.29	0.29
惠州市区	Huizhou Urban District	7.63		
惠阳市	Huiyang City	5.75		
惠东县	Huidong County	3.38		
博罗县	Boluo County	2.39		
肇庆市区	Zhaoqing Urban District	9.46	6.60	0.58
高要市	Gaoyao City	5.41	7.50	0.02
四会市	Sihui City	3.93	4.70	

注：①由于2003年国内贸易统计实行新的报表制度，计算口径有调整，故与以前的数据不可比。

Note: ① Due to new reporting system is implemented on domestic trade statistics in 2003,coverage of statistics is adjusted, so it is not comparable with the preceding years.

10-3 限额以上批发零售贸易、餐饮业法人企业数

Number of Corporation Units above Designated Size in Wholesale and Retail Trade,Catering Services

单位：个 (unit)

地区	Area	合计 Total			批发业 Wholesale Trade		
		2000	2003	2004	2000	2003	2004
长江三角洲经济区	**Yangtze River Delta**						
上海市	Shanghai City	1002	1282	1695	445	758	488
南京市	Nanjing City	247	342	367	149	139	139
苏州市	Suzhou City	308	347	553	179	131	367
无锡市	Wuxi City	190	281	419	90	89	173
常州市	Changzhou City	128	193	223	77	82	97
镇江市	Zhenjiang City	88	94	167	49	37	70
南通市	Nantong City	163	191		92	73	
扬州市	Yangzhou City	93	111	139	51	39	42
泰州市	Taizhou City	103	117		48	43	
杭州市	Hangzhou City	519	575	1672	305	386	1337
宁波市	Ningbo City	395	359	653	264	249	422
嘉兴市	Jiaxing City	241	284	322	150	143	193
湖州市	Huzhou City	129	160	150	73	64	84
绍兴市	Shaoxing City	158	158	336	101	85	156
舟山市	Zhoushan City	83	86	137	36	43	76
台州市	Taizhou City	147	168	271	86	107	169
珠江三角洲经济区	**Pearl River Delta**						
广州市	Guangzhou City	861	1289	1497	486	605	673
深圳市	Shenzhen City	450	610	610	287	316	316
珠海市	Zhuhai City	86	143	145	38	40	41
佛山市	Foshan City	243	320	475	163	211	213
江门市	Jiangmen City	182	127		122	70	
东莞市	Dongguan City	193	229	231	74	56	
中山市	Zhongshan City	89	184	241	48	79	104
惠州市区	Huizhou Urban District	44	43	44	17	17	17
惠阳市	Huiyang City	25	17	16	6	7	6
惠东县	Huidong County	9	6	6		1	1
博罗县	Boluo County	13	10	10	5	6	6
肇庆市区	Zhaoqing Urban District	36	43	72	23	26	25
高要市	Gaoyao City	5	9	10	4	6	4
四会市	Sihui City	10	13	17	2	8	2

10−3 续表 continued

单位：个 (unit)

地区	Area	零售业 Retail Trade 2000	2003	2004	餐饮业 Catering Service 2000	2003	2004
长江三角洲经济区	**Yangtze River Delta**						
上海市	Shanghai City	384	282	488	173	242	434
南京市	Nanjing City	76	109	124	22	94	104
苏州市	Suzhou City	87	96	186	42	120	123
无锡市	Wuxi City	34	77	116	66	115	130
常州市	Changzhou City	26	48	59	25	63	67
镇江市	Zhenjiang City	24	33	58	15	24	39
南通市	Nantong City	67	96		4	22	
扬州市	Yangzhou City	39	49	63	3	23	34
泰州市	Taizhou City	50	60		5	14	
杭州市	Hangzhou City	214	125	184	27	64	151
宁波市	Ningbo City	104	110	141	27		90
嘉兴市	Jiaxing City	91	90	93	30	51	36
湖州市	Huzhou City	34	54	66	22	42	76
绍兴市	Shaoxing City	35	49	80	22	24	100
舟山市	Zhoushan City	47	29	44		14	17
台州市	Taizhou City	42	47	60	19	14	42
珠江三角洲经济区	**Pearl River Delta**						
广州市	Guangzhou City	164	286	308	211	398	516
深圳市	Shenzhen City	139	180	180	24	114	114
珠海市	Zhuhai City	33	78	77	15	25	27
佛山市	Foshan City	27	109	115	53	135	147
江门市	Jiangmen City	20	57		40	52	
东莞市	Dongguan City	27	50		92	123	122
中山市	Zhongshan City	7	58	69	34	47	68
惠州市区	Huizhou Urban District	15	13	14	12	13	13
惠阳市	Huiyang City	1	3	3	18	7	7
惠东县	Huidong County	1	2	2	8	3	3
博罗县	Boluo County	4	3	3	4	1	1
肇庆市区	Zhaoqing Urban District	8	9	21	5	8	26
高要市	Gaoyao City	1	3	4			2
四会市	Sihui City	6	3	7	2	2	8

10-4 限额以上批发零售贸易、餐饮业从业人数

Number of Persons Employed in Enterprises above Designated Size in Wholesale and Retail Trade,Catering Services

单位：人 (person)

地区	Area	合计 Total			批发业 Wholesale Trade		
		2000	2003	2004	2000	2003	2004
长江三角洲经济区	**Yangtze River Delta**						
上海市	Shanghai City	313006	358873	373628	132767	99628	104522
南京市	Nanjing City	86907	89830	89690	34680	24771	22252
苏州市	Suzhou City	49972	56574	51657	20836	11994	21171
无锡市	Wuxi City	54957	52267	56737	21782	9423	13193
常州市	Changzhou City	24568	27293	28069	11877	7663	6942
镇江市	Zhenjiang City	16648	13829	21420	7934	3863	6434
南通市	Nantong City	23078	29002		9652	10503	
扬州市	Yangzhou City	17204	14683	17066	6370	4063	3097
泰州市	Taizhou City		16274			4187	
杭州市	Hangzhou City	65929	68083	120740	34539	29208	48889
宁波市	Ningbo City	32752	34641	66917	17851	15517	25000
嘉兴市	Jiaxing City	22341	24283	27718	10326	8976	10420
湖州市	Huzhou City	14902	14669	16137	5974	4246	3994
绍兴市	Shaoxing City	27928	23318	30955	14341	8096	9641
舟山市	Zhoushan City		7933	7332		2844	3218
台州市	Taizhou City	16733	18552	28287	8572	8285	9337
珠江三角洲经济区	**Pearl River Delta**						
广州市	Guangzhou City	134931	172950	187095	57620	51183	52967
深圳市	Shenzhen City	72104	170477	68121	22034	42614	59742
珠海市	Zhuhai City	15181	19459		2601	5481	
佛山市	Foshan City	43211	47214	42940	17294	12771	14099
江门市	Jiangmen City	22383	11131		12340	6067	
东莞市	Dongguan City	19912	40639		2943	5661	
中山市	Zhongshan City	7532	19696		311	4734	
惠州市区	Huizhou Urban District		6734	6879		2472	2472
惠阳市	Huiyang City		2342	2096		560	314
惠东县	Huidong County		568	568		137	137
博罗县	Boluo County		786	786		416	416
肇庆市区	Zhaoqing Urban District	3707	4990		2122	1725	
高要市	Gaoyao City	706	676		658	154	
四会市	Sihui City	234	1062		118	372	

10−4 续表 continued

单位：人 (person)

地区	Area	零售业 Retail Trade			餐饮业 Catering Services		
		2000	2003	2004	2000	2003	2004
长江三角洲经济区	**Yangtze River Delta**						
上海市	Shanghai City	137530	209340	209121	42709	49905	59985
南京市	Nanjing City	39718	44508	45688	12509	20551	21750
苏州市	Suzhou City	20520	26864	30486	8616	17716	17647
无锡市	Wuxi City	18535	22430	23966	14640	20414	19578
常州市	Changzhou City	8608	10650	12530	4083	8980	8597
镇江市	Zhenjiang City	6502	7494	10963	2212	2472	4023
南通市	Nantong City	12534	15170		892	3329	
扬州市	Yangzhou City	8950	7712	10398	1884	2908	3923
泰州市	Taizhou City		10124			1963	
杭州市	Hangzhou City	20380	18709	34311	11010	20164	37540
宁波市	Ningbo City	14901	19124	23012	12529		18905
嘉兴市	Jiaxing City	6874	7825	8209	4944	7482	9089
湖州市	Huzhou City	5218	4357	4985	3710	6066	7158
绍兴市	Shaoxing City	8384	11140	13166	5203	4082	8148
舟山市	Zhoushan City		3270	4002		1819	112
台州市	Taizhou City	3685	4927	8721	4476	5340	10229
珠江三角洲经济区	**Pearl River Delta**						
广州市	Guangzhou City	31901	44387	44308	45410	77380	89820
深圳市	Shenzhen City	36098	68121	68121	13972	59742	59742
珠海市	Zhuhai City	5080	6448		7500	7530	
佛山市	Foshan City	6984	10905	9816	18933	23491	19025
江门市	Jiangmen City	3218	5064		6825	8564	
东莞市	Dongguan City	2198	4585		14771	30393	
中山市	Zhongshan City	1802	6076		2419	8886	
惠州市区	Huizhou Urban District		2454	2599		1808	1808
惠阳市	Huiyang City		260	260		1522	1522
惠东县	Huidong County		303	303		128	128
博罗县	Boluo County		310	310		60	60
肇庆市区	Zhaoqing Urban District	424	927		1161	2338	
高要市	Gaoyao City	48	522				
四会市	Sihui City	234	257		186	433	

10-5 限额以上批发零售贸易业商品购、销、存总额（2004年）

Total Purchases,Sales and Inventory of Enterprises above Designated Size in Wholesale and Retail Trade(2004)

单位：亿元 (100 million yuan)

地区	Area	购进总额 Total Purchases	销售总额 Total Sales	# 批发 Wholesale	# 零售 Retail	年末库存总额 Inventory (year-end)
长江三角洲经济区	**Yangtze River Delta**					
上海市	Shanghai City	5374.87	6181.68			356.86
南京市	Nanjing City	1323.45	1615.11	1319.71	295.41	56.16
苏州市	Suzhou City	549.36 ①	1349.10	1126.40	222.70	52.25
无锡市	Wuxi City	538.82 ①	727.67	546.03	181.64	33.73
常州市	Changzhou City	280.11 ①	347.72	248.93	98.79	21.63
镇江市①	Zhenjiang City ①	73.21	81.99	54.52	27.48	6.05 ①
南通市①	Nantong City ①	257.19	274.96	202.86	72.10	21.99 ①
扬州市	Yangzhou City	92.57 ①	147.00	90.00	57.00	7.43
泰州市①	Taizhou City ①	125.18	141.58	111.60	29.98	26.32
杭州市	Hangzhou City	2146.00 ①	3932.50	3545.97	386.53	134.00 ①
宁波市	Ningbo City	1134.64 ①	1793.61	1590.32	203.79	58.44 ①
嘉兴市	Jiaxing City	284.80 ①	388.26	328.67	59.59	21.94 ①
湖州市	Huzhou City	127.28 ①	185.44	141.52	43.92	9.31 ①
绍兴市	Shaoxing City	184.73 ①	326.88	244.61	82.27	18.73 ①
舟山市	Zhoushan City	69.24 ①	124.59	106.37	18.22	5.07 ①
台州市	Taizhou City	284.61 ①	393.01	341.00	52.02	13.05 ①
珠江三角洲经济区	**Pearl River Delta**					
广州市	Guangzhou City	3060.84	3220.69			188.06
深圳市①	Shenzhen City ①	1272.24	1503.96	1037.79	466.17	84.66
珠海市	Zhuhai City	133.3 ①	300.86	231.56	69.30	9.42
佛山市	Foshan City	606.24 ①	730.77	600.36	130.41	
江门市	Jiangmen City	114.79 ①	580.41	320.64	259.77	
东莞市①	Dongguan City ①	171.26	180.58	113.85	66.73	10.80
中山市①	Zhongshan City ①	218.82	292.58	243.01	49.57	8.74
惠州市区	Huizhou Urban District	105.82 ①	99.53	82.36	17.17	
惠阳市①	Huiyang City ①	8.75	8.74	7.81	0.93	0.26
惠东县	Huidong County		5.96	4.31	1.65	
博罗县	Boluo County		9.39	4.94	4.45	
肇庆市区	Zhaoqing Urban District		41.56	35.46	6.10	
高要市	Gaoyao City		4.98	2.34	2.64	
四会市	Sihui City		4.00	2.65	1.35	

注：①2003年数据。

Note: ① Data of 2003.

10－6 限额以上批发零售贸易业主要商品分类销售额（2004 年）

Total Sales of Enterprises above Designated Size in Wholesale and Retail Trade By Category of Main Commodities(2004)

单位：亿元 (100 million yuan)

地区	Area	食品、饮料、烟酒类 Food,Beverages, Tobacco and Liquor	服装鞋帽、针、纺织品类 Clothing, Shoes,Hats and Textiles	化妆品类 Cosmetics	金银珠宝类 Gold, Silver and Jewelry	五金、电料类 Hardware and Electrical Materials	体育、娱乐用品类 Sports and Recreation Articles
长江三角洲经济区	**Yangtze River Delta**						
上海市	Shanghai City	1075.18	528.67	71.35	46.71	56.13	29.09
南京市	Nanjing City	251.75	243.33	8.25	7.22	10.78	6.67
苏州市	Suzhou City	80.10	641.80	3.90	6.40	1.60	2.20
无锡市	Wuxi City	111.85	53.29	3.73	3.33	4.52	2.79
常州市	Changzhou City	46.12	37.71	1.33	1.75	3.43	1.17
镇江市①	Zhenjiang City ①	24.54	6.26	0.50	0.65	12.10	0.13
南通市①	Nantong City ①	51.16	29.49	2.67	3.24	2.32	1.02
扬州市	Yangzhou City	36.50	10.60	1.20	1.70	1.20	0.40
泰州市①	Taizhou City ①	25.12	4.18	0.99	0.95	0.31	0.07
杭州市	Hangzhou City	218.88	375.54	4.18	0.01	77.37	11.29
宁波市	Ningbo City	131.25	219.44	9.68	4.78	56.34	9.26
嘉兴市	Jiaxing City	51.28	59.75	0.80	1.37	6.93	0.59
湖州市	Huzhou City	29.71	26.93	0.40	1.18	1.62	0.97
绍兴市	Shaoxing City	45.62	123.93	1.07	1.04	28.33	0.87
舟山市	Zhoushan City	24.82	1.38	0.33	0.05	0.23	0.26
台州市	Taizhou City	1.15	3.04	8.08	2.06	0.16	4.94
珠江三角洲经济区	**Pearl River Delta**						
广州市	Guangzhou City	263.38	178.98	14.78	6.52	23.22	21.04
深圳市	Shenzhen City	247.86	87.00	9.87	8.75	5.10	7.46
珠海市	Zhuhai City	24.67	5.72	0.80	0.07	0.86	0.27
佛山市	Foshan City	59.95	44.10	1.78	0.90	13.05	1.15
江门市①	Jiangmen City ①	126.67	12.99	0.55	0.29	5.14	0.32
东莞市①	Dongguan City ①	2.83	1.61	0.11	0.01	0.47	0.03
中山市	Zhongshan City	29.96	40.00	1.20	0.03	14.10	2.46
惠州市区	Huizhou Urban District	11.84	5.06	0.01	0.01	0.53	0.01
惠阳市	Huiyang City	4.61	3.95	0.04			
惠东县	Huidong County	3.93	3.93				
博罗县	Boluo County	3.26	2.78				
肇庆市区	Zhaoqing Urban District	14.48	3.21	0.80	0.01	0.21	0.12
高要市	Gaoyao City	2.05					
四会市	Sihui City	1.37	0.04	0.02		0.01	0.02

注：①2003 年数据。

Note: ① Data of 2003.

10−6 续表 1　continued

单位：亿元　(100 million yuan)

地区	Area	书报杂志类 Newspapers and Magazines	家用电器和音像器材类 Household Appliances and Video Appliances	中西药品类 Traditional Chinese and Western Medicines	文化办公用品类 Culture and Official Goods	家具类 Furniture
长江三角洲经济区	**Yangtze River Delta**					
上海市	Shanghai City	46.64	206.20	210.80	92.24	40.91
南京市	Nanjing City	35.50	102.10	54.53	39.22	1.78
苏州市	Suzhou City	3.70	21.10	14.80	4.60	0.70
无锡市	Wuxi City	2.88	39.63	24.43	4.67	0.48
常州市	Changzhou City	2.45	19.81	17.36	2.09	0.08
镇江市①	Zhenjiang City ①	2.65	5.33	5.50	0.23	0.13
南通市①	Nantong City ①	4.54	22.01	9.28	2.80	0.13
扬州市	Yangzhou City	2.30	11.80	10.50	0.20	
泰州市①	Taizhou City ①	3.40	32.92	4.02	0.44	0.05
杭州市	Hangzhou City	16.35	84.28	90.06	98.60	4.89
宁波市	Ningbo City	3.05	80.17	52.45	43.96	3.11
嘉兴市	Jiaxing City	1.53	10.28	17.28	3.49	3.41
湖州市	Huzhou City	1.09	5.38	6.67	0.65	0.09
绍兴市	Shaoxing City	1.77	19.91	23.58	1.77	0.16
舟山市	Zhoushan City	0.27	1.57	3.67	0.95	
台州市	Taizhou City	0.04	24.52	17.50	0.79	5.23
珠江三角洲经济区	**Pearl River Delta**					
广州市	Guangzhou City	26.92	128.82	176.75	78.00	16.50
深圳市	Shenzhen City	5.10	81.80	71.75	23.18	10.66
珠海市	Zhuhai City	0.62	6.35	20.53	0.28	0.93
佛山市	Foshan City	2.64	34.91	20.86	2.21	11.29
江门市①	Jiangmen City ①	1.26	4.96	4.42	0.89	1.34
东莞市①	Dongguan City ①	0.05	0.88	0.55	0.10	
中山市	Zhongshan City	0.35	55.81	7.09	0.81	3.15
惠州市区	Huizhou Urban District	0.27	64.29	1.61	0.24	0.01
惠阳市	Huiyang City		0.23			
惠东县	Huidong County					
博罗县	Boluo County	0.23				
肇庆市区	Zhaoqing Urban District	0.13	0.65	0.92	0.21	0.71
高要市	Gaoyao City	0.21		0.49		
四会市	Sihui City	0.07	0.04	0.30	0.05	

10–6 续表2 continued

单位：亿元 (100 million yuan)

地区	Area	通讯器材类 Communication Appliances	煤炭及制品类 Coal and Related Products	木材及制品类 Wood and Wooden Products	石油及制品类 Petroleum and Related Products	化工材料及制品类 Raw Chemical Materials	金属材料类 Metal Materials
长江三角洲经济区	**Yangtze River Delta**						
上海市	Shanghai City	117.66	73.83	8.38	205.16	158.16	220.25
南京市	Nanjing City	32.08	19.62	2.47	363.63	74.75	84.91
苏州市	Suzhou City	10.50	0.06	1.86	21.39	0.15	0.31
无锡市	Wuxi City	5.79	11.94	0.40	131.87	27.87	54.76
常州市	Changzhou City	2.18	5.76	0.07	48.15	30.35	33.57
镇江市①	Zhenjiang City ①	1.09	1.07	0.02	8.24	3.48	2.56
南通市①	Nantong City ①	2.04	1.64	0.33	43.92	41.92	7.00
扬州市	Yangzhou City	0.53	0.51		15.06	4.25	5.35
泰州市①	Taizhou City ①	0.49	0.01	0.03	15.74	3.78	9.94
杭州市	Hangzhou City	115.24	97.56	7.89	532.17	295.27	991.51
宁波市	Ningbo City	75.68	80.78	1.53	250.77	193.67	197.52
嘉兴市	Jiaxing City	1.85	4.78	2.47	50.41	38.18	56.58
湖州市	Huzhou City	0.47	7.74	0.99	46.19	5.43	13.45
绍兴市	Shaoxing City	2.39	6.12	0.05	15.34	15.03	8.58
舟山市	Zhoushan City	0.85	7.23	0.36	68.78	0.41	8.13
台州市	Taizhou City	0.02	1.67	67.24	50.55	1.79	4.32
珠江三角洲经济区	**Pearl River Delta**						
广州市	Guangzhou City	60.28	171.14	7.05	918.70	126.10	478.74
深圳市	Shenzhen City	140.15	3.99	2.21	294.61	32.48	89.28
珠海市	Zhuhai City	11.28	0.01		47.88	1.76	
佛山市	Foshan City	7.05	5.01	0.86	133.11	58.46	166.50
江门市①	Jiangmen City ①	0.31	0.62	0.07	21.22	5.78	2.42
东莞市①	Dongguan City ①	0.09	0.37	0.03	3.32	0.39	0.25
中山市	Zhongshan City	0.08	0.15	1.36	33.60	7.26	25.65
惠州市区	Huizhou Urban District	1.15			7.84	0.34	0.17
惠阳市	Huiyang City				3.22		
惠东县	Huidong County				1.64		
博罗县	Boluo County				4.25	0.99	
肇庆市区	Zhaoqing Urban District	1.41		0.01	3.06		2.53
高要市	Gaoyao City				2.50		
四会市	Sihui City				1.69	0.05	

10-6 续表 3　continued

单位：亿元　　(100 million yuan)

地区	Area	建筑及装潢材料类 Building and Decoration Materials	机电产品及设备类 Mechanical and Electrical Products	日用品类 Articles for Daily Use	种子饲料类 Seed and Feedstuff	棉麻类 Cotton,Hemp	其他类 Others
长江三角洲经济区	**Yangtze River Delta**						
上海市	Shanghai City	101.61	86.87	184.02	0.89	10.38	174.26
南京市	Nanjing City	11.72	150.91	41.81	0.57	6.30	64.36
苏州市	Suzhou City	3.29	1.25	50.73			4.25
无锡市	Wuxi City	3.01	87.65	13.09		0.42	26.23
常州市	Changzhou City	0.21	46.76			2.40	16.38
镇江市①	Zhenjiang City ①	0.01	4.79	2.69			7.76
南通市①	Nantong City ①	1.36	10.56	8.38	0.84	5.20	7.30
扬州市	Yangzhou City	0.48	7.29	3.15		0.03	8.67
泰州市①	Taizhou City ①	0.54	11.29		0.03		0.60
杭州市	Hangzhou City	34.95	168.74	65.65	3.34	20.9	102.45
宁波市	Ningbo City	16.15	102.54	78.45	1.27	2.90	104.14
嘉兴市	Jiaxing City	2.45	8.44	16.07	0.59	5.56	20.77
湖州市	Huzhou City	0.95	6.17	1.72	0.83	4.82	15.75
绍兴市	Shaoxing City	0.52	4.70	6.33	0.17	1.00	1.82
舟山市	Zhoushan City	0.01	1.75	1.21		0.24	0.93
台州市	Taizhou City	17.66	17.42	3.02			
珠江三角洲经济区	**Pearl River Delta**						
广州市	Guangzhou City	60.28	171.14	7.05	918.70	126.10	478.74
深圳市	Shenzhen City	140.15	3.99	2.21	294.61	32.48	89.28
珠海市	Zhuhai City	11.28	0.01		47.88	1.76	
佛山市	Foshan City	7.05	5.01	0.86	133.11	58.46	166.50
江门市①	Jiangmen City ①	0.21	14.60	7.30	0.09		7.15
东莞市①	Dongguan City ①	0.17	1.22	1.07			1.57
中山市	Zhongshan City	0.08	0.15	1.36	33.60	7.26	25.65
惠州市区	Huizhou Urban District	1.15			7.84	0.34	0.17
惠阳市	Huiyang City				3.22		
惠东县	Huidong County				1.64		
博罗县	Boluo County				4.25	0.99	
肇庆市区	Zhaoqing Urban District	1.41		0.01	3.06		2.53
高要市	Gaoyao City				2.50		
四会市	Sihui City				1.69	0.05	

注：①2003 年数据。

Note: ① Data of 2003.

10-7 限额以上批发零售贸易业商品销售数量（2004年）

Total Sales Volume of Enterprises above Designated Size in Wholesale and Retail Trade by Commodities(2004)

地区	Area	粮食（吨） Grain(ton)	食用植物油（吨） Edible Vegetable Oil (ton)	食糖（吨） Sugar(ton)	棉花（吨） Cotton(ton)
长江三角洲经济区	**Yangtze River Delta**				
上海市	Shanghai City	2145700	329600	300678	56000
南京市	Nanjing City	130691	144475	15753	30473
苏州市	Suzhou City				
无锡市	Wuxi City	229448	12645	2764	3209
常州市	Changzhou City	80678	124197	24466	16720
镇江市①	Zhenjiang City ①	2051	3649	14895	
南通市①	Nantong City ①	91296	4994	2609	29231
扬州市	Yangzhou City				
泰州市①	Taizhou City ①	208766	1502	2397	3452
杭州市	Hangzhou City	1423298	119554	17689	84666
宁波市	Ningbo City	128682	91829	60341	35354
嘉兴市	Jiaxing City	240557	22526	21327	3320
湖州市	Huzhou City	42878	1315	349	
绍兴市	Shaoxing City	98785	3004	929	5339
舟山市	Zhoushan City	53232	2869	30425	
台州市	Taizhou City	37553	2111	15507	
珠江三角洲经济区	**Pearl River Delta**				
广州市	Guangzhou City	1002600	42800	56000	
深圳市	Shenzhen City	641305	80508	1947	
珠海市	Zhuhai City	5102	9112	186	
佛山市	Foshan City	122453	5342	47391	
江门市①	Jiangmen City ①	92183	1033	4527	
东莞市①	Dongguan City ①	4832	1132	315	
中山市	Zhongshan City	9592	8555	693	
惠州市区	Huizhou Urban District	393	1080	7504	
惠阳市	Huiyang City	190	222	47	
惠东县	Huidong County				
博罗县	Boluo County	19	13	14	
肇庆市区	Zhaoqing Urban District	93066	929	247	
高要市	Gaoyao City				
四会市	Sihui City	20		66	

10−7 续表1 continued

地区	Area	鞋（万双） Shoes (10 000 pairs)	布(万米) Cloth (10 000 meters)	电视机（台） Television Set (unit)	组合音响（台） Hi-Fi Stereo Component System (unit)	摄像机（台） Pickup Camera (unit)
长江三角洲经济区	**Yangtze River Delta**					
上海市	Shanghai City	116	633	1411600	264000	66500
南京市	Nanjing City	3084	41092	1481756	63964	8171
苏州市	Suzhou City					
无锡市	Wuxi City	825	4431	218100	21894	4474
常州市	Changzhou City	669	7200	162664	19455	1658
镇江市①	Zhenjiang City ①	57	10	72352	3926	154
南通市①	Nantong City ①	466	417	236229	22066	1472
扬州市	Yangzhou City					
泰州市①	Taizhou City ①	86	19	72729	10340	206
杭州市	Hangzhou City	5491	22058	778071	69600	11892
宁波市	Ningbo City	3587	21267	310179	84006	2264
嘉兴市	Jiaxing City	372	3221	143113	12793	349
湖州市	Huzhou City	195	11963	52215	6453	290
绍兴市	Shaoxing City	168	44841	151509	8062	
舟山市	Zhoushan City	1160	505	12937	374	
台州市	Taizhou City	4508	21	65912	5983	
珠江三角洲经济区	**Pearl River Delta**					
广州市	Guangzhou City	3957	7141	972421	113685	97348
深圳市	Shenzhen City			2951504	499376	24076
珠海市	Zhuhai City					
佛山市	Foshan City	323	4289	90553	10897	3626
江门市①	Jiangmen City ①	77	70	11690	4396	358
东莞市①	Dongguan City ①	1658	1662	20767	5103	330
中山市	Zhongshan City	280	30	28222	111551	386
惠州市区	Huizhou Urban District	38	398	3486639	6766	1801
惠阳市	Huiyang City			3337	164	75
惠东县	Huidong County					
博罗县	Boluo County					
肇庆市区	Zhaoqing Urban District	2831	24401	19970	4950	
高要市	Gaoyao City					
四会市	Sihui City	14933				

10-7 续表2　continued

地区	Area	家用电冰箱(台) Household Refrigerator(unit)	家用洗衣机(台) Household Washing Machine(unit)	房间空调器(台) Room Air Conditioner(unit)	微波炉(台) Micro-oven (unit)
长江三角洲经济区	**Yangtze River Delta**				
上海市	Shanghai City	758800	836400	1431800	737100
南京市	Nanjing City	780303	430570	760224	164982
苏州市	Suzhou City				
无锡市	Wuxi City	205249	148822	406914	161057
常州市	Changzhou City	68577	50678	267343	57626
镇江市①	Zhenjiang City ①	30690	25260	61736	28907
南通市①	Nantong City ①	153776	132268	184840	339619
扬州市	Yangzhou City				
泰州市①	Taizhou City ①	55409	115072	1188264	28583
杭州市	Hangzhou City	205376	228992	854238	299390
宁波市	Ningbo City	90356	249849	1817951	116178
嘉兴市	Jiaxing City	28358	29218	77756	51567
湖州市	Huzhou City	22996	21874	48837	12920
绍兴市	Shaoxing City	130907	178370	124282	28455
舟山市	Zhoushan City	6877	3606	7567	2856
台州市	Taizhou City	21902	21603	37080	15344
珠江三角洲经济区	**Pearl River Delta**				
广州市	Guangzhou City	393754	728768	1120208	445024
深圳市	Shenzhen City	283066	226386	846420	94813
珠海市	Zhuhai City	12913	11178	53412	8836
佛山市	Foshan City	40706	30806	481463	148914
江门市①	Jiangmen City ①	6822	6557	57481	4457
东莞市①	Dongguan City ①	7329	6447	68069	7472
中山市	Zhongshan City	36208	14675	640970	8519
惠州市区	Huizhou Urban District	163757	337542	4976	8177
惠阳市	Huiyang City	450	452	341	410
惠东县	Huidong County				
博罗县	Boluo County				
肇庆市区	Zhaoqing Urban District	385	1139	4475	1195
高要市	Gaoyao City				
四会市	Sihui City				

10—7 续表 3 continued

地区	Area	微型计算机(台) Micro-Computers (unit)	普通电话机(台) Telephone (unit)	移动电话机(台) Mobile Telephone (unit)	化学肥料(吨) Chemical Fertilizers (ton)
长江三角洲经济区	**Yangtze River Delta**				
上海市	Shanghai City	270700	1272000	6598500	
南京市	Nanjing City	483362	179675	1281977	607172
苏州市	Suzhou City				
无锡市	Wuxi City	25015	76386	224385	85850
常州市	Changzhou City	13431	44103	103569	112561
镇江市①	Zhenjiang City ①	345	14530	52930	3760
南通市①	Nantong City ①	19929	217887	85869	75890
扬州市	Yangzhou City				
泰州市①	Taizhou City ①	671	14589	23543	100577
杭州市	Hangzhou City	189925	889531	1465698	2727648
宁波市	Ningbo City	17922	98298	307980	218668
嘉兴市	Jiaxing City	1297	84883	3667	319688
湖州市	Huzhou City	7204	21570	4787	31242
绍兴市	Shaoxing City	2909	32124	24980	231351
舟山市	Zhoushan City	408	2384	4375	1877
台州市	Taizhou City	202	17592	2264	85902
珠江三角洲经济区	**Pearl River Delta**				
广州市	Guangzhou City	246860	253421	3259312	1517284
深圳市	Shenzhen City	125867	2951504	8660543	100888
珠海市	Zhuhai City	17882	20475	370629	
佛山市	Foshan City	632	64009	490933	259
江门市①	Jiangmen City ①	2046	11565	421	77906
东莞市①	Dongguan City ①		19964	6033	72221
中山市	Zhongshan City		11435		10230
惠州市区	Huizhou Urban District	1668	51541	31907	
惠阳市	Huiyang City	86	2842	1479	960
惠东县	Huidong County				
博罗县	Boluo County				67718
肇庆市区	Zhaoqing Urban District		1961187		
高要市	Gaoyao City				
四会市	Sihui City				6958

10—7 续表 4 continued

地区	Area	化学农药(吨) Chemical Fertilizer (ton)	煤炭(万吨) Coal (10 000 tons)	木材(立方米) Wood (cu.m)	汽油(万吨) Gasoline (10 000 tons)
长江三角洲经济区	**Yangtze River Delta**				
上海市	Shanghai City	264700	1162	422900	1416
南京市	Nanjing City	465555	575	246081	267
苏州市	Suzhou City				
无锡市	Wuxi City	59389	169		112
常州市	Changzhou City	48104	72	831	22
镇江市①	Zhenjiang City ①	3188	20		7
南通市①	Nantong City ①	3044	31		37
扬州市	Yangzhou City				
泰州市①	Taizhou City ①	3211		2275	11
杭州市	Hangzhou City	80979	1738	39775	391
宁波市	Ningbo City	12913	54	223447	27
嘉兴市	Jiaxing City	68354	48	88248	20
湖州市	Huzhou City	17315	64	35600	18
绍兴市	Shaoxing City	18970	68	3941	12
舟山市	Zhoushan City	77	124	8656	4
台州市	Taizhou City	155	114		
珠江三角洲经济区	**Pearl River Delta**				
广州市	Guangzhou City	29230	4097	231108	540
深圳市	Shenzhen City	9581	2283183	344517	826869
珠海市	Zhuhai City				
佛山市	Foshan City	16	132	16964	44
江门市①	Jiangmen City ①	602	14733		217244
东莞市①	Dongguan City ①	1076	134		28
中山市	Zhongshan City	1643		35332	27
惠州市区	Huizhou Urban District				4
惠阳市	Huiyang City	49			1
惠东县	Huidong County				2
博罗县	Boluo County	50			3
肇庆市区	Zhaoqing Urban District				24678
高要市	Gaoyao City				13336
四会市	Sihui City	382			9296

10−7 续表 5 continued

地区	Area	煤油(万吨) Kerosene (10 000 tons)	柴油(万吨) Diesel Oil (10 000 tons)	钢材(万吨) Steel Products (10 000 tons)	水泥(万吨) Cement (10 000 tons)
长江三角洲经济区	**Yangtze River Delta**				
上海市	Shanghai City	481	3470	1667	136
南京市	Nanjing City	1	637	153	3
苏州市	Suzhou City				
无锡市	Wuxi City		227	97	1
常州市	Changzhou City		40	27	5
镇江市①	Zhenjiang City ①		14	6	
南通市①	Nantong City ①	7709	64	23	1
扬州市	Yangzhou City				
泰州市①	Taizhou City ①		22	14	
杭州市	Hangzhou City	8	720	908	16
宁波市	Ningbo City	6	71	406	33
嘉兴市	Jiaxing City		43	138	
湖州市	Huzhou City		71	21	
绍兴市	Shaoxing City	12	18	38	
舟山市	Zhoushan City	190	1005	8	
台州市	Taizhou City	4	95	49	38
珠江三角洲经济区	**Pearl River Delta**				
广州市	Guangzhou City	75	1135	817	376
深圳市	Shenzhen City		389	145	2
珠海市	Zhuhai City	30	25		4
佛山市	Foshan City	15	73	321	
江门市①	Jiangmen City ①		33	3	756
东莞市①	Dongguan City ①		40	5820	
中山市	Zhongshan City		30	34	
惠州市区	Huizhou Urban District		8		
惠阳市	Huiyang City				
惠东县	Huidong County		2		
博罗县	Boluo County		8		
肇庆市区	Zhaoqing Urban District		57420		
高要市	Gaoyao City		1514		
四会市	Sihui City				

10-7 续表 6　continued

地区	Area	汽车(辆) Motor Vehicles (unit)	# 轿车 Car	摩托车(辆) Motor (unit)	拖拉机(台) Tractors (unit)
长江三角洲经济区	**Yangtze River Delta**				
上海市	Shanghai City	521700	458000		
南京市	Nanjing City	50894	17166	14926	
苏州市	Suzhou City				
无锡市	Wuxi City	43009	32820	15858	99
常州市	Changzhou City	6722	4458	218182	4564
镇江市①	Zhenjiang City ①	669	651		72
南通市①	Nantong City ①	4909	2497	36019	16
扬州市	Yangzhou City				
泰州市①	Taizhou City ①	3879	205	44607	192
杭州市	Hangzhou City	120682	77074	96856	
宁波市	Ningbo City	36149	19137	86064	3203
嘉兴市	Jiaxing City	15502	4417	60412	515
湖州市	Huzhou City	3980	1057	28599	
绍兴市	Shaoxing City	8025	5789	48223	
舟山市	Zhoushan City	471	262		
台州市	Taizhou City	18463	8149	18648	2101
珠江三角洲经济区	**Pearl River Delta**				
广州市	Guangzhou City	154033	75469	34052	111
深圳市	Shenzhen City	39443			
珠海市	Zhuhai City	11776	7428		
佛山市	Foshan City	45932	22354	26279	
江门市①	Jiangmen City ①	7284	5183	3864	66
东莞市①	Dongguan City ①	13399			
中山市	Zhongshan City	16606	8436	17	
惠州市区	Huizhou Urban District	814	804		
惠阳市	Huiyang City				
惠东县	Huidong County				
博罗县	Boluo County				
肇庆市区	Zhaoqing Urban District	721	721	75418	
高要市	Gaoyao City	724	141	4520	
四会市	Sihui City				

注：①2003 年数据。

Note: ① Data of 2003.

10-8 限额以上批发零售贸易企业主要财务指标(2004 年)

Main Financial Indicators of Enterprises above Designated Size in Wholesale and Retail Trade (2004)

单位：亿元　　　　(100 million yuan)

地区	Area	流动资产合计 Total Circulating Funds	# 存货 Inventories	长期投资 Long Term Investment	固定资产投资 Fixed Assets Investment	固定资产原价 Fixed Assets Original Value	累计折旧 Accumulated Depreciation
长江三角洲经济区	**Yangtze River Delta**						
上海市	Shanghai City	1877.61	383.18	216.36	329.42	388.15	105.60
南京市	Nanjing City	645.90	112.47			157.76	37.81
苏州市	Suzhou City	252.71	24.96	10.23	38.81	50.50	13.27
无锡市	Wuxi City	162.85	36.04	21.51	43.28	51.73	15.05
常州市	Changzhou City	73.49	21.22	3.54	20.03	22.86	6.22
镇江市①	Zhenjiang City ①	22.96	5.74	0.62	11.11	14.17	4.05
南通市①	Nantong City ①	62.72	19.40	4.50	16.72	22.02	6.63
扬州市①	Yangzhou City ①	23.68	7.71	0.75	11.34	13.75	4.12
泰州市①	Taizhou City ①	60.67	24.65	0.40	11.44	12.51	2.55
杭州市	Hangzhou City	1036.21	181.14	76.01	103.91	143.06	31.72
宁波市	Ningbo City	360.32	72.37	20.06	32.63	60.08	13.35
嘉兴市	Jiaxing City	93.76	18.99	4.15		30.53	7.12
湖州市	Huzhou City	42.04	7.39		42.04	17.22	3.86
绍兴市	Shaoxing City	113.74	19.34	9.10	25.10	35.31	8.32
舟山市	Zhoushan City	23.63	7.10	0.63	6.37	9.87	2.97
台州市	Taizhou City	73.63	15.93	3.81	16.62	18.29	4.93
珠江三角洲经济区①	**Pearl River Delta ①**						
广州市	Guangzhou City	759.80	164.59	78.50	135.71	178.36	54.28
深圳市	Shenzhen City	427.05	80.58		124.07	155.91	44.00
珠海市	Zhuhai City	47.09	8.90	10.28	12.89	18.19	6.88
佛山市	Foshan City	188.06	33.65	4.84	30.05	33.20	9.61
江门市	Jiangmen City	39.37	5.86	3.06	13.71	16.31	4.17
东莞市	Dongguan City	45.23	9.46	5.95	19.43	22.81	4.65
中山市	Zhongshan City	581.12	83.40	31.11	79.61	102.73	28.16
惠州市区	Huizhou Urban District	16.40	3.85	0.82	7.32	8.13	1.26
惠阳市	Huiyang City	1.25	0.31		1.00	1.18	0.28
惠东县	Huidong County	0.38	0.06		1.00	1.10	0.09
博罗县	Boluo County	1.14	0.15	0.07	2.24	2.54	0.33
肇庆市区	Zhaoqing Urban District	10.79	1.01	0.81	2.57	3.08	1.16
高要市	Gaoyao City	1.27	0.43	0.10	2.19	2.41	0.22
四会市	Sihui City	0.57	0.90		0.86	0.90	0.10

10-8 续表 1 continued

单位：亿元 (100 million yuan)

地区	Area	# 本年折旧 Depreciation in Local Year	资产合计 Total Assets	负债合计 Total Liabilities	所有者权益合计 Creditors'Equity	# 实收资本 Paid-up Capital	# 国家资本 State Capital
长江三角洲经济区	**Yangtze River Delta**						
上海市	Shanghai City		2023.84	1395.37	628.46		
南京市	Nanjing City	6.86	931.30	609.21	322.08	164.00	65.73
苏州市	Suzhou City		336.97	236.51	100.47	54.07	11.28
无锡市	Wuxi City		247.19	168.81		41.81	
常州市	Changzhou City	1.32	102.50	76.12	26.37	11.25	1.43
镇江市①	Zhenjiang City ①	0.74	37.31	28.21	9.11	5.80	2.13
南通市①	Nantong City ①	1.12	87.67	64.84	22.83	11.60	3.69
扬州市	Yangzhou City	0.84	44.32	27.24	17.08		
泰州市①	Taizhou City ①	0.47	74.23	60.48	13.75	9.18	1.88
杭州市	Hangzhou City	6.85	1386.00	943.00	443.00	252.26	56.99
宁波市	Ningbo City	3.22	472.89	345.62	127.28	69.37	7.28
嘉兴市	Jiaxing City	1.53	130.27	93.99	36.28	17.89	4.57
湖州市	Huzhou City	0.71	64.56	40.38	24.18	8.94	1.73
绍兴市	Shaoxing City	1.92	167.97	113.25	54.72	25.07	4.20
舟山市	Zhoushan City	0.44	35.92	22.21	13.71	7.59	2.80
台州市	Taizhou City	1.02	102.96	65.34	37.62	17.99	4.03
珠江三角洲经济区①	**Pearl River Delta ①**						
广州市	Guangzhou City	7.57	1115.28	821.24	294.04	200.18	65.18
深圳市	Shenzhen City		689.76	464.51	225.25		
珠海市	Zhuhai City	0.74	76.59	49.23	27.16	14.57	4.92
佛山市	Foshan City	1.59	227.97	187.19	40.77	28.13	8.49
江门市	Jiangmen City	0.74	62.63	53.49	9.13	6.85	2.69
东莞市	Dongguan City	1.26	76.63	62.49	14.13	9.89	1.04
中山市	Zhongshan City	5.50	698.86	588.36	110.50	24.12	
惠州市区	Huizhou Urban District	0.24	25.04	20.87	4.17	2.41	0.84
惠阳市	Huiyang City	0.09	2.55	1.75	0.80	0.67	0.05
惠东县	Huidong County	0.03	1.34	1.29	0.05	0.01	0.01
博罗县	Boluo County	0.08	3.46	3.12	0.34	0.21	0.13
肇庆市区	Zhaoqing Urban District	0.12	19.02	17.40	1.62	5.18	5.02
高要市	Gaoyao City	0.06	3.73	3.19	0.55	0.52	0.50
四会市	Sihui City	0.03	1.43	1.10	0.35	0.31	0.01

10-8 续表 2 continued

单位：亿元 (100 million yuan)

地区	Area	# 港澳台资本 Hongkong&Macao & Taiwan Capital	# 外商资本 Foreign Business Capital	商品销售收入净额 Net Sales Revenue	商品销售成本 Cost of Sales	经营费用 Business Expenses
长江三角洲经济区	**Yangtze River Delta**					
上海市	Shanghai City			6035.13	5438.80	290.73
南京市	Nanjing City	1.13	2.83	2130.38	1959.65	74.37
苏州市	Suzhou City	1.58	1.15			30.84
无锡市	Wuxi City			622.21	567.55	23.33
常州市	Changzhou City	0.45		306.33	274.88	8.93
镇江市①	Zhenjiang City ①	0.04		73.91	65.46	3.24
南通市①	Nantong City ①	0.08		239.27	218.08	9.63
扬州市	Yangzhou City			128.92	115.15	5.39
泰州市①	Taizhou City ①			119.92	109.57	6.09
杭州市	Hangzhou City	1.26	5.45	3414.53	3234.67	81.31
宁波市	Ningbo City	0.01	0.18	1596.27	1511.89	40.48
嘉兴市	Jiaxing City				321.25	9.88
湖州市	Huzhou City			163.37	147.38	5.84
绍兴市	Shaoxing City			287.02	264.43	7.87
舟山市	Zhoushan City			108.29	100.19	3.07
台州市	Taizhou City			352.45	328.61	9.81
珠江三角洲经济区①	**Pearl River Delta ①**					
广州市	Guangzhou City	8.53	11.63	2329.38	2172.56	81.25
深圳市	Shenzhen City			112.88	1099.37	
珠海市	Zhuhai City	1.67	0.50	120.80	109.09	7.38
佛山市	Foshan City	0.37	0.17	571.32	544.05	13.48
江门市	Jiangmen City	0.02	0.19	112.96	104.41	3.97
东莞市	Dongguan City	0.54	1.35	170.63	158.78	5.98
中山市	Zhongshan City	0.40		2330.21	2240.40	56.31
惠州市区	Huizhou Urban District	0.14		104.18	99.24	2.45
惠阳市	Huiyang City			7.82	7.21	0.19
惠东县	Huidong County			4.39	3.92	0.13
博罗县	Boluo County			5.82	5.30	0.22
肇庆市区	Zhaoqing Urban District			36.80	33.77	1.93
高要市	Gaoyao City			4.52	4.07	0.26
四会市	Sihui City			3.16	2.91	0.11

10-8 续表3 continued

单位：亿元 (100 million yuan)

地区	Area	商品销售税金及附加 Sales Tax and Extra Changes	商品销售利润 Sales Profit	代购代销收入 Income of Purchase and Sales on Commission Basis	主营业务利润 Profits of Major Management	其他业务利润 Other Business Profit	管理费用 Management Cost
长江三角洲经济区	**Yangtze River Delta**						
上海市	Shanghai City	8.93	296.67	2.28	218.54	40.45	102.55
南京市	Nanjing City	6.64	52.51	1.35	150.97	11.56	41.06
苏州市	Suzhou City				62.35		17.92
无锡市	Wuxi City	0.96			47.56	4.16	14.27
常州市	Changzhou City	0.48			25.54	1.84	7.45
镇江市①	Zhenjiang City ①	0.16	5.05	0.01	5.07	0.14	2.73
南通市①	Nantong City ①	0.42	11.13	0.09	11.22	1.64	5.32
扬州市	Yangzhou City						
泰州市①	Taizhou City ①	0.17	4.07	0.02	4.09	0.24	2.33
杭州市	Hangzhou City	3.46			176.40	11.30	44.68
宁波市	Ningbo City	1.56	82.81		82.82	5.38	19.73
嘉兴市	Jiaxing City	0.46			24.52	1.77	7.56
湖州市	Huzhou City	0.45	15.54		15.54	0.58	4.66
绍兴市	Shaoxing City	0.58	22.02		22.02	2.01	7.29
舟山市	Zhoushan City	0.17	4.86		7.93	0.64	2.47
台州市	Taizhou City	0.42	23.42		23.42	1.00	5.75
珠江三角洲经济区①	**Pearl River Delta ①**						
广州市	Guangzhou City	2.35	73.23	1.54	74.76	16.17	57.12
深圳市	Shenzhen City	1.40	49.96				35.50
珠海市	Zhuhai City	0.20	4.13	0.03	4.16	1.42	3.37
佛山市	Foshan City	0.56	13.24	0.98	133.33	1.76	8.22
江门市	Jiangmen City	0.29	4.29	0.02	4.31	0.42	2.56
东莞市	Dongguan City	0.18	5.69	0.04	5.73	1.55	4.29
中山市	Zhongshan City	0.20	3.16	0.24	3.39	0.34	2.43
惠州市区	Huizhou Urban District	0.07	2.43		2.43	0.17	2.21
惠阳市	Huiyang City	0.01	0.41		0.41	0.03	0.32
惠东县	Huidong County	0.01	0.33		0.33		0.18
博罗县	Boluo County	0.01	0.29		0.29	0.01	0.19
肇庆市区	Zhaoqing Urban District	0.05	1.04	0.01	0.10	0.03	0.97
高要市	Gaoyao City	0.01	0.17		0.17	0.01	0.01
四会市	Sihui City	0.01	0.12		0.12		0.01

10-8 续表4 continued

单位：亿元 (100 million yuan)

地区	Area	财务费用 Financial Cost	营业利润 Sales Profits	利润总额 Total Profits	应付工资总额 Total Wages Payable	应付福利费总额 Total Welfare Expenses Payable	应交增值税总额 Total Increment Tax Value
长江三角洲经济区	**Yangtze River Delta**						
上海市	Shanghai City	30.02		105.72	67.42	9.71	
南京市①	Nanjing City ①	8.11	28.42	31.96	12.79	2.90	42.80
苏州市	Suzhou City			27.25	9.03		11.16
无锡市	Wuxi City		12.65	14.59	5.67		11.98
常州市	Changzhou City	1.05	10.98	7.31	3.64	0.48	3.02
镇江市①	Zhenjiang City ①	0.36	2.31	2.43	1.19	0.21	2.55
南通市①	Nantong City ①	0.84	6.55	6.35	3.00	0.40	4.42
扬州市	Yangzhou City		4.40	4.50	1.80	0.30	1.80
泰州市①	Taizhou City ①	1.04	1.70	2.30	1.10	0.16	1.49
杭州市	Hangzhou City	10.74	50.97	66.47	20.22	3.01	28.48
宁波市	Ningbo City	4.28	23.71	30.29	12.13	1.59	10.42
嘉兴市	Jiaxing City	1.47	7.38	8.48	4.16	0.50	3.63
湖州市	Huzhou City	0.60	5.02	5.48	1.92	0.27	1.84
绍兴市	Shaoxing City	1.35	7.52	9.56	4.00	0.54	6.21
舟山市	Zhoushan City	0.46	2.57	2.59	1.54	0.20	1.02
台州市	Taizhou City	0.72	8.14	8.47	3.69	0.52	3.46
珠江三角洲经济区①	**Pearl River Delta ①**						
广州市	Guangzhou City	10.99	25.17	30.28	30.71	4.13	19.30
深圳市	Shenzhen City			30.62	25.99	2.95	27.47
珠海市	Zhuhai City	0.59	1.41	2.45	1.59	0.19	3.02
佛山市	Foshan City	2.73	4.14	5.63	3.62	0.64	4.08
江门市	Jiangmen City	0.73	1.46	1.49	1.37	0.16	0.99
东莞市	Dongguan City	1.24	1.69	2.03	1.97	0.14	1.46
中山市	Zhongshan City	0.82	0.50	0.84	1.69	0.18	3.47
惠州市区	Huizhou Urban District	0.21	0.18	0.29	0.98	0.12	0.63
惠阳市	Huiyang City	0.02	0.10	0.13	0.14	0.01	0.11
惠东县	Huidong County		0.15	0.16	0.09	0.01	0.08
博罗县	Boluo County	0.02	0.09	0.10	0.12	0.02	0.06
肇庆市区	Zhaoqing Urban District	0.21	-0.12	0.01	0.43	0.01	0.36
高要市	Gaoyao City	0.01	0.01	0.10	0.07		0.01
四会市	Sihui City	0.01	0.01	0.10	0.05		0.01

注：①2003年数据。

Note: ① Data of 2003.

10-9 限额以上餐饮企业主要财务指标(2004 年)

Main Financial Indicators of Enterprises above Designated Size in Catering Services(2004)

单位：万元 (10 000 yuan)

地区	Area	流动资产小计 Total Circulating Funds	# 存货 Inventories	长期投资 Long Term Investment	固定资产小计 Fixed Assets Investment	固定资产原价 Fixed Assets Original Value	累计折旧 Accumulative Depreciation
长江三角洲经济区	**Yangtze River Delta**						
上海市	Shanghai City	156600					
南京市	Nanjing City	77100	8000			132400	40100
苏州市	Suzhou City	78343			182330	178738	45070
无锡市	Wuxi City	130612	7273			236185	78787
常州市	Changzhou City	26072	2386			44834	7994
镇江市①	Zhenjiang City ①	6933	729	1	9099	12963	4310
南通市①	Nantong City ①	10643	950	87	15745	18578	3420
扬州市	Yangzhou City	14787	1422			19178	4677
泰州市①	Taizhou City ①	5339	534		1912	23525	5287
杭州市	Hangzhou City	76145	10166			114392	31195
宁波市	Ningbo City	199408	12629			527844	121293
嘉兴市	Jiaxing City	7340	747			5661	2225
湖州市	Huzhou City	23978	2			107268	30
绍兴市	Shaoxing City	91461	5261			286134	84942
舟山市	Zhoushan City	3497	165		2341	3406	1065
台州市	Taizhou City	25598	2059			32024	5248
珠江三角洲经济区①	**Pearl River Delta ①**						
广州市	Guangzhou City	179177	17717	2713	245377	367965	141123
深圳市	Shenzhen City	67136	10403	5872	47184	82165	36608
珠海市	Zhuhai City	6705	695	510	3510	5900	2490
佛山市	Foshan City	54855	7007	1802	84901	112186	44315
江门市	Jiangmen City	15731	2215	868	39293	51581	13003
东莞市	Dongguan City	140422	12492	13397	421157	555387	145751
中山市	Zhongshan City	40435	1949	398	48488	68555	23858
惠州市区	Huizhou Urban District	5971	678	324	6314	13319	7005
惠阳市	Huiyang City	13184	776	3	44517	47164	2809
惠东县	Huidong County	147	52		295	1706	1411
博罗县	Boluo County	3231	124		1769	3780	2010
肇庆市区	Zhaoqing Urban District	4761	356		2962	3552	580
高要市	Gaoyao City						
四会市	Sihui City	453	22	500			

10-9 续表 1 continued

单位：万元 (10 000 yuan)

地区	Area	# 本年折旧 Depreciation in Local Year	资产合计 Total Assets	负债合计 Total Liabilities	所有者权益 Creditors'Equity	# 实收资本 Paid-up Capital	# 国家资本 State Capital
长江三角洲经济区	**Yangtze River Delta**						
上海市	Shanghai City		605000	401100	216600		
南京市	Nanjing City	9000	217100	157400	59700	74400	22700
苏州市	Suzhou City		323168	218780	104388	79272	27872
无锡市	Wuxi City		366464	225278		132051	
常州市	Changzhou City	2733	84044	65097	18947	22421	110
镇江市①	Zhenjiang City ①	942	17462	13981	3481	4745	464
南通市①	Nantong City ①	1398	29159	18794	10364	3924	110
扬州市	Yangzhou City	851	33080	25390	7690	9581	
泰州市①	Taizhou City ①	616	27498	17871	9627	11901	2889
杭州市	Hangzhou City	5985	233774	154979	78795	59720	2422
宁波市	Ningbo City	31591	726974	541187	185787	173132	38654
嘉兴市	Jiaxing City	672	13093	10637	2456	3486	501
湖州市	Huzhou City	6	138634	105356	33278	41444	9
绍兴市	Shaoxing City	13914	354168	237499	116669	114127	30751
舟山市	Zhoushan City	179	6293	4272	2021	1869	
台州市	Taizhou City	1967	68751	51833	16918	18353	265
珠江三角洲经济区①	**Pearl River Delta ①**						
广州市	Guangzhou City	23942	510711	388778	121933	172491	20715
深圳市	Shenzhen City	4859	164801	122425	42376	60121	3207
珠海市	Zhuhai City	503	11861	4628	7233	7584	290
佛山市	Foshan City	6525	157911	126937	30974	50495	1048
江门市	Jiangmen City	2753	73538	47164	26375	38371	8493
东莞市	Dongguan City	27244	658314	460388	197926	252646	32486
中山市	Zhongshan City	4066	145449	132206	13243	35414	754
惠州市区	Huizhou Urban District	455	14349	12264	2085	9644	
惠阳市	Huiyang City	1729	62377	40314	22063	21324	20800
惠东县	Huidong County	39	442	554	-112	360	320
博罗县	Boluo County	120	6487	3397	3090	3103	300
肇庆市区	Zhaoqing Urban District	259	1512	8040	7081	5215	125
高要市	Gaoyao City						
四会市	Sihui City		953	469	483	536	

10-9 续表 2 continued

单位：万元 (10 000 yuan)

地区	Area	#港澳台资本 Hongkong Macao & Taiwan Capital	#外商资本 Foreign Capital	营业收入 Business Income	营业成本 Business Cost	营业费用 Business Expenses	营业税金及附加 Business Tax and Extra Charges
长江三角洲经济区	**Yangtze River Delta**						
上海市	Shanghai City			755500	342000	254800	47400
南京市	Nanjing City	6200	17700	296100	144600	94600	15400
苏州市	Suzhou City	2350	3814	187540	92616	47290	9833
无锡市	Wuxi City			218898	99214	59826	11541
常州市	Changzhou City	1862	506	86833	47909		4629
镇江市①	Zhenjiang City ①			18783	10862	4685	1033
南通市①	Nantong City ①			16928	8853	5267	682
扬州市	Yangzhou City						
泰州市①	Taizhou City ①	5161	2065	11711	5574	3913	546
杭州市	Hangzhou City	2116	8867	358601	169265	118713	18792
宁波市	Ningbo City	14166	9434	348166	141483	88110	19118
嘉兴市	Jiaxing City	467		29081	18165	6688	1617
湖州市	Huzhou City		1	72094	34	19556	3768
绍兴市	Shaoxing City	14363	2980	150352	62687	44673	7834
舟山市	Zhoushan City	225		9897	5734	2370	640
台州市	Taizhou City		699	52877	28592	14274	3067
珠江三角洲经济区①	**Pearl River Delta ①**						
广州市	Guangzhou City	45824	24327	680647	324054	248163	27369
深圳市	Shenzhen City	21982	5704	280438	125954	116259	12028
珠海市	Zhuhai City	1627	3869	27781	14922	8962	1450
佛山市	Foshan City	12198	120	144171	76374	42530	7659
江门市	Jiangmen City	4238	2841	46019	22687	17100	2087
东莞市	Dongguan City	53174	23971	221660	93161	78184	10224
中山市	Zhongshan City	14196	2491	73754	32653	27532	3646
惠州市区	Huizhou Urban District	3265	3276	15594	7615	5386	566
惠阳市	Huiyang City			10512	4803	1714	575
惠东县	Huidong County			2236	900	660	188
博罗县	Boluo County		2803	416	208	146	10
肇庆市区	Zhaoqing Urban District	125	107	8416	4137	3285	327
高要市	Gaoyao City						
四会市	Sihui City	36		736	278	429	37

10-9 续表 3　continued

单位：万元　　　　(10 000 yuan)

地区	Area	管理费用 Management Cost	财务费用 Financial Cost	营业利润 Business Profits	利润总额 Total Profits	应付工资总额 Total Wages Payable	应付福利费总额 Total Welfare Payable
长江三角洲经济区	**Yangtze River Delta**						
上海市	Shanghai City	80700	9800	111300	41600	66300	7300
南京市	Nanjing City	33900	3300	3300	3400	32500	4000
苏州市	Suzhou City	25277	3027		6167	109800	
无锡市	Wuxi City	39095		4296	3532	19654	
常州市	Changzhou City	7161	1750	-1225	-111	12134	1224
镇江市①	Zhenjiang City ①	1687	266	249	220	1998	164
南通市①	Nantong City ①	2609	488	-970	-994	2530	234
扬州市	Yangzhou City	3631		26	281	3925	250
泰州市①	Taizhou City ①	940	112	284	292	1600	157
杭州市	Hangzhou City	24298	3292	22558	31838	35736	3922
宁波市	Ningbo City	81841	18458	-1797	-4148	43313	5919
嘉兴市	Jiaxing City	2742	229	-243	-117	3178	317
湖州市	Huzhou City	14645	2312	-2374	-2328	8210	1010
绍兴市	Shaoxing City	30455	6023	-2424	-1677	19943	2502
舟山市	Zhoushan City	735	1623	271	220	1258	77
台州市	Taizhou City		699	52877	28592	14274	3067
珠江三角洲经济区①	**Pearl River Delta ①**						
广州市	Guangzhou City	71050	8863	1148	1348	83189	5767
深圳市	Shenzhen City	22474	1474	2248	-207	33952	2562
珠海市	Zhuhai City	803	75	1568	679	3448	290
佛山市	Foshan City	16809	1372	-573	82	16502	881
江门市	Jiangmen City	5470	1336	-2661	-2662	5553	434
东莞市	Dongguan City	42921	5162	-7993	-6740	34867	2379
中山市	Zhongshan City	11456	1732	-3264	-5740	11305	764
惠州市区	Huizhou Urban District	2360	239	-572	-563	1922	43
惠阳市	Huiyang City	4239	1130	-1949	-1854	1969	254
惠东县	Huidong County	386		103	109	388	1
博罗县	Boluo County	54		-2	-2	36	
肇庆市区	Zhaoqing Urban District	446	320	-99	-167	1032	71
高要市	Gaoyao City						
四会市	Sihui City	77	6	-90	-90	206	

注：①2003 年数据。

Note: ① Data of 2003.

10-10 限额以上连锁零售业和餐饮业经营情况(2004年)

The Basic Statistics of Chain Stores above Designated Size(2004)

地区	Area	门店总数(个) Total Chain Stores (unit)	营业面积(平方米) Business Area(sq.m)	从业人数(人) Number of Persons Employed (person)	统一配送比重(%) Percentage of Unified Allocation Deliver(%)	#自有配送中心配送比重(%) Percentage of Owner Allocation Deliver Center(%)	#非自有配送中心配送比重(%) Percentage of Non-Owner Allocation Deliver Center(%)
长江三角洲经济区	**Yangtze River Delta**						
上海市	Shanghai City						
南京市	Nanjing City	3087	2733272	139930	80.8	77.8	3.0
苏州市	Suzhou City	1204	254886	11728			
无锡市	Wuxi City						
常州市	Changzhou City	29	201278	7330			
镇江市	Zhenjiang City						
南通市	Nantong City	742	505224	18065	87.7	100.0	
扬州市	Yangzhou City						
泰州市	Taizhou City						
杭州市	Hangzhou City	2444	4856556	54898	98.89	98.87	0.02
宁波市	Ningbo City	627	426797	14549			
嘉兴市	Jiaxing City	89	38954	1183	100.0	67.8	32.2
湖州市	Huzhou City	21	29368	859	83.9	82.7	17.3
绍兴市	Shaoxing City	359	112890	3341	73.4	83.6	16.4
舟山市	Zhoushan City	136	67403	2464	90.7	85.0	5.7
台州市	Taizhou City	97	128256	20580			
珠江三角洲经济区	**Pearl River Delta**						
广州市	Guangzhou City	2152	955652	52064			
深圳市	Shenzhen City	2118	3739802	116572	82.0	55.0	27.0
珠海市	Zhuhai City						
佛山市	Foshan City						
江门市	Jiangmen City						
东莞市	Dongguan City						
中山市	Zhongshan City	84	138614	2230	100.0	97.6	2.4
惠州市区	Huizhou Urban District	19	2435	198	100.0	100.0	
惠阳市	Huiyang City						
惠东县	Huidong County						
博罗县	Boluo County						
肇庆市区	Zhaoqing Urban District						
高要市	Gaoyao City						
四会市	Sihui City						

10-10 续表 continued

地区	Area	销售总额（千元）Total Sales Value (1000 yuan)	#零售额（千元）Retail Value (1000 yuan)	利润总额（千元）Total Profits (1000 yuan)	资产总计（千元）Total Assets (1000 yuan)	负债总计（千元）Total Liabilities (1000 yuan)
长江三角洲经济区	**Yangtze River Delta**					
上海市	Shanghai City					
南京市	Nanjing City	59470917	41696397	1143202	13853630	8934935
苏州市	Suzhou City	3800939				
无锡市	Wuxi City					
常州市	Changzhou City	3406735	3397239	2618	1274028	151433
镇江市	Zhenjiang City					
南通市	Nantong City	1249797	773909	22512	197766	152898
扬州市	Yangzhou City					
泰州市	Taizhou City					
杭州市	Hangzhou City	49870335	30376095	2833607	15893740	6795531
宁波市	Ningbo City	5447484	5321302	85985	2167654	1512125
嘉兴市	Jiaxing City	489632	449279	15024	343434	267368
湖州市	Huzhou City	374270	366350	213	27265	22583
绍兴市	Shaoxing City	1184228	1002995	13004	470466	387900
舟山市	Zhoushan City	604970	505821	6259	280459	229787
台州市	Taizhou City	1272831	1216933	-6548	582856	487053
珠江三角洲经济区	**Pearl River Delta**					
广州市	Guangzhou City					
深圳市	Shenzhen City	45645208	45558715	723320	16546746	12191046
珠海市	Zhuhai City					
佛山市	Foshan City					
江门市	Jiangmen City					
东莞市	Dongguan City					
中山市	Zhongshan City	986250	862905	6111	199175	167291
惠州市区	Huizhou Urban District	41305	41305	-486	36010	36752
惠阳市	Huiyang City					
惠东县	Huidong County					
博罗县	Boluo County					
肇庆市区	Zhaoqing Urban District					
高要市	Gaoyao City					
四会市	Sihui City					

主要统计指标解释

社会消费品零售总额　指国民经济各行业直接售给城乡居民和社会集团的消费品总额。它是反映各行业通过多种商品流通渠道向居民和社会集团供应的生活消费品总量，是研究国内零售市场变动情况、反映经济景气程度的重要指标。

社会消费品零售总额包括：(1)售给城乡居民作为生活用的商品和修建房屋用的建筑材料；(2)售给社会集团的各种办公用品和公用消费品；(3)售给机关、团体、学校、部队；(4)企业、事业单位的职工食堂和旅店(招待所)附设专门供本店旅客食用，不对外营业的食堂的各种食品、燃料；(5)企业、单位和国营农场直接售给本单位职工和职工食堂的自己生产的产品；(6)售给部队干部、战士生活用的粮食、副食品、衣着品、日用品、燃料；(7)售给来华的外国人、华侨、港澳台同胞的消费品；(8)居民自费购买的中、西药品、中药材及医疗用品；(9)报社、出版社直接售给居民和社会集团的报纸、图书、杂志，集邮公司出售的新、旧纪念邮票、特种邮票、首日封、集邮册、集邮工具等；旧货寄售商店自购、自销部分的商品；(10)煤气公司、液化石油气站售给居民和社会集团的煤气灶具和罐装液化石油气；农民售给非农业居民和社会集团的商品。不包括售给国民经济各部门企业、事业单位(包括国有经济的农场)生产经营用的各种原材料、燃料、设备、工具等和售给批发零售贸易业、餐饮业作为转卖用的商品，旧货寄售商店受托寄售卖出的商品，服务业的营业收入，邮局出售邮票的收入，自来水、电力、煤气生产(供应)单位的产品供应收入，也不包括农民之间的商品销售。

商品购进总额　指从本企业(单位)以外的单位和个人购进(包括从境外直接进口)作为转卖或加工后转卖的商品总额。它反映批发零售贸易业从国内、国外市场上购进商品的总量。商品购进总额包括：(1)从工农业生产者购进的商品；(2)从出版社、报社的出版发行部门购进的图书、杂志和报纸；(3)从各种登记注册类型的批发零售贸易企业(单位)购进的商品；(4)从其他单位购进的商品，如从机关、团体、企业等单位购进的剩余物资，从餐饮业、服务业购进的商品，从海关、市场管理部门购进的缉私和没收的商品，从居民手中收购的废旧商品等；(5)从国(境)外直接进口的商品。不包括企业(单位)为自身经营用和未通过买卖行为而收入的商品以及销售退回、商品升溢等。

商品销售总额　指对本企业(单位)以外的单位和个人出售(包括对境外直接出口)的商品总额。它反映批发零售贸易业在国内市场上销售商品以及出口商品的总量。商品销售总额包括：(1)售给城乡居民和社会集团消费用的商品；(2)售给工业、农业、建筑业、运输邮电业、批发零售贸易业、餐饮业、服务业等作为生产、经营使用的商品；(3)售给批发零售贸易业作为转卖或加工后转卖的商品；(4)对国(境)外直接出口的商品。不包括出售本企业(单位)自用的废旧包装用品；未通过买卖行为付出的商品；经本单位介绍，由买卖双方直接结算，本单位只收取手续费的业务；购货退出的商品以及商品损耗和损失等。

批发零售贸易业库存　指报告期末各种登记注册类型的批发零售贸易企业(单位)已取得所有权的商品。它反映批发零售贸易企业(单位)的商品库存情况和对市场商品供应的保证程度。期末库存包括：(1)存放在批发零售贸易业经营单位(如门市部、批发站、经营处)仓库、货场、货柜和货架中的商品；(2)挑选、整理、包装中的商品；(3)已记入购进而尚未运到本单位的商品，即发货单或银行承兑凭证已到而货未到的部分；(4)寄放他处的商品，如因购货方拒绝承付而暂时存放在购货方的商品和已办完加工成品收回手续而未提回的商品；(5)委托其他单位代销(未作销售或调出)尚未售出的商品；(6)代其他单位购进尚未交付的商品。不包括所有权不属于本单位的商品、拨付除批发零售贸易业以外的其他行业所属独立核算加工厂等加工生产尚未收回成品的商品、代国家物资储备部门保管的商品等。库存总额采用的计算价格是：农副产品采购单位按购进价计算；批发单位按进货价计算；零售单位按核算价格计算。

批发零售贸易、餐饮业统计限额标准　批发业年末从业人员在20人及以上，年销售额在2000万元及以上；零售业年末从业人员在60人及以上，年销售额在500万元及以上；餐饮业年末从业人员在40人及以上，年营业额在200万元及以上。外贸企业一律包括在批发业中，按批发标准执行。

连锁店　指在核心企业或总店的领导下，由分散的、经营同类商品或服务的企业或活动单位，采取共同方针，实行集中采购和分散销售的有机结合，通过规范化经营，实现规模效益的经济联合组织形式。一般连锁店应由若干个分店组成。其经营特征：（1）经营同类商品；（2）使用统一商号；（3）统一采购配送，采购与销售相分离（部分商品可根据物流合理和保质保鲜原则由供应商直接送货到门店，其余均由总部统一配送）。

Explanatory Notes on Main Statistical Indicators

Total Retail Sales of Consumer Goods refer to the sum of retail sales of consumer goods sold by all sectors of the national economy to urban and rural residents and social groups. This indicator is used to show the supply of consumers goods through various channels to households and institutions, and is very important for the study on changes at the domestic retail market, and on economic cycles.

The retail sales of consumer goods include: (1) commodities sold to urban and rural residents for their daily use and building materials sold to them for the construction or repair of houses; (2) office appliances and supplies sold to institutions; (3) food and fuels sold to canteens of institutions, enterprises, schools, military units and to canteens of hotels and hostels that only serve their guests, and commodities produced by enterprises, institutions or state farms and sold directly to their employees or their canteens; (4) grain and non-staple food, clothing, daily articles and fuels sold to military personnel; (5)consumer goods sold to foreigners, overseas Chinese, and Chinese compatriots from Taiwan, Hong Kong and Macao during their stay in the mainland of China; (6) Chinese and western medicines, herbs and medical facilities purchased by residents; (7) newspapers, books and magazines directly sold to residents and social groups by publishers, new and old commemorative stamps, special stamps, first-day covers, stamp albums and other stamp-collection articles sold by stamp companies; (8) consumer goods purchased and then sold by second-hand shops; (9) stoves and other heating facilities and liquefied gas sold by gas companies to households and institutions; and (10) commodities sold by farmers to non-agricultural residents and social groups. Excluded under this heading are: raw materials, fuels, equipment, tools sold to enterprises, institutions and state farms for production purpose; commodities sold to trade establishments for re-selling; commissioned sales at second-hand shops; operational income of urban public utilities; stamps sold at post offices; income of water, power, gas production and supply establishments from the supply of their products; and sales of commodities among farmers.

Total Purchases of Commodities refer to the total value of purchases of commodities by the establishments from other establishments or individuals (including direct import from abroad) for the purpose of re-selling, either with or without further processing of the commodities purchased. This indicator is used to show the total value of purchases of commodities by wholesale and retail establishments from domestic and overseas markets. The total purchases include: (1) agricultural and industrial products purchased from producers; (2) books, magazines and newspapers purchased from distribution departments of the publishers; (3) commodities purchased from wholesale and retail establishments of different status of registration; (4) commodities purchased from other units, such as surplus materials purchased from government agencies, enterprises or institutions, commodities purchased from catering and service establishments, confiscated goods purchased from customs authorities or market management agencies, second-hand goods and wastes purchased from residents; and (5) commodities directly imported from abroad. Excluded are commodities purchased by establishments (units) for use in their own business operation, commodities obtained without buying or selling procedures, rejected commodities, etc.

Total Sales of Commodities refer to value of commodities sold by the establishments to other establishments and individuals (including direct export). This indicator is used to show the total value of sales of commodities at domestic markets and export. The total sales include: (1) commodities sold to urban and rural residents and social groups for their consumption; (2) commodities sold to establishments in industry, agriculture, construction, transportation, post and telecommunications, wholesale and retail trades, catering trade and public utility for their production and operation; (3) commodities sold to wholesale and retail establishments for re selling, with or without further processing; and (4)commodities for direct export to other countries. Excluded are selling of waste packaging materials used by the establishments (units) themselves, commodities transferred without buying or selling procedures, commission income from brokerage in transactions whose settlement is directly handled by buyers and sellers, rejected commodities in the purchase, loss in commodities, etc.

Commodity Inventory of Wholesale and Retail Enterprises refers to total commodities possessed by wholesale and retail enterprises (units) of various types of registration status at the end of the reference period, which reflects the commodity level of various wholesale and retail enterprises and the potential for market supply. It includes: (1) commodities located in storage, garages, counters, and shelves of operating units (such as sale stores, wholesale centers, and operating offices) of wholesale and retail enterprises; (2) commodities in the process of selecting, sorting, and packing; (3)commodities not arrived but recorded as purchase in the account, i.e. commodities not arrived but payment receipts for the commodities from the sellers or the banks arrived; (4) commodities deposited in other places rather than places mentioned above, for instance: commodities in the hold of purchasers temporarily due to the refusal of payment and commodities not taken back after going through the formalities; (5) commodities entrusted to other units to sell but not sold yet; (6) commodities purchased for other units but not delivered yet. Commodities not included as stock are those not owned by the enterprises (units), those allocated to financially independent factories rather than wholesale and retail enterprises for processing but not taken back yet, and finally those put in stock by wholesale and retail enterprises on behalf of the state material reserves units.

For the calculation of the value of commodities stock, the value is calculated at purchasing prices in agricultural goods purchasing units and wholesale units, and at the accounting prices in retail units.

The Statistical Designated Size Standard in Wholesale, Retail Trade and Catering Industry refer to persons employed at the year-end in wholesale are 20 persons and above, annual sales are 20 million yuan and above; persons employed at the year-end in retail are 60 persons and above; annual sales are 5 million yuan and above; persons employed at the year-end in catering are 40 persons and above, annual turnover are 2 million yuan and above. Foreign trade enterprise are all included in retail industry and executed according to the wholesale standard.

Chain Stores (also called chain stores or chain corporations) refer to a form of joint economic entities under which scattered enterprises or establishments engaged in providing homogeneous commodities or services, with the central leadership of core enterprise or headquarters and guided by common policies, conduct centralized purchase and distributed selling of commodities, in order to gain better efficiency through standardized operation. Consisting of a number of branch stores, the chain stores have in general following features:(1)homogeneous commodities,(2)unique name of stores,(3)centralized purchase and delivery which is separated from distributed selling operation (most commodities are delivered from the headquarters except some items which, from logistics, quality or freshness considerations, might be delivered by the suppliers directly).

11-1 进出口贸易总额及年增长率

Total Value and Annual Growth Rate of Imports and Exports

单位：亿美元　　　　(USD 100 million)

地区	Area	进出口贸易总额 Total Value of Imports and Exports			
		2000	2002	2003	2004
长江三角洲经济区	**Yangtze River Delta**				
上海市	Shanghai City	547.10	726.64	1123.97	1600.26
南京市	Nanjing City	91.02	100.94	147.12	206.38
苏州市	Suzhou City	200.70	363.90	656.61	1031.94
无锡市	Wuxi City	59.83	97.41	143.79	218.24
常州市	Changzhou City	28.22	39.18	52.51	69.05
镇江市	Zhenjiang City	14.61	20.98	26.70	34.79
南通市	Nantong City	31.56	38.96	51.64	67.93
扬州市	Yangzhou City	11.18	15.14	20.33	24.18
泰州市	Taizhou City	4.48	5.73	8.80	12.56
杭州市	Hangzhou City	104.76	131.07	182.38	244.96
宁波市	Ningbo City	75.41	122.73	188.09	261.12
嘉兴市	Jiaxing City	27.28	36.96	57.11	79.25
湖州市	Huzhou City	6.93	8.87	12.18	16.98
绍兴市	Shaoxing City	16.62	38.70	59.61	86.62
舟山市	Zhoushan City	4.67	4.97	6.20	10.11
台州市	Taizhou City	11.44	21.91	32.88	47.89
珠江三角洲经济区	**Pearl River Delta**				
广州市	Guangzhou City	233.51	279.27	349.41	447.88
深圳市	Shenzhen City	639.40	872.31	1173.99	1472.83
珠海市	Zhuhai City	91.65	128.39	167.83	218.13
佛山市	Foshan City	103.27	129.70	164.64	216.87
江门市	Jiangmen City	48.33	47.76	58.70	78.40
东莞市	Dongguan City	320.45	442.47	521.06	645.18
中山市	Zhongshan City	60.89	93.42	131.29	156.21
惠州市区	Huizhou Urban District		70.19	84.81	118.19
惠阳市	Huiyang City		25.67	25.60	23.67
惠东县	Huidong County		5.79	8.47	9.74
博罗县	Boluo County		10.04	11.85	14.06
肇庆市区	Zhaoqing Urban District	8.21	9.44	11.39	12.34
高要市	Gaoyao City	1.33	1.62	1.66	2.04
四会市	Sihui City	1.39	1.71	1.81	2.23

11-1续表 continued

单位：% (%)

地区	Area	贸易总额年增长率 Annual Growth Rate of Total Value of Imports and Exports			
		2000	2002	2003	2004
长江三角洲经济区	**Yangtze River Delta**				
上海市	Shanghai City	41.70	19.30	54.70	42.40
南京市	Nanjing City	35.30		45.74	40.30
苏州市	Suzhou City	59.90	53.80	80.44	57.17
无锡市	Wuxi City	37.80	46.30	47.61	51.90
常州市	Changzhou City	46.40	20.20	34.00	31.50
镇江市	Zhenjiang City	59.00	44.30	27.28	30.30
南通市	Nantong City	30.90	20.50	32.55	31.50
扬州市	Yangzhou City	40.60	22.90	34.26	19.00
泰州市	Taizhou City	25.80	7.80	53.54	42.61
杭州市	Hangzhou City	42.70	16.00	39.20	34.30
宁波市	Ningbo City	50.50	38.00	53.30	38.80
嘉兴市	Jiaxing City	52.90	13.10	54.50	38.80
湖州市	Huzhou City	91.50	18.50	37.20	39.40
绍兴市	Shaoxing City	69.60	56.60	54.00	45.31
舟山市	Zhoushan City	47.50	7.10	25.10	62.90
台州市	Taizhou City	73.60	42.00	50.10	45.60
珠江三角洲经济区	**Pearl River Delta**				
广州市	Guangzhou City	21.71	21.23	25.11	28.18
深圳市	Shenzhen City	26.80	27.10	34.60	25.50
珠海市	Zhuhai City	45.80	31.00	30.72	29.97
佛山市	Foshan City			26.90	31.70
江门市	Jiangmen City	21.73	8.84	22.91	33.56
东莞市	Dongguan City	12.59	28.40	17.80	24.00
中山市	Zhongshan City	26.15	30.67	40.55	18.98
惠州市区	Huizhou Urban District			20.83	39.90
惠阳市	Huiyang City			-0.27	-7.70
惠东县	Huidong County			46.29	13.70
博罗县	Boluo County			18.03	17.00
肇庆市区	Zhaoqing Urban District		15.00	20.70	8.30
高要市	Gaoyao City		21.80	2.50	22.90
四会市	Sihui City		23.00	5.80	23.20

11-2 进口总额及年增长率

Total Value and Annual Growth Rate of Imports

单位：亿美元　　(USD 100 million)

地区	Area	进口总额 Total Value of Imports			
		2000	2002	2003	2004
长江三角洲经济区	**Yangtze River Delta**				
上海市	Shanghai City	293.56	406.09	639.15	865.06
南京市	Nanjing City	37.33	40.83	70.46	101.78
苏州市	Suzhou City	95.89	178.69	330.28	524.21
无锡市	Wuxi City	26.17	45.97	70.55	108.06
常州市	Changzhou City	9.62	12.62	17.21	21.89
镇江市	Zhenjiang City	8.03	10.87	13.81	19.60
南通市	Nantong City	11.21	13.65	18.80	24.43
扬州市	Yangzhou City	5.12	7.14	9.21	10.67
泰州市	Taizhou City	1.19	1.53	2.46	3.01
杭州市	Hangzhou City	35.11	46.26	72.83	93.21
宁波市	Ningbo City	23.73	41.10	67.36	94.23
嘉兴市	Jiaxing City	8.38	11.48	20.96	28.19
湖州市	Huzhou City	2.30	1.78	2.06	2.50
绍兴市	Shaoxing City	3.85	9.69	14.28	20.54
舟山市	Zhoushan City	0.56	0.52	0.81	1.97
台州市	Taizhou City	2.76	3.89	6.37	9.90
珠江三角洲经济区	**Pearl River Delta**				
广州市	Guangzhou City	115.60	141.49	180.52	233.14
深圳市	Shenzhen City	293.76	406.74	544.37	694.37
珠海市	Zhuhai City	55.19	76.34	98.73	127.73
佛山市	Foshan City	45.91	50.82	62.42	78.56
江门市	Jiangmen City	18.48	18.24	22.20	27.65
东莞市	Dongguan City	148.86	205.11	241.04	293.25
中山市	Zhongshan City	24.12	36.17	48.75	56.26
惠州市区	Huizhou Urban District		35.09	39.07	58.35
惠阳市	Huiyang City		11.21	12.24	11.05
惠东县	Huidong County		2.25	2.81	2.72
博罗县	Boluo County		4.58	5.51	6.57
肇庆市区	Zhaoqing Urban District	2.94	3.28	3.53	4.62
高要市	Gaoyao City	0.53	0.50	0.50	0.65
四会市	Sihui City	0.56	0.53	0.50	0.65

11–2续表　continued

单位：%　　(%)

地区	Area	进口总额增长率 Annual Growth Rate of Total Value of Imports			
		2000	2002	2003	2004
长江三角洲经济区	**Yangtze River Delta**				
上海市	Shanghai City	14.10	22.10	57.40	35.30
南京市	Nanjing City			72.60	44.40
苏州市	Suzhou City	70.40	57.40	84.80	58.70
无锡市	Wuxi City	46.80	49.90	53.50	53.40
常州市	Changzhou City	47.80	15.50	36.40	27.20
镇江市	Zhenjiang City	59.33	53.54	27.10	42.00
南通市	Nantong City	37.40	18.80	37.70	30.00
扬州市	Yangzhou City	45.04	39.25	29.17	15.60
泰州市	Taizhou City	0.10	4.50	60.70	22.40
杭州市	Hangzhou City	55.30	15.20	57.40	28.00
宁波市	Ningbo City	54.90	55.30	63.90	39.90
嘉兴市	Jiaxing City	58.10	9.10	82.60	34.50
湖州市	Huzhou City	160.60	3.30	15.70	21.00
绍兴市	Shaoxing City	44.00	62.50	47.40	43.80
舟山市	Zhoushan City	3.90	-4.70	55.70	144.00
台州市	Taizhou City	62.80	6.80	63.70	55.28
珠江三角洲经济区	**Pearl River Delta**				
广州市	Guangzhou City	24.06	23.97	27.58	29.15
深圳市	Shenzhen City	32.20	30.70	33.84	27.60
珠海市	Zhuhai City	53.90	26.90	29.33	29.37
佛山市	Foshan City			22.83	25.90
江门市	Jiangmen City	25.03	0.33	21.71	24.55
东莞市	Dongguan City	11.85	32.60	17.52	21.70
中山市	Zhongshan City	20.25	29.59	34.78	15.41
惠州市区	Huizhou Urban District			11.34	50.00
惠阳市	Huiyang City			9.19	-9.90
惠东县	Huidong County			24.89	-3.50
博罗县	Boluo County			20.31	17.00
肇庆市区	Zhaoqing Urban District		11.60	7.62	30.88
高要市	Gaoyao City		-5.70		27.92
四会市	Sihui City		-5.40	-5.66	30.64

11-3 出口总额及年增长率

Total Value and Annual Growth Rate of Exports

单位：亿美元 (USD 100 million)

地区	Area	出口总额 Total Value of Exports			
		2000	2002	2003	2004
长江三角洲经济区	**Yangtze River Delta**				
上海市	Shanghai City	253.54	320.55	484.82	735.20
南京市	Nanjing City	53.69	60.11	76.65	104.60
苏州市	Suzhou City	104.81	185.21	326.33	507.73
无锡市	Wuxi City	33.67	51.44	73.24	110.19
常州市	Changzhou City	18.60	26.56	35.30	47.16
镇江市	Zhenjiang City	6.59	10.11	12.89	15.19
南通市	Nantong City	20.35	25.31	32.85	43.49
扬州市	Yangzhou City	6.06	8.01	11.12	13.51
泰州市	Taizhou City	3.29	4.20	6.34	9.54
杭州市	Hangzhou City	69.65	84.81	109.55	151.75
宁波市	Ningbo City	51.68	81.63	120.74	166.90
嘉兴市	Jiaxing City	18.90	25.48	36.16	51.06
湖州市	Huzhou City	4.63	7.09	10.11	14.48
绍兴市	Shaoxing City	12.77	29.01	45.33	66.09
舟山市	Zhoushan City	4.12	4.44	5.40	8.14
台州市	Taizhou City	8.69	18.02	26.51	37.99
珠江三角洲经济区	**Pearl River Delta**				
广州市	Guangzhou City	117.91	137.78	168.89	214.74
深圳市	Shenzhen City	345.63	465.57	629.62	778.46
珠海市	Zhuhai City	36.46	52.04	69.10	90.40
佛山市	Foshan City	57.36	78.88	102.23	138.31
江门市	Jiangmen City	29.85	29.52	36.50	50.74
东莞市	Dongguan City	171.59	237.36	280.02	351.92
中山市	Zhongshan City	36.77	57.25	82.54	99.95
惠州市区	Huizhou Urban District	26.16	35.10	45.74	59.83
惠阳市	Huiyang City	11.30	14.46	13.36	12.61
惠东县	Huidong County	2.37	3.54	5.66	7.02
博罗县	Boluo County	4.89	5.46	6.33	7.49
肇庆市区	Zhaoqing Urban District	5.28	6.16	7.86	7.72
高要市	Gaoyao City	0.80	1.12	1.16	1.39
四会市	Sihui City	0.82	1.18	1.31	1.58

11-3续表 continued

单位：% (%)

地区	Area	出口总额年增长率 Annual Growth Rate of Total Value of Exports			
		2000	2002	2003	2004
长江三角洲经济区	**Yangtze River Delta**				
上海市	Shanghai City	35.00	16.00	51.20	51.60
南京市	Nanjing City			27.50	36.50
苏州市	Suzhou City	51.30	50.50	76.20	55.60
无锡市	Wuxi City	31.60	43.40	42.40	50.50
常州市	Changzhou City	45.70	22.60	32.90	33.60
镇江市	Zhenjiang City	57.60	35.50	27.50	17.80
南通市	Nantong City	27.50	21.40	29.80	32.40
扬州市	Yangzhou City	37.20	20.60	39.00	21.50
泰州市	Taizhou City	38.60	9.00	51.00	50.47
杭州市	Hangzhou City	37.10	16.40	29.20	38.60
宁波市	Ningbo City	48.60	30.70	47.90	38.20
嘉兴市	Jiaxing City	51.20	14.90	41.90	41.20
湖州市	Huzhou City	69.20	23.10	42.60	43.20
绍兴市	Shaoxing City	79.20	54.80	56.30	45.80
舟山市	Zhoushan City	56.40	8.70	21.50	50.80
台州市	Taizhou City	77.30	52.90	47.10	43.32
珠江三角洲经济区	**Pearl River Delta**				
广州市	Guangzhou City	19.50	18.54	22.58	27.15
深圳市	Shenzhen City	22.50	24.20	35.24	23.60
珠海市	Zhuhai City	35.10	37.40	32.78	30.83
佛山市	Foshan City			29.60	35.30
江门市	Jiangmen City	19.69	14.82	23.64	38.90
东莞市	Dongguan City	13.23	25.00	17.97	26.10
中山市	Zhongshan City	30.35	31.36	44.17	21.09
惠州市区	Huizhou Urban District			30.31	31.30
惠阳市	Huiyang City			-7.61	-5.60
惠东县	Huidong County			59.89	22.10
博罗县	Boluo County			15.93	16.90
肇庆市区	Zhaoqing Urban District		16.70	27.60	-1.81
高要市	Gaoyao City		40.00	3.57	19.83
四会市	Sihui City		43.90	11.02	20.61

11-4 主要商品出口数量和金额(2004年)
Main Export Commodities in Volume and Value(2004)

单位：万美元　　　　(USD 10 000)

品名	Item	上海市 Shanghai City	常州市① Changzhou City①	杭州市 Hangzhou City	
		金额 Value	金额 Value	数量 Volume	金额 Value
活猪 (万头)	Live Hogs (10 000 heads)	827		20	2262
活家禽 (万只)	Live Poultry (10 000 heads)				
鲜、冻牛肉 (万吨)	Frozen, Fresh Beef (10 000 tons)	24			12
鲜、冻猪肉 (万吨)	Frozen, Fresh Pork (10 000 tons)	4			227
冻鸡 (万吨)	Frozen Chicken (10 000 tons)	168			
水海产品 (万吨)	Aquatic and Seawater Products (10 000 tons)	5800		1	1850
谷物及谷物粉 (万吨)	Cereals and Cereals Flour (10 000 tons)	385			20
蔬菜 (万吨)	Vegetables (10 000 tons)	9247	40	10	7172
食糖 (万吨)	Sugar (10 000 tons)				5
天然蜂蜜 (吨)	Natural Honey (ton)	64	2	5822	700
茶叶 (吨)	Tea (ton)	1612		84289	12048
猪肉罐头 (吨)	Canned Pork (ton)	2407		913	118
蘑菇罐头 (吨)	Canned Mushroom (ton)	255		7773	570
填充用羽毛；羽绒 (吨)	Feathers and Down for Stuffing (ton)			15213	15468
药材 (吨)	Medical Materials (ton)	330		8614	2527
生丝 (吨)	Raw Silk (ton)	204		930	1854
兔毛 (吨)	Rabbit Hair (ton)	178		327	485
煤 (万吨)	Coal (10 000 tons)				
原油 (万吨)	Crude Oil (10 000 tons)	1			
成品油 (万吨)	Petroleum Products Refined (10 000 tons)	65297	3		148
石蜡 (万吨)	Paraffin Wax (10 000 tons)	2610			
合成有机染料 (吨)	Synthetic Organic Dyestuffs (ton)	7471	4457	39299	9638
医药品 (吨)	Medical and Pharmaceutical Products (ton)	35554	1832	10311	13119
烟花、爆竹 (吨)	Fireworks and Firecrackers (ton)	312		1755	311
松香及树脂酸 (吨)	Resin and Resin Acids (ton)	98			
轮胎 (万条)	Rubber Tyres (10 000 units)	15953		799	15554
纸及纸板(未切成形) (万吨)	Paper and Paperboard in Rolls (10 000 tons)	5441	206	1	1116
水泥 (万吨)	Cement (10 000 tons)	2372		16	478
平板玻璃 (万平方米)	Plate Glass (10 000 sq.m)	2648	540	55	150
玻璃制品	Glass Products	9730			3950
家用陶瓷器皿 (吨)	Porcelain and Pottery Ware for Household Use (ton)	997		9834	841
生铁及镜铁 (万吨)	Pig Iron and Spiegeleise (10 000 tons)	2776	45		
钢材 (万吨)	Rolled Steel (10 000 tons)	139613	139	17	8857
未锻造铝及合金 (吨)	Unwrought Copper and its Alloys (ton)	34459		5221	2295
铜材 (吨)	Rolled Copper (ton)	12831	178	5221	2295
未锻造铝及合金 (吨)	Unwrought Aluminum and its Alloys (ton)	25344		2632	937
铝材 (吨)	Rolled Aluminum (ton)	7336	134	2632	937

11-4 续表 1　continued

单位：万美元　　　　(USD 10 000)

品名	Item	宁波市 Ningbo City		嘉兴市 Jiaxing City		湖州市 Huzhou City	
		数量 Volume	金额 Value	数量 Volume	金额 Value	数量 Volume	金额 Value
活猪 (万头)	Live Hogs (10 000 heads)	2	193				
活家禽 (万只)	Live Poultry (10 000 heads)						
鲜、冻牛肉 (万吨)	Frozen, Fresh Beef (10 000 tons)		7				
鲜、冻猪肉 (万吨)	Frozen, Fresh Pork (10 000 tons)						
冻鸡 (万吨)	Frozen Chicken (10 000 tons)						
水海产品 (万吨)	Aquatic and Seawater Products (10 000 tons)	33	13265				27
谷物及谷物粉 (万吨)	Cereals and Cereals Flour (10 000 tons)		3				
蔬菜 (万吨)	Vegetables (10 000 tons)		6236	1	397	1	1012
食糖 (万吨)	Sugar (10 000 tons)						
天然蜂蜜 (吨)	Natural Honey (ton)	263	27				
茶叶 (吨)	Tea (ton)	30377	4902	1165	225	2944	594
猪肉罐头 (吨)	Canned Pork (ton)	226	33				
蘑菇罐头 (吨)	Canned Mushroom (ton)	449	40				
填充用羽毛；羽绒 (吨)	Feathers and Down for Stuffing (ton)	252	23				
药材 (吨)	Medical Materials (ton)	107	68				
生丝 (吨)	Raw Silk (ton)			1157	2392	258	516
兔毛 (吨)	Rabbit Hair (ton)						
煤 (万吨)	Coal (10 000 tons)						
原油 (万吨)	Crude Oil (10 000 tons)			5	1471		
成品油 (万吨)	Petroleum Products Refined (10 000 tons)	1063	32078				
石蜡 (万吨)	Paraffin Wax (10 000 tons)						
合成有机染料 (吨)	Synthetic Organic Dyestuffs (ton)	10485	3819				
医药品 (吨)	Medical and Pharmaceutical Products (ton)		7107	1222	1041	3926	1996
烟花、爆竹 (吨)	Fireworks and Firecrackers (ton)						
松香及树脂酸 (吨)	Resin and Resin Acids (ton)						
轮胎 (万条)	Rubber Tyres (10 000 units)	17	28				
纸及纸板(未切成形) (万吨)	Paper and Paperboard in Rolls (10 000 tons)		410				29
水泥 (万吨)	Cement (10 000 tons)						
平板玻璃 (万平方米)	Plate Glass (10 000 sq.m)		51				
玻璃制品	Glass Products		3066				63
家用陶瓷器皿 (吨)	Porcelain and Pottery Ware for Household Use (ton)	6055	287	853	157	36	4
生铁及镜铁 (万吨)	Pig Iron and Spiegeleise (10 000 tons)						
钢材 (万吨)	Rolled Steel (10 000 tons)			3	2005	4	2558
未锻造铝及合金 (吨)	Unwrought Copper and its Alloys (ton)	11118	3757				
铜材 (吨)	Rolled Copper (ton)	15380	6137			135	63
未锻造铝及合金 (吨)	Unwrought Aluminum and its Alloys (ton)						
铝材 (吨)	Rolled Aluminum (ton)	9057	2790			123	34

11-4续表 2 continued

单位：万美元 (USD 10 000)

品名		Item		绍兴市 Shaoxing City		台州市 Taizhou City	
				数量 Volume	金额 Value	数量 Volume	金额 Value
活猪	(万头)	Live Hogs	(10 000 heads)				
活家禽	(万只)	Live Poultry	(10 000 heads)				
鲜、冻牛肉	(万吨)	Frozen, Fresh Beef	(10 000 tons)				
鲜、冻猪肉	(万吨)	Frozen, Fresh Pork	(10 000 tons)				
冻鸡	(万吨)	Frozen Chicken	(10 000 tons)				
水海产品	(万吨)	Aquatic and Seawater Products	(10 000 tons)		1	2	5025
谷物及谷物粉	(万吨)	Cereals and Cereals Flour	(10 000 tons)				12
蔬菜	(万吨)	Vegetables	(10 000 tons)		721	7	4275
食糖	(万吨)	Sugar	(10 000 tons)				
天然蜂蜜	(吨)	Natural Honey	(ton)				
茶叶	(吨)	Tea	(ton)	32764	4816		47
猪肉罐头	(吨)	Canned Pork	(ton)				
蘑菇罐头	(吨)	Canned Mushroom	(ton)			1417	91
填充用羽毛；羽绒	(吨)	Feathers and Down for Stuffing	(ton)	1729	1689		
药材	(吨)	Medical Materials	(ton)	21	8	166	26
生丝	(吨)	Raw Silk	(ton)				
兔毛	(吨)	Rabbit Hair	(ton)				
煤	(万吨)	Coal	(10 000 tons)				
原油	(万吨)	Crude Oil	(10 000 tons)				
成品油	(万吨)	Petroleum Products Refined	(10 000 tons)				
石蜡	(万吨)	Paraffin Wax	(10 000 tons)				
合成有机染料	(吨)	Synthetic Organic Dyestuffs	(ton)	32780	6268	7896	3138
医药品	(吨)	Medical and Pharmaceutical Products	(ton)	32874	20471	329	431
烟花、爆竹	(吨)	Fireworks and Firecrackers	(ton)				
松香及树脂酸	(吨)	Resin and Resin Acids	(ton)	259	12		
轮胎	(万条)	Rubber Tyres	(10 000 units)			984	369
纸及纸板(未切成形)	(万吨)	Paper and Paperboard in Rolls	(10 000 tons)		42		384
水泥	(万吨)	Cement	(10 000 tons)				
平板玻璃	(万平方米)	Plate Glass	(10 000 sq.m)				
玻璃制品		Glass Products			410		1402
家用陶瓷器皿	(吨)	Porcelain and Pottery Ware for Household Use	(ton)	8			85
生铁及镜铁	(万吨)	Pig Iron and Spiegeleise	(10 000 tons)				
钢材	(万吨)	Rolled Steel	(10 000 tons)		317	3	5939
未锻造铝及合金	(吨)	Unwrought Copper and its Alloys	(ton)	484	300		
铜材	(吨)	Rolled Copper	(ton)	27041	9457	7493	3404
未锻造铝及合金	(吨)	Unwrought Aluminum and its Alloys	(ton)			5329	898
铝材	(吨)	Rolled Aluminum	(ton)	484	300	1369	7298

11-4续表 3　continued

单位：万美元　　　　(USD 10 000)

品名	Item	广州市 Guangzhou City 数量 Volume	广州市 Guangzhou City 金额 Value	深圳市 Shenzhen City 数量 Volume	深圳市 Shenzhen City 金额 Value	珠海市 Zhuhai City 金额 Value
活猪 (万头)	Live Hogs (10 000 heads)	11	1568	9	1	
活家禽 (万只)	Live Poultry (10 000 heads)	395	723	650	842	
鲜、冻牛肉 (万吨)	Frozen, Fresh Beef (10 000 tons)					
鲜、冻猪肉 (万吨)	Frozen, Fresh Pork (10 000 tons)	1	758			
冻鸡 (万吨)	Frozen Chicken (10 000 tons)					
水海产品 (万吨)	Aquatic and Seawater Products (10 000 tons)	2	3999	4	4	1267
谷物及谷物粉 (万吨)	Cereals and Cereals Flour (10 000 tons)	2	648			
蔬菜 (万吨)	Vegetables (10 000 tons)	4	1595	39	8	951
食糖 (万吨)	Sugar (10 000 tons)					
天然蜂蜜 (吨)	Natural Honey (ton)					
茶叶 (吨)	Tea (ton)	13411	2596	4041	788	
猪肉罐头 (吨)	Canned Pork (ton)					
蘑菇罐头 (吨)	Canned Mushroom (ton)			3818	324	
填充用羽毛；羽绒 (吨)	Feathers and Down for Stuffing (ton)					
药材 (吨)	Medical Materials (ton)	2439	397	9349	1358	
生丝 (吨)	Raw Silk (ton)					
兔毛 (吨)	Rabbit Hair (ton)					
煤 (万吨)	Coal (10 000 tons)			32	875	
原油 (万吨)	Crude Oil (10 000 tons)					
成品油 (万吨)	Petroleum Products Refined (10 000 tons)	60	16853	6	3127	2019
石蜡 (万吨)	Paraffin Wax (10 000 tons)					
合成有机染料 (吨)	Synthetic Organic Dyestuffs (ton)			1938	511	
医药品 (吨)	Medical and Pharmaceutical Products (ton)	15434	5805	14037	10475	1933
烟花、爆竹 (吨)	Fireworks and Firecrackers (ton)	24795	2947			
松香及树脂酸 (吨)	Resin and Resin Acids (ton)			3443	153	
轮胎 (万条)	Rubber Tyres (10 000 units)	1327	17464	2462	4037	
纸及纸板(未切成形) (万吨)	Paper and Paperboard in Rolls (10 000 tons)			6	3764	2724
水泥 (万吨)	Cement (10 000 tons)	19	672			
平板玻璃 (万平方米)	Plate Glass (10 000 sq.m)			734	2064	
玻璃制品	Glass Products			153055540	13430	822
家用陶瓷器皿 (吨)	Porcelain and Pottery Ware for Household Use (ton)			345015	17812	
生铁及镜铁 (万吨)	Pig Iron and Spiegeleise (10 000 tons)					
钢材 (万吨)	Rolled Steel (10 000 tons)	46	27582	8	5871	
未锻造铝及合金 (吨)	Unwrought Copper and its Alloys (ton)			129107	21230	
铜材 (吨)	Rolled Copper (ton)			26304	8010	
未锻造铝及合金 (吨)	Unwrought Aluminum and its Alloys (ton)					
铝材 (吨)	Rolled Aluminum (ton)			11883	3303	

11—4续表4 continued

单位：万美元 (USD 10 000)

品名	Item	佛山市 Foshan City		东莞市 Dongguan City		惠州市区 Huizhou Urban District	
		数量 Volume	金额 Value	数量 Volume	金额 Value	数量 Volume	金额 Value
活猪 （万头）	Live Hogs (10 000 heads)	3	460	2	292	2	258
活家禽 （万只）	Live Poultry (10 000 heads)	1	2	28	62	15	36
鲜、冻牛肉 （万吨）	Frozen, Fresh Beef (10 000 tons)		2				
鲜、冻猪肉 （万吨）	Frozen, Fresh Pork (10 000 tons)		7				
冻鸡 （万吨）	Frozen Chicken (10 000 tons)		26				
水海产品 （万吨）	Aquatic and Seawater Products (10 000 tons)	3	5202		308		20
谷物及谷物粉 （万吨）	Cereals and Cereals Flour (10 000 tons)	2	798		17		
蔬菜 （万吨）	Vegetables (10 000 tons)	2	742		58	1	162
食糖 （万吨）	Sugar (10 000 tons)		585			1	182
天然蜂蜜 （吨）	Natural Honey (ton)	1	2				
茶叶 （吨）	Tea (ton)						
猪肉罐头 （吨）	Canned Pork (ton)						
蘑菇罐头 （吨）	Canned Mushroom (ton)					1	
填充用羽毛；羽绒 （吨）	Feathers and Down for Stuffing (ton)	34	227	154	11		
药材 （吨）	Medical Materials (ton)	7723	1778	205	27	185	11
生丝 （吨）	Raw Silk (ton)						
兔毛 （吨）	Rabbit Hair (ton)					5	9
煤 （万吨）	Coal (10 000 tons)						
原油 （万吨）	Crude Oil (10 000 tons)						
成品油 （万吨）	Petroleum Products Refined (10 000 tons)						
石蜡 （万吨）	Paraffin Wax (10 000 tons)						
合成有机染料 （吨）	Synthetic Organic Dyestuffs (ton)	2213	489	105	26	1	1
医药品 （吨）	Medical and Pharmaceutical Products (ton)		1845	3516	1501	91	23
烟花、爆竹 （吨）	Fireworks and Firecrackers (ton)	16254	1821	1074	96		
松香及树脂酸 （吨）	Resin and Resin Acids (ton)	280	24				
轮胎 （万条）	Rubber Tyres (10 000 units)	266	151				
纸及纸板(未切成形) （万吨）	Paper and Paperboard in Rolls (10 000 tons)		958	3	1877		17
水泥 （万吨）	Cement (10 000 tons)	10	391				
平板玻璃 （万平方米）	Plate Glass (10 000 sq.m)						
玻璃制品	Glass Products		3602		1710		234
家用陶瓷器皿 （吨）	Porcelain and Pottery Ware for Household Use (ton)		4006	54110	4819	1373	45
生铁及镜铁 （万吨）	Pig Iron and Spiegeleise (10 000 tons)						
钢材 （万吨）	Rolled Steel (10 000 tons)	3	3451	2	1303		86
未锻造铝及合金 （吨）	Unwrought Copper and its Alloys (ton)	19946	3331	26237	11427		
铜材 （吨）	Rolled Copper (ton)	1097	224			246	138
未锻造铝及合金 （吨）	Unwrought Aluminum and its Alloys (ton)	19946	3331	4865	1222		
铝材 （吨）	Rolled Aluminum (ton)	140817	34201			298	92

11-4续表5 continued

单位：万美元 (USD 10 000)

品名	Item	惠阳市 Huiyang County 数量 Volume	金额 Value	惠东县 Huidong County 数量 Volume	金额 Value	博罗县 Boluo County 数量 Volume	金额 Value
活猪 (万头)	Live Hogs (10 000 heads)					1	57
活家禽 (万只)	Live Poultry (10 000 heads)	20	43	11	27	7	17
鲜、冻牛肉 (万吨)	Frozen, Fresh Beef (10 000 tons)						
鲜、冻猪肉 (万吨)	Frozen, Fresh Pork (10 000 tons)				233		
冻鸡 (万吨)	Frozen Chicken (10 000 tons)						156
水海产品 (万吨)	Aquatic and Seawater Products (10 000 tons)				75		26
谷物及谷物粉 (万吨)	Cereals and Cereals Flour (10 000 tons)						
蔬菜 (万吨)	Vegetables (10 000 tons)	3	338	6	903	4	408
食糖 (万吨)	Sugar (10 000 tons)	4861	87				
天然蜂蜜 (吨)	Natural Honey (ton)						
茶叶 (吨)	Tea (ton)						
猪肉罐头 (吨)	Canned Pork (ton)						
蘑菇罐头 (吨)	Canned Mushroom (ton)						
填充用羽毛;羽绒 (吨)	Feathers and Down for Stuffing (ton)						
药材 (吨)	Medical Materials (ton)	45	90	4134	134	650	749
生丝 (吨)	Raw Silk (ton)						
兔毛 (吨)	Rabbit Hair (ton)						
煤 (万吨)	Coal (10 000 tons)						
原油 (万吨)	Crude Oil (10 000 tons)						
成品油 (万吨)	Petroleum Products Refined (10 000 tons)						
石蜡 (万吨)	Paraffin Wax (10 000 tons)						
合成有机染料 (吨)	Synthetic Organic Dyestuffs (ton)			61	3		
医药品 (吨)	Medical and Pharmaceutical Products (ton)	37	2	250	13	2	2
烟花、爆竹 (吨)	Fireworks and Firecrackers (ton)					3094	345
松香及树脂酸 (吨)	Resin and Resin Acids (ton)						
轮胎 (万条)	Rubber Tyres (10 000 units)						
纸及纸板(未切成形) (万吨)	Paper and Paperboard in Rolls (10 000 tons)		12		17		31
水泥 (万吨)	Cement (10 000 tons)						
平板玻璃 (万平方米)	Plate Glass (10 000 sq.m)			1	2		
玻璃制品	Glass Products		62		418		9
家用陶瓷器皿 (吨)	Porcelain and Pottery Ware for Household Use (ton)	2786	367	2891	239	376	26
生铁及镜铁 (万吨)	Pig Iron and Spiegeleise (10 000 tons)						
钢材 (万吨)	Rolled Steel (10 000 tons)	2	968		9		12
未锻造铝及合金 (吨)	Unwrought Copper and its Alloys (ton)						
铜材 (吨)	Rolled Copper (ton)	2466	1350	217	52	487	695
未锻造铝及合金 (吨)	Unwrought Aluminum and its Alloys (ton)						
铝材 (吨)	Rolled Aluminum (ton)	93	21	149	191	85	84

11-4续表6 continued

单位：万美元 (USD 10 000)

品名	Item	上海市 Shanghai City	杭州市 Hangzhou City		宁波市 Ningbo City	
		金额 Value	数量 Volume	金额 Value	数量 Volume	金额 Value
手用或机用工具 （吨）	Hand Tools and Tools for Machines (ton)	42302	68656	16530		19821
锁 （吨）	Locks (ton)	9280	10626	2542	18035	4259
缝纫机(包括工业用)（万架）	Sewing Machines(Including Industrial Use)(10 000 sets)	11552	56	2398	52	1862
纺织机械	Textile Machinery (10 000 sets)	12066		1923		1325
电动机及发电机 （万台）	Electric Motors and Generators (10 000 sets)	20682	1068	9360	2007	2780
金属加工机床 （万台）	Machine Tools (10 000 sets)	4939	86	4600		1713
轴承 （万套）	Bearings (10 000 units)	16659	2478	1765	97140	26196
静止式变流器 （万个）	Static Converters (10 000 units)	20384	441	903		4684
电容器 （吨）	Electrical Capacitors (ton)	10723	191	227	1170	833
二极管及类似半导体器件 （万个）	Diode and Semi Conductors (10 000 units)	35856	18647	399	55339	3509
电线电缆 （吨）	Insulated Wire or Cable (ton)	37862	56442	17086	134402	30165
电子计算器 （万台）	Electric Calculator (10 000 sets)	20465	20	14		
通断保护电路装置	Electrical Apparatus for Switching or Protecting Electrical Circuits	62544		8179		17386
电扇 （万台）	Fans (10 000 sets)	19832	102	485	231	982
原电池 （万个）	Primary Cells and Batteries (10 000 units)	6004	13185	1900		11510
蓄电池 （万个）	Electric Accumulators (10 000 units)	39729	271	1518	255	1293
有线电话机 （万台）	Line Telephone Sets (10 000 sets)	3482	7	316		101
扬声器 （万个）	Loudspeakers (10 000 units)	16525	1791	1898	2289	6083
收录机及组合音响 （万台）	Sound Recording Apparatus (10 000 sets)	18987		1		14
收音机 （万台）	Radio (10 000 sets)	80	7	5	10	8
电视机(包括整套散件)(万台)	TV Sets(including a Complete Set of Spare Parts) (10 000 sets)	14175	44	2467		774
集装箱 （个）	Containers (unit)	141312				26513
船舶 （艘）	Ships (unit)	87126	1734	1255		5231
汽车的零件	Parts of Motor Vehicles	76586		19154		31360
自行车 （万辆）	Bicycles (10 000 units)	27559	369	6316	311	6518
医疗仪器及器械	Medical Instruments and Appliances	30935		7718		3824
照相机 （万架）	Cameras (10 000 sets)	5436	1	14		9
手表 （万只）	Wrist Watches (10 000 units)	294	22	14	531	128
日用钟 （万只）	Clocks (10 000 sets)	803	323	630	1393	867
家俱	Furniture	93945		43213		18814
服装 （针织、钩织的除外）	Garments (Excluding Knitwear and Crochet)	529984		291259		267458
皮鞋 （万双）	Leather Shoes (10 000 pairs)	66883	992	4048		16804
塑料制品 （万吨）	Plastic Articles (10 000 tons)	88994	7	14438	31	60044
玩具	Toys	45083		7756		9594
足球、篮球、排球 （万个）	Footballs, Basketballs and Volleyballs (10 000 units)	1813	181	183	554	509
柳编结品 （吨）	Wickerwork (ton)	1257	220	47	89	19
鬃刷 （万把）	Bristle Brushes (10 000 units)	465	6993	1369	1039	188
热水瓶 （万个）	Vacuum Flasks (10 000 units)	6624	522	634	378	459
人造花 （吨）	Artificial Flowers (ton)	568	861	338	2346	813
机电产品	Mechanical and Electrical Products	4785538		573377		

11−4 续表 7　continued

单位：万美元　　　　(USD 10 000)

品名	Item	嘉兴市 Jiaxing City		湖州市 Huzhou City		绍兴市 Shaoxing City	
		数量 Volume	金额 Value	数量 Volume	金额 Value	数量 Volume	金额 Value
手用或机用工具　(吨)	Hand Tools and Tools for Machines (ton)	5170	952	1885	400	1974	325
锁　(吨)	Locks (ton)	4169	1378	1153	294	317	81
缝纫机(包括工业用)(万架)	Sewing Machines(Including Industrial Use)(10 000 sets)				1		5
纺织机械	Textile Machinery (10 000 sets)				61		2319
电动机及发电机　(万台)	Electric Motors and Generators (10 000 sets)	1145	9683			65	877
金属加工机床　(万台)	Machine Tools (10 000 sets)					1	988
轴承　(万套)	Bearings (10 000 units)			734	503	4900	2725
静止式变流器　(万个)	Static Converters (10 000 units)			13	19	2	16
电容器　(吨)	Electrical Capacitors (ton)			22	16	127	132
二极管及类似半导体器件　(万个)	Diode and Semi Conductors (10 000 units)	76126	3891	874	21	19482	514
电线电缆　(吨)	Insulated Wire or Cable (ton)	4831	2879	1703	1741	19288	2919
电子计算器　(万台)	Electric Calculator (10 000 sets)			1	1	19	9
通断保护电路装置	Electrical Apparatus for Switching or Protecting Electrical Circuits				193		167
电扇　(万台)	Fans (10 000 sets)			31	36		12
原电池　(万个)	Primary Cells and Batteries (10 000 units)	28211	1077	4		243	9
蓄电池　(万个)	Electric Accumulators (10 000 units)			8	22	19	204
有线电话机　(万台)	Line Telephone Sets (10 000 sets)						
扬声器　(万个)	Loudspeakers (10 000 units)	6391	9058	365	152	732	466
收录机及组合音响　(万台)	Sound Recording Apparatus (10 000 sets)						
收音机　(万台)	Radio (10 000 sets)						
电视机　(万台)	TV Sets(including a Complete Set of Spare Parts) (10 000 sets)						5
集装箱　(个)	Containers (unit)						
船舶　(艘)	Ships (unit)					5	577
汽车的零件	Parts of Motor Vehicles				206		8623
自行车　(万辆)	Bicycles (10 000 units)					33	780
医疗仪器及器械	Medical Instruments and Appliances				32		190
照相机　(万架)	Cameras (10 000 sets)						
手表　(万只)	Wrist Watches (10 000 units)					10	2
日用钟　(万只)	Clocks (10 000 sets)						5
家俱	Furniture				10659		1700
服装　(针织、钩织的除外)	Garments (Excluding Knitwear and Crochet)		173130		12401		116957
皮鞋　(万双)	Leather Shoes (10 000 pairs)			15	47	6	14
塑料制品　(万吨)	Plastic Articles (10 000 tons)	2	4139	1827	488	1	3141
玩具	Toys		1758		54		453
足球、篮球、排球　(万个)	Footballs, Basketballs and Volleyballs (10 000 units)			6	4	5	5
柳编结品　(吨)	Wickerwork (ton)			12	4		
鬃刷　(万把)	Bristle Brushes (10 000 units)					9	2
热水瓶　(万个)	Vacuum Flasks (10 000 units)					1	2
人造花　(吨)	Artificial Flowers (ton)			33	9	81	8
机电产品	Mechanical and Electrical Products		126549		26234		72899

11-4 续表 8　continued

单位：万美元　　　　(USD 10 000)

品名	Item	台州市 Taizhou City		广州市 Guangzhou City		佛山市 Foshan City	
		数量 Volume	金额 Value	数量 Volume	金额 Value	数量 Volume	金额 Value
手用或机用工具 (吨)	Hand Tools and Tools for Machines (ton)	6885	1454	22289	6827	6030	1255
锁 (吨)	Locks (ton)	2345	559	10620	2654	3422	1240
缝纫机(包括工业用)(万架)	Sewing Machines(Including Industrial Use)(10 000 sets)	121	12707	8576	1432	29	165
纺织机械	Textile Machinery (10 000 sets)		3605		1413		
电动机及发电机 (万台)	Electric Motors and Generators (10 000 sets)	56	3728	1818	1934	5214	7196
金属加工机床 (万台)	Machine Tools (10 000 sets)	4	440	5524	1399		388
轴承 (万套)	Bearings (10 000 units)	2695	1787	702	370	46	9
静止式变流器 (万个)	Static Converters (10 000 units)	33	83	8088	6714	1556	1033
电容器 (吨)	Electrical Capacitors (ton)	144	53	1599	2364	83	680
二极管及类似半导体器件 (万个)	Diode and Semi Conductors (10 000 units)	8114	1509	212006	3542	22536	792
电线电缆 (吨)	Insulated Wire or Cable (ton)	220	588	17397	7625	1129	3323
电子计算器 (万台)	Electric Calculator (10 000 sets)	59	25	1319	5466	6	5
通断保护电路装置	Electrical Apparatus for Switching or Protecting Electrical Circuits		340		7218		
电扇 (万台)	Fans (10 000 sets)	671	119	1898	6542	6154	31400
原电池 (万个)	Primary Cells and Batteries (10 000 units)	225	21	533257	20716	58052	2122
蓄电池 (万个)	Electric Accumulators (10 000 units)	1	14	9040	14037	3851	4609
有线电话机 (万台)	Line Telephone Sets (10 000 sets)	1	1	262	3940	83	327
扬声器 (万个)	Loudspeakers (10 000 units)	3	97	10641	22469	1520	1050
收录机及组合音响 (万台)	Sound Recording Apparatus (10 000 sets)			381	6702	458	2512
收音机 (万台)	Radio (10 000 sets)			381	6702	65	360
电视机 (万台)	TV Sets including a Complete Set of Spare Parts (10 000 sets)		1	138	9707		
集装箱 (个)	Containers (unit)			35485	10351	89005	24394
船舶 (艘)	Ships (unit)	7	239	7637	28310	2330	230
汽车的零件	Parts of Motor Vehicles		20874		7084		
自行车 (万辆)	Bicycles (10 000 units)		2	446	15941	399	8403
医疗仪器及器械	Medical Instruments and Appliances		1137		3683		1845
照相机 (万架)	Cameras (10 000 sets)			123	641		
手表 (万只)	Wrist Watches (10 000 units)	63	78	1680	5919	725	674
日用钟 (万只)	Clocks (10 000 sets)			4685	6378	288	441
家俱	Furniture		23264		43572		17079
服装（针织、钩织的除外）	Garments (Excluding Knitwear and Crochet)		8165		234434		36590
皮鞋 (万双)	Leather Shoes (10 000 pairs)	20191	36315	8418	63584	4269	18721
塑料制品 (万吨)	Plastic Articles (10 000 tons)	9	18404	22	37361	8	16720
玩具	Toys		1904		34589		2256
足球、篮球、排球 (万个)	Footballs, Basketballs and Volleyballs (10 000 units)	116	156	914	831		
柳编结品 (吨)	Wickerwork (ton)	494	125	1095	255	2	2
鬃刷 (万把)	Bristle Brushes (10 000 units)			1679	221		
热水瓶 (万个)	Vacuum Flasks (10 000 units)	417	357	1917	3565		
人造花 (吨)	Artificial Flowers (ton)	117	29	7121	1751	12011	3198
机电产品	Mechanical and Electrical Products		178013				

注：①2003 年数据。

Note: ① Data of 2003.

11-5 主要商品进口数量和金额(2004 年)
Main Import Commodities in Volume and Value (2004)

单位：万美元 (USD 10 000)

品名	Item	上海市 Shanghai City 金额 Value	常州市① Changzhou City ① 金额 Value
谷物及谷物粉 (万吨)	Cereals and Cereals Flour (10 000 tons)	1226	
食用植物油 (万吨)	Edible Vegetable Oil (10 000 tons)	48337	16
其他植物油 (万吨)	Other Vegetable Oils (10 000 tons)	3058	
食糖 (万吨)	Sugar (10 000 tons)	149	
天然橡胶(包括胶乳)(万吨)	Natural Rubber (including Latex) (10 000 tons)	13189	980
合成橡胶(包括胶乳)(万吨)	Synthetic Rubber (including Latex) (10 000 tons)	16858	
原木 (万立方米)	Logs (10 000 cu.m)	32460	53
纸浆 (万吨)	Paper Pulp (10 000 tons)	24917	391
锯材 (立方米)	Wood Sawn (cu.m)	29505	
棉花(原棉) (万吨)	Cotton, not Carded or Combed (10 000 tons)	16993	
羊毛及条 (吨)	Wool and Wool Tops (ton)	7634	460
纺织用合成纤维 (万吨)	Synthetic Fibers Suitable for Spinning (10 000 tons)	17130	98
铁矿砂 (万吨)	Iron Ore (10 000 tons)	171728	
锰矿砂 (万吨)	Manganese Ores (10 000 tons)	11575	
铜矿砂 (万吨)	Copper Ores (10 000 tons)	2889	
氧化铝 (万吨)	Aluminum Oxide (10 000 tons)	6944	
原油 (万吨)	Crude Oil (10 000 tons)	37311	
成品油 (万吨)	Petroleum Products Refined (10 000 tons)	110278	927
乙二醇 (万吨)	EthyleneGlycol (10 000 tons)	43424	
对苯二甲酸 (吨)	Telephthalic Acid (ton)	85886	
己内酰胺 (吨)	Carprolactam (ton)	4224	
纯碱 (吨)	Soda Ash (ton)	292	
合成有机染料 (吨)	Synthetic Organic Dyestuffs (ton)	8879	212
医药品 (吨)	Pharmaceutical Products (ton)	61276	1
肥料(自然吨) (万吨)	Chemical Fertilizers, Manufactured (Actual Weight) (10 000 tons)	162	
原形聚乙烯 (万吨)	Polyethylene in primary Forms (10 000 tons)		
原形聚丙烯 (万吨)	Polypropylene in Primary Forms (10 000 tons)	59801	
原形聚氯乙烯 (万吨)	Polyvinyl Chloride in Primary Forms (10 000 tons)	22804	
聚酯切片 (万吨)	Slices or Chips ofPolyethylene Terephthalate (10 000 tons)	3489	
农药 (吨)	Pesticides (ton)	4572	32
纸及纸板(未切成形)(万吨)	Paper and Paperboard (Unchopped in Shape) (10 000 tons)		515
钢材 (万吨)	Rolled Steel (10 000 tons)	223650	2665
铜材 (吨)	Rolled Copper (ton)	34176	974
铝材 (吨)	Rolled Aluminum (ton)	21234	289
金属加工机床 (台)	Machine Tools (set)	88587	3526
橡胶、塑料加工机械	Rubber, Plastic Manufactured Machinary	33700	
电视机 (万台)	TV Sets (10 000 sets)	2432	
显像管 (万只)	Cathode-ray TV Picture Tube (10 000 sets)	834	
制冷压缩机 (万台)	Compressors for Refrigerating Equipment (10 000 sets)	21385	46
空调 (台)	Air Conditional (set)	5103	
阀门 (万套)	Valves (10 000 sets)	56883	
自动数据处理	Automatic Data Processing Machines and Components (10 000 sets)	456307	
设备及其部件 (万台)	Line Telephonic or Telegraphic Switching Apparatus (set)		1682
有线电话或电报交换机(台)	Sound Recording Apparatus (10 000 sets)	1623	
汽车和汽车底盘 (辆)	Motor Vehicles and Chassis (unit)	74470	76
船舶 (艘)	Ships (unit)	9538	
医疗仪器及器械	Medical Instruments and Appliances	56599	
机电产品	Mechanical and Electrical Products	5559303	

11-5续表 1　continued

单位：万美元　　(USD 10 000)

品名	Item	杭州市 Hangzhou City 数量 Volume	杭州市 Hangzhou City 金额 Value	宁波市 Ningbo City 数量 Volume	宁波市 Ningbo City 金额 Value	湖州市 Huzhou City 数量 Volume	湖州市 Huzhou City 金额 Value
谷物及谷物粉 (万吨)	Cereals and Cereals Flour (10 000 tons)	7	1400		3		
食用植物油 (万吨)	Edible Vegetable Oil (10 000 tons)	16	8508				1536
其他植物油 (万吨)	Other Vegetable Oils (10 000 tons)	5	2939				
食糖 (万吨)	Sugar (10 000 tons)		5				
天然橡胶（包括胶乳）(万吨)	Natural Rubber (including Latex) (10 000 tons)	7	8805				
合成橡胶（包括胶乳）(万吨)	Synthetic Rubber (including Latex) (10 000 tons)		1863				
原木 (万立方米)	Logs (10 000 cu.m)	25	5438			24	3936
纸浆 (万吨)	Paper Pulp (10 000 tons)	25	12941				
锯材 (立方米)	Wood Sawn (cu.m)	94747	2668		6	10044	287
棉花(原棉) (万吨)	Cotton, not Carded or Combed (10 000 tons)	2	2716				195
羊毛及条 (吨)	Wool and Wool Tops (ton)	3202	1789	2116	1667		
纺织用合成纤维 (万吨)	Synthetic Fibers Suitable for Spinning (10 000 tons)		665			359	76
铁矿砂 (万吨)	Iron Ore (10 000 tons)	345	27121				
锰矿砂 (万吨)	Manganese Ores (10 000 tons)	10	1254				
铜矿砂 (万吨)	Copper Ores (10 000 tons)	1	426				
氧化铝 (万吨)	Aluminum Oxide (10 000 tons)				1		1
原油(万吨)	Crude Oil (10 000 tons)						
成品油 (万吨)	Petroleum Products Refined (10 000 tons)	48	10671	106	32078		26
乙二醇 (万吨)	EthyleneGlycol (10 000 tons)	36	31923				
对苯二甲酸 (吨)	Telephthalic Acid (ton)	865219	61991				
己内酰胺 (吨)	Carprolactam (ton)	6304	1060				
纯碱 (吨)	Soda Ash (ton)						
合成有机染料 (吨)	Synthetic Organic Dyestuffs (ton)	522	528	10485	3819	38	20
医药品 (吨)	Pharmaceutical Products (ton)	697	7414		7107	12	20
肥料(自然吨) (万吨)	Chemical Fertilizers, Manufactured (Actual Weight) (10 000 tons)						
原形聚乙烯 (万吨)	Polyethylene in primary Forms (10 000 tons)	6	6042			87	8
原形聚丙烯 (万吨)	Polypropylene in Primary Forms (10 000 tons)	2	1629			153	15
原形聚氯乙烯 (万吨)	Polyvinyl Chloride in Primary Forms (10 000 tons)	1	749		94		
聚酯切片 (万吨)	Slices or Chips ofPolyethylene Terephthalate (10 000 tons)		126				
农药 (吨)	Pesticides (ton)	490	375			3	7
纸及纸板（未切成形）(万吨)	Paper and Paperboard (Unchopped in Shape) (10 000 tons)	7	4069		410		444
钢材 (万吨)	Rolled Steel (10 000 tons)	159	75107		11018		638
铜材 (吨)	Rolled Copper (ton)	3747	1458	15380	6137	188	67
铝材 (吨)	Rolled Aluminum (ton)	1129	464	9057	2790		
金属加工机床 (台)	Machine Tools (set)	1339	8507		1713	157	429
橡胶、塑料加工机械	Rubber, Plastic Manufactured Machinary		7353				130
电视机 (万台)	TV Sets (10 000 sets)		10		774		
显像管 (万只)	Cathode-ray TV Picture Tube (10 000 sets)	16	918				
制冷压缩机 (万台)	Compressors for Refrigerating Equipment(10 000 sets)		380				4
空调 (台)	Air Conditional (set)	8656	381	1975779	25938	3	1
阀门 (万套)	Valves (10 000 sets)	655	3196		28254		
自动数据处理设备及其部件 (万台)	Automatic Data Processing Machines and Components (10 000 sets)	511	64830		653	3	10
设备及其部件 (万台)	Line Telephonic or Telegraphic Switching Apparatus(set)	72	11724				
有线电话或电报交换机 (台)	Sound Recording Apparatus (10 000 sets)				101		
汽车和汽车底盘 (辆)	Motor Vehicles and Chassis (unit)	1719	4365		148		
船舶 (艘)	Ships (unit)	13	8010		5231		
医疗仪器及器械	Medical Instruments and Appliances		4445		3824		18
机电产品	Mechanical and Electrical Products		453127				9144

11-5续表2 continued

单位：万美元 (USD 10 000)

品名	Item	绍兴市 Shaoxing City		台州市 Taizhou City	
		数量 Volume	金额 Value	数量 Volume	金额 Value
谷物及谷物粉 (万吨)	Cereals and Cereals Flour (10 000 tons)				
食用植物油 (万吨)	Edible Vegetable Oil (10 000 tons)				11
其他植物油 (万吨)	Other Vegetable Oils (10 000 tons)				
食糖 (万吨)	Sugar (10 000 tons)				19
天然橡胶(包括胶乳)(万吨)	Natural Rubber (including Latex) (10 000 tons)		369	1	692
合成橡胶(包括胶乳)(万吨)	Synthetic Rubber (including Latex) (10 000 tons)		9		873
原木 (万立方米)	Logs (10 000 cu.m)				7230
纸浆 (万吨)	Paper Pulp (10 000 tons)				16
锯材 (立方米)	Wood Sawn (cu.m)	25620	1095		115
棉花(原棉) (万吨)	Cotton, not Carded or Combed (10 000 tons)		310		
羊毛及条 (吨)	Wool and Wool Tops (ton)	97	37		
纺织用合成纤维 (万吨)	Synthetic Fibers Suitable for Spinning (10 000 tons)		608		156
铁矿砂 (万吨)	Iron Ore (10 000 tons)	1	26		
锰矿砂 (万吨)	Manganese Ores (10 000 tons)				
铜矿砂 (万吨)	Copper Ores (10 000 tons)				
氧化铝 (万吨)	Aluminum Oxide (10 000 tons)				
原油 (万吨)	Crude Oil (10 000 tons)				
成品油 (万吨)	Petroleum Products Refined (10 000 tons)		11		
乙二醇 (万吨)	EthyleneGlycol (10 000 tons)	32	28848		
对苯二甲酸 (吨)	Telephthalic Acid (ton)	767600	56217	460	45
己内酰胺 (吨)	Carprolactam (ton)				
纯碱 (吨)	Soda Ash (ton)				
合成有机染料 (吨)	Synthetic Organic Dyestuffs (ton)	320	198	50	82
医药品 (吨)	Pharmaceutical Products (ton)	180	604	25729	3735
肥料(自然吨) (万吨)	Chemical Fertilizers, Manufactured (Actual Weight) (10 000 tons)		1		
原形聚乙烯 (万吨)	Polyethylene in primary Forms (10 000 tons)	1	1213		180
原形聚丙烯 (万吨)	Polypropylene in Primary Forms (10 000 tons)	2	1694	2	2299
原形聚氯乙烯 (万吨)	Polyvinyl Chloride in Primary Forms (10 000 tons)		78	1	761
聚酯切片 (万吨)	Slices or Chips ofPolyethylene Terephthalate (10 000 tons)	5	5501		
农药 (吨)	Pesticides (ton)				
纸及纸板(未切成形)(万吨)	Paper and Paperboard (Unchopped in Shape) (10 000 tons)	1	366		
钢材 (万吨)	Rolled Steel (10 000 tons)	2	1770		56
铜材 (吨)	Rolled Copper (ton)	2	4	1441059	56040
铝材 (吨)	Rolled Aluminum (ton)	336	78	49863	4078
金属加工机床 (台)	Machine Tools (set)	262	1725	163	1451
橡胶、塑料加工机械	Rubber, Plastic Manufactured Machinary		10276	56	1616
电视机 (万台)	TV Sets (10 000 sets)				
显像管 (万只)	Cathode-ray TV Picture Tube (10 000 sets)				1
制冷压缩机 (万台)	Compressors for Refrigerating Equipment (10 000 sets)		14	25	461
空调 (台)	Air Conditional (set)	2	152		
阀门 (万套)	Valves (10 000 sets)	37	1551	46	102
自动数据处理	Automatic Data Processing Machines and Components (10 000 sets)		795		
设备及其部件 (万台)	Line Telephonic or Telegraphic Switching Apparatus (set)				3
有线电话或电报交换机(台)	Sound Recording Apparatus (10 000 sets)	4	1		
汽车和汽车底盘 (辆)	Motor Vehicles and Chassis (unit)	6	11	1	5
船舶 (艘)	Ships (unit)				
医疗仪器及器械	Medical Instruments and Appliances		65		265
机电产品	Mechanical and Electrical Products		67537		9514

11-5 续表 3　continued

单位：万美元　　　　　　　　　　　　　　　　　　　　　　　　(USD 10 000)

品名		Item		广州市 Guangzhou City		深圳市 Shenzhen City		珠海市 Zhuhai City
				数量 Volume	金额 Value	数量 Volume	金额 Value	金额 Value
谷物及谷物粉	(万吨)	Cereals and Cereals Flour	(10 000 tons)	36	8984	41	14333	21
食用植物油	(万吨)	Edible Vegetable Oil	(10 000 tons)	42	20606	32	17132	2742
其他植物油	(万吨)	Other Vegetable Oils	(10 000 tons)			4	2745	9
食糖	(万吨)	Sugar	(10 000 tons)			3	723	209
天然橡胶(包括胶乳)	(万吨)	Natural Rubber (including Latex)	(10 000 tons)	5	6178	3	1958	145
合成橡胶(包括胶乳)	(万吨)	Synthetic Rubber (including Latex)	(10 000 tons)	8	9674	8	9162	483
原木	(万立方米)	Logs	(10 000 cu.m)	86	13550	14	2378	731
纸浆	(万吨)	Paper Pulp	(10 000 tons)			2	734	9823
锯材	(立方米)	Wood Sawn	(cu.m)			683	14191	685
棉花(原棉)	(万吨)	Cotton, not Carded or Combed	(10 000 tons)			1	1141	46
羊毛及条	(吨)	Wool and Wool Tops	(ton)			1016	538	1034
纺织用合成纤维	(万吨)	Synthetic Fibers Suitable for Spinning	(10 000 tons)			1023	9402	142
铁矿砂	(万吨)	Iron Ore	(10 000 tons)	127	10705	45	3219	1635
锰矿砂	(万吨)	Manganese Ores	(10 000 tons)			8	1295	
铜矿砂	(万吨)	Copper Ores	(10 000 tons)					6
氧化铝	(万吨)	Aluminum Oxide	(10 000 tons)			30	9292	19
原油	(万吨)	Crude Oil	(10 000 tons)	56	13634			302805
成品油	(万吨)	Petroleum Products Refined	(10 000 tons)	648	133390			85005
乙二醇	(万吨)	EthyleneGlycol	(10 000 tons)			6	3650	4865
对苯二甲酸	(吨)	Telephthalic Acid	(ton)			15	1	4751
己内酰胺	(吨)	Carprolactam	(ton)			6832	984	
纯碱	(吨)	Soda Ash	(ton)			42035	508	
合成有机染料	(吨)	Synthetic Organic Dyestuffs	(ton)			3613	1400	
医药品	(吨)	Pharmaceutical Products	(ton)	2283	14082	6716	13385	12109
肥料(自然吨)	(万吨)	Chemical Fertilizers, Manufactured (Actual Weight)	(10 000 tons)	7	1187	80	15045	
原形聚乙烯	(万吨)	Polyethylene in primary Forms	(10 000 tons)			48	36460	3643
原形聚丙烯	(万吨)	Polypropylene in Primary Forms	(10 000 tons)			59	43478	1846
原形聚氯乙烯	(万吨)	Polyvinyl Chloride in Primary Forms	(10 000 tons)			23	15815	284
聚酯切片	(万吨)	Slices or Chips ofPolyethylene Terephthalate	(10 000 tons)					379
农药	(吨)	Pesticides	(ton)			578	241	263
纸及纸板(未切成形)	(万吨)	Paper and Paperboard (Unchopped in Shape)	(10 000 tons)	32	21601	218	102950	2321
钢材	(万吨)	Rolled Steel	(10 000 tons)	245	145827	221	139269	23353
铜材	(吨)	Rolled Copper	(ton)			311945	91629	10347
铝材	(吨)	Rolled Aluminum	(ton)			201390	42310	3600
金属加工机床	(台)	Machine Tools	(set)	3754	20287	17	44675	9527
橡胶、塑料加工机械		Rubber, Plastic Manufactured Machinary				2430	23834	3572
电视机	(万台)	TV Sets	(10 000 sets)			3	4393	106
显像管	(万只)	Cathode-ray TV Picture Tube	(10 000 sets)			756	29494	1464
制冷压缩机	(万台)	Compressors for Refrigerating Equipment	(10 000 sets)			79	6769	2744
空调	(台)	Air Conditional	(set)			8	945	192
阀门	(万套)	Valves	(10 000 sets)			527	5578	1300
自动数据处理		Automatic Data Processing Machines and Components	(10 000 sets)			6102	264219	
设备及其部件	(万台)	Line Telephonic or Telegraphic Switching Apparatus	(set)					53642
有线电话或电报交换机	(台)	Sound Recording Apparatus	(10 000 sets)			5357	216	1
汽车和汽车底盘	(辆)	Motor Vehicles and Chassis	(unit)	18021	48699	9319	29637	145
船舶	(艘)	Ships	(unit)			156	142	525
医疗仪器及器械		Medical Instruments and Appliances			10575	5060859	9360	699
机电产品		Mechanical and Electrical Products						

11-5续表4 continued

单位：万美元 (USD 10 000)

品名	Item	佛山市 Foshan City		东莞市 Dongguan City		惠州市区 Huizhou Urban District	
		数量 Volume	金额 Value	数量 Volume	金额 Value	数量 Volume	金额 Value
谷物及谷物粉 (万吨)	Cereals and Cereals Flour (10 000 tons)	1	253	3	924		
食用植物油 (万吨)	Edible Vegetable Oil (10 000 tons)			3	1788		1
其他植物油 (万吨)	Other Vegetable Oils (10 000 tons)						
食糖 (万吨)	Sugar (10 000 tons)	1	296	7	1548	1	147
天然橡胶（包括胶乳）(万吨)	Natural Rubber (including Latex) (10 000 tons)	1	756	3	2869		9
合成橡胶（包括胶乳）(万吨)	Synthetic Rubber (including Latex) (10 000 tons)	4	4138	15	13726		97
原木 (万立方米)	Logs (10 000 cu.m)	14	1967	5	1416		3
纸浆 (万吨)	Paper Pulp (10 000 tons)						
锯材 (立方米)	Wood Sawn (cu.m)			88	18541	14300	310
棉花(原棉) (万吨)	Cotton, not Carded or Combed (10 000 tons)	1	1186				
羊毛及条 (吨)	Wool and Wool Tops (ton)	2684	1196	2392	974		
纺织用合成纤维 (万吨)	Synthetic Fibers Suitable for Spinning (10 000 tons)	1	1140	4	4320		51
铁矿砂 (万吨)	Iron Ore (10 000 tons)						
锰矿砂 (万吨)	Manganese Ores (10 000 tons)						
铜矿砂 (万吨)	Copper Ores (10 000 tons)						
氧化铝 (万吨)	Aluminum Oxide (10 000 tons)		166				
原油 (万吨)	Crude Oil (10 000 tons)						
成品油 (万吨)	Petroleum Products Refined (10 000 tons)			7	2178		440
乙二醇 (万吨)	EthyleneGlycol (10 000 tons)	2	1489				
对苯二甲酸 (吨)	Telephthalic Acid (ton)	5	3733				
己内酰胺 (吨)	Carprolactam (ton)						
纯碱 (吨)	Soda Ash (ton)	38	1				
合成有机染料 (吨)	Synthetic Organic Dyestuffs (ton)	4138	1577			140	19
医药品 (吨)	Pharmaceutical Products (ton)	57	19236				1
肥料(自然吨) (万吨)	Chemical Fertilizers, Manufactured (Actual Weight) (10 000 tons)		7				
原形聚乙烯 (万吨)	Polyethylene in primary Forms (10 000 tons)	6	5861	29	25674		
原形聚丙烯 (万吨)	Polypropylene in Primary Forms (10 000 tons)	13	12217	39	31808		
原形聚氯乙烯 (万吨)	Polyvinyl Chloride in Primary Forms (10 000 tons)	4	3928	42	30967		
聚酯切片 (万吨)	Slices or Chips ofPolyethylene Terephthalate (10 000 tons)			20	27346		10
农药 (吨)	Pesticides (ton)					60	27
纸及纸板（未切成形）(万吨)	Paper and Paperboard (Unchopped in Shape) (10 000 tons)	33	12947	134	67515	1	1006
钢材 (万吨)	Rolled Steel (10 000 tons)		47	252	159657	11	13243
铜材 (吨)	Rolled Copper (ton)			37	84795	37709	11905
铝材 (吨)	Rolled Aluminum (ton)		20	5	15241	17378	4327
金属加工机床 (台)	Machine Tools (set)	1203	5348	15350	33789	1903	4318
橡胶、塑料加工机械	Rubber, Plastic Manufactured Machinary		370		20263		3539
电视机 (万台)	TV Sets (10 000 sets)						109
显像管 (万只)	Cathode-ray TV Picture Tube (10 000 sets)	3	142	241	7895	376	16313
制冷压缩机 (万台)	Compressors for Refrigerating Equipment(10 000 sets)	376	14045				
空调 (台)	Air Conditional (set)	544	140				
阀门 (万套)	Valves (10 000 sets)	192	1588			11	7190
自动数据处理设备及其部件 (万台)	Automatic Data Processing Machines and Components (10 000 sets)		79			5	2789
有线电话或电报交换机 (台)	Line Telephonic or Telegraphic Switching Apparatus(set)						
汽车和汽车底盘 (辆)	Motor Vehicles and Chassis (unit)					54	133
船舶 (艘)	Ships (unit)	1	330				
医疗仪器及器械	Medical Instruments and Appliances						104
机电产品	Mechanical and Electrical Products						

11-5 续表 5 continued

单位：万美元 (USD 10 000)

品名	Item	惠阳市 Huiyang County 数量 Volume	惠阳市 Huiyang County 金额 Value	惠东县 Huidong County 数量 Volume	惠东县 Huidong County 金额 Value	博罗县 Boluo County 数量 Volume	博罗县 Boluo County 金额 Value
谷物及谷物粉 (万吨)	Cereals and Cereals Flour (10 000 tons)				8		
食用植物油 (万吨)	Edible Vegetable Oil (10 000 tons)						
其他植物油 (万吨)	Other Vegetable Oils (10 000 tons)						
食糖 (万吨)	Sugar (10 000 tons)	1	118				1
天然橡胶（包括胶乳）(万吨)	Natural Rubber (including Latex) (10 000 tons)		14		30		17
合成橡胶（包括胶乳）(万吨)	Synthetic Rubber (including Latex) (10 000 tons)		77		349		126
原木 (万立方米)	Logs (10 000 cu.m)		178				
纸浆 (万吨)	Paper Pulp (10 000 tons)						
锯材 (立方米)	Wood Sawn (cu.m)			600	14	1	683
棉花(原棉) (万吨)	Cotton, not Carded or Combed (10 000 tons)						
羊毛及条 (吨)	Wool and Wool Tops (ton)					185	79
纺织用合成纤维 (万吨)	Synthetic Fibers Suitable for Spinning (10 000 tons)		8				307
铁矿砂 (万吨)	Iron Ore (10 000 tons)						
锰矿砂 (万吨)	Manganese Ores (10 000 tons)						
铜矿砂 (万吨)	Copper Ores (10 000 tons)						
氧化铝 (万吨)	Aluminum Oxide (10 000 tons)		1				3
原油 (万吨)	Crude Oil (10 000 tons)	3	773				
成品油 (万吨)	Petroleum Products Refined (10 000 tons)	1	107				2
乙二醇 (万吨)	EthyleneGlycol (10 000 tons)	13	2		2		23
对苯二甲酸 (吨)	Telephthalic Acid (ton)						
己内酰胺 (吨)	Carprolactam (ton)						
纯碱 (吨)	Soda Ash (ton)						
合成有机染料 (吨)	Synthetic Organic Dyestuffs (ton)	1030	135	197	24	1215	366
医药品 (吨)	Pharmaceutical Products (ton)						
肥料(自然吨) (万吨)	Chemical Fertilizers, Manufactured (Actual Weight) (10 000 tons)						
原形聚乙烯 (万吨)	Polyethylene in primary Forms (10 000 tons)						
原形聚丙烯 (万吨)	Polypropylene in Primary Forms (10 000 tons)						
原形聚氯乙烯 (万吨)	Polyvinyl Chloride in Primary Forms (10 000 tons)						
聚酯切片 (万吨)	Slices or Chips ofPolyethylene Terephthalate (10 000 tons)		1				
农药 (吨)	Pesticides (ton)					85	22
纸及纸板（未切成形）(万吨)	Paper and Paperboard (Unchopped in Shape) (10 000 tons)	2	920		223	4	2449
钢材 (万吨)	Rolled Steel (10 000 tons)	24	10912		885	3	2004
铜材 (吨)	Rolled Copper (ton)	8353	3477	244	55	11946	4481
铝材 (吨)	Rolled Aluminum (ton)	1728	284	2227	2365	2072	678
金属加工机床 (台)	Machine Tools (set)	262	1664	282	570	505	1123
橡胶、塑料加工机械	Rubber, Plastic Manufactured Machinary		616				
电视机 (万台)	TV Sets (10 000 sets)						
显像管 (万只)	Cathode-ray TV Picture Tube (10 000 sets)						
制冷压缩机 (万台)	Compressors for Refrigerating Equipment(10 000 sets)						
空调 (台)	Air Conditional (set)						
阀门 (万套)	Valves (10 000 sets)		6	1	7		6
自动数据处理设备及其部件 (万台)	Automatic Data Processing Machines and Components (10 000 sets)	7	251				
有线电话或电报交换机 (台)	Line Telephonic or Telegraphic Switching Apparatus(set)						
汽车和汽车底盘 (辆)	Motor Vehicles and Chassis (unit)	3	8			3	14
船舶 (艘)	Ships (unit)						
医疗仪器及器械	Medical Instruments and Appliances				8		
机电产品	Mechanical and Electrical Products						

注：①2003 年数据。

Note: ① Data of 2003.

11-6 外商直接投资

Foreign Direct Investment

地区	Area	项目总计(个) Number of Projects (unit)			合同金额(万美元) Contracted Value(USD 10 000)			实际金额(万美元) Used Value(USD 10 000)		
		2000	2003	2004	2000	2003	2004	2000	2003	2004
长江三角洲经济区	**Yangtze River Delta**									
上海市	Shanghai City	1814	4321	4334	639000	1106400	1169100	316000	585000	654100
南京市	Nanjing City	156	843	803	207902	400933	451544	81277	236923	256636
苏州市	Suzhou City	943	2399	2282	467787	1249581	1357785	288338	474936	464810
无锡市	Wuxi City	359	1007	897	176373	500763	651358	108240	174804	209567
常州市	Changzhou City	329	533	438	100285	205376	218671	70006	50287	58000
镇江市	Zhenjiang City	179	441	477	39814	175381	247868	29284	34843	55965
南通市	Nantong City	229	906	1033	32938	231085	349109	14292	58307	101986
扬州市	Yangzhou City	670	295	334	9222	95106	151031	6654	34007	75177
泰州市	Taizhou City	28	217	206	17646	47966	65829	10196	17817	38255
杭州市	Hangzhou City	315	869	802	89781	432660	629727	43093	100850	140982
宁波市	Ningbo City	550	1209	1081	95151	344382	413633	62186	172727	210332
嘉兴市	Jiaxing City	188	635	574	34575	209639	257970	15318	79768	102187
湖州市	Huzhou City	115	479	475	12264	144777	160145	8205	53734	61121
绍兴市	Shaoxing City	156	568	431	16642	150121	167117	11598	74271	82344
舟山市	Zhoushan City	23	33	20	2692	5001	6070	1055	1704	2251
台州市	Taizhou City	120	200	123	10715	40204	27507	5083	21588	30296
珠江三角洲经济区	**Pearl River Delta**									
广州市	Guangzhou City	647	870	1046	152759	351117	320494	298923	258076	240062
深圳市	Shenzhen City	1130	2254	2718	173813	484687	412131	196145	362344	234994
珠海市	Zhuhai City	554	423	472	54490	159693	176182	101937	94153	51007
佛山市	Foshan City	223		542			115709			69137
江门市	Jiangmen City	275	374	447	80823	106739	101233	76614	84935	51205
东莞市	Dongguan City	405	1132	1032	114331	266095	289127	108468	175400	213875
中山市	Zhongshan City	178	374	380	67469	61626	82245	56610	36738	50983
惠州市区	Huizhou Urban District	92		202			51568			18841
惠阳市	Huiyang City	59		131			36383			29984
惠东县	Huidong County	42		71			16668			6289
博罗县	Boluo County	39		133			22112			7277
肇庆市区	Zhaoqing Urban District	15		76			36573			28300
高要市	Gaoyao City	12		34			7008			7561
四会市	Sihui City			24			5025			5810

11-7 按行业分的实际外商直接投资额(2004年)

Actually of Foreign Direct Investment by Sector(2004)

单位：万美元 (USD 10 000)

地区	Area	总计 Total	# 农、林、牧、渔业 Farming, Forestry, Animal Husbandry and Fishery	# 采矿业 Mining and Quarrying	# 制造业 Manufacturing	# 电力、煤气及水的生产和供应业 Electric Power, Gas and Water Production and Supply
长江三角洲经济区	**Yangtze River Delta**					
上海市	Shanghai City	654100				
南京市	Nanjing City	256636	3566	989	168390	3580
苏州市	Suzhou City	464810	2130	587	455224	7089
无锡市	Wuxi City	209567				
常州市	Changzhou City	58000	824	121	48136	1500
镇江市	Zhenjiang City	55965	1138	100	47332	74
南通市	Nantong City	101986				
扬州市	Yangzhou City	75177	512		60610	
泰州市	Taizhou City	38255				
杭州市	Hangzhou City	140982	242	3271	102151	1418
宁波市	Ningbo City	210332	238		180858	3879
嘉兴市	Jiaxing City	102187	637		95565	752
湖州市	Huzhou City	61121	837	2544	42915	2889
绍兴市	Shaoxing City	82344	991		77544	463
舟山市	Zhoushan City	2251		200	1760	
台州市	Taizhou City	30296	115		17621	1196
珠江三角洲经济区	**Pearl River Delta**					
广州市	Guangzhou City	240062	1855		156900	1706
深圳市	Shenzhen City	234994	169	1463	139039	4621
珠海市	Zhuhai City	51007	189		47785	
佛山市	Foshan City	69137	197		58141	3288
江门市	Jiangmen City	51205	590	9479	34379	211
东莞市	Dongguan City	213875	731		208956	
中山市	Zhongshan City	50983	259		44524	836
惠州市区	Huizhou Urban District	18841	116		16277	
惠阳市	Huiyang City	33082			29172	
惠东县	Huidong County	6289	148		5154	
博罗县	Boluo County	7277	87		6762	145
肇庆市区	Zhaoqing Urban District	28300				
高要市	Gaoyao City	7561				
四会市	Sihui City	5810				

11—7 续表 1　continued

单位：万美元　(USD 10 000)

地区	Area	# 建筑业 Construction	# 交通运输、仓储和邮政业 Transport, Storage, Post and Telecommunication	# 批发和零售业 Wholesale & Retail Trade	# 金融、保险业 Financial and Insurance	# 房地产业 Real Estate Management
长江三角洲经济区	**Yangtze River Delta**					
上海市	Shanghai City					
南京市	Nanjing City	4806	2997	9190		28852
苏州市	Suzhou City	2789	3831	6213		10037
无锡市	Wuxi City					
常州市	Changzhou City	1753	317	115		4070
镇江市	Zhenjiang City	1829	1315	127		6902
南通市	Nantong City					
扬州市	Yangzhou City	2572	1158			
泰州市	Taizhou City					
杭州市	Hangzhou City	391	427	1341	192	4478
宁波市	Ningbo City	473	2506	3808		10152
嘉兴市	Jiaxing City	350	494	80		2179
湖州市	Huzhou City	918	1432			5076
绍兴市	Shaoxing City	624		320		2020
舟山市	Zhoushan City	65	60			
台州市	Taizhou City			904		4948
珠江三角洲经济区	**Pearl River Delta**					
广州市	Guangzhou City	2815	1293	1929	19	35720
深圳市	Shenzhen City	2223	18917	4780	1285	16058
珠海市	Zhuhai City	574	1454	282		1774
佛山市	Foshan City		767	99	326	
江门市	Jiangmen City	1457	277	642		2032
东莞市	Dongguan City	592	275	128		256
中山市	Zhongshan City	53	449			2464
惠州市区	Huizhou Urban District	763				482
惠阳市	Huiyang City			48		249
惠东县	Huidong County			35		874
博罗县	Boluo County	25				193
肇庆市区	Zhaoqing Urban District					
高要市	Gaoyao City					
四会市	Sihui City					

11-7续表2　continued

单位：万美元　　(USD 10 000)

地区	Area	# 社会服务业 Social Services	# 卫生体育和社会福利业 Health Care,Sports and Social Welfare	# 体育、文化艺术和广播电影电视业 Education,Culture and Arts,Radio,Film and Television	# 科学研究和综合技术服务业 Scientific Research and Polytechnic Services	# 其他行业 Other Sectors
长江三角洲经济区	**Yangtze River Delta**					
上海市	Shanghai City					
南京市	Nanjing City	32284	663	448	1796	
苏州市	Suzhou City	6449	4130	2632	870	1333
无锡市	Wuxi City					
常州市	Changzhou City				69	
镇江市	Zhenjiang City				10	
南通市	Nantong City					
扬州市	Yangzhou City					10325
泰州市	Taizhou City					
杭州市	Hangzhou City	22640	745	27	2230	1429
宁波市	Ningbo City	8				
嘉兴市	Jiaxing City					
湖州市	Huzhou City					
绍兴市	Shaoxing City				50	
舟山市	Zhoushan City	166				
台州市	Taizhou City			200		4686
珠江三角洲经济区	**Pearl River Delta**					
广州市	Guangzhou City		12	3311		
深圳市	Shenzhen City	2636		135	6384	37284
珠海市	Zhuhai City	2155		126	109	118
佛山市	Foshan City			324		
江门市	Jiangmen City	841		1289		8
东莞市	Dongguan City	162		1093		
中山市	Zhongshan City		133		42	
惠州市区	Huizhou Urban District			124	784	295
惠阳市	Huiyang City			470		45
惠东县	Huidong County					78
博罗县	Boluo County					65
肇庆市区	Zhaoqing Urban District					
高要市	Gaoyao City					
四会市	Sihui City					

11-8 国内旅游人数和收入及年增长率

Total Numbers,Receipts and Annual Growth Rate of Domestic Tourists

地区	Area	国内旅游 Domestic Tourists					
		人数（万人次） Numbers (10 000 person-times)			收入（万元） Receipts (10 000 yuan)		
		2000	2003	2004	2000	2003	2004
长江三角洲经济区	**Yangtze River Delta**						
上海市	Shanghai City	7848	7603	8505	7750000	10798000	12163400
南京市	Nanjing City	1505	2224	2800	1376509	2098800	2778600
苏州市	Suzhou City	1496	2350	3157	1252247	2118700	2956900
无锡市	Wuxi City	1128	1765	2202	1017520	1673300	2124600
常州市	Changzhou City	428	817	1041	360980	701300	921600
镇江市	Zhenjiang City	443	670	971	419102	540200	859500
南通市	Nantong City	320	515	629	280981	402400	489800
扬州市	Yangzhou City	501	685	904	372640	509900	678200
泰州市	Taizhou City	285	350	421	204601	274000	350700
杭州市	Hangzhou City	2305	2776	3016	1900000	2909000	3611800
宁波市	Ningbo City	1230	1720	2010	1160000	1640600	2052000
嘉兴市	Jiaxing City	415	905	1117	244200	600000	782000
湖州市	Huzhou City	350	704	851	220700	401500	485000
绍兴市	Shaoxing City	729	1028	1211	632600	770500	907500
舟山市	Zhoushan City	454	640	825	201542	335000	462235
台州市	Taizhou City	508	1064	1244	378700	835130	971524
珠江三角洲经济区	**Pearl River Delta**						
广州市	Guangzhou City	1879	2007	2238	2911874	3208803	3901814
深圳市	Shenzhen City	928	1014	1383			
珠海市	Zhuhai City	286	333	421	375500	455000	571900
佛山市	Foshan City	419	487	549	431300	670800	895600
江门市	Jiangmen City	475	477	512	305900	359800	384500
东莞市	Dongguan City	185	1006	982	266800	799200	857000
中山市	Zhongshan City	311	329	368	268300	338300	401000
惠州市区	Huizhou Urban District						
惠阳市	Huiyang City						
惠东县	Huidong County						
博罗县	Boluo County						
肇庆市区	Zhaoqing Urban District						
高要市	Gaoyao City						
四会市	Sihui City						

11–8续表 continued

单位：% (%)

地区	Area	国内旅游年增长率 Annual Growth Rate of Domestic Tourists 人数 Persons 2000	2003	2004	收入 Receipts 2000	2003	2004
长江三角洲经济区	**Yangtze River Delta**						
上海市	Shanghai City	4.7	-13.2	11.9	7.7	-13.2	12.6
南京市	Nanjing City	12.0	5.9	26.9	12.9	10.7	31.1
苏州市	Suzhou City		16.9	34.3		20.9	39.6
无锡市	Wuxi City	5.2	17.6	24.8	14.2	20.7	27.0
常州市	Changzhou City	11.0	20.1	27.4	3.5	24.8	31.4
镇江市	Zhenjiang City	116.4	112.5	144.9	135.3	113.8	159.1
南通市	Nantong City	-0.6	14.4	22.1	-25.0	15.0	21.2
扬州市	Yangzhou City	22.0	8.2	25.0	17.0	6.1	25.0
泰州市	Taizhou City		5.7	20.3		5.6	28.0
杭州市	Hangzhou City	4.4	4.7	8.6	14.0	14.2	24.2
宁波市	Ningbo City	11.0	7.5	16.9	10.5	8.4	23.5
嘉兴市	Jiaxing City	25.0	5.4	23.4	47.6	7.7	30.3
湖州市	Huzhou City	37.0	-10.4	20.8	68.1	-10.6	20.8
绍兴市	Shaoxing City	20.9	2.1	17.8	20.8	2.1	17.8
舟山市	Zhoushan City	15.7	2.6	29.1	26.0	4.3	38.0
台州市	Taizhou City	31.0	15.5	16.3	53.3	16.2	16.3
珠江三角洲经济区	**Pearl River Delta**						
广州市	Guangzhou City	4.0	-10.1	11.5		-8.3	21.6
深圳市	Shenzhen City	11.0	-5.6	36.4			
珠海市	Zhuhai City	1.0	-8.6	26.4	12.0	-8.6	25.7
佛山市	Foshan City		26.9	12.8	3.0	-6.9	33.5
江门市	Jiangmen City	5.0	-14.0	7.3	12.0	-12.0	6.9
东莞市	Dongguan City		22.4	-2.4		10.2	7.2
中山市	Zhongshan City	9.0	-4.7	11.8	15.0	-10.7	18.5
惠州市区	Huizhou Urban District						
惠阳市	Huiyang City						
惠东县	Huidong County						
博罗县	Boluo County						
肇庆市区	Zhaoqing Urban District						
高要市	Gaoyao City						
四会市	Sihui City						

11−9 入境旅游人数和收入及年增长率

Total Number,Receipts and Annual Growth Rate of International Tourists Arrival to China

地区	Area	入境旅游 International Tourists Arrival to China					
		人数(人次) Number of Persons (person-times)			收入(美元) Receipts (USD)		
		2000	2003	2004	2000	2003	2004
长江三角洲经济区	**Yangtze River Delta**						
上海市	Shanghai City	1814000	3198700	4919200	1613000000	2053000000	3089000000
南京市	Nanjing City	419006	515080	719700	221000000	317715284	507730000
苏州市	Suzhou City	557324	708343	1301591	201350000	291040000	486080000
无锡市	Wuxi City	327648	438041	539454	97870000	159161183	207460000
常州市	Changzhou City	33067	110653	143158	24120000	82641605	112440000
镇江市	Zhenjiang City	104906	157173	254288	49876700	73605368	129910000
南通市	Nantong City	58257	84253	109966	48030000	79723774	99342200
扬州市	Yangzhou City	85477	129145	188044	39350000	56787003	108730000
泰州市	Taizhou City	9082	21408	25423	6763300	13155700	19159500
杭州市	Hangzhou City	707148	861163	1234063	292000000	422210000	597355000
宁波市	Ningbo City	123629	221546	322403	55880000	99760000	153140000
嘉兴市	Jiaxing City	29487	189262	340144	21600000	58890000	101866200
湖州市	Huzhou City	12500	47575	70528	6260000	14150000	19900000
绍兴市	Shaoxing City	48038	86766	153446	21080000	34580000	53561600
舟山市	Zhoushan City	61180	55071	116481	29690000	25510000	59736144
台州市	Taizhou City	22712	47837	62910	9025000	38550000	39225000
珠江三角洲经济区	**Pearl River Delta**						
广州市	Guangzhou City	4210000	3625400	4370000	1505800000	1622070000	1896670000
深圳市	Shenzhen City	3970000	4350000	5590000	141100	130097	178723
珠海市	Zhuhai City	974300	1054500	1403100	39400	46200	56300
佛山市	Foshan City	637200	579300	707600		183044800	2694700
江门市	Jiangmen City	267600	230002	285495	8295	7673	9254
东莞市	Dongguan City	1060000	802100	1496400	76170000	138250000	234373200
中山市	Zhongshan City	618451	575623	621630	14674	18711	20688
惠州市区	Huizhou Urban District						
惠阳市	Huiyang City						
惠东县	Huidong County						
博罗县	Boluo County						
肇庆市区	Zhaoqing Urban District						
高要市	Gaoyao City						
四会市	Sihui City						

11-9续表 continued

单位：% (%)

地区	Area	入境旅游年增长率 Annual Growth Rate of International Tourists Arrival to China					
		人数 Persons			收入 Receipts		
		2000	2003	2004	2000	2003	2004
长江三角洲经济区	**Yangtze River Delta**						
上海市	Shanghai City	9.5	17.4	53.8	18.3	-9.8	50.5
南京市	Nanjing City		-8.2	39.7		-8.9	59.8
苏州市	Suzhou City	20.3	-4.0	59.6	16.1	4.5	67.0
无锡市	Wuxi City	26.7	-8.1	23.2	13.4	7.8	30.3
常州市	Changzhou City	18.2	36.7	29.4	10.7	35.5	36.1
镇江市	Zhenjiang City	30.7	5.1	161.7	23.5	9.6	176.5
南通市	Nantong City	20.0	8.2	30.5	28.7	15.8	24.6
扬州市	Yangzhou City	18.3	6.5	45.7	16.2	19.1	91.0
泰州市	Taizhou City	32.3	74.3	18.8	6.5	10.9	45.6
杭州市	Hangzhou City	20.0	-18.5	43.3	23.2	-11.5	41.5
宁波市	Ningbo City	30.0	7.9	45.4	27.5	12.9	53.3
嘉兴市	Jiaxing City	14.2	-15.6	79.7	20.8	-18.4	73.0
湖州市	Huzhou City	29.1	15.0	48.2	39.1	0.1	40.6
绍兴市	Shaoxing City	21.5	-13.9	76.8	22.5	-3.1	54.9
舟山市	Zhoushan City	10.0	-34.9	111.5	20.0	-35.4	134.2
台州市	Taizhou City	21.0	8.9	31.5	12.0	3.6	1.8
珠江三角洲经济区	**Pearl River Delta**						
广州市	Guangzhou City	34.0	-23.5	20.4		-13.3	16.9
深圳市	Shenzhen City		-5.6	28.6		75.5	37.4
珠海市	Zhuhai City	23.0	-18.9	33.1	10.0	-8.0	21.9
佛山市	Foshan City	27.0	-16.0	22.2	39.0	-13.3	47.2
江门市	Jiangmen City	20.0	-26.0	24.1	10.0	-25.0	20.6
东莞市	Dongguan City		-25.2	86.6	8.0	16.7	69.5
中山市	Zhongshan City	24.0	-12.8	8.0	39.0	-12.2	10.6
惠州市区	Huizhou Urban District						
惠阳市	Huiyang City						
惠东县	Huidong County						
博罗县	Boluo County						
肇庆市区	Zhaoqing Urban District						
高要市	Gaoyao City						
四会市	Sihui City						

11−10 星级宾馆接待能力

Reception Capability of Tourist Hotels

地区	Area	宾馆酒店数（家） Total Number of Hotel and Restaurant (unit)			房间数（间） Total Number of Room (unit)		
		2000	2003	2004	2000	2003	2004
长江三角洲经济区	**Yangtze River Delta**						
上海市	Shanghai City	248	338	359	46256	55761	60502
南京市	Nanjing City	135	110	115			16063
苏州市	Suzhou City	94	94	100			
无锡市	Wuxi City	77	83	80	9643	11508	12171
常州市	Changzhou City	22	46	49	2690	5214	5446
镇江市	Zhenjiang City	31		28			2207
南通市	Nantong City	20	34	36			
扬州市	Yangzhou City	31	41	43	2579	4052	4386
泰州市	Taizhou City	15	16	20	1720	1774	2101
杭州市	Hangzhou City	102	176	203	16000	24816	26771
宁波市	Ningbo City	76	130	160	8935	13917	14785
嘉兴市	Jiaxing City	35	50	59	3427	4411	5247
湖州市	Huzhou City	29	52	56	1392	3983	5033
绍兴市	Shaoxing City	51	70	77	5286	6928	7502
舟山市	Zhoushan City	18	51	58	3480	3029	3716
台州市	Taizhou City	44	63	63	2838	6408	6743
珠江三角洲经济区	**Pearl River Delta**						
广州市	Guangzhou City	135	196	195		30485	31828
深圳市	Shenzhen City	297		343	26410	24094	41360
珠海市	Zhuhai City	54	69	73	8272	9557	10276
佛山市	Foshan City	39	105	108	4690	9806	10042
江门市	Jiangmen City	57	57	57	6861	8785	9412
东莞市	Dongguan City	30	52	60	18024	8170	10530
中山市	Zhongshan City	17	37	36	2696	4196	4365
惠州市区	Huizhou Urban District				2412		
惠阳市	Huiyang City				689		
惠东县	Huidong County				339		
博罗县	Boluo County				289		
肇庆市区	Zhaoqing Urban District	31	35		3305	3082	
高要市	Gaoyao City	1	2		30	162	
四会市	Sihui City	5	6		553	490	

11-10续表 continued

地区	Area	床位数（张） Total Number of Beds (unit)		
		2000	2003	2004
长江三角洲经济区	**Yangtze River Delta**			
上海市	Shanghai City	81552	97651	60502
南京市	Nanjing City			28948
苏州市	Suzhou City	19906	22563	
无锡市	Wuxi City	18113	21094	
常州市	Changzhou City	4990	9845	
镇江市	Zhenjiang City			
南通市	Nantong City			
扬州市	Yangzhou City	5172	8185	
泰州市	Taizhou City	3406	3323	
杭州市	Hangzhou City	6532	8557	51085
宁波市	Ningbo City	2610	25315	26700
嘉兴市	Jiaxing City	6532	8270	9636
湖州市	Huzhou City	6920	7966	7774
绍兴市	Shaoxing City	4813	12910	13719
舟山市	Zhoushan City	6920	5663	7109
台州市	Taizhou City		11534	11968
珠江三角洲经济区	**Pearl River Delta**			
广州市	Guangzhou City		51861	58750
深圳市	Shenzhen City	47509	41693	70143
珠海市	Zhuhai City	16543	18245	20048
佛山市	Foshan City	14076	21544	22092
江门市	Jiangmen City	14625	16197	17357
东莞市	Dongguan City	4941	15271	17591
中山市	Zhongshan City	5165	7875	7746
惠州市区	Huizhou Urban District			
惠阳市	Huiyang City			
惠东县	Huidong County			
博罗县	Boluo County			
肇庆市区	Zhaoqing Urban District	6833	9744	
高要市	Gaoyao City	62	304	
四会市	Sihui City	1045	904	

主要统计指标解释

进出口总额 指实际进出我国国境的货物总金额。包括对外贸易实际进出口货物，来料加工装配进出口货物，国家间、联合国及国际组织无偿援助物资和赠送品，华侨、港澳台同胞和外籍华人捐赠品，租赁期满归承租人所有的租赁货物，进料加工进出口货物，边境地方贸易及边境地区小额贸易进出口货物(边民互市贸易除外)，中外合资企业、中外合作经营企业、外商独资经营企业进出口货物和公用物品，到、离岸价格在规定限额以上的进出口货样和广告品(无商业价值、无使用价值和免费提供出口的除外)，从保税仓库提取在中国境内销售的进口货物，以及其他进出口货物。进出口总额用以观察一个国家在对外贸易方面的总规模。我国规定出口货物按离岸价格统计，进口货物按到岸价格统计。

外商直接投资 指外国企业和经济组织或个人(包括华侨、港澳台胞以及我国在境外注册的企业)按我国有关政策、法规，用现汇、实物、技术等在我国境内开办外商独资企业、与我国境内的企业或经济组织共同举办中外合资经营企业、合作经营企业或合作开发资源的投资(包括外商投资收益的再投资)，以及经政府有关部门批准的项目投资总额内企业从境外借入的资金。

旅游者人数 包括入境国际旅游者人数、出境居民人数和国内旅游者人数。

(1)入境国际旅游者人数：指来中国参观、访问、旅行、探亲、访友、休养、考察、参加会议和从事经济、科技、文化、教育、宗教等活动的外国人、华侨、港澳同胞和台湾同胞的人数。不包括外国在我国的常驻机构，如使领馆、通讯社、企业办事处的工作人员；来我国常住的外国专家、留学生以及在岸逗留不过夜人员。

(2)出境居民人数：指大陆居民因公务活动或私人事务短期出境的人数。公务活动出境居民人数包括在国际交通工具上的中国服务员工，因私出境居民人数不包括在国际交通工具上的中国服务员工。

(3)国内旅游者人数：指我国大陆居民和在我国常住1年以上的外国人、华侨、港澳台同胞离开常住地在境内其他地方的旅游设施内至少停留一夜，最长不超过6个月的人数。

国际旅游(外汇)收入 指入境旅游的外国人、华侨、港澳同胞和台湾同胞在中国大陆旅游过程中发生的一切旅游支出，对于国家来说就是国际旅游(外汇)收入。

Explanatory Notes on Main Statistical Indicators

Total Value of Imports and Exports refer to the real value of commodities imported into and exported from the boundary of China. They include the actual imports and exports through foreign trade, imported and exported goods under the processing and assembling trades and materials, supplies and gifts as aid given gratis between governments and by the United Nations and other international organizations, and contributions donated by overseas Chinese, compatriots in Hong Kong and Macao and Chinese with foreign citizenship, leasing commodities owned by tenant at the expiration of leasing period, the imported and exported commodities processed with imported materials, commodities trading in border areas (excluding mutual exchange goods), the imported and exported commodities and articles for public use of the Sino-foreign joint ventures, cooperative enterprises and ventures exclusively with foreign own investment. Also included are import or export of samples and advertising goods for whose CIF or FOB value are beyond the permitted ceiling (excluding goods of no trading or use value and free commodities for export), imported goods sold in China from bonded warehouses and other imported or exported goods. The indicator of the total imports and exports at customs can be used to observe the total size of external trade in a country. In accordance with the stipulation of the Chinese government, imports are calculated at CIF, while exports are calculated at FOB

Foreign Direct Investment refers to the investments inside China by foreign enterprises and economic organizations or individuals (including overseas Chinese, compatriots from Hong Kong and Macao, and Chinese enterprises registered abroad), following the relevant policies and laws of China, for the establishment of ventures exclusively with foreign own investment, Sino-foreign joint ventures and cooperative enterprises or for cooperative exploration of resources with enterprises or economic organizations in China. It includes the re investment of the foreign entrepreneurs with the profits gained from the investment and the funds that enterprises borrow from abroad in the total investment of projects which are approved by the relevant department of the government.

Number of Tourists including international tourists, Chinese residents going abroad and domestic tourists.

(1) International Tourists refer to foreigners, overseas Chinese, Chinese compatriots from Hong Kong, Macao and Taiwan coming to China for sight-seeing, visits, tours, family reunions, vacations, study tours, conferences and other activities of a business, scientific and technological, cultural, educational and religious nature. It does not include representatives and employees of resident institutions of foreign countries in China such as embassies, consulates, news agencies and offices of foreign companies and organizations, nor does it include long-term foreign experts or students residing in China, or persons in transition without spending a night in China.

(2) Chinese residents going abroad refer to Chinese residents going abroad for short terms for either public business or private purposes. Chinese employees working on international transport carriers are included in those going abroad for public business purpose, not in those for private purpose.

(3) Domestic tourists refer to residents of the mainland of China who stay for one night at least but no more than 6 months at tourist facilities in other places than their permanent residence within the territory of the mainland China, including foreigners, overseas Chinese and Chinese compatriots from Hong Kong, Macao and Taiwan who have resided in China for over one year.

Foreign Exchange Earnings from International Tourism refer to the total expenditures of foreigners, overseas Chinese, Chinese compatriots from Hong Kong, Macao and Taiwan during their stay in the mainland of China, which are earnings of foreign exchange from international tourism from the point of view from China.

12-1 地方一般预算内收入

Intra-Budgetary Revenue of the Local Government

单位：亿元 (100 million yuan)

地区	Area	2000	2002	2003	2004
长江三角洲经济区	**Yangtze River Delta**				
上海市	Shanghai City	497.96	719.79	899.29	1119.72
南京市	Nanjing City	89.06	115.60	136.48	169.88
苏州市	Suzhou City	80.39	123.74	170.50	219.57
无锡市	Wuxi City	55.85	78.99	104.34	135.28
常州市	Changzhou City	32.25	43.23	56.67	67.34
镇江市	Zhenjiang City	17.40	23.01	28.60	35.90
南通市	Nantong City	28.45	38.73	48.81	52.59
扬州市	Yangzhou City	16.34	23.16	30.55	38.14
泰州市	Taizhou City	17.03	21.90	26.57	34.07
杭州市	Hangzhou City	69.20	118.32	150.39	197.45
宁波市	Ningbo City	69.21	115.62	139.42	151.75
嘉兴市	Jiaxing City	19.20	31.69	41.22	47.87
湖州市	Huzhou City	9.89	18.63	25.26	29.62
绍兴市	Shaoxing City	24.54	39.62	50.48	50.92
舟山市	Zhoushan City	6.23	9.01	11.39	13.57
台州市	Taizhou City	26.15	43.11	52.70	62.60
珠江三角洲经济区	**Pearl River Delta**				
广州市	Guangzhou City	200.55	245.87	274.77	302.87
深圳市	Shenzhen City	221.92	265.93	290.84	321.47
珠海市	Zhuhai City	24.23	31.23	34.82	34.46
佛山市	Foshan City	59.53	85.00	95.44	95.29
江门市	Jiangmen City	21.24	25.74	29.37	28.94
东莞市	Dongguan City	30.47	55.29	67.45	82.64
中山市	Zhongshan City	17.46	31.21	36.63	34.54
惠州市区	Huizhou Urban District	6.58	11.72	13.58	13.48
惠阳市	Huiyang City	2.79	3.54	5.34	6.11
惠东县	Huidong County	1.19	1.48	1.73	2.01
博罗县	Boluo County	1.99	2.50	2.91	3.07
肇庆市区	Zhaoqing Urban District	4.83	5.36	5.83	5.98
高要市	Gaoyao City	1.70	2.10	2.34	2.50
四会市	Sihui City	1.32	1.74	2.01	2.30

12–2 地方一般预算内收入构成(2004 年)

Proportion of Local government Intra-Budgetary Revenue (2004)

单位：亿元 (100 million yuan)

地区	Area	总收入 Total Revenue	# 增值税 Value Added Tax	# 营业税 Business Tax	# 企业所得税 Company Income Tax
长江三角洲经济区	**Yangtze River Delta**				
上海市	Shanghai City	1119.72	131.55	442.46	204.99
南京市	Nanjing City	169.88	28.09	54.67	21.48
苏州市	Suzhou City	219.57	34.93	65.40	33.57
无锡市	Wuxi City	135.28	27.27	33.65	19.21
常州市	Changzhou City	67.34	9.53	16.77	8.26
镇江市	Zhenjiang City	35.90	8.16	8.16	2.97
南通市	Nantong City	52.59	7.62	14.39	5.66
扬州市	Yangzhou City	38.14	7.65	9.48	3.17
泰州市	Taizhou City	34.07	8.16	6.60	3.72
杭州市	Hangzhou City	197.45	27.92	73.83	36.60
宁波市	Ningbo City	151.75	9.59	56.01	34.37
嘉兴市	Jiaxing City	47.87	6.94	18.24	7.52
湖州市	Huzhou City	29.62	4.44	10.43	3.99
绍兴市	Shaoxing City	50.92	2.00	20.52	8.89
舟山市	Zhoushan City	13.57	0.95	6.47	1.21
台州市	Taizhou City	55.97	6.17	16.29	10.22
珠江三角洲经济区	**Pearl River Delta**				
广州市	Guangzhou City	302.87	52.84	79.35	32.66
深圳市	Shenzhen City	321.47	33.24	140.08	42.31
珠海市	Zhuhai City	34.46	6.26	8.32	3.06
佛山市	Foshan City	95.29	13.72	21.90	10.74
江门市	Jiangmen City	28.94	3.59	6.86	2.45
东莞市	Dongguan City	82.64	14.41	18.25	6.81
中山市	Zhongshan City	34.54	3.88	8.98	2.99
惠州市区	Huizhou Urban District	13.48	2.06	3.59	1.20
惠阳市	Huiyang City	6.11	0.52	2.33	0.48
惠东县	Huidong County	2.01	0.21	0.56	0.10
博罗县	Boluo County	3.07	0.47	0.82	0.16
肇庆市区	Zhaoqing Urban District	5.98	0.42	1.91	0.33
高要市	Gaoyao City	2.50	0.26	0.34	0.15
四会市	Sihui City	2.30	0.24	0.44	0.09

12−2 续表 1 continued

单位：亿元 (100 million yuan)

地区	Area	# 个人所得税 Personal Income Tax	# 城市维护建设税 Urban Maintenance and Development Tax	# 房产税 Tax on Real Estates	印花税 Stamp Tax
长江三角洲经济区	**Yangtze River Delta**				
上海市	Shanghai City	88.69	43.46	27.08	3.20
南京市	Nanjing City	8.60	12.47	5.25	1.94
苏州市	Suzhou City	12.92	11.20	9.14	3.84
无锡市	Wuxi City	6.14	8.71	4.27	2.46
常州市	Changzhou City	3.56	4.71	2.23	1.15
镇江市	Zhenjiang City	1.41	2.33	0.95	0.59
南通市	Nantong City	2.32	3.13	2.04	0.80
扬州市	Yangzhou City	1.25			
泰州市	Taizhou City	0.96	2.44	0.85	0.46
杭州市	Hangzhou City	12.50	15.09	5.26	2.32
宁波市	Ningbo City	12.44	11.47	4.04	2.31
嘉兴市	Jiaxing City	3.35	3.45	1.36	0.49
湖州市	Huzhou City	1.78	1.71	0.70	0.26
绍兴市	Shaoxing City	3.55	3.61	2.15	1.00
舟山市	Zhoushan City	0.73	0.82	0.43	0.12
台州市	Taizhou City	3.83	3.93	1.69	0.69
珠江三角洲经济区	**Pearl River Delta**				
广州市	Guangzhou City	16.74	20.00	16.89	6.76
深圳市	Shenzhen City	33.00	3.41	12.60	6.80
珠海市	Zhuhai City	1.84	1.75	2.21	0.77
佛山市	Foshan City	4.99	6.83	5.82	1.27
江门市	Jiangmen City	1.19	2.15	2.22	0.45
东莞市	Dongguan City	4.17	3.76	4.42	0.89
中山市	Zhongshan City	1.85	2.25	1.61	0.74
惠州市区	Huizhou Urban District	0.97	0.57	0.89	0.43
惠阳市	Huiyang City	0.77	0.25	0.34	0.16
惠东县	Huidong County	0.09	0.09	0.13	0.02
博罗县	Boluo County	0.13	0.13	0.16	0.06
肇庆市区	Zhaoqing Urban District	0.30	0.46	0.35	0.05
高要市	Gaoyao City	0.08	0.11	0.07	0.01
四会市	Sihui City	0.07	0.12	0.09	0.02

12-2 续表 2 continued

单位：亿元 (100 million yuan)

地区	Area	# 农牧业税和耕地占用税 Tax on Agriculture and Animal Husbandry,on the Occupancy of Cultivated Land	# 国有企业计划亏损补贴 Planning Subsidies to Loss-Suffering Stated-Owned Enterprises	# 行政性收费收入 Income from Administrative Fees	# 罚没收入 Penalty and Confiscatory Income	# 专项收入 Expert Project Income
长江三角洲经济区	**Yangtze River Delta**					
上海市	Shanghai City	3.66	-27.51	29.45	16.25	25.88
南京市	Nanjing City	1.80		6.42	5.29	5.98
苏州市	Suzhou City	4.27		4.85	5.84	8.26
无锡市	Wuxi City	3.19	-1.42	5.41	4.67	5.28
常州市	Changzhou City	2.04		5.95	2.81	2.93
镇江市	Zhenjiang City	0.68		2.66	2.01	1.94
南通市	Nantong City	2.60		4.95	1.87	2.40
扬州市	Yangzhou City	1.88	-0.15	2.22	2.13	1.91
泰州市	Taizhou City	2.17		2.33	1.57	1.55
杭州市	Hangzhou City	3.02	-10.44	1.57	5.80	6.28
宁波市	Ningbo City	4.66	-12.44		5.16	6.03
嘉兴市	Jiaxing City	3.03	-6.93	0.75	2.65	1.49
湖州市	Huzhou City	0.99	-1.61		2.45	0.75
绍兴市	Shaoxing City	2.50	-5.41	0.01	4.46	1.43
舟山市	Zhoushan City	1.12	-1.39	0.21	0.61	0.38
台州市	Taizhou City	1.13	-1.58		6.62	1.76
珠江三角洲经济区	**Pearl River Delta**					
广州市	Guangzhou City		-0.75	19.37	8.73	11.75
深圳市	Shenzhen City	0.11		10.75	11.89	7.28
珠海市	Zhuhai City			1.97	1.42	
佛山市	Foshan City	2.09		5.28	3.27	4.19
江门市	Jiangmen City	0.49	-0.02	2.27	2.12	1.33
东莞市	Dongguan City	1.06		3.16	3.72	3.53
中山市	Zhongshan City	2.40		0.86	1.00	2.42
惠州市区	Huizhou Urban District	0.07	-0.05	1.34	0.32	0.46
惠阳市	Huiyang City	0.04		0.16	0.15	0.23
惠东县	Huidong County	0.05		0.42	0.08	0.08
博罗县	Boluo County	0.09		0.27	0.40	0.13
肇庆市区	Zhaoqing Urban District	0.13	-0.05	0.51	0.22	0.26
高要市	Gaoyao City	0.12		0.88	0.17	0.08
四会市	Sihui City	0.09		0.24	0.15	0.08

12−3 地方一般预算内支出

Intra-Budgetary Expenditure of the Local Government

单位：亿元 (100 million yuan)

地区	Area	2000	2002	2003	2004
长江三角洲经济区	**Yangtze River Delta**				
上海市	Shanghai City	622.84	877.84	1102.64	1395.69
南京市	Nanjing City	98.66	133.12	155.28	191.68
苏州市	Suzhou City	77.56	136.39	183.60	233.13
无锡市	Wuxi City	52.05	84.22	109.36	143.10
常州市	Changzhou City	31.64	51.82	63.05	75.66
镇江市	Zhenjiang City	18.82	28.67	36.66	44.13
南通市	Nantong City	33.87	50.65	62.04	75.65
扬州市	Yangzhou City	22.37	32.74	40.18	49.22
泰州市	Taizhou City	22.48	34.76	40.62	49.49
杭州市	Hangzhou City	73.43	141.02	163.59	195.63
宁波市	Ningbo City	83.91	145.26	180.25	215.95
嘉兴市	Jiaxing City	21.52	38.54	47.24	59.72
湖州市	Huzhou City	13.25	24.34	30.47	36.51
绍兴市	Shaoxing City	25.76	45.16	57.05	64.50
舟山市	Zhoushan City	11.48	20.00	23.10	28.93
台州市	Taizhou City	33.19	55.64	68.88	79.15
珠江三角洲经济区	**Pearl River Delta**				
广州市	Guangzhou City	240.72	326.67	370.09	408.34
深圳市	Shenzhen City	225.04	307.77	348.95	377.57
珠海市	Zhuhai City	31.08	41.80	45.35	50.89
佛山市	Foshan City	72.21	104.19	120.45	130.93
江门市	Jiangmen City	27.98	36.44	41.28	47.58
东莞市	Dongguan City	33.61	64.96	76.52	94.16
中山市	Zhongshan City	19.24	34.97	39.87	43.18
惠州市区	Huizhou Urban District	9.26	16.35	18.66	21.42
惠阳市	Huiyang City	3.69	6.00	7.56	9.09
惠东县	Huidong County	2.37	3.60	4.45	5.31
博罗县	Boluo County	3.01	4.82	5.70	7.32
肇庆市区	Zhaoqing Urban District	7.59	9.06	10.61	11.55
高要市	Gaoyao City	2.55	3.60	4.40	4.64
四会市	Sihui City	2.32	3.36	3.79	5.44

12-4 地方一般预算内支出构成(2004年)

Proportion of Intra-Budgetary Expenditure of the Local Government(2004)

单位：亿元 (100 million yuan)

地区	Area	总支出 Total Expenditure	# 基本建设支出 Expenditure for Capital Construction	# 企业挖潜改造资金 Expenditure for Innovation Exterprises	# 科技三项费用 Expenditure for Science and Technology Promotion	# 支援农村生产支出 Expenditure for Supporting Agriculture Production	# 工业交通商业部门事业费 Expenditure for Operating Expenses of Departments of Industry & Transportation
长江三角洲经济区	**Yangtze River Delta**						
上海市	Shanghai City	1395.69	310.67	193.91	1.63		6.39
南京市	Nanjing City	191.68	15.99	14.97	2.69	4.99	0.51
苏州市	Suzhou City	233.13	26.74	6.19	3.78	0.96	1.94
无锡市	Wuxi City	143.10	11.66	9.90	2.10	4.65	2.10
常州市	Changzhou City	75.66	4.01	3.06	1.62	3.31	0.14
镇江市	Zhenjiang City	44.13	0.61	1.56	0.75	1.62	0.40
南通市	Nantong City	75.65	3.83	1.60	1.42	4.04	0.64
扬州市	Yangzhou City	49.22	2.41	1.02	0.76		
泰州市	Taizhou City	49.49	3.13	3.43	0.65		0.41
杭州市	Hangzhou City	195.63	13.44	13.40	4.49	9.56	3.59
宁波市	Ningbo City	215.95	27.58	21.12	4.18		2.10
嘉兴市	Jiaxing City	59.72	0.57	2.66	1.56	3.22	1.89
湖州市	Huzhou City	36.51	1.27	1.76	0.82		1.16
绍兴市	Shaoxing City	64.50	1.67	1.77	1.84		1.13
舟山市	Zhoushan City	28.93	3.07	0.93	0.52	2.55	0.62
台州市	Taizhou City	79.15	3.33	2.04	1.44		1.62
珠江三角洲经济区	**Pearl River Delta**						
广州市	Guangzhou City	408.34	89.32	4.95	7.69	6.45	2.20
深圳市	Shenzhen City	377.57	103.07	8.23	18.85		1.22
珠海市	Zhuhai City	50.89	3.18	0.50	1.34		0.29
佛山市	Foshan City	130.93	1.95	2.49	2.95		2.36
江门市	Jiangmen City	47.58	0.67	0.42	0.77	2.67	0.17
东莞市	Dongguan City	94.16	17.90	0.44	2.71		2.85
中山市	Zhongshan City	43.18	3.22	0.04	1.22	1.98	0.74
惠州市区	Huizhou Urban District	21.42	1.00	0.43	0.37		0.31
惠阳市	Huiyang City	9.09	0.06	0.02	0.01		0.18
惠东县	Huidong County	5.31	0.02	0.01	0.02		0.10
博罗县	Boluo County	7.32	0.03	0.03	0.02		0.08
肇庆市区	Zhaoqing Urban District	11.55	0.24	0.19	0.28	0.39	0.12
高要市	Gaoyao City	4.64	0.01	0.02	0.08	0.24	
四会市	Sihui City	5.44	0.28	0.12	0.08	0.27	0.04

12-4 续表 continued

单位：亿元 (100 million yuan)

地区	Area	# 农林水利气象等部门事业费 Expenditure for Operating Expenses of Agriculture, Foresty,Water Conservancy and Meteorology	# 文教科学卫生事业费 Expenditure for Perating Expenses of Culture, Education, Science and Public Health	# 抚恤和社会福利救济费 Expenditure for Pensions and Relief Funds for Social Welfare	# 行政管理费 Expenditure for Government Administration	# 城市维护费 Expenditure for City Maintenance
长江三角洲经济区	**Yangtze River Delta**					
上海市	Shanghai City	7.75	233.82	25.10	56.24	79.38
南京市	Nanjing City	8.47	34.39	5.46	15.86	36.90
苏州市	Suzhou City	13.19	41.82	3.71	25.20	34.64
无锡市	Wuxi City	6.32	28.19	3.12	12.75	22.60
常州市	Changzhou City	4.95	17.31	1.75	8.14	9.24
镇江市	Zhenjiang City	2.96	11.84	0.98	6.52	2.87
南通市	Nantong City	4.54	20.44	2.41	9.20	2.71
扬州市	Yangzhou City	3.99	13.53	1.37		1.82
泰州市	Taizhou City	3.45	15.66	1.39	7.01	1.57
杭州市	Hangzhou City		45.71	3.96	19.81	15.88
宁波市	Ningbo City	14.05	40.28	4.32	18.27	24.56
嘉兴市	Jiaxing City	1.04	17.95	1.29	8.11	5.19
湖州市	Huzhou City	2.26	11.14	1.01	5.75	1.99
绍兴市	Shaoxing City	5.26	20.44	1.80	8.70	3.01
舟山市	Zhoushan City	0.96	7.45	0.71	4.06	0.61
台州市	Taizhou City	6.51	25.29	2.26	11.31	3.17
珠江三角洲经济区	**Pearl River Delta**					
广州市	Guangzhou City	1.45	69.39	6.50	24.98	19.74
深圳市	Shenzhen City	5.50	63.79	2.88	29.50	16.53
珠海市	Zhuhai City	1.70	10.06	0.74	3.38	2.79
佛山市	Foshan City	6.79	31.13	2.43	15.20	8.30
江门市	Jiangmen City	4.54	12.81	1.05	5.76	1.39
东莞市	Dongguan City	5.39	16.94	0.97	8.48	16.48
中山市	Zhongshan City	2.21	1.09	0.74	2.93	1.85
惠州市区	Huizhou Urban District	1.57	4.50	0.49	2.62	0.90
惠阳市	Huiyang City	0.43	1.80	0.16	1.27	0.52
惠东县	Huidong County	0.53	1.56	0.17	0.76	0.11
博罗县	Boluo County	0.84	2.35	0.17	0.89	0.32
肇庆市区	Zhaoqing Urban District	0.37	2.56	0.19	1.79	0.38
高要市	Gaoyao City	0.32	1.34	0.15	0.45	0.09
四会市	Sihui City	0.25	1.18	0.09	0.52	0.08

12-5 用于文教、科学和卫生事业费的财政支出

Budgetary Expenditure of Operating Expenses for Culture, Education,Science and Health Care

单位：万元　　(10 000 yuan)

地区	Area	2000	2001	2002	2003	2004
长江三角洲经济区	**Yangtze River Delta**					
上海市	Shanghai City	133.93	167.37	170.73	196.11	233.82
南京市	Nanjing City	17.70	22.72	26.01	30.69	34.39
苏州市	Suzhou City	16.23	20.59	24.98	34.65	41.82
无锡市	Wuxi City	13.29	15.49	18.53	23.07	28.19
常州市	Changzhou City	9.63	11.65	13.28	14.86	17.31
镇江市	Zhenjiang City	6.55	7.90	8.92	9.77	11.84
南通市	Nantong City	11.48	13.68	14.96	16.72	20.44
扬州市	Yangzhou City	8.02	9.46	10.42	11.34	13.53
泰州市	Taizhou City	9.00	10.26	11.57	12.47	15.66
杭州市	Hangzhou City	18.27	25.08	30.81	37.10	45.71
宁波市	Ningbo City	17.20	23.14	27.68	33.61	40.28
嘉兴市	Jiaxing City	6.54	8.87	11.15	14.50	17.95
湖州市	Huzhou City	4.38	5.81	7.35	9.05	11.14
绍兴市	Shaoxing City	8.41	10.86	13.33	17.17	20.44
舟山市	Zhoushan City	3.67	4.67	5.59	6.44	7.45
台州市	Taizhou City	10.78	13.63	16.97	21.23	25.29
珠江三角洲经济区	**Pearl River Delta**					
广州市	Guangzhou City	44.46	53.50	60.89	63.94	69.39
深圳市	Shenzhen City	34.27	43.57	50.72	59.92	63.79
珠海市	Zhuhai City	4.48	5.85	7.18	8.54	10.06
佛山市	Foshan City	13.19	15.18	17.47		31.13
江门市	Jiangmen City		9.11	10.84	11.59	12.81
东莞市	Dongguan City	8.67	10.60	14.74	19.82	16.94
中山市	Zhongshan City	4.86	6.08	8.34	9.02	10.81
惠州市区	Huizhou Urban District			3.11	4.00	4.50
惠阳市	Huiyang City			1.65	1.00	1.80
惠东县	Huidong County			1.25	1.00	1.56
博罗县	Boluo County			1.49	2.00	2.35
肇庆市区	Zhaoqing Urban District		1.90	1.99	2.00	2.56
高要市	Gaoyao City		0.75	0.95	1.00	1.34
四会市	Sihui City		0.85	1.00	1.00	1.18

12-6 用于抚恤和社会福利救济费的财政支出

Budgetary Expenditure for Pensions, Social and Welfare Relief Funds

单位：万元　　(10 000 yuan)

地区	Area	2000	2001	2002	2003	2004
长江三角洲经济区	**Yangtze River Delta**					
上海市	Shanghai City	122500	145600	209500	216100	251000
南京市	Nanjing City	39736	62114	33810	43971	54643
苏州市	Suzhou City	11044	13870	18911	29182	37143
无锡市	Wuxi City	11573	14157	19265	24419	31214
常州市	Changzhou City	7322	8589	21963	14398	17537
镇江市	Zhenjiang City	4435	5095	6509	8795	9812
南通市	Nantong City	12354	15043	16276	20851	24090
扬州市	Yangzhou City	6293	8002	8348	11857	13694
泰州市	Taizhou City	7854	8836	10069	12301	13938
杭州市	Hangzhou City	13731	16931	21581	29668	39644
宁波市	Ningbo City	11255	14492	21371	32908	43191
嘉兴市	Jiaxing City	4241	5395	7314	9835	12935
湖州市	Huzhou City	3152	3803	4742	7597	10126
绍兴市	Shaoxing City	5067	6159	8965	12209	17998
舟山市	Zhoushan City	2539	3051	4702	5718	7068
台州市	Taizhou City	7808	8385	12474	14461	22578
珠江三角洲经济区	**Pearl River Delta**					
广州市	Guangzhou City	34898	45734	64619	74348	72235
深圳市	Shenzhen City	12855	13309	26399	25755	28787
珠海市	Zhuhai City	4195	4676	6235	7184	7420
佛山市	Foshan City			18584	20000	24276
江门市	Jiangmen City		6103	7670	10183	10463
东莞市	Dongguan City	2888	3786	4695	6533	9658
中山市	Zhongshan City	3859	4730	7146	7242	7403
惠州市区	Huizhou Urban District			610	3849	4915
惠阳市	Huiyang City			648	1033	1579
惠东县	Huidong County			423	1469	1748
博罗县	Boluo County			541	1233	1725
肇庆市区	Zhaoqing Urban District		1583	1740	1879	1898
高要市	Gaoyao City		551	1005	1536	1490
四会市	Sihui City		710	812	934	953

12-7 地方一般预算内财政收入占地区生产总值比重

Inter-Budgetary Revenue as Percentage of Gross Regional Product

单位：%　　　　(%)

地区	Area	2000	2002	2003	2004
长江三角洲经济区	**Yangtze River Delta**				
上海市	Shanghai City	10.90	13.30	14.40	15.00
南京市	Nanjing City	8.70	8.90	8.66	8.89
苏州市	Suzhou City	5.20	5.90	6.09	6.36
无锡市	Wuxi City	4.70	5.00	5.49	5.76
常州市	Changzhou City	5.40	5.70	6.29	6.12
镇江市	Zhenjiang City	3.80	4.10	4.46	4.60
南通市	Nantong City	3.90	4.40	4.85	4.29
扬州市	Yangzhou City	3.50	4.10	4.72	4.84
泰州市	Taizhou City	4.20	4.30	4.58	4.83
杭州市	Hangzhou City	5.00	6.60	7.20	7.90
宁波市	Ningbo City	5.90	7.70	7.80	7.03
嘉兴市	Jiaxing City	3.60	4.50	4.80	4.56
湖州市	Huzhou City	2.90	4.40	5.10	5.01
绍兴市	Shaoxing City	3.30	4.20	4.63	3.88
舟山市	Zhoushan City	5.40	6.20	6.61	6.40
台州市	Taizhou City	3.90	5.00	5.30	5.33
珠江三角洲经济区	**Pearl River Delta**				
广州市	Guangzhou City	9.30	9.00	7.86	7.36
深圳市	Shenzhen City	13.51	11.93	10.04	9.40
珠海市	Zhuhai City	7.34	7.69	7.36	6.31
佛山市	Foshan City	6.22	7.23	6.91	5.75
江门市	Jiangmen City	3.74	3.90	4.02	3.47
东莞市	Dongguan City	6.18	8.22	7.11	7.15
中山市	Zhongshan City	5.58	7.51	7.31	5.66
惠州市区	Huizhou Urban District	4.90	5.90	5.20	4.42
惠阳市	Huiyang City	2.40	3.40	5.20	5.56
惠东县	Huidong County	1.30	1.70	1.50	1.61
博罗县	Boluo County	2.40	2.70	2.70	2.41
肇庆市区	Zhaoqing Urban District	5.60	5.60	5.40	4.83
高要市	Gaoyao City	1.50	1.60	1.70	1.53
四会市	Sihui City	2.40	2.50	2.60	2.44

12-8 地方一般预算内财政支出占地区生产总值比重

Inter-Budgetary Expenditure as percentage of Gross Regional Product

单位：%　　　　(%)

地区	Area	2000	2002	2003	2004
长江三角洲经济区	**Yangtze River Delta**				
上海市	Shanghai City	13.70	16.20	17.60	18.70
南京市	Nanjing City	9.70	10.30	9.85	10.04
苏州市	Suzhou City	5.00	6.60	6.55	6.76
无锡市	Wuxi City	4.30	5.30	5.75	6.09
常州市	Changzhou City	5.30	6.80	6.99	6.87
镇江市	Zhenjiang City	4.20	5.10	5.72	5.65
南通市	Nantong City	4.60	5.70	6.16	6.17
扬州市	Yangzhou City	4.70	5.90	6.21	6.25
泰州市	Taizhou City	5.50	6.90	7.00	7.02
杭州市	Hangzhou City	5.30	7.90	7.80	7.80
宁波市	Ningbo City	7.60	10.00	10.09	10.01
嘉兴市	Jiaxing City	4.00	5.50	5.51	5.68
湖州市	Huzhou City	3.90	5.80	6.20	6.18
绍兴市	Shaoxing City	3.50	4.90	5.24	4.91
舟山市	Zhoushan City	10.00	13.70	13.41	13.64
台州市	Taizhou City	4.90	6.50	6.90	6.74
珠江三角洲经济区	**Pearl River Delta**				
广州市	Guangzhou City	10.88	10.88	10.58	9.92
深圳市	Shenzhen City	13.76	13.83	12.05	11.00
珠海市	Zhuhai City	9.41	10.29	9.58	9.32
佛山市	Foshan City	7.54	8.86	8.72	7.91
江门市	Jiangmen City	4.93	5.51	5.67	5.70
东莞市	Dongguan City	6.82	9.65	8.07	8.15
中山市	Zhongshan City	6.15	8.41	7.95	7.08
惠州市区	Huizhou Urban District	6.90	8.60	7.10	7.02
惠阳市	Huiyang City	3.20	5.00	7.40	8.27
惠东县	Huidong County	2.70	3.70	3.90	4.25
博罗县	Boluo County	3.70	5.10	5.20	5.77
肇庆市区	Zhaoqing Urban District	8.90	9.50	9.90	9.33
高要市	Gaoyao City	2.30	3.00	3.10	2.84
四会市	Sihui City	4.10	4.70	4.80	5.77

12−9 中资金融机构存款年末余额
Deposits Balance of Chinese-funded Financial Institutions(Year-end)

单位：亿元 (100 million yuan)

地区	Area	2000	2002	2003	2004
长江三角洲经济区	**Yangtze River Delta**				
上海市	Shanghai City	9088.66	13658.42	16728.07	19164.88
南京市	Nanjing City	1963.76	3005.89	3622.55	4234.01
苏州市	Suzhou City	1477.01	2232.03	3149.79	3814.53
无锡市	Wuxi City	1078.35	1626.83	2156.85	2585.16
常州市	Changzhou City	629.36	904.71	1170.56	1362.22
镇江市	Zhenjiang City	337.22	457.52	580.88	676.51
南通市	Nantong City	773.42	1087.42	1279.29	1523.40
扬州市	Yangzhou City	444.47	592.79	720.98	839.74
泰州市	Taizhou City	388.82	488.61	596.33	701.15
杭州市	Hangzhou City	2088.47	3373.15	4439.53	5707.20
宁波市	Ningbo City	1172.94	1906.24	2629.03	3091.80
嘉兴市	Jiaxing City	545.83	763.40	1027.95	1166.04
湖州市	Huzhou City	268.87	369.64	486.42	527.39
绍兴市	Shaoxing City	655.66	970.24	1280.18	1523.50
舟山市	Zhoushan City	150.77	211.02	259.37	309.82
台州市	Taizhou City	528.96	811.76	1056.19	1182.31
珠江三角洲经济区	**Pearl River Delta**				
广州市	Guangzhou City	5545.19	7498.35	8676.72	9613.57
深圳市	Shenzhen City	3169.00	4952.73	6079.48	7100.75
珠海市	Zhuhai City	445.23	575.38	673.21	769.71
佛山市	Foshan City	1955.97	2434.40	2978.30	3258.85
江门市	Jiangmen City	670.00	793.84	917.01	1029.94
东莞市	Dongguan City	1228.67	1790.18	2126.78	2462.87
中山市	Zhongshan City	554.07	707.92	845.19	959.72
惠州市区	Huizhou Urban District	173.61	244.03	296.10	338.89
惠阳市	Huiyang City	74.00	94.25	107.16	125.29
惠东县	Huidong County	46.81	56.93	67.30	78.01
博罗县	Boluo County	52.61	68.96	83.98	101.89
肇庆市区	Zhaoqing Urban District		166.86	198.52	218.89
高要市	Gaoyao City	38.44	43.70	50.18	57.61
四会市	Sihui City	32.40	41.93	46.97	53.60

12-10 中资金融机构贷款年末余额
Loans Balance of Chinese-funded Financial Institutions (Year-end)

单位：亿元 (100 million yuan)

地区	Area	2000	2002	2003	2004
长江三角洲经济区	**Yangtze River Delta**				
上海市	Shanghai City	6427.84	9734.13	12198.62	13468.52
南京市	Nanjing City	1706.44	2549.31	3375.34	4062.10
苏州市	Suzhou City	970.60	1490.96	2359.28	2915.74
无锡市	Wuxi City	712.39	1046.99	1435.82	1802.45
常州市	Changzhou City	389.26	559.85	799.14	956.38
镇江市	Zhenjiang City	252.13	328.03	425.07	489.26
南通市	Nantong City	394.34	526.90	702.27	853.23
扬州市	Yangzhou City	276.05	356.23	433.87	470.69
泰州市	Taizhou City	236.26	287.59	348.71	397.73
杭州市	Hangzhou City	1686.64	2752.38	3686.90	4800.04
宁波市	Ningbo City	883.12	1479.47	2102.78	2483.61
嘉兴市	Jiaxing City	137.81	198.87	757.83	877.36
湖州市	Huzhou City	192.52	261.93	365.45	400.68
绍兴市	Shaoxing City	458.51	695.10	986.79	1176.76
舟山市	Zhoushan City	98.25	139.98	190.12	235.2
台州市	Taizhou City	330.43	571.62	809.09	945.41
珠江三角洲经济区	**Pearl River Delta**				
广州市	Guangzhou City	3895.49	5257.21	6127.27	6535.39
深圳市	Shenzhen City	2292.18	3512.48	4525.05	5242.77
珠海市	Zhuhai City	300.26	347.17	412.67	417.18
佛山市	Foshan City	1453.96	1588.47	1972.14	2030.12
江门市	Jiangmen City	520.00	584.41	637.01	573.42
东莞市	Dongguan City	630.84	933.41	1206.72	1405.25
中山市	Zhongshan City	360.35	442.13	495.66	477.42
惠州市区	Huizhou Urban District	115.83	173.58	217.03	251.57
惠阳市	Huiyang City	45.48	42.48	45.49	47.18
惠东县	Huidong County	20.58	18.10	19.56	17.24
博罗县	Boluo County	25.20	25.38	25.76	26.19
肇庆市区	Zhaoqing Urban District		158.38	173.81	183.66
高要市	Gaoyao City	38.44	20.19	22.31	23.75
四会市	Sihui City	21.54	24.34	22.90	18.11

12-11 金融机构现金收入（2004 年）

Cash Income of Financial Institutions(2004)

单位：亿元 (100 million yuan)

地区	Area	收入总计 Total	商品销售收入 Commodity Sales Revenue	服务业收入 Service Revenue	税款收入 Taxes Revenue	城乡个体经营收入 Urban and Rural Individual Business Revenue	其他金融机构收入 Other Financial Institutions Revenue
长江三角洲经济区	**Yangtze River Delta**						
上海市	Shanghai City	19969.87	3195.19	775.16	60.04	312.90	210.94
南京市	Nanjing City	5931.93	925.69	285.39	24.41	168.87	29.03
苏州市	Suzhou City	10142.00	1665.70	354.41	30.01	602.35	17.38
无锡市	Wuxi City						
常州市	Changzhou City	3868.00	720.88	133.60	19.14	158.52	8.07
镇江市	Zhenjiang City	1953.98	297.79	84.85	15.42	77.93	4.08
南通市	Nantong City	4168.48	529.25	184.56	24.33	131.72	22.59
扬州市	Yangzhou City						
泰州市	Taizhou City	2198.69	288.36	138.05	27.21	100.41	5.75
杭州市	Hangzhou City	10393.80	1352.03	338.74	41.71	162.59	36.36
宁波市	Ningbo City	9044.65	1167.87	300.54	37.81	404.25	30.64
嘉兴市	Jiaxing City	3501.86	487.72	90.13	10.48	71.20	4.02
湖州市	Huzhou City	2705.23	352.00	116.89	24.17	179.69	2.74
绍兴市	Shaoxing City	6088.09	521.18	126.86	31.71	225.70	4.13
舟山市	Zhoushan City	763.79	106.37	43.09	2.17	11.89	
台州市	Taizhou City	8244.33	625.49	171.06	47.41	1590.08	9.12
珠江三角洲经济区	**Pearl River Delta**						
广州市	Guangzhou City	14485.37	114.96	642.70	46.70	427.32	39.36
深圳市	Shenzhen City	10236.73	722.27	468.73	49.04	141.50	11.27
珠海市	Zhuhai City	1526.81	88.11	64.23	6.99	8.66	12.99
佛山市	Foshan City	1002.07	51.36	17.27	3.15	66.45	0.42
江门市	Jiangmen City						
东莞市	Dongguan City	6868.77	567.52	437.89	49.56	208.83	25.13
中山市	Zhongshan City	2769.52	254.20	120.63	14.41	109.94	4.58
惠州市区	Huizhou Urban District	841.81	68.57	39.97	6.68	15.98	2.69
惠阳市	Huiyang City	346.98	29.03	39.06	8.30	15.54	1.18
惠东县	Huidong County	371.71	15.75	11.08	2.39	14.43	3.05
博罗县	Boluo County	344.21	21.52	26.47	2.41	27.76	0.71
肇庆市区	Zhaoqing Urban District						
高要市	Gaoyao City						
四会市	Sihui City						

12-11 续表 continued

单位：亿元 (100 million yuan)

地区	Area	居民归还贷款收入 Repayment of the Local by Residents	汇兑收入 Remittances Revenue	有价证券收入 Valuable Securities Revenue	其他收入 Valuable Securities Revenue	# 兑换外币收入 Exchange of Foreign Currency Revenue
长江三角洲经济区	**Yangtze River Delta**					
上海市	Shanghai City	75.08	139.35	96.15	1401.00	25.02
南京市	Nanjing City	59.92	74.92	21.10	422.60	
苏州市	Suzhou City	155.66	85.51	12.05	667.26	1.19
无锡市	Wuxi City					
常州市	Changzhou City	32.42	46.19	6.25	241.03	0.79
镇江市	Zhenjiang City	54.49	34.50	1.53	131.35	0.11
南通市	Nantong City	176.96	37.53	15.16	451.68	0.80
扬州市	Yangzhou City					
泰州市	Taizhou City	122.02	20.59	2.03	95.38	0.23
杭州市	Hangzhou City	154.72	80.61	33.53	1196.50	4.36
宁波市	Ningbo City	112.55	100.58	29.20	821.76	
嘉兴市	Jiaxing City	69.30	26.08	3.13	207.52	0.35
湖州市	Huzhou City	73.08	23.82	1.54	152.64	
绍兴市	Shaoxing City	63.75	27.87	1.56	338.00	0.23
舟山市	Zhoushan City	8.96	2.58	0.61	92.43	
台州市	Taizhou City	245.29	52.13	2.56	447.81	0.14
珠江三角洲经济区	**Pearl River Delta**					
广州市	Guangzhou City	3.82	174.61	28.51	529.58	
深圳市	Shenzhen City	8.63	270.97	2.52	405.07	3.04
珠海市	Zhuhai City	3.35	7.15	0.96	71.53	0.30
佛山市	Foshan City	0.50	1.97	0.01	12.74	0.28
江门市	Jiangmen City					
东莞市	Dongguan City	3.01	288.06	9.57	109.08	0.41
中山市	Zhongshan City	5.01	37.32	0.26	84.95	0.10
惠州市区	Huizhou Urban District	3.08	7.84	0.83	48.44	0.20
惠阳市	Huiyang City	0.93	8.41	0.04	18.12	0.01
惠东县	Huidong County	2.06	9.03	0.08	18.07	
博罗县	Boluo County	3.70	5.75	0.01	9.29	0.07
肇庆市区	Zhaoqing Urban District					
高要市	Gaoyao City					
四会市	Sihui City					

12-12 金融机构现金支出（2004 年）

Cash Expenditures of Financial Institutions(2004)

单位：亿元 (100 million yuan)

地区	Area	支出合计 Total	工资性支出 Wages	农副产品采购支出 Purchases of Agricultural and Sideline Products	工矿及其他产品采购支出 Purchase Expenditure for Industry,Mining and Other Product	行政企事业管理费支出 Government, Institutions and Enterprises Overhead	城乡个体经营支出 Urban and Rural Individual Business
长江三角洲经济区	**Yangtze River Delta**						
上海市	Shanghai City	20358.79	1734.34	152.08	124.59	2478.33	557.33
南京市	Nanjing City	5869.85	467.06	111.90	64.98	536.62	242.44
苏州市	Suzhou City	10424.59	811.42	175.53	502.90	512.23	715.45
无锡市	Wuxi City	6849.00	923.46			595.31	
常州市	Changzhou City	3934.25	457.77	91.46	107.19	355.71	199.07
镇江市	Zhenjiang City	2013.29	211.00	54.69	37.32	131.68	108.06
南通市	Nantong City	4148.47	371.23	109.09	80.53	184.69	167.56
扬州市	Yangzhou City						
泰州市	Taizhou City	2192.36	211.65	88.43	71.39	122.33	131.44
杭州市	Hangzhou City	10199.81	591.26	157.43	242.45	606.33	309.33
宁波市	Ningbo City	9189.51	613.42	190.21	204.66	506.23	559.58
嘉兴市	Jiaxing City	3601.39	104.59	71.55	238.11	99.03	166.61
湖州市	Huzhou City	2711.45	133.27	112.31	116.50	84.66	252.79
绍兴市	Shaoxing City	6216.99	156.04	104.91	134.63	118.65	348.47
舟山市	Zhoushan City	736.64	24.16	57.57		18.68	15.11
台州市	Taizhou City	8303.96	253.55	141.43	333.46	118.56	1755.21
珠江三角洲经济区	**Pearl River Delta**						
广州市	Guangzhou City	14488.71	823.26	126.69	92.31	703.58	523.07
深圳市	Shenzhen City	11210.88	574.32	104.95	24.02	785.96	378.63
珠海市	Zhuhai City	1635.21	80.31	10.96	2.58	121.51	16.52
佛山市	Foshan City	647.13	39.57	16.21	7.46	11.48	66.14
江门市	Jiangmen City						
东莞市	Dongguan City	6728.72	733.61	88.30	137.79	421.44	315.29
中山市	Zhongshan City	2897.60	359.83	30.54	9.88	100.76	139.97
惠州市区	Huizhou Urban District	831.97	89.22	4.69	2.38	52.95	29.68
惠阳市	Huiyang City	336.67	38.46	2.55	0.08	25.80	20.49
惠东县	Huidong County	376.46	31.93	7.19	1.52	8.81	13.66
博罗县	Boluo County	339.36	22.69	12.73	7.30	21.85	26.28
肇庆市区	Zhaoqing Urban District						
高要市	Gaoyao City						
四会市	Sihui City						

12—12 续表 continued

单位：亿元 (100 million yuan)

地区	Area	储蓄存款支出 Saving Deposists	其他金融机构支出 Other Financial Institutions	居民提取贷款支出 Draw Loans by Residents	汇兑支出 Remittances	有价证券支出 Valuable Securities	其他支出 Others
长江三角洲经济区	**Yangtze River Delta**						
上海市	Shanghai City	13487.46	254.98	36.61	93.19	117.21	1322.67
南京市	Nanjing City	3925.00	21.28	62.82	25.22	15.08	397.45
苏州市	Suzhou City	6768.19	10.59	137.84	48.62	8.87	732.94
无锡市	Wuxi City						
常州市	Changzhou City	2438.94	10.56	10.14	21.50	4.15	237.77
镇江市	Zhenjiang City	1263.36	3.98	50.92	8.80	1.08	142.38
南通市	Nantong City	2526.19	16.69	192.11	26.36	3.80	470.23
扬州市	Yangzhou City						
泰州市	Taizhou City	1313.77	4.82	134.75	7.79	3.04	102.95
杭州市	Hangzhou City	7061.41	31.30	68.45	27.83	26.23	1077.79
宁波市	Ningbo City	6067.14	23.87	74.08	41.34	23.19	885.80
嘉兴市	Jiaxing City	2667.71	2.98	30.58	6.18	5.04	209.01
湖州市	Huzhou City	1789.10	2.52	40.98	9.70	2.12	167.50
绍兴市	Shaoxing City	4931.52	1.58	18.11	13.95	3.96	385.16
舟山市	Zhoushan City	476.98		8.61	4.18	3.48	87.68
台州市	Taizhou City	5090.79	3.64	140.98	37.13	1.21	429.30
珠江三角洲经济区	**Pearl River Delta**						
广州市	Guangzhou City	11497.57	44.33	5.47	62.42	16.16	593.83
深圳市	Shenzhen City	8837.02	33.84	3.13	87.79	8.34	372.88
珠海市	Zhuhai City	1310.14	0.89	0.23	2.02	1.16	88.88
佛山市	Foshan City	488.90	0.80	0.27	1.29	0.09	14.92
江门市	Jiangmen City						
东莞市	Dongguan City	4852.96	18.05	0.27	44.77	2.23	114.02
中山市	Zhongshan City	2193.25	0.98	0.01	8.29	0.25	53.85
惠州市区	Huizhou Urban District	599.32	4.16	0.62	1.65	0.24	47.04
惠阳市	Huiyang City	221.98	3.15	0.38	1.01	0.01	22.74
惠东县	Huidong County	286.58	3.21	2.02	1.25		20.29
博罗县	Boluo County	234.51	1.98	2.17	1.76		8.08
肇庆市区	Zhaoqing Urban District						
高要市	Gaoyao City						
四会市	Sihui City						

12-13 金融机构数与人员数

Number of Institutions and Number of Staff and Workers

地区	Area	金融机构数（个） Number of Institution(unit)		年末人数（人） Number of Staff and Workers(Person)	
		2003	2004	2003	2004
长江三角洲经济区	**Yangtze River Delta**				
上海市	Shanghai City	3504	3710	121100	132860
南京市	Nanjing City	1318	1246	23990	23893
苏州市	Suzhou City	1944	1888	21078	21779
无锡市	Wuxi City	1288	1226	16460	16301
常州市	Changzhou City	990	947	11966	11795
镇江市	Zhenjiang City	714	664	9542	9384
南通市	Nantong City	1343	1285	15431	15343
扬州市	Yangzhou City	944	888	10923	11055
泰州市	Taizhou City	844	790	9343	9181
杭州市	Hangzhou City	1599	1547	27887	29112
宁波市	Ningbo City	1576	1544	20657	21932
嘉兴市	Jiaxing City	785	821	9656	10966
湖州市	Huzhou City	500	573	7121	7991
绍兴市	Shaoxing City	931	906	11531	13355
舟山市	Zhoushan City	336	297	3859	4170
台州市	Taizhou City	845	836	12179	12654
珠江三角洲经济区	**Pearl River Delta**				
广州市	Guangzhou City				
深圳市	Shenzhen City	156	247	39050	44976
珠海市	Zhuhai City				
佛山市	Foshan City	1986	1903	21647	20938
江门市	Jiangmen City	958	856	11928	10684
东莞市	Dongguan City	1309	1288	14677	14530
中山市	Zhongshan City	591	565	7103	7614
惠州市区	Huizhou Urban District				
惠阳市	Huiyang City				
惠东县	Huidong County				
博罗县	Boluo County				
肇庆市区	Zhaoqing Urban District				
高要市	Gaoyao City				
四会市	Sihui City				

主要统计指标解释

财政收入 指国家财政参与社会产品分配所取得的收入，是实现国家职能的财力保证。财政收入所包括的内容几经变化，目前主要包括：(1)各项税收；(2)专项收入；(3)其他收入；(4)国有企业亏损补贴。

财政支出 指国家财政将筹集起来的资金进行分配使用，以满足经济建设和各项事业的需要，主要包括：(1)基本建设支出；(2)企业挖潜改造资金；(3)地质勘探费用；(4)科技三项费用；(5)支援农村生产支出；(6)农林水利气象等部门的事业费用；(7)工业交通商业等部门的事业费；(8)文教科学卫生事业费；(9)抚恤和社会福利救济费；(10)行政事业单位离退休支出；(11)社会保障补助支出；(12)国防支出；(13)行政管理费；(14)政策性补贴支出；(15)债务利息支出。

中央财政收入和地方财政收入 指按现行分税制财政体制划分的中央本级收入和地方本级收入。1994年实行分税制财政体制以后，属于中央财政的收入包括关税、海关代征消费税和增值税，消费税，中央企业所得税，地方银行和外资银行及非银行金融企业所得税，铁道部门、各银行总行、各保险总公司等集中缴纳的营业税、利润或城市维护建设税，车辆购置税，船舶吨税，增值税的75%部分，证券交易税（印花税）94%部分，个人所得税中的利息所得税，利息所得税之外的个人所得税中央分享的部分，海洋石油资源税。属于地方财政的收入包括营业税，地方企业所得税，利息所得税之外的个人所得税地方分享的部分，城镇土地使用税，固定资产投资方向调节税，城镇维护建设税，房产税，车船使用税，印花税，屠宰税，农牧业税，农业特产税，耕地占用税，契税，土地增值税、国有土地有偿使用收入，增值税25%部分，证券交易税（印花税）6%部分和除海洋石油资源税以外的其他资源税。

中央财政支出和地方财政支出 指根据政府在经济和社会活动中的不同职责，划分中央和地方政府的责权，按照政府的责权划分确定的支出。中央政府支出包括国防支出，武装警察部队支出，中央级行政管理费和各项事业费，重点建设支出以及中央政府调整国民经济结构、协调地区发展、实施宏观调控的支出。地方财政支出主要包括地方行政管理和各项事业费，地方统筹的基本建设、技术改造支出，支援农村生产支出，城市维护和建设经费、价格补贴支出等。

存款 指企业、机关、团体或居民根据资金必须收回的原则，把货币资金存入银行或其他信用机构保管并取得一定利息的一种信用活动形式。根据存款对象或性质的不同可划分为企业存款、财政存款、机关团体存款、基本建设存款、储蓄存款、农村存款、委托存款、其他存款等科目。它是银行信贷资金的主要来源。

贷款 指银行或其他信用机构根据资金必须归还的原则，按一定利率，为企业、个人等提供资金的一种信用活动形式。我国银行贷款分为短期贷款、中期流动资金贷款、中长期贷款、信托贷款、融资租赁、委托贷款、票据融资、各项垫款等。

Explanatory Notes on Main Statistical Indicators

Government Revenue refers to the revenue of the government finance by means of participating in the distribution of the social products, which is the financial resources for ensuring the government to function, The contents of government revenue have been changed several times. Now it includes the following main items: (1)Various tax revenues; (2)Special revenues; (3)Other revenues; (4) Subsidies for the losses of the state-owned enterprises.

Government Expenditure refers to the distribution and use of the funds the government finance has raised, so as to meet the needs of economic construction and various causes. It includes the following main items: (1) Expenditure for capital construction; (2)Innovation funds of the enterprises; (3)Geological prospecting expenses; (4)Expenditures for science and technology promotion; (5)Expenditure for supporting rural production; (6)Operating expenses of the departments of farming, forestry, water conservancy and meteorology etc.; (7)Operating expenses of the departments of industry, transport and commerce; (8)Operating expenses of the departments of culture, education, science and public health; (9)Pension for the disabled or for the families of the bereaved and relief funds for social welfare; (10)Expenditures on retirees; (11)Expenses on subsidies to social security system; (12)Expenditures for national defence; (13)Administrative expenses; (14)Expenditure on policy-related subsidies; (15)Expenditure on interest of debts.

Revenue of the central government and revenue of the local governments refers to the revenue of the central government and that of the local government as defined by the decentralized taxation system starting from 1994. In accordance with this system, the revenue of the central government includes tariff, consumption tax and value added tax levied by the customs, consumption tax, income tax of the enterprises subordinate to the central government, income taxes of the local banks, foreign-funded banks and non-bank financial institutions, business tax and profits of railways, head officers of banks, head office of insurance company, which are handed over to the government in a centralized way, tax on city maintenance and construction, tax on purchasing motor vehicles, tonnage tax of ships,75%of the value added tax,94% of the tax on stock dealing(stamp tax), interest income tax in the personal income tax, proportion of the personal income tax(other that interest income tax) to be shared by the central government, and tax on ocean petroleum resources,. The revenue of the local governments includes business tax, income tax of the enterprises subordinate to the local government, proportion of the personal income tax(other that interest income tax) to be shared by the central government, tax on the use of urban land, tax on the adjustment of the investment in fixed assets, tax on town maintenance and construction, tax on real estates, tax on the use of vehicles and ships, stamp tax, slaughter tax, tax on agriculture and animal husbandry, tax on special agriculture products, tax on the occupancy of cultivated land, contract tax, value-added tax on land, income from charges on use of state-owned land,25% of the value added tax,6% of the tax on stock dealing(stamp tax) and tax on resources other than the ocean petroleum resources.

Expenditure of the central government and expenditure of the local governments according to the different functions of the central government and local governments in the economic and social activities, the rights of affairs administration are classified between the central government and local government; and the classification of the expenditure between the central government and local governments are made on the basis of the classification of the rights of affairs administration between them. The expenditure of the central government includes the expenditure for national defence, expenditure for armed police forces, the administrative expenses and various operating expenses at the level of central government, expenditure for key projects and the expenditure of the central government for adjusting the national economic structure, coordinating the development among different regions and exercising the macro-economic regulation and control. The expenditure of the local governments includes mainly the administrative expenses and various operating expenses at the level of local government, the expenditure for capital construction and technological innovation with the funds raised by the local government, expenditure for supporting rural production, expenditure for city maintenance and construction and expenditure for price subsidies, etc.

Deposit is a form of credit by which enterprises, institutions, organizations or households can put money into banks and other credit institutions for safekeeping and interest earning under the principle of free withdrawal. According to different depositors, deposits are divided into enterprise deposits, treasury deposits, deposits of government agencies and organizations, capital construction deposits, savings deposits, rural saving deposits, entrusted deposits and other deposits. Deposits are major sources of the credit funds of banks.

Loan is a form of credit by which banks and other credit institutions provide funds at certain interest rate to enterprises and individuals in the light of the principle of unconditional repayment. Loans from Chinese banks include circulating capital loans, fixed assets loans, loans to urban and rural individuals engaged in industrial and commercial business and agricultural loans.

13-1 市政建设
Municipal Construction

地区	Area	年末实有道路面积（万平方米） Square of Roads (10 000 sq.m)			排水管道总长度（公里） Length of Sewage Pipes (km)		
		2000	2003	2004	2000	2003	2004
长江三角洲经济区	**Yangtze River Delta**						
上海市	Shanghai City	8147	16510	20558	3920	5882	6469
南京市	Nanjing City	2185	5941	6523	1370	2584	2991
苏州市	Suzhou City	972	2816	3230	1034	1767	3030
无锡市	Wuxi City	1090	4355	4583	1259	3356	4633
常州市	Changzhou City	868	3563	3772	929	2414	2775
镇江市	Zhenjiang City	643	1015	1158	381	711	851
南通市	Nantong City	360	750	844	339	480	385
扬州市	Yangzhou City	433	772	982	420	899	1067
泰州市	Taizhou City	329	1038	1105	254	643	709
杭州市	Hangzhou City		3208	3598	1431	2978	3153
宁波市	Ningbo City	766	2839	3197	1125	3235	
嘉兴市	Jiaxing City	1267	1703	1882	1124	1245	1479
湖州市	Huzhou City	448	1010	1616		1533	1712
绍兴市	Shaoxing City	684	1734	1984	617	1606	2053
舟山市	Zhoushan City	272	420	475	214	333	371
台州市	Taizhou City		2800	3147	1040	1906	2081
珠江三角洲经济区	**Pearl River Delta**						
广州市	Guangzhou City	2805	6563	7706	1952	3813	4285
深圳市	Shenzhen City	3405	7138	7208	2553	6018	6222
珠海市	Zhuhai City	1639	1927	2510	940	1807	1066
佛山市	Foshan City		1637	1710	2303	1566	1624
江门市	Jiangmen City		1889	1976		2060	2126
东莞市	Dongguan City	1884	3573	7824	1127	1643	2633
中山市	Zhongshan City	310	487	539	347	474	509
惠州市区	Huizhou Urban District		509	587	471	426	487
惠阳市	Huiyang City		368	223		201	205
惠东县	Huidong County		94	103		48	53
博罗县	Boluo County		70	75		45	48
肇庆市区	Zhaoqing Urban District		365	405	188	295	320
高要市	Gaoyao City		119	122	70	84	86
四会市	Sihui City		341	349	74	191	206

13-1 续表 continued

地区	Area	绿化覆盖面积(公顷) Total Green Areas (hectare)			园林绿地面积(公顷) Parks,Gardens and Green Areas (hectare)		
		2000	2003	2004	2000	2003	2004
长江三角洲经济区	**Yangtze River Delta**						
上海市	Shanghai City	14208	25993	28316	12601	24426	26689
南京市	Nanjing City	8250	19440	21531	10587	66960	74396
苏州市	Suzhou City	2691	5543	6942	2529	4917	7920
无锡市	Wuxi City	3621	6510	7052	3566	12094	13445
常州市	Changzhou City	2185	3239	3700	1441	4813	5213
镇江市	Zhenjiang City	2086	2846	3057	2676	4693	4897
南通市	Nantong City	1980	3334	2335	1100	2938	2197
扬州市	Yangzhou City	1750	2143	2319	1604	1950	2125
泰州市	Taizhou City	949	1603	1913	684	2689	2682
杭州市	Hangzhou City	6083	11754	13021	6035	10995	12133
宁波市	Ningbo City	2296	7622	8286	1994	6290	7077
嘉兴市	Jiaxing City	2873	4979	6293	2224	3682	5771
湖州市	Huzhou City	1208	3184	3403	929	2703	2977
绍兴市	Shaoxing City	3524	8563	10048	3088	5378	6745
舟山市	Zhoushan City	2412	2836	2844	2281	2722	2763
台州市	Taizhou City	3247	5164	5876	2154	3810	4312
珠江三角洲经济区	**Pearl River Delta**						
广州市	Guangzhou City	49088	110405	113970	45473	105158	109014
深圳市	Shenzhen City		99985	98060	7580	99005	97580
珠海市	Zhuhai City	1639	1927		940	1807	4840
佛山市	Foshan City		3991	4381	2303	4476	4668
江门市	Jiangmen City		12698	12869		11733	11854
东莞市	Dongguan City	1364	4095	6317	1396	2290	11404
中山市	Zhongshan City	1033	1224	1254	960	1117	1158
惠州市区	Huizhou Urban District		509	1992	471	426	1776
惠阳市	Huiyang City		368	540		201	510
惠东县	Huidong County		94	514		48	479
博罗县	Boluo County		70	164		45	159
肇庆市区	Zhaoqing Urban District		5062	6071	188	3169	4070
高要市	Gaoyao City		800	800	70	768	768
四会市	Sihui City		1470	850	74	998	709

13-2 城市公用事业
Urban Public Utilities

地区	Area	供水综合生产能力（万立方米／日）Production Capacity of Tap Water (10 000 cu.m/day)		供水总量（万立方米）Annual Volume of Water Supply (10 000 cu.m)		#居民家庭用水量 for Residential Use（万立方米）(10 000 cu.m)	
		2003	2004	2003	2004	2003	2004
长江三角洲经济区	**Yangtze River Delta**						
上海市	Shanghai City	1064	1058	258200	273500	126000	132300
南京市	Nanjing City	565	577	119726	116275	33228	31053
苏州市	Suzhou City	126	128	45959	48005	8669	11273
无锡市	Wuxi City	141	134	24825	26670	9421	11156
常州市	Changzhou City	123	128	30517	30965	10023	10758
镇江市	Zhenjiang City	64	63	15183	15071	6252	4484
南通市	Nantong City	60	60	10439	16162	4633	7993
扬州市	Yangzhou City	51	51	10721	10469	3017	2908
泰州市	Taizhou City	28	28	5539	5107	2337	1959
杭州市	Hangzhou City	329	334	68959	73783	21058	23191
宁波市	Ningbo City	209	211	50339	51635	17354	16444
嘉兴市	Jiaxing City	86	94	19263	21068	4801	5491
湖州市	Huzhou City	66	78	13267	10550	5688	3885
绍兴市	Shaoxing City	156	178	18972	21253	5418	5936
舟山市	Zhoushan City	30	33	4196	4271	1542	1536
台州市	Taizhou City	73	81	19448	20116	7427	8434
珠江三角洲经济区	**Pearl River Delta**						
广州市	Guangzhou City	552	647	177956	188675	71570	75572
深圳市	Shenzhen City	442	508	122800	135026	48056	85842
珠海市	Zhuhai City	75	78	19589	23051	8377	8846
佛山市	Foshan City	270	354	47598	55215	14613	16565
江门市	Jiangmen City	143	163	30099	32515	11186	12320
东莞市	Dongguan City	425	430	130690	140100	39207	43200
中山市	Zhongshan City	68	70	7159	7548	5101	5597
惠州市区	Huizhou Urban District	40	44	11252	12610	4399	4632
惠阳市	Huiyang City	20	20	2730	3717	1038	1142
惠东县	Huidong County	7	8	1717	1889	676	744
博罗县	Boluo County	6	9	1594	1180	820	450
肇庆市区	Zhaoqing Urban District	39	39	7751	7887	3057	3035
高要市	Gaoyao City	9	9	1809	1711	570	560
四会市	Sihui City	8	8	2181	3161	780	948

13-2 续表 1 continued

地区	Area	煤气供气总量（万立方米）Annual Volume of Gas Supply (10 000 cu.m)		#家庭用量（万立方米）for Residential Use(10 000 cu.m)	
		2003	2004	2003	2004
长江三角洲经济区	**Yangtze River Delta**				
上海市	Shanghai City	250000	240000	188400	180300
南京市	Nanjing City	762640	995155	16530	16215
苏州市	Suzhou City	8136	17070	5527	5586
无锡市	Wuxi City	5054	6155	3857	3952
常州市	Changzhou City	5898	7191	4135	4407
镇江市	Zhenjiang City	4740	4674	3346	3347
南通市	Nantong City	3624	4010	3294	3479
扬州市	Yangzhou City	2146	2287	1909	1951
泰州市	Taizhou City				
杭州市	Hangzhou City	10335	8583	5298	4556
宁波市	Ningbo City				
嘉兴市	Jiaxing City				
湖州市	Huzhou City				
绍兴市	Shaoxing City	22070	23554	20967	20701
舟山市	Zhoushan City	615	681	405	405
台州市	Taizhou City	28	30	28	30
珠江三角洲经济区	**Pearl River Delta**				
广州市	Guangzhou City	19716	22466	11792	13087
深圳市	Shenzhen City				
珠海市	Zhuhai City				
佛山市	Foshan City				
江门市	Jiangmen City				
东莞市	Dongguan City				
中山市	Zhongshan City	1287	1793	236	309
惠州市区	Huizhou Urban District				
惠阳市	Huiyang City				
惠东县	Huidong County				
博罗县	Boluo County				
肇庆市区	Zhaoqing Urban District				
高要市	Gaoyao City				
四会市	Sihui City				

13-2 续表2 continued

地区	Area	液化石油气供气总量（吨） Annual Volume of Liquefied Petroleum Gas Supply(ton)		#家庭用量（吨） for Residential Use(ton)	
		2003	2004	2003	2004
长江三角洲经济区	**Yangtze River Delta**				
上海市	Shanghai City	429000	446500	193000	203600
南京市	Nanjing City	369808	170264	93823	88712
苏州市	Suzhou City	247550	331486	52764	65400
无锡市	Wuxi City	71836	91778	64572	80740
常州市	Changzhou City	87464	77510	68739	60025
镇江市	Zhenjiang City	52499	56942	22203	22557
南通市	Nantong City	29700	37000	18000	26000
扬州市	Yangzhou City	23700	26159	17337	23868
泰州市	Taizhou City	18826	18564	18241	18564
杭州市	Hangzhou City	196711	203636	151589	134012
宁波市	Ningbo City	529387	374726	143657	151602
嘉兴市	Jiaxing City	90872	97990	42686	59991
湖州市	Huzhou City	65070	30258	47032	26939
绍兴市	Shaoxing City	57572	61906	40353	44885
舟山市	Zhoushan City	36800	30070	18883	20782
台州市	Taizhou City	99169	110984	90845	103219
珠江三角洲经济区	**Pearl River Delta**				
广州市	Guangzhou City	377931	686628	270906	452138
深圳市	Shenzhen City	833822	880514	251432	311775
珠海市	Zhuhai City	120000	99385	101135	65500
佛山市	Foshan City	325909	347524	89717	95667
江门市	Jiangmen City	141734	115237	104749	83136
东莞市	Dongguan City	86509	127578	25967	29937
中山市	Zhongshan City	70040	44744	51910	31153
惠州市区	Huizhou Urban District	61535	68094	56307	66684
惠阳市	Huiyang City	9300	9300	5760	5760
惠东县	Huidong County	20049	22054	18534	20387
博罗县	Boluo County		22950		21075
肇庆市区	Zhaoqing Urban District	19846	20474	15991	15522
高要市	Gaoyao City	3068	2775	2895	2563
四会市	Sihui City	9200	9500	7360	7600

13-3 城市公共交通

Urban Public Traffic

地区	Area	公共汽（电）车运营车数（辆） Number of Public Vehicles for Business Transportation (Buses and Trolley Buses, etc.)(unit)			公共汽（电）车运营线路（条） Number of Public Vehicles Lines for Business Transportation (Buses & Trolley Buses,etc.)(unit)		
		2000	2003	2004	2000	2003	2004
长江三角洲经济区	**Yangtze River Delta**						
上海市	Shanghai City	17939	18625	18186	978	952	948
南京市	Nanjing City	3538	4439	4796	196	226	306
苏州市	Suzhou City	1050	1198	1430	42	76	95
无锡市	Wuxi City	1768	1944	2075	83	108	113
常州市	Changzhou City	1572	1804	2065	55	70	77
镇江市	Zhenjiang City	271	470	591	28	36	40
南通市	Nantong City	321	392	670			
扬州市	Yangzhou City	844	1214	838	20	32	34
泰州市	Taizhou City	155	221	221	16	25	28
杭州市	Hangzhou City	1781	2548	3847	163	238	345
宁波市	Ningbo City	1529	3229	3418			
嘉兴市	Jiaxing City	771	708	838			
湖州市	Huzhou City	351	670	753			
绍兴市	Shaoxing City	871	1520	1664			
舟山市	Zhoushan City	362	325	341	13	20	20
台州市	Taizhou City	816	853	969			798
珠江三角洲经济区	**Pearl River Delta**						
广州市①	Guangzhou City ①	5645	7501	8426	386	359	
深圳市	Shenzhen City		18439	18991		402	379
珠海市	Zhuhai City		1081	1138		89	90
佛山市	Foshan City		766	798			
江门市	Jiangmen City		511	764			
东莞市	Dongguan City		678	656		51	43
中山市	Zhongshan City	469	635	691	34	47	55
惠州市区	Huizhou Urban District		464	464			
惠阳市	Huiyang City		166	80			
惠东县	Huidong County		61	76			
博罗县	Boluo County		25	25			
肇庆市区	Zhaoqing Urban District		303	257			
高要市	Gaoyao City		8	8			
四会市	Sihui City		64	53			

13–3 续表 continued

地区	Area	公共汽（电）车客运总量（万人次） Passengers of Vehicles for Public Transportation (Buses & Trolley Buses, etc.)(10 000 person-times)			年末实有出租汽车数（辆） Number of Taxis Year-end (unit)		
		2000	2003	2004	2000	2003	2004
长江三角洲经济区	**Yangtze River Delta**						
上海市	Shanghai City	264900	273100	283800	42943	48672	48709
南京市	Nanjing City	134705	91818	96590	8597	9216	9098
苏州市	Suzhou City	17650	23570	29006	2005	2403	3204
无锡市	Wuxi City	22237	25069	28335	3850	3730	3840
常州市	Changzhou City	14616	15523	18089	1443	1442	1642
镇江市	Zhenjiang City	7881	7271	8258	1258	1254	1256
南通市	Nantong City	6887	6579	8299	1287	1277	1277
扬州市	Yangzhou City	5203	10882	11595	3128	3655	1842
泰州市	Taizhou City	1128	1400	1400	700	740	740
杭州市	Hangzhou City	57986	61713	67261	6300	7404	8851
宁波市	Ningbo City		36828	43442		3990	4712
嘉兴市	Jiaxing City	3478	5793	7914		1802	1906
湖州市	Huzhou City	2276	6001	7042	702	1365	1466
绍兴市	Shaoxing City	6079	30762	18802	1862	3384	2550
舟山市	Zhoushan City	1340	2731	2922		1172	1184
台州市	Taizhou City		13242	13544		2052	2577
珠江三角洲经济区	**Pearl River Delta**						
广州市①	Guangzhou City ①	154774	190659	206566	15622	16923	16918
深圳市	Shenzhen City		96462	101092		10255	10305
珠海市	Zhuhai City		23018	26002	1743	1852	1882
佛山市	Foshan City		8442	8845		2032	2098
江门市	Jiangmen City		8125	9994		852	870
东莞市	Dongguan City		10995	7573		3751	3812
中山市	Zhongshan City	6543	8420	8876	2631	1763	1304
惠州市区	Huizhou Urban District		4988	7270		578	578
惠阳市	Huiyang City		775	327		200	200
惠东县	Huidong County		280	500			
博罗县	Boluo County		200	200			
肇庆市区	Zhaoqing Urban District		1156	1306		591	595
高要市	Gaoyao City		11	15			
四会市	Sihui City		780	53		150	150

注：①数据为市区口径。

Note: ① Data refer to Guangzhou Urban Districts.

13-4 环境治理

Environment Treatments

单位：万元 (10 000 yuan)

地区	Area	污染源治理本年完成投资总额 Investment Volume in Treating Polluting Source		城市环境基础设施建设本年完成投资额 Investment Volume in Building Citiy's Infrastructure		"三废"综合利用产品产值 Output Value of Products Made from Comprehensive Utilization of Waste Gas,Waste Water & Industrial Solide Wastes	
		2003	2004	2003	2004	2003	2004
长江三角洲经济区	**Yangtze River Delta**						
上海市	Shanghai City			1440500	1669000	71348	130400
南京市	Nanjing City	16260	23303	489156	513076	93533	107263
苏州市	Suzhou City	20540	826306	517125	703052	64057	75963
无锡市	Wuxi City	102151	182992	379064	412077	32710	33014
常州市	Changzhou City	36439	59014	96122	149684	57615	162378
镇江市	Zhenjiang City	10012	19791	116373	113508	28020	31578
南通市	Nantong City	11267	16094	229759	268945	46238	22634
扬州市	Yangzhou City	38069	24732	104262	150579	15805	15305
泰州市	Taizhou City	16671	23557	99329	116050	7016	21131
杭州市	Hangzhou City	55554	80115	589122	301965	18237	19774
宁波市	Ningbo City	28426	44102	69677	225994	113394	148553
嘉兴市	Jiaxing City	15119	21566	229735	147733	39665	44518
湖州市	Huzhou City	9317	13794	104278	114294	7425	11686
绍兴市	Shaoxing City	31429	49430	465033	227028	35371	42440
舟山市	Zhoushan City		516		13305	287	387
台州市	Taizhou City	34744	19086	150641	165274	114875	38660
珠江三角洲经济区	**Pearl River Delta**						
广州市	Guangzhou City	20132	22684	32501	39739	32832	35221
深圳市	Shenzhen City	115721	11074	444011	675087	8397	18631
珠海市	Zhuhai City	90265	24380	77492	112350	7519	4126
佛山市	Foshan City	82261	52794	289029	285997	9652	16205
江门市	Jiangmen City	43515	63323	69497	66697	45479	37103
东莞市	Dongguan City	27230	97563	222329	207965	15398	18110
中山市	Zhongshan City	8840	22967	77101	99768	2964	4448
惠州市区	Huizhou Urban District	5851	24936	30680	45130	19	19
惠阳市	Huiyang City	1280	1789	13240	10641		1
惠东县	Huidong County	285	400	24543	25283		
博罗县	Boluo County	1856	1384	13402	24334		17
肇庆市区	Zhaoqing Urban District	365	807	10607	13153	6173	4952
高要市	Gaoyao City		25	21830	28574	34	90
四会市	Sihui City		236	16248	11548	2	

13-5 工业废水排放及处理

Discharge and Treatments of Waste Water by Sector Engaged

单位：万吨 (10 000 tons)

地区	Area	工业废水排放量 Volume of Industrial Waste Water Discharged		工业废水排放达标量 Volume of Up-to-Standards of Industrial Waste Water Discharged	
		2003	2004	2003	2004
长江三角洲经济区	**Yangtze River Delta**				
上海市	Shanghai City	61100	56400	58020	54255
南京市	Nanjing City	48836	46974	44904	42396
苏州市	Suzhou City	59909	62426	59706	61917
无锡市	Wuxi City	31520	46580	31094	45789
常州市	Changzhou City	24072	23082	23887	22809
镇江市	Zhenjiang City	10000	8073	9847	7947
南通市	Nantong City	12055	14233	12055	14233
扬州市	Yangzhou City	9192	8142	8967	7961
泰州市	Taizhou City	14985	15757	14537	15264
杭州市	Hangzhou City	67775	62100	66594	60252
宁波市	Ningbo City	14321	11528	13870	11019
嘉兴市	Jiaxing City	17630	15789	17318	15387
湖州市	Huzhou City	9998	10677	9694	10193
绍兴市	Shaoxing City	18864	19678	18337	19076
舟山市	Zhoushan City	958	1037	744	833
台州市	Taizhou City	4018	4265	3532	3763
珠江三角洲经济区	**Pearl River Delta**				
广州市	Guangzhou City	21213	21638	18384	19894
深圳市	Shenzhen City	5653	6483	5383	6221
珠海市	Zhuhai City	2527	2721	2407	2595
佛山市	Foshan City	11020	17874	9417	15872
江门市	Jiangmen City	10882	9840	10487	9526
东莞市	Dongguan City	23389	22501	19761	20274
中山市	Zhongshan City	6999	6349	6668	6073
惠州市区	Huizhou Urban District	1138	1412	1106	1387
惠阳市	Huiyang City	730	811	641	728
惠东县	Huidong County	113	104	108	100
博罗县	Boluo County	1298	1492	1217	1412
肇庆市区	Zhaoqing Urban District	2869	2725	2765	2696
高要市	Gaoyao City	481	525	427	508
四会市	Sihui City	1455	2087	1379	1962

13-6 工业废气排放和处理

Emission and Treatments of Industrial Waste Gas

单位：吨 (ton)

地区	Area	工业二氧化硫去除量 Volume of Industrial Sulfur Dioxide Removed			工业二氧化硫排放量 Volume of Industrial Sulfur Dioxide Emission		
		2000	2003	2004	2000	2003	2004
长江三角洲经济区	**Yangtze River Delta**						
上海市	Shanghai City	37700	48600	55300	464900	300700	349500
南京市	Nanjing City	77565	150824	173528	141072	141577	144364
苏州市	Suzhou City	39332	39608	95499	190236	216870	231704
无锡市	Wuxi City	10670	37527	33635	81759	89504	133468
常州市	Changzhou City	6587	5816	10424	39042	45668	62958
镇江市	Zhenjiang City	12676	40053	11199	61030	83825	93894
南通市	Nantong City	4303	9545	20081	71313	68607	80663
扬州市	Yangzhou City	2814	5520	10999	60576	70723	77205
泰州市	Taizhou City	1483	8770	5289	20729	28244	28891
杭州市	Hangzhou City	16450	47267	60252	95229	112992	125876
宁波市	Ningbo City		192235	217301		190071	200452
嘉兴市	Jiaxing City	10879	12722	13564	44285	56558	85593
湖州市	Huzhou City		27635	54988		58122	59866
绍兴市	Shaoxing City	28301	25397	45275	40182	68536	65683
舟山市	Zhoushan City			562	9509	22312	22606
台州市	Taizhou City		3223	4969		57488	71716
珠江三角洲经济区	**Pearl River Delta**						
广州市	Guangzhou City	14100	44320	79192	195800	183100	185500
深圳市	Shenzhen City	4288	12835	26316	38427	40872	43633
珠海市	Zhuhai City			3629		32350	37433
佛山市	Foshan City		10034	9368		118201	126026
江门市	Jiangmen City		7504	13256		23991	35596
东莞市	Dongguan City		7400	25000		182020	199400
中山市	Zhongshan City	1576	975	1933	8668	22170	34394
惠州市区	Huizhou Urban District		249	17		3238	2484
惠阳市	Huiyang City					1579	1466
惠东县	Huidong County					881	879
博罗县	Boluo County		111	152		1880	2127
肇庆市区	Zhaoqing Urban District		362	464		4638	5567
高要市	Gaoyao City		363	365		2490	2683
四会市	Sihui City		705	763		7778	7347

13-6 续表 continued

单位：吨 (ton)

地区	Area	工业烟尘排放量 Volume of Industrial Soot Discharged			工业烟尘处理量 Volume of Industrial Soot Treated		
		2000	2003	2004	2000	2003	2004
长江三角洲经济区	**Yangtze River Delta**						
上海市	Shanghai City	83200	49700	52500	3083500	4028900	6552700
南京市	Nanjing City	56922	44617	47387		1883491	2468840
苏州市	Suzhou City	45780	46335	53185	933714	1490672	1895937
无锡市	Wuxi City	19199	21990	41315	90358	136828	794674
常州市	Changzhou City	30798	15375	28086	384806	436459	391111
镇江市	Zhenjiang City	33768	37416	34540	157520	2655866	1381954
南通市	Nantong City	42688	38256	37618	722416	1032854	1062019
扬州市	Yangzhou City	14512	15885	16024	860317	669038	886811
泰州市	Taizhou City	11163	10149	10724	53896	98988	95037
杭州市	Hangzhou City	54435	52794	42720	666108	716250	711566
宁波市	Ningbo City		22607	26454		2074969	2255000
嘉兴市	Jiaxing City		24840	37093		314730	293339
湖州市	Huzhou City		13180	14492		494768	119183
绍兴市	Shaoxing City	25598	22495	26201	207091	298248	364221
舟山市	Zhoushan City	8402	3988	6986		174882	240204
台州市	Taizhou City		9646	10339		731653	930214
珠江三角洲经济区	**Pearl River Delta**						
广州市	Guangzhou City	45000	14005	23856	1800000	2037500	2351600
深圳市	Shenzhen City	3258	4923	6120	220256	275820	367881
珠海市	Zhuhai City	4018	3614	4563		337635	394833
佛山市	Foshan City		14892	14862		458696	357419
江门市	Jiangmen City		122480	269250		15097	15123
东莞市	Dongguan City		6038	5800		28187	10300
中山市	Zhongshan City	2431	2757	3159		45620	58468
惠州市区	Huizhou Urban District		413	332		7437	2888
惠阳市	Huiyang City		125	130		1523	1844
惠东县	Huidong County		28	24		477	507
博罗县	Boluo County		67	440		4847	4702
肇庆市区	Zhaoqing Urban District	738	1075	2134	1730	6290	3774
高要市	Gaoyao City	3083	613	607	339	2002	1569
四会市	Sihui City	1391	2552	1102	88	3878	4305

13−7 工业固体废物排放和处理
Discharge and Treatments of Industrial Solid Wastes

单位：万吨 (10 000 tons)

地区	Area	工业固体废物产生量 Volume of Industrial Solid Wastes Produced		工业固体废物处置量 Volume of Industrial Solid Wastes Treated		工业固体废物利用量 Volume of Industrial Solid Wastes Utiliezed	
		2003	2004	2003	2004	2003	2004
长江三角洲经济区	**Yangtze River Delta**						
上海市	Shanghai City	1659.38	1810.80	47.27	44.29	1643.19	1777.84
南京市	Nanjing City	808.00	959.26	21.85	15.66	721.20	873.40
苏州市	Suzhou City	623.49	891.00	17.95	27.95	608.29	868.94
无锡市	Wuxi City	370.00	527.00	10.54	14.49	363.94	510.75
常州市	Changzhou City	157.01	177.37	0.04	0.71	240.29	187.65
镇江市	Zhenjiang City	400.25	402.50	31.61	35.89	374.53	451.03
南通市	Nantong City	201.36	249.06		3.12	199.79	245.57
扬州市	Yangzhou City	140.00	181.00	1.61	34.89	160.24	140.25
泰州市	Taizhou City	97.82	108.90		2.40	97.05	106.50
杭州市	Hangzhou City	408.81	455.04	23.76	31.29	386.47	423.15
宁波市	Ningbo City	354.20	431.00	79.38	95.00	274.59	334.00
嘉兴市	Jiaxing City	147.40	182.22		3.16	144.28	178.93
湖州市	Huzhou City	118.70	175.04	1.16	2.71	120.19	169.86
绍兴市	Shaoxing City	252.18	291.98	77.40	73.94	174.06	217.49
舟山市	Zhoushan City	32.35	38.25	0.98	0.99	31.33	36.38
台州市	Taizhou City	146.33	167.57	2.53	3.09	135.51	158.46
珠江三角洲经济区	**Pearl River Delta**						
广州市	Guangzhou City	538.89	566.58	31.97		547.29	625.42
深圳市	Shenzhen City	58.63	83.37	3.84	9.75	48.22	72.73
珠海市	Zhuhai City	51.68	59.30	1.61		45.45	
佛山市	Foshan City	139.00	168.01	9.41	13.35	128.47	154.07
江门市	Jiangmen City	75.75	84.13	2.84	6.22	72.04	77.47
东莞市	Dongguan City	211.19	266.89	8.19	266.03	198.71	220.48
中山市	Zhongshan City	20.85	24.72	3.48	3.61	17.26	20.96
惠州市区	Huizhou Urban District	5.92	5.27	1.05	0.89	4.77	4.28
惠阳市	Huiyang City	2.18	2.58	0.99	0.15	1.18	2.38
惠东县	Huidong County	0.37	0.31	0.10	0.07	0.26	0.22
博罗县	Boluo County	2.81	3.18	0.50	0.60	2.31	2.57
肇庆市区	Zhaoqing Urban District	7.84	8.40	0.06	0.40	7.75	7.98
高要市	Gaoyao City	23.98	20.96	23.46	20.61	0.53	0.35
四会市	Sihui City	13.59	11.22	0.33	0.06	11.83	10.12

13-8 噪声和生活方面污染治理（2004年）

Treatment of Noise Pollution and Living Pollution (2004)

地区	Area	环境噪声达标区总面积(平方公里) Area of Urban Environmental Noise Meeting National Standard (sq.km)	烟尘控制区总面积(平方公里) Area of Soot Control Zones (sq.km)	高污染燃料禁烧区总面积(平方公里) Area of Prohibiting Burnning High-Polluted Fuel (sq.km)	生活污水处理率(%) Ratio of Living Waste Water Treatment (%)	生活垃圾无害化处理率(%) Ratio of Consumption Wastes Treated (%)
长江三角洲经济区	**Yangtze River Delta**					
上海市	Shanghai City				62.7	20.0
南京市	Nanjing City	330	465	425	61.0	83.6
苏州市	Suzhou City	329	392	80	51.4	100.0
无锡市	Wuxi City	409	529		66.8	100.0
常州市	Changzhou City	123	123	315	66.7	90.8
镇江市	Zhenjiang City	110	125	36	71.2	100.0
南通市	Nantong City	125	193		57.1	100.0
扬州市	Yangzhou City	140	253		72.0	100.0
泰州市	Taizhou City	105	122		44.9	100.0
杭州市	Hangzhou City	480	539	75	84.4	98.1
宁波市	Ningbo City	152	356		51.6	91.7
嘉兴市	Jiaxing City	142	198		51.6	80.8
湖州市	Huzhou City	67	79	102	47.8	40.3
绍兴市	Shaoxing City	135	545	31	56.1	100.0
舟山市	Zhoushan City	21	36		18.8	72.1
台州市	Taizhou City	120	476		42.2	83.0
珠江三角洲经济区	**Pearl River Delta**					
广州市	Guangzhou City	259	401		58.4	91.9
深圳市	Shenzhen City	318	516		62.8	81.0
珠海市	Zhuhai City	68	106		63.2	81.5
佛山市	Foshan City	71	110		50.0	100.0
江门市	Jiangmen City	102	149		61.7	84.2
东莞市	Dongguan City				12.4	9.5
中山市	Zhongshan City	24	87		64.7	100.0
惠州市区	Huizhou Urban District	21	85	31	75.3	95.0
惠阳市	Huiyang City	20	29			
惠东县	Huidong County	10	14			
博罗县	Boluo County	6	11			
肇庆市区	Zhaoqing Urban District	36	62		36.2	91.1
高要市	Gaoyao City	12	17			50.0
四会市	Sihui City	17	23		5.0	

主要统计指标解释

年末实有城市道路面积 指路面宽度在3.5米以上(含3.5米)的各种铺装道路面积，包括路面面积和与道路相通的广场、桥梁、隧道面积。包括开放型工业区和住宅区道路在内。

城市排水管道长度 指所有排水总管、干管、支管、检查井及连接井进出口等长度之和。

城市园林绿地面积 指报告期末用作园林和绿化的各种绿地面积。包括公共绿地、居住区绿地、单位附属绿地、防护绿地、生产绿地、道路绿地和风景林地面积。

不包括：

1．屋顶绿化、垂直绿化、阳台绿化和室内绿化。

2．以物质生产为主的林地、耕地、牧草地、果园和竹园等。

3．城市总体规划中不列入绿地的水域。

供水综合生产能力 指按供水设施取水、净化、送水、出厂输水干管等环节设计能力计算的综合生产能力。包括在原设计能力的基础上，经挖、革、改增加的生产能力。计算时。以四个环节中最薄弱的环节为主确定能力。

供水总量 指报告期供水企业(单位)供应的全部水量。包括有效供水量和漏损水量。

家庭用水量 指城市范围内所有居民家庭的日常生活用水。包括城市居民、农民家庭、公共供水站用水。

煤气(人工煤气、天然气)供气总量 指全年燃气企业(单位)向用户供应的燃气数量。包括销售量和损失量。

公共汽(电)车运营车数 指年末公交企业(单位)用于运营业务的全部车辆数。以企业(单位)固定资产台帐中已投入运营的车辆数为准。

环境污染治理投资 指在工业污染源治理和城市环境基础设施建设的资金投入中，用于形成固定资产的资金。包括工业新老污染源治理工程投资、建设项目"三同时"环保投资，以及城市环境基础设施建设所投入的资金。

"三废"综合利用产品产值 指报告期内利用"三废"作为主要原料生产的产品价值(现行价)已经销售或准备销售的应计算产品价值，留作生产自用的不应计算产品价值。

工业废水排放量 指经过企业厂区所有排放口排到企业外部工业废水量。包括生产废水、外排的直接冷却水、超标排放的矿井地下水和与工业废水混排的厂区生活污水，不包括外排的间接冷却水(清污不分流的间接冷却水应计算在内)。

工业废水排放达标量 指报告期内废水中各项污染物指标都达到国家或地方排放标准的外排工业废水量，包括未经处理外排达标的，经废水处理设施处理后达标标准排放的，以及经污水处理厂处理后达标排放的。

工业二氧化硫排放量 指报告期内企业在燃料燃烧和生产工艺过程中排入大气的二氧化硫总量。

工业烟尘排放量 指企业厂区内燃料燃烧过程中产生的烟气中夹带的颗粒物排放量。

工业固体废物产生量 指报告期内企业在生产过程中产生的固体状、半固体状和高浓度液体状废弃物的总量，包括危险废物、冶炼废渣、粉煤灰、炉渣、煤矸石、尾矿、放射性废物和其他废物等；不包括矿山开采的剥离废石和掘进废石(煤矸石和呈酸性或碱性的废石除外)。酸性或碱性废石指采掘的废石其流经水、雨淋水的PH值小于4或PH值大于10.5者。

工业固体废物排放量 指报告期内企业将产生的固体废物排到固体废物污染防治设施、场所以外的数量，不包括矿山开采的剥离废石和掘进废石(煤矸石和呈酸性或碱性的废石除外)。

工业固体废物处置量 指报告期内企业将固体废物焚烧或者最终置于符合环境保护规定要求的场所，并不再回取的工业固体废物量(包括当年处置往年的工业固体废物贮存量)。处置方式有填埋(其中危险物应安全填埋)、焚烧、专业贮存场（库）封场处理、深层灌注、回填矿井及海洋处置(经海洋管理部门同意投海处置)等。

工业固体废物利用量 指报告期内企业通过回收、加工、循环、交换等方式，从固体废物中提取或者使其转化为可以利用的资源、能源和其他原材料的固体废物量(包括当年利用年的工业固体废物贮存量)，如用作农业肥料、生产建筑材料、筑路等。综合利用量由原产生固体废物的单位统计。

生活垃圾无害化处理率 指报告期生活垃圾无害化处理量与生活垃圾产生量比率。在统计上，由于生活垃圾产生量不易取得，可用清运量代替。

Explanatory Notes on Main Statistical Indicators

Square of Roads Paved at the Year-end refers to the square of roads with paved surface including squares, bridges and tunnels connected with roads by the end of the year. Square paved roads measured the roads square with a width of 3.5meters and over, including roads in open-ended factory compounds and residential quarters.

Length of Urban Sewage Pipes refers to the total length of general drainage, trunks, branch and inspection wells, connection wells, inlets and outlets, etc.

Area of Urban Gardens and Green Areas refers to the total area occupied for green projects at the end of the reference period, including public green land, green land in residential quarters, green land attached to institutions, protection green land, production green land, roadside green land and forest in scenic spots. It does not include the following,

(1)Greenery and plants on roofs, balconies, in doors and vertical green areas;

(2)Forest, cultivated land grassland, orchards and bamboo grooves that are for production purpose;

(3)Water areas that is not included in urban master plan as green land.

Production Capacity of Water Supply refers to the designed comprehensive production capacity of water facilities, covering the 4 links of water collection, purifications, conveyance, and outflow through trunk pipelines. Increase capacity through transformation and innovation projects are included as well. The capacity is determined mainly on the weakest of the above-mentioned 4 links.

Volume of Water Supply refers to the total volume of water supplied by water-works (units) during the reference period, including both the effective water supply and loss during the water supply.

Household Water Consumption refers to consumption of water for daily life of all households in the boundary of cities, including households of urban residents and farmers, and public water supply stations.

Volume of Gas Supply refers to the total volume of gas provided to users by gas-producing enterprises (units) in a year, including the volume sold and the volume lost.

Number of Public Vehicles for Business Transportation refers to the total number of vehicles under operation by public transport enterprises (units) at the end of the year, based on the records of operational vehicles by the enterprises (units).

Investment in Environment Pollution Harnessing Projects refers to the proportion of investment in fixed assets in the total investment in harnessing Industrial pollution and in the construction of urban environment infrastructure facilities. It includes investment in harnessing sources of Industrial pollution investment in environment protection facilities designed concurrently with construction projects, and investment in urban environment infrastructure facilities.

Output Value of Products Made from Waste Gas, Waste Water and Solid Wastes refers current value of products with waste gas, wasted water and solid wastes as main materials of production. Products sold and ready to sell shall be included while those produced for own use shall not be included.

Waste Water Discharged by Industry refers to the volume of waste water discharged by industrial enterprises through all outlets, including waste water from production process, directly cool water, groundwater from mining wells which does not meet discharge standards and sewage from households mixed with waste water produced by industrial activities, but excluding indirectly cooled water discharged(it should be included if the discharge is not separated with waste water).

Industrial Waste Water Meeting Discharged Standards refers to volume of industrial wasted water discharged which, with or without treatment, reaches national or local standards.

Industrial Sulfur Dioxide Emission refers to volume of sulfur dioxide emission from fuel burning and production process in premises of enterprises for given period of time.

Industrial Soot Emission refers to volume of soot in smoke emitted in process of fuel burning in premises of enterprises.

Industrial Solid Wastes Produced refers to total volume of solid, semi-solid and high concentration liquid residues produced by industrial enterprises from production process in a given period of time, including hazardous wastes, slag, coal ash, gangue, tailings, radioactive residues and other wastes, but excluding stones stripped or dug out in mining (gangue and acid or alkaline stones not included). A stone is acid or alkaline depending on the pH value of the water below 4 or above 10.5 when the stone is in, or soaked, by the water.

Industrial Solid Wastes Discharged refers to volume of industrial solid wastes discharged by producing enterprises to disposal facilities or to other sites. The wastes exclude stones stripped or dug inform mining (gangue and acid or alkaline waste stones not included).

Industrial Solid Wastes Disposed refers to quantity of industrial wasted solid wasted which are burnt or placed ultimately in the sites meeting the requirements for environmental protection and not salvaged or recycled (including disposition in the year of those wastes of previous years). The disposition includes landfill (safe landfills should be conducted for hazardous wastes), incineration, containment spaces, deep underground disposal, backfill in mining pits and disposal at sea.

Industrial Solid Wastes Utilized refers to volume of solid wastes from which useful materials can be extracted or which can be converted into use resources, energy or other materials by means of reclamation, processing, recycling and exchange (including utilized in the year the stocks of Industrial solid wastes of previous year). Examples of such utilizations include fertilizers, building materials, and road materials. Producing units of the wastes collected the information .

Ratio of Consumption Wastes Treated refers to consumption wastes treated over that produced. In practical statistics, as it is difficult to estimate, the volume of consumption wastes produced is replaced with that transported.

14-1 各级各类学校数

Number of Schools by Level and Type of School

单位：所 (unit)

地区	Area	普通高校 Regular Institutions of Higher Education					
		1990	1995	2000	2001	2003	2004
长江三角洲经济区	**Yangtze River Delta**						
上海市	Shanghai City	50	45	37	45	57	59
南京市	Nanjing City	29	29	28	31	39	38
苏州市	Suzhou City	9	8	7	8	12	13
无锡市	Wuxi City	2	2	4	5	9	11
常州市	Changzhou City	3	3	3	5	8	9
镇江市	Zhenjiang City	3	6	5	3	4	5
南通市	Nantong City			5	6	8	6
扬州市	Yangzhou City	2	2	2	2	2	5
泰州市	Taizhou City			1	2	3	3
杭州市	Hangzhou City	21	20	32	33	35	36
宁波市	Ningbo City	4	4	8	11	12	14
嘉兴市	Jiaxing City	2	3	3	3	3	5
湖州市	Huzhou City	1	1	2	2	4	3
绍兴市	Shaoxing City	2	2	3	4	4	4
舟山市	Zhoushan City	2	2	3	3	3	5
台州市	Taizhou City	1	1	1	2	3	3
珠江三角洲经济区	**The Pearl River Delta**						
广州市	Guangzhou City	26	25	31	37	44	52
深圳市	Shenzhen City	2	2	2	3	9	9
珠海市	Zhuhai City						
佛山市	Foshan City	1	2	1	2	3	3
江门市	Jiangmen City	1	1	1	1	1	1
东莞市	Dongguan City		1	1	1	1	2
中山市	Zhongshan City	1	1	1	1	1	3
惠州市区	Huizhou Urban District					1	1
惠阳市	Huiyang City						
惠东县	Huidong County						
博罗县	Boluo County						
肇庆市区	Zhaoqing Urban District					1	
高要市	Gaoyao City						
四会市	Sihui City						

14-1 续表 1 continued

单位：所 (unit)

地区	Area	普通中等学校 Secondary Schools					
		1990	1995	2000	2001	2003	2004
长江三角洲经济区	**Yangtze River Delta**						
上海市	Shanghai City	1219	1083	1120	1084	1065	990
南京市	Nanjing City	369	328	294	284	260	272
苏州市	Suzhou City	499	391	353	355	328	280
无锡市	Wuxi City	300	253	211	213	204	212
常州市	Changzhou City	278	257	227	229	212	181
镇江市	Zhenjiang City	11	13	13	9	6	127
南通市	Nantong City			10	9	8	334
扬州市	Yangzhou City	463	286	232	237	214	220
泰州市	Taizhou City			279	277	262	257
杭州市	Hangzhou City	523	502	443	428	406	395
宁波市	Ningbo City	411	389	325	321	303	308
嘉兴市	Jiaxing City	213	212	179	177	172	164
湖州市	Huzhou City	213	211	213	195	180	168
绍兴市	Shaoxing City	420	396	307	288	252	243
舟山市	Zhoushan City	94	95	89	78	63	61
台州市	Taizhou City	421	403	396	403	374	360
珠江三角洲经济区	**The Pearl River Delta**						
广州市	Guangzhou City	539	576	617	621	602	600
深圳市	Shenzhen City	49	62	94	107	179	
珠海市	Zhuhai City	37	36	42	53	53	52
佛山市	Foshan City	159	182	187	189	182	177
江门市	Jiangmen City	338	305	276	281	275	271
东莞市	Dongguan City	64	69	77	75	110	134
中山市	Zhongshan City	103	119	100	102	93	102
惠州市区	Huizhou Urban District					58	63
惠阳市	Huiyang City					24	20
惠东县	Huidong County					41	43
博罗县	Boluo County					48	47
肇庆市区	Zhaoqing Urban District					45	
高要市	Gaoyao City					42	
四会市	Sihui City					25	

注：普通中等学校包括：普通高中、普通中等专业学校、职业高中、技工学校、普通初中和职业初中。

Note:Secondary schools including:senior secondary schools,specialized secondary schools,vacational secondary schools,technical schools,secondary schools and vocational junior secondary schools.

14–1 续表 2 continued

单位：所 (unit)

地区	Area	小学 Primary Schools					
		1990	1995	2000	2001	2003	2004
长江三角洲经济区	**Yangtze River Delta**						
上海市	Shanghai City	2630	1807	1021	852	686	648
南京市	Nanjing City	1866	1704	1100	933	538	450
苏州市	Suzhou City	2757	2061	980	776	550	488
无锡市	Wuxi City	1749	1540	986	821	488	411
常州市	Changzhou City	1736	1332	581	498	327	307
镇江市	Zhenjiang City	1659	1387	770	453	311	238
南通市	Nantong City			1610	1189	765	678
扬州市	Yangzhou City	2173	1742	951	744	472	408
泰州市	Taizhou City			1439	931	595	484
杭州市	Hangzhou City	4077	3172	1659	1354	1044	897
宁波市	Ningbo City	2747	1945	1066	964	790	719
嘉兴市	Jiaxing City	1645	1278	722	610	526	456
湖州市	Huzhou City	1740	1618	678	515	343	290
绍兴市	Shaoxing City	3166	2207	1027	884	729	686
舟山市	Zhoushan City	416	298	170	145	101	91
台州市	Taizhou City	3377	2248	1134	977	843	794
珠江三角洲经济区	**The Pearl River Delta**						
广州市	Guangzhou City	1575	1604	1626	1604	1533	1429
深圳市	Shenzhen City	263	274	353	377	376	378
珠海市	Zhuhai City	194	199	199	192	154	140
佛山市	Foshan City	936	853	746	699	584	519
江门市	Jiangmen City	1402	1380	1230	1169	1030	962
东莞市	Dongguan City	570	595	552	550	525	498
中山市	Zhongshan City	403	388	347	333	281	266
惠州市区	Huizhou Urban District					233	234
惠阳市	Huiyang City					172	171
惠东县	Huidong County					304	301
博罗县	Boluo County					307	327
肇庆市区	Zhaoqing Urban District			110	109	94	
高要市	Gaoyao City			296	291	287	
四会市	Sihui City			160	143	137	

14-2 各级各类学校教师数

Number of Teachers by Level and Type of School

单位：人 (person)

地区	Area	普通高校 Regular Institutions of Higher Education					
		1990	1995	2000	2001	2003	2004
长江三角洲经济区	**Yangtze River Delta**						
上海市	Shanghai City	25788	21522	20500	21700	24400	28700
南京市	Nanjing City	14841	14238	14965	16853	21339	26051
苏州市	Suzhou City	2927	2793	3127	3461	4408	5623
无锡市	Wuxi City	1363	1035	1755	1912	2887	3719
常州市	Changzhou City	697	957	1233	1731	2979	3156
镇江市	Zhenjiang City	1800	1824	2062	2542	3034	3183
南通市	Nantong City			1413	1793	2387	2790
扬州市	Yangzhou City	1999	2056	2291	2373	2708	3100
泰州市	Taizhou City			137	392	809	1009
杭州市	Hangzhou City	8075	7799	10477	11866	18141	18445
宁波市	Ningbo City	800	1079	2298	2758	4225	5633
嘉兴市	Jiaxing City	260	256	486	486	767	964
湖州市	Huzhou City	200	138	333	524	724	819
绍兴市	Shaoxing City	253	275	714	1039	1383	1592
舟山市	Zhoushan City	557	433	804	924	1046	1475
台州市	Taizhou City	133	169	381	619	840	1083
珠江三角洲经济区	**The Pearl River Delta**						
广州市	Guangzhou City	11900	11740	13271	14846	25886	29761
深圳市	Shenzhen City	484	629	1114	1295	2341	2572
珠海市	Zhuhai City						
佛山市	Foshan City	400	1068	1362	1376	1864	1927
江门市	Jiangmen City	185		308	334	476	541
东莞市	Dongguan City		119	161	231	312	560
中山市	Zhongshan City	41	94	131	138	189	460
惠州市区	Huizhou Urban District					460	496
惠阳市	Huiyang City						
惠东县	Huidong County						
博罗县	Boluo County						
肇庆市区	Zhaoqing Urban District					606	
高要市	Gaoyao City						
四会市	Sihui City						

14-2 续表 1 continued

单位：人 (person)

地区	Area	普通中等学校 Secondary Schools					
		1990	1995	2000	2001	2003	2004
长江三角洲经济区	**Yangtze River Delta**						
上海市	Shanghai City	56200	60100	62200	62200	61200	61300
南京市	Nanjing City	16277	19285	18136	18828	21003	24611
苏州市	Suzhou City	17404	21172	23390	24829	277771	25311
无锡市	Wuxi City	13219	14994	16468	17621	19892	21882
常州市	Changzhou City	11372	12758	13929	14302	15127	13208
镇江市	Zhenjiang City	700	698	679	610	296	9985
南通市	Nantong City			871	728	738	26997
扬州市	Yangzhou City	515	11842	12750	13579	15961	17588
泰州市	Taizhou City			17345	18174	19951	19889
杭州市	Hangzhou City	15434	17826	20695	21998	23172	23968
宁波市	Ningbo City	10700	12869	15771	16622	18258	19331
嘉兴市	Jiaxing City	6267	7234	9043	10105	11611	11846
湖州市	Huzhou City	5500	6264	8034	8435	9698	10515
绍兴市	Shaoxing City	10662	11725	15059	15942	17568	18590
舟山市	Zhoushan City	3658	3967	4657	4859	4671	4332
台州市	Taizhou City	11000	13731	20068	21083	22317	22473
珠江三角洲经济区	**The Pearl River Delta**						
广州市	Guangzhou City	25900	28899	34379	35528	39304	40399
深圳市	Shenzhen City	2915	4675	6596	7224	9989	11625
珠海市	Zhuhai City	1735	2825	3226	3554	4263	4025
佛山市	Foshan City	7181	12161	15907	17141	19232	20073
江门市	Jiangmen City	8689	10203	12694	13256	14592	15246
东莞市	Dongguan City	2963	4381	5027	5348	8617	9878
中山市	Zhongshan City	3196	4504	5522	5891	6911	7827
惠州市区	Huizhou Urban District					3367	3631
惠阳市	Huiyang City					1898	2044
惠东县	Huidong County					2037	2260
博罗县	Boluo County					2713	2786
肇庆市区	Zhaoqing Urban District					3019	
高要市	Gaoyao City					2182	
四会市	Sihui City					1610	

14-2 续表 2 continued

单位：人 (person)

地区	Area	小学 Primary Schools					
		1990	1995	2000	2001	2003	2004
长江三角洲经济区	**Yangtze River Delta**						
上海市	Shanghai City	58800	54500	44300	43000	38800	37500
南京市	Nanjing City	20060	20456	21957	21583	20959	20369
苏州市	Suzhou City	19609	19896	21122	21181	20671	20821
无锡市	Wuxi City	17229	17980	18041	17934	17318	17298
常州市	Changzhou City	13086	13597	13001	12682	11636	11622
镇江市	Zhenjiang City	11700	15829	10984	10459	9470	8945
南通市	Nantong City			25214	23875	22670	21919
扬州市	Yangzhou City	17400	16799	17660	17748	16673	16011
泰州市	Taizhou City			17440	17642	16365	16238
杭州市	Hangzhou City	18099	21380	23876	23179	22955	23066
宁波市	Ningbo City	15500	16818	17740	17800	18490	19302
嘉兴市	Jiaxing City	9151	9986	11619	11734	11848	11862
湖州市	Huzhou City	7300	7459	8759	8530	8284	8744
绍兴市	Shaoxing City	13026	13005	14551	14794	14404	14467
舟山市	Zhoushan City	3865	4405	4384	4116	3828	3740
台州市	Taizhou City	17000	18123	18809	18797	18364	18353
珠江三角洲经济区	**The Pearl River Delta**						
广州市	Guangzhou City	25112	29056	34157	35780	38954	39983
深圳市	Shenzhen City	4221	6429	11550	13254	17920	19660
珠海市	Zhuhai City	2542	3652	4556		4940	5080
佛山市	Foshan City	12009	18287	18229	18882	19460	19918
江门市	Jiangmen City	13326	14798	14931	14538	14609	14891
东莞市	Dongguan City	6785	8060	7946	8693	12490	15512
中山市	Zhongshan City	4440	5502	5713	5893	6620	7354
惠州市区	Huizhou Urban District	11635				4899	5052
惠阳市	Huiyang City					2996	3152
惠东县	Huidong County					4155	4265
博罗县	Boluo County					5118	4832
肇庆市区	Zhaoqing Urban District			1736	1756	1782	
高要市	Gaoyao City			3064	3113	3074	
四会市	Sihui City			2202	2167	2079	

14-3 各级学校在校学生数

Number of Students Enrollment by Level and Type of School

单位：万人 (10 000 persons)

地区	Area	普通高校 Regular Institutions of Higher Education					
		1990	1995	2000	2001	2003	2004
长江三角洲经济区	**Yangtze River Delta**						
上海市	Shanghai City	12.13	14.41	22.68	28.00	37.85	41.57
南京市	Nanjing City	7.51	10.37	21.69	27.80	42.94	49.15
苏州市	Suzhou City	1.63	2.32	4.77	6.12	8.05	9.16
无锡市	Wuxi City	0.63	0.83	2.58	3.48	4.84	6.24
常州市	Changzhou City	0.51	1.16	2.00	2.67	5.31	6.67
镇江市	Zhenjiang City	0.93	1.58	2.56	3.7	4.37	5.40
南通市	Nantong City	0.53		1.66	2.77	4.37	4.99
扬州市	Yangzhou City	1.31	1.82	3.07	3.41	4.74	5.30
泰州市	Taizhou City			0.46	0.61	1.04	1.37
杭州市	Hangzhou City	3.99	6.31	12.24	17.48	26.98	31.36
宁波市	Ningbo City	0.59	0.88	2.59	4.35	8.01	9.64
嘉兴市	Jiaxing City	0.18	0.25	0.58	0.77	1.36	1.77
湖州市	Huzhou City	0.10	0.16	0.40	0.67	1.21	1.43
绍兴市	Shaoxing City	0.15	0.23	0.58	0.89	1.93	2.50
舟山市	Zhoushan City	0.13	0.18	0.38	0.48	0.61	0.98
台州市	Taizhou City	0.10	0.17	0.41	0.69	1.28	1.54
珠江三角洲经济区	**The Pearl River Delta**						
广州市	Guangzhou City	6.55	9.54	18.51	24.47	37.47	45.97
深圳市	Shenzhen City	0.40	0.50	1.40	1.90	3.20	4.10
珠海市	Zhuhai City						
佛山市	Foshan City	0.39	0.59	0.87	1.06	1.97	2.57
江门市	Jiangmen City	0.12	0.37	0.61	0.66	0.72	0.88
东莞市	Dongguan City		0.16	0.32	0.38	0.69	0.91
中山市	Zhongshan City	0.05	0.10	0.33	0.48	0.45	0.88
惠州市区	Huizhou Urban District					0.66	0.80
惠阳市	Huiyang City						
惠东县	Huidong County						
博罗县	Boluo County						
肇庆市区	Zhaoqing Urban District	0.38				0.98	
高要市	Gaoyao City						
四会市	Sihui City						

14-3 续表 1 continued

单位：万人 (10 000 persons)

地区	Area	普通中等学校 Secondary Schools					
		1990	1995	2000	2001	2003	2004
长江三角洲经济区	**Yangtze River Delta**						
上海市	Shanghai City	62.59	96.38	105.28	104.37	100.71	106.94
南京市	Nanjing City	23.01	23.57	25.38	29.07	33.92	42.39
苏州市	Suzhou City	24.84	33.97	37.72	40.62	47.43	42.97
无锡市	Wuxi City	20.82	21.90	24.86	27.87	30.96	36.40
常州市	Changzhou City	17.84	21.79	25.04	26.95	30.49	28.00
镇江市	Zhenjiang City	0.53	1.67	2.18	1.86	1.67	18.61
南通市	Nantong City			3.64	3.39	4.37	51.52
扬州市	Yangzhou City	19.48	19.11	19.99	22.43	26.61	31.81
泰州市	Taizhou City			27.99	30.59	36.50	35.73
杭州市	Hangzhou City	22.35	29.99	38.77	39.76	39.86	38.89
宁波市	Ningbo City	18.20	25.74	27.98	29.60	30.99	32.09
嘉兴市	Jiaxing City	8.77	14.27	17.31	19.07	20.47	20.15
湖州市	Huzhou City	8.02	12.73	15.10	16.69	19.42	19.53
绍兴市	Shaoxing City	18.55	21.74	27.64	29.88	33.90	35.35
舟山市	Zhoushan City	3.92	5.34	5.86	5.98	5.78	5.16
台州市	Taizhou City	21.58	27.89	37.92	39.44	39.78	38.64
珠江三角洲经济区	**The Pearl River Delta**						
广州市	Guangzhou City	36.00	48.17	63.89	66.96	74.92	77.24
深圳市	Shenzhen City	4.60	7.15	10.70	12.62	17.92	21.12
珠海市	Zhuhai City	2.81	3.49	4.87	5.55	6.78	7.44
佛山市	Foshan City	13.41	17.08	24.68	26.17	28.94	30.28
江门市	Jiangmen City	14.88	18.57	23.59	24.93	26.45	27.24
东莞市	Dongguan City	6.12	9.25	11.24	12.21	17.73	19.98
中山市	Zhongshan City	6.07	7.86	10.33	11.22	13.50	14.87
惠州市区	Huizhou Urban District					6.82	8.11
惠阳市	Huiyang City					3.65	3.90
惠东县	Huidong County					4.62	5.10
博罗县	Boluo County					4.97	5.04
肇庆市区	Zhaoqing Urban District	0.40				6.28	
高要市	Gaoyao City					4.96	
四会市	Sihui City					2.94	

14–3 续表 2 continued

单位：万人 (10 000 persons)

地区	Area	小学 Primary Schools					
		1990	1995	2000	2001	2003	2004
长江三角洲经济区	**Yangtze River Delta**						
上海市	Shanghai City	110.19	109.78	78.86	72.28	64.82	53.74
南京市	Nanjing City	42.08	41.72	45.41	38.87	35.16	32.38
苏州市	Suzhou City	44.56	42.26	44.84	42.91	38.15	36.50
无锡市	Wuxi City	36.18	36.52	39.14	37.11	32.98	32.27
常州市	Changzhou City	27.70	27.16	30.01	28.77	26.35	25.56
镇江市	Zhenjiang City	22.51	22.00	22.46	21.35	18.30	17.11
南通市	Nantong City			61.74	58.78	50.01	47.05
扬州市	Yangzhou City	37.62	32.31	37.51	36.08	30.76	28.58
泰州市	Taizhou City			44.25	42.14	34.98	31.97
杭州市	Hangzhou City	46.05	51.40	48.57	46.80	44.90	44.80
宁波市	Ningbo City	42.70	41.29	42.40	42.24	45.26	47.61
嘉兴市	Jiaxing City	23.35	24.78	27.13	27.23	27.68	27.55
湖州市	Huzhou City	19.44	20.21	21.60	20.71	19.25	19.08
绍兴市	Shaoxing City	34.01	33.25	34.81	34.08	33.54	33.79
舟山市	Zhoushan City	8.97	8.93	6.71	6.07	5.24	5.06
台州市	Taizhou City	46.02	48.69	37.05	35.45	36.09	37.51
珠江三角洲经济区	**The Pearl River Delta**						
广州市	Guangzhou City	57.23	69.44	75.70	78.86	84.75	87.47
深圳市	Shenzhen City	11.17	15.72	31.39	36.37	46.97	52.61
珠海市	Zhuhai City	6.58	8.56	10.32	10.44	11.66	12.08
佛山市	Foshan City	30.17	37.12	39.31	39.69	40.82	42.30
江门市	Jiangmen City	36.11	42.24	42.73	41.71	40.47	40.03
东莞市	Dongguan City	16.27	19.51	27.28	29.54	38.69	44.83
中山市	Zhongshan City	12.57	15.24	17.51	17.75	19.21	20.87
惠州市区	Huizhou Urban District					11.03	11.86
惠阳市	Huiyang City					6.00	6.85
惠东县	Huidong County					9.51	10.30
博罗县	Boluo County					9.13	9.53
肇庆市区	Zhaoqing Urban District	3.02		4.72	4.78	4.90	
高要市	Gaoyao City	6.91		7.78	7.51	7.18	
四会市	Sihui City	4.45		4.51	4.55	4.57	

14-3 续表 3 continued

单位：人 (persons)

地区	Area	成人高等教育学校 Adult Education Schools					
		1990	1995	2000	2001	2003	2004
长江三角洲经济区	**Yangtze River Delta**						
上海市	Shanghai City	60900	75500	114900	138302	198000	266700
南京市	Nanjing City	30250	61575	107327	127772	172027	116961
苏州市	Suzhou City	5256	15014	26183	32361	43550	31315
无锡市	Wuxi City	4200	5482	7078	8946	10116	6775
常州市	Changzhou City	3153	5528	8155	13433	16307	11048
镇江市	Zhenjiang City	1900	8075	13334	15743	25578	18664
南通市	Nantong City		4853	5355	7479	11381	7785
扬州市	Yangzhou City	3220	11294	16754	21792	27223	17730
泰州市	Taizhou City		217	347	2167	1184	772
杭州市	Hangzhou City	21196	45982	105123	124993	157924	117212
宁波市	Ningbo City	1328	11415	20261	27650	35853	23974
嘉兴市	Jiaxing City	1374	2596	2739	3062	14332	12618
湖州市	Huzhou City	683	1355	3393	5363	5260	8483
绍兴市	Shaoxing City	1529	2068	4613	10064	12334	8110
舟山市	Zhoushan City			886	839	352	2192
台州市	Taizhou City	1962	1543	4802	5911	15614	14973
珠江三角洲经济区	**The Pearl River Delta**						
广州市	Guangzhou City	41546	98300	143479		218244	160121
深圳市	Shenzhen City			10425	11060	19623	10618
珠海市	Zhuhai City			6038		4356	
佛山市	Foshan City	4200					12215
江门市	Jiangmen City			19239	19848	26729	26065
东莞市	Dongguan City	531	1254	3642	5457	7343	10562
中山市	Zhongshan City	548	825	6208	10461	8286	7698
惠州市区	Huizhou Urban District					4000	3576
惠阳市	Huiyang City					2312	1996
惠东县	Huidong County					1766	1079
博罗县	Boluo County					1725	1800
肇庆市区	Zhaoqing Urban District	1531				7444	
高要市	Gaoyao City						
四会市	Sihui City						

14-4 各类专业技术人员数

Number of Scientific and Technical Personnel

单位：万人 (10 000 persons)

地区	Area	1990	1995	2000	2001	2003	2004
长江三角洲经济区	**Yangtze River Delta**						
上海市	Shanghai City	86.16	91.64	71.03	81.13	66.91	74.90
南京市	Nanjing City	30.75	29.71	28.84	29.45	38.42	32.59
苏州市	Suzhou City	13.18	15.23	29.12	30.35	35.98	39.45
无锡市	Wuxi City	15.44	17.53	22.43	24.51	28.59	35.02
常州市	Changzhou City	11.52	14.10	19.10	21.10	23.74	21.15
镇江市	Zhenjiang City		7.98	11.01	11.11	12.12	10.31
南通市	Nantong City			17.85	19.81	22.48	25.97
扬州市	Yangzhou City	8.24	13.27	13.52	15.29	16.24	14.66
泰州市	Taizhou City			8.13	13.95	15.17	12.84
杭州市	Hangzhou City			25.98	25.99	26.21	32.53
宁波市	Ningbo City	10.04	14.91	23.10	34.64	39.68	40.74
嘉兴市	Jiaxing City			5.68	5.69	6.75	13.42
湖州市	Huzhou City	3.06	3.33	3.64	3.57	6.23	7.03
绍兴市	Shaoxing City	6.23	6.26	6.75	6.60	16.68	24.44
舟山市	Zhoushan City	1.91	1.93	1.98	1.92	1.87	1.93
台州市	Taizhou City		5.77	7.06	7.11	7.45	7.37
珠江三角洲经济区	**The Pearl River Delta**						
广州市	Guangzhou City	31.95	37.95	43.74	42.84	45.60	46.72
深圳市	Shenzhen City			15.89	17.23	57.54	66.34
珠海市	Zhuhai City	0.79	3.30	5.70	6.68	7.90	8.47
佛山市	Foshan City	1.94		7.48			
江门市	Jiangmen City			6.49	11.87	8.14	8.14
东莞市	Dongguan City	1.16	2.31		2.47	3.31	3.94
中山市	Zhongshan City	2.34	3.89	14.80	17.01	22.99	16.83
惠州市区	Huizhou Urban District			2.76	2.98	3.90	3.32
惠阳市	Huiyang County			1.79	1.82	1.87	1.13
惠东县	Huidong County			1.01	1.05	0.93	1.12
博罗县	Boluo County			1.51	1.38	1.47	1.39
肇庆市区	Zhaoqing Urban District	0.49	0.23	2.71	2.80	2.98	
高要市	Gaoyao City	0.10		0.97	1.08	1.22	
四会市	Sihui City		0.72	0.92	0.94	0.99	

14-5 公共图书馆图书藏量

Total Collections of Public Libraries

单位：万册 (10 000 volumes)

地区	Area	1990	1995	2000	2001	2003	2004
长江三角洲经济区	**Yangtze River Delta**						
上海市	Shanghai City	1586	1586	5500	5668	5894	5852
南京市	Nanjing City	847	908	1003	1026	1098	1168
苏州市	Suzhou City	210	286	296	290	309	345
无锡市	Wuxi City	139	169	203	199	206	215
常州市	Changzhou City	120	141	161	165	179	186
镇江市	Zhenjiang City	98	114	120	116	133	134
南通市	Nantong City			178	181	196	201
扬州市	Yangzhou City		114	142	136	142	152
泰州市	Taizhou City			91	92	95	98
杭州市	Hangzhou City	52	618	626	648	712	732
宁波市	Ningbo City	12	154	131	137	155	199
嘉兴市	Jiaxing City	108	128	141	146	165	192
湖州市	Huzhou City		46	52	53	69	73
绍兴市	Shaoxing City	89	93	107	111	120	129
舟山市	Zhoushan City	28	35	43	45	49	50
台州市	Taizhou City	77	71	92	93	103	114
珠江三角洲经济区	**The Pearl River Delta**						
广州市	Guangzhou City	519	619	651	795	864	969
深圳市	Shenzhen City	66	231	245	256	346	385
珠海市	Zhuhai City	23	28	35	36	34	35
佛山市	Foshan City	61	115	154	183	170	174
江门市	Jiangmen City	57	66	128	131	138	140
东莞市	Dongguan City	30	68	97	99	289	631
中山市	Zhongshan City	16	27	39	42	42	53
惠州市区	Huizhou Urban District			26	26	28	37
惠阳市	Huiyang City					11	11
惠东县	Huidong County					7	8
博罗县	Boluo County					4	4
肇庆市区	Zhaoqing Urban District					21	23
高要市	Gaoyao City					8	9
四会市	Sihui City					11	10

14-6 剧场、影剧院数

Number of Theaters and Music Halls

单位：个 (unit)

地区	Area	1990	1995	2000	2001	2003	2004
长江三角洲经济区	**Yangtze River Delta**						
上海市	Shanghai City	211	249	242	273	238	225
南京市	Nanjing City	266	190	96	60	13	13
苏州市	Suzhou City	161	165	163	163		83
无锡市	Wuxi City	237	163	142	142	125	
常州市	Changzhou City		7	106	67	6	87
镇江市	Zhenjiang City	91	78	87	86	86	86
南通市	Nantong City			155	159	159	159
扬州市	Yangzhou City	110	172	297	297	297	297
泰州市	Taizhou City			92	92	90	8
杭州市	Hangzhou City	223	163	123	125	58	44
宁波市	Ningbo City			60	57	63	13
嘉兴市	Jiaxing City	113	103	74	69	87	87
湖州市	Huzhou City			51	39	27	20
绍兴市	Shaoxing City	142	98	66	52	42	36
舟山市	Zhoushan City	91	64	35	25	23	11
台州市	Taizhou City	104	89	75	68	64	64
珠江三角洲经济区	**The Pearl River Delta**						
广州市	Guangzhou City	14	19	19	19	15	15
深圳市	Shenzhen City			126	126	69	55
珠海市	Zhuhai City	38	50	26	17	17	17
佛山市	Foshan City	52	89	96	66	55	75
江门市	Jiangmen City			47	47	16	16
东莞市	Dongguan City	26	97	87	84	55	78
中山市	Zhongshan City	22	12	44	43	37	38
惠州市区	Huizhou Urban District			3	17	2	3
惠阳市	Huiyang City					4	1
惠东县	Huidong County					1	
博罗县	Boluo County					2	
肇庆市区	Zhaoqing Urban District	5	11	5	5	4	4
高要市	Gaoyao City	2	7	1	1	1	1
四会市	Sihui City	2	3	1	1		1

14-7 体育场馆数

Number of Stadiums and Gymnasiums

单位：个 (unit)

地区	Area	1990	1995	2000	2001	2003	2004
长江三角洲经济区	**Yangtze River Delta**						
上海市	Shanghai City	305	153	211	211		
南京市	Nanjing City					33	33
苏州市	Suzhou City	16	20	26	28	36	47
无锡市	Wuxi City	7	11	10	8	10	28
常州市	Changzhou City	5	13	13	14	13	14
镇江市	Zhenjiang City	4	6	12	15	20	27
南通市	Nantong City			17	17	14	33
扬州市	Yangzhou City			11	11	11	11
泰州市	Taizhou City					17	17
杭州市	Hangzhou City					45	97
宁波市	Ningbo City		9	9	4		77
嘉兴市	Jiaxing City	9	12	13	13	12	10
湖州市	Huzhou City	11	12	15	15	17	20
绍兴市	Shaoxing City					43	43
舟山市	Zhoushan City					50	50
台州市	Taizhou City					50	50
珠江三角洲经济区	**The Pearl River Delta**						
广州市	Guangzhou City						
深圳市	Shenzhen City	3	9	14	16	23	23
珠海市	Zhuhai City					4	4
佛山市	Foshan City					98	49
江门市	Jiangmen City					33	33
东莞市	Dongguan City					22	30
中山市	Zhongshan City			10	12	15	18
惠州市区	Huizhou Urban District						
惠阳市	Huiyang City						
惠东县	Huidong County						
博罗县	Boluo County						
肇庆市区	Zhaoqing Urban District				4	4	6
高要市	Gaoyao City				2	2	3
四会市	Sihui City				2	2	4

14-8 卫生机构数

Number of Health Institutions

单位：个 (unit)

地区	Area	医院数 Number of Hospitals					
		1990	1995	2000	2001	2003	2004
长江三角洲经济区	**Yangtze River Delta**						
上海市	Shanghai City	462	485	459	432	452	489
南京市	Nanjing City	221	228	169	173	187	165
苏州市	Suzhou City	49	42	53	53	62	85
无锡市	Wuxi City	40	42	44	45	61	62
常州市	Changzhou City	28	28	27	29	30	28
镇江市	Zhenjiang City	27	27	28	28	31	33
南通市	Nantong City			43	43	41	41
扬州市	Yangzhou City			33	33	61	69
泰州市	Taizhou City			19	19	20	42
杭州市	Hangzhou City	84	99	95	106	112	114
宁波市	Ningbo City		62	56	57	55	58
嘉兴市	Jiaxing City	28	30	31	31	31	32
湖州市	Huzhou City	22	23	21	21	28	27
绍兴市	Shaoxing City	24	24	26	27	37	42
舟山市	Zhoushan City	10	12	14	15	18	18
台州市	Taizhou City	21	25	35	42	40	47
珠江三角洲经济区	**The Pearl River Delta**						
广州市	Guangzhou City	190	221	252	253	183	188
深圳市	Shenzhen City	38	63	72	75	85	87
珠海市	Zhuhai City	22	12	19	18	22	29
佛山市	Foshan City	69	81	85	84	81	169
江门市	Jiangmen City	100	116	131	134	126	124
东莞市	Dongguan City			46	46	51	53
中山市	Zhongshan City	4	7	4	4	4	4
惠州市区	Huizhou Urban District			8		15	17
惠阳市	Huiyang City			10		8	8
惠东县	Huidong County			3		2	2
博罗县	Boluo County			6		4	3
肇庆市区	Zhaoqing Urban District	8		14		15	16
高要市	Gaoyao City	3		4		4	4
四会市	Sihui City	3		5		7	7

14–8 续表 continued

单位：个 (unit)

地区	Area	卫生院数 Number of Health Centers					
		1990	1995	2000	2001	2003	2004
长江三角洲经济区	**Yangtze River Delta**						
上海市	Shanghai City	178	170	168	151	126	123
南京市	Nanjing City	124	125	116	111	107	72
苏州市	Suzhou City	158	156	144	138	137	122
无锡市	Wuxi City	120	116	116	115	114	113
常州市	Changzhou City	135	133	90	85	81	81
镇江市	Zhenjiang City	88	90	93	87	75	72
南通市	Nantong City			260	274	273	272
扬州市	Yangzhou City			151	138	141	128
泰州市	Taizhou City			152	150	150	127
杭州市	Hangzhou City	356	315	301	285	296	268
宁波市	Ningbo City		283	238	229	217	184
嘉兴市	Jiaxing City	142	144	112	116	126	124
湖州市	Huzhou City	136	132	114	100	99	100
绍兴市	Shaoxing City		271	231	224	301	287
舟山市	Zhoushan City	91	90	84	77	67	64
台州市	Taizhou City	340	377	310	328	189	185
珠江三角洲经济区	**The Pearl River Delta**						
广州市	Guangzhou City	70	72	94	94	71	75
深圳市	Shenzhen City	20	23	44	47	61	63
珠海市	Zhuhai City	12		22	22	22	19
佛山市	Foshan City		52	57	57	53	46
江门市	Jiangmen City			102	105	93	91
东莞市	Dongguan City			39	39		
中山市	Zhongshan City	22	29	26	26	25	25
惠州市区	Huizhou Urban District			6		19	20
惠阳市	Huiyang City			20		8	11
惠东县	Huidong County			21		20	20
博罗县	Boluo County			23		22	22
肇庆市区	Zhaoqing Urban District	4		5		5	5
高要市	Gaoyao City	10		19		19	18
四会市	Sihui City	13		15		16	16

14-9 卫生机构床位数

Number of Beds in Health Institutions

单位：张　　　　(unit)

地区	Area	医院床位数 Number of Beds in Hospitals					
		1990	1995	2000	2001	2003	2004
长江三角洲经济区	**Yangtze River Delta**						
上海市	Shanghai City	62100	66900	73100	76300	81100	85315
南京市	Nanjing City	17407	19019	18140	18152	19458	19104
苏州市	Suzhou City	9144	9912	10410	10885	12454	14774
无锡市	Wuxi City	7620	8307	9090	14847	11429	11973
常州市	Changzhou City	5873	6393	6663	7020	7742	7998
镇江市	Zhenjiang City	6997	7368	4763	4858	5252	5517
南通市	Nantong City			8623	8624	9372	9714
扬州市	Yangzhou City			6227	6249	6883	7127
泰州市	Taizhou City			4631	4531	4783	6048
杭州市	Hangzhou City	18879	21360	23303	23520	22036	24444
宁波市	Ningbo City	10522	12316	9968	10246	10654	17053
嘉兴市	Jiaxing City	4940	4891	5660	5922	6448	7046
湖州市	Huzhou City	4564	4710	4477	4925	6083	5764
绍兴市	Shaoxing City	4056	5066	6085	6406	8178	9009
舟山市	Zhoushan City	1911	2332	2785	2908	2789	2952
台州市	Taizhou City	4120	4974	7006	7877	9545	12285
珠江三角洲经济区	**The Pearl River Delta**						
广州市	Guangzhou City	24395	28721	33716	34558	34140	35979
深圳市	Shenzhen City	3192	6724	10294	10524	13588	15069
珠海市	Zhuhai City	1243	2572	2412	3167	4415	4814
佛山市	Foshan City	7279	10118	12540	12771	15014	16447
江门市	Jiangmen City	7474	8042	8151	8101	8640	9313
东莞市	Dongguan City			7081	7474	9820	10797
中山市	Zhongshan City	946	1335	1565	1753	2005	2020
惠州市区	Huizhou Urban District			1585		2081	2392
惠阳市	Huiyang City			737		601	647
惠东县	Huidong County			420		332	344
博罗县	Boluo County			665		684	589
肇庆市区	Zhaoqing Urban District	1725		2286		2315	2565
高要市	Gaoyao City	319		406		367	367
四会市	Sihui City	314		420		530	593

14-9 续表 continued

单位：张 (unit)

地区	Area	卫生院床位数 Number of Beds in Health Centers					
		1990	1995	2000	2001	2003	2004
长江三角洲经济区	**Yangtze River Delta**						
上海市	Shanghai City	8074	8200	8762	10196	10552	10944
南京市	Nanjing City	3304	3223	2992	2836	2580	1944
苏州市	Suzhou City	7079	6921	7172	7147	6670	6481
无锡市	Wuxi City	5147	5740	5765	5678	5859	5853
常州市	Changzhou City	3622	3946	4067	4010	3945	3934
镇江市	Zhenjiang City	2704	2703	2930	2874	2836	2415
南通市	Nantong City			10124	10054	9900	10070
扬州市	Yangzhou City			4279	4311	3981	3864
泰州市	Taizhou City			6152	6204	3144	4661
杭州市	Hangzhou City	3840	3794	3913	3563	2873	2818
宁波市	Ningbo City			3903	3587	3406	3476
嘉兴市	Jiaxing City	3132	2954	2888	2877	2896	2947
湖州市	Huzhou City	2441	2367	2102	1974	2052	2093
绍兴市	Shaoxing City	3361	2979	3200	3288	2756	2722
舟山市	Zhoushan City	887	927	508	505	528	463
台州市	Taizhou City	2722	2880	2353	2519	1490	1774
珠江三角洲经济区	**The Pearl River Delta**						
广州市	Guangzhou City	2494	2623	2856	3035	3573	3382
深圳市	Shenzhen City	3108	6640	9616	10542	12607	14186
珠海市	Zhuhai City	144		539		615	585
佛山市	Foshan City		4011	5392	5357	5754	5834
江门市	Jiangmen City			2499	2533	2517	2565
东莞市	Dongguan City			5218	5480		
中山市	Zhongshan City	1225	1759	2370	2471	2966	3418
惠州市区	Huizhou Urban District			92		479	551
惠阳市	Huiyang City			516		368	426
惠东县	Huidong County			680		705	666
博罗县	Boluo County			653		776	900
肇庆市区	Zhaoqing Urban District	130		115		126	117
高要市	Gaoyao City	272		358		474	449
四会市	Sihui City	270		305		312	285

14−10 卫生机构的人员数

Number of Employed Personnel in Health Institutions

单位：人 (person)

地区	Area	医生数① Doctors ①					
		1990	1995	2000	2001	2003	2004
长江三角洲经济区	**Yangtze River Delta**						
上海市	Shanghai City	58200	53700	49900	48500	44100	43775
南京市	Nanjing City	15726	16384	15239	14948	13599	13931
苏州市	Suzhou City	10895	12182	11594	11418	11747	11964
无锡市	Wuxi City	8786	9227	9903	9970	9023	9722
常州市	Changzhou City	6144	7073	7779	7737	6592	6586
镇江市	Zhenjiang City	4525	5260	4582	3966	3909	5163
南通市	Nantong City			13009	12737	10878	10863
扬州市	Yangzhou City			6605	6523	6574	6880
泰州市	Taizhou City			8438	8569	7346	7457
杭州市	Hangzhou City	14483	16465	16317	16994	16614	16770
宁波市	Ningbo City	7453	8716	9472	9700	10630	11357
嘉兴市	Jiaxing City	3921	4569	5201	5178	5461	5915
湖州市	Huzhou City	3092	3665	4106	4176	4381	4402
绍兴市	Shaoxing City	5288	6113	5707	6248	6994	7846
舟山市	Zhoushan City	1592	1856	2072	2121	1999	2027
台州市	Taizhou City	4512	5357	6479	7100	7837	7804
珠江三角洲经济区	**The Pearl River Delta**						
广州市	Guangzhou City	21015	23321	23503	23949	23464	24493
深圳市②	Shenzhen City ②	3426	6050	7418	8079	9439	10367
珠海市	Zhuhai City	1276	1573	1627	1626	2296	2410
佛山市	Foshan City	5131	6455	7048	6977	7577	7318
江门市	Jiangmen City	5289	5177	5617	5776	4443	5486
东莞市②	Dongguan City ②	1721	2299	3309	3429	3758	4128
中山市	Zhongshan City	1101	1775	2387	2551	2496	2975
惠州市区	Huizhou Urban District					1567	1874
惠阳市	Huiyang City					709	756
惠东县	Huidong County					589	680
博罗县	Boluo County					797	806
肇庆市区	Zhaoqing Urban District	1051		1474	1410	1413	1412
高要市	Gaoyao City	437		624	634	715	669
四会市	Sihui City	413		551	547	508	479

注：①医生为所有西医师、中医师、西医士、中医士及其他中医的总数。②包括助理医师。

Note: ① Doctor including western doctor, chinese doctor,western nurse,chinese nurse and other chinese doctors. ② Including Assistants.

14—10 续表 continued

单位：人 (person)

地区	Area	护士数 Nurses					
		1990	1995	2000	2001	2003	2004
长江三角洲经济区	**Yangtze River Delta**						
上海市	Shanghai City	36600	34000	38300	36963	37900	38112
南京市	Nanjing City	10946	11617	11582	11170	11135	11495
苏州市	Suzhou City	2804	3407	2994	2572	8629	9408
无锡市	Wuxi City	4620	5452	6517	6581	6692	7158
常州市	Changzhou City	1930	1756	2210	2304	5385	5578
镇江市	Zhenjiang City	1442	1030	1133	1251	3518	3899
南通市	Nantong City			6768	6784	6757	6823
扬州市	Yangzhou City			4442	4572	4401	4451
泰州市	Taizhou City			3787	3973	3948	4114
杭州市	Hangzhou City	7822	9531	11186	11576	12460	13248
宁波市	Ningbo City	3989	4308	5162	5419	6253	7605
嘉兴市	Jiaxing City	2109	2898	3008	3201	3593	4117
湖州市	Huzhou City	1709	1970	2468	2540	2868	3083
绍兴市	Shaoxing City		2530	2658	3156	3786	4643
舟山市	Zhoushan City	1164	1247	1296	1468	1437	1516
台州市	Taizhou City	2193	2443	3576	3713	4658	4873
珠江三角洲经济区	**The Pearl River Delta**						
广州市	Guangzhou City	15329	17705	19743	13928	20136	21927
深圳市	Shenzhen City	2145	4034	5425	5945	7321	7975
珠海市	Zhuhai City	696	824	1592	1623	2190	2275
佛山市	Foshan City	3456	5169	6188	6182	6857	6940
江门市	Jiangmen City					4141	4527
东莞市	Dongguan City	1164	1751	2673	3036	3577	3998
中山市	Zhongshan City	869	834	1017	939	2217	2536
惠州市区	Huizhou Urban District					1453	1624
惠阳市	Huiyang City					560	526
惠东县	Huidong County					455	472
博罗县	Boluo County					701	696
肇庆市区	Zhaoqing Urban District	937		1408		1405	1487
高要市	Gaoyao City	253		479		543	497
四会市	Sihui City	187		428		463	448

14-11 三种专利申请受理量

Three Types of Patent Applications Examined

单位：项 (item)

地区	Area	1990	1995	2000	2001	2003	2004
长江三角洲经济区	**Yangtze River Delta**						
上海市	Shanghai City	1526	2456	11318	12777	22374	20471
南京市	Nanjing City					3159	3908
苏州市	Suzhou City		773	2021	2653	3780	4687
无锡市	Wuxi City				1085	2160	3279
常州市	Changzhou City	150	547	837	1058	1647	1886
镇江市	Zhenjiang City			235	323	909	1262
南通市	Nantong City			623	844	1184	1859
扬州市	Yangzhou City	94	127	334	389	1029	1399
泰州市	Taizhou City			411	505	1064	1236
杭州市	Hangzhou City	756	933	1809	2142	4528	
宁波市	Ningbo City				3003	4628	5932
嘉兴市	Jiaxing City	93	100	495	544	698	1075
湖州市	Huzhou City	81	92	127	366	476	708
绍兴市	Shaoxing City	86	146	629	707	1432	1532
舟山市	Zhoushan City	12	26	59	73	101	145
台州市	Taizhou City	107	285	829	1480	2345	2803
珠江三角洲经济区	**The Pearl River Delta**						
广州市	Guangzhou City	587	768	4493	4998	8206	8230
深圳市	Shenzhen City		1104	4431	6033	12361	15088
珠海市	Zhuhai City	34	212	694	750	989	1220
佛山市	Foshan City	219	1407	3987	5490	7388	10809
江门市	Jiangmen City			692	767	1848	2116
东莞市	Dongguan City	34	325	1653	2914	3865	4325
中山市	Zhongshan City			1327	1829	2159	2545
惠州市区	Huizhou Urban District					423	668
惠阳市	Huiyang City					225	81
惠东县	Huidong County					30	21
博罗县	Boluo County					173	307
肇庆市区	Zhaoqing Urban District				78	91	
高要市	Gaoyao City				8	84	
四会市	Sihui City				23	42	

14-12 三种专利申请授权量

Three Types of Patent Applications Granted

单位：项 (item)

地区	Area	1990	1995	2000	2001	2003	2004
长江三角洲经济区	**Yangtze River Delta**						
上海市	Shanghai City	924	1436	4048	5371	16671	10625
南京市	Nanjing City					1552	1761
苏州市	Suzhou City		415	1922	1749	2593	2783
无锡市	Wuxi City	228	358	903	766	1351	1371
常州市	Changzhou City	115	255	731	639	922	1175
镇江市	Zhenjiang City			167	197	422	615
南通市	Nantong City			391	478	486	612
扬州市	Yangzhou City	52	93	289	226	714	733
泰州市	Taizhou City			208	268	409	488
杭州市	Hangzhou City	442	558	1337	1342	2350	2831
宁波市	Ningbo City		346	1662	2148	3414	3559
嘉兴市	Jiaxing City	90	95	367	348	529	516
湖州市	Huzhou City	31	95	148	130	212	471
绍兴市	Shaoxing City	54	93	332	501	797	990
舟山市	Zhoushan City	9	12	33	28	85	55
台州市	Taizhou City	58	245	772	962	1795	1698
珠江三角洲经济区	**The Pearl River Delta**						
广州市	Guangzhou City	387	744	3318	3337	5019	5535
深圳市	Shenzhen City		721	3076	3649	6652	7833
珠海市	Zhuhai City			504	458	703	696
佛山市	Foshan City	211	1139	3299	4022	6456	6193
江门市	Jiangmen City			520	577	1048	1365
东莞市	Dongguan City	30	262	1399	1753	2858	3167
中山市	Zhongshan City			1079	1216	1699	1795
惠州市区	Huizhou Urban District					211	369
惠阳市	Huiyang City					152	81
惠东县	Huidong County					22	22
博罗县	Boluo County					146	200
惠州市区	Huizhou Urban District					211	
惠阳市	Huiyang City					152	
惠东县	Huidong County					22	
博罗县	Boluo County					146	
肇庆市区	Zhaoqing Urban District				44	60	
高要市	Gaoyao City				2	58	
四会市	Sihui City				10	26	

14-13 三种专利申请受理和授权量(2004年)

Three Types of Patent Applications Examined and Granted(2004)

单位：项 (item)

地区	Area	申请受理量合计 Number of Patent Applications Examined	发明 Inventions	实用新型 Utility Models	外观设计 Designs
长江三角洲经济区	**Yangtze River Delta**				
上海市	Shanghai City	20471	6737	6131	7603
南京市	Nanjing City	3908	1414	1422	1072
苏州市	Suzhou City	4687	580	1759	2348
无锡市	Wuxi City	3279	439	1370	1470
常州市	Changzhou City	1886	274	777	835
镇江市	Zhenjiang City	1262	115	336	811
南通市	Nantong City	1859	403	980	476
扬州市	Yangzhou City	1399	147	549	703
泰州市	Taizhou City	1236	131	435	670
杭州市	Hangzhou City	5932	1893	2181	1858
宁波市	Ningbo City				
嘉兴市	Jiaxing City	1075	82	332	661
湖州市	Huzhou City	708	61	163	484
绍兴市	Shaoxing City	1532	210	561	761
舟山市	Zhoushan City	145	11	67	67
台州市	Taizhou City	2803	243	908	1652
珠江三角洲经济区	**The Pearl River Delta**				
广州市	Guangzhou City	8230	1483	2683	4064
深圳市	Shenzhen City-	15088	4929	4474	5685
珠海市	Zhuhai City	1220	135	451	634
佛山市	Foshan City	10809	490	2311	8008
江门市	Jiangmen City	2116	122	614	1380
东莞市	Dongguan City	4325	185	1523	2617
中山市	Zhongshan City	2545	79	725	1741
惠州市区	Huizhou Urban District	668	143	213	312
惠阳市	Huiyang City	81	4	48	29
惠东县	Huidong County	21		6	15
博罗县	Boluo County	307	19	64	224
肇庆市区	Zhaoqing Urban District				
高要市	Gaoyao City				
四会市	Sihui City				

14–13 续表 continued

单位：项 (item)

地区	Area	授权量合计 Number of Patent Applications Granted	发明 Inventions	实用新型 Utility Models	外观设计 Designs
长江三角洲经济区	**Yangtze River Delta**				
上海市	Shanghai City	10625	1687	4040	4898
南京市	Nanjing City	1761	471	838	452
苏州市	Suzhou City	2783	167	1128	1488
无锡市	Wuxi City	1371	93	794	484
常州市	Changzhou City	1175	59	529	587
镇江市	Zhenjiang City	615	16	196	403
南通市	Nantong City	612	37	358	217
扬州市	Yangzhou City	733	18	381	334
泰州市	Taizhou City	488	38	235	215
杭州市	Hangzhou City	2831	418	1334	1079
宁波市	Ningbo City	3559	140	935	2484
嘉兴市	Jiaxing City	516	20	197	299
湖州市	Huzhou City	471	13	116	344
绍兴市	Shaoxing City	946	37	413	496
舟山市	Zhoushan City	55		37	18
台州市	Taizhou City	1698	31	537	1130
珠江三角洲经济区	**The Pearl River Delta**				
广州市	Guangzhou City	5535	589	1798	3148
深圳市	Shenzhen City	7833	947	2750	4136
珠海市	Zhuhai City	696	43	313	340
佛山市	Foshan City	6193	89	1515	4589
江门市	Jiangmen City	1365	27	487	851
东莞市	Dongguan City	3167	26	919	2222
中山市	Zhongshan City	1795	8	449	1338
惠州市区	Huizhou Urban District	369	10	126	233
惠阳市	Huiyang City	81	2	38	47
惠东县	Huidong County	22	1	9	12
博罗县	Boluo County	200	3		160
肇庆市区	Zhaoqing Urban District				
高要市	Gaoyao City				
四会市	Sihui City				

主要统计指标解释

普通高等学校 指按照国家规定的标准和审批程序批准举办的，通过全国统一招生考试，招收高中毕业生为主要培养对象，实施高等教育的全日制大学、独立设置的学院和高等专科学校、高等职业学校和其他机构。

大学、独立设置的学院主要实施本科层次以上教育，高等专科学校、高等职业学校实施专科层次教育，其他机构是承担国家普通招生计划任务不计校数的机构。包括普通高等学校分校和批准筹建的普通高等学校等。

成人高等学校 指按照国家规定的设置标准和审批程序批准举办的，通过全国成人高等学校统一招生考试，招收具有高中毕业或同等学历的在职从业人员为主要培养对象，利用函授、业余、脱产等多种形式对其实施高等学历教育的学校。包括职工高等学校、农民高等学校、管理干部学院、教育学院、独立函授学院、广播电视大学、其他机构等。其他机构是承担国家成人招生计划任务不计校数的机构。

专业技术人员 指从事专业技术工作和专业技术管理工作的人员，即企事业单位中已经聘任专业技术职务从事专业技术工作和专业技术管理工作的人员，以及未聘任专业技术职务，现在专业技术岗位上工作的人员。包括工程技术人员、农业技术人员、科学研究人员、卫生技术人员、教学人员、经济人员、会计人员、统计人员、翻译人员、图书资料、档案、文博人员、新闻出版人员、律师、公证人员、广播电视播音人员、工艺美术人员、体育人员、艺术人员及企业政治思想工作人员，共十七个专业技术职务类别。用来反映科技人力资源情况。

卫生机构 包括医疗机构、疾病预防控制中心（防疫站）、采供血机构、卫生监督及监测（检验）机构、医学科研和在职培训机构、健康教育所等。

医院 包括综合医院、中医医院、中西医结合医院、民族医院、各类专科医院和护理院。

医生 指在医疗、预防保健机构工作且取得《执业医师证书》的执业医师和执业助理医师。

专利 是专利权的简称，是对发明人的发明创造经审查合格后，由专利局依据专利法授予发明人和设计人对该项发明创造享有的专有权。包括发明、实用新型和外观设计。反映拥有自主知识产权的科技和设计成果情况。

发明 指对有关产品、方法或者其改进所提出的新的技术方案。是国际通行的反映拥有自主知识产权技术的核心指标。

实用新型 指对产品的形状、构造或者其结合所提出的适于实用的新的技术方案。反映具有一定技术含量的技术成果情况。

外观设计 指对产品的形状、图案、色彩或者其结合所作出的富有美感并适于工业上应用的新设计。反映拥有自主知识产权的外观设计成果情况。

Explanatory Notes on Main Statistical Indicators

Regular Institutions of Higher Learning refer to educational establishments set up according to the government evaluation and approval procedures , enrolling graduates from senior secondary schools and providing higher education courses and training for senior professionals. They include full-time universities, colleges, high professional schools, high professional vocational schools and others.

Universities and colleges are mainly providing undergraduate courses; those high profess ional schools and high professional vocational schools are mainly providing professional trainings; and others refer to educational establishments, which are responsible for enrolling students but not covered in the total number of schools, including: branch schools of universities and colleges, and universities and colleges that have been proved and prepared to construct.

Institutions of Higher Learning for Adults refer to educational establishments, set up in line with relevant rules approved by the government, enrolling staff and workers with senior secondary school or equivalent education, and providing higher education courses in many forms of correspondence, spare time, or full time for adults. Professionals thus trained receive a qualification equivalent to graduates studying regular courses at regular universities, colleges and professional colleges. Institutions of higher learning for adults include schools of high education for staff and workers, schools of high education for peasants, colleges for management cadres, pedagogical colleges , independent correspondence colleges, Radio and TV universities and other educational establishment s. Other educational establishments are responsible for enrolling adult students but not covered in the number of schools.

Professional and Technical Personnel refer to persons engaged in professional and technical work or in the management of professional and technical activities, i.e., people with professional or technical posit ions who are engaged in professional and technical work or in the management of professional and technical activities, and people without professional or technical positions but are working on professional or technical posts. They include professionals and technicians working in 17 categories of technical occupations including engineering, agriculture, scientific researches, medical service, teaching, economic research and application, accounting, statistics , translation, libraries, archives, cultural and museum service, journalism and publication, lawyers, notarization service, radio and television broadcasting, handicraft and fine arts, sports, performing art, and political workers in enterprises. This indicator reflect s the condition of human resources in S&T.

Health Care Institutions include: medical institutions, disease prevent ion and control centers (epidemic prevention stations), blood gathering and supplying institutions, health supervision and inspection (check up) institutions, medicinal scientific research and on-job training institutions , health education and so on.

Hospitals include: polyclinics, traditional Chinese medical hospitals, hospitals integrated with traditional Chinese therapeutics and western therapeutics, ethical hospitals, various specialties hospitals and nursing hospitals.

Doctors refer to certified physicians and certified assistant physicians with certifications working in medical and health care and prevention agencies.

Patent is an abbreviation for the patent right and refers to the exclusive right of ownership by the inventors or designers for the creation or inventions, given from the patent offices after due process of assessment and approval in accordance with the Patent Law. Patents are granted for inventions, utility models and designs. This indicator reflects the achievements of S&T and design with independent intellectual property.

Inventions refer to the new technical proposals to the products or methods or their modifications. This is universal core indicator reflecting the technologies with independent intellectual property.

Utility Models refer to the practical and new technical proposals on the shape and structure of the product or the combination of both. This indicator reflects the condition of technological results with certain technical content.

Designs refer to the aesthetics and industrially applicable new designs for the shape, pattern and color of the product, or their combinations. This indicator reflects the appearance design achievements with independent intellectual property.

15-1 年末离退休人员情况

Number of Retired and Resigned at the Year-end

单位：人 (person)

地区	Area	离休人员 Retired Veterans				退休人员 Retired Persons	
		2000	2002	2003	2004	2000	2002
长江三角洲经济区	**Yangtze River Delta**						
上海市	Shanghai City	36971	35465	34400	28300	2274849	2402496
南京市	Nanjing City	15900	16295	17254	14149	412819	459404
苏州市	Suzhou City	6149	5509	5230	5391	299490	322620
无锡市	Wuxi City	4027	3625	4421	4129	263389	283390
常州市	Changzhou City	3231	2857	2760	2716	168059	180870
镇江市	Zhenjiang City	4049	2635	2988	3572	111321	113488
南通市	Nantong City		8298	7526	7272		253949
扬州市	Yangzhou City	4435	4291	4093		126360	140082
泰州市	Taizhou City	4307	3784	3657	3213	113640	123565
杭州市	Hangzhou City	11209	11450	10697	10697	398727	439515
宁波市	Ningbo City	3844	3469	3333	3333	166984	205794
嘉兴市	Jiaxing City	2550	2240	2111	2111	115193	136425
湖州市	Huzhou City	2027	867	2254	2254	73309	72956
绍兴市	Shaoxing City	2399	1828	1786	1786	81343	96062
舟山市	Zhoushan City	931	890	874	874	21482	30177
台州市	Taizhou City	2605	2341	2294	2294	74031	88472
珠江三角洲经济区	**Pearl River Delta**						
广州市	Guangzhou City	18293	17524	16012	15739	587583	619001
深圳市	Shenzhen City			2021	1963		
珠海市	Zhuhai City	560	530	519	497	28436	24710
佛山市	Foshan City			3499			
江门市	Jiangmen City						
东莞市	Dongguan City	791	620	610		31962	25639
中山市	Zhongshan City	507	630	607	1192	26308	56909
惠州市区	Huizhou Urban District	688	667	643	636	14348	15592
惠阳县	Huiyang County	294	268	214	198	5342	5921
惠东县	Huidong County	265	230	215	210	3723	4643
博罗县	Boluo County	264	223	220	203	6694	10850
肇庆市区	Zhaoqing Urban District	870	934	850		24781	31203
高要市	Gaoyao City	108	175	170		4992	9063
四会市	Sihui City	84	109	104		5887	7283

15-1 续表 continued

单位：人 (person)

地区	Area	退休人员 Retired Persons		退职人员 Resigned Persons			
		2003	2004	2000	2002	2003	2004
长江三角洲经济区	**Yangtze River Delta**						
上海市	Shanghai City	2479500	1641000	30517	31192	31800	12400
南京市	Nanjing City	486258	506655	10276	8281	8803	8436
苏州市	Suzhou City	328573	362881	10883	11961	12524	14757
无锡市	Wuxi City	347628	367151	10626	9523	10893	11076
常州市	Changzhou City	187926	199721	4142	4244	4246	4092
镇江市	Zhenjiang City	129049	128012	3568	4855	4907	4191
南通市	Nantong City	260337	297991		4893	4897	3485
扬州市	Yangzhou City	153041		4796	6057	7266	
泰州市	Taizhou City	152122	159282	4223	4408	3456	1451
杭州市	Hangzhou City	453107	456825	12117	12902	14450	15740
宁波市	Ningbo City	216003	226781	7631	6231	6185	6103
嘉兴市	Jiaxing City	161763	149084	3168	3792	3256	2936
湖州市	Huzhou City	86593	89705	2215	1235	2183	1762
绍兴市	Shaoxing City	100210	105390	2186	4268	3069	2967
舟山市	Zhoushan City	32720	36237	627	1996	1954	876
台州市	Taizhou City	95523	100574	1962	2086	2034	1812
珠江三角洲经济区	**Pearl River Delta**						
广州市	Guangzhou City	686734	711540	3028	3436	3792	3989
深圳市	Shenzhen City	61895	123452			10	10
珠海市	Zhuhai City	37097	39963			61	27
佛山市	Foshan City		166589			411	
江门市	Jiangmen City						
东莞市	Dongguan City	24781		505	505	585	
中山市	Zhongshan City	58361	66496	63			
惠州市区	Huizhou Urban District	18938	20265				
惠阳县	Huiyang County	4772	5143				
惠东县	Huidong County	5035	5443				
博罗县	Boluo County	11314	12054				
肇庆市区	Zhaoqing Urban District	30817			295	100	
高要市	Gaoyao City	9369			5	2	
四会市	Sihui City	7400			108	124	

15-2 社会保险情况
Statistics of Social Welfare

单位：万人 (10 000 persons)

地区	Area	基本养老保险参保职工 Workers Participating in the Basic Endowment Insurance				
		2000	2001	2002	2003	2004
长江三角洲经济区	**Yangtze River Delta**					
上海市	Shanghai City	441.09	443.67	452.85	461.06	455.40
南京市	Nanjing City	86.38	91.55	110.97	118.63	128.92
苏州市	Suzhou City	76.81	103.85	123.77	146.15	152.33
无锡市	Wuxi City	55.23	76.56	83.62	103.94	108.81
常州市	Changzhou City	34.91	36.23	39.36	43.54	56.38
镇江市	Zhenjiang City	40.76	31.92	33.93	38.88	39.35
南通市	Nantong City	55.08	58.73	59.99	61.42	68.36
扬州市	Yangzhou City	45.89	48.04	48.13	44.96	47.59
泰州市	Taizhou City	35.07	36.07	35.88	36.01	36.95
杭州市	Hangzhou City	81.96	109.31	127.99	140.06	169.06
宁波市	Ningbo City	158.07	81.50	71.26	100.73	115.05
嘉兴市	Jiaxing City	33.20	38.15	47.48	53.75	68.98
湖州市	Huzhou City	2.20	27.29	35.45	35.33	36.11
绍兴市	Shaoxing City	39.43	51.80	54.48	77.71	83.60
舟山市	Zhoushan City	11.43	11.63	15.00	15.85	16.58
台州市	Taizhou City	26.01	26.90	40.46	56.42	58.49
珠江三角洲经济区	**Pearl River Delta**					
广州市	Guangzhou City	152.07	157.55	160.55	172.69	186.76
深圳市	Shenzhen City			127.38	253.09	295.89
珠海市	Zhuhai City	27.09	32.60	36.05	36.72	42.20
佛山市	Foshan City	34.80	66.90	110.00	119.60	126.60
江门市	Jiangmen City	43.46	43.84	44.05	42.55	41.71
东莞市	Dongguan City	82.95	83.01	103.19	104.13	104.44
中山市	Zhongshan City	31.49	50.63	45.84	55.76	76.04
惠州市区	Huizhou Urban District	14.01	15.97	17.18	22.85	25.64
惠阳县	Huiyang County	4.68	7.07	6.05	6.90	7.80
惠东县	Huidong County	3.56	3.98	4.24	5.40	5.30
博罗县	Boluo County	5.18	4.71	5.00	7.33	7.02
肇庆市区	Zhaoqing Urban District	10.37	11.76	11.80	11.77	11.99
高要市	Gaoyao City	3.88	4.42	4.41	4.43	4.44
四会市	Sihui City	2.99	3.49	3.49	3.97	3.97

15-2 续表 1 continued

单位：万人 (10 000 persons)

地区	Area	基本医疗保险参保职工 Workers Participating in the Basic Medical Care Insurance				
		2000	2001	2002	2003	2004
长江三角洲经济区	**Yangtze River Delta**					
上海市	Shanghai City	566.73	666.00	675.91	689.93	697.22
南京市	Nanjing City	25.47	34.70	70.22	100.24	124.15
苏州市	Suzhou City	49.34	106.15	144.75	174.71	207.44
无锡市	Wuxi City	61.59	75.79	89.50	116.76	127.37
常州市	Changzhou City	13.29	30.00	48.21	57.07	69.92
镇江市	Zhenjiang City	39.85	41.24	43.40	46.36	50.08
南通市	Nantong City	34.82	47.86	58.38	68.97	82.00
扬州市	Yangzhou City	7.71	30.10	38.97	46.99	54.01
泰州市	Taizhou City	12.77	19.64	35.24	35.00	54.66
杭州市	Hangzhou City	53.39	76.99	139.75	155.66	172.35
宁波市	Ningbo City	42.93	52.28	53.45	84.25	94.54
嘉兴市	Jiaxing City			19.03	28.28	38.72
湖州市	Huzhou City		13.14	15.29	24.10	24.26
绍兴市	Shaoxing City		14.10	24.05	40.52	44.31
舟山市	Zhoushan City	10.45	14.60	15.19	15.83	17.36
台州市	Taizhou City	9.63	9.01	15.70	21.94	25.04
珠江三角洲经济区	**Pearl River Delta**					
广州市	Guangzhou City		41.50	108.64	158.14	190.45
深圳市	Shenzhen City	86.10	104.39	127.38	165.63	231.36
珠海市	Zhuhai City	13.60	19.60	25.35	38.88	46.68
佛山市	Foshan City	38.72	35.70	86.60	92.11	107.97
江门市	Jiangmen City	23.72	30.99	36.88	38.79	40.12
东莞市	Dongguan City	88.21	84.99	105.19	105.90	105.95
中山市	Zhongshan City	12.49	54.82	53.90	60.58	79.23
惠州市区	Huizhou Urban District		11.81	16.20	18.42	20.46
惠阳县	Huiyang County		3.79	4.81	4.18	6.48
惠东县	Huidong County		2.30	3.04	2.50	2.41
博罗县	Boluo County		2.31	3.82	3.86	4.10
肇庆市区	Zhaoqing Urban District		10.78	11.60	12.75	13.18
高要市	Gaoyao City			2.60	3.63	3.64
四会市	Sihui City			1.30	3.39	3.38

15-2 续表 2 continued

单位：万人 (10 000 persons)

地区	Area	失业保险参保职工 Workers Participating in the Basic Unemployment Insurance				
		2000	2001	2002	2003	2004
长江三角洲经济区	**Yangtze River Delta**					
上海市	Shanghai City	434.86	430.71	436.01	441.14	438.16
南京市	Nanjing City	108.63	109.46	112.40	113.06	119.93
苏州市	Suzhou City	86.10	91.34	97.52	113.46	130.08
无锡市	Wuxi City	66.01	66.06	64.32	74.71	83.21
常州市	Changzhou City	51.15	49.60	49.71	49.83	57.31
镇江市	Zhenjiang City	38.25	39.83	38.00	39.02	39.50
南通市	Nantong City	73.18	70.33	67.24	68.06	67.91
扬州市	Yangzhou City	53.19	49.75	45.75	46.24	47.75
泰州市	Taizhou City	45.85	45.55	42.33	41.30	34.36
杭州市	Hangzhou City	96.66	95.52	96.93	98.71	105.73
宁波市	Ningbo City		59.85	69.76	70.73	74.49
嘉兴市	Jiaxing City	33.65	33.65	33.65	33.81	36.66
湖州市	Huzhou City	21.70	21.50	19.50	19.50	21.14
绍兴市	Shaoxing City	36.71	37.73	37.22	36.80	39.10
舟山市	Zhoushan City	12.24	11.90	11.86	11.22	11.51
台州市	Taizhou City		28.41	31.00	32.07	34.64
珠江三角洲经济区	**Pearl River Delta**					
广州市	Guangzhou City	178.85	183.02	186.01	202.27	221.20
深圳市	Shenzhen City		90.47	110.15	113.49	128.15
珠海市	Zhuhai City	29.17	32.12	31.54	34.77	39.32
佛山市	Foshan City	41.05	45.10	85.50	89.57	96.30
江门市	Jiangmen City	36.41	36.61	37.83	37.03	34.38
东莞市	Dongguan City	17.84	17.91	67.91	100.00	100.00
中山市	Zhongshan City	25.84	50.67	44.51	55.37	75.54
惠州市区	Huizhou Urban District	15.39	18.83	19.13	22.13	24.06
惠阳县	Huiyang County	5.71	6.89	7.30	6.04	5.41
惠东县	Huidong County	3.94	4.18	4.40	3.79	3.88
博罗县	Boluo County	5.22	4.57	4.63	4.24	4.72
肇庆市区	Zhaoqing Urban District	10.03	11.33	11.40	11.40	11.41
高要市	Gaoyao City	2.92	3.33	3.32	3.40	3.40
四会市	Sihui City	2.63	3.00	3.05	3.32	3.32

15-3 福利机构基本情况

Basic Statistics on Welfare Institutions

地区	Area	社会福利院数（个） Number of Welfare Institutions (unit)				社会福利院床位数（张） Beds of Welfare Institutions (bed)	
		2000	2002	2003	2004	2000	2002
长江三角洲经济区	**Yangtze River Delta**						
上海市①	Shanghai City ①	427	451	454	450		36853
南京市	Nanjing City	166	151	153	157	7587	9048
苏州市	Suzhou City	6	186	163	175	1315	10840
无锡市	Wuxi City	6	6	5	137	1054	1142
常州市	Changzhou City	125	99	104	106	4991	5185
镇江市	Zhenjiang City	94	76	74	76	2732	2789
南通市	Nantong City	139	178	186	189	6859	9394
扬州市	Yangzhou City	183	153	133	124	5517	5634
泰州市	Taizhou City	5	5	4	4	497	580
杭州市	Hangzhou City	284	259	223	224	6770	7357
宁波市	Ningbo City	211	196	183	182	10322	12345
嘉兴市	Jiaxing City	125	101	94	93	3813	4271
湖州市	Huzhou City	85	93	84	80	1894	3068
绍兴市	Shaoxing City	161	145	149	148	3306	4168
舟山市	Zhoushan City	64	67	64	60	951	1063
台州市	Taizhou City	240	161	146	158	4635	5877
珠江三角洲经济区	**Pearl River Delta**						
广州市①	Guangzhou City ①	182	166	163	169	12371	13916
深圳市	Shenzhen City	3	6	12	22		1453
珠海市	Zhuhai City	3	3	3	3	215	223
佛山市	Foshan City	3	5	81	91	586	1500
江门市	Jiangmen City	103	88	87	86	4327	4479
东莞市	Dongguan City	2	1	1	1	430	80
中山市	Zhongshan City	2	2	1	1	530	567
惠州市区	Huizhou Urban District			17	13	108	128
惠阳县	Huiyang County			11	10		150
惠东县	Huidong County			25	21	20	20
博罗县	Boluo County			21	20	100	120
肇庆市区	Zhaoqing Urban District	1	2	2	4	142	287
高要市	Gaoyao City						
四会市	Sihui City						

15−3 续表 continued

地区	Area	福利机构床位数（张） Bed of Welfare Institution (bed)		社区服务设施数（个） Number of Urban Welfare Facilities (unit)			
		2003	2004	2000	2002	2003	2004
长江三角洲经济区	**Yangtze River Delta**						
上海市①	Shanghai City ①	39608	42897	12592		7451	9703
南京市	Nanjing City	9810	11139	1953	1220	1689	1605
苏州市	Suzhou City	8695	10799	3811	5606	4623	4667
无锡市	Wuxi City	1282	10250	7569	5852	6165	5654
常州市	Changzhou City	5813	6264	169	2028	2378	2671
镇江市	Zhenjiang City	2822	3044	1524	1755	1684	1833
南通市	Nantong City	10110	10746	813	1194	1413	1731
扬州市	Yangzhou City	4747	8419	143	1287	642	2232
泰州市	Taizhou City	560	560	245	245	245	211
杭州市	Hangzhou City	7460	15208	1529	2085	1840	2431
宁波市	Ningbo City	11909	14106	1155	2180	3496	4477
嘉兴市	Jiaxing City	4988	6134	585	542	621	1395
湖州市	Huzhou City	4017	4711	402	491	775	849
绍兴市	Shaoxing City	6576	10028	943	454	1003	1090
舟山市	Zhoushan City	1323	2014	87	66	100	108
台州市	Taizhou City	5221	8014	444	516	542	719
珠江三角洲经济区	**Pearl River Delta**						
广州市①	Guangzhou City ①	16090	17415	236	862	1643	1647
深圳市	Shenzhen City	1453	2070		98	323	592
珠海市	Zhuhai City	270	190	64	119	263	171
佛山市	Foshan City	7349	8529	400	623	902	900
江门市	Jiangmen City	4595	4437		252	292	265
东莞市	Dongguan City	697		342	48	48	48
中山市	Zhongshan City	160	160	261	309	325	385
惠州市区	Huizhou Urban District	775	417		13		
惠阳县	Huiyang County	356	205			25	11
惠东县	Huidong County	616	556			36	37
博罗县	Boluo County	462	272				
肇庆市区	Zhaoqing Urban District	230	391	40	43	66	66
高要市	Gaoyao City					35	37
四会市	Sihui City					196	217

注：①上海、广州为收养性福利事业单位。

Note: The data of Shanghai and Guangzhou are on adopting social welare institutes.

15-4 居民最低生活保障人数

Number of Persons Receiving Lowest Cost-of-living

单位：人 (person)

地区	Area	2000	2001	2002	2003	2004
长江三角洲经济区	**Yangtze River Delta**					
上海市	Shanghai City	196000	370400	498600	550700	494600
南京市	Nanjing City	23782	37285	71625	67614	120486
苏州市	Suzhou City	17100	32671	39802	51575	64080
无锡市	Wuxi City	72131	52105	54184	64670	68195
常州市	Changzhou City	1775	4105	8056	11754	38234
镇江市	Zhenjiang City	7592	10495	12283	15265	22580
南通市	Nantong City		36777	45189	51524	59830
扬州市	Yangzhou City	20714	23520	31943	36735	58049
泰州市	Taizhou City	4764	26275	29504	41172	58342
杭州市	Hangzhou City	2847	5029	8497	13450	16324
宁波市	Ningbo City	2531	5487	10388	18563	17080
嘉兴市	Jiaxing City	10067	18725	26666	35735	8100
湖州市	Huzhou City	1492	2012	4071	6549	7871
绍兴市	Shaoxing City	11754	20368	28597	38857	44365
舟山市	Zhoushan City	389	1039	1644	2130	2138
台州市	Taizhou City	29611	33487	48926	56751	60893
珠江三角洲经济区	**Pearl River Delta**					
广州市	Guangzhou City	35819	44900	58257	71960	106079
深圳市	Shenzhen City		4978	8478	11228	13364
珠海市	Zhuhai City	4361	5956	7945	15934	8143
佛山市	Foshan City			49960	23120	24324
江门市	Jiangmen City	14227	17356	30427	49121	51105
东莞市	Dongguan City	1825	2003	2711	2876	4968
中山市	Zhongshan City	8500	12400	16500	18100	19198
惠州市区	Huizhou Urban District	1099	1295	1507	5346	1479
惠阳县	Huiyang County	3492	3702	5737	1942	2468
惠东县	Huidong County	1409	1414	6326	1197	1273
博罗县	Boluo County	1715	2206	6730	922	1113
肇庆市区	Zhaoqing Urban District			4109	4792	4954
高要市	Gaoyao City			8232	8743	9364
四会市	Sihui City			5527	5555	5965

15-5 交通事故基本情况
Basic Statistics on Traffic Accidents

地区	Area	交通事故件数（起） Traffic Accidents(case)			死亡人数（人） Number of Deaths (person)		
		2000	2003	2004	2000	2003	2004
长江三角洲经济区	**Yangtze River Delta**						
上海市	Shanghai City	7624	54196	27136		1406	1543
南京市	Nanjing City	4583	4708	2666	534	444	561
苏州市	Suzhou City	9886	9300	6170	1113	1039	1018
无锡市	Wuxi City	12564	7204	5147	736	644	881
常州市	Changzhou City	3405	1913	2428	514	490	799
镇江市	Zhenjiang City	1733	1214	893	364	379	436
南通市	Nantong City	3929	3696	3212	788	624	745
扬州市	Yangzhou City	2011	2020	1359	539	444	406
泰州市	Taizhou City	2896	2686	2112	451	401	552
杭州市	Hangzhou City	9805	15201	10761	855	1216	1195
宁波市	Ningbo City	10626	4046	7430		947	1038
嘉兴市	Jiaxing City		3459	2722		495	451
湖州市	Huzhou City	785	2302	1640	382	376	504
绍兴市	Shaoxing City	3431	4324	3641	628	774	757
舟山市	Zhoushan City		427	366		49	49
台州市	Taizhou City	5912	4530	4148		724	689
珠江三角洲经济区	**Pearl River Delta**						
广州市	Guangzhou City	15304	11565	9930	1714	1718	1813
深圳市	Shenzhen City	2567	1662	2348		197	263
珠海市	Zhuhai City		1660	1811		145	140
佛山市	Foshan City		11251	9499		991	934
江门市	Jiangmen City	8990	3927	5408		596	574
东莞市	Dongguan City	7386	8692	8029	903	1127	978
中山市	Zhongshan City	2728	3726	8057	481	471	457
惠州市区	Huizhou Urban District		329	375		136	170
惠阳县	Huiyang County		432	360		195	42
惠东县	Huidong County		156	224		114	100
博罗县	Boluo County		768	659		246	220
肇庆市区	Zhaoqing Urban District	991	611	529		82	70
高要市	Gaoyao City		417	415		67	56
四会市	Sihui City		415	424		60	63

15-6 社会治安基本情况

Basic Statistics on Public Security

地区	Area	刑事案件立案数（件） Criminal Cases Accepted (case)			犯罪人数（人） Number of Criminal Suspects (person)		
		2000	2003	2004	2000	2003	2004
长江三角洲经济区	**Yangtze River Delta**						
上海市	Shanghai City	104946	104452	127143	15449	25993	19547
南京市	Nanjing City	4118	34818	34386	4898	4910	5063
苏州市	Suzhou City	4148	32164	33514	5967	8738	10592
无锡市	Wuxi City	3301	30643	31685	4369	5167	6090
常州市	Changzhou City	2379	2944	21393	7595	4257	4168
镇江市	Zhenjiang City	1982	1900	21928	2420	2147	2297
南通市	Nantong City	2880	2973	13674	3897	3392	3429
扬州市	Yangzhou City	2019	1855	23609	2324	2176	2172
泰州市	Taizhou City	1761	1699	19111	2627	2182	2326
杭州市	Hangzhou City	29666	67315	7640	7542	8862	10240
宁波市	Ningbo City	38566	66016	80335	6861	8063	11271
嘉兴市	Jiaxing City	19218	36231	41412	2995	3466	5002
湖州市	Huzhou City	12913	16506	19965	1739	2270	2627
绍兴市	Shaoxing City	22215	31843	44828	3587	4152	5229
舟山市	Zhoushan City	8707	10592	11010	1028	1037	1254
台州市	Taizhou City	38657	49251	61169	5382	7596	8466
珠江三角洲经济区	**Pearl River Delta**						
广州市	Guangzhou City	141930	116146	111745			
深圳市	Shenzhen City	20745	34233	23922	7550	8837	12218
珠海市	Zhuhai City	13849	16585	16267	4313	4350	5012
佛山市	Foshan City	48571	63042	66445	5241	6658	7471
江门市	Jiangmen City	23835	26530	27402	5878	7488	7256
东莞市	Dongguan City		41429	42525		5701	3627
中山市	Zhongshan City	16684	17045	17548	1934	3040	3566
惠州市区	Huizhou Urban District	5575	4399	5754	528	2510	3256
惠阳县	Huiyang County	4726	3548	2902	1209	1411	2137
惠东县	Huidong County	2418	1755	1716	677	1755	1131
博罗县	Boluo County	3652	3088	2422	1049	1460	1380
肇庆市区	Zhaoqing Urban District	5960	5220	5327	1293	1349	813
高要市	Gaoyao City	1397	1292	1344	540	591	235
四会市	Sihui City	1588	1251	1434	403	495	214

主要统计指标解释

年末离休、退休、退职人员　指正式办理了离休、退休、退职手续，并享受相应的离休、退休、退职待遇的人员。

基本养老保险参保职工人数　指报告期末按照国家法律、法规和有关政策规定参加基本养老保险的职工。包括不能正常缴费、已中断缴费但未终止保险关系的职工。

基本医疗保险参保人数　指报告期末按国家有关规定参加基本医疗保险的人数。包括参加保险的职工人数和退休人员人数。

失业保险参保人数　指报告期末按照国家法律、法规和有关政策规定参加了失业保险的城镇企业事业单位的职工及地方政府规定参加失业保险的其他人员的人数。

社会福利机构　指集中收养社会孤老、残、幼的机构，包括由民政部门管理的社会福利院、儿童福利院、精神病人福利院和城镇集体举办的福利院及农村集体举办的敬老院以及优抚医院和具有收养能力的社区服务中心等。该指标主要反映我国在社会福利性单位投入的水平。

社会福利事业单位收养人数　包括民政部门管理和城镇、农村集体举办的社会福利事业单位中收养的老人、少年儿童、缺乏生活自理能力的残疾人员和精神病人。该指标主要反映收养性社会福利单位的收养能力。

Explanatory Notes on Main Statistical Indicators

Retirees at the Year-end refers to people who have formally gone through the formalities for their retirement or quitting work and enjoy the corresponding treatments.

Contributors of Basic Endowment Insurance by the end of reference period, number of staff and workers participating in the insurance program in line with national laws, regulations and related policies, including those who can not make regular payment or interrupt payment but not terminate the insurance program.

Contributors of Basic Medical Insurance refers to number of people participated in the basic medical care insurance program according to related regulation by the end of reference period, including: number of staff and workers and retired persons participated in this insurance program.

Contributors of Unemployment Insurance refers to number of staff and workers in urban enterprises or institutions and other people according to local government regulations participated in unemployment insurance program in line with national law, regulations and related policies by the end of the reference period.

Social Welfare Institutions refers to institutions taking care of old people without children, handicapped people and orphans. They include social welfare institutions run by civil affairs departments, children welfare institutions, social welfare institutions for mental patients, collective-owned old peoples homes in rural areas, convalescent homes and community service centers with the capacity of receiving those people. This indicator reflects the input in social welfare institutions.

Number of People Taken in by Social Welfare Institutions refers to the number of old people, children, totally dependent handicapped people and mental patients taken in by social welfare institutions run by civil affairs departments and those run by collective units in urban and rural areas. This indicator reflects the capacity of social welfare institutions.

16-1 香港特别行政区主要统计指标

Key Statistics Indicators of Hong Kong Special Administrative Region

项目	Item	1990	2000	2002	2003	2004
一、按区议会地区划分的香港陆地面积(平方公里)	**Land Area of Hong Kong by District Council District(sq.km)**					
总计	**Total**	**1075**	**1098**	**1101**	**1102**	**1104**
香港岛	**Hong Kong Island**					
中西区	Central and Western	12	12	12	12	12
湾仔	Wan Chai	10	10	10	10	10
东区	Eastern	19	19	19	19	19
南区	Southern	39	39	39	39	39
小计	Sub-total	80	80	80	80	80
九龙	**Kowloon**					
九龙城	Kowloon City	10	10	10	10	10
观塘	Kwun Tong	11	11	11	11	11
深水埗	Sham Shui Po	8	9	9	9	9
黄大仙	Wong Tai Sin	9	9	9	9	9
油尖旺	Yau Tsim Mong		7	7	7	7
小计	Sub-total	43	47	47	47	47
新界	**New Territories**					
离岛	Islands	163	175	176	176	176
北区	North	137	137	137	137	137
西贡	Sai Kung	134	136	136	136	136
沙田	Sha Tin	69	69	69	69	69
大埔	Tai Po	147	147	148	148	148
荃湾	Tsuen Wan	60	61	62	62	62
葵青	Kwai Tsing	21	22	23	23	23
屯门	Tuen Mun	83	84	85	85	85
元朗	Yuen Long	138	139	139	139	139
小计	Sub-total	952	971	974	975	975
二、国民经济核算	**National Accounts**					
本地生产总值	**Gross Domestic Product (GDP)**					
按2000年不变价格计算	At Constant (2000) Market Prices					
年增长率 (%)	Annual Growth Rate (%)	3.7	10.2	1.9	3.1@	8.1@
本地生产总值 (亿港元)	GDP (HKD 100 million)	8275	12883	13194	13609@	14718@
人均本地生产总值 (港元)	Per Capita GDP (HKD)	145056	193299	194400	200043@	213839@
按当年价格计算	At Current Market Prices					
年增长率 (%)	Annual Growth Rate (%)	11.5	3.4	-1.7	-3.2@	5.1@
本地生产总值 (亿港元)	GDP (HKD 100 million)	5876	12883	12480	12079@	12695@
人均本地生产总值 (港元)	Per Capita GDP (HKD)	103010	193299	183875	177552@	184448@
本地居民生产总值	**Gross National Product (GNP)**					
按当年价格计算	GNP at Current Market Prices					

16-1 续表 1 continued

项　目	Item	1990	2000	2002	2003	2004
本地居民生产总值(亿港元)	(HKD 100 million)		13094	12633	12420@	12998@
人均本地居民生产总值（港元）	Per Capita GNP at Current Market Prices (HKD)		196460	186130	182570@	188851@
国外净要素收入（亿港元）	Net External Factor Income Flows (HKD 100 million)		210.69	153.07	341.42	303.06@
国际收支平衡表	**Balance of Payments Account**					
经常帐①（亿港元）	Current Account ① (HKD 100 million)		545.0	968.0	1282.4@	1274.0@
资本及金融帐①（亿港元）	Capital and Financial Account ① (HKD 100 million)		-578.6	-1511.8	-1790.9	-1363.4@
净误差及遗漏②（亿港元）	Net Errors and Omissions ② (HKD 100 million)		33.7	543.8	508.5@	89.4@
整体的国际收支（亿港元）	Overall Balance of Payments (HKD 100 million)		783.2 (盈余) (in surplus)	-185.4 (赤字) (in deficit)	75.9@ (盈余) (in surplus)	254.9@ (盈余) (in surplus)
国际投资头寸③	**International Investment Position ③**					
国际投资头寸净值④（亿港元）	Net International Investment Position ④ (HKD 100 million)		17295.5	26773.7	30598.3	33453.3@
对外金融资产（亿港元）	External Financial Assets (HKD 100 million)		88993.0	80327.4	92023.1	107460.6@
对外金融负债（亿港元）	External Financial Liabilities (HKD 100 million)		71697.5	53553.8	61424.8	74007.4@
三、人口、就业和工资	**Population,Employment and Wages**					
人口及生命统计	**Population and Vital Events**					
年中人口（万人）	Mid-year Population (10 000 persons)	570.0	666.5	678.7	680.3	688.3
粗出生率（‰）	Crude Birth Rate (‰)	12.0	8.1	7.1	6.9	7.2
粗死亡率（‰）	Crude Death Rate (‰)	5.2	5.1	5.0	5.4	5.3^
婴儿死亡率（‰）	Infant Mortality Rate (‰)	6.2	3.0	2.3	2.3	2.5^
自然增长率（‰）	Rate of Natural Increase (‰)	6.8	3.1	2.1	1.5	1.9^
登记结婚数（对）	Registered Marriages (couple)	47168	30879	32070	35439	41376
离婚判令（对）	Divorce Decrees (couple)	5551	13247	12943	13829	15604
出生时平均预期寿命（年）	Expectation of Life at Birth (years)					
男	Male	74.6	78.0	78.6	78.5	78.6^
女	Female	80.3	83.9	84.5	84.3	84.6^
劳工	**Labour**					
劳动人口（万人）	Labour Force (10 000 persons)	274.8	337.4	348.7	349.6	352.9
劳动人口参与率（%）	Labour Force Participation Rate (%)	63.2	61.4	61.8	61.4	61.3
失业率（%）	Unemployment Rate (%)	1.3	4.9	7.3	7.9	6.8
就业不足率（%）	Underemployment Rate (%)	0.9	2.8	3.0	3.5	3.3

16−1 续表 2 continued

项　目	Item	1990	2000	2002	2003	2004
选定行业的就业人数 （千人）	Number of Employed Persons in Selected Industries (1 000 persons)					
(i)制造业	(i) Manufacturing	751.0	333.7	290.2	272.0	231.6
(ii)建筑业	(ii) Construction	226.0	301.7	286.5	265.9	267.0
(iii)批发、零售、进出口贸易饮食及酒店业	(iii) Wholesale, Retail and Import/Export Trades, Restaurants and Hotels	703.2	981.7	983.4	991.8	1066.9
(iv)运输、仓库及通讯业	(iv) Transport, Storage and Communications	268.4	356.6	345.8	346.1	358.2
(v)金融、保险、地产及商用服务业	(v) Financing, Insurance, Real Estate and Business Services	208.6	452.7	474.4	469.7	479.9
(vi)社区、社会及个人服务业	(vi) Community, Social and Personal Services	511.8	754.7	825.1	849.5	860.6
实际工资指数（1992 年 9 月 =100）	Real Wage Index (September 1992=100)	100.1	112.8	117.8	118.6	115.6
四、居民消费价格指数（1999 年 10 月至 2000 年 9 月 =100）	**Consumer Price Indices (Oct. 1999-Sep. 2000 =100)**					
总指数	**General Index**		**99.4**	**94.8**	**92.4**	**92.0**
食品	Food		99.7	96.8	95.4	96.4
外出用餐	Meals Bought away from Home		99.9	98.2	96.7	96.9
食品(不包括外出用餐)	Food, Excluding Meals Bought away from Home		99.4	94.7	93.1	95.4
住房⑤	Housing ⑤		98.5	90.0	85.7	81.3
私人房屋租金	Private Housing Rent		98.2	89.2	83.5	78.0
公营房屋租金	Public Housing Rent		99.8	89.1	97.3	99.7
电力、煤气及水	Electricity, Gas and Water		100.7	91.9	93.1	103.8
烟酒	Alcoholic Drinks and Tobacco		100.1	105.9	106.0	106.0
服装、鞋	Clothing and Footwear		97.9	94.1	91.6	97.5
耐用物品	Durable Goods		98.7	85.9	80.4	78.6
杂项物品	Miscellaneous Goods		100.5	103.6	106.0	109.7
交通	Transport		100.3	100.1	99.6	100.0
杂项服务⑥	Miscellaneous Services ⑥		99.9	98.1	95.0	94.7
教育服务	Educational Services		100.4	103.5	104.2	104.8
电话及其他通讯服务	Telephone and Other Communications Services		98.6	86.0	74.6	67.8
医疗服务	Medical Services		100.2	101.7	103.1	104.0
五、工业和能源	**Industry and Energy**					
工业生产	**Industrial Production**					
工业生产指数(2000 年 =100)	**Index of Industrial Production (2000=100)**		**100.0**	**86.2**	**78.3**	**80.6**

16-1 续表 3 continued

项　目	Item	1990	2000	2002	2003	2004
食品、饮品及烟草制品业	Food, Beverages and Tobacco		100.0	106.4	94.1	99.4
服装制品业(鞋类除外)	Wearing Apparel, Except Footwear		100.0	93.3	95.1	94.7
纺织制品业(包括针织)	Textiles(Including Knitting)		100.0	92.5	82.6	79.1
纸品及印刷业	Paper Products and Printing		100.0	98.6	98.2	95.9
化学产品、橡胶制品、塑胶制品及非金属矿产制品业	Chemical, Rubber, Plastic and Non-metallic Mineral Products		100.0	76.3	77.3	76.0
塑胶制品业	Plastic Products		100.0	75.7	69.6	68.1
基本金属及金属制品业	Basic Metals and Fabricated Metal Products		100.0	64.5	60.3	65.4
金属制品业(机械及设备除外)	Fabricated Metal Products, Except Machinery and Equipment		100.0	63.4	48.3	49.9
电器及电子制品、机械、专业设备及光学用品制造业	Electrical and Electronic Products, Machinery,Professional Equipment and Optical Goods		100.0	71.7	56.4	63.0
电器及电子制品制造业	Consumer Electrical and Electronic Products		100.0	76.4	65.9	61.2
机械、设备、仪器及零件制造业	Machinery, Equipment, Apparatus, Parts and Components		100.0	76.1	58.9	68.4
其他产品制造行业	Miscellaneous Manufacturing Industries		100.0	98.5	91.8	95.9
电力、煤气、水消费量	**Electricity, Gas and Water Consumption**					
电力　（万亿焦耳）	**Electricity　(Terajoules)**					
住宅	Domestic	19037	32234	33394	34365	34134
商业	Commercial	41582	80347	87241	88834	91255
工业	Industrial	24934	17769	16112	14851	15430
街灯	Street lighting	248	325	365	384	383
出口往中国内地	Export to the Mainland of China	6470	4253	7830	10827	11112
总计	Total	92271	134928	144942	149261	152314
煤气　（万亿焦耳）	**Gas　(Terajoules)**					
住宅	Domestic	7596	13866	14794	15446	15237
商业	Commercial	6877	11209	10860	10542	10945
工业	Industrial	583	982	987	1015	955
总计	Total	15056	26057	26641	27002	27137
水　（万立方米）	**Water　(10 000 Cubic Meters)**	**87300**	**92400**	**94900**	**97400**	**95500**
六、经销贸易业、运输业和服务业	**Distributive Trades, Transport Services and Other Services**					
增加值　（亿港元）	Value Added　(HKD 100 million)					

16–1 续表4 continued

项　目	Item	1990	2000	2002	2003	2004
批发贸易业	Wholesale Trade	95	125	124	114	
零售贸易业	Retail Trade	205	288	279	264	
进出口贸易业	Import/Export	880	2254	2316	2411	
运输及有关服务	Transport and Related Services	370	880	895	872	
仓库、通讯、财务(银行除外)及商用服务业	Storage, Communications, Financing (Except Banking) and Business Services	320	995	896	954	
七、土地、楼宇、建筑	**Land, Building and Construction**					
土地、楼宇、建造及地产	**Land, Building, Construction and Real Estate**					
建造工程完成名义总值　(亿港元)	Gross Value of Construction Work in Nominal Terms (HKD 100 million)		1221	1060	990	932
获批准可动工兴建私人居住单位　(个)	Private Residential Flats with Consent to Commence Work(number)					
初次呈交图则⑦	First submission ⑦		30039	17292	16655	8682
重大修改⑦	Major revision ⑦				12497	5373
房屋及物业	**Housing and Property**					
公营房屋⑧	Public Housing ⑧					
新落成房屋委员会公营租住房屋单位⑨　(个)	Housing Authority Public Rental Housing Flats Newly Completed ⑨ (number)		46756	20390	15148	24682
新落成居者有其屋计划的居住单位⑩　(个)	Home Ownership Scheme Residential Flats Newly Completed ⑩ (number)		23542		320	
新落成私人机构参建居屋计划的居住单位⑩　(个)	Private Sector Participation Scheme Residential Flats Newly Completed ⑩ (number)		9172			
私人物业	Private Housing					
私人住宅单位落成量	Private domestic units newly completed		25790	31052	26397	26036
楼宇售价指数(1999年=100)	Property Price Index (1999=100)					
私人住宅单位	Private Domestic Units		89.6	69.9	61.6	78.0^
私人写字楼(甲级、乙级及丙级)	Private Offices (Grades A, B and C)		89.9	68.4	62.5	99.2^
楼宇租金指数(1999年=100)	Property Rental Index (1999=100)					
私人住宅单位	Private Domestic Units		98.1	83.4	73.6	77.7
私人写字楼(甲级、乙级及丙级)	Private Offices (Grades A, B and C)		98.5	85.4	74.6	78.1
已登记楼宇买卖合约涉及的价值　(亿港元)	Value of Registered Agreements for Sale and Purchase of Building Units (HKD 100 million)					
住宅	Residential		1683.9	1542.5	1535.8	2767.4
非住宅	Non-residential		541	311	358	751
总计	Total		2225.2	1853.9	1894.2	3517.9

16-1 续表5 continued

项　目	Item	1990	2000	2002	2003	2004
八、运输、通讯、旅游	**Transport, Communications and Tourism**					
进出香港货运车辆（万辆）	Inward/Outward Movement of Goods Vehicle (10 000 vehicle)	473.35	937.98	975.51	988.26	974.83
进出香港货物	Inward and Outward Movements of Cargo					
总卸下（万吨）	Total Discharged (10 000 tons)	6076	13035	14210	15059	15741
总装上（万吨）	Total Loaded (10 000 tons)	2997	8692	9265	9993	10703
集装箱吞吐量（万标准集装箱单位）	Container Throughput (10 000 TEUs)		1810	1914	2045	2198
领牌车辆（千辆）	Motor Vehicles Licensed (1 000 vehicle)	510.0	516.8	525.5	524.2	532.9
电话服务（万条操作线路）	Telephone Services (10 000 working lines)	370	395	384	382	378
访港旅客（万人次）	Visitor Arrivals(10 000 person-times)	658.1	1305.9	1656.6	1553.7	2181.1
酒店入住率（%）	Hotel Room Occupancy Rate (%)	79	83	84	70	88
九、对外贸易	**External Trade**					
对外商品贸易	External Merchandise Trade					
进口（亿港元）	Imports (HKD 100 million)	6425.3	16579.6	16194.2	18057.7	21111.2
港产品出口（亿港元）	Domestic Exports(HKD 100 million)	2258.8	1809.7	1309.3	1216.9	1259.8
转口（亿港元）	Re-exports (HKD 100 million)	4140.0	13917.2	14295.9	16207.5	18931.3
贸易价格比率指数（2000年=100）	Terms of Trade Index (2000=100)		100.0	102.1	101.0	99.3
对外服务贸易	External Trade in Services					
服务出口（亿港元）	Exports of Services(HKD 100 million)		3018.1	3354.1	3473.7@	4172.7@
服务进口（亿港元）	Imports of Services (HKD 100 million)		1915.4	1996.8	1960.8@	2322.3@
十、政府收支、货币、金融（亿港元）	**Public Accounts, Money and Finance (HKD 100 million)**					
政府储备结余⑪	Government's Reserve Balances ⑪		4303	3114	2753	2960
政府收入总额⑪	Total Government Revenue ⑪	895	2251	1775	2073	2636
政府开支及证券投资总额⑪	Total Government Expenditure and Equity Investments ⑪	855	2329	2392	2475	2422
货币供应量M3@	Money Supply M3@					
港元⑫	Hong Kong Dollar ⑫	5712	20024	20042	21229	22196
外币⑬	Foreign Currency ⑬	7168	16904	15576	17352	19700
总计	Total	12880	36928	35619	38580	41895
在港使用的贷款及垫款@	Loans and Advances for Use in Hong Kong@	6894	18615	17429	17085	17924
港汇指数（贸易总值加权）（2000年1月=100）	Effective Exchange Rate Indices for the Hong Kong Dollar (trade-weighted)(January 2000=100)		101.7	104.0	100.7	98.3
汇率（每单位外币兑换港元）	**Exchange Rates (HKD per unit of foreign currency)**					
年内平均数字	**Average for the year**					

16—1 续表 6 continued

项　目	Item	1990	2000	2002	2003	2004
人民币 (每百港元)	Chinese Renminbi (per HK$100)	61.32	106.17	105.84	105.86	106.21
日圆	Japanese Yen	0.0541	0.0723	0.0625	0.0673	0.0720
英镑	Pound Sterling	13.92	11.81	11.73	12.73	14.27
美元	US Dollar	7.789	7.791	7.799	7.787	7.788
欧元	Euro		7.20	7.38	8.81	9.69
十一、教育和卫生	**Education and Public Health**					
教育	**Education**					
小学学生人数 (人)	Student Enrolment in Primary School (person)	524919	493979	483218	468792	447137
中学学生人数 (人)	Student Enrolment in Secondary School (person)	431381	466710	465926	470487	476954
教资会资助院校学生人数(人)	Student Enrolment in UGC-funded Institutions (person)	57824	78295	85602	90355	93776^
卫生	**Health**					
登记死亡人数 (人)	Registered Deaths (person)	29201	33993	34316	36421	37322
婴儿死亡率(按每千名登记活产婴儿计算)	Infant Mortality Rate (per 1 000 Registered Live Births)	5.9	2.9	2.4^	2.3^	2.5^
医疗卫生条件	**Conditions of Public Health**					
注册医护人员 (人)	Number of Registered Medical Personnel (person)					
西医	Western Medicine Practitioners	6260	10130	10731	11016	11242
中医⑭	Chinese Medicine Practitioners⑭			2385	4738	4986
牙医	Dentists	1532	1826	1907	1848*	1896
药剂师	Pharmacists	694	1315	1414	1457	1517
护士	Nurses	27679	40388	43383	43782	44402
按每千名人口计算的医生数	Doctors Per Thousand Population	1.1	1.5	1.5	1.6	1.6^
医疗机构和病床	Number of Medical Institutions and Hospital Beds					
医疗机构 (个)	Medical Institutions (number)	88	105	99	98	98
病床 (张)	Hospital Beds (bed)	25282	34286	34852	35159	34400
按每千名人口计算的病床数	Beds Per Thousand Population	4.4	5.2	5.2	5.2^	5.0^
十二、社会保障	**Social Security**					
综合社会保障援助⑪	Comprehensive Social Security Assistance ⑪					
个案数目 (个)	Number of Cases (case)	66675	228263	271893	290705	296688
发放款项 (亿港元)	Amount (HKD 100 million)	9.6	135.60+	161.31~	173.06	176.31
公共福利金⑪	Social Security Allowances ⑪					
个案数目 (个)	Number of Cases (case)	444517	550585	560215	563908	567859
发放款项 (亿港元)	Amount (HKD 100 million)	21.60	51.30+	52.81~	52.14	52.45
交通意外伤亡援助⑪	Traffic Accident Victims Assistance ⑪					
获批个案数目 (个)	Number of Cases Authorized for Payment (case)	5310	5998	7102	7190	7360
发放款项 (百万港元)	Amount (HKD million)	49.9	130	151.3	151.1	154.3
十三、治安	**Law and Order**					
举报罪案合计 (件)	Overall Reported Crimes (case)	88300	77245	75877	88377	81315
暴力罪案总计 (件)	Total Violent Crimes (case)	18820	14812	14140	14542	13890
犯罪被捕人数总计 (人)	Total Persons Arrested for Crime (person)	44013	40930	39665	42051	42991

注：^临时数字。

@日后会作出修订。

+包括2001年4月1日所发放的款项。

‡包括2002年4月1日所发放的款项，但不包括2001年4月1日所发放的款项。

~不包括2002年4月1日所发放的款项。

①经常帐差额的正数显示盈余而负数则显示赤字。在资本及金融帐方面，正数显示净资金流入而负数则显示净资金流出。由于对外资产的增加是属于借方帐目而减少则属贷方帐目，因此负数的储备资产变动净值显示储备资产的增加，而正数则显示减少。

②原则上，贷方和借方各项帐目的净总和应相等于零。但实际上，贷方和借方帐目的资料是通过不同的来源搜集，基于各种原因会有差异。为了令贷方和借方帐目的总和相等，便须加进一个余额项目，以反映平衡表的“净误差及遗漏”。

③期末头寸。

④国际投资头寸净值是对外金融资产总值与对外金融负债总值之差。

⑤除“私人房屋租金”及“公营房屋租金”外，“住房”类别还包括“管理费及其它住房杂费”和“保养住所工具及材料”。

⑥“杂项服务”包括“教育服务”、“电话及其它通讯服务”、“医疗服务”及其它杂项服务。

⑦2002年及以前没有「初次呈交图则」和「重大修改」细分数字。

⑧数字是以相应的财政年度为根据。例如2004年的数字代表2004至2005财政年度数字。从2005年5月起，房屋委员会建屋落成量的房屋类别重新修订如下列注⑨和注⑩所述。上述建屋量数据是已反映修订后的结果。

⑨房屋委员会的公营租住房屋亦包括那些由剩余居者有其屋计划转作公营租住房屋的单位。中转房屋及那些由公营租住房屋转作出售用途的可租可买计划／重建置业计划的单位则不包括在内。

⑩从2003年起，居者有其屋计划／私人机构参建居屋计划单位已经无限期停止兴建和出售，少量剩余及回购的单位将于2006年末出售给公屋租户和准公屋租户。至于已落成和兴建中的居者有其屋计划／私人机构参建居屋计划单位(即剩余项目)，则会在不与私人市场直接竞争的原则下，改作其它居住用途。居者有其屋计划／私人机构参建居屋计划建屋落成量不包括6774个已转作政府员工宿舍／私人房屋单位和5050个有待处理的剩余项目单位。

⑪数字是以相应的财政年度为根据。例如2004年的数字代表2004至2005财政年度数字。

⑫所列数字已包括外币掉期存款。

⑬所列数字已扣除外币掉期存款。《中华人民共和国香港特别行政区基本法》说明，港元是香港特别行政区的法定货币。外币指港元以外的其他货币，因而人民币亦视作外币。

⑭数字自2002年开始提供，当中并不包括表列中医。表列中医可在中医注册过渡性安排下在香港可合法地执业，直至卫生福利及食物局局长日后在宪报上公布的日期为止。表列中医可按过渡性安排的要求，申请成为注册中医。

Notes: ^ Provisional figure.

@ Subject to revision later on.

+Includes the payments for 1 April 2001.

‡Includes the payments for 1 April 2002, but excludes the payments for 1 April 2001.

~Excludes the payments for 1 April 2002.

① A positive value for the balance figure in the current account represents a surplus whereas a negative value represents a deficit. For the capital and financial account, a positive value indicates a net capital and financial inflow and a negative value indicates a net outflow. As increases in external assets are debit entries and decreases are credit entries, a negative value for net change in reserve assets represents a net increase and a positive value represents a net decrease.

② In principle, the net sum of credit entries and debit entries is zero. In practice, discrepancies between the credit and debit entries may however occur for various reasons as the data are collected from many sources. Equality between the sum of credit entries and debit entries is brought about by the inclusion of a balancing item which reflects net errors and omissions.

③ Position as at end of period.

④ Net international investment position is the difference between total external financial assets and total external financial liabilities.

⑤ Apart from "Private Housing Rent" and "Public Housing Rent", the "Housing" section also includes "Management Fee and Other Housing Charges" and "Tools and Materials for House Maintenance".

⑥ "Miscellaneous Services" section includes "Educational Services", "Telephone and Other Communications Services", "Medical Services"and other miscellaneous services.

⑦ Separate figures for "First submission" and "Major revision" were not available for 2002 and the years before.

⑧ Figures are for the corresponding financial year. For example, figures for 2004 represent those for financial year 2004/05. Since May 2005,the housing type classifications of HA public housing production have been revised as stated in notes ⑨ and ⑩ below. The above production figures have taken into account of this re-classification.

⑨ The production of Public Rental Housing also includes projects transferred from surplus Home Ownership Scheme. The production of Interim Housing and projects built as public rental housing but subsequently transferred to Buy or Rent Option Scheme / Mortgage Subsidy Scheme housing is not included.

⑩ The production and sale of Home Ownership Scheme/Private Sector Participation Scheme flats have ceased indefinitely since 2003, except for the unsold and returned flats which will be sold to sitting tenants of public rental housing and those who are about to be rehoused to public rental housing after end 2006. For those Home Ownership Scheme/Private Sector Participation Scheme flats that have been completed or are under construction (i.e. surplus projects), these will be disposed of through market-friendly means.Figures of production of Home Ownership Scheme/Private Sector Participation Scheme exclude 6774 flats which have been transferred to government quarters/private housing and 5050 flats in surplus projects pending disposal.

⑪ Figures are for the corresponding financial year. For example, figures for 2004 would represent the figures for financial year 2004/05.

⑫ Figures are adjusted to include foreign currency swap deposits.

⑬ Figures are adjusted to exclude foreign currency swap deposits. Hong Kong dollar is the legal tender in the Hong Kong Special Administrative Region, as stated in "The Basic Law of the Hong Kong Special Administrative Region of the People's Republic of China". Foreign currency refers to any currency other than the Hong Kong currency. Accordingly Chinese Renminbi is also treated as foreign currency.

⑭ Figures are available since 2002. They do not include listed Chinese medicine practitioners who can practise lawfully in Hong Kong under the transitional arrangements for registration of Chinese medicine practitioners until a date to be announced by the Secretary for Health, Food and Welfare in the Gazette. Listed Chinese medicine practitioners may apply for registration under the requirements of transitional arrangements.

主要统计指标解释

本地生产总值 是指一个地区的所有常住生产单位，在一个指定的期间内，未扣除固定资本消耗的生产总值。

人均本地生产总值 是指该地区在某统计年的本地生产总值除以该地区在该年的人口总数而得的数字。

本地居民生产总值 是指一个地区的居民从事各项经济活动而赚取的收益，不论该经济活动是否在该地区的经济领域内进行。换言之，编制本地居民生产总值应包括本地居民在经济领域内或领域以外从事各类经济活动的收益，而扣除非本地居民在经济领域内从事经济活动的收益。

计算本地居民生产总值，可用以下方程式：本地居民生产总值 =本地生产总值 + 本地居民从经济领域外所赚取的要素收－非本地居民从经济领域内所赚取的要素收益

人均本地居民生产总值是指该地区在某统计年的本地居民生产总值除以该年的人口总数而得的数字。

要素收益组成部分主要分为投资收益及雇员报酬，而投资收益包括了直接投资收益、有价证券投资收益及其它投资收益。

国际收支平衡表 是有系统地载录，在指定期间内，某经济体系与世界各地的各类经济交易的统计表。完整的国际收支平衡表包括以下两个主要核算帐：（甲）经常帐；（乙）资本及金融帐。

经常帐 是主要量度实际资源的流动，包括货物的进出口、服务的进口及出口、从外地应收及应付予外地的收益，以及从外地及往外地的经常转移。

国际投资头寸 是在一特定时点上一个经济体系的对外金融资产及负债存量的资产负债表。对外金融资产涵盖对非居民的申索。另一方面，某经济体系的对外金融负债是指非居民向这经济体系的居民的金融申索。

国际投资头寸净值 是对外金融资产总值与对外金融负债总值之差。国际投资头寸的分类与国际收支平衡表内的金融帐完全一致，资产及负债分为直接投资、有价证券投资、金融衍生工具和其它投资。国际投资头寸的资产项目亦包括储备资产在内。有关投资组成部分的详细解释请参阅国际收支平衡表内金融帐组成部分的解释。

粗出生率 是指某一年内的活产婴儿数目与年中人口的比率，一般按每千人口表示。

粗死亡率 是指某一年内的死亡人数与年中人口的比率，一般按每千人口表示。

出生时平均预期寿命 是指某年出生的男、女性，若其一生经历的死亡情况，正如该年的年龄性别死亡率所反映，他／她预期能活的年数。

年中人口 在1996年前是以“广义时点”方法编制，数字包括在统计时点身在香港的永久性居民、非永久性居民和旅客，亦包括暂时离港前往中国内地及澳门的香港永久性居民。自2000年8月起，“居住人口”方法已取代“广义时点”方法用以编制香港的人口数字。追溯至1996年的修订人口数字已经编制。利用“居住人口”方法所编制的人口估计，称“居港人口”。“居港人口”包括“常住居民”和“流动居民”。“常住居民”指两类人士：（一）在统计时点之前的6个月内，在港逗留最少3个月，又或在统计时点之后的6个月内，在港逗留最少3个月的香港永久性居民，不论在统计时点他们是否身在香港；及（二）在统计时点身在香港的香港非永久性居民。至于“流动居民”，是指在统计时点之前的6个月内，在港逗留最少一个月但少于3个月，又或在统计时点之后的6个月内，在港逗留最少1个月但少于3个月的香港永久性居民，不论在统计时点他们是否身在香港。根据新的编制方法，旅客并不包括在香港人口内。

婴儿死亡率 是以一年内，年龄一岁以下死亡人数与同年出生的每千名活产婴儿的比率。

劳动人口 是指15岁及以上陆上非住院人口，并符合就业人口或失业人口定义的人士。

劳动人口参与率 是指劳动人口占所有15岁及以上陆上非住院人口的比例。

就业人口 包括在统计前7天内有做工赚取薪酬或利润或有一份正式工作的15岁及以上人士。无酬家庭从业员及在统计前7天内正休假的就业人士亦包括在内。

失业率 是指失业人士在劳动人口中所占的比例。

就业不足人口 包括在统计前7天内在非自愿情况下工作少于35小时，而在统计前30天内有找寻更多工作，或即使不是找寻工作，但在统计前7天内可担任更多工作的就业人士。根据此定义，因工作量不足而在统计前7天内放取无薪假期的就业人士，若在该7天期间内工作少于35小时，甚或全段期间都在休假，亦会界定为就业不足人士。

就业不足率 是指就业不足人士在劳动人口中所占的比例。

实际工资指数 是从名义工资指数中，按甲类消费价格指数的变幅，扣除通胀的影响而得出，显示督导级及以下雇员所赚取工资金额购买力的转变。

居民消费价格指数 居民消费价格指数在香港特别行政区刊物中称为“消费价格指数”。反映住户一般所购买的消费商品和服务价格水平变动情况。指数的变动反映购买一个固定篮子的消费品和服务的总值的变动。居民消费价格指数的按年变动率是一个重要指标，用以量度通胀对消费者的影响。按年变动率是指当期指数比较早一年同期指数的上升或下降的百分率。

工业生产指数 量度本地制造业生产量的实际变动，即撇除价格调整因素后的本地生产量变动。

获批准可动工兴建楼宇 是指获屋宇署签发《同意书》动工兴建的楼宇。这种《同意书》是发给私人发展计划（包括香港房屋协会的计划）及香港房屋委员会的私人机构参建

居屋计划，但建于新界区小型屋宇则毋须获取这种《同意书》。

实用楼面面积 指各层楼面面积总和，但不包括楼梯、公共通道空间、升降机（指电梯，下同）等候处、盥洗室、厕所、厨房、及为楼宇提供升降机、空调系统、或类似设施而安装的机械所占用的空间。

港产品出口货物 是指香港的天然产品或在香港经过制造工序，以致其基本原料的形状、性质、式样或用途受到永久改变的产品。其货值是以离岸价值计算。

外币掉期存款 是指顾客在现货市场购买外币，然后存入认可机构，但同时订下远期合约，将该笔外币（本金加利息）在存款到期时售予认可机构。从分析角度来看，这类掉期存款应当作港元定期存款。

综合社会保障援助计划 （1993年7月1日前为公共援助计划）是向有需要的个人或家庭提供经济援助，使他们的入息达到一定水平，以应付生活上的基本需要。申请人必须接受经济状况调查。

公共福利金计划 （1993年7月1日前为特别需要津贴计划）包括高龄津贴及伤残津贴。本计划的目的是为65岁或以上或严重残疾的香港居民每月提供现金津贴，以应付因年老或残疾而引致的特别需要。

交通意外伤亡援助计划 为道路交通意外受害人或其遗属迅速提供经济援助。申请人毋需接受经济状况调查，亦不论交通意外是因何人的过失而引致。援助金只按当事人伤亡情况支付，但不包括补偿财物损失。

Expianatory Notes on Main Statistical Indicators

Gross Domestic Product (GDP) is a measure of the total value of production of all resident producing units of a country or territory in a specified period, before deducting allowance for consumption of fixed capital.

Per capita GDP of a country or territory is obtained by dividing total GDP in a year by the population of that country or territory in the same year.

Gross National Product (GNP) refers to the total income of the residents of a country or region from engaging in various economic activities, irrespective of whether the economic activities are carried out in the economic territory of the country or region or not. In other words, the gross national product should include the income of the residents engaged in various economic activities within or outside the economic territory of the country or region, but exclude the income of non-residents engaged in economic activities in the economic territory of the country or region. The following formula is used in the calculation of the gross national product:

GNP = Gross Domestic Product + Factor income earned by residents from outside the economic territory of the country or region - Factor income earned by non-residents from within the economic territory of the country or region.

Per capita GNP of a country or a region refers to the gross national product of the country or region in a year divided by the total population in the same year.

The components of factor income are mainly classified into investment income and compensation of employees. Investment income includes direct investment income, portfolio investment income and other investment income.

Balance of Payments (BOP) account is a statistical statement that systematically summarizes, for a specific time period, the economic transactions of an economy with the rest of the world. A complete BOP account comprises two broad accounts: (a) Current Account; (b) Capital and Financial Account.

Current account largely measures flow of real resources, including exports and imports of good and services, income receivable and payable abroad, and current transfers from and to abroad.

International Investment Position (IIP) is a balance sheet showing an economy's stock of external financial assets and liabilities at a particular time point. External financial assets consist of claims on non-residents. On the other hand, an economy's external financial liabilities refer to the financial claims of non-residents on residents of the economy.

Net IIP is the difference between total external financial assets and total external financial liabilities. Fully consistent with the balance of payments financial account, IIP is categorized by type of investment. Assets and liabilities are divided into direct investment, portfolio investment, financial derivatives and other investment. The asset side of IIP also includes the reserve assets. For detailed explanation on investment components, please refer to the explanatory notes on the components of the financial account of the Balance of Payments account.

Crude birth rate refers to the number of live births occurred during a calendar year to the mid-year population of that year. It is usually expressed in terms of 1000 population.

Crude death rate refers to the number of deaths occurred during a calendar year to the mid-year population of that year. It is usually expressed in terms of 1000 population.

Expectation of life at birth refers to the average number of years of life that a male/female born in a given year can expect to live if he/she were subjected to the prevalent mortality conditions as reflected by the set of age sex specific mortality rates for that year.

Mid-year population before 1996 was compiled using the "extended de facto" approach. It includes Hong Kong Permanent and Non-permanent Residents and visitors who are in Hong Kong at the reference time-point. Hong Kong Permanent Residents temporarily away to the mainland of China and Macao are also included. Since August 2000, the "resident population" approach has been adopted in place of the "extended de facto" approach for compiling Hong Kong population figures. Revised population figures backdated to 1996 have been compiled. The population estimate compiled under the "resident population" approach is referred to as the "Hong Kong Resident Population". The "Hong Kong Resident Population" comprises "Usual Residents" and "Mobile Residents". "Usual Residents" refer to two categories of people : (1) Hong Kong Permanent Residents who have stayed in Hong Kong for at least three months during the six months before or for at least three months during the six months after the reference time-point, regardless of whether they are in Hong Kong or not at the reference time-point; and (2) Hong Kong Non-permanent Residents who are in Hong Kong at the reference time-point. As for "Mobile Residents", they are Hong Kong Permanent Residents who have stayed in Hong Kong for at least one month but less than three months during the six months before or for at least one month but less than three months during the six months after the reference time-point, regardless of whether they are in Hong Kong or not at the reference time-point. Under the new approach, visitors are not included in the Hong Kong

Population.

Infant mortality rate refers to the number of deaths aged under one occurred during a calendar year per 1000 live births in the same year.

Labour force refers to the land-based non-institutional population aged 15 and over who satisfy the criteria for inclusion in the employed population or the unemployed population.

Labour force participation rate refers to the proportion of labour force in the land-based non-institutional population aged 15 and over.

Employed population consists of those persons aged 15 and over who have been at work for pay or profit during the seven days before enumeration or have had formal job attachment. Unpaid family workers and employed persons who have been on leave/holiday during the seven days before enumeration are included.

Unemployment rate refers to the proportion of unemployed persons in the labour force.

Underemployed population comprises those employed persons who have involuntarily worked less than thirty-five hours during the seven days before enumeration and have sought additional work during the thirty days before enumeration, or have not sought but have been available for additional work during the seven days before enumeration. Following this definition, employed persons taking no-pay leave due to slack work during the seven days before enumeration are also classified as underemployed if they worked less than thirty-five hours or were on leave even for the whole period during the seven-day period.

Underemployment rate refers to the proportion of underemployed persons in the labour force.

Real wage index indicates changes in the purchasing power of the amount of money earned as wages by employees up to supervisory level and is obtained by deflating the nominal wage index by the Consumer Price Index(A).

Consumer Price Index (CPI) summarizes changes in the price level of consumer goods and services purchased by households. Its change measures the change over time in the total cost of a given basket of goods and services. Its year-on-year rate of change is an important indicator of inflation affecting consumers. The year-on-year rate of change is the percentage increase or decrease in the current index compared to that in the same period of preceding year.

Index of industrial production measures the changes in local manufacturing output in real terms, i.e. changes in the volume of local production after discounting the effect of price changes.

Buildings with consents to commence work refer to buildings with consents to commence building works issued by the Buildings Department. Such "consents" are issued to private development projects (including Hong Kong Housing Society's projects) and Hong Kong Housing Authority's development projects under the Private Sector Participation Scheme, except small houses in the New Territories where "consents" are not required.

Usable floor area is defined as the aggregate of the areas of the floor or floors in a storey or a building excluding any staircases, public circulation space, lift landings, lavatories, water-closets, kitchens and any space occupied by machinery for any lift, air-conditioning system or similar service provided for the building.

Domestic exports are the natural produce of Hong Kong or the products of a manufacturing process in Hong Kong which has changed permanently the shape, nature, form or utility of the basic materials used in manufacture. Their values are recorded on f.o.b (free-on-board) basis.

Foreign currency swap deposits refer to deposits involving customers buying foreign currencies in the spot market and placing them as deposits with authorized institutions, while at the same time entering into a contract to sell such foreign currencies (principal plus interest) forward in line with the maturity of such deposits. For most analytical purpose, they should be regarded as Hong Kong dollar time deposits.

The Comprehensive Social Security Assistance (CSSA) Scheme (known as Public Assistance (PA) Scheme before 1 July 1993), which is means-tested, is designed to provide financial assistance to bring the income of needy individuals and families up to a prescribed level to meet their basic needs.

The Social Security Allowance (SSA) Scheme (known as Special Needs Allowance (SNA) Scheme before 1 July 1993) comprises Old Age Allowance (OAA) and Disability Allowance (DA). It provides monthly allowance to Hong Kong residents who are 65 years of age or above or who are severely disabled to meet special needs arising from old age or disability.

The Traffic Accident Victims Assistance (TAVA) Scheme provides speedy cash assistance for people injured or for dependants of those killed in road traffic accident. It is a non-means-tested scheme which does not take into account the element of fault in causing the accident. Payments cover only personal injury and death but not damage to property.

16-2 澳门特别行政区主要统计指标
Key Statistical Indicators of Macao Special Administrative Region

项 目	Item	1990	2000	2002	2003	2004
一、按堂区划分得澳门陆地面积（平方公里）	**Land Area of Macao by Parish(sq.km)**					
总面积	**Total Land Area**	**17.4**	**25.4**	**26.8**	**27.3**	**27.5**
澳门	**Macao Peninsula**	**6.5**	**8.5**	**8.5**	**8.7**	**8.8**
圣安多尼堂区	Santo Antonio		1.1	1.1	1.1	1.1
望德堂区	Sao Lazaro		0.6	0.6	0.6	0.6
风顺堂区	Sao Lourenco		0.9	0.9	0.9	1.0
大堂区	Se		2.9	2.9	3.0	3.0
花地玛堂区	N.S. de Fatima		3.0	3.0	3.1	3.1
氹仔	**Island of Taipa**	**3.8**	**6.2**	**6.2**	**6.3**	**6.4**
路环	**Island of Coloane**	**7.1**	**7.6**	**7.6**	**7.6**	**7.6**
路氹填海区	Reclaimed Land between the Islands of Taipa and Coloane		3.1	4.5	4.7	4.7
二、国民经济核算	**National Accounts**					
本地生产总值①	**Gross Domestic Product(GDP) ①**					
按2002年不变价格计算	At Constant (2002) Prices					
支出法本地生产总值实际增长率 (%)	Expenditure-based GDP Real Growth Rate (%)		5.7r	10.1r	14.2r	28
本地生产总值 （亿澳门元）	GDP (100 million MOP)		483.9r	548.2r	625.8r	800.9
人均本地生产总值(万澳门元)	GDP per Capita (10 000 MOP)		11.2r	12.5r	14.1r	17.5
按当年价格计算	At Current Prices					
支出法本地生产总值名义增长率 (%)	Expenditure-based GDP Nominal Growth Rate (%)		3.6r	10.3r	16.0r	30.1
本地生产总值 （亿澳门元）	GDP (100 million MOP)		489.7r	548.2r	635.6r	826.9
人均本地生产总值(万澳门元)	GDP per Capita (10 000 MOP)		11.4r	12.5r	14.3r	18.1
三、人口和就业	**Population and Employment**					
人口及生命统计	**Population and Demographics Characteristics**					
年中人口估计 （万人）	Mid-year Estimates of Population (10 000)	33.5	43.1	43.9	44.5	45.7
粗出生率 (‰)	Crude Birth Rate (‰)	20.5	8.9	7.2	7.2	7.2
粗死亡率 (‰)	Crude Death Rate (‰)	4.4	3.1	3.2	3.3	3.4
婴儿死亡率 (‰)	Infant Mortality Rate (‰)	8.4	2.9	3.5	0.6	3
自然增长率 (‰)	Natural Growth Rate (‰)	16.1	5.8	4.0	3.9	3.9
总和生育率	Total Fertility Rate	1.8	0.9	0.8	0.8	0.8
登记结婚数 （宗）	No. of Registered Marriages	1794	1222	1209	1309	1737
离婚数目 （宗）	No. of Registered Divorces	95	369	385	440	475
出生时平均预期寿命 （岁）	Life Expectancy at Birth (years)		77.9	78.9	79.0	79.2

16–2 续表 1 continued

项　目	Item	1990	2000	2002	2003	2004
男	Male		76.1	77.2	77.3	77.4
女	Female		80.5	81.5	81.8	82.0
劳工 ②	**Labour ②**					
劳动人口 （万人）	Labour Force (10 000)	16.9	20.9	21.4	21.6	22.9
劳动力参与率 (%)	Labour Force Participation Rate (%)	66.6	64.3	62.3	60.9	61.9
失业率 (%)	Unemployment Rate (%)	3.2	6.8	6.3	6.0	4.8
就业不足率 (%)	Underemployment Rate (%)	2.3	3.0	3.4	2.7	1.9
就业人口 （万人）	Employed Population (10 000)	16.3	19.5	20.1	20.3	21.8
制造业	Manufacturing	5.3	3.8	4.1	3.7	3.6
批发及零售业	Wholesale and Retail	3.5	3.0	3.1	3.3	3.5
酒店及饮食业	Hotels and Restaurants		2.1	2.3	2.2	2.4
公共行政、社会及个人服务业	Public Administration, Community,	4.5	5.6	5.9	6.0	6.9
四、居民消费物价指数③	**Consumer Price Index ③**					
（1999年10月至2000年9月=100）	**(October.1999-September.2000=100)**					
总指数	**General Index**	**65.25**	**99.49**	**94.94**	**93.46**	**94.38**
粮食及饮品	Foodstuff and Beverages		99.74	96.21	95.00	97.13
衣着和鞋	Clothing and Footwear		95.35	81.56	71.37	73.79
租金及住屋开支	Rent and Housing Expenses		99.54	94.05	92.86	92.49
烟酒	Tobacco and Alcoholic Beverages		99.95	105.16	105.13	105.46
家居用品	Household Goods		99.20	90.59	88.18	89.25
医疗	Health		100.46	101.32	100.88	100.81
交通及通讯	Transport and Communications		100.49	95.44	94.31	94.94
教育及消闲	Education and Leisure		99.45	98.21	98.25	99.65
其他商品及服务	Other Goods and Services		99.49	95.42	95.19	94.84
五、工业、能源和建筑业	**Industry,Energy and construction**					
工业生产	**Industrial Production**					
工业电力消耗量（亿千瓦小时）	Electricity Consumption (100 million kwh)		1.6	1.9	2.0	2.1
电力 （万千瓦小时）	**Electricity (10 000kwh)**					
住户	Domestic	51292	52270	44329	45278	48544
工业	Industrial	18380r	16167r	18678r	20289	21499
商业④	Commercial ④	85029	90337	109682	111582	120271
燃料	**Fuels**					
重油 （万公升）	Fuel Oil (10 000 liters)	20391	31578	32883	30855	31561
轻柴油 （万公升）	Gas Oil and Diesel (10 000 liters)	10177	9597	12542	15551	21603
汽油 （万公升）	Gasoline (10 000 liters)	2264	4109	4254	4471	4807
液化石油气 （吨）	L.P.G. (ton)	11929	24466	26420	28055	29279
水 （万立方米）	**Water (10 000 cu.m)**	**3460**	**4885**	**4908**	**5163**	**5339**
建筑 （私人部门）	**Construction (Private Sector)**					

16–2 续表 2 continued

项目	Item	1990	2000	2002	2003	2004
新建及扩建私人楼宇单位数目（个）	Units Completed and Extended (No.)	11574	3146	381	1566	1108
新建及扩建私人楼宇总面积（万平方米）	Gross Floor Area of Buildings Completed and Extended (10 000 sq.m)	106	37	10	24	22
新动工的私人楼宇单位数目(个)	Units Started (No.)		1167	1326	2658	2757
新动工的私人楼宇总面积（万平方米）	Gross Floor Area of Buildings Started (10 000 sq.m)		20	16	53	72
楼宇单位买卖数目（个）	Number of Units Sold (No.)	8463	10211	16831	18556	27823
不动产买卖契约数目（宗）	Deed of Real Estate Transacted (No.)	8559	12484	17513	14400	18623
不动产按揭贷款数目（宗）	Real Estate Mortgage Loans (No.)	6610	7367	9902	9198	13786
六、运输、通讯和旅游	**Transport, Communications and Tourism**					
进出澳门货运车辆数目（万次）	Lorries Entering and Departing Macao (10 000)	26.4	45.4*	47.8*	47.8*	56.6*
进出澳门的客船班（万次）	Ferry Trips Entering and Departing Macao (10 000)		7.5	7.7	7.7	8.6
澳门国际机场的商业航班(万次)	Commercial Flights at Macao International Airport (10 000)		2.4	3.4	2.9	3.8
登记车辆（万辆）	Licensed Vehicles (10 000)	5.1	11.4	12.4	13.2	14.3
电话线（万条）	Telephone Lines (10 000)	9.6	31.8	45.2	53.9	60.6
访澳旅客（万人次）	Visitors (10 000)	594	916	1153	1189	1667
酒店入住率（%）	Hotel Occupancy Rate (%)	69	58	67	64	76
七、对外贸易	**External Trade**					
出口（亿澳门元）	Exports (100 million MOP)	136	204	189	207	226
本地产品出口（亿澳门元）	Domestic Exports (100 million MOP)		171	148	163	173
再出口（亿澳门元）	Re-exports (100 million MOP)		33	42	44	52
进口（亿澳门元）	Imports (100 million MOP)	123	181	203	221	279
贸易价格比率指数(1996 年 =100)	Terms of Trade Index (1996=100)	100.7	100.7	99.7	100.9	99.0
八、政府收支、货币、金融（亿澳门元）	**Government Accounts, Money and Finance (100 million MOP)**					
财政总收入 ⑤	Total Government Revenue ⑤	60r	153	152	184r	196p
财政总支出 ⑤	Total Government Expenditure ⑤	55r	150	135	157r	134p
货币供应(广义货币供应量 M2)	Money Supply (M2)					
澳门元⑥	MOP ⑥	69	232	275	297r	314
港元	HKD	150	445	512	594	662
其他货币	Other Currencies	87	172	202	220	234
总计	Total	306	849	990	1111	1210

16–2 续表 3 continued

项　目	Item	1990	2000	2002	2003	2004
本地机构及私人贷款及垫款	Loans/Advances to Resident Firms & Individuals	157	382	336	331	356
外币兑换率	Exchange Rates					
欧元⑦	Euro ⑦	10.2280	7.4183	7.5984	9.0696	9.9645
美元	US Dollar	8.0230	8.0260	8.0334	8.0214	8.0226
英镑	Pound Sterling	14.3239	12.1663	12.0766	13.104	14.6911
日圆	Japanese Yen	0.0556	0.0745	0.0643	0.0692	0.0742
人民币	P.R. China Renminbi	1.6879	0.9695	0.9706	0.9691	0.9693
九、教育和卫生	**Education and Public Health**					
教育⑧	**Education ⑧**					
学前教育学生 （人）	Pre-primary Education (Students)	20814	14978	12737	11936	
小学生 （人）	Primary Education (Students)	34972	45474	41535	39278	
中学生 （人）	Secondary Education (Students)	17601	38156	43999	45600	
高等教育学生 （人）	Higher Education (Students)	7425	8358	11995	13680	
医疗卫生	**Health**					
登记死亡人数 （人）	Registered Deaths (No.)	1482	1338	1415	1474	1533
死于心脏病人数 （人）	Deaths of Heart Diseases (No.)		326	296	329	302
死于癌症人数 （人）	Deaths of Cancers (No.)	283	383	439	421	475
婴儿死亡率	Infant Mortality Rate	8.4	2.9	3.5	0.6	3.0
（按每千名登记活产婴儿计算）	(per 1000 registered live births)					
医护人员 （人）	**Medical Personnel in Health Care**					
医生	Doctors	537	895	921	1009	1024
牙科技术员	Odontologists		86	85	83	82
护士	Nurses	864	943	980	1010	1063
诊断及治疗助理员	Diagnostic and Therapeutic Technical Assistants		208	240	239	
卫生服务助理员	Health Service Assistants		381	388	412	
按每千名人口计算的医生数	Number of Doctors per 1000 Residents	1.6	2.1	2.1	2.2	2.2
医疗机构和病床	**Health Care Establishments and Beds**					
医院 （所）	Hospitals (No.)	2	2	2	2	2
病床 （张）⑨	Beds (No.) ⑨	974	990	995	1004	984
按每千名人口计算的病床数	Number of Beds per 1000 Residents	3.5	2.3	2.3	2.2	2.1
十、社会保障	**Social Security**					
受益人数目 （人）	Beneficiaries (persons)		122327	138514	145677	164165
供款单位数目 （个）	Contributors(No.)		8451	9421	10078	11013
总发放援助次数 （万次）	Number of Payments Granted (10 000)		16.3	23.6	30.4	28.3
总发放金额 （万澳门元）	Amount of Payments Granted (10 000 MOP)		20191	34610	53003	45302
十一、治安	**Crime**					

16–2 续表4 continued

项　目		Item	1990	2000	2001	2002	2003
罪案数目	(宗)	Number of Crimes	5514	8925	9088	9920	9786
囚犯数目	(期末值，人)	Number of Prisoners (as at the end of year)	719	847	928	913	867

注："r" 表示更正资料

"*" 包括关闸及路氹城边检站

① 2005年对本地生产总值(GDP)数列进行了主要修订，并将基年由1996年更新为2002年。

② '劳工' 的数据来自就业调查，由于作为就业调查推算基础的人口估计，已根据2001人口普查结果作出修正，因此2001年以前的就业数据亦作出相应修正。

③ 1990年以1995年7月至1996年6月为100。

④包括公共照明。

⑤因2004年自治机构的指定账目未能提供，故2004年的总收入及总支出不能与2003年直接比较。2004年数字在日后得到更多资料时会作出修订。

⑥《中华人民共和国澳门特别行政区基本法》规定，澳门元是澳门特别行政区的法定货币。

⑦ 1999年1月1日之前汇率为欧洲货币单位的兑换率。

⑧不包括特殊教育学生。第n年的学生人数是指n/n+1学年年终学生人数。

⑨包括普通住院、深切治疗部及新生婴儿的病床。

Notes:"r" indicates rectified data

"*" Including the Border gate and the Checkpoint of CoTai

① Major revision to GDP series was conducted in 2005 and the base year was renewed from 1996 to 2002.

② The data referring to 'Labour' are provided by Employment Survey. Since the population estimates,which serve as the base for statistical inference in the Employment Survey, have been adjusted after Census 2001, the resulting indicators for the previous periods before 2001 were thus revised accordingly.

③ July 1995-June 1996=100 for data of 1990.

④ Including public lighting.

⑤ Because there are no data available on the revenue and expenditure of autonomous bodies in the specific accounts of 2004, the total revenue and the total expenditure of 2004 are not directly comparable with those of 2003.Figures of 2004 are subject to revisions as more data become available.

⑥ Pataca (MOP) is the legal tender in the Macao Special Administrative Region, as stated in "The Basic Law of the Macao Special Administrative Region of the People's Republic of China".

⑦ Quotations before 1/1/1999 referred to the ECU of the European Union.

⑧ Excluding students in special education. The number of students of year n refer to the students at the end of academic year n/n+1.

⑨ Including beds for general hospitalization, intensive care and newborns.

主要统计指标解释

本地生产总值　反映每年在澳门特区生产的货物和提供各种服务的总量。本年鉴中的本地生产总值用支出法及生产法估算，支出法等于私人消费支出、政府最终消费支出、固定资本形成总额、库存变化和货物及服务出口净值（出口减进口）的总和。而生产法等于各经济行业的增加值总额的总和，这种方法可以评估澳门特区的产业结构。

婴儿死亡率　参考期内年龄在1岁或以下的死亡人数与出生活婴数目的千分比。

自然增长率　参考期内出生人数和死亡人数差额与平均人口之千分比。

粗出生率　参考期内出生活婴数目与平均人口之千分比。

粗死亡率　参考期内死亡人数与平均人口之千分比。

学前教育　分为幼儿教育与小学教育预备班。

（1）幼儿教育：对象是年龄3–4岁的儿童。在报名当年的12月31日年满3岁的幼儿皆可报读。而晋升方面，则无须进行知识的考核。

（2）小学教育预备班：在报名当年的12月31日年满5岁的儿童可报读预备班。为晋升之目的，只设有进度测验。在某些教育机构，小学教育预备班仍被称为学前教育第三年。

小学教育　为期6年，完成小学教育预备班或在报名当年的12月31日年满6岁的儿童可报读小学教育第一年。就读小学的最高年龄为15岁。

中学教育　由两个阶段组成：初中教育及高中教育。大学预科亦被视为中学教育。

（1）初中教育：为期3年，合格完成小学教育者可以入读。就读初中最大年龄为18岁，但在特别情况下，经教育机构决定，可以逾越此年限。

（2）高中教育：为期最少2年，最多3年，合格完成初中教育者可以入读。就读高中最大年龄为21岁，但在特别情况下，经教育机构决定，可以逾越此年限。

高等教育　由大学、理工学院及相等之学院开办之学位或非学位课程。

劳动人口　在参考期间，可参与生产商品或提供服务之14岁或以上人士的总合。包括就业人口及失业人口。

就业人口　在参考期间，为了金钱或物质的报酬、利润或家庭收入而工作至少1小时的14岁或以上人士的总合。亦包括那些被雇用而没有上班，但与雇主保持正式联系，或拥有1间公司，但因特别原因暂时没有上班的人士。

劳动力参与率　指劳动人口在14岁或以上的居住人口中所占的比例。

失业率　指失业人口在劳动人口中所占的比例。

就业不足率　指就业不足人口在劳动人口中所占的比例。

访澳旅客　指任何非以澳门特区为常居地的人士，其连续逗留时间自2000年8月开始由原来少于3个月改为少于12个月，旅客之旅游目的并非在澳门特区参与任何有偿活动。

酒店入住率　入住客房数量与可供应客房数量之百分比。

进口　指将产自外地的货物输入澳门特区，但再进口和转运制度下输入者除外。

出口　指将货物输出澳门特区，但暂时出口和转运制度下输出者除外。

本地产品出口　指将产地为澳门特区的货物输出澳门特区。

再出口　指原进口的货物未经加工输出澳门特区，或虽加工，但不能取得澳门特区产地资格。

贸易价格比率指数　即出口单位价格指数与进口单位价格指数之比率。

单位　指永久性楼宇之一个或多个间格及其附属建筑物。每一个单位具有独立入口与楼宇内之公用地方相通，具有合法条件进行分层物业登记和作独立转让。

楼宇建筑面积　相等于所有层数之面积总和。楼面面积的计算方法是从外墙起量度，同时亦包括大堂面积、楼梯、升降机所占面积以及所有公用地方面积(两个或以上单位合用)。

居民消费物价指数　反映澳门特区家庭于购买一篮子之指定商品或服务时，在不同时间该等商品或服务之价格变动。

广义货币供应量M2　指狭义货币供应量M1加上准货币负债。准货币负债指储蓄存款、通知存款、定期存款和存款证明书。

Explanatory Notes on Main Statistical Indicators

Gross Domestic Product (GDP) Reflects the total of goods produced and services provided annually in Macao, China. GDP in this statistical yearbook is estimated by using the expenditure and production approaches. The expenditure-based GDP is measured as the sum of private consumption expenditure, government final consumption expenditure, gross fixed capital formation, changes in inventories, and net exports (exports less imports) of goods and services. The production-based GDP, which is measured as the sum of gross value added of all economic activities, can be used to evaluate the structure of the industrial sectors in Macao, China.

Infant Mortality Rate Deaths of infants under one year old per 1,000 live births within the reference period.

Natural Growth Rate Surplus (or deficit) of births over deaths per 1,000 residents of the average population within the reference period.

Crude Birth Rate Live births per 1,000 residents of the average population within the reference period.

Crude Mortality Rate Deaths per 1,000 residents of the average population within the reference period.

Pre-primary Education Composed of 2 stages: infant education and the preparatory level for primary education.

(1) Infant education: Designed for children aged between 3-4 years old. Children aged 3 as at 31st December of the year of enrolment are also eligible. No knowledge assessment tests are required for progression.

(2) Preparatory level for primary education: Designed for children aged 5 as at 31st December of the year of enrolment. Progress examination is a pre-requisite for advancement access. This type of preparatory level is also called the third year of pre-primary education in some educational institutes.

Primary Education Lasts for 6 years. Children having completed the preparatory level or aged 6 as at 31st December of the year of enrolment are eligible to the first year of primary education. The maximum age for primary education is 15.

Secondary Education It is divided into 2 stages: Junior secondary and senior secondary. Pre-university courses are also considered secondary education.

(1) Junior Secondary Education: For a duration of 3 years. Students having successfully completed the primary education are eligible. The maximum age for this level is 18 years old. However, under certain circumstances, the educational institutes can exercise their discretion to accept enrolment beyond the age limit.

(2) Senior Secondary Education: For a duration of 2-3 years. Students having successfully completed the junior secondary level are eligible. The maximum age for this level is 21. However, under certain circumstances, the educational institutes can exercise their discretion to accept enrolment beyond the age limit.

Higher Education Degree or non-degree programmes offered by universities, polytechnical institutes or equivalent.

Labour Force Total number of people aged 14 and above who are available to participate in the production of goods and services during the reference period. It comprises employed population and unemployed population.

Employed Population Total number of people aged 14 and above who have worked at least 1 hour during the reference period, for pay, profits or family gains, in cash or in kind. It also includes individuals who have a job and are absent from work but maintain a formal job attachment with the employer, or company owners who are temporarily not working due to specific reasons.

Labour Force Participation Rate The proportion of labour force in the resident population aged 14 and above in Macao, China.

Unemployment Rate The proportion of unemployed in the labour force.

Underemployment Rate The proportion of underemployed in the labour force.

Visitor Any person travelling to a place (ie Macao, China) other than his/her usual environment and whose main purpose of travel is other than the exercise of an activity remunerated from within the place visited. The maximum length of stay has been amended from 3 consecutive months to 12 consecutive months since August 2000.

Hotel Occupancy Rate The percentage of rooms occupied by guests in the total number of available rooms.

Imports The entry of any commodities into Macao, China, except Re-imports and Transit.

Exports The outgoing from Macao, China, of any commodities, excluding Temporary Exports and Transit.

Domestic Exports The outgoing from Macao, China, of any commodities with the origin of Macao, China.

Re-exports The outgoing from Macao, China of any commodities previously imported, without any transformation or even with transformation, the commodities did not obtain the origin of Macao, China.

Terms of Trade Index The ratio of the unit value index of exports to that of imports.

Housing Unit Division(s) or annex of a permanent building. Each housing unit has independent entrance of access to the common area of the building; can be legally registered with the property registry and can be independently transacted.

Gross Floor Area The sum of area of each floor in a building measured to the outer surface of the outer walls including the area of lobbies, stairs, lift landings and communal space (shared by 2 or more housing units).

Consumer Price Index Reflects the price change of a representative "basket" of goods and services consumed by families in Macao, China.

Money Supply (M2) Refers to the sum of money supply M1 and quasi-monetary liabilities that consist of savings deposits, notice deposits, time deposits and certificates of deposits.

第三部分 企业竞争力篇

Part 3 Competitive Forces of Enterprises

R-1 2004年上海工业企业销售收入前500家

The Top 500 Industrial Enterprises of Shanghai Sorted by Revenue in 2004

位次	企业名称	销售收入（万元）
1	宝山钢铁股份有限公司	5863806
2	达丰（上海）电脑有限公司	4335673
3	上海通用汽车有限公司	4053273
4	上海大众汽车有限公司	3789351
5	中国石化上海石油化工股份有限公司	3492949
6	上海市电力公司	3141070
7	中国石油化工股份有限公司上海高桥分公司	2559098
8	达功（上海）电脑有限公司	2536102
9	上海烟草（集团）公司	1883951
1	英华达（上海）电子有限公司	1575523
11	惠普科技（上海）有限公司	1522839
12	英顺达科技有限公司	1369571
13	宝钢集团上海第一钢铁有限公司	1310416
14	上海西门子移动通信有限公司	1216248
15	英业达（上海）有限公司	1173067
16	上海三钢有限责任公司	1083728
17	上海贝尔阿尔卡特股份有限公司	921774
18	上海惠普有限公司	909271
19	中芯国际集成电路制造（上海）有限公司	774640
20	宝钢集团上海五钢有限公司	719937
21	上海振华港口机械（集团）股份有限公司	710966
22	光明乳业股份有限公司	678568
23	飞利浦电子元件(上海)有限公司	660578
24	上海联想电子有限公司	630202
25	柯达电子（上海）有限公司	519420
26	上海汇众汽车制造有限公司	497865
27	沪东中华造船（集团）有限公司	497533
28	上海索广电子有限公司	488544
29	上海轮胎橡胶(集团)股份有限公司	472246
30	上海三菱电梯有限公司	454084
31	江南造船（集团）有限责任公司	444161
32	上海焦化有限公司	427559
33	上海广电信息产业股份有限公司	408542
34	上海永新彩色显像管股份有限公司	393047
35	上海锅炉厂有限公司	389848
36	上海氯碱化工股份有限公司	369046
37	上海宝钢化工有限公司	361940
38	上海延锋江森座椅有限公司	349608
39	先锋高科技(上海)有限公司	349105
40	上海嘉里粮油工业有限公司	345692
41	上海海立（集团）股份有限公司	345380
42	上海柴油机股份有限公司	332089
43	上海电力股份有限公司	323798
44	上海乐金广电电子有限公司	319315
45	上海迪比特实业有限公司	316789
46	中国石化上海高桥石油化工公司	305578
47	上海日立电器有限公司	303009
48	联合汽车电子有限公司	291646
49	富士通将军(上海)有限公司	286264
50	达研（上海）光电有限公司	280445

R-1 续表1 continued

位次	企业名称	销售收入（万元）
51	上海汽车股份有限公司	277000
52	上海夏普电器有限公司	273990
53	远纺工业(上海)有限公司	272636
54	上海华虹 NEC 电子有限公司	267844
55	上海联吉合纤有限公司	252065
56	可口可乐（中国）饮料有限公司	251800
57	上海大金空调有限公司	251255
58	延锋伟世通汽车饰件系统有限公司	246246
59	上海市吴泾第二发电有限责任公司	244943
60	华能国际电力股份有限公司上海分公司	241151
61	伟创力电子科技（上海）有限公司	237101
62	上海外高桥发电有限责任公司	232846
63	德尔福派克电气系统有限公司	226642
64	上海新格有色金属有限公司	225420
65	中国第一铅笔股份有限公司	223006
66	上海汽轮机有限公司	221859
67	上海旭电子玻璃有限公司	215705
68	上海美蓓亚精密机电有限公司	214335
69	上海雷允上药业有限公司	211287
70	新大洲本田摩托车有限公司上海分公司	203451
71	上海外高桥造船有限公司	202345
72	上海松下等离子显示器有限公司	196791
73	上海华谊丙烯酸有限公司	193324
74	上海索广映像有限公司	190852
75	华能上海石洞口第一电厂	190667
76	上海石油天然气有限公司	188243
77	东芝电脑（上海）有限公司	187608
78	英特尔产品（上海）有限公司	184602
79	上海中集远东集装箱有限公司	183050
80	上海三爱富新材料股份有限公司	182736
81	上海莫仕连接器有限公司	181854
82	宝钢集团上海二钢有限公司	179934
83	上船澄西船舶有限公司	174002
84	上海 JVC 电器有限公司	172051
85	上海申美饮料食品有限公司	167649
86	上海龙工机械有限公司	167060
87	上海家化联合股份有限公司	166896
88	上海耀华皮尔金顿玻璃股份有限公司	166040
89	上海京瓷电子有限公司	165368
90	上海燃气市北销售有限公司	163650
91	上海中集宝伟工业有限公司	158966
92	伟创力电子制造(上海)有限公司	158736
93	3M 中国有限公司	157402
94	上海克虏伯不锈钢有限公司	157308
95	强生(中国)有限公司	157236
96	赫比（上海）家用电器产品有限公司	154419
97	上海大众燃气有限公司	153040
98	上海先锋电声器材有限公司	152679
99	上海大昌铜业有限公司	152097
100	兆普电子（上海）有限公司	147952

R-1 续表2 continued

位次	企业名称	销售收入（万元）
101	立邦涂料（中国）有限公司	145971
102	上海百事可乐饮料有限公司	145234
103	上海外高桥第二发电有限责任公司	144878
104	上海鑫冶铜业有限公司	142791
105	柯尼卡美能达光学仪器（上海）有限公司	141755
106	上海良友海狮油脂实业有限公司	141359
107	达业（上海）电脑科技有限公司	140118
108	上海动力设备有限公司	140009
109	上海日立家用电器有限公司	139121
110	上海华普电缆有限公司	138850
111	上海三毛企业（集团）股份有限公司	138664
112	上海港机重工有限公司	134779
113	上海电气集团上海电机厂有限公司	134713
114	上海富士施乐复印机有限公司	134593
115	上海老凤祥有限公司	133832
116	巴斯夫应用化工有限公司	131962
117	上海汽轮发电机有限公司	131614
118	上海松下微波炉有限公司	130359
119	捷普科技（上海）有限公司	130057
120	上海吴泾化工有限公司	130020
121	上海小糸车灯有限公司	129657
122	上海纳铁福传动轴有限公司	129003
123	上海中集冷藏箱有限公司	128414
124	日东电工（上海浦东新区）有限公司	127122
125	上海金菲石油化工有限公司	124445
126	三菱电机上菱空调机电器有限公司	122719
127	瑞侃电子（上海）有限公司	122118
128	上海新亚药业有限公司	121697
129	上海罗氏制药有限公司	121225
130	国琏电子（上海）有限公司	119697
131	上海二纺机股份有限公司	118381
132	上海汽车制动系统有限公司	118313
133	上海三电贝洱汽车空调有限公司	116994
134	德尔福(上海）动力推进系统有限公司	116812
135	迅达（中国）电梯有限公司	116379
136	巴特勒（上海）有限公司	115816
137	中美上海施贵宝制药有限公司	115495
138	上海德尔福汽车空调系统有限公司	115364
139	沪东重机股份有限公司	115175
140	上海先进半导体制造股份有限公司	114737
141	上海宜鑫实业有限公司	114590
142	GE 塑料上海有限公司	112110
143	飞利浦元件及模组（上海）有限公司	111627
144	上海宝山太平货柜有限公司	110999
145	上海吴泾发电有限责任公司	110828
146	上海白猫有限公司	108898
147	中海工业有限公司	108750
148	上海太平国际货柜有限公司	108633
149	上海金地石化有限公司	108194
150	上海东辰粮油有限公司	107674

R-1 续表3 continued

位次	企业名称	销售收入（万元）
151	上海永大电梯设备有限公司	106890
152	上海国利汽车真皮饰件有限公司	106590
153	上海比亚迪有限公司	104414
154	万特电子（上海）有限公司	104240
155	上海金陵股份有限公司	103614
156	上海建设路桥机械设备有限公司	102991
157	上海采埃孚转向机有限公司	102879
158	上海宏力半导体制造有限公司	101661
159	上海进道集装箱有限公司	101269
160	上海重型机器厂有限公司	101183
161	上海邮电通信设备股份有限公司	101154
162	上工申贝（集团）股份有限公司	99625
163	安特精密机械(上海)有限公司	97111
164	英特儿营养乳品有限公司	94374
165	上海太太乐调味食品有限公司	93949
166	迪堡金融设备有限公司	93645
167	安捷伦科技（上海）有限公司	93254
168	上好佳（中国）有限公司	91282
169	上海东隆羽绒制品有限公司	90492
170	泰瑞达连接系统(上海)有限公司	89338
171	上海交运股份有限公司	88922
172	上海理光传真机有限公司	88374
173	上海新先锋药业有限公司	87706
174	上海富国皮革有限公司	87173
175	上海印钞厂	86890
176	上海达能饼干食品有限公司	86707
177	上海松下半导体有限公司	86226
178	上海建工材料工程有限公司	86190
179	上海巨凤自行车有限公司	85505
180	霍尼韦尔涡轮增压系统（上海）有限公司	85383
181	上海东洋电装有限公司	84858
182	上海涂料有限公司	84258
183	上海针织九厂	83920
184	上海施耐德配电电器有限公司	83895
185	上海普天友通信息科技有限公司	81837
186	上海灿坤实业有限公司	81522
187	上海荣威塑胶工业有限公司	81373
188	藤仓电子（上海）有限公司	81366
189	上海埃力生钢管有限公司	80570
190	上海紫江企业集团股份有限公司	80570
191	上海正峰工业有限公司	80364
192	上海大江（集团）股份有限公司	80320
193	不凡帝范梅勒糖果（中国）有限公司	80037
194	上海 ABB 工程有限公司	79845
195	中达电通股份有限公司	79139
196	上海亨井联接件有限公司	78838
197	上海基舜兴休闲制品有限公司	78235
198	星科金朋(上海)有限公司	78045
199	凤凰股份有限公司	77704
200	上海申佳铁合金有限公司	77350

R−1 续表4 continued

位次	企业名称	销售收入（万元）
201	上海飞乐股份有限公司	77148
202	上海市药材有限公司	76489
203	上海永久股份有限公司	75900
204	上海阿尔卑斯电子有限公司	75883
205	中涂化工(上海)有限公司	74635
206	上海雅斯拓智能卡技术有限公司	74207
207	上海浦东煤气制气有限公司	74181
208	上海浦东一汽青岛专用车厂	74077
209	上海英格索兰压缩机有限公司	74017
210	上海贝岭股份有限公司	73723
211	上海轻工机械股份有限公司	73665
212	上海闸电燃气轮机发电有限公司	73489
213	上海国际油漆有限公司	73329
214	上海耐福金属制造有限公司	73258
215	上海安谊车轮有限公司	71832
216	上海界龙实业股份有限公司	71696
217	上海斯米克建筑陶瓷股份有限公司	71652
218	延锋伟世通汽车电子有限公司	71557
219	上海飞航电线电缆公司	71380
220	鸿城电子(上海)有限公司	70888
221	上海旭福电子有公司	70734
222	百事食品（中国）有限公司	70247
223	上海造币厂	70235
224	上海市建筑构件制品有限公司	70229
225	上海贝尔三星移动通信有限公司	69929
226	上海一冷开利空调设备有限公司	69413
227	罗氏（上海）维生素有限公司	69183
228	上海燃气浦东销售有限公司	69140
229	上海宝井钢材加工配送有限公司	69129
230	复盛实业(上海)有限公司	68995
231	通用电气照明有限公司	68954
232	上海高桥巴斯夫分散体有限公司	68224
233	上海皮尔博格有色零部件有限公司	67756
234	上海自动化仪表股份有限公司	67750
235	上海矽钢有限公司	67208
236	上海吉田拉链有限公司	66837
237	上海烟草工业印刷厂	66526
238	上海宏和电子材料有限公司	66519
239	飞达仕空调（上海）有限公司	66341
240	上海嘉日钢板制品有限公司	66145
241	上海法雷奥汽车电器系统有限公司	66138
242	博朗(上海)有限公司	65839
243	上海美建钢结构有限公司	65720
244	上海市自来水市北有限公司	65655
245	上海申沃客车有限公司	65203
246	上海晨兴电子科技有限公司	65031
247	上海森钢钢铁有限公司	64948
248	东芝电梯（上海）有限公司	64235
249	上海泛亚潜力纸业有限公司	64007
250	上海安普泰科电子有限公司	63903

R−1 续表 5　continued

位次	企业名称	销售收入（万元）
251	上海吉列有限公司	63615
252	上海裕生特种线材有限公司	63301
253	上海中远关西涂料化工有限公司	63226
254	上海庄臣有限公司	62946
255	上海胜华电缆厂	62303
256	上海顺鼎科技有限公司	62051
257	上海建筑材料集团水泥有限公司	61087
258	上海卡博特化工有限公司	61052
259	上海美津浓有限公司	60909
260	上海大智企业（集团）有限公司	60246
261	上海亚一金厂有限公司	59946
262	上海飞利浦亚明照明有限公司	59859
263	上海汇众萨克斯减振器有限公司	59759
264	上海博泽汽车部件有限公司	59374
265	上海医药（集团）有限公司信谊制药总厂	58989
266	上海金合利铝轮毂制造有限公司	58702
267	上海三荣电器有限公司	57951
268	上海同强紧固件有限公司	57642
269	沃尔沃建筑设备（中国）有限公司	57561
270	英威达纤维（上海）有限公司	57176
271	上海东普汽车工业有限公司	57103
272	上海施耐德工业控制有限公司	56829
273	上海新芝电子有限公司	56724
274	人本集团上海轴承有限公司	56620
275	上海市崇明电力公司	56416
276	美铝(上海)铝业有限公司	56218
277	上海胜狮冷冻货柜有限公司	56166
278	发美利健康器械（上海）有限公司	55388
279	上海申特型钢有限公司	55110
280	上海贵稀金属提炼厂	55067
281	上海爱德华造船有限公司	55066
282	上海烟草机械有限责任公司	54970
283	上海同舟焊接厂	54733
284	上海联合电机（集团）有限公司本部	54681
285	宝钢集团上海钢管有限公司	54655
286	上海福祥陶瓷有限公司	54499
287	上海凯虹电子有限公司	54397
288	卜内门太古漆油（上海）有限公司	54152
289	上海实业交通电器有限公司	54137
290	上海日立电线有限公司	54001
291	上海华藤金属加工有限公司	53969
292	上海电器股份有限公司人民电器厂	53761
293	华宝食用香精香料(上海)有限公司	53634
294	上海福克斯波罗有限公司	53619
295	巴斯夫上海涂料有限公司	53500
296	上海华源长富药业(集团)有限公司	53467
297	上海拖拉机内燃机公司	53355
298	上海振欣电子工程有限公司	53139
299	上海电力修造总厂有限公司	53053
300	上海通惠开利空调设备有限公司	52919

R−1 续表6 continued

位次	企业名称	销售收入（万元）
301	上海沪宝轧钢厂	52883
302	上海西门子开关有限公司	52745
303	上海机床厂有限公司(本部)	52732
304	上海现代摩比斯汽车零配件有限公司	52675
305	上海科宁油脂化学品有限公司	52642
306	上海宝钢钢铁资源有限公司	52485
307	上海东升电子（集团）股份有限公司	52407
308	上海安川电动机器有限公司	52239
309	上海森林电器有限公司	51655
310	上海金亭汽车线束有限公司	51380
311	上海新美(集团)有限公司	51349
312	展运（上海）电子有限公司	51314
313	上海龙阳精密复合铜管有限公司	51095
314	上海安信地板有限公司	50944
315	上海MWB互感器有限公司	50904
316	上海申佳金属制品有限公司	50863
317	上海广智技术发展有限公司	50863
318	上海方元数码科技有限公司	50710
319	上海舜业刚铁加工有限公司	50622
320	上海奇华顿有限公司	50445
321	上海新英木业有限公司	50225
322	上海华普汽车有限公司	50198
323	上海广电液晶显示器有限公司	50050
324	上海美维电子有限公司	49833
325	上海惠亚铝合金制品有限公司	49780
326	上海市自来水市南有限公司	49639
327	江南重工股份有限公司	49630
328	上海日光铜业有限公司	49497
329	上海英模特制衣有限公司	49345
330	上海凯泉泵业有限责任公司	49156
331	上海高斯印刷设备有限公司	49134
332	上海大华电器设备有限公司	49082
333	上海惠亚电子有限公司	49060
334	上海科泰铜业有限公司	48202
335	上海石化椏力实业发展有限公司	47830
336	上海东方航空食品有限公司	47797
337	中国纺织机械股份有限公司	47566
338	上海生物制品研究所	47312
339	上海华普国润汽车有限公司	47216
340	达群（上海）电脑有限公司	46724
341	上海兴信厨房用具有限公司	46532
342	上海海螺水泥有限责任公司	46526
343	上海科世达华阳汽车电器有限公司	46133
344	上海尤妮佳有限公司	46105
345	上海纽荷兰农业机械有限公司	46051
346	上海乾通汽车附件有限公司	45898
347	上海凯士比泵有限公司	45676
348	上海三航－亚新太钢管有限公司	45637
349	上海禹华通信技术有限公司	45621
350	上海新锐实业有限公司	45404

R-1 续表7 continued

位次	企业名称	销售收入（万元）
351	上海加冷松芝汽车空调有限公司	45377
352	上海吴淞煤气制气有限公司	45132
353	安靠封装测试（上海）有限公司	45101
354	上海凯托<集团>有限公司	44653
355	上海日红钢板加工有限公司	44637
356	上海华联制药有限公司	44496
357	乔山健康科技（上海）有限公司	44446
358	新华控制工程有限公司	44120
359	上海林内有限公司	43736
360	高田（上海）汽车安全装置有限公司	43621
361	萨帕铝热传输（上海）有限公司	43599
362	上海大亚科技有限公司	43549
363	上海天喔食品有限公司	43442
364	上海捷尚国际蓄电池有限公司	43321
365	衣恋时装(上海)有限公司	43256
366	上海威旭半导体光电有限公司	43128
367	优利讯(上海)有限公司	42978
368	上海远大铝业工程有限公司	42972
369	伊顿流体动力（上海）有限公司	42960
370	上海康洋企业发展有限公司	42785
371	道康宁（上海）有限公司	42712
372	汉高股份有限公司	42581
373	上海德尔福排气控制系统有限公司	42216
374	上海顶锋金属制品有限公司	41988
375	威宇科技测试封装（上海）有限公司	41970
376	上海华东建筑机械厂有限公司	41954
377	信泰鹿岛电子（上海）有限公司	41866
378	上海通用电气广电有限公司	41836
379	上海亚太酿酒有限公司	41496
380	上海ABB电机有限公司	41488
381	上海实达精密不锈钢有限公司	41477
382	上海意力速电子工业有限公司	41296
383	上海上食肉类有限公司	41260
384	瑞美无线通信技术（上海）有限公司	41055
385	申雅密封件有限公司	40660
386	福耀集团（上海）汽车玻璃有限公司	40402
387	英威达纤维有限公司	40362
388	上海震旦家具有限公司	40096
389	上海起重运输机械厂有限公司	40082
390	上海光华印刷机械有限公司	40014
391	上海紫东薄膜材料股份有限公司	39968
392	上海华克排气系统有限公司	39667
393	上海美特幕墙有限公司	39526
394	上海金云铜材厂	39441
395	上海新进半导体制造有限公司	39432
396	艾佩达电子通信设备（上海）有限公司	39409
397	上海合众开利空调设备有限公司	39321
398	上海南华兰陵电气有限公司	39086
399	菲林格尔木业(上海)有限公司	39008
400	上海艾格服饰有限公司	39007

R-1 续表8 continued

位次	企业名称	销售收入（万元）
401	上海仪表厂有限责任公司	38887
402	上海博舍工业有限公司	38630
403	上海联成化学工业有限公司	38623
404	上海液化石油气经营有限公司	38593
405	上海强生制药有限公司	38545
406	上海电缆厂有限公司	38496
407	上海德力西集团有限公司	38406
408	上海伟佳家具有限公司	38403
409	重机（上海）工业有限公司	38400
410	维蒙特工业（中国）有限公司	38390
411	上海三维制药有限公司	38189
412	拜儿涂料系统上海有限公司	38186
413	上海乐惠米业有限公司	38177
414	上海森大木业有限公司	38144
415	上海爱立信—新泰电子有限公司	38088
416	上海建华管桩有限公司	38033
417	上海申和热磁电子有限公司	37989
418	上海宝安汽配产业发展有限公司	37599
419	上海茉织华股份有限公司服饰分公司	37556
420	基胜工业（上海）有限公司	37457
421	上海惠而浦家用电器有限公司	37451
422	统合实业(上海)有限公司	37302
423	上海荣华涤纶有限公司	37016
424	飞利浦照明电子（上海）有限公司	36959
425	申佳船厂	36952
426	上海东海有色合金厂	36850
427	上海紫江彩印包装有限公司	36740
428	上海亚明灯泡厂有限公司	36698
429	龙工（上海）桥箱有限公司	36649
430	上海原宿电器有限公司	36629
431	上海老凤祥珠宝首饰有限公司	36603
432	上海白鹤华新丽华特殊钢制品有限公司	36433
433	吉利德显示器件（上海）有限公司	36431
434	上海星莹家具有限公司	36421
435	上海花王有限公司	36416
436	捷敏电子(上海)有限公司	35910
437	上海祭本自行车有限公司	35887
438	上海现代制药股份有限公司	35853
439	旭电（上海）科技有限公司	35709
440	蒂森克虏伯电梯（上海）有限公司	35706
441	三得利啤酒(上海)有限公司	35690
442	意特尔（上海）有限公司	35594
443	上海金叶包装材料有限公司	35550
444	上海虎生电子电器有限公司	35542
445	费斯托（中国）有限公司	35527
446	斯丹达（上海）能源有限公司	35453
447	上海扎努西电气机械有限公司	35436
448	上海西门子高压开关有限公司	35311
449	上海华东制衣(集团)有限公司	35268
450	上海日用友捷汽车电气有限公司	35206

R-1 续表9　continued

位次	企业名称	销售收入（万元）
451	上海元盛食品有限公司	35117
452	上海老凤祥首饰研究所有限公司	35017
453	上海宝钢设备检修有限公司宝钢机械厂	34917
454	上海英济电子塑胶有限公司	34842
455	上海内野有限公司	34738
456	上海三电汽车空调有限公司	34689
457	上海金泉山医疗器材有限公司	34671
458	上海佳通超细化纤有限公司	34628
459	上海百洛达金属有限公司	34606
460	上海杨行铜材有限公司	34588
461	飞利浦亚明灯具有限公司	34438
462	维兰德金属（上海）有限公司	34434
463	上海特雷通家具有限公司	34348
464	上海申茂电磁线厂	34231
465	上海松下电子应用机器有限公司	34206
466	上海凡纳克塑胶有限公司	34164
467	上海双汇大昌泰森有限公司	34156
468	上海题桥纺织染纱有限公司	33928
469	上海敬炫塑胶制品有限公司	33806
470	上海德科电子仪表有限公司	33704
471	上海爱知锻造有限公司	33674
472	上海永全鞋业有限公司	33635
473	上海乐庭电线工业有限公司	33559
474	上海富恩肠衣有限公司	33361
475	上海 ABB 变压器有限公司	33104
476	荒井空调器材(上海)有限公司	33093
477	庆业电子（上海）有限公司	33040
478	空调国际（上海）有限公司	32983
479	上海建伍电子有限公司	32953
480	上海天原集团天原化工有限公司	32861
481	上海克莉丝汀食品有限公司	32845
482	上海西门子医疗器械有限公司	32765
483	上海梅林食品有限公司	32761
484	上海白猫股份有限公司	32697
485	上海氰特表面技术（上海）有限公司	32685
486	上海人造板机器厂有限公司	32517
487	上海佳丽绒绣厂	32512
488	上海明芳汽车零件有限公司	32451
489	帝人化成复合塑料（上海）有限公司	32441
490	上海海文班尼路服饰有限公司	32258
491	上海福新面粉有限公司	32138
492	上海华润大东船务工程有限公司	32016
493	上海乳品四厂有限公司	31985
494	上海逸众电池有限公司	31962
495	上海市天灵开关厂	31957
496	上海三樱包装材料有限公司	31952
497	上海柘中（集团）有限公司	31892
498	上海伊利爱贝食品有限公司	31820
499	上海雅泰装饰材料有限公司	31816
500	霍尼韦尔特殊材料（中国）有限公司	31793

R-2 2004年江苏省工业企业销售收入前100家

The Top 100 Industrial Enterprises of Jiangsu Sorted by Revenue in 2004

位次	企业名称	位次	企业名称
1	江苏省电力局	51	江苏悦达起亚汽车有限公司
2	扬子石油化工股份有限公司	52	华飞彩色显示系统有限公司
3	江苏沙钢集团有限公司	53	志合电脑（苏州工业园区）有限公司
4	中国石油化工股份有限公司金陵分公司	54	三星电子(苏州)半导体有限公司
5	江苏华西集团公司	55	大同电子科技(江苏)有限公司
6	明基电通信息技术有限公司	56	江苏陵光集团
7	南京钢铁集团有限公司	57	苏州三星电子电脑有限公司
8	乐金飞利浦液晶显示（南京）有限公司	58	江苏澄星磷化工股份有限公司
9	希捷国际科技（无锡）有限公司	59	亚旭电子科技（江苏）有限公司
10	徐州工程机械集团有限公司	60	江阴市西城钢铁有限公司
11	中国石化仪征化纤股份有限公司	61	华宇电脑(江苏)有限公司
12	南京爱立信熊猫通信有限公司	62	海澜集团公司
13	苏州三星电子液晶显示器有限公司	63	天弘（苏州）科技有限公司
14	旭电(苏州)科技有限公司	64	江苏综艺集团
15	江苏永钢集团	65	夏普办公设备(常 熟)有限公司
16	苏州飞利浦消费电子有限公司	66	微盟电子(昆山)有限公司
17	江苏三房巷实业集团总公司	67	江苏波司登股份有限公司
18	江阴兴澄特种钢铁有限公司	68	江苏大亚集团公司
19	上海梅山钢铁股份有限公司	69	申达集团有限公司
20	友达光电（苏州）有限公司	70	淮阴卷烟厂
21	华芳集团有限公司	71	江苏隆力奇集团有限公司
22	东海粮油(张家港)工业有限公司	72	江苏苏钢集团有限公司
23	纬创资通(昆山)有限公司	73	江苏森达集团公司
24	仁宝电子科技（昆山）有限公司	74	江苏锡兴集团公司
25	维维集团	75	益海(连云港)粮油有限公司
26	中国石化集团金陵石油化工有限责任公司	76	无锡市雪浪初轧厂
27	江苏扬子江药业集团公司	77	富士康(昆山)电脑接插件有限公司
28	南京LG彩色显示系统有限公司	78	江苏石油勘探局
29	无锡夏普电子元器件有限公司	79	昆山翊腾平面显像有限公司
30	苏州爱普生有限公司	80	苏州罗技电子有限公司
31	跃进汽车集团公司	81	江苏铁本钢铁有限公司
32	江苏淮钢集团	82	南京华新光电股份有限公司
33	日立显示器件(苏州)有限公司	83	佳能（苏州）有限公司
34	南京卷烟厂	84	红太阳集团有限公司
35	江苏新科电子集团有限公司	85	无锡市大明金属制品有限公司
36	金东纸业(江苏)有限公司	86	常州金源铜业有限公司
37	武进中天钢铁有限责任公司	87	江苏远东集团有限公司
38	一汽无锡柴油机厂	88	江苏双良集团公司
39	熊猫电子集团有限公司	89	无锡市兴达泡塑新材料有限公司
40	苏州三星电子有限公司	90	江苏锡钢集团公司
41	徐州卷烟厂	91	泽康科技（吴江）有限公司
42	江苏阳光集团公司	92	张家港联合铜业有限公司
43	徐州矿务集团有限公司	93	高创(苏州)电子有限公司
44	诺基亚（苏州）电信有限公司	94	江苏张铜集团有限公司
45	法尔胜集团公司	95	南通宝港油脂发展有限公司
46	仁宝资讯工业（昆山）有限公司	96	中国石化集团清江石油化工有限公司
47	仁宝电脑工业(中国)有限公司	97	大屯煤电(集团)有限公司
48	索尼电子(无锡)有限公司	98	江苏利港电力有限公司
49	联建（中国）科技有限公司	99	江苏伟达化纤集团有限公司
50	南京瀚宇彩欣科技有限责任公司	100	华能国际电力股份有限公司南通分公司

R-3 2004年广东省工业企业工业总产值前50家

The Top 50 Industrial Enterprises of Guangdong Sorted by Gross Output Value in 2004

位次	企业名称	工业总产值(现价)(万元)
1	长城国际信息产品（深圳）有限公司	4969143
2	广州本田汽车有限公司	3258747
3	华为技术有限公司	2658903
4	深圳市中兴通讯股份有限公司	2438701
5	中海石油(中国)有限公司深圳分公司	2416894
6	中国石化茂名炼油化工股份有限公司	2335469
7	安利(中国)日用品有限公司	2268822
8	中国石油化工股份有限公司广州分公司	2001661
9	广东美的企业集团有限公司	1855222
10	中国石化股份有限公司茂名分公司	1747680
11	伟创力实业（珠海）有限公司	1662024
12	顺德区顺达电脑厂有限公司	1495116
13	东莞诺基亚移动电话有限公司	1472595
14	康佳集团股份有限公司	1447402
15	广州宝洁有限公司	1422748
16	富泰宏精密工业有限公司	1403871
17	珠海格力电器股份有限公司	1365396
18	深圳创维－RGB电子有限公司	1304134
19	广东科龙电器股份有限公司	1234239
20	乐金电子(惠州)有限公司	1227824
21	东风汽车有限公司乘用车公司	1138778
22	中海石油(中国）有限公司湛江分公司	1100193
23	恩斯迈电子（深圳）有限公司	1084726
24	建兴光电科技（广州）有限公司	1083525
25	广东省韶关钢铁集团有限公司	1061882
26	广东格兰仕企业（集团）公司	1041318
27	东风本田发动机有限公司	1009635
28	伟创力科技（珠海）有限公司	875379
29	鑫茂科技（深圳）有限公司	804978
30	ＴＣＬ王牌电器（惠州）有限公司	788566
31	佳能珠海有限公司	783659
32	广州珠江钢铁有限责任公司	716889
33	深圳三星科健移动通信技术有限公司	708338
34	广东核电合营有限公司	695725
35	深圳开发科技股份有限公司	676500
36	广州卷烟二厂	670625
37	深圳南方中集集装箱制造有限公司	661067
38	深圳市比亚迪实业有限公司	648337
39	爱普生技术深圳有限公司	638741
40	江门市大长江集团有限公司	577683
41	深圳三星视界有限公司	568552
42	东莞三星视界有限公司	564564
43	湛江东兴石油企业有限公司	545371
44	环旭电子（深圳）有限公司	535725
45	伟创力电脑（珠海）有限公司	533197
46	飞利浦桑达消费通信（深圳）有限公司	531647
47	宏基电脑(中山)有限公司	527644
48	佛山普立华科技有限公司	507933
49	岭澳核电有限公司	503810
50	佳能中山办公设备有限公司	502641

R-4 2004年广东省工业企业产品销售收入前50家

The Top 50 Industrial Enterprises of Guangdong Sorted by Revenue in 2004

位次	企业名称	产品销售收入（万元）
1	长城国际信息产品（深圳）有限公司	4671664
2	广州本田汽车有限公司	3181766
3	华为技术有限公司	2844139
4	中国石化茂名炼油化工股份有限公司	2301543
5	深圳市中兴通讯股份有限公司	2283286
6	广东美的企业集团有限公司	2259674
7	广东省广电集团有限公司东莞供电分公司	2007758
8	中国石油化工股份有限公司广州分公司	1997042
9	广东省广电集团有限公司广州供电分公司	1881175
10	广东省广电集团有限公司（深圳分公司）	1753364
11	安利(中国)日用品有限公司	1728290
12	伟创力实业（珠海）有限公司	1712024
13	中国石化股份有限公司茂名分公司	1710671
14	广东省广电集团有限公司佛山供电分公司	1557758
15	广州宝洁有限公司	1471861
16	东莞诺基亚移动电话有限公司	1451150
17	顺德区顺达电脑厂有限公司	1440614
18	富泰宏精密工业有限公司	1416496
19	康佳集团股份有限公司	1298871
20	珠海格力电器股份有限公司	1294521
21	乐金电子(惠州)有限公司	1213450
22	深圳创维－RGB电子有限公司	1151935
23	中海石油(中国)有限公司深圳分公司	1121915
24	建兴光电科技（广州）有限公司	1072187
25	东风汽车有限公司乘用车公司	1071372
26	广东格兰仕企业（集团）公司	1034610
27	广东省韶关钢铁集团有限公司	1033694
28	恩斯迈电子（深圳）有限公司	1014988
29	东风本田发动机有限公司	1000941
30	广东科龙电器股份有限公司	988903
31	广州钢铁股份有限公司	961857
32	中海石油(中国）有限公司湛江分公司	805965
33	佳能珠海有限公司	801021
34	ＴＣＬ王牌电器（惠州）有限公司	767265
35	鑫茂科技（深圳）有限公司	756045
36	广东核电合营有限公司	723607
37	广州珠江钢铁有限责任公司	716658
38	伟创力科技（珠海）有限公司	715707
39	深圳三星科健移动通信技术有限公司	708113
40	深圳开发科技股份有限公司	694947
41	广州卷烟二厂	672516
42	深圳南方中集集装箱制造有限公司	661067
43	爱普生技术深圳有限公司	638741
44	东莞三星视界有限公司	633782
45	深圳市比亚迪实业有限公司	607351
46	江门市大长江集团有限公司	577683
47	广东省广电集团有限公司中山供电分公司	576425
48	深圳三星视界有限公司	568557
49	湛江东兴石油企业有限公司	534121
50	唯冠科技（深圳）有限公司	529245

R-5 2004年上海连锁商业公司销售额前20家

The Top 20 Chain Business Companies of Shanghai Sorted by Revenue in 2004

位次	企业名称	销售额（万元）
1	联华超市股份有限公司	3068494
2	农工商超市（集团）有限公司	1370334
3	锦江麦德龙现购自运有限公司	636446
4	上海易初莲花连锁超市有限公司	533085
5	华联集团吉买盛购物中心有限公司	430166
6	上海家得利超市有限公司	213800
7	上海可的便利店有限公司	204958
8	上海捷强烟草糖酒（集团）连锁有限公司	185569
9	上海欧尚超市有限公司	134100
10	上海良友金伴便利连锁有限公司	127897
11	上海七宝乐购购物中心有限公司	66228
12	上海文峰千家惠购物中心有限公司	64378
13	上海华联罗森有限公司	51971
14	上海长发购物中心有限公司	47010
15	上海康仁乐购超市贸易有限公司	42988
16	上海屈臣氏日用品有限公司	40088
17	上海梅林正广和便利连锁有限公司	37496
18	上海易买得超市有限公司	33315
19	上海诚达百货商业有限公司	32066
20	上海真北乐购生活购物有限公司	29848

R-6 2004年江苏省外商投资企业历年累计实际投资前100家

The Top 100 Foreign Funded Enterprises of Jiangsu Sorted by Investment Accumulated Actually in 2004

位次	企业名称	位次	企业名称
1	金东纸业（江苏）有限公司	51	华东泰克西汽车铸造有限公司
2	扬子石化——巴斯夫有限责任公司	52	南港(张家港保税区)橡胶工业有限公司
3	和舰科技(苏州)有限公司	53	罗盖特(中国)精细化工有限公司
4	张家港保税区东海粮油工业有限公司	54	斯泰隆石化(张家港)有限公司
5	金华盛纸业(苏州工业园区)有限公司	55	江阴华润制钢有限公司
6	金红叶纸业(苏州工业园区)有限公司	56	耀文电子工业(中国)有限公司
7	东丽合成纤维（南通）有限公司	57	苏州富士胶片映像机器有限公司
8	友达光电(苏州)有限公司	58	苏州尚美国际化妆品有限公司
9	江苏常熟发电有限公司	59	张家港浦扬钢板有限公司
10	中国贝卡尔特钢帘线有限公司	60	江阴永丰余造纸有限公司
11	华润雪花啤酒(江苏)有限公司	61	陶氏化学(张家港)有限公司
12	常熟兴华港口有限公司	62	昆山沪铼光电科技有限公司
13	江南－小野田水泥有限公司	63	俐马(苏州)化纤纺织工业有限公司
14	雪佛龙化工(张家港)有限公司	64	统宝光电(南京)有限公司
15	芬欧汇川(苏州)纸业有限公司	65	江苏宜林电池有限公司
16	牧田(中国)有限公司	66	大连化工（江苏）有限公司
17	江阴兴澄特种钢铁有限公司	67	张家港永旺钢铁有限公司
18	芬欧汇川（常熟）纸业有限公司	68	飞索半导体(中国)有限公司
19	苏州三星电子液晶显示器有限公司	69	国巨电子(中国)有限公司
20	华润电力（常熟）有限公司	70	华丰橡胶(中国)有限公司
21	江阴苏龙发电有限公司	71	嘉新京阳水泥有限公司
22	南京华威房地产开发有限公司	72	联建(中国)科技有限公司
23	张家港东华优尼科能源有限公司	73	镇江李长荣综合石化工业有限公司
24	王子制纸（南通）有限公司	74	无锡华润上华科技有限公司
25	常熟欣瑞科技材料有限公司	75	苏州日本电波工业有限公司
26	昆山恩斯克有限公司	76	住友电工(无锡)有限公司
27	苏州三星电子有限公司	77	扬州明扬威电半导体有限公司
28	张家港浦项不锈钢有限公司	78	英飞凌科技（苏州）有限公司
29	飞利浦半导体(苏州)有限公司	79	特恩驰(南京)光纤有限公司
30	博世汽车柴油系统股份有限公司	80	重村钢模机械工业(苏州)有限公司
31	无锡华润微电子有限公司	81	柯达（无锡）股份有限公司
32	新浦化学工业(泰兴）有限公司	82	建大橡胶（中国）有限公司
33	快捷半导体(苏州)有限公司	83	苏州杜邦聚酯有限公司
34	芬欧汇川(苏州)林业有限公司	84	甲乙(常熟)纺染有限公司
35	三星电子(苏州)半导体有限公司	85	富士康(昆山)电脑接插件有限公司
36	中新苏州工业园区开发有限公司	86	昆山鼎鑫电子有限公司
37	旭电(苏州)科技有限公司	87	张家港越洋实业有限公司
38	无锡松下冷机有限公司	88	必成玻璃纤维(昆山)有限公司
39	大金氟化工（中国）有限公司	89	江苏南亚变速箱有限公司
40	美宝莲(苏州)化妆品有限公司	90	日东电工(苏州)有限公司
41	镇江国亨化学有限公司	91	张家港宏昌钢板有限公司
42	无锡华润上华半导体有限公司	92	希捷国际科技（无锡）有限公司
43	昆山六丰机械工业有限公司	93	江阴福汇纺织有限公司
44	佳通科技(苏州)有限公司	94	苏州住友电木有限公司
45	华映视讯(吴江)有限公司	95	张家港保税区南港发展有限公司
46	东海食品工业（张家港）有限公司	96	江苏东海圣戈班玻璃有限公司
47	江苏理文造纸有限公司	97	陶氏丁苯胶乳(张家港)有限公司
48	南通天生港发电有限公司	98	顺德工业(江苏)有限公司
49	艾默生环境优化技术(苏州)有限公司	99	礼来苏州制药有限公司
50	江阴新树工程塑料有限公司	100	诺基亚(苏州)电信有限公司

R-7 2004年江苏省生产企业出口前100家

The Top 100 Enterprises of Jiangsu Sorted by Export Value in 2004

位次	企业名称	位次	企业名称
1	常州市新科数字技术有限公司	51	江苏银河电子股份有限公司
2	金城集团进出口有限公司	52	江苏晨风商贸有限公司
3	澄西船舶修造厂	53	华芳纺织股份有限公司
4	华芳集团进出口有限公司	54	江阴市被单厂
5	中国长江航运集团南京金陵船厂	55	江苏澄达集团有限公司
6	南京熊猫电子进出口有限公司	56	常州市牛塘化工厂
7	海澜国际贸易有限公司	57	无锡市华协光电科技有限责任公司
8	江苏阳光股份有限公司	58	南京熊猫电视机有限公司
9	中国石化国际事业金陵公司	59	无锡光明集团进出口有限公司
10	江苏长电科技股份有限公司	60	无锡洛社印染有限公司
11	江苏华瑞国际实业集团有限公司	61	南通醋酸化工股份有限公司
12	江苏春兰进出口有限公司	62	无锡庆丰股份有限公司
13	江苏金鼎电动工具集团有限公司	63	江苏扬农化工股份有限公司
14	江苏宏图高科技股份有限公司	64	江苏扬农化工集团有限公司
15	宜兴市乐祺进出口有限公司	65	苏州市春菊电器有限公司
16	常熟三爱富中昊化工新材料有限公司	66	中国石化国际事业扬子公司
17	镇江焦化煤气集团有限公司	67	苏州太湖企业有限公司
18	江苏金飞达电动工具有限公司	68	江苏飞达工具集团股份有限公司
19	波司登股份有限公司	69	吴江东方进出口有限公司
20	江阴澄星日化有限公司	70	苏州精细化工有限公司
21	无锡小天鹅进出口有限责任公司	71	华芳集团毛纺织染有限公司
22	南京钢铁集团国际经济贸易有限公司	72	吴江蚕花进出口有限公司
23	黑牡丹(集团)股份有限公司	73	江苏索普(集团)有限公司
24	江阴兴业塑化有限公司	74	南京红太阳国际贸易有限公司
25	苏州苏化进出口有限公司	75	江苏天鹏化工进出口有限公司
26	江苏飞翔化工股份有限公司	76	江苏紫荆花纺织科技股份有限公司
27	常州老三集团有限公司	77	镇江江奎集团公司
28	江苏联发进出口有限公司	78	江苏香塘集团有限公司
29	苏州宝时得电动工具有限公司	79	江苏亚邦进出口有限公司
30	晨风（江苏）服装有限公司	80	江苏通润机电集团进出口有限公司
31	法尔胜集团进出口有限公司	81	镇江江奎集团有限公司
32	云蝠国际贸易有限责任公司	82	徐州市铁合金厂
33	江苏阳光进出口有限公司	83	江苏九鼎集团进出口有限公司
34	南通江山农药化工股份有限公司	84	江苏AB集团有限责任公司
35	高新张铜股份有限公司	85	江苏胜阳实业股份有限公司
36	江苏天工工具股份有限公司	86	徐州徐工轮胎有限公司
37	江苏吴中进出口有限公司	87	徐州工程机械集团进出口有限公司
38	张家港市易华塑料有限公司	88	南通国际经济技术合作公司
39	江苏亚星锚链有限公司	89	江苏利康进出口有限公司
40	无锡一棉进出口有限公司	90	苏州志远进出口有限公司
41	江苏澄星磷化工股份有限公司	91	苏州市宏利来服饰有限公司
42	如东县铁链厂有限公司	92	江阴利用棉纺针织集团进出口有限公司
43	常熟市标准件厂	93	江苏赛博电子有限公司
44	江苏江动集团进出口有限公司	94	江苏新光纺织有限公司
45	江苏红豆进出口有限责任公司	95	江苏阳光服饰有限公司
46	江苏三房巷实业股份有限公司	96	常熟市同禾纺织印染有限公司
47	张家港市沙洲纺织印染进出口有限公司	97	红太阳集团有限公司
48	吴江英诺时装有限公司	98	中国石化集团南京化工厂
49	无锡凯马动力有限公司	99	南通钢绳(集团)有限公司
50	江苏中丹化工进出口有限公司	100	金坛市健尔康卫生材料有限公司

R−8 2004年江苏省出口超亿美元的28家外贸公司

The 28 Foreign Companies above 100 million US$ of Jiangsu Sorted by Export Value in 2004

位次	公司名称	位次	公司名称
1	南京纺织品进出口股份有限公司	15	中国煤炭工业进出口集团连云港公司
2	江苏舜天股份有限公司	16	中国华源集团江苏有限责任公司
3	江苏苏豪国际集团股份有限公司	17	中化江苏进出口公司
4	中国江苏国际经济技术合作公司	18	江苏开元国际集团畜产进出口股份有限公司
5	江苏省纺织品进出口集团股份有限公司	19	苏州恒丰进出口有限公司
6	江苏国泰国际集团国贸股份有限公司	20	江苏苏美达轻纺国际贸易有限公司
7	江苏汇鸿国际集团针棉织品进出口有限公司	21	江苏海企国际有限公司
8	常州大华进出口(集团)有限公司	22	江苏海外集团苏州有限公司
9	江苏舜天国际集团机械进出口股份有限公司	23	南京机械五金矿产医药保健品进出口股份公司
10	苏州恒润进出口有限公司	24	常州对外贸易有限公司
11	江苏开元国际集团轻工业品进出口股份有限公司	25	江苏国泰国际集团针棉织品进出口有限公司
12	江苏弘业股份有限公司	26	江苏国泰国际集团华泰进出口有限公司
13	江阴华西国际贸易有限公司	27	中国有色金属进出口江苏公司
14	江苏苏美达五金工具有限公司	28	常州大亚进出口有限公司

R−9 2004年江苏省营业额超千万美元的62家外经企业

The Top 62 of Foreign Economic Enterprises above 10 million US$ of Jiangsu Sorted by Revenue in 2004

位次	企业名称	位次	企业名称
1	南京金陵船厂	32	中国石化集团南京设计院
2	中国江苏国际经济技术合作公司	33	中国石化集团第二建设公司
3	中远船务工程集团有限公司	34	中国石油天然气管道第二工程公司
4	澄西船舶修造厂	35	江苏正太建设集团股份有限公司
5	江苏南通三建集团有限公司	36	淮阴水利建设集团有限公司
6	江苏省苏中建设集团股份有限公司	37	中国南京国际经济技术合作（集团）有限公司
7	江苏南通六建建设集团有限公司	38	南通市经济技术开发区总公司
8	江苏省交通工程有限公司	39	盐城市国际经济技术合作公司
9	江苏新世纪造船股份有限公司	40	江苏中兴建设有限公司
10	第三航务工程局第三工程公司	41	镇江国际经济技术合作有限公司
11	江苏建业建筑安装工程集团有限公司	42	江苏永鼎股份有限公司
12	连云港国际经济技术合作公司	43	江苏天目建设集团有限公司
13	苏州中材建设有限公司	44	启东市对外经济技术合作有限公司
14	南通四建集团有限公司	45	江苏省华建建设股份有限公司
15	南通五建建设工程有限公司	46	南京市住宅建设总公司
16	南京熊猫电子进出口有限公司	47	新沂市建筑安装总公司
17	中煤第五建设公司	48	江苏金土木建设集团有限公司
18	江苏省建设集团公司	49	苏州进出口（集团）有限公司
19	南京大地建设（集团）股份有限公司	50	海门市建筑安装工程有限公司
20	南京扬子石油化工工程有限责任公司	51	常州市对外经济技术贸易（集团）公司
21	苏州第一建筑集团有限公司	52	通州建总集团有限公司
22	中国核工业华兴建设公司	53	南通建筑工程总承包有限公司
23	苏州二建建筑集团有限公司	54	江苏国安建筑安装工程公司
24	南通远洋渔业公司	55	徐州工程机械集团进出口有限公司
25	盐城市天虹建筑工程总公司	56	中国石化集团江苏石油勘探局
26	金坛市建筑安装工程公司	57	常州轨道车辆牵引传动工程技术研究中心
27	江苏省第一建筑安装有限公司	58	江苏金厦建设集团有限公司
28	金坛国际经济技术合作公司	59	南京三建（集团）有限公司
29	南通国际经济技术合作公司	60	江苏武进建筑安装工程有限公司
30	江苏永业集团公司	61	常州国际经济技术合作（集团）有限公司
31	镇江市建筑工程公司	62	徐州国际经济技术合作有限公司

R-10 2004年江苏省外商投资出口企业前100家

The Top 100 Foreign Funded Enterprises of Jiangsu Sorted by Export Value in 2004

位次	企业	位次	企业
1	名硕电脑(苏州)有限公司	51	张家港宏发炼钢有限公司
2	仁宝资讯工业(昆山)有限公司	52	南京夏普电子有限公司
3	明基电通信息技术有限公司	53	和舰科技(苏州)有限公司
4	希捷国际科技(无锡)有限公司	54	南通中集顺达集装箱有限公司
5	友达光电(苏州)有限公司	55	富士康(昆山)电脑接插件有限公司
6	仁宝电子科技（昆山）有限公司	56	苏州明基电子技术有限公司
7	三星电子(苏州)半导体有限公司	57	昆山乐金微永电脑有限公司
8	旭电(苏州)科技有限公司	58	苏州爱普电器有限公司
9	苏州飞利浦消费电子有限公司	59	泰金宝电子(苏州)有限公司
10	无锡夏普电子元器件有限公司	60	万福阁家具(昆山)有限公司
11	纬创资通(昆山)有限公司	61	南京瀚宇彩欣科技有限责任公司
12	南京LG同创彩色显示系统有限责任公司	62	四海电子(昆山)有限公司
13	乐金飞利浦液晶显示(南京)有限公司	63	苏州明基光电技术有限公司
14	苏州三星电子液晶显示器有限公司	64	尼康光学仪器(中国)有限公司
15	志合电脑(苏州工业园区)有限公司	65	大将科技(苏州)有限公司
16	仁宝电脑工业(中国)有限公司	66	捷安特(中国)有限公司
17	飞索半导体(苏州)有限公司	67	无锡松下电池有限公司
18	苏州爱普生有限公司	68	中达电子(江苏)有限公司
19	日立显示器件(苏州)有限公司	69	苏州三洋半导体有限公司
20	华宇电脑(江苏)有限公司	70	南通富士通微电子股份有限公司
21	亚旭电子科技(江苏)有限公司	71	神迅电脑（昆山）有限公司
22	大同电子科技(江苏)有限公司	72	无锡兴华达科技有限公司
23	诺基亚(苏州)电信有限公司	73	罗礼科技(苏州)有限公司
24	苏州三星电子有限公司	74	华冠通讯(江苏)有限公司
25	微盟电子(昆山)有限公司	75	苏州智能泰克有限公司
26	华映视讯(吴江)有限公司	76	华达利家具(中国)有限公司
27	苏州三星电子电脑有限公司	77	天瀚科技(吴江)有限公司
28	夏普办公设备(常熟)有限公司	78	仁宝光电科技(昆山)有限公司
29	佳能(苏州)有限公司	79	正新橡胶(中国)有限公司
30	联建(中国)科技有限公司	80	维讯柔性电路板(苏州)有限公司
31	昆山翊腾平面显像有限公司	81	华宝通讯(南京)有限公司
32	天弘(苏州)科技有限公司	82	南通中远船务工程有限公司
33	苏州罗技电子有限公司	83	沪士电子股份有限公司
34	泽康科技(吴江)有限公司	84	昆山沪铼光电科技有限公司
35	高创(苏州)电子有限公司	85	昆山扬明光学有限公司
36	统宝光电（南京）有限公司	86	泰金宝光电(苏州)有限公司
37	无锡阿尔卑斯电子有限公司	87	江苏韩泰轮胎有限公司
38	索尼电子(无锡)有限公司	88	好孩子儿童用品有限公司
39	百得(苏州)科技有限公司	89	常州星球电子有限公司
40	苏州富士胶片映像机器有限公司	90	泰怡凯电器(苏州)有限公司
41	金东纸业(江苏)有限公司	91	江苏爱派克斯数码有限公司
42	昆达电脑科技(昆山)有限公司	92	张家港润忠钢铁有限公司
43	彩晶光电科技(昆山)有限公司	93	川奇光电科技(扬州)有限公司
44	凯博电脑(昆山)有限公司	94	牧田(中国)有限公司
45	星宝电子科技(昆山)有限公司	95	日东电工(苏州)有限公司
46	佳能精技(苏州)办公设备有限公司	96	国腾电子(江苏)有限公司
47	伦飞电脑(昆山)有限公司	97	芬欧汇川（常熟）纸业有限公司
48	牧田（昆山）有限公司	98	南京德朔实业有限公司
49	南通中远川崎船舶工程有限公司	99	苏州金莱克清洁器具有限公司
50	瑞中电子(苏州)有限公司	100	迈拓科技(苏州)有限公司

R-11 2004年上海建筑业综合实力前50家

The Top 50 Construction Enterprises of Shanghai in 2004

位次	单位名称
1	上海建工股份有限公司
2	上海宝冶建设有限公司
3	中铁二十四局集团有限公司
4	上海隧道工程股份有限公司
5	上海十三冶建设有限公司
6	上海五冶冶金建设有限公司
7	上海城建建设实业(集团)有限公司
8	中国第二十冶金建设公司
9	上海广厦（集团）公司
10	上海市安装工程有限公司
11	上海市第二市政工程有限公司
12	上海南汇建筑总公司
13	上海崇明建设(集团)有限公司
14	上海港务工程公司
15	东亚联合控股（集团）有限公司
16	上海开天建设（集团）有限公司
17	上海市住安建设发展有限公司
18	上海宝钢工程建设总公司
19	上海市基础工程公司
20	上海电力电缆工程有限公司
21	上海绿地建设有限公司
22	上海市建工机械工程有限公司
23	上海国际建设总承包有限公司
24	上海送变电工程公司
25	上海市机械施工公司
26	上海电力建筑工程公司
27	上海建设机场道路工程有限公司
28	上海公路桥梁工程有限公司
29	上海远东国际桥梁建设有限公司
30	上海地通建设有限公司
31	闵行区建筑工程公司
32	上海康业建筑装饰工程有限公司
33	上海市第一市政工程有限公司
34	上海腾发建筑工程有限公司
35	上海陆海建设有限公司
36	上海静安区建设总公司
37	上海建筑装饰（集团）有限公司
38	上海浦东路桥建设股份有限公司
39	上海华盛建设发展有限公司
40	中国铁路通信议号上海工程公司
41	上海石化安装检修工程公司
42	上海名华工程建筑有限公司
43	上海海直建设工程公司
44	上海锦水工程建设有限公司
45	上海冠达尔钢结构有限公司
46	上海浦东北蔡市政建筑有限公司
47	上海智富建设工程有限公司
48	华东送变电工程有限公司
49	上海锦惠建筑工程有限公司
50	上海达润市政工程有限公司

R-12 2004年江苏省房地产企业销售面积前50家
The Top 50 Real Estate Enterprises of Jiangsu Sorted by Sale Area in 2004

位次	企业名称	位次	企业名称
1	南京仙林房地产开发有限责任公司	26	吴江市恒达城建综合开发公司
2	无锡市经济适用住房管理中心	27	中新苏州工业园区置地有限公司
3	苏州润禾房地产有限公司	28	商茂房地产开发有限责任公司
4	苏州新创建设发展有限公司	29	江阴利昌房地产开发有限公司
5	南京栖霞建设(集团)公司	30	启东市南通金洲房地产开发有限公司
6	苏州工业园区建屋发展有限公司	31	江宁房地产开发有限公司
7	二十一世纪房地产开发有限公司	32	无锡市金锡房地产开发有限公司
8	常州新城房产开发有限公司	33	江苏伟业房产有限公司
9	无锡市中昌房地产开发有限责任公司	34	金大地房地产开发有限公司
10	市白下区光华房地产开发公司	35	南通东江房地产开发有限公司
11	徐州久隆集团房地产开发有限公司	36	无锡市民生房地产开发有限公司
12	江苏天地房地产有限公司	37	连云港香溢房地产开发有限公司
13	无锡聚江房地产有限责任公司	38	连云港新电房地产开发有限公司
14	盐城富建集团有限公司	39	江苏永业集团
15	中江国际房地产公司	40	南京新城市商业置业有限公司
16	南京业之恒房地产开发有限公司	41	明月开发建设有限公司
17	江苏武进房地产开发有限公司	42	瑞景房地产开发有限公司
18	市雨花台区城镇建设综合开发总公司	43	连云港东盛房地产综合开发有限公司
19	常州金新房地产建设发展有限公司	44	建湖县县城拆迁改造办公室
20	扬州万鸿置业有限公司	45	宜兴市融达村镇建设开发服务有限公司
21	淮安市鑫龙房地产开发有限公司	46	苏州市新星房地产开发经营公司
22	万达房地产开发有限责任公司	47	南京卓邦置业有限公司
23	南京鼎业房地产开发有限公司	48	盛茂房地产开发有限公司
24	常熟市新源房地产有限责任公司	49	苏州市木渎房屋建设有限公司
25	江苏长博房地产开发有限公司	50	苏州南亚房地产开发有限公司

R−13 2004年广东省工业企业固定资产净值前50家

The Top 50 Industrial Enterprises of Guangdong Sorted by Fixed Assets Net Value in 2004

位次	企业名称	固定资产净值（万元）
1	岭澳核电有限公司	2421924
2	广东核电合营有限公司	1493451
3	广东省广电集团有限公司广州供电分公司	1249877
4	广东省广电集团有限公司佛山供电分公司	951495
5	广东省珠海发电厂有限公司	667112
6	广东省广电集团有限公司深圳分公司	618043
7	中国石化股份有限公司茂名分公司	601978
8	华为技术有限公司	580591
9	广东省韶关钢铁集团有限公司	549703
10	广东省广电集团有限公司东莞供电分公司	527390
11	中海石油(中国）有限公司湛江分公司	526663
12	深圳市水务（集团）有限公司	473100
13	江门电力工业局	453724
14	广州珠江钢铁有限责任公司	448868
15	广东国华粤电台山发电有限公司	443104
16	中国石化集团茂名石油化工公司	437082
17	中国石油化工股份有限公司广州分公司	430427
18	深圳赛意法微电子有限公司	393304
19	广东蓄能发电有限公司	382865
20	广州本田汽车有限公司	368650
21	广东广合电力有限公司	349243
22	广东省电力集团有限公司惠州供电分公司	339690
23	广东省广电集团有限公司中山供电分公司	335058
24	广州市自来水公司	330247
25	广东省开平涤纶企业集团公司	290515
26	湛江发电厂	272224
27	广东省广电集团有限公司珠海供电分公司	264292
28	珠海碧阳化工有限公司	263803
29	深圳市比亚迪实业有限公司	259052
30	华能国际电力股份有限公司广东分公司	244017
31	广东美的企业集团有限公司	243731
32	中国石化茂名炼油化工股份有限公司	242851
33	深圳市西部电力有限公司	226436
34	广州东方电力有限公司	217428
35	佛山塑料集团股份有限公司	215736
36	广东科龙电器股份有限公司	205885
37	广州恒运企业集团股份有限公司	200721
38	广东省连州粤连电厂有限公司	174499
39	广东省广电集团有限公司肇庆供电分公司	171467
40	广东省广电集团公司汕头供电分公司	165940
41	东莞玖龙纸业有限公司	163372
42	广东电力发展股份有限公司沙角发电厂	159729
43	广东亨达利水泥厂有限公司	154494
44	广东省清远电力工业局	145267
45	深圳市中兴通讯股份有限公司	143607
46	广东省广电集团有限公司茂名供电分公司	142412
47	佛山市沙口发电厂有限公司	140858
48	东莞理文造纸厂有限公司	139196
49	广州市煤气公司	137469
50	广州宝洁有限公司	137191

R-14 2004年上海前100家物业管理公司

The Top 100 Estate Management Companies of Shanghai by Business Area in 2004

位次	单位名称	管理面积（平方米）
1	上海陆家嘴物业管理有限公司	12660471
2	狮城怡安（上海）物业管理有限公司	5507280
3	上海中星集团申城物业有限公司	5000000
4	上海明华物业公司	3642739
5	上海复瑞物业管理有限公司	2937701
6	上海新申物业管理有限公司	2901701
7	上海市科瑞物业管理发展有限公司	2695886
8	上海宝钢源康物业管理有限公司	2478699
9	上海实红物业管理有限公司	2441323
10	上海上房物业管理有限公司	2348052
11	上海浦东新区潍坊物业公司	2236284
12	上海振南物业公司	2213899
13	上海九行物业管理有限公司	2213499
14	上海农工商旺都物业管理有限公司	2143188
15	上海威斯特物业经营有限公司	2130660
16	上海延吉物业管理有限公司	2094181
17	上海金加园物业管理有限公司	2007400
18	上海柏顺物业管理有限公司	1900000
19	上实物业管理（上海）有限公司	1872400
20	上海高境物业管理有限公司	1864646
21	上海申大物业有限公司	1843543
22	上海四平物业管理有限公司	1834919
23	上海临南物业经营管理有限公司	1771084
24	上海联源物业发展有限公司	1740071
25	上海鑫铭物业管理有限公司	1656073
26	上海民盈城投物业管理有限公司	1652433
27	上海中山物业有限公司	1631403
28	上海上钢物业公司	1621713
29	上海宝山新寓物业管理有限公司	1600000
30	上海新桃源物业管理有限公司	1598382
31	上海新长宁集团新华物业有限公司	1540216
32	上海地铁东方置业发展有限公司	1530000
33	上海青浦青房物业管理有限公司	1500000
34	上海新和物业管理有限公司	1500000
35	上海欣城物业有限公司	1442691
36	上海宏阳物业有限公司	1442223
37	上海万科物业管理有限公司	1420253
38	上海中远物业管理发展有限公司	1416500
39	上海联洋港力物业管理有限公司	1415584
40	上海平凉物业管理有限公司	1362078
41	上海南汇惠房物业管理有限公司	1355000
42	上海曹杨物业有限公司	1334667
43	上海嘉城物业管理有限公司	1308126
44	上海北安物业管理有限公司	1302938
45	上海茸盛物业管理有限公司	1272975
46	中海物业管理(上海)有限公司	1264445
47	上海广厦物业管理有限公司	1237687
48	上海金晨物业经营管理有限公司	1229985
49	上海洋泾物业公司	1183301
50	上海德律风物业有限公司	1180064

R−14 续表 continued

位次	单位名称	管理面积（平方米）
51	上海枫林物业有限公司	1165644
52	上海欣达房产服务公司	1164045
53	上海长风物业有限公司	1156524
54	上海紫泰物业管理有限公司	1152055
55	上海北外滩物业管理有限公司	1137707
56	上海邮电物业管理有限公司	1137399
57	上海恒联物业有限公司	1135199
58	上海真如物业有限公司	1132778
59	上海阳厦物业管理有限公司	1112486
60	上海古北物业管理有限公司	1095392
61	上海能宝物业有限责任公司	1087619
62	上海利物得物业管理有限公司	1060096
63	上海永嘉置业管理有限公司	1057615
64	上海金辉物业有限公司	1047979
65	上海复欣物业管理发展有限公司	1044700
66	上海共贺物业管理有限公司	1026419
67	上海中环陆家嘴物业管理有限公司	1021106
68	上海东方航空物业有限公司	1019042
69	上海新世纪房产服务有限公司	1017228
70	上海华园物业管理有限公司	1017201
71	上海吉兴物业管理有限公司	1014395
72	上海申能物业管理有限公司	1010279
73	上海中宁物业管理中心	1000518
74	上海燎原物业有限公司	993319
75	上海汇成物业有限公司	990799
76	上海凯晨物业管理有限公司	985332
77	上海宝房友宜物业管理公司	983706
78	上海虹达物业管理有限公司	978935
79	上海申鹭物业管理有限公司	977883
80	上海永民置业管理有限公司	964454
81	上海高力国际物业服务有限公司	954861
82	上海大柏树物业有限公司	953535
83	上海畅苑物业管理有限公司	934775
84	上海叶城物业管理有限公司	930000
85	上海永绿置业有限公司	926884
86	上海巨星物业有限公司	921254
87	上海三凌物业管理公司	918960
88	上海安得物业管理有限公司	891611
89	上海中城集团物业公司	890188
90	上海永平置业有限公司	888759
91	上海广同物业有限公司	883129
92	上海新长宁集团天山物业有限公司	882992
93	上海宝房海滨物业有限公司	882802
94	上海浦东华沙物业有限公司	882690
95	上海新长宁集团仙霞物业有限公司	882565
96	上海通昌物业有限公司	878710
97	上海驰骋物业管理有限公司	876600
98	上海殷行物业管理有限公司	874087
99	上海虹桥经济技术开发区物业经营管理有限公司	868690
100	外高桥物业管理有限公司	851993

R−15 2004年上海商品交易市场成交总额前20家

The Top 20 Commodity Exchange Markets of Shanghai Sorted by Turnover Value in 2004

名次	市场名称	成交总额（万元）
1	上海物贸中心有色金属交易市场	5220000
2	上海宝山钢材交易市场管理有限公司	2576966
3	上海华油石油天然气化工交易中心	2500000
4	上海逸仙钢材现货交易市场经营管理有限公司	2300000
5	上海诚通香山金属交易有限公司	1251671
6	上海石化物资交易中心有限公司	1072500
7	上海长江有色金属现货市场	950000
8	上海外高桥汽车交易市场有限公司	880000
9	上海华东钢材管理有限公司	520000
10	上海联合汽车集团有限公司	509800
11	上海中昊化工网上交易中心有限公司	505734
12	上海金桥原产地商品市场经营管理有限公司	440000
13	上海金桥钢材交易市场经营管理有限公司	370519
14	上海市旧机动车交易市场	340000
15	上海市铜川水产市场经营管理有限公司	323670
16	上海沪西水产市场经营管理有限公司	323337
17	上海安亭汽车市场经营管理有限公司	400107
18	上海中山化工市场经营管理有限公司	300417
19	上海砖贸综合市场经营管理有限公司	268128
20	上海曹安路市场	264675

R-16 2004年上海旅馆业营业收入前100家

The Top 100 Hotels of Shanghai Sorted by Revenue in 2004

名次	单位名称	营业收入（万元）
1	中国金茂（集团）股份有限公司金茂君悦大酒店分公司	63724
2	上海浦东新区香格里拉酒店有限公司	45691
3	上海商城上海波特曼丽嘉酒店	45437
4	静安希尔顿饭店(上海)	40876
5	上海上实南洋大酒店有限公司上海四季酒店	35411
6	花园饭店（上海）	33634
7	上海金光外滩置地有限公司威斯汀大饭店	31967
8	上海明天广场有限公司金威万豪酒店	29337
9	上海扬子江大酒店有限公司	25499
10	上海新锦江大酒店有限公司	24213
11	上海太平洋大饭店有限公司	24147
12	上海华亭宾馆有限公司	22718
13	上海王宝和大酒店有限公司	21399
14	上海锦沧文华大酒店有限公司	20532
15	上海光大会展中心有限公司	20184
16	上海紫泰酒店管理有限公司万豪虹桥大酒店	19765
17	上海锦江饭店有限公司	19527
18	上海国际贵都大饭店有限公司	18319
19	上海新亚汤臣大酒店有限公司	18229
20	上海红塔大酒店有限公司	17680
21	上海国际会议中心有限公司东方滨江大酒店	17469
22	上海银河宾馆	16760
23	上海银星皇冠假日酒店	15977
24	上海市上海宾馆有限公司	14933
25	上海海仑宾馆有限公司	14918
26	上海市虹桥宾馆	14623
27	上海和平饭店有限公司	13954
28	上海东锦江大酒店有限公司	13638
29	上海兴国宾馆	13604
30	上海南新雅大酒店有限公司	13452
31	上海古象大酒店	13111
32	上海紫金山大酒店	12771
33	上海华美达广场有限公司巴黎春天大酒店	12694
34	上海建国宾馆	12615
35	上海虹桥迎宾馆	12605
36	宝钢集团宝山宾馆	12083
37	上海新亚广场长城酒店有限公司	11985
38	上海西郊宾馆	10700
39	上海中国煤炭大厦有限责任公司浦东假日酒店	10621
40	上海宝隆宾馆有限公司	10281
41	上海浦东华油实业有限责任公司中油大酒店	10156
42	上海国际机场宾馆	9921
43	上海国际航运大厦有限公司海神诺富特大酒店	9815
44	上海大厦	9028
45	上海民航置业有限公司浦东华美达大酒店	8909
46	上海体育场酒店管理有限公司富豪东亚酒店	8700
47	上海通茂大酒店有限公司	8582
48	上海国际饭店	8248
49	上海由由大酒店有限公司	8072
50	上海新世纪酒店发展有限公司兰生大酒店	8050

R-16 续表 continued

名次	单位名称	营业收入（万元）
51	上海锦江国际酒店发展股份有限公司新亚大酒店	7839
52	城市酒店（上海）	7718
53	上海远洋宾馆有限公司	7510
54	上海市衡山（集团）公司衡山宾馆	7255
55	上海山东齐鲁实业总公司齐鲁万怡大酒店	7091
56	上海太阳岛国际俱乐部有限公司	7008
57	上海美林阁酒店管理有限公司	6861
58	上海大众美林阁酒店有限公司	6841
59	上海悦华大酒店	6573
60	上海机场(集团)有限公司浦东机场华美达大酒店	6345
61	青松城大酒店	6223
62	上海逸和龙柏酒店有限公司	6221
63	上海国际海员俱乐部海鸥饭店	5951
64	上海明城酒店管理有限公司	5923
65	上海世博会议大酒店有限公司	5745
66	上海中亚饭店	5720
67	上海圣淘沙大酒店有限公司	5670
68	上海九龙宾馆有限公司	5627
69	上海新元大酒店	5518
70	锦江之星旅馆有限公司	5297
71	上海东湖宾馆	5280
72	上海延安饭店	5251
73	上海华夏宾馆	5232
74	上海龙柏饭店	5110
75	上海美仑大酒店有限公司	5106
76	上海百乐门大酒店	5023
77	上海美丽园龙都大酒店	4891
78	上海锦勤田林宾馆管理有限公司	4869
79	上海锦江金门大酒店	4641
80	上海中福大酒店有限公司	4623
81	上海新苑宾馆	4581
82	上海老饭店	4316
83	上海建工锦江大酒店有限公司	4245
84	上海宝安大酒店有限公司	4224
85	上海烟草集团卢湾烟草糖酒有限公司美臣大酒店	4141
86	上海斯波特体育发展有限公司斯波特大酒店	4079
87	上海扬子饭店	4072
88	上海和平汇中饭店有限公司	4047
89	上海华东大酒店有限公司	4027
90	上海金山宾馆有限公司	3944
91	上海外航大厦有限公司古北湾大酒店	3912
92	上海奥林匹克俱乐部	3845
93	上海金富门酒店有限公司	3827
94	上海群略商务发展有限公司青浦宾馆	3790
95	上海名人苑酒店经营管理有限公司	3763
96	上海江苏饭店	3736
97	上海红楼宾馆有限公司	3689
98	上海棕榈滩海景酒店有限公司	3600
99	上海迎园饭店	3541
100	上海宝丰联大酒店	3454

R-17 2004年江苏省旅游涉外饭店营业收入前50家

The Top 50 Tourist Foreign Concerned Hotels of Jiangsu by Revenue in 2004

位次	企业名称	位次	企业名称
1	南京金陵饭店股份有限公司	26	南京饭店
2	苏州吴宫喜来登大酒店	27	江阴国际大酒店有限公司
3	南京中山大厦	28	南通市文峰饭店
4	南京希尔顿国际大酒店	29	江阴假日大酒店
5	南京丁山花园酒店有限公司	30	无锡蓝天新港餐饮娱乐有限公司
6	南京侨鸿皇冠大酒店	31	苏州昆山宾馆
7	苏州新城花园有限公司	32	无锡市宜兴国际饭店有限公司
8	江苏省钟山宾馆	33	无锡锦江大酒店
9	南京中心大酒店	34	江苏凤凰台饭店有限公司
10	苏州凯莱大酒店	35	苏州张家港国贸酒店
11	苏州雅戈尔富宫大酒	36	常州市金陵明都大饭店
12	南京古南都饭店	37	南京状元楼酒店
13	常州大酒店有限公司	38	南京太阳宫广场
14	苏州胥城大厦有限公司	39	南通大饭店
15	南京国际会议大酒店	40	无锡锡州花园酒店
16	南京双门楼宾馆	41	南通市三德大酒店
17	苏州市会议中心	42	无锡华美达酒店
18	无锡喜来登大饭店	43	扬州新世纪大酒店
19	无锡湖滨(水秀)饭店	44	常州中油国际大酒店有限公司
20	无锡太湖饭店	45	南京华美达怡华酒店
21	苏州张家港市华芳金陵国际酒店	46	扬州市京华大酒店
22	苏州竹辉饭店	47	南通有斐饭店
23	无锡国际饭店	48	江苏新纪元大酒店有限公司
24	苏州雅都大酒店	49	苏州常熟虞城大酒店
25	无锡大饭店	50	无锡黄金海岸大酒店

R-18 2004年江苏省旅行社营业收入前50家
The Top 50 Travel Agencies of Jiangsu by Revenue in 2004

位次	企业名称	位次	企业名称
1	无锡中国旅行社	26	南京市中国旅行社有限公司
2	无锡康辉旅行社	27	苏州和平国际旅行社有限公司
3	江苏东方航空国际旅行社有限公司	28	苏州市太湖国际旅行社
4	苏州青年旅行社股份有限公司	29	苏州职工国际旅行社有限公司
5	南京中国国际旅行社	30	常州国旅旅行社有限公司
6	苏州永安国际旅行社	31	无锡二泉旅行社
7	江苏金陵商务国际旅行社	32	南京禄口机场国际旅行社
8	无锡国际旅行社	33	无锡江南国际旅行社
9	江苏中国青年旅行社有限公司	34	金桥国际旅行社
10	江苏水乡周庄旅游股份有限公司	35	无锡假日国际旅行社
11	苏州文化国际旅行社有限公司	36	无锡春秋旅游公司
12	苏州中国国际旅行社有限责任公司	37	无锡湖滨国际旅行社
13	中国康辉苏州国际旅行社有限公司	38	苏州市东吴国际旅行社
14	无锡青年旅行社	39	苏州交通旅行社
15	无锡海外旅游公司	40	苏州昆山市春秋国际旅行社
16	南京招商国际旅行社	41	宜兴中国国际旅行社
17	江阴市中国旅行社有限公司	42	徐州中国国际旅行社
18	江阴市华西旅行社	43	南京青年国际旅行社
19	江苏华特国际旅行社有限公司	44	无锡市锡惠职工旅行社
20	苏州海外旅游有限公司	45	苏州新世纪旅行社有限公司
21	无锡阳光国际旅行社	46	南京海外旅游公司
22	江苏教育国际旅行社	47	苏州旅行社有限公司
23	江苏招商国际旅游公司	48	江阴市友好旅行社有限公司
24	扬州中国青年旅行社有限公司	49	南京假日国际旅行社
25	无锡招商国际旅游公司	50	苏州常熟中国国际旅行社

R-19 2004年上海市企业集团营业收入前100家

The Top 100 Enterprises Groups of Shanghai Sorted by Revenue in 2004

位次	企业名称	销售收入（万元）
1	上海宝钢集团公司	16536667
2	上海汽车工业（集团）总公司	10047755
3	中国华源集团有限公司	4946116
4	中国太平洋保险(集团)股份有限公司	4850834
5	百联集团有限公司	4594866
6	上海电气(集团)总公司	3941795
7	中国海运(集团)总公司	3696285
8	上海埃力生（集团）有限公司	3617041
9	中国东方航空集团	2992447
10	上海复星高科技(集团)有限公司	2817982
11	上海华谊（集团）公司	2582632
12	上海农工商（集团）有限公司	2471402
13	东方国际（集团）有限公司	2396152
14	上海烟草（集团）公司	2258971
15	上海建工（集团）总公司	2202831
16	上海工业投资（集团）有限公司	1103703
17	上海绿地集团	1023010
18	锦江国际(集团)有限公司	1006113
19	上海有色金属(集团)有限公司	980956
20	上海市糖业烟酒（集团）有限公司	943511
21	上海国际港务（集团）有限公司	897627
22	上海城建（集团）公司	868622
23	上海永达控股（集团）有限公司	862410
24	上海世博（集团）有限公司	829948
25	上海兰生（集团）有限公司	748649
26	沪东中华造船（集团）有限公司	734966
27	上海振华港口机械（集团）股份有限公司	713775
28	上海申达(集团)有限公司	632791
29	上海外高桥（集团）有限公司	629707
30	上海上实（集团）有限公司	620632
31	上海电信实业（集团）有限公司	615879
32	上海地产（集团）有限公司	608026
33	申能（集团）有限公司	584647
34	上海舜业钢铁集团有限公司	569877
35	上海文化广播影视集团	567540
36	上海良友（集团）有限公司	535297
37	江南造船（集团）有限责任公司	521551
38	上海华虹（集团）有限公司	480787
39	大华集团	473615
40	上海协通(集团)有限公司	451471
41	上海机场（集团）有限公司	449012
42	上海新世界（集团）有限公司	439626
43	上海中山物贸（集团）有限公司	428981
44	上海交通投资（集团）有限公司	428828
45	上海由由（集团）股份有限公司	425035
46	光明食品（集团）有限公司	408554
47	上海建筑材料（集团）总公司	400184
48	上海海立（集团）股份有限公司	399433
49	上海浦东新区东昌企业（集团）有限公司	376292
50	上海外经贸投资（集团）有限公司	365077

R-19 续表 continued

位次	企业名称	销售收入（万元）
51	东方希望集团有限公司	356486
52	上海浦东发展（集团）有限公司	352077
53	上海龙头（集团）股份有限公司	345965
54	上海化学纤维（集团）有限公司	335361
55	上海久隆电力(集团)有限公司	332393
56	大众交通（集团）股份有限公司	321286
57	上海仪电控股（集团）公司	317636
58	上海水产（集团）总公司	308050
59	上海陆家嘴（集团）有限公司	302129
60	中国高科集团股份有限公司	298064
61	上海华申国际企业（集团）有限公司	297751
62	上海紫江企业集团股份有限公司	290709
63	上海交运（集团）公司	235102
64	上海城开（集团）有限公司	218995
65	上海开开（集团）有限公司	208980
66	西上海(集团)有限公司	203856
67	上海家化（集团）有限公司	203283
68	上海强生集团有限公司	201900
69	上海海欣集团股份有限公司	195265
70	上海白猫（集团）有限公司	195067
71	上海针织（集团）有限公司	194400
72	上海国际集团有限公司	194219
73	上海金桥(集团)有限公司	193737
74	上海广厦（集团）有限公司	181402
75	上海九百(集团)有限公司	181268
76	上海徐家汇商城（集团）有限公司	175797
77	上海东亚（集团）有限公司	172185
78	上海服装(集团)有限公司	170452
79	长江经济联合发展（集团）股份有限公司	166497
80	上海恒大(集团)有限公司	164510
81	中国金茂（集团）股份有限公司	159055
82	东方控股集团有限公司	154811
83	上海淮海商业（集团）有限公司	153984
84	中信华东（集团）有限公司	152700
85	上海南江（集团）有限公司	152121
86	上海三毛企业（集团）股份有限公司	140603
87	上海张江（集团）有限公司	131406
88	上海新长宁（集团）有限公司	127310
89	上海西部企业（集团）有限公司	126872
90	上海中环投资开发（集团）有限公司	126607
91	上海中路(集团)有限公司	122978
92	解放日报报业集团	120992
93	上海市机械设备成套（集团）有限公司	120745
94	上海现代建筑设计（集团）有限公司	118672
95	文汇新民联合报业集团	118489
96	上海新华发行集团有限公司	117931
97	上海联洋集团有限公司	115656
98	上海南汇建工(集团)公司	110823
99	上海大江（集团）股份有限公司	109339
100	上海宏泉集团有限公司	104689

R−20 2004年江苏省企业（集团）前50家

The Top 50 Enterprises Groups of Jiangsu in 2004

位次	企业名称	位次	企业名称
1	江苏省电力公司	26	旭电(苏州)科技有限公司
2	扬子石油化工股份有限公司	27	江苏交通控股有限公司
3	江苏沙钢集团有限公司	28	跃进汽车集团
4	金陵石化	29	江苏三房巷集团有限公司
5	中国石油化工股份有限公司江苏石油分公司	30	江苏阳光集团有限公司
6	熊猫电子集团	31	苏州飞利浦消费电子有限公司
7	南京钢铁集团有限公司	32	苏州创元（集团）有限公司
8	江苏华西集团公司	33	江阴兴澄特种钢铁有限公司
9	苏宁电器集团	34	上海梅山钢铁股份有限公司
10	太平洋建设集团	35	友达光电（苏州）有限公司
11	明基电通信息技术有限公司	36	无锡威孚集团有限公司
12	南京斯威特集团有限公司	37	东海粮油工业（张家港）有限公司
13	春兰集团	38	江苏舜天国际集团
14	徐州工程机械集团有限公司	39	纬创资通（昆山）有限公司
15	华芳集团有限公司	40	徐州矿务集团有限公司
16	江苏省电信有限公司	41	仁宝电子科技（昆山）有限公司
17	江苏悦达集团	42	连云港如意集团股份有限公司
18	乐金飞利浦液晶显示（南京）有限公司	43	维维集团
19	希捷国际科技（无锡）有限公司	44	南京纺织品进出口股份有限公司
20	江苏移动通信有限责任公司	45	中国石油天然气股份有限公司江苏销售分公司
21	仪征化纤股份有限公司	46	南京医药产业集团
22	苏果超市有限公司	47	江阴澄星实业集团有限公司
23	江苏国泰国际集团有限公司	48	扬子江药业集团
24	江苏永钢集团有限公司	49	南京LG彩色显示系统有限公司
25	苏州三星电子液晶显示器有限公司	50	江苏雨润食品产业集团有限公司

R-21 2004年广东省企业集团营业收入前50家

The Top 50 Enterprises Groups of Guangdong Sorted by Revenue in 2004

位次	企业名称	营业收入（万元）
1	中国平安保险（集团）股份有限公司	6560774
2	中国石油化工股份有限公司广东石油分公司	4737678
3	联想国际信息产品(深圳)有限公司	4671664
4	广州汽车工业集团有限公司	4300000
5	TCL集团股份有限公司	4199833
6	中国石油化工股份有限公司茂名分公司	4026079
7	广东移动通信有限责任公司	3770593
8	广东省电信有限公司	3720953
9	中国南方航空集团公司	3547276
10	华为技术有限公司	3152126
11	美的集团有限公司	3013588
12	广州铁路（集团）公司	2728038
13	中国石化销售有限公司西南分公司	2681874
14	中国国际海运集装箱（集团）股份有限公司	2656778
15	广东物资集团公司	2309864
16	广东省粤电集团有限公司	2280338
17	中兴通讯股份有限公司	2269815
18	招商银行（集团数据）	2249482
19	广州钢铁企业集团有限公司	2193050
20	珠海格力集团公司	2193002
21	广东省广新外贸集团有限公司	2073640
22	中国石油化工股份有限公司广州分公司	2029768
23	安利（中国）日用品有限公司	1728290
24	广东省韶关钢铁集团有限公司	1630598
25	伟创力实业（珠海）有限公司	1611930
26	佛山市顺德区顺达电脑厂有限公司	1495107
27	东莞诺基亚移动电话有限公司	1486174
28	广州宝洁有限公司	1471573
29	深圳富泰宏精密工业有限公司	1416053
30	深圳华强集团有限公司	1374917
31	康佳集团股份有限公司	1336252
32	广东省交通集团有限公司	1324747
33	广东发展银行（集团数据）	1316080
34	广州市建筑集团有限公司	1272523
35	乐金电子(惠州)有限公司	1213450
36	深圳创维-RGB电子有限公司	1211565
37	中海石油（中国）有限公司深圳分公司	1125104
38	广州宝钢南方贸易有限公司	1119984
39	建兴光电科技（广州）有限公司	1073745
40	东风汽车有限公司东风日产乘用车公司	1056985
41	广州万宝集团有限公司	1039706
42	广东格兰仕（集团）公司	1032992
43	广东省广弘资产经营有限公司	1028961
44	惠州市德赛集团有限公司	1025524
45	中国广东核电集团有限公司	1024539
46	恩斯迈电子（深圳）有限公司	1016408
47	广东科龙电器股份有限公司	1012759
48	广州医药集团有限公司	1007447
49	东风本田发动机有限公司	1000941
50	广东省广晟资产经营有限公司	9802200

R−22 2004年上海市可支配收入超亿元村

Village above 100 million yuan of Shanghai Sorted by Disposable Income in 2004

位次	区县名	乡镇名	村名	可支配收入（万元）
1	闵行区	七宝镇	九星村	24672
2	闵行区	马桥镇	旗忠村	15374
3	宝山区	杨行镇	杨北村	11493
4	宝山区	庙行镇	野桥村	5097
5	闵行区	梅陇镇	华一村	5013
6	闵行区	梅陇镇	行西村	4948
7	嘉定区	外冈镇	马门村	4780
8	闵行区	虹桥镇	虹桥村	4523
9	宝山区	庙行镇	周巷村	4348
10	宝山区	庙行镇	康家村	3953
11	闵行区	虹桥镇	虹六村	3867
12	闵行区	马桥镇	友好村	3374
13	闵行区	莘庄镇	青春村	3330
14	闵行区	虹桥镇	新桥村	3172
15	闵行区	虹桥镇	井亭村	3010
16	浦东新区	金桥镇	社庄村	2717
17	闵行区	华漕镇	陈家角村	2456
18	闵行区	梅陇镇	陇南村	2317
19	闵行区	七宝镇	沪星村	2300
20	闵行区	梅陇镇	集心村	2300
21	浦东新区	金桥镇	张浜村	2268
22	闵行区	华漕镇	许浦村	2230
23	闵行区	七宝镇	号上村	2228
24	闵行区	梅陇镇	永联村	2175
25	闵行区	莘庄镇	东吴村	2128
26	闵行区	华漕镇	陈思桥村	2110
27	闵行区	七宝镇	红明村	2103
28	闵行区	七宝镇	联明村	2062
29	嘉定区	安亭镇	塔庙村	2040
30	闵行区	莘庄镇	莘联村	2015
31	闵行区	华漕镇	范巷村	2004
32	闵行区	七宝镇	友谊村	2000
33	闵行区	华漕镇	光华村	1994
34	闵行区	虹桥镇	西郊村	1986
35	宝山区	杨行镇	城西二村	1973
36	松江区	新桥镇	春申村	1912
37	宝山区	顾村镇	谭杨村	1863
38	闵行区	颛桥镇	光明村	1825
39	宝山区	顾村镇	盛宅村	1757
40	闵行区	梅陇镇	民建村	1741
41	闵行区	梅陇镇	陇西村	1699
42	闵行区	华漕镇	建设村	1663
43	嘉定区	安亭镇	顾浦村	1590
44	闵行区	七宝镇	新龙村	1574
45	浦东新区	金桥镇	三桥村	1564
46	嘉定区	马陆镇	彭赵村	1534
47	闵行区	梅陇镇	朱家行村	1514
48	闵行区	七宝镇	七宝村	1480
49	宝山区	淞南镇	张行村	1479
50	闵行区	华漕镇	华漕村	1471

R−22 续表 1　continued

位次	区县名	乡镇名	村名	可支配收入（万元）
51	闵行区	梅陇镇	行南村	1456
52	闵行区	虹桥镇	虹二村	1450
53	闵行区	七宝镇	中华村	1448
54	闵行区	梅陇镇	曹行村	1440
55	闵行区	颛桥镇	五星村	1431
56	闵行区	梅陇镇	张慕村	1426
57	闵行区	华漕镇	陶家角村	1372
58	闵行区	颛桥镇	中心村	1368
59	闵行区	莘庄镇	莘东村	1345
60	嘉定区	安亭镇	双浦村	1331
61	闵行区	虹桥镇	虹四村	1271
62	浦东新区	北蔡镇	艾东村	1256
63	嘉定区	马陆镇	樊家村	1253
64	闵行区	龙柏街道	虹光村	1241
65	闵行区	梅陇镇	五一村	1221
66	闵行区	颛桥镇	黄一村	1218
67	闵行区	华漕镇	诸翟村	1204
68	青浦区	徐泾镇	光联村	1200
69	闵行区	梅陇镇	双溪村	1188
70	嘉定区	江桥镇	华庄村	1173
71	闵行区	梅陇镇	曙建村	1163
72	浦东新区	曹路镇	星火村	1109
73	青浦区	徐泾镇	迮庵村	1076
74	嘉定区	黄渡镇	联西村	1053
75	闵行区	梅陇镇	曹中村	1050
76	松江区	新桥镇	马汤村	1039
77	闵行区	华漕镇	吴家巷村	1009
78	宝山区	大场镇	红光村	1009
79	宝山区	顾村镇	羌家村	992
80	浦东新区	川沙镇	界龙村	986
81	浦东新区	三林镇	联丰村	955
82	闵行区	华漕镇	王泥浜村	955
83	浦东新区	高行镇	周桥村	954
84	浦东新区	张江镇	环东村	950
85	宝山区	顾村镇	毅翔村	948
86	闵行区	梅陇镇	许泾村	945
87	浦东新区	三林镇	胡巷村	943
88	浦东新区	川沙镇	赵行村	940
89	浦东新区	金桥镇	金巷村	921
90	嘉定区	马陆镇	石冈村	920
91	闵行区	浦江镇	勤劳村	898
92	嘉定区	嘉定工业区	虬桥村	850
93	闵行区	颛桥镇	黄二村	846
94	闵行区	莘庄镇	莘北村	830
95	闵行区	梅陇镇	车沟村	800
96	闵行区	马桥镇	星星村	799
97	闵行区	颛桥镇	向阳村	775
98	嘉定区	马陆镇	包桥村	758
99	浦东新区	三林镇	三民村	757
100	闵行区	华漕镇	红星村	754

R−22 续表 2　continued

位次	区县名	乡镇名	村名	可支配收入（万元）
101	奉贤区	南桥镇	江海村	753
102	闵行区	颛桥镇	光辉村	744
103	闵行区	颛桥镇	灯塔村	731
104	嘉定区	马陆镇	众芳村	730
105	宝山区	月浦镇	沈巷村	719
106	闵行区	吴泾镇	新建村	696
107	闵行区	华漕镇	新家弄村	688
108	浦东新区	高行镇	高行村	680
109	浦东新区	三林镇	东明村	663
110	闵行区	华漕镇	朱家泾村	650
111	闵行区	颛桥镇	中沟村	650
112	嘉定区	南翔镇	永乐村	645
113	松江区	新桥镇	潘家浜村	625
114	青浦区	徐泾镇	前明村	623
115	嘉定区	江桥镇	建华村	620
116	嘉定区	江桥镇	星火村	607
117	闵行区	华漕镇	石皮弄村	602
118	浦东新区	合庆镇	庆丰村	601
119	浦东新区	北蔡镇	北蔡村	589
120	青浦区	徐泾镇	民主村	582
121	浦东新区	唐镇	大众村	580
122	奉贤区	南桥镇	杨王村	575
123	青浦区	徐泾镇	陆家角村	569
124	嘉定区	江桥镇	火线村	567
125	青浦区	华新镇	叙中村	567
126	嘉定区	南翔镇	红翔村	559
127	浦东新区	北蔡镇	潘姚村	558
128	奉贤区	南桥镇	曙光村	555
129	闵行区	颛桥镇	新闵村	554
130	青浦区	华新镇	淮海村	553
131	嘉定区	马陆镇	新联村	552
132	嘉定区	马陆镇	北管村	548
133	嘉定区	马陆镇	马陆村	548
134	闵行区	华漕镇	黎明村	546
135	浦东新区	合庆镇	大星村	546
136	闵行区	华漕镇	红卫村	543
137	浦东新区	唐镇	唐镇村	537
138	闵行区	浦江镇	东风村	525
139	嘉定区	江桥镇	幸福村	520
140	浦东新区	北蔡镇	五星村	514
141	嘉定区	安亭镇	林家村	511
142	嘉定区	嘉定工业区	牌楼村	510
143	嘉定区	江桥镇	太平村	500
144	闵行区	梅陇镇	爱国村	500
145	浦东新区	高桥镇	陆凌村	500
146	嘉定区	南翔镇	曙光村	483
147	闵行区	华漕镇	纪西村	482
148	奉贤区	南桥镇	灯塔村	480
149	闵行区	颛桥镇	北桥村	473
150	闵行区	华漕镇	纪王村	469

R−22 续表3　continued

位次	区县名	乡镇名	村名	可支配收入（万元）
151	浦东新区	唐镇	虹四村	462
152	嘉定区	马陆镇	陆家村	450
153	嘉定区	菊园新区	青冈村	450
154	浦东新区	张江镇	韩荡村	447
155	嘉定区	马陆镇	仓场村	445
156	嘉定区	菊园新区	竹筱村	440
157	嘉定区	马陆镇	戬浜村	430
158	嘉定区	安亭镇	前进村	427
159	青浦区	华新镇	徐谢村	426
160	浦东新区	高行镇	高南村	425
161	浦东新区	川沙镇	八灶村	423
162	浦东新区	北蔡镇	中界村	421
163	嘉定区	南翔镇	浏翔村	420
164	嘉定区	马陆镇	李家村	414
165	浦东新区	唐镇	虹三村	414
166	青浦区	华新镇	杨家庄村	409
167	浦东新区	三林镇	荻山村	409
168	浦东新区	曹路镇	直二村	406
169	青浦区	华新镇	马阳村	404
170	闵行区	吴泾镇	星火村	399
171	浦东新区	张江镇	洒北村	398
172	嘉定区	江桥镇	新华村	396
173	嘉定区	马陆镇	大宏村	392
174	松江区	车墩镇	东门村	384
175	青浦区	徐泾镇	二联村	381
176	浦东新区	高桥镇	南塘村	380
177	闵行区	马桥镇	吴会村	380
178	浦东新区	北蔡镇	杨桥村	380
179	嘉定区	马陆镇	立新村	361
180	嘉定区	菊园新区	皇庆村	350
181	浦东新区	高行镇	解放村	349
182	浦东新区	唐镇	一心村	344
183	浦东新区	高桥镇	屯粮巷村	343
184	浦东新区	川沙镇	牌楼村	339
185	松江区	车墩镇	高桥村	336
186	浦东新区	高行镇	大陆村	333
187	嘉定区	徐行镇	和桥村	332
188	青浦区	赵巷镇	方夏村	330
189	浦东新区	川沙镇	吴店村	328
190	嘉定区	南翔镇	静华村	308
191	青浦区	华新镇	华益村	304
192	松江区	洞泾镇	张泾村	303
193	嘉定区	菊园新区	永胜村	302
194	青浦区	徐泾镇	金云村	300
195	松江区	佘山镇	陈坊村	299
196	青浦区	赵巷镇	崧泽村	298
197	青浦区	赵巷镇	中步村	295
198	浦东新区	北蔡镇	御桥村	284
199	浦东新区	张江镇	十村村	283
200	青浦区	华新镇	新谊村	282

R－22 续表4 continued

位次	区县名	乡镇名	村名	可支配收入（万元）
201	嘉定区	嘉定工业区	泾河村	280
202	浦东新区	川沙镇	新浜村	274
203	奉贤区	奉城镇	高桥村	272
204	浦东新区	三林镇	金光村	270
205	闵行区	华漕镇	候家角村	268
206	浦东新区	唐镇	前进村	268
207	青浦区	白鹤镇	朱浦村	265
208	宝山区	月浦镇	勤丰村	260
209	浦东新区	张江镇	庵东村	260
210	嘉定区	马陆镇	陈村村	256
211	嘉定区	南翔镇	新丰村	253
212	浦东新区	川沙镇	黄楼村	253
213	青浦区	华新镇	嵩山村	252
214	浦东新区	张江镇	劳动村	252
215	浦东新区	曹路镇	东海村	250
216	浦东新区	金桥镇	王家桥村	250
217	浦东新区	高行镇	高西村	250
218	嘉定区	江桥镇	高家村	250
219	青浦区	赵巷镇	金汇村	250
220	浦东新区	唐镇	小湾村	250
221	闵行区	马桥镇	联工村	250
222	浦东新区	唐镇	新虹村	250
223	闵行区	颛桥镇	集体村	248
224	浦东新区	金桥镇	金明村	245
225	浦东新区	合庆镇	朝阳村	245
226	青浦区	华新镇	陆象村	244
227	浦东新区	川沙镇	长丰村	240
228	青浦区	白鹤镇	白鹤村	239
229	嘉定区	南翔镇	新裕村	238
230	浦东新区	曹路镇	启明村	234
231	浦东新区	三林镇	新春村	232
232	嘉定区	南翔镇	永丰村	231
233	青浦区	华新镇	新木桥村	231
234	浦东新区	曹路镇	永和村	230
235	嘉定区	徐行镇	徐行村	229
236	青浦区	赵屯镇	五里村	228
237	青浦区	华新镇	秀龙村	227
238	青浦区	徐泾镇	联民村	224
239	浦东新区	唐镇	虹二村	223
240	松江区	洞泾镇	塘桥村	220
241	浦东新区	合庆镇	向阳村	216
242	浦东新区	唐镇	吕三村	216
243	嘉定区	江桥镇	增建村	215
244	闵行区	颛桥镇	安乐村	208
245	金山区	漕泾镇	金光村	207
246	青浦区	华新镇	火星村	206
247	浦东新区	唐镇	虹一村	203
248	青浦区	华新镇	朱长村	202
249	浦东新区	川沙镇	新春村	201
250	闵行区	颛桥镇	颛桥村	201

R–22 续表 5　continued

位次	区县名	乡镇名	村名	可支配收入（万元）
251	浦东新区	高东镇	上游村	201
252	青浦区	华新镇	周浜村	201
253	嘉定区	徐行镇	劳动村	200
254	浦东新区	合庆镇	跃丰村	200
255	嘉定区	嘉定工业区	娄塘村	200
256	浦东新区	曹路镇	曙光村	200
257	浦东新区	曹路镇	顾东村	199
258	浦东新区	高桥镇	新益村	196
259	浦东新区	高桥镇	西新村	192
260	浦东新区	曹路镇	五四村	188
261	浦东新区	高桥镇	兴农村	186
262	奉贤区	奉城镇	洪南村	185
263	浦东新区	北蔡镇	同福村	185
264	浦东新区	合庆镇	益民村	184
265	青浦区	赵屯镇	爱星村	181
266	嘉定区	华亭镇	毛桥村	180
267	闵行区	马桥镇	联盟村	180
268	青浦区	白鹤镇	沈联村	179
269	嘉定区	安亭镇	南安村	178
270	浦东新区	曹路镇	永乐村	176
271	浦东新区	高东镇	光芒村	175
272	南汇区	康桥镇	沿南村	170
273	嘉定区	黄渡镇	邓家角村	170
274	青浦区	赵屯镇	南巷村	168
275	浦东新区	张江镇	中心村	168
276	松江区	车墩镇	联民村	167
277	金山区	漕泾镇	东海村	166
278	南汇区	康桥镇	汤巷村	166
279	青浦区	赵屯镇	赵屯村	166
280	浦东新区	合庆镇	向东村	161
281	青浦区	华新镇	凌家村	160
282	松江区	车墩镇	新余村	160
283	嘉定区	马陆镇	大裕村	159
284	浦东新区	曹路镇	民建村	159
285	浦东新区	机场镇	邓镇二村	154
286	浦东新区	高东镇	竹园村	152
287	浦东新区	川沙镇	陈行村	150
288	浦东新区	高桥镇	炮台浜村	147
289	青浦区	赵屯镇	曙光村	145
290	浦东新区	川沙镇	湾镇村	145
291	浦东新区	唐镇	大丰村	144
292	嘉定区	嘉定工业区	白墙村	140
293	浦东新区	机场镇	望楼三村	139
294	浦东新区	三林镇	临江村	131
295	浦东新区	高东镇	沙港村	129
296	浦东新区	北蔡镇	南新村	127
297	金山区	松隐镇	周栅村	126
298	浦东新区	机场镇	新生村	125
299	浦东新区	高桥镇	顾家圩村	125
300	浦东新区	高桥镇	凌桥村	123

R－22 续表6 continued

位次	区县名	乡镇名	村名	可支配收入（万元）
301	浦东新区	曹路镇	赵桥村	121
302	闵行区	马桥镇	俞塘村	120
303	嘉定区	外冈镇	施晋村	120
304	金山区	张堰镇	鲁埝村	120
305	金山区	松隐镇	后岗村	119
306	浦东新区	高东镇	灯塔村	118
307	奉贤区	上海工业综合开发区	公谊村	115
308	浦东新区	曹路镇	永丰村	115
309	金山区	兴塔镇	贵泾村	115
310	浦东新区	曹路镇	直一村	114
311	浦东新区	高东镇	革新村	114
312	松江区	车墩镇	联庄村	113
313	浦东新区	机场镇	共和村	113
314	金山区	松隐镇	南星村	111
315	浦东新区	高东镇	珊瑛村	110
316	嘉定区	嘉定工业区	雨化村	110
317	金山区	兴塔镇	新黎村	109
318	松江区	车墩镇	汇桥村	105
319	金山区	干巷镇	龙跃村	103
320	浦东新区	高行镇	战斗村	103
321	南汇区	六灶镇	果园村	101
322	宝山区	罗泾镇	川沙村	100
323	浦东新区	曹路镇	光明村	98
324	奉贤区	奉城镇	洪庙村	98
325	浦东新区	合庆镇	蔡路村	94
326	浦东新区	机场镇	邓镇一村	94
327	浦东新区	高桥镇	高家沟村	93
328	浦东新区	机场镇	军民村	92
329	浦东新区	机场镇	森林村	91
330	浦东新区	三林镇	东林村	90
331	浦东新区	机场镇	小圩村	90
332	浦东新区	机场镇	施镇村	85
333	嘉定区	华亭镇	双塘村	84
334	浦东新区	机场镇	望楼二村	83
335	浦东新区	机场镇	华路村	82
336	浦东新区	高东镇	竞赛村	80
337	南汇区	康桥镇	沔青村	80
338	浦东新区	高东镇	金光村	76
339	浦东新区	高桥镇	仓房村	76
340	崇明县	向化镇	卫星村	74
341	金山区	干巷镇	白漾村	74
342	浦东新区	合庆镇	跃进村	73
343	浦东新区	三林镇	久丰村	73
344	南汇区	康桥镇	火箭村	73
345	浦东新区	高东镇	踊跃村	72
346	浦东新区	川沙镇	高桥村	70
347	浦东新区	曹路镇	兴东村	66
348	崇明县	新村乡	新洲村	66
349	崇明县	城桥镇	运粮村	64
350	浦东新区	高东镇	永新村	61
351	浦东新区	机场镇	滨海一村	43
352	浦东新区	高行镇	横浦村	43
353	奉贤区	奉城镇	陆桥村	36
354	浦东新区	合庆镇	红星村	18
355	浦东新区	金桥镇	陆行村	10
356	浦东新区	高东镇	楼下村	7

潮安县

潮安县位于广东省东部，地处韩江中下游的粤东平原腹地，素有“海滨邹鲁”美誉，县域面积1238.77平方公里，人口107.93万人，旅居海外侨亲、港澳台同胞70多万人，是著名侨乡。

近年来，潮安县域经济快速发展，已成为韩江平原的一颗璀灿明珠。先后获全国农村综合实力百强县、全国发展乡镇企业先进县、全国生态农业试点县等光荣称号。2004年，全县实现生产总值105.23亿元。三大产业协调发展，比例为18.6:52.1:29.3。

基础设施建设配套完善。供电、供水、通讯网络和交通运输设施完备，韩江贯穿全县南北96公里，广梅汕铁路贯穿西南部，并在县城设立站场。汕汾高速公路和规划中的汕揭、潮揭高速公路贯穿境内与潮汕公路、安揭公路、安黄公路等三条出口公路形成畅通的交通网络。全县年供电量达到13亿千瓦/时。

产业发展具有较好的基础和实力。特色工业发达，形成了食品、印刷包装、服装、五金不锈钢、皮塑制鞋、陶瓷等六大支柱产业集群，打造了彩塘镇的“中国不锈钢制品之乡”、古巷镇的“中国卫生陶瓷重镇”和凤凰镇的“中国乌龙茶之乡”等区域性品牌。名牌建设领跑全市，“雅士利”商标获中国驰名商标认证、“笑咪咪”牌糖果和“顺发”牌压力锅获国家名牌产品称号。同时，拥有26项省级著名商标、名牌产品。农业龙头企业发展迅猛，涌现国家级挂牌农业龙头企业3家、省级挂牌农业龙头企业6家。拥有六大万亩以上特色农产品基地和16个“三高”农业示范基地，凤凰镇被确定为全省农业现代化示范区，茶叶、花卉园艺、“潮州柑”成了知名品牌；旅游业成为新兴产业和全县第三产业的龙头，构建了“二山一水一坑一寨”旅游发展新格局。农村城镇化步伐进一步加快，社会各项事业全面推进。今日的潮安，经济繁荣，社会进步，人民生活富裕,全县上下万众一心，为建设“经济强县、文化大县、和谐潮安”而努力奋斗!

省委书记张德江同志潮安企业

省委书记张德江同志在潮安县考察时合影

2005广东茶产业发展论坛暨广东省第六届名优茶质量竞赛颁布奖励大会在潮安召开盛况

开 放 的

江西省领导正在向国内外客商积极推荐江西

新世纪以来，江西把大开放确立为全省经济社会发展的主战略，把开放型经济视为发展江西的“命根子”经济，走出一条以开放促改革、以开放促发展的新路，全省发展环境显著改善，发展活力显著增强。

大开放的理念深入人心。从“三个基地、一个后花园”（即沿海发达地区产业梯度转移的承接基地、优质农副产品供应基地、劳务输出基地和休闲旅游的后花园）的战略定位到大开放主战略，再到“对接长珠闽，融入全球化”，开放这个关键词在江西不断深化。通过“请进来、走出去”和开展主题教育活动，大开放的理念快速深入人心，并在实践中不断具体和丰富。新世纪以来，江西共9次组织省、市主要领导到东部和中部考察学习，汲取兄弟省市开放的先进经验；同时创办领导干部双休息日知识讲座，邀请国内著名的学者、企业家、官员来江西讲课，更新领导干部思维观念，塑造了“求新思变、开明开放、诚实守信、善谋实干”的江西人新形象。

图为江西、上海两省市领导出席《江西与上海市关于进一步加强两省市经济技术合作的协议》签约仪式。（周霖摄）

江　西

南昌统一办证服务中心（杨继红摄）

大开放的平台日益完善。江西人认识到“环境是最大的品牌”。通过精简行政审批事项、转变政府职能、推进依法行政，迅速营造出“安全、文明、诚信、高效”的投资创业软环境。通过点线结合，形成了有比较优势的基础设施。全省以中心城镇、开发区为重点，集中力量打造开放平台、工业化载体，形成了加快发展的增长极。全省现有98个开发区，综合环境优良，地、水、电的价格低廉，数量充裕，其中包括南昌两个国家级开发区和九江出口加工区。同时以交通、电力为线，构建覆盖全省的经济运行保障网。2005年初全省高速公路通车总里程突破1500公里，所有出省主通道及省会城市到设区市全部实现高速化；拥有一个国际机场及四个支线机场，开通40多条国际、国内航线；南昌、九江分别有千吨级和五千吨级的集装箱码头，京九、浙赣铁路大动脉纵贯南北东西，开通海铁联运。2004年江西是全国仅有的几个没有拉闸限电的省份之一。

中国社会科学院《2005年城市竞争力蓝皮书：中国城市竞争力报告》显示，在全国200个城市中，南昌市政府管理竞争力和文化竞争力分别列第8位和9位，在中部地区列第1位。2004年，世界银行首次对全国23个城市的投资环境进行了测评，南昌市居“B+”级，台湾电机电子工业同业公会首次把南昌列入“极力推荐”城市。

大开放结出累累硕果。大开放为江西经济引入了广泛而浓厚的外源动力，微软、中兴通讯等国际、国内著名企业纷纷投资江西。2004年江西省实际利用外商直接投资20.5亿美元，居中部地区第1位、全国第8位，高于东部的天津市和福建省。2001-2004年，江西实际利用外商直接投资51.5亿美元，相当于此前所有年份的总和。开发区作为大开放的平台，迅速发展壮大，目前园区工业增加值和从业人员已相当于规模以上工业的六成和九成以上。

江西省委书记孟建柱率团参加2002年江西横向经济合作（温州）项目洽谈会（燕平摄）

首届“泛珠三角”区域合作与发展论坛在香港会展中心开幕，省长黄智权(左六)率江西代表团出席论坛（宗欢摄）

崛 起 的

南昌八一广场 （池晓虹 摄）

2001年，中共江西省第十一次党代会确立“实现江西在中部地区崛起”的奋斗目标，提出“以加快工业化为核心，以大开放为主战略，以体制创新和科技创新为强动力，……实现经济和社会可持续发展”的战略构想。经过四年努力，江西经济发展已跃出中部地区的谷底，主要经济指标在全国和中部地区的位次前移，开始呈现崛起的态势。2000年，江西人均生产总值4851元，比全国落后5年，2004年达到8189元，比全国落后2年，经过四年努力，江西人均生产总值与全国的差距缩短了3年。

既要金山银山，更要绿水青山。在发展经济中，江西做到“三个坚决不搞”，即坚决不搞危及人民群众生命和健康的项目，坚决不搞严重污染环境和破坏生态的项目，坚决不搞“黄赌毒”项目。省委、省政府强调，“宁肯生产总值增长下降几个百分点，也要把污染大、能耗高的小企业关掉，坚决保护江西的绿水青山”。正因如此，才使得江西天更蓝、山更青、水更秀，吸引国内外的目光。2005年5月，首次在中国举行的联合国可持续发展实施目标研讨会，把目的地选在了生态优良的江西。

江西铜业集团贵溪冶炼厂ISA 20万吨电解铜生产线(鲁潮 燕平摄)

江　西

江铃集团公司全顺汽车生产线（周霖摄）

南昌TCL彩电总装准高速生产线（宗欢摄）

城乡统筹，工农互通。江西是建国以来两个粮食不间断输出省份之一，2004年江西粮食增产量占到全国粮食增产量的9.1%，为国家粮食安全作出新贡献。新世纪以来，江西省委、省政府始终把“三农”问题作为重中之重，不断加大工业反哺农业、城市带动农村的力度。2004年，江西省实现粮食播种面积、粮食产量和农民收入三个增长20%的目标，城乡居民收入之比缩小为2.6：1，大大低于全国3.2：1的比例。

工业的主导作用凸现。中共江西省第十一次党代会提出“以工业的崛起加速江西的崛起，以工业的振兴实现强省富民。”经过四年努力，江西工业化迈出重大步伐，进入中期阶段。2004年，江西工业增加值、销售收入和利税同时实现三年翻一番的目标，工业增加值占生产总值的比重达到31.8%，比2000年提高4.8个百分点，全省销售收入超百亿元的企业达到4家。

城市化进程快速推进。2000-2004年，江西人口城市化率年均提高近2个百分点，比全国高0.6个百分点，四年内全省共新增城镇人口375万人，2004年全省城市化率达到35.6%，南昌市城市人口达到204万人，进入超大城市行列。在城市变大的同时，城市绿化、亮化、美化发生跨越性的变化。快速推进的城市化既刺激了消费，增强了经济发展动力，又让人民群众及时享受到了改革发展的成果。

2004年，全省规模以上工业完成工业增加值、销售收入、利税总额分别比2001年增长103.4%、124.6%和129.5%，全面实现“三年翻一番”目标。省政府对66个“三年翻番”的全面先进单位、33个“三年翻番”的单项先进单位等进行了表彰。图为全省工业“三年翻番”考评表彰电视电话会议主会场。(周霖 摄)

美 丽

瑞金临时中央政府大礼堂（李和才摄）

江南四大名楼之一滕王阁（张智富摄）

江西省位于长江中下游南岸，面积16.7万平方公里，人口4284万人，自古有“物华天宝、人杰地灵”的称誉。省内“红、绿、古”三色旅游资源丰富多彩，自然景观与人文景观相得益彰。江西既有灿烂的古代文明，又极具光荣的革命传统，红色旅游资源非常丰富。

“井冈山，两件宝；历史红，山林好。”井冈山是毛泽东同志创立的全国第一个农村革命根据地，不仅是中国革命的摇篮，也是全国重点名胜区，“中国旅游胜地四十佳之一”，“中国优秀旅游城市”和国家4A级风景旅游区，英雄的业绩与壮丽的山河交相辉映，构成井冈山得天独厚的风光特色，朱德委员长称其为“天下第一山”。

南昌，被誉为“英雄城”，是“军旗升起的地方”。1927年8月1日，周恩来、朱德、贺龙、叶挺、刘伯承等同志在这里领导和指挥了震撼世界的武装起义，南昌成为中国人民解放军的诞生地。

瑞金，是第二次国内革命战争时期中央工农民主政府所在地，被誉为“红色故都”、“共和国摇篮”，是红军二万五千里长征出发地。现有重新修复的原中央国家机关30多个旧址，国家20多个部委在瑞金建立了革命传统教育基地。

安源，镶嵌在赣西大地上的一颗璀璨明珠，是中国近代工业的发祥地之一，中国工人运动的发祥地之一，秋收起义主要策源地之一。毛泽东、刘少奇曾在这里组织发动我国最早的工人运动，由邓小平题写馆名的全国优秀教育基地---安源路矿工人运动纪念馆，展示了从1898年安源开矿至1930年这段辉煌历史。

中国革命的摇篮——井冈山茨坪全景（梅柏林摄）

的 江 西

庐山瀑布云 （张品荣摄）

江西山清水秀，绿色旅游资源美不胜收。庐山，是目前世界唯一的被联合国教科文组织授予世界文化景观和世界地质公园两项桂冠的世界名山。她北濒长江，南襟鄱阳湖，大江、大湖、大山浑然一体，险峻与秀丽刚柔相济，以“雄、奇、险、秀”闻名于世。

婺源是伟人故里，有着深厚的文化底蕴，境内处处为景，犹如一个大公园。江湾等许多保存良好的千年古村落，与青山绿水、粉墙黛瓦、飞檐戗角构成一幅幅恬静自如、天人合一的画卷。

鄱阳湖是全国第一大淡水湖，烟波浩渺、水草丰美，是国际重要湿地和候鸟栖息地。每年来鄱阳湖越冬的候鸟几十万只，常有“飞时遮尽云和日，落时不见湖边草”的壮丽景观。

江西古色旅游资源闻名遐迩。千年瓷都景德镇，是国务院首批公布的全国24个历史文化名城，以宋景德元年（公元1004年）开始烧制宫廷御瓷而得名，创造出无数陶瓷精品，以青花、粉彩、玲珑、颜色釉四大名瓷著称于世。毛泽东用瓷、上海“APEC”用瓷、国宾馆用瓷及各类艺术陶瓷倍受世人赞赏，景德镇瓷器享有“白如玉、薄如纸、声如磬、明如镜”的美誉。

中国最美丽的乡村婺源 ——李坑（李晓谭摄）

2004年10月21日，首届景德镇国际陶瓷博览会在景德镇开幕。一件件精美的陶瓷艺术品令中外宾客大饱眼福。(燕平摄)

崛起的南昌

市委书记余欣荣

市长李豆罗

南昌是江西省的省会，全省政治、经济、科教和文化中心。是唯一一个与长江三角洲、珠江三角洲和闽东南三角地区相毗邻的省会城市，也是京九线上唯一的省会城市，有着2200多年的历史和深厚的文化底蕴，是国务院命名的“历史文化名城”，是“军旗升起的地方”。先后多次荣获 全国创建文明城市工作先进城市 、“全国卫生城市先进市”、“中国优秀旅游城市”、“全国双拥模范城”称号。下辖5个区、4个县和两个国家级开发区和红谷滩新区。全市土地面积7402平方公里，人口460.79万人。

南昌经济社会快速发展，城市综合实力显著增强，在中国社会科学院公布的2004年全国200家城市综合竞争力排名中，南昌名列第30位。2004年全年实现生产总值770.46亿元，比上年增长16.5%，人均国内生产总值2082美元，增长15.1%；全市财政总收入为102.06亿元，增长23.3%；地方财政一般预算收入42.19亿元，增长34.3%；全社会固定资产投资361.8亿元，增长54%；社会消费品零售总额234.88亿元，增长16.8%；实际利用外资7.3亿美元，增长25.2%。

南昌生态环境优美，城外青山积翠，城中湖泊点缀，空气一级，水质一流，穿城而过的赣江，不仅哺育了南昌人民，更使南昌得以依托“一江两岸’’，展示现代都市的迷人风采。

南昌城市建设日新月异。按照“一江两岸、一核五片、沿着赣江、两头延伸”的总体思路，坚持“控制老城区、储备朝阳片区、发展新城区”的方针，多点多组团地推进城市建设。城市规模不断扩大，城市功能不断加强。2002年5月成立的红谷滩新区，更是充分利山水优势，展示出“一江两岸”的都市风采和滨江城市的魅力。

跨入新世纪以来，南昌紧紧围绕“富民强市”奋斗目标，聚精会神做好 “两篇文章”，按照市第八次党代会确立的目标任务，以建设现代制造业重要基地为核心战略，紧紧抓住开放型经济发展和市场取向改革两个关键，着力推进花园城市经营和建设、工业园区建设、现代公共服务体系建设、国有企业改革和民营经济发展、农业产业化经营等五大基础性工程，力争通过三年的奋斗，打好“两篇文章”的基础，再通过五年的努力，即到2010年，基本建成现代区域经济中心城市和现代文明花园英雄城市。

淮北市人民政府

市长　李忠金

安徽省淮北市居苏豫皖三省之要冲、卧淮海经济区之腹心；辖濉溪县、相山区、杜集区、烈山区和2个省级开发区，总面积2725平方公里，人口209万，其中城市人口近81万。

淮北，是一个历史渊远流长而又文化底蕴丰厚的新兴城市。迄今已有4000多年，标志着历史的悠久；春秋时期政治家蹇叔，汉代哲学家桓谭，三国时期“竹林七贤”嵇康和刘伶，现代著名雕塑大师刘开渠等，昭示着英才的辈出；临涣古城墙、汉画像石、隋唐古运河柳孜码头遗址等，传递着古代的文明；抗日战争的熊熊烽火、淮海战役刘邓的运筹帷幄，展示着现代革命的辉煌。20世纪50年代末，随国家开采闸河煤田，1960年设市，从此揭开了加快发展的历史篇章。

淮北，是一个资源丰集而又景观美丽的富饶城市。这里气候宜人、光照充足，是国家和安徽省重要的粮、棉、畜禽、蚕桑等农副产品生产基地。这里矿产颇丰、品种繁多，主要有煤、粘土、石灰岩、铁、铜等，其中以煤为最，总储量270亿吨，工业储量80亿吨。这里山水相依、风光迷人，相山森林公园、老龙脊森林公园以及奇石、古树、繁花、古刹和塌陷湖泊，构成了一幅多彩的画卷，让人们在碧水青山新城之间领略着一份诗情画意的和谐。

淮北，是一个煤电为主而又门类齐全的工业城市。经过40多年的开发与建设，基本形成了煤炭、电力、纺织、酿酒、建材、冶金、化工等协调发展的工业体系。全市现有工业企业2000多家，规模以上工业企业100多家，其中上市企业3家。年产原煤3500万吨左右，居全国第五位，还有涡北、界沟、卧龙等大型矿井正在建设；电力装机容量已近200万千瓦，一电厂8#机、二电厂二期及平山电厂、马桥电厂即将开工，华东动力之乡将更加彰显；口子酒年产3万多吨，并连续荣获部优、国优和国际金奖；纺织工业综合配套，生产规模和经济效益连续13年安徽省同行业领先；电子箔材、生物制药、精细化工、新型建材等也在加速长大变强。2004年全市地区生产总值达169.1亿元，财政收入达20.6亿元，人均GDP和利税均居安徽省前列。

淮北，是一个基础设施完善而又充满活力的文明城市。我市交通便捷、通讯发达。京沪、陇海、符夹等铁路纵横东西南北，6条国道、省道以及京福、连霍高速公路穿境而过，距徐州国际机场仅50公里左右。我市基础设施完善、城市功能健全，建成区面积达65平方公里，并架构起300平方公里左右的城市框架。我市文明程度较高、人居环境较好，先后步入全国创建文明城市工作先进城市和全国卫生城市行列，目前正在冲刺国家园林城市和全国文明城市。

淮北，还是一个客商发财而又环境优越的开放城市。充分发挥25万亩塌陷地开发政策自主、能源充足、劳动力成本不高等比较优势，努力为中外客商提供优质服务、良好环境，并勇于拿出优势产业和企业，引进资金、技术进行合资嫁接、购并联合、重组改造，雷森电子、上海申能、盐城新光、南京中北、浙江横店、北京曦强、山东鲁王等一个个外资项目相继入驻淮北。

步入新阶段、跨入新征程，淮北市委、市政府抢抓国家支持中部崛起和加强能源、原材料基地建设的机遇，以经济结构调整和城市转型为主线，以工业化、城市化为核心，积极实施大开放、大投入、大项目、大产业发展战略，“十一五”期间投入1032亿元，上马166个项目，建成年产5000万吨的煤炭基地；装机容量750800万千瓦的火电基地；年产甲醇200万吨、焦炭200万吨的煤化工基地；年产10万吨板箔材的铝加工基地；装机100万纱锭、年产2亿平方米印染布和500万件服装的纺织基地；年产水泥800万吨、陶瓷6000万平方米、高岭土10万吨的建材基地；100万吨粮食深加工的农副产品基地以及淮海经济区重要的商贸物流中心，实现地区生产总值450亿元，财政收入70亿元，尽快建成现代化工业商贸旅游城市和百万人口、百平方公里城市，在皖北地区率先崛起，构建和谐淮北、繁荣淮北。

合肥 Hefei

合肥经济技术开发区

合肥是安徽省省会，是全省政治、经济、文化中心。现辖瑶海、庐阳、蜀山、包河4区和肥东、肥西、长丰3县，总面积7029平方公里，市辖区面积596平方公里，到2004年末，全市户籍总人口444.68万人，其中市区人口163.52万人。

合肥是一座历史悠久的古城，距今已有2000多年历史。合肥人杰地灵，群贤辈出，五代十国时期的吴王杨行密、宋代清官包拯、晚清重臣李鸿章、首任台湾巡抚刘铭传、世界著名科学家杨振宁等不胜枚举。

合肥是一座科教城市。合肥有以中科院等离子所、固体物理所等为代表的科研机构194个，各类专业技术人员20多万人；拥有中国科技大学在内的近40所高等院校。早在上世纪80年代初，合肥就与北京、西安、成都并列成为全国四大科教基地。

合肥是一座以机械、轻工、化工为主要特色的工业城市，第二产业占全市GDP总量的50%以上。合肥是国内重要的工程机械生产和出口基地；合肥正在建设国内外重要的制造加工业基地，将成为沿海城市乃至世界跨国公司制造加工业转移的首选之地。

合肥是全国重要的交通枢纽城市。现为全国45个公路交通枢纽城市之一；合肥航空开通20多条直达航线辐射全国各地，国际航线已远达日本、俄罗斯、印度及东南亚诸国；合肥港是规划中的全国十大经济区内河航运网中心之一，并被列为长江水系首批开发的重点港口。

合肥是全国优秀旅游城市。得天独厚的地理位置使合肥拥有丰富的山水景观旅游资源，作为历史文化古城和兵家必争之地，合肥拥有丰富的历史遗产和现代人文旅游资源，三国故地、包拯遗踪、吴王庙、李鸿章故居、刘铭传故居和渡江战役总前委旧址等令人流连忘返。

合肥是全国最早的园林城市。合肥开放式的园林建设，形成了 园在城中，城在园中 的城景交融格局。随着蜀山森林公园、紫蓬山森林公园的建设，以及实施退耕还林政策在城市周边形成的大片速生林、经济林，又自然而然形成了 城在林中 的美景。

合肥是一座美丽的亲水城市。合肥因淝河两条支流汇合于此而得名，濒临中国五大淡水湖之一的巢湖。20世纪50年代修建的佛子岭、梅山、响洪甸水库及淠史杭灌溉总渠，使合肥得以从上游获取丰盛洁净的水源，早在1995年合肥就实现了供水能力超前于城市需求。合肥大城市建设正在向巢湖方向延伸，滨湖城市将把合肥的水文章做到极致，让合肥真正成为一个沿河、滨湖、通江、达海的城市。

高新技术产业开发区

合肥是一座开放的城市。1992年，经国务院批准，合肥市被确定为对外开放城市，享受沿海地区利用外资的优惠政策。经过10多年招商引资的不懈努力，合肥的投资环境、生产要素优势和企业发展空间逐渐为各界人士所认识，成为华东地区极具吸引力的投资热土。合肥市是世界科技城市联盟(WTA)成员，合肥高新技术产业开发区是我国首批对亚太经济合作组织(APEC)开放的科技园区。

合肥是一座双拥模范城市和社会治安综合治理优秀城市。已五次获得 全国双拥模范城 光荣称号；连续三届被评为 全国社会治安综合治理优秀地市 ，并捧得国家首次颁发的全国社会治安综合治理 长安杯 奖杯。

位于新站综合开发实验区的胜利广场

进入新世纪，合肥市加快了建设现代化大城市的步伐，制定了到2010年全市GDP达1000亿元的 千亿规划 目标，并把合肥建成国内外重要的制造加工基地、国内重要的高新技术研究和产业化基地、国内重要的旅游文化和教育产业化基地、全省城郊型农业示范基地。2004年合肥市的主要经济指标为：地区生产总值(GDP)589.7亿元；财政收入105.4亿元；全社会固定资产投资361.48亿元；消费品零售总额239.77亿元；实际利用外资3.16亿美元；海关进出口总额35.09亿美元；金融机构各项贷款余额1211亿元；城镇居民人均可支配收入8610元;农民人均纯收入2889元。

清风阁

合肥国家同步辐射实验

合肥市全景

宜人之城——安庆

中共安庆市委书记　韩先聪

安庆市人民政府市长　朱读稳

万里长江进入安徽省境的第一个城市就是古城安庆。安庆南滨长江，北倚大别山，辖桐城、怀宁、枞阳、潜山、太湖、宿松、望江、岳西8个市县及迎江、大观、宜秀区3个区，总面积1.54万平方公里，其中市区面积821平方公里。全市总人口606.7万人。

被列为中国历史文化名城和中国优秀旅游城市的安庆，历史悠久，人杰地灵。2000多年前曾为古皖国故地，创造了灿烂的古皖文化，安徽省简称“皖”由此而来。安庆在中国近代史占有相当重要的地位，历史上名人辈出，北宋著名画家李公麟、明代思想家方以智、清代京剧鼻祖程长庚、书法篆刻大师邓石如、现代通俗小说家张恨水、中国共产党早期领袖陈独秀、黄梅戏表演艺术家严凤英、两弹元勋邓稼先等均生长于这方热土。

安庆，文风鼎盛，底蕴深厚。起源于安庆境内的“桐城派”影响中国文坛200多年；安庆是徽剧的发祥地，从这里赴京的“四大徽班”，诞生了“国粹”京剧；安庆又是全国五大剧种之一黄梅戏的故乡，从而使安庆赢得了“文化之乡”和“戏曲之乡”的美誉。

安庆名胜古迹众多，旅游资源极为丰富，有国家风景名胜区天柱山、气势宏伟的长江第一塔----迎江寺振风塔、禅宗二祖寺圣地司空山、国家森林公园妙道山、国家自然保护区鹞落坪等旅游胜地。安庆地处皖、鄂、赣三省交界处，是皖西南及华东地区的重要交通枢纽。已形成水路、公路、铁路、航空互为补充的立体交通网络。安庆港是国家一级口岸，可常年通航5000吨级货轮和万吨级油轮。105、206、318国道，沪蓉、津深、京福、宁九高速公路，京九、铁路等贯穿境内。安庆长江公路大桥已通车。安庆民航机场已开通至北京、上海、广州、厦门、温州、景德镇等航线。

安庆是著名的粮棉油、水产品和土畜产品重要产区，地表生物达2000多种，其中，有各类乔灌木1048种，有陆栖脊椎动物250种，药用动植、矿物有1281种，地下矿藏已探明有70余种。近年来，安庆农业以市场需求为导向，大力推进品种品质和布局的优化，内部结构日趋合理。工业已形成了石油化工、轻纺、机械电子、建材等支柱产业。三产中新兴服务业发展快速，已初步形成华东地区商贸与物流中心。

安庆，这座宜人之城，如同航行在大江上的一艘巨轮，正乘风破浪，昂首前进。勤劳的600多万安庆人民，正以前所未有的思想解放力度和拼搏创新的精神，以邓小平理论和“三个代表”重要思想为指导，以党的十六大“全面建设小康社会”为奋斗目标，以“加快发展，富民强市”为主题，充分发挥安庆市区位、交通、资源等优势，有效实施“科教兴市、工业化与城镇化互动、大开放、可持续发展”等四大战略，高起点、高标准规划，完善 城市功能，提升城市竞争力，把安庆市 建设成为“大城市、大工业、大港口、大物流、大旅游”的区域核心城市，以及环境优美、经济发达、文明富裕、符合可持续发展的现代化的并具有山水特色的滨江城市。

古南岳－天柱山

万里长江第一塔

天堑变通途

商　丘　市

市委书记刘满仓

市长王保存

商丘市位于河南省东部，豫、鲁、苏、皖四省结合部，辖6县2区1市和1个省级经济技术开发区，总面积10704平方公里，总人口810万。商丘是国务院确定的“全国流通体制改革试验区”和“全国综合配套改革试点城市”，“全国十佳卫生城市”、“全国双拥模范城”、“全国民族团结先进市”、“全国社会治安综合治理先进市”。

商丘历史悠久，文化灿烂。这里是华夏文明之火和中华火文化的发祥地，是至圣先师孔子的祖籍，古代文哲大师庄周和巾帼英雄花木兰的故里，是商人、商品、商文化的发源地。商丘古城为国家历史文化名城。永城芒砀山汉墓壁画被誉为“敦煌前的敦煌”。

商丘区位优越，交通便利。地处东部发达地区和中西部地区的过渡地带，是重要的物资集散地和商贸物流中心。交通四通八达，陇海铁路与京九铁路、105国道与310国道在此交会。连霍高速、济广高速，商周、商菏等高速在此形成“米”字型交通网络。

彩虹照南湖

商丘资源丰富。是全国商品粮基地、优质小麦生产和加工基地、优质棉生产加工基地、山羊板皮生产基地、瘦肉型猪生产基地和全国著名的“泡桐之乡”。煤炭资源丰富，地下储煤面积572平方公里，储量达100亿吨的永夏煤田为全国六大优质无烟煤基地之一。

商丘环境优美，政策优惠。在加强基础设施建设的同时，投资环境得到了明显改善。完善了政府行政审批制度，成立了24小时服务的外商投诉举报中心，一站式办公和一条龙服务更加便捷高效。市委、市政府为鼓励国

市区新区一角

内外客商到商丘投资，在借鉴沿海发达地区与周边城市经验的基础上，制定了更加灵活优惠的政策，为投资者创造了更加宽松和良好的投资环境。

商丘坚持用科学发展观统领经济社会发展全局，强力实施工业立市、开放强市、民营富市、人才兴市战略，以“农业先进、工商发达、文化繁荣、环境优美、社会和谐、人民富裕”为发展目标，保持了经济持续快速健康发展的良好势头。2004年全市生产总值比上年增长25%。2005年预计增长15%以上。形成了以冶炼、制冷、轻纺、建材、食品、机械、铸造、酿造、电力等行业为主的工业体系。煤炭、铝锭、制冷产品、铸件、打火机、钢卷尺、优质小麦粉等大批名优产品畅销海内外。

新中国成立后，党中央三代领导集体对商丘的发展寄予厚望。1958年8月8日，毛泽东同志深入商丘农村视察；1997年7月和1999年6月，江泽民同志先后两次视察商丘，对商丘发展寄予很大希望；2003年12月15日至17日，胡锦涛同志到商丘市视察工作，在商丘召开了农村工作座谈会，为商丘全面建设小康社会提供了强大的精神动力。

商丘是一块充满希望的沃土，勤劳朴实、热情好客的商丘人民真诚欢迎海内外各界朋友前来旅游观光、投资兴业！

国内最先进生产设备年产400万吨永煤集团城郊矿场景

全国农业产业化重点龙头企业科迪集团生产线

神火集团循环经济示范电站

国内先进技术的商电铝业集团电解铝生产线

杭　　州——人间天堂

王国平书记、孙忠焕市长参加第七届杭州国内合作洽谈会开幕式

沪杭项目合作签约仪式

杭州是浙江省省会，长江三角洲南翼的中心城市，国家历史文化名城和国际著名风景旅游城市。全市面积1.66万平方公里，人口652万，其中市区面积3068平方公里，人口402万。杭州市现辖8个区和5个县（市），全市有5个国家级开发区。改革开放以来，杭州经济快速发展，已连续14年经济总量保持两位数增长，是中国综合经济实力最强的十个城市之一。2004年，杭州实现地区生产总值2515亿元，居全国省会城市第二位。

——杭州经济发展有充裕的人力资源支撑。浙江省是教育和文化较为发达的省份，杭州集中了浙江省80%以上的高等院校和科研机构。

——杭州经济发展有便捷的交通条件提供物流保证。杭州作为长江三角洲南翼的区域中心，紧靠上海，沪杭高速公路使两地紧密相联，两市之间有较强的经济关联度。

——杭州经济发展有发达的市场经济提供机制保障。杭州民营经济发达，商品市场繁荣兴旺，现代金融体系较为完备。

——杭州经济发展有整体的优良环境。近年来，杭州市从硬件环境、体制环境、法制环境、治安环境、政策环境、政务环境、人文环境、人居环境和生态环境等9个方面，倾力打造和谐创业的环境优势，得到社会各界的普遍认同。杭州融优美的自然风景和悠久的人文历史于一体，被联合国评为“最佳人居奖”，被世界康乐组织评为“国际花园城市”，还被国家公安部评为“治安最佳城市”。

杭州市在长三角合作中的思路、原则及措施

——总体思路。根据中央关于建设以上海为龙头的长江三角洲及沿江地区经济带的战略部署，按照省委提出的总体要求，进一步解放思想、实事求是、与时俱进、开拓创新，立足特色优势，联动、错位发展，全方位、宽领域、高起点接轨上海，参与长江三角洲合作与交流，实现产业互补、市场互通、资源互用、体制互融、政策互联，形成杭州与上海及长江三角洲区域共同发展格局，推进长江三角洲经济一体化，进一步提高杭州对内对外开放水平，增强综合实力和国际竞争力。

——基本原则。重在发展，实现双赢；市场主导，政府推动；立足特色，错位发展；拓展腹地，协同联动；突出重点，有序推进。

王国平书记、孙忠焕市长参加第七届国内合作洽谈会签约仪式

上海-杭州工作交流座谈会

杭州市对接世博、服务世博、发展世博经济工作座谈会

第八届杭州国内合作洽谈会开幕式

——主要领域和重点工作。坚持规划共绘、交通共建、市场共享、产业共兴、环境共保，坚持招商引资是突破口，人才和教育的交流与合作是重要内容，加强文化交流与合作是有效平台。

——保障措施。统一思想,提高认识。树立主动服务、主动配套、主动接轨上海的意识，树立全局观念、大局意识，以大气开放的心态，接轨上海、融入“长三角”。加强领导,落实责任。进一步强化组织领导、完善协调机制，对市直各单位和有关区县（市）主动接轨上海、参与长江三角洲合作与交流工作进行督查、考核。建立机制，促进交流。要在长江三角洲城市群之间建立完善交流、沟通、协调机制，定期开展与各城市尤其是上海、南京等城市党委和政府领导层的互访交流活动，加强沟通和了解。制定政策，营造环境。关注、研究长江三角洲一体化发展战略，在明确合作领域和合作重点的基础上，制定相应政策。积极搭建企业交流合作平台，增强政府服务的主动性和规范性。

部分荣誉

环城北路

玉带晴虹

人间天堂-杭州

和谐杭州

绿色湖滨

盐 城 市

盐城市委书记张九汉会见外宾

盐城市市长赵鹏会见外宾

盐城市市委书记张九汉、市长赵鹏会见外宾

近年来，盐城认真贯彻落实科学发展观，大力实施新型工业化、城市化、经济国际化、农业产业化“四化联动”战略，经济、社会和生态建设取得了长足的发展。

综合实力显著增强。预计2005年GDP可突破1000亿元，比上年增长14.5%。“十五”以来，盐城GDP平均增长12.6%，比“九五”提高了1.5个百分点。人均GDP达12800元，是2000年的1.8倍。三次产业结构由2000年的30.1:38.6:31.3演进为20:46:34，二三产业增加值占GDP的比重比2000年提高了10.1个百分点。城市化水平43%，比2000年提高7.4个百分点。

人民生活大幅提升。预计2005年城镇居民人均可支配收入可达10530元，比去年增长12.5%。“十五”期间年均增长10.1%，比“九五”提高了1.5个百分点；农民人均纯收入为4900元，是2000年的1.42倍。城镇人均住房建筑面积为24.9平方米，农村居民人均生活居住面积为32平方米，城镇人均拥有道路面积为9平方米，百户家庭电话拥有量为167部，百户家庭电脑拥有量为12台，恩格尔系数为41.7%，

社会事业蓬勃发展。大力实施科教兴市、人才强市战略，强化科技、教育、人才的支撑作用，把构建和谐社会作为根本任务来落实。预计2005年全市R&D经费支出占GDP比重为0.55%，高中阶段教育毛入学率为65.2%，卫生服务体系健全率为81.1%，城镇基本养老保险覆盖面为96.7%，城镇失业保险覆盖面为96%，城镇基本医疗保险覆盖面为93%，新型农村合作医疗覆盖面为86.6%。人民群众对社会治安的满意率为97%，城镇社区居委会依法自治达标率为77%，农村村委会自治达标率为95.5%。

区域优势日益显现。盐城地处苏北平原中部，处于沪、宁、徐三大区域中心城市300千米辐射半径的交汇点，东临黄海，西襟淮扬，南与南通市接壤，北与连云港市毗邻，总面积1.5万平方公里，海洋和滩涂资源十分丰富。盐城还是江苏省确定的“重点发展沿江、大力发展沿海、积极发展东陇海线”的三沿战略及“海上苏东”发展战略实施的核心地区，具有很大的发展潜力。

盐城市区一角俯瞰

岸线港口资源得天独厚。盐城市海岸线总长582公里，占江苏省的56%。海域面积18897平方公里，其中内水面积12144平方公里，领海面积6753平方公里，沿海海域是中国唯一无赤潮的内海水域。大丰港是国家交通部规划重点基础设施项目，该港的通航揭开了苏中、苏北物流的历史新篇章，也是江苏省继连云港外我省第二座海港一类口岸。

农产品资源优势突出。农产品资源优势突出。盐城是江苏最大的农副产品生产基地，已建成8个全国商品粮基地县、1个优质油料基地县和6个优质棉基地县，海洋及动植物资源丰富。粮棉油、桑果菜和禽蛋鱼等主要农产品的种养规模和总量均位居全省首位。无公害农产品产地认证居全省之首。

生态旅游资源独具特色。盐城拥有东方湿地、百河之城、麋鹿故乡、丹顶鹤家园、中华鲟摇篮之称。市域东部拥有太平洋西海岸、亚洲大陆边缘最大的海岸型湿地，被列入世界重点湿地保护区。湿地保护区内建有世界上第一个野生麋鹿保护区和国家级珍禽自然保护区。市域西部地处里下河地区腹地，大纵湖、九龙口、马家荡等湖泊水域面积近百平方公里，为典型的泻湖型湖荡湿地，被誉为 金滩银荡 。 盐城不仅资源丰富、生态独特，民俗文化特色也很鲜明。盐城是淮剧的发源地，是全国三个半杂技故乡之一，历史上名人和名胜古迹较多。

盐城体育馆

东风悦达起亚汽车组装流水线

大丰麋鹿自然保护区

盐城国家级珍禽自然保护区

东莞市

旧城新貌

旗峰路口

城市概况：地处广东省中南部，珠江口东岸，位于穗港经济走廊中间，北接广州，南连深圳。全市面积2465平方公里。现辖28个镇、4个街道办事处。户籍人口161.97万人，暂住人口480多万人。港澳同胞和海外侨胞90多万人，是著名的侨乡。

经济发展：改革开放以来，东莞经济持续快速健康协调发展，综合实力位居“中国综合实力百强城市”的第十二名、地级市第一名，是中国最具经济活力城市之一。1980－2004年，全市GDP年均增长23%。2004年，全市实现生产总值1155亿元，居广东省第四位；财政总收入259.1亿元；工业总产值3066亿元，高新技术产品产值占23.2%。全市工业企业2万多家，初步形成了电子信息、电气机械、纺织服装、玩具、家具等8大支柱产业，享有“电脑之都、鞋业之都、玩具之都”的美誉。其中IT制造业在全球占有重要地位，电脑整机配套率达95%。

民营经济：打好“民营牌”，培育“两自”企业，民营企业竞争能力增强。2004年全市注册个体私营企业24.7万户，全年上缴税收45.2亿元，占全市的19.8%。17家企业入选2004年“中国民营企业进出口百强”，并包揽前三名。

对外开放：东莞从发展“三来一补”企业为突破口，大力发展外向型经济。2004年全市有外资企业14000多家。投资者主要来自香港台湾及美日等20多个国家和地区，其中世界100强企业有12家，500强企业43家，境外上市公司800多家，包括沃尔玛、诺基亚、菲利浦、三星、索尼等全球知名企业。2004年实际利用外资30.3亿美元。东莞是我国重要外贸出口基地，2004年进出口总额645.2亿美元，其中出口351.9亿美元，居全国大中城市第四位。

城市建设：根据“一年一大步，五年见新城”的工作部署和“建城、修路、整山、治水”八字方针，加快城市建设步伐。2004年竣工投入使用的有行政办事中心、会议大厦、展览馆、松山湖大道、鸿福东路至八一路等10项重点工程；组织民间资金建成第一国际、会展酒店等项目，完善了城市新区功能。

人文旅游：东莞是广东省历史文化名城。山海江湖皆备，气候温和，历史悠久，文化繁荣，旅游资源丰富。主要景点有：虎门鸦片战争旧址、清代广东四大名园之一的可园、抗金英雄袁崇焕故居、抗日英雄蒋光鼐故居等。2004年全市有旅行社26家，星级酒店85家，其中五星级酒店13家。荣获“中国最佳魅力城市”、“中国最具经济活力城市”、“中国优秀旅游城市”、“国家卫生城市”、“全国篮球城市”、“广东省文明城市”等称号。

发展目标：东莞正以建设现代制造业名城、文化新城和生态绿城为总目标总任务统揽全局，不断创新发展模式、创新发展环境、创新发展能力，千方百计加快发展、率先发展、协调发展，努力在外源型经济、内源型经济、城市建设、文化建设、党的建设等五个方面争先创优，深入实施“科技东莞”、“商贸东莞”、“平安东莞”、“创业东莞”四大工程，使东莞经济实力更加雄厚、产业优势更加突出、城市特色更加明显、科教文化更加繁荣、社会生态更加和谐、人民生活更加殷实，实现全面协调可持续发展，进一步开创改革开放和社会主义现代化建设事业的新局面。

生产车间

竹排水库

外资企业

中心广场夜景

湘潭市

市委书记陈润儿

市长彭宪法

湘潭位于湖南中部，地处湘江中游，为湖南省直辖市和全国甲类开放城市。总面积5015平方公里，总人口283万，其中市区人口78万。2004年，全市GDP332.78亿元，比上年增长13.4%，人均GDP12475元。规模以上工业产值291.8亿元，全社会固定资产投资134.28亿元，社会消费品零售总额101.77亿元，财政收入（不含基金）20.3亿元，城市居民人平可支配收入8602元，农村居民人平可支配收入3713元，城乡居民年末储蓄存款余额为205.58亿元，居民消费价格总指数为104.2%。

湘潭历史悠久，交通便利，自古以来便是湘中重要的商业中心，早在十七世纪就是全国著名的米市和药都。铁路湘黔线横穿市境，京广线在市区经过，10余家大型企业各有铁路专线与这两大主干线相通；公路四通八达，107国道和320国道构成境内公路网的主干，上瑞高速、京珠高速公路穿城而过，辖区内与高速公路的连接口达15个，为全国地级市高速公路最密集的地区；水运有湘江集装箱码头，千吨级货轮常年可经洞庭湖入长江，出上海。湘潭气候温和，土地肥沃，物产丰富，是全国重要的粮猪生产基地，因盛产湘莲被称为 中国湘莲之乡 。湘潭是中国重要的机电工业基地，现已形成冶金、机电、纺织、化工、建材为主体并极具竞争力的支柱产业。拥有江南机器集团与吉利集团合作生产的江南系列轿车、湘潭电机集团的混合动力大巴和百吨载重汽车、江麓机械集团的塔机、湘潭钢铁集团的宽厚板以及引进德国技术即将投产的汽车尾气三元净化器、无机房电梯等一批处于行业发展前沿、科技含量高的优势产品。湘潭是享誉中外的湖湘文化发源地，科教事业发达，有各类学校1703所，其中大专院校17所，湘潭大学是全国重点大学，湖南科技大学、湖南工程学院等在国内外均有一定影响。全市拥有科研开发机构280多家及两个博士后流动站，国有企业事业单位有各类专业技术人员7.45万人，占职工总人数的27%。湘潭风景秀丽，人杰地灵，旅游资源十分丰富，是一代伟人毛泽东、著名军事家彭德怀、世界文化名人齐白石的故乡。市区绿化覆盖率50%，为全国绿化先进城市和湖南省文明城市。

新世纪开放的湘潭因实施长株潭城市群经济一体化发展战略而倍受国内外投资者高度关注，长株潭城市群已被国家“十五”计划列为全国重点支持发展的七大城市密集区之一。湘潭正抓住历史机遇，继续实施开放带动、强工富市、科教兴市“三大战略”，大力推进工业化、城市化、农业产业化进程，努力建设成为湖南制造业中心、湘中南现代物流中心、长株潭生态休闲中心。

湘潭三大桥雄跨湘江

君子莲广场夜色迷人

海南省农业厅

海南省农业厅林玉权厅长(中)到市县考察农业

海南省以“生态岛、健康岛、无疫区”闻名遐迩，兼有全国最大的热带宝地和天然防疫屏障，发展冬季瓜菜、水果、橡胶、胡椒、槟榔等特色热带作物前景广阔，发展有机畜牧业大有可为，发展加工运销业潜力巨大。近年来，海南省农业厅认真贯彻中央农村工作会议和全省农村工作会议精神，突出城乡互动、三次产业联动的思路，加大了对农业的扶持力度，不断调整优化农业和农村经济结构，全面实施科技兴农战略和可持续发展战略，大力发展绿色农业、科技农业和订单农业，推进热带高效农业全面、协调、可持续发展。2004年全省农业增加值287.30亿元，同比增长8%；农民人均纯收入2818元，同比增长8.9%，高出全国平均增长幅度。畜产品、瓜菜、热带水果、热带经济作物等优势产业持续较快增长，全省肉类总产量58.72万吨，瓜菜产量361.12万吨，橡胶干胶产量32.98万吨，同比分别增长11.7%、5%和4.4%。冬春瓜果菜畅销全国60多个大中城市，远销日本、韩国、新加坡、俄罗斯、港澳等国家和地区，出岛量达297.87万吨，总产值达65.46亿元，分别增长4.85%和17.3%。农业增加值占全省GDP的35.4%。2005年1-9月全省农业增加值为222.84亿元，同比增长7.0%，尤其是水果产量同比增加23%。农业成为全省国民经济的重要支柱和农民增收的主要来源。

农产品加工

地址：海口市海府路省政府大楼11楼
电话：0898-65337684

南繁育种基地

海南省规模化养鸡

海南省水果生产基地

海　口　市

海口市位于北纬19° 32′ —20° 05′ ，东经110° 10′ —110° 41′ ，地处海南岛北部，横跨南渡江下游东西两岸,北濒琼州海峡，东西两端相距60.6公里，南北两端相距62.5公里，海岸线长131公里（含岛屿、港湾线），海域面积830平方公里，可供养殖滩涂面积200多平方公里。1988年，海南建省办经济特区，海口市成为海南省省会，是全省政治、经济、科技、文化中心。2002年，海口、琼山两市合并，海口市的面积由原来的236.44平方公里扩大到2304.84平方公里。现辖四个区，23个乡镇，18个街道办事处，常住人口171.03万人。

海口金贸区

海口市地处低纬度热带北缘，属于热带海洋气候，全年日照时间长，辐射能量大，年平均日照时数2000小时以上；年平均气温24.7℃，最高月平均气温29.2℃左右，最低月平均气温18.4℃左右，年平均降水量1664毫米，平均日降雨量在0.1毫米以上雨日150天以上；年平均蒸发量1834毫米，平均相对湿度85%。海口市空气质量居全国省会之首，根据世界环保组织对全球158个城市空气检测，海口市名列第五。

滨海立交

海口市拥有丰富的旅游资源，主要旅游景区有东寨港红树林国家自然保护区、火山口国家地质公园、琼北大地震遗址、五公祠、海瑞墓、丘浚墓、秀英古炮台、琼台书院、新冼夫人纪念馆、东山湖热带野生动植物园、西海岸带状公园、热带海洋世界、假日海滩、万绿园、金牛岭公园、人民公园、滨海公园。“曲口海鲜”、“石山乳羊、”“永兴荔枝”久负盛名。

经济实力不断增强。2004年全市实现生产总值261.35亿元，比上年同期增长13.1%，产业结构呈现三二一，第三产业占的比重最大，为58%，第二产业比重为33%，其中工业比重为22.3%，第一产业比重为9%。2004年人均GDP达18519元（按户籍人口计算），比上年增长10.7%。

美视国际高尔夫球场

海口市是中国唯一处于热带海滨地区的省会城市，是世界卫生组织确定的中国第一个世界健康城市试点城市，新鲜的空气，充足的阳光，蔚蓝的海水和醉人的椰风海韵，使海口市成为中国的长寿之乡，健康之城，具有一流的居住环境，2004年荣获中国人居环境奖。

产品最终用途--油船

产品最终用途--炉容

上海三钢有限责任公司

上海三钢有限责任公司（原上海第三钢铁厂）始建于1913年，现有转炉、特钢2个炼钢厂，厚板、中板2个轧钢厂及一条卷开平生产线，具有钢200万吨、钢材240万吨的综合生产能力。2004年公司实现钢材销售243万吨，销售收入108亿元。

上海三钢有限责任公司主要产品有造船板、锅炉压力容器板、建筑桥梁结构中厚板、汽车大梁板、石油化工耐蚀板、核电工程容器板及不锈钢中厚板等，其中宽厚船板通过了美国、英国、德国等八国船级社认证。宽厚钢板、不锈钢作为三钢的特色产品广泛用于国家支柱产业、重点建设工程。近年来公司承担的国内外重大工程供料项目达100多项，总量百万吨以上，主要有：上海F1国际赛车场、上海磁悬浮列车工程、广州国际会议展览中心、上海浦东国际机场、上海卢浦大桥、长江润扬大桥、东海大桥、三峡工程压力引水管工程及海洋石油钻井平台等工程。

随着2010年上海世界博览会的临近，上海三钢有限责任公司将整体搬迁至上海宝山罗泾地区，通过设备引进与技术改造，调整公司的产品结构，发展延伸加工，上海三钢有限责任公司将建设成为一个以生产合金、不锈钢、专用中厚板的精品基地及钢材加工为主的综合性企业。

三钢公司的企业精神及公司目标

质量管理体系认证证书

上海三钢有限责任公司

GB/T19001-2000 idt ISO9001:2000标准

CERTIFICATE OF CONFORMITY OF QUALITY MANAGEMENT SYSTEM CERTIFICATION

SHANGHAI SANGANG STEEL CO.,LTD.

GB/T 19001-2000 idt ISO9001:2000 Standard

上海三钢有限责任公司销售分公司

地址：上海市浦东新区上南路300号　邮编：200126

电话：021-38830261　58839385　传真：021-58838690　公司网址：http://www.sh3steel.com

产品最终用途--卢浦大桥

产品最终用途--不锈钢储罐

产品最终用途--港口机械

中國浦東干部学院

CHINA EXECUTIVE LEADERSHIP ACADEMY.PUDONG

中国浦东干部学院是中央组织部管理的中央直属事业单位，作为国家级的干部教育培训基地，学院主要对我国党政领导干部、企业经营管理者、专业技术人员和军队干部进行改革开放意识教育、中国特色社会主义信念教育、现代化建设知识和能力教育，并积极开展国际培训交流合作。中共中央政治局委员、中央书记处书记，中央组织部部长贺国强同志兼任学院院长。2005年3月18日，学院正式建成并开学。中共中央总书记、国家主席、中央军委主席胡锦涛同志发来贺信。

▲ 国际领导论坛

学院坚持“实事求是、与时俱进、艰苦奋斗、执政为民”的办学要求，践行“忠诚教育、能力培养、行为训练”的培训理念，充分利用上海及长三角地区独特的教育资源、经济社会发展活力以及国际性的区位优势，实行教学和管理模式的全面创新，致力于建设成为“国内一流、国际知名”的新型干部学院和开展国际培训交流合作的窗口。

▲ 教学实验中心

学院自创建以来，已经成功举办35个培训班，培训学员超过1500名（截至2005年9月）。教学特色鲜明，教学效果显著，受到学员好评。

▲ 现场教学

地址：上海浦东新区前程路99号
邮编：201204
电话：021-28288888

学院主体建筑 ▶

立足专业　服务社会

——广东粤鉴统计图书发行部

广东粤鉴统计图书发行部成立于2003年，属广州烈焰广告有限公司内设机构，承担了该公司所有代理书刊的发行任务，目前独家代理的有国家统计局的《长江和珠江三角洲及港澳特别行政区统计年鉴》、广东省统计局的《广东统计年鉴》和《广东城市调查年鉴》、广州统计局的《广州统计年鉴》、广州年鉴社的《广州年鉴》。同时还代理国家及地方统计年鉴和年鉴几百种，我部与国家及地方统计系统建立了广泛而紧密的联系，我们愿在自己的专业领域最大限度地满足客户的需要，欢迎新老客户来信来函订阅。

广东粤鉴统计图书发行部

地　　址：广州市解放北路837号201室　　邮编：510040

电　　话：020-83561578　83562550（杨清山）

户　　名：广东粤鉴统计图书发行部

帐　　号：82140158000000042

开户银行：浦发银行广州分行盘福支行

或汇：

户　　名：长江和珠江三角洲及港澳特别行政区统计年鉴编辑部

帐　　号：82140158000000034

开户银行：浦发银行广州分行盘福支行

订阅回执

单位名称					邮编	
详细地址					加盖公章	
所属部门		电话				
联系人		传真				
《长江和珠江三角洲及港澳特别行政区统计年鉴》	定价298元/本	年份	数量		邮资20元/本	
《广东统计年鉴》	定价280元/本	年份	数量			
《广东城市调查年鉴》	定价240元/本	年份	数量			
《广州统计年鉴》	定价250元/本	年份	数量			
《广州年鉴》	定价200元/本	年份	数量			
合计	（大写）　仟　佰　拾　元￥（　　）					

注：本编辑部可提供全国各省、市地区2004、2005年的统计年鉴，请各单位将征订回执详细填写加盖公章后及时与汇款凭证一并传真或邮寄至年鉴编辑部